U0026934

周禮正義

四部備要

經部

中華書局據清光緒乙巳本校刊

桐鄉　陸費逵總勘
杭縣　高時顯
　　　吳汝霖輯校
杭縣　丁輔之監造

周禮正義卷七十二

瑞安孫詒讓學

小行人掌邦國賓客之禮籍以待四方之使者禮籍名位尊卑之書者使者諸侯之臣使來也疏掌邦國賓客之禮籍以待四方之使者者賈疏云大行人待諸侯身小行人待諸侯之使者其邦之禮籍則諸侯及臣皆在焉注云禮籍名位尊卑之書者名位尊卑謂若九儀上下之差著於冊籍者即掌訝邦國之等籍是也說文竹部云籍簿書也左成二年傳云晉侯使鞏朔獻捷於周王以鞏伯宴而私賄使相告之曰非禮也勿籍杜注云籍書也案左傳說非禮勿籍明凡協禮者無不著於籍矣云使者諸侯之臣使來者也者即後文大客小客是也賈疏云即時聘殷覜是也

令諸侯春入貢秋獻功王親受之各以其國之籍禮之貢六服所貢也功考績之功也秋獻之若今計文書斷於九月其舊法疏令諸侯春入貢秋獻功者謂小行人以令布之邦國使依時入貢獻功與大司馬職方氏為官聯也大司馬云施貢分職以等邦國此春入者即彼所施之貢秋獻者即彼所分之職有職則有功也此皆於聘覜之外歲時使使者來諸侯不親其事賈疏云此云貢即大宰九貢是歲之常貢也必使春入者其所貢之物並諸侯之國出稅於民民稅既得乃大國貢半次國三之一小國四之一皆市取美物必經冬至春乃可入王以是令春入之也秋獻功者物皆秋成諸侯亦法秋故秋獻之案賈說大國次國小國所貢之數即據大司徒注五等國所食之數言之其說未塙詳大司徒疏又案此入貢獻功分屬春秋蓋據近畿侯甸諸服言之其距王國較遠者或可一時并獻

故射義云古者天子之制諸侯歲獻注云歲獻國事之書及計偕物也此貢即計偕物功即國事之書蓋因秋獻幷入春貢故書貢得同時偕至斯亦王者綏懷遠方之微情矣林喬蔭云諸侯之於天子也有歲事有時事歲事者君親行之大宗伯朝覲宗遇會同以其或一歲一行或數歲一行故爲歲事商頌云歲事來辟勿予禍適是也時事者遣使達於天子小行人令諸侯春入貢秋獻功王親受之以其行於春秋二時故爲時事左傳僖十二年管仲曰若節春秋來承王命襄二十六年韓宣子曰晉士起將歸時事於宰旅皆是也云王親受之者明諸侯雖不親來王則親受之示重其事通其情也云各以其國之籍禮之者謂以禮待其使者也賈疏云即上所掌禮籍尊卑多少不同　注云貢六服所貢也者六服即大行人侯甸男采衛要六服有貢物之法穀梁桓十五年傳云古者諸侯時獻於天子以其國之所有即此春入貢也賈疏云對九州外之三服無此貢也云功考績之功也者謂其政治之成也書舜典云三年考績僞孔傳云三年有成故以考功案依此經之義則諸侯比歲獻功與唐虞之制三年考績法異而義同春秋繁露考功名篇云考績之法考其所積也天道積聚衆精以爲光聖人積聚衆善以爲功考試之法大者緩小者急貴者舒而賤者促諸侯月試其國州伯時試其部四試而一考天子歲試天下三試而一考前後三考而絀陟命之曰計案此諸侯比歲獻功即董子所謂天子歲試天下也云秋獻之若今計文書斷於九月其舊法者惠棟云續漢志劉昭注盧植曰計斷九月因秦以十月爲正故

凡諸侯入王則逆勞于畿

鄭司農云入王朝於王也故春秋傳曰宋公不王又曰諸侯有王王有巡守

疏 凡諸侯入王則逆勞于畿者諸侯來至距王城五百里之畿則小行人爲使往勞之也其禮以覲禮約之當亦皮弁用璧如郊勞之禮據大行人云上公三勞侯伯再勞子男一勞則畿勞之

禮蓋唯上公有之侯伯子男並無也覲禮賈疏謂五等同有畿勞非也黃以周云聘禮覲禮皆主侯伯中諸侯言經曰郊勞不曰畿勞則畿勞非五等諸侯之通制可知矣小行人云凡者統下郊勞眡館等言有畿勞則逆之爲上擯有郊勞眡館諸事則承之爲承擯此小行人之通例也賈疏誤會小行人文故於覲禮聘禮並不可通案黃說是也互詳大行人疏國語周語云敵國賓至行理以節逆之左傳僖三十年孔疏引賈逵云理吏也小行人也是逆賓爲小行人之通職又訝士云邦有賓客則與行人送逆之則諸侯有畿勞者其歸小行人當亦送至於畿經不言者文不具也　注鄭司農云入王朝於王也者大行人云諸侯之王事是也凡諸侯見於天子並謂之王詩曹風下泉云四國有王鄭箋云有王謂朝聘於天子也國語周語云荒服者王又云有不王則脩德魯語云先王制諸侯使五年四王周語韋注云王王事天子也互詳大行人疏云故春秋傳曰宋公不王者左隱九年傳文賈疏云不王不宗覲於王案賈所述蓋賈服義杜注云不共王職與先鄭義異非引又曰諸侯有王王有巡守者左莊二十三年傳曹劌語賈疏引左傳注云有王朝於王案此亦賈服義杜注云王從王事亦非

及郊勞眡館將幣爲承而擯視館致館也承猶丞也王使勞賓於郊致館於賓至將幣使宗伯爲上擯皆爲之丞而擯之

疏及郊勞眡館將幣爲承而擯者二事皆此官爲承擯也郊勞兼遠郊近郊公侯伯備有二郊勞子男唯有近郊勞而已眡館以下則五等諸侯通有之　注云視館致館也者視舊本並作眡今據蜀石經正凡經例用古字作眡注例用今字作視詳大宰疏致館即覲禮之賜舍也館舍義同據王言之謂之賜據使者言之謂之眡謂之致其事一也賈疏云聘禮及下司儀皆云致館故同之也云眡者使卿大夫往眡觀其可否云致者致使有之云承猶丞也者大戴禮記保傅篇云博聞強記接給而善對

者謂之丞丞者承天子之遺忘者也藝文類聚職官部引風俗通云丞者承也是承丞義通說文收部云承翊也左哀十八年傳說楚使子國帥師請承杜注云承佐也此承擯亦所以佐上擯而翊贊之者與肆師佐儐義同也丁晏云聘禮大夫為承擯大戴朝事作丞擯古承丞通用云王使勞擯於郊者覲禮云至于郊王使人皮弁用璧勞注云郊謂近郊去王城五十里小行人職曰凡諸侯入王則逆勞于畿則郊勞者大行人也依鄭彼注則郊勞小行人從大行人也云致館於賓者覲禮天子賜舍注云以其新至道路勞苦未受其禮且使即安也賜舍猶致館也所使者司空與小行人為承擯然則眡館小行人從司空也云至將幣者賈疏云謂至廟將幣三享云使宗伯為上擯者大宗伯云朝覲會同則為上相注云出接賓曰擯入詔禮曰相是上擯即上相也賈疏云惟謂將幣時大宗伯為上擯於郊勞及眡館二者不使大宗伯為上擯者以其使者或大行人官卑何得使大宗伯為擯也當別遣餘官為上擯小行人為承擯而言宗伯為上擯者取宗伯成文為將幣而言也方苞云國語周語敵國賓至卿出郊勞覲禮王賜侯氏命諸公奉篋服則郊勞宜使卿劉台拱云諸公相為賓郊勞致館皆主君親之王雖不親行亦當使卿然則此二事皆大行人為上擯小行人為承擯斆案方劉說近是鄭覲禮注謂司空致館大司空卽卿也以次差之自當大行人為上擯惟彼注謂郊勞使大行人則中大夫也以聘禮郊勞使卿例之天子勞來朝諸侯不當殺於彼鄭賈說似未塙若然郊勞亦使卿大行人為上擯其小行人為承擯則同云皆為之丞而擯之者丞蜀石經作承案通郊勞眡館將幣而言此小行人為承擯皆謂四時朝覲其會同則肆師為承擯詳彼疏

凡四方之使者大客則擯小客則受其幣而聽其辭

擯者擯而見之王使得親言也受其幣者受之以入告其所為來之事

疏 大客

則擯者大行人云凡諸侯之王事賓而見之賓擯字通此爲侯國使臣之王事禮殺故小行人擯見之賈疏云大客則大行人云大客之儀一也彼鄭云大賓要服以內諸侯大客謂其孤卿則此大客爲要服以內諸侯之使臣也云小客則受其幣而聽其辭者大行人注云蕃國其君爲小賓臣爲小客又謂蕃國君無朝貢之歲則其臣亦無聘覜大禮可知據大行人云若有四方之大事則受其幣聽其辭此小客蓋亦以大事特來告者以其禮殺故小行人受幣聽辭也 注云擯者擯而見之王使得親言也者賈疏云則時聘殷覜之時行旅擯入見王王與使之親言也云受其幣者受之以入告其所爲來之事者大行人注謂蕃國君無玉瑞則臣來亦無玉此幣蓋亦束帛之屬詳彼疏此則小行人聽其辭以轉達於王明王不親見也此小客卑於九州內之大客故禮彌殺不得擯見王賈疏謂蕃國使臣是夷人不能行禮故直聽其辭而已義未晐

使適四方協九儀賓客之禮朝覲宗遇會同君之禮也存覜省聘問臣之禮也 適之也協合也 疏 使適四方協九儀者謂小行人自奉使而往邦國也賈疏云自此以下皆是小行人使適四方之事使適四方向諸侯之國所至之國則合九等之儀九儀則上大行人九儀命者五爵者四是也云賓客之禮者即大宗伯之賓禮亦與彼爲官聯也云朝覲宗遇會同君之禮也存覜省聘問臣之禮也者此君專指邦國之君臣則通王臣及侯國之臣言之賈疏云存覜省三者天子使臣撫邦國之禮聘問二者是諸侯使臣行聘時聘殷覜問天子之禮其禮已備於上小行人略言之也 注云適之也者說文辵部云適之也宋魯語適即適之隸變云協合也者大史注同

達天下之六節山國用虎節土國用人節澤國用龍節皆以金爲之道路用旌節

門關用符節都鄙用管節皆以竹爲之此謂邦國之節也達之者使之四方亦皆齎法式以齊等之也諸侯使臣行覜聘則以金節授之以爲行道之信也虎人龍者自其國象也道路謂鄉遂大夫也都鄙者公之子弟及卿大夫之采地之吏也凡邦國之民遠出至他邦他邦之民若來入由國門者門人爲之節由關者關人爲之節其以徵令及家徙鄉遂大夫及采地吏爲之節皆使人執節將之以達之亦有期以反節管節如今之竹使符也其有商者通之以符節如門關門關者與市聯事節可同也亦所以異於畿內也凡節有天子法式存於國

疏達天下之六節者與掌節爲官聯也此與下成六瑞合六幣並卿大行人達瑞節之事賈疏云此經亦是適四方之事言達天下之六節者據諸侯國而言掌節所云據畿內也虎節人節龍節三者據諸侯使臣出聘所執旌節符節管節三者據在國所用　注云此謂邦國之節也者賈疏云對掌節所掌者兼主王國之節也云達之者使之四方亦皆齎法式以齎等之也者與大行人注義同六節有法式必齊等乃可以通行天下故此官主贊大行人以法式達之四方也云諸侯使臣行覜聘則以金節授之以爲行道之信也者掌節注云使卿大夫聘於天子諸侯行道所執之信也則此覜聘兼諸侯聘天子及自相聘言之賈疏云知是使臣行所執者見掌節云凡邦國之使節山國用虎節故知此亦使臣所執也諸侯身行不須節以其尊著故不須也按掌節云守邦國者用玉節注云謂諸侯於其國中玉節之制如王爲之以命數爲大小此不達玉節者文略耳亦達可知云虎人龍者自其國象也者掌節注云山多虎平地多人澤多龍以金爲節鑄象焉必自以其國所多者於以相別爲信明也所謂自其國象也云道路謂鄉遂大夫也者掌節注同此謂邦國鄉遂之吏鄉射禮注謂小國鄉大夫一命州長士不命以此推之則大國次國鄉大夫再命州長士

一命其遂大夫以下各降於鄉一等可遞推也五等侯國制鄉遂詳大司馬疏賈疏云按掌節注變鄉遂言道路者容公邑大夫及小都大都之吏今此旌節中何知不亦容都鄙之吏而以都鄙吏在管節中者彼都鄙用角節文在上當直是都鄙之主此都鄙用管節最在下明都鄙吏在其中若然邦國之中都鄙主及吏同用管節矣案賈說是也依掌節注公邑用節與采邑同此經都鄙吏既別用管節則公邑吏當與鄉遂大夫同鄭不言者文不具也云都鄙者公之子弟及卿大夫之采地之吏也者此公爲五等諸侯之通稱侯國君之子弟亦食大都卿大夫亦食小都及家邑與王國同唯所食里數則依國大小降殺不等其置采吏亦同也云凡邦國之民遠出至他邦他邦之民若來入由國門者門人爲之節由關者關人爲之節者掌節注云凡民遠出至于邦國邦國之民若來入由門者司門爲之節由關者司關爲之節彼注據王民出至邦國邦國民入至王畿而言此注據邦國之民自相出入爲言其事則同此云門人卽司門關人卽司關也云其以徵令及家徙鄉遂大夫及采地吏爲之節者掌節注義同謂國內往來不由門關則有地治之吏授之節也依鄭賈義則徵令家徙在鄉遂者鄉遂大夫爲之旌節在都鄙者則采地大夫爲之管節與畿內采邑之吏亦用旌節者異也云皆使人執節將之以達之者賈疏云比長云邦之民徙於郊則從而授之明皆將送使達前所也云亦有期以反節者亦據掌節文云管節如今之竹使符也者管節蓋截竹爲節若樂器之管漢竹使符亦以竹爲之故舉以爲況詳掌節與瑞疏云其有商者通之以符節如門關門關者與市聯事節可同也者明商與民同用符節也賈疏云掌節云貨賄用璽節門關用符節各別司關既言掌國貨之節以聯門市門市節既相聯此中無貨賄用璽節明同用符節可知故爲此解也詒讓案門關與市聯事卽司關所云聯門市亦卽大宰之官聯也聯當從黃丕烈校

改連詳大宰司關疏云所以異於畿內也者賈疏云畿內貨賄用璽節門關用符節畿外同用符節是異也云凡節有天子法式存於國者猶王國之節有法式藏於掌節也

成六瑞王用瑱圭公用桓圭侯用信圭伯用躬圭子用穀璧男用蒲璧

成平也瑞信也皆朝見所執以爲信

疏成六瑞者與典瑞爲官聯也賈疏云此亦通四方若然諸侯國無鎮圭因言之六瑞玉人所造典瑞之令小行人直平知得失而已不言達六瑞者諸侯受命已得之不令別作法式以齊故不言達也云王用瑱圭者段玉裁云天府職凡國之玉鎮注故書鎮作瑱鄭司農云瑱讀爲鎮此瑱字正同不注者省文互見案六瑞名制並詳太宗伯疏　注云成平也者調人注同謂平其文瑑及尺寸等大行人注云平其僭踰者也云瑞信也者春官敘官典瑞注云瑞符信也云皆朝見所執以爲信者典瑞注云人執以見曰瑞凡鎮圭王執以祭天地宗廟及朝日夕月等桓圭以下皆五等諸侯朝見王及自相朝所執其聘問用瑑圭不得用此六瑞也

合六幣圭以馬璋以皮璧以帛琮以錦琥以繡璜以黼此六物者以和諸侯之好故

合同也六幣所以享也五等諸侯享天子用璧享后用琮其大各如其瑞皆有庭實以馬若皮皮虎豹皮也用圭璋者二王之後也二王後尊故享用圭璋而特之禮器曰圭璋特義亦通於此其於諸侯亦用璧琮耳子男於諸侯則享用琥璜下其瑞也凡二王後諸侯相享之玉大小各降其瑞一等及使卿大夫覜聘亦如之

疏合六幣圭以馬璋以皮者此圭璋卽玉人之瑑圭璋與六瑞之圭璧不瑑者異六玉形制並詳大宗伯疏凡皮馬與幣對文則幣專爲幣帛通言之則皮馬亦爲幣故校人云飾幣馬國語齊語云桓公使諸侯罷馬以爲幣韋注云幣圭以馬也此並以馬爲幣是也賈疏

謂圭以馬璋以皮二者本非幣帛以用之當幣處故總號爲幣乃沿
鄭校人注之誤詳彼疏云璧以帛琮以錦者亦玉人之瑑璧琮也說
文帛部云錦襄邑織文也案帛謂璧色帛及玄纁詳大宗伯疏孔廣
森云六幣帛先於錦攷之禮典皆大事用帛小事用錦如聘禮享以
束帛私覿以束錦公食大夫侑以束帛大夫相食侑以束錦冠禮醴
賓酬以束帛昏禮饗從者酬以束錦大氐古人尚純於幣亦然錦有
雜文斯次帛之下矣淩廷堪云束帛則加璧束錦則加琮琮下璧一
等則束錦亦下束帛一等也云琥以繡璜以黼者繡黼並刺帛成文
詳畫繢疏　注云合同也者廣雅釋詁同謂玉與幣各相合同不得
差舛也云六幣所以享也者謂朝禮畢後享獻之幣即大行人說五
等諸侯皆廟中將幣三享是也賈疏云對上文六者是朝時所用也
云五等諸侯享天子用璧享后用琮其大各如其瑞者賈疏云玉人
云璧琮九寸諸侯以享天子注云享獻也聘禮享君以璧享夫人以
琮引此者欲明后用琮故覲禮享天子云束帛加璧是其施於天子
也不言享后文不具言九寸據上公而言明侯伯子男皆如瑞知子
男享天子亦用璧琮者覲禮總稱侯氏用璧明五等同也案賈說是
也聘禮注云君享用璧夫人用琮天地配合之象也此享王用璧后
用琮義與彼同大各如其瑞者公用璧琮九寸侯伯用璧琮七寸子
男用璧琮五寸各依其瑞玉之尺度不降也又依鄭此注義則凡公
非二王後享王后亦用璧琮不得用圭璋左傳昭五年孔疏申此注
義謂凡公享王並圭以馬享后並璋以皮非鄭恉也云皆有庭實以
馬若皮者賈疏云按覲禮三享皆束帛加璧庭實唯國所有奉束帛
匹馬卓上九馬隨之中庭西上是其以馬也聘禮奉束帛加璧享庭
實皮則攝之是其用皮也聘禮記曰皮馬相閒可是也詒讓案鄭言
此者欲見公以下至子男享玉幣之外仍以皮馬之等爲庭實也鄭
聘禮記注云閒猶代也土物有宜君子不以所無爲禮畜獸同類可

以相代依鄭彼注義則庭實皮馬隨所有而用之是用圭享者亦可用皮用璋享者亦可用馬此經圭馬璋皮文取相配實可互用也其
璧琮琥璜亦以皮馬爲庭實覲禮聘禮璧以帛仍有皮馬是也老子云雖有拱璧以先駟馬亦據庭實言之云皮虎豹皮也者聘禮注義
同黃以周云郊特牲虎豹之皮示服猛也束帛加璧往德也皆據享禮爲文凡享禮諸侯自相爲及聘賓於其君皆用虎豹不獨享天子
爲然也聘禮享有庭實皮則攝之鄭注皮虎豹之皮是聘賓用虎豹之證也聘賓享諸侯用虎豹皮則諸侯自相爲亦可知矣若聘賓覿
諸侯及諸侯之待使臣則用麋鹿皮鄭聘禮注凡君於臣臣於君麋鹿皮可也臣於君謂私覿庭實設四皮及介以儷皮君於臣謂使者
歸君使卿贈如覿幣及食饗以侑幣酬幣庭實皆有皮大夫於大夫亦用麋鹿皮鄭注賓問卿云庭實設四皮麋鹿皮是也然則用虎豹
皮者諸侯禮故諸侯以之享天子聘賓以之享諸侯用麋鹿皮者大夫禮故主國之君以之待聘賓聘賓亦以之私覿以之問卿大夫案
黃說甚覈周書王會篇云參方玄繚璧豹虎皮十二亦諸侯享王庭實用虎豹皮之證左襄四年傳無終子嘉父使孟樂如晉因魏莊子
納虎豹之皮以請和諸戎管子輕重甲篇云發朝鮮不朝請文皮毤服而以爲幣乎淮南子道應訓云散宜生得玄豹黃羆青豻白虎文
皮千合以獻於紂高注云皮虎豹之皮也爾雅釋地云東北之美者有斥山之文皮焉郭注云虎豹之屬皮有縟綵者是也管子小匡
篇又云桓公知諸侯之歸己也故使輕其幣諸侯以纓帛布鹿皮四介以爲幣齊以文錦虎豹皮報國語齊語亦載其事彼用鹿布爲國
幣者乃桓公故殺其禮以示厚往薄來實非正法賈聘禮疏謂齊語爲臣聘君降於天子用麋鹿皮非也云用圭璋者二王之後也二王
後尊故享用圭璋而特之者賈疏云按玉人璧琮九寸諸侯以享天子言九寸則上公之禮上公用璧琮則圭璋是二王後明矣言而特

之者惟有皮馬無束帛可加故云特如是皮馬不上堂陳於庭則皮
馬之外別有庭實可知詒讓案左昭五年傳云享覜有璋蓋亦據二
王後享后言之鄭知用圭璋而特之者以經云璧以帛琮以錦琥以
繡璜以黼帛錦繡黼以外仍有庭實之皮馬此圭璋直云皮馬不云
帛錦繡黼明惟有皮馬更無他幣故知其特也引禮器曰圭璋特者
彼注云圭璋特朝聘以爲瑞無幣帛也云亦通於此者謂禮器本據
朝聘所用圭璋而言不謂享玉然此享玉之圭璋但有皮馬無所加
之幣帛則亦可謂之特是禮器之義可通於此也書康王之誥云皆
布乘黃朱賓稱奉圭兼幣曰一二臣衞敢執壤奠孔疏引鄭注云此
幣圭以馬蓋舉王者之後以言耳諸侯當璧以帛亦有庭實云其於
諸侯亦用璧琮耳者亦謂二王後與平諸侯同也賈疏云見玉人職
云瑑琮八寸諸侯以享夫人明享君用璧琮八寸是下享天子一寸
如是明二王後相享不可同於天子用圭璋則用璧琮可知言是兩
公自相朝二王後稱公是於諸侯還同二王後可知詒讓案依此注
義則公侯伯自相享用璧帛享夫人當用琮錦而聘禮受享束帛加
璧夫人玄纁束帛加琮彼聘享夫人亦用琮而合以帛者或聘享與
朝享不同與云子男於諸侯則享用琥璜下其瑞也者賈疏云覲禮
子男已入侯氏用璧琮中則此琥璜不知何用二王後自相享退入
璧琮則子男自相享退用琥璜可知且子男朝時用璧自相享降一
等故用琥璜案此經上四玉並爲享幣故鄭賈以此琥璜亦爲享幣
而禮器云琥璜爵鄭注云天子酬諸侯諸侯相酬以此玉將幣也聘
禮注說同是又爲酬幣矣詩小雅鹿鳴孔疏兼取此文說之云天子
酬諸侯以繡黼而琥璜將之今攷饗禮酬幣雖無文然據公食大夫
禮侑幣以束帛饗禮隆於食禮而六幣之差繡黼卑於帛錦則天子
酬諸侯雖用琥璜或不必合以繡黼若如孔說是禮隆而幣轉殺差
文違舛殆未足馮也云凡二王後諸侯相享之玉大小各降其瑞一

等者等蜀石經作寸賈疏云玉人云瑑琮八寸諸侯以享夫人禮重無用八寸之法明是上公九寸降一等至八寸上公既降一寸則侯伯子男各降一等可知二王後相朝敵無用相尊之法明亦降一寸見子男者雖退入琥璜亦降一寸可知若然知五等諸侯自相朝圭璋亦如其命數其相享璧琮等則降一寸知者玉人云璧琮八寸諸侯以享夫人據上公會不云圭璋朝所執者明圭璋自朝天子所執故聘禮云所以朝天子圭與繅皆九寸上公之玉也問諸侯朱綠繅八寸注云於天子曰朝於諸侯曰聞記之於聘文互相備以此上公爲然侯伯子男可知也案依鄭賈說則二王後及上公相享用璧琮八寸侯伯相享用璧琮六寸子男相享用琥璜四寸各降其瑞一等也云及使卿大夫覜聘亦如之者賈疏云直言覜聘亦如之不分別享與聘則聘享皆降一等同故玉人云瑑圭璋八寸璧琮八寸以覜聘此據上公之臣圭璋璧琮皆降一等其餘侯伯子男降一寸明矣其子男之臣享諸侯不得過者用琥璜可知

若國札喪則令賻補之若國凶荒則令賙委之若國師役則令槁禬之若國有福事則令慶賀之若國有禍烖則令哀弔之凡此五物者治其事故

故書賻作傅槁作稾鄭司農云賻補之謂賻喪家補助其不足也若令時一室二尸則官與之棺也稾當爲槁謂槁師也玄謂師役者國有兵寇以匱病者也使鄰國合會財貨以與之春秋定五年夏歸粟於蔡是也宗伯職曰以禬禮哀圍敗禍烖水火【疏】若國札喪則令賻補之者以下並以凶禮嘉禮令侯國交相往來之事與大宗伯爲官聯也大戴禮記朝事篇文並同賈疏云此文雖皆單言國亦據諸侯而言按宗伯云以喪禮哀死亡此云國札荒則令賻補之不同者彼據弔葬致哀此據設財物補其不足相包乃具也云若國凶荒則

令賙委之者大司徒注云賙者謂禮物不備相給足也委與委積義同賙委謂相給致其委積也賈疏云宗伯云以荒禮哀凶札不同者言哀凶札者自貶損故曲禮云歲凶年穀不登君膳不祭肺之類是也此云賙委者令他人以財賙委之亦相包乃成也云若國師役則令槁襘之者葉鈔釋文槁作犒羣書治要同案犒即槁之俗賈疏云但凶禮有五惟不見恤禮以義差之當於師役中兼之云若國有福事則令慶賀之者賈疏云嘉禮有六此惟言賀慶一者其飲食冠昏賓射饗燕之法皆當國自行非是相交通之物故此不言之宗伯嘉禮歸脤膰此不見者諸侯無自相歸脤膰法故也云凡此五物者治其事故者此與下經並云五物與大司徒鄉三物事異而義同彼注云物猶事也此五者並侯國邦交之餘事此官皆以法令治之　注云故書賻作傅者賻傅聲類同段玉裁云司農從今書作賻其實傅可訓爲附益說文不收賻字案段說是也云槁作稾者舊本作槁爲稾蜀石經作犒作稾今案犒稾並誤字惟作字與釋文合不誤上云賻作傅則此不宜別云爲矣今據正稾舊本及石經並誤今依宋本作稾阮元云釋文槁禬苦報反作稾古老反宋本錢鈔本載音義稾皆作稾與地官敘官石經合按釋文槁禬苦報反作稾苦老反本自明白之甚禾稾字切古老與枯槁字切苦浩槁勞字切苦報迥不同也學者不知音紐分別乃如治絲而棼矣此經故書作禾稾字鄭本作槁禬从木槁卽稾也案阮說最析此經故書作從禾之稾先鄭讀爲從木之槁與地官敘官正同但彼正文仍從故書作稾此經則徑改作槁小異耳單行本釋文出作稾二字其作字是也稾則傳寫之誤陸書凡音古老反者皆從禾之稾若從木之稾則無古老之音槁尤爲俗體皆不足據也詳地官敘官疏鄭司農云賻補之謂賻喪家補助其不足也者從今書作賻釋之既夕禮云知死者贈知生者賻鄭彼注云賻之言補也助也貨財曰賻白虎通義崩薨篇云賻者助

也所以相佐助給不足也貨財曰賻此國札喪則官以貨財給有喪之家亦所以補助其不足故謂之賻補大戴禮記王言篇云優恤以補不足是也賻互詳宰夫疏云若今時一室二尸則官與之棺也者亦舉漢法爲況云稾當爲槁謂槁師也者地官敘官稾人先鄭注讀同大戴禮記朝事篇亦作槁卽先鄭所據也槁舊本並誤稾今依上文正槁蜀石經及舊本並誤槁今依岳本正阮元云槁木上聲槁勞則讀去聲猶勞本平聲勞來則讀去聲也淺人乃別製犒字鄭注無此從牛之犒案阮說亦是也凡槁師字鄭並作從木之槁詳地官敘官及牛人疏云玄謂師役者國有兵寇以匱病者也者國因被兵寇而致財匱民病卽所謂圍敗之等是也云使鄰國合會財貨以與之者大宗伯注說禬禮云同盟者合會財貨以更其所喪是也云春秋定五年夏歸粟於蔡是也者春秋經文引之者證師役槁禬之事大司徒注亦引此文詳彼疏引宗伯職曰以禬禮哀圍敗者圍敗蜀石經作國敗案大宗伯疏引馬本作國敗此引之者明此槁禬與彼義同亦證師役爲有兵寇之事也云禍烖水火者大宗伯注義同大戴禮記朝事篇烖作災古今字此注例用今字亦當作災詳膳夫疏

及其萬民之利害爲一書其禮俗政事教治刑禁之逆順爲一書其悖逆暴亂作慝猶犯令者爲一書其札喪凶荒厄貧爲一書其康樂和親安平爲一書凡此五物者每國辨異之以反命于王以周知天下之故慝惡也故猶圖也疏及其萬民之利害爲一書者謂若職方氏掌辨邦國之人民周知其利害及山師川師所辨皆爲一書也賈疏云此總陳小行人使適四方所采風俗善惡之事云其禮俗政事教治刑禁之逆順爲一書者禮俗與大宰八則六曰禮俗以

馭其民同土均云以和邦國都鄙之政令刑禁與其施舍禮俗喪紀祭祀皆以地媺惡爲輕重之灋而行之掌其禁令是禮俗等四者皆土均以王命令侯國所守以爲治者此官察其順命與否而爲一書也云其悖逆暴亂作慝猶犯令者爲一書者說文言部云誖亂也重文悖誖或從心暴經例用古字當作虣詳地官敘官疏朝事猶作欲義同此察邦國民志之不順者若匡人匡邦國而觀其慝是也鄭詩魯頌譜說魯君云其有大罪侯伯監之行人書之似卽本此經若然此五物所書雖主於民亦兼及國君與云其札喪凶荒厄貧爲一書者此陳民之疾苦也厄卽戹之隸譌一切經音義引蒼頡篇云戹困也鄉師遺人作囏阸字同鄉師注云囏阸饑乏也戹貧亦謂民貧乏不能自存故與札凶同書云其康樂和親安平爲一書者此紀民之和樂也云凡此五物者每國辨異之以反命于王以周知天下之故者朝事辨作別義同故作政形近而誤謂五事各自爲總編又以每國別異其子目也都宗人注云反命還白王賈疏云各各條錄別爲一書以報上也詒讓案漢書食貨志云孟春之月行人振木鐸徇于路以采詩獻之大師比其音律以聞於天子故曰王者不窺牖戶而知天下方言劉歆與揚雄書說周迶人以歲八月巡路求代語僮謠歌戲又雄答書云嘗聞先代輶軒之使奏籍之書皆藏於周秦之室輶軒之使卽行人此五物之書卽輶軒使者奏籍之書也蓋大則獻五物之書小則采詩及代語僮謠歌戲與大行人屬象胥諭言語協辭令屬瞽史諭書名聽聲音事略相類諸書所言與此經足互相備此云周知天下之故亦猶班云不窺牖戶而知天下矣迶人卽行人互詳敘官疏　注云慝惡也者胥師注同詩大雅民勞云無俾作慝毛傳亦訓爲惡云猶圖也者神仕注同

司儀掌九儀之賓客擯相之禮以詔儀容辭令揖讓之節出接賓曰擯入贊禮

曰相以詔者以禮告王【疏】掌九儀之賓客擯相之禮者九儀見大行人職凡擯相者爲紹擯贊大宗伯小行人也賈大宗伯大行人疏謂五等諸侯紹擯皆爲士案敘官此官爵爲上中士疑士擯卽此官也云以詔儀容辭令揖讓之節者儀容卽下文行人之儀及保氏六儀賓客之容是也辭令卽大行人之辭命注云六辭之命也揖讓卽下文土揖時揖天揖及三讓之等三者皆有尊卑隆殺之節此官掌其法以詔王也　注云出接賓曰擯入贊禮曰相者大宗伯注義同賈疏云擯卽下文交擯而在門外是也相下文入廟唯上相入是也云以詔者以禮告王者大宰注云詔告也賈疏云卽下云詔王儀是也

將合諸侯則令爲壇三成宮旁一門

合諸侯謂有事而會也爲壇於國外以命事宮謂壝土以爲牆處所謂爲壇壝宮也天子春帥諸侯拜日於東郊則爲壇於國東夏禮日於南郊則爲壇於國南秋禮山川丘陵於西郊則爲壇於國西冬禮月四瀆於北郊則爲壇於國北既拜禮而還加方明於壇上而祀焉所以教尊尊也覲禮曰諸侯覲於天子爲宮方三百步四門壇十有二尋深四尺是也王巡守殷國而同則其爲宮亦如此與鄭司農云三成三重也爾雅曰丘一成爲敦丘再成爲陶丘三成爲昆侖丘謂三重【疏】將合諸侯則令爲壇三成者大戴禮記朝事篇文略同此掌王大會同之禮合諸侯兼大行人時會殷同二者而言令爲壇謂諸侯既朝於廟王將命政事於壇則司儀以法令掌舍爲之賈疏謂封人爲壇蓋亦兼令之也云宮旁一門者掌舍云掌王之會同之舍爲壇壝宮棘門此宮卽壝宮門卽棘門四方方有一門也　注云合諸侯謂有事而會也者鄭意會合義同卽大宗伯所云時見曰會也實則經亦含殷見曰同言之知非四時朝覲者以朝覲常禮皆於廟行之不別爲壇也有事而會左昭三年傳文大宗伯注亦引彼文爲說詳彼疏云爲壇於國外以命事者於舊本並作于今據

蜀石經正大宗伯注云諸侯有不順服者王將有征討之事則既朝覲王爲壇於國外合諸侯而命事焉是也賈疏云宮方三百步明在國外也言命事則上大行人云時會以發四方之禁禁卽九伐是其事也云宮謂壝土以爲牆處所謂爲壇壝宮也者蜀石經及宋大字本並無下爲字掌舍壇壝宮注云謂王行止宿平地築壇又委壝土起堳埒以爲宮觀禮注云宮謂壝土爲埒以象牆壁也焦循云蓋四面壅土爲矮牆每方之中闕之作門鄭云諸侯入壝門是也詒讓案觀禮注謂壝土爲埒象牆壁則與宮室之牆不同故云爲牆處周書王會篇說成周之會墠有內臺中臺外臺營牆卽壇及壝牆也互詳掌舍疏云天子春帥諸侯拜日於東郊則爲壇於國東夏禮日於南郊則爲壇於國南秋禮山川丘陵於西郊則爲壇於國西冬禮月四瀆於北郊則爲壇於國北者釋爲壇所在之地禮月下蜀石經及宋大字本並有與字觀禮云天子乘龍載大旂象日月升龍降龍出拜日於東門之外禮日於南門外禮月與四瀆于北門外禮山川丘陵於西門外鄭注云此謂會同以春夏秋冬也又云爲宮者於國外春會同則於東方夏會同則於南方秋會同則於西方冬會同則於北方說與此同賈彼疏云四方之壇並宜在四郊之內以其拜日之等於近郊退來就壇明壇在近郊之內但去城不知遠近或四方皆以成數東方八里南方七里西方九里北方六里四方此其定分案職方王會同或出畿在諸侯之國故職方氏令諸侯共待之事則無常數案四時壇異方及四時分祭之說經無正文鄭賈蓋以意推之敖繼公謂四時會同皆爲壇壝宮於國門外之南方以受朝又謂禮日以下三禮與拜日相屬而擧之東門南門北門西門卽壇壝宮之四門並與鄭義異金鶚云觀禮及司儀皆但言爲壇並不言隨時而設于其方鄭說於經無據且王必南鄉司儀明言之則壇必在南可知若在東方西方北方王將東鄉西鄉北鄉乎若亦南鄉則皆不正矣

又云覲禮經文並無春夏秋冬字朝事儀言天子帥諸侯朝日亦不言春是四時皆同也蓋均是諸侯安得以時而異其禮如鄭說是諸侯春夏會同者待之隆秋冬會同者待之輕此何說邪且春但拜日而夏則祀日又何說邪夫天神莫尊於日而月則稍卑山川丘陵則更卑矣秋時會同箋帥之以祭山川丘陵何其卑視之邪惟四時皆並祭大小兼行斯無隆殺之嫌耳案敖金之說於禮似通孫經世說亦同但四禮同時並舉恐非一日所能畢事而拜日禮日一日之閒兩有事於日則又嫌煩瀆禮經簡略無可質證今兩存以俟攷云既拜禮而還加方明於壇上而祀焉者並據覲禮為說方明詳大宗伯司盟疏賈覲禮疏據大戴禮記朝事篇唯言朝日不言祀方明謂邦國有疑則有盟事朝日既畢乃祀方明若無疑王帥諸侯朝日而已無祀方明之事今審繹此注鄭意似謂無論盟否並先祀方明賈說非也云所以教尊尊也者據朝事篇文賈疏云言教尊尊者天子親自拜日禮日之等是尊尊之法教諸侯已下尊敬在上者也引覲禮曰諸侯覲於天子為宮方三百步四門壇十有二尋深四尺是也者朝覲受之於廟此謂時會殷同也案彼云宮方三百步即所謂壝也覲禮經末附載會同之禮與此事同故引以為證鄭彼注亦云四時四門即此旁一門謂於壝旁面各為一門四旁則四門也壇廣深之度詳後疏又案此合諸侯之宮即覲禮諸侯覲天子之宮或謂亦稱明堂荀子彊國篇云築明堂於塞外而朝諸侯楊注云塞外境外也明堂壇也謂巡狩至方岳之下會諸侯為宮方三百步四門壇十有二尋深四尺加方明於其上左氏傳築王宮於踐土亦其類也金鶚云古者壇壝皆謂之宮掌舍為壇壝宮其證也壇壝易成故將會同則令為之若明堂宮室豈一時可為邪況四岳明堂為布政之宮朝會之所有天下必早建之何待巡狩之日諸侯畢覲而始為之乎案金說是也此經及覲禮朝事儀言壇宮者皆不云明堂盛德言明堂

則不云壇明其非一處也盛德宮方三百步之文雖與覲禮偶合然彼上文盛陳堂室戶牖之制則非壇壝宮明甚孟子齊宣王曰人皆謂我毀明堂史記封禪書泰山東北阯古時有明堂處此泰山之明堂蓋西周遺跡亦當有堂室故齊宣王欲毀之若僅方三百步之埒埒四尺露處之壇則東遷至戰國已數百年無不隤阤之理何勞議毀況此經將合諸侯則令爲壇覲禮亦言覲而爲宮明皆臨時封築禮畢則不復修治豈有常在岱麓久而不毀者乎攷之於經明堂亦有會同明堂位所說是也然惟東都及四岳有之且非常禮若常時在國則合諸侯而助祭率於明堂合諸侯而會盟率於壇宮助祭之禮尊祖配天故於明堂擧宗祀之典會盟之禮質信明神故於壇宮設方明之祀其事異其禮異故其地亦異不可傅合爲一也漢書律厤志引古文伊訓云伊尹祀於先王者宗祀之禮也又云誕資有牧方明者合諸侯而盟因祀方明也二事蓋不同處而漢志載劉歆說謂冬至祀先王於方明以配上帝似卽掍明堂方明爲一其說疏謬與經不合古者南郊與方岳皆有明堂其四堂五室八个之制當同必無以壇壝爲明堂者楊說不足據也云王巡守殷國而同則其爲宮亦如此與者明會同禮不異也巡守者謂王十二年巡守邦國至方嶽合當方諸侯覲禮注云王巡守至於方嶽之下諸侯會之亦爲此宮以見之是也殷國而同者大行人有殷同卽大宗伯之殷見曰同謂王不巡守則六服諸侯來見也職方氏及大行人掌客別有殷國鄭謂卽與殷同爲一故此注云殷國而同今案殷國者王不巡守出在邦國而合諸侯與殷同禮雖同而一在畿外一在國城外其事迥異鄭此注及職方氏注並掍而一之賈疏亦謂殷國就王國左右爲壇如時會並誤詳職方氏疏鄭司農云三成三重也者廣雅釋詁云成重也後鄭覲禮注引此經而釋之亦同先鄭義案壇實四成云三成者上一成卽堂不數也引爾雅曰丘一成爲敦丘再成爲陶丘

三成爲昆侖丘謂三重者釋丘文蜀石經敦作頓昆侖作崑崙宋大字本亦作崑崙郭本爾雅作敦丘崐崙丘案敦釋文音頓石經疑涉陸音而誤毛詩衞風氓傳及釋名釋丘亦作頓丘崑崙即昆侖之俗大宗伯注亦作崐崙此注釋文自作昆侖今本不誤此引以證三成爲三重之義爾雅郭注亦訓成爲重與鄭義同

詔王儀南鄉見諸侯土揖庶姓時揖異姓天揖同姓

謂王既祀方明諸侯上介皆奉其君之旂置于宮乃詔王升壇諸侯皆就其旂而立諸公中階之前北面東上諸侯東階之東西面北上諸伯西階之西東面北上諸子門東北面東上諸男門西北面東上王揖之者定其位也庶姓無親者也土揖推手小下之也異姓昏姻也時揖平推手也衞將軍文子曰獨居思仁公言言義其聞詩也一日三復白圭之玷是南宮縚之行也夫子信其仁以爲異姓謂妻之也天揖推手小舉之

疏 詔王儀南鄉見諸侯土揖庶姓時揖異姓天揖同姓者大戴禮記朝事篇云天子南鄉見諸侯土揖庶姓時揖異姓天揖同姓所以別親疏外內也賈疏云詔告也謂諸侯各就位立王在壇亦立司儀乃告王降壇南向見諸侯乃揖之金鶚云觀禮天子不下堂而見諸侯會同與覲禮相似故載在覲禮中必不降至壇下而見諸侯也司儀云爲壇三成王南鄉見諸侯可知天子不下壇也案金說近是此經及覲禮皆無王降壇揖諸侯之文鄭覲禮注云諸侯入壝門或左或右各就其旂而立王降階南鄉見之三揖賈彼疏謂據燕禮大射公降揖羣臣使定位故知王亦然亦以在壇會同與覲異此疏亦約覲禮注爲說此蓋鄭以意推定本非定論黄以周亦謂覲禮與此注升壇之說兩岐是也竊謂此經揖在擯前蓋王既升壇諸侯始入門尚在壇下各就左右而立王卽於壇上遙揖之王揖以後乃設擯以升諸侯王不必降壇也蓋王立壇中南鄉以每等各二步計之距壇下不過八步從上揖下尚不嫌

其太遠儻稍前臨堂阽則尤近矣如是則與此經及覲禮皆無不合於理或有當乎　注云謂王既祀方明諸侯上介皆奉其君之旂置于宮乃詔王升壇諸侯皆就其旂而立者于注例當作於各本並誤賈疏云按覲禮云諸侯覲于天子爲宮方三百步四門壇十有二尋深四尺加方明于其上上介皆奉其君之旂置于宮尚左公侯伯子男皆就其旂而立四傳擯天子乘龍載大旂象日月升龍降龍出拜日于東門之外反祀方明注引朝事儀曰天子冕而執鎮圭尺有二寸繅藉尺有二寸搢大圭乘大路建大常十有二旒樊纓十有二就貳車十有二乘帥諸侯而朝日於東郊所以教尊尊也退而朝諸侯由此二者言之已祀方明乃以會同之禮見諸侯也若然覲禮上介奉君之旂置于宮尚左及公侯伯子男就其旂而立并四傳擯者並陳設其位其立當在祀方明後是以彼下文乃始云拜日之禮及祀方明之事故彼置旂于宮之下注云置于宮者建之豫爲其君見王之位也是其未卽位也此鄭注依次第而言故云謂王既祀方明諸侯上介皆奉其君之旂置于宮乃詔王升壇諸侯皆就其旂而立也詒讓案此祀方明後將行會同表位及諸侯始入壝門之事必建旂者左昭十一年傳所謂會有表也鄭以覲禮先言拜日後言反祀方明朝事先言朝日後言退朝諸侯參互定之知祀方明在拜日之後朝諸侯又在祀方明之後故王制孔疏申鄭義云既告至之後爲宮加方明於壇天子出東門外拜日反祀方明祀方明之後乃徹去方明未祀方明之前未有見諸侯之事皇氏以爲未祀方明之前已見諸侯非也賈覲禮疏義與孔同案以此經及覲禮朝事記覈之諸侯既告至當先特朝於廟既一一朝畢王乃總率以拜日祀方明乃升壇行會同之禮未祀方明以前止有特見於廟未有旅見於壇之事皇侃所謂見諸侯者謂旅見也以爲在祀方明之前則亦在拜日之前矣此與覲禮朝事並不合孔氏糾之是也云諸公中階之前北面

東上諸侯東階之東西面北上諸伯西階之西東面北上諸子門東
北面東上諸男門西北面東上者覲禮注亦同大戴禮記朝事篇說
會同禮王南鄉見諸侯後云公侯伯子男各以其旂就其位諸公之
國中階之前云云與此文同故鄭據以爲說明堂位及周書明堂篇
說周公朝諸侯於明堂之位亦與此同依此注說則大會同之位與
常朝覲異覲禮云諸侯前朝皆受舍于朝同姓西面北上異姓東面
北上此常朝覲位也會同之位與彼異故覲禮說會同禮亦云公侯
伯子男皆就其旂而立明其敘爵而不分同姓異姓檀弓注云朝覲
爵同同位即謂此也經言三等揖者蓋於同爵之中又以同姓異姓
庶姓分列上下王則每爵各爲三等揖耳至曲禮云天子當依而立
諸侯北面而見天子曰覲天子當宁而立諸公東面諸侯西面曰朝
彼諸公尊而東面諸侯卑而西面者疑王每日常朝之位與朝覲會
同又異詳大宗伯疏黃以周云覲禮前朝受舍同姓西面北上異姓
東面北上受舍即受次會同之受次與朝覲同同姓西面異姓東面
西面者在王之左同姓爲先亦尚左也王未升壇之時諸侯當先出
次侯立同姓西面異姓東面故王南鄉見之得施土時天三揖既揖
之後王升壇諸侯皆入門就旂而立於是有諸公中階之前北面東
上諸位及其四傳擯諸侯各執玉而前見王於是公上等侯伯中等
子男下等之位東上即尚左三等亦尚左也朝事儀云天子南鄉見
諸侯王揖庶姓云云又公侯伯子男各以其旂就其位諸公之位中
階之前北面東上云云又及其將幣也公於上等云云其列位之異
同先後之次第皆班班可考矣鄭注以就旂而立在王南鄉三揖之
前非特三揖無所施與胡事儀文顯背案黃據朝事記糾鄭義亦得
通云王揖之者定其位者賈疏云此約燕禮云卿大夫皆入門右北
面立公降階揖之卿得揖東廂西面大夫得揖中庭少進北面其位
乃定此王揖亦得揖乃定有少別者彼諸侯揖臣臣皆北面得揖就

位此五等立已在位王揖之逡巡而已位乃定是其別也云庶姓無親者也者爾雅釋詁云庶衆也庶姓猶言衆姓謂異姓之無親者對下時揖異姓爲異姓之有親者也左隱十一年傳云薛庶姓也與此義同大傳云庶姓別於上則以同姓五世世親盡者爲庶姓與此別云土揖推手小下之也者說文手部云揖攘也一曰手箸胷曰揖攘推也鄉飲酒禮云主人揖衆賓賓厭介介厭衆賓鄭彼注云賓之屬相厭變於主人也推手曰揖引手曰厭今文皆作揖江永云古人之揖如今人之拱手而推之高則爲天揖平則爲時揖低則爲土揖也推手爲揖引手爲撎又謂之厭黃以周云拱手小下曰土揖土揖下衡也案江黃說是也凌廷堪朱大韶說並同拱手有推手引手之分推手者推而致於前引手者引而斂於匈也禮古文分爲二字今文則並作揖說文揖字前一義卽所謂推手曰揖後一義卽所謂引手曰厭許從今文也推手小下之則向下謂之土揖土卽地也對向上爲天揖言之云異姓昏姻也者大宗伯注云異姓王昏姻甥舅詳彼疏云時揖平推手也者平推手適當上下之中故謂之時揖上法天下法土中法四時也黃以周云拱手當心曰時揖時揖平衡也引衞將軍文子曰以下者賈疏云此大戴禮文引之證有異姓之事也按大戴禮云衞將軍文子問子貢曰蓋受教者七十有餘人聞之孰爲賢子貢對之歷陳諸子行遂陳南宮縚之行此乃子貢之辭而云衞將軍文子曰者引篇名耳案賈說是也大戴禮記盧注云南宮縚魯人也字子容云謂妻之也者釋大戴禮義明與此經異姓同大戴禮盧注云以爲異姓謂以兄之子妻之也亦用鄭義但鄭舉此證唯見異姓爲王女下嫁之國賓則外女來嬪亦其比例故大傳注云異姓謂來嫁者也二注各偏舉一隅足互相備也云天揖推手小舉之者推手小舉之則向上故謂之天揖也黃以周云拱手小舉曰天揖天揖上衡也

及其擯之各以其禮公于上

等侯伯于中等子男于下等謂執玉而前見於王也擯之各以其禮者謂擯公者五人侯伯四人子男三人也上等中等下等者謂所奠玉處也壇三成深四尺則一等一尺也壇十有二尋方九十六尺則堂上二丈四尺每等丈二尺與諸侯各於其等奠玉降拜升成拜明臣禮也既乃升堂授王玉

疏及其擯之各以其禮者姜兆錫云擯者王既揖而設擯以升諸侯卽覲禮記四傳擯也金鶚云各以其禮卽謂公於上等侯伯於中等子男於下等也案姜金說是也此經專說擯儀禮卽謂三等尊卑之次經文於擯儀之外絶不及幣玉鄭賈以授玉爲釋非也云公于上等侯伯于中等子男于下等者謂先見公於庭交擯傳辭訖上擯則升壇立於上等以擯詔之也次見侯伯則上擯立於中等終見子男則上擯立於下等其儀並放此蓋交擯時本陳擯介於庭既傳辭則上擯當升壇相禮覲禮雖不言其所立之處以聘禮授玉時上擯立中庭推之則覲禮侯氏入門時上擯亦立中庭可知侯氏既入門右卽奠圭是奠玉亦於庭也此會在壇侯氏奠玉則升壇各於其等是當覲上擯所立之位與侯氏奠玉同在庭會同則上擯所立之位與侯氏奠玉同於壇上三等足相比例也況侯氏奠玉降拜之時上擯當詔侯氏延之升拜於其等則立亦各於其等固其宜矣　注云謂執玉而前見於王也者阮元云釋文出見王二字則於當爲衍文詒讓案鄭不知此經所言爲擯儀下經將幣乃爲授玉故誤謂此經爲奠玉送玉各於其等之事下經將幣則別爲三享也云擯之各以其禮者謂擯公者五人侯伯四人子男三人也者並據大行人文覲禮云四傳擯彼注云王既揖五者升壇設擯四傳擯者每一位畢擯者以告乃更陳列而升其次公也侯也伯也各一位子男俠門而俱東上亦一位也王揖諸侯之後乃陳擯者覲禮注云至庭乃設擯則諸侯初入門王官之伯帥之耳是王揖諸侯升壇之後乃陳擯與此經敘次正

同傳擯即大行人及後諸公相爲賓之交擯也但此經所云各以其禮者當依金鶚說即謂五爵三等之差鄭以爲擯者之數非經義也云上等中等下等者謂所奠玉處也者據覲禮云侯氏入門右坐奠圭鄭彼注云卑者見尊奠摯而不授但覲禮在廟不爲壇則奠玉於庭此在壇則於三等壇奠玉與彼異也云壇三成者深四尺則一等一尺也者此合上文及覲禮參互推校堂及三等深廣之度也鄭覲禮注云深謂高也從上向下曰深賈疏云一等爲一尺發地一尺上有三成爲三尺揔四尺也詒讓案公羊莊十三年何注云士基三尺土階三等曰壇蓋無發地一尺與覲禮不合不足據云壇有十二尋方九十六尺者覲禮注云八尺曰尋十有二尋則方九十六尺也案方九十六尺即十六步也宮方三百步壇居其中則自壇至壝每面各百四十二步也云則堂上二丈四尺每等丈二尺與者覲禮注云三重者自下差之爲三等而上有堂焉堂上方二丈四尺上等中等下等每面十二尺案此堂謂土堂也上無屋與宮室之堂異周書王會篇云成周之會墠上張赤帟陰羽天子南面立唐叔荀叔周公在左大公望在右旁天子而立于堂上是會同之壇有堂之證賈疏云上二丈四尺爲堂王立之處并祀方明之所黃以周云堂上方二丈四尺加上等每面十二尺其方四十八尺又加中等每面十二尺其方七十二尺又加下等每面十二尺其方九十六尺云諸侯各於其等奠玉降拜升成拜明臣禮也者大戴禮記朝事篇云奠玉降拜升成拜明臣禮也即鄭所據覲禮云侯氏入門右坐奠圭再拜稽首擯者謁侯氏坐取圭升致命王受之玉侯氏降階東北面再拜稽首擯者延之曰升升成拜乃出案凡禮之通例君臣行禮臣皆堂下再拜稽首君待臣以客禮下拜則辭之然後升成拜此王待諸侯以不純臣禮故亦命升成拜也又鄭覲禮注說會同禮云其奠瑞玉及享幣公拜於上等侯伯於中等子男於下等擯者每延之升堂致命王受

玉撫玉降拜於下等然則奠玉與升成拜同等降拜則各下奠玉一等所云降拜於下等者謂每下一等不定為壇之下等故賈疏二云公奠玉於上等降拜於中等侯伯奠玉於中等降拜於下等子男奠玉於下等降拜於地及升成拜皆於奠玉之處言成拜者鄉於下拜之時王使人辭下拜之不成故於升乃更成前拜故二云成拜是敬上之禮故二云明臣禮也案賈卽依覲禮注義聶崇義亦從賈釋而引別說云或可降拜者皆降於地升成拜於奠玉之處也其說與鄭賈異黄以周亦云子男之升成拜尚在下等則降拜為降拜於地矣案黄從聶氏別說是也凡禮例升拜必於堂降拜必於庭壇宮則以平地為廷壇三成皆堂也中下二等雖卑於上等然仍是堂而非廷如鄭賈說則公侯伯降拜皆於堂於例乖迕足明其非也二云既乃升堂授王玉者賈疏二云禮法禮敵並授禮不敵者訝受此行臣禮則諸侯皆北面授之於堂上也王既受玉約聘禮亦當側授宰玉此壇上無坫不得取明堂位崇坫亢圭為義也詒讓案依覲禮則侯氏先奠玉再拜擯者辭以王欲親受侯氏則由左升授王玉乃降拜以送玉擯者又延之升乃升成拜則降拜升成拜在升堂授王玉後鄭以拜亦為送玉故先二云降拜升成拜後二云既乃升堂授王玉禮之節次實不如是也又案授玉卽正行朝禮凡會同之禮皆先朝於廟後朝於壇兩次行之故大宗伯注說時會二云既朝覲王為壇於國外合諸侯以命事說殷同亦二云六服盡朝朝禮既畢王亦為壇合諸侯以命政是也依此上下文則不徒朝有兩次其享及禮祼亦有兩次蓋壇廟禮異不嫌緟復也

其將幣亦如之其禮亦如之

將幣享也禮謂以鬱鬯祼之也皆於其等之上

疏　其將幣亦如之者謂朝而受玉也朝享禮畢後當有王命政事之事以覲禮推之蓋當侯氏告聽事之節經不言者或王一命於堂不各於其等與　注二云將幣享也者賈疏二云將幣者卽將幣三享一也但彼大行人據在

廟此據在壇云亦如之者璧以帛琮以錦如前公於上等之類姜兆錫云將幣謂諸侯既見而進摯即覲禮記奠圭於繅上也不言享者舉大以包小也大戴禮朝事篇云及其將幣也公於上等所以別貴賤序尊卑也奠圭降拜升成拜明臣禮也奉國他重物而獻之明臣職也舉此推之則將幣爲受摯而注誤以爲受享益見矣金鶚云古者玉幣皆謂之幣將幣指瑞玉而言三享亦在其中鄭專指享言非也案姜金說是也此將幣卽謂王受玉之時侯氏奠玉及升成拜皆各於其等之上如前注所說也凡此經言將幣者八大史云大會同朝覲及將幣之日執書以詔王大行人說五等諸侯朝覲之禮云廟中將幣三享文凡三見此職後諸公相爲賓之禮云及將幣交擯三辭又諸公之臣相爲國客之禮云及將幣旅擯三辭掌訝說有國賓客云及將幣爲前驅與此文而八皆據朝聘授玉之正禮言之也此職後文兩言將幣鄭皆以授玉爲釋與享別自是的解掌訝掌幣爲前驅注云道之以如朝則亦以爲授玉之先可知大史將幣鄭無注案彼文云將幣之日凡授玉與享同日而授玉在享之先且以禮言之授玉爲朝聘之正禮亦重於享則將幣之日自指授玉之日可知賈疏於彼專以享爲釋非經注義也至大行人及此節之將幣則鄭並以爲三享然大行人以將幣與三享並舉明將幣爲授玉與享爲二事姜氏引朝事儀先云將幣後云奠圭證此經是授玉非享尤爲證據塙鑿鄭誤謂授玉時奠拜之節已在上文擯見內故不得不以此將幣爲享而不知其與全經通例不合也又案會同之享在壇以覲禮約之當亦各奠幣於其等升致命於堂王撫玉侯氏降拜於下惟不升成拜於其等耳享亦有玉幣但其禮輕於授玉故經舉將幣以晐享也云禮謂以鬱鬯祼之也者大行人注義同云皆於其等之上者亦如上奠玉分就三等也凡授玉及享諸侯奠玉奠幣及拜送皆各於其等王受玉撫玉自於堂也其祼禮則大宗伯酌獻諸侯受禮

升拜受幣及酢王皆各於其等據大宰大行人注王親拜送及受王酢當下堂就所禮賓之等阼階上行之與受玉享王不下堂異也

燕則諸侯毛 謂以須髮坐也朝事尊尊上爵燕則親親上齒鄭司農云謂老者在上也老者二毛故曰毛

疏 王燕則諸侯毛者釋文云毛劉本作耄音毛案耄毛字亦通此謂合諸侯而燕也諸侯蓋通同姓異姓庶姓言之毛詩小雅常棣傳云王與親戚燕則尚毛彼卽中庸之燕毛亦卽文王世子族燕之禮與此不同常棣孔疏謂此經亦謂同姓諸侯則卽大宗伯所謂以飲食之禮親宗族兄弟者賈疏又謂此燕卽掌客之公三燕侯伯再燕子男一燕以經考之二說皆非也此經乃專據王合諸侯而燕與平時燕諸侯羣臣不同若是同姓族燕則經又不宜概稱諸侯絕無別異之文矣蓋王合諸侯而饗禮在掌客彼注謂公侯伯子男盡在此燕亦五等諸侯盡在而其禮則貴齒而不尚爵若饗禮則以爵爲獻數故掌客云諸侯長十有再獻注云獻公侯以下如其命數二禮所尚不同亦禮貴相變也凡燕皆在寢此合諸侯而燕亦然 注云謂以須髮坐也者中庸云燕毛所以序齒也鄭彼注云燕以髮色爲坐說文毛部云毛眉髮之屬及獸毛也國語齊語云班序顛毛以爲民紀統韋注云顛頂毛髮也言次列頂髮之白黑使長幼有等又楚語注云毛須髮也云朝事尊尊上爵者賈疏云依爵尊卑爲先後云燕則親親尚齒者賈疏云此乃不問爵之尊卑取以年齒爲先後也詒讓案親親者言與諸侯歡燕所以示親愛常棣疏據此注以證其燕同姓之說非鄭恉也鄭司農云謂老者在上也老者二毛故曰毛者先鄭說與後鄭同檀弓不獲二毛鄭注云二毛鬢髮斑白左傳僖二十二年杜注云二毛頭白有二色

凡諸公相爲賓 謂相朝也

疏 凡諸公相爲賓者以下並諸侯在國待來朝之君之禮此官亦掌其儀節隨時須而攷之 注云謂相朝也者卽大行人云世相朝是也

此據諸公自相朝之禮其侯伯子男朝公及自相朝則待賓之禮各視其爵而降殺焉

主國五積三問皆三辭拜受皆旅擯再勞三辭三揖登拜受拜送賓所停止則積閒闕則問行道則勞其禮皆使卿大夫致之從來至去數如此也三辭辭其以禮來於外也積問不言登受之於庭也鄭司農云旅讀為旅於大山之旅謂九人傳辭相授於上下竟問賓從末上行介還受上傳之玄謂旅讀為鴻臚之臚臚陳之也賓之介九人使者七人皆陳擯位不傳辭也賓之上介出請使者則前對位皆當其末擯焉三揖謂庭中時也拜送送使者

【疏】主國五積三問者此賓入竟以後之禮賈大行人疏謂問勞同處則諸公三問者謂入竟問遠郊問近郊問也凡積問及勞皆受於舍館或亦為帷宮以行禮五等諸侯相為賓積問之禮差並詳大行人掌客職云皆三辭拜受者拜經例用古字當作𢷎石經及各本並誤下並同詳春官世婦疏三辭謂上介辭禮於舍門外拜受謂賓親受幣於舍館之庭以聘禮覲禮推約之蓋使者於堂下東面致命賓則西面拜受也云皆旅擯者此朝君待主國卿大夫故用臣禮也云再勞者謂入竟勞遠郊勞也并後主君近郊勞為三勞與問數同但問禮輕主君不親故立文不同此再勞禮亦當旅擯經不言者冢上文省又依覲禮聘禮朝賓受勞訖亦當有儐使者之節經文皆不具也云三辭三揖者亦辭禮於門外既入門則於庭中三揖云登拜受拜送者此則使者登堂東面致命賓則於東階上北面拜受幣主國之使不拜送幣禮畢使者出則賓於門內西面拜送使者使者亦不答拜聘禮注云凡為人使不當其禮是也　注云賓所停止則積者謂致牢禮米禾薪芻有餼陳之積也大戴禮記朝事篇云諸侯相朝之禮委積之以其牢禮之數所以別義也賈疏云謂遺人云十里有廬廬有飲食三十里有宿宿有委五十里有市市有積是也云閒闕則問

者謂中閒閑闕無禮事則問訊之也其禮蓋殺於勞孤卿大夫則無問直有勞而已云行道則勞者謂以方在道路故勞其勤苦也云其禮皆使卿大夫致之者賈疏云按聘禮遣卿行勞禮臣來尚遣卿勞明君來遣卿勞可知此再勞一勞在境一勞在遠郊皆使卿其近郊勞當主君親爲之也其積問當使大夫故下句云致飧如致積之禮注云俱使大夫禮同也知致飧使大夫者見聘禮宰夫朝服設飧宰夫卽大夫問亦小禮明亦使大夫也案賈說非也大戴禮記朝事篇云君使大夫迎于境卿勞于道則境勞當使大夫左傳隱十年孔疏亦云勞禮遠郊使卿竟首使大夫與朝事合致飧亦疑當使卿詳後疏云從來至去數如此也者明經云五積三問再勞爲來去之通數也大行人云上公之禮出入五積注云出入謂從來訖去也案上公五積疑當來三去二但經注無文無可質證要來去止此數賈大行人疏謂來去皆五積非是其三問再勞等據此經蓋並來有去無故左昭五年傳云入有郊勞出有贈賄明問勞專饗來時之禮去別有贈送與問勞異也云三辭辭其以禮來於外也者謂賓辭主國之使以禮來致積與問勞也士冠禮注云禮辭一辭而許再辭而許曰固辭三辭曰終辭不許也若然此經皆三辭而許故不曰終辭矣云外者以賓所居之舍爲內故以使來爲外云積問不言登受之於庭也者別於再勞登拜受爲受之於堂也聘禮說受勞之禮云迎于舍門之外再拜賓揖先入受于舍門內勞者奉幣東面致命賓北面聽命再拜稽首受幣鄭彼注謂侯伯之臣不受於堂此諸公受積問於庭約如彼侯伯臣受勞之禮亦於舍門內之庭也但此賓爲朝君則與彼臣禮不同蓋當使者東面致命賓則西面拜受幣不北面亦無稽首也鄭司農云旅讀爲旅於大山之旅者季氏旅於泰山論語八佾篇文先鄭謂旅擯亦傳辭此蓋讀旅爲臚而訓爲傳也詳後云謂九人傳辭相授於上下竟問賓從末上行介還受上傳之者九人專據

公之介言之不云使介或當如後鄭說七人也此謂公介九人以次傳辭相授而下問賓之末介受之以次傳而上告於問賓問賓又以答辭授上介以次傳而下公之末介又受之以次傳而上至上介乃入告公如下文交擯也賈疏云此先鄭以爲旅擯與交擯同之後鄭不從者此臣禮云旅擯下文云主君郊勞交擯三辭明其別旅直陳擯介不傳辭交則一往一來傳辭也劉台拱申先鄭義云交擯傳辭旅擯亦傳辭叔孫通傳大行設九賓臚句傳賓與擯臚與旅古今字也蘇林曰上傳語告下爲臚下告上爲句莊周曰大儒臚傳然則臚擯猶傳擯也聘義曰介紹而傳命君子於其所尊弗敢質敬之至也又曰三讓而後傳命安在其不傳辭哉黃以周云合讀先鄭各注旅之言臚臚之言傳旅擯者衆擯臚傳其辭也以經記覈之當以先鄭爲長如聘用旅擯司儀有明文而聘義則曰介紹而傳命論語君召使擯亦爲聘禮而皇侃等釋揖所與立亦以爲擯傳辭有左右揖此皆旅擯傳辭之明據也案先鄭釋旅擯與後鄭不同劉黃並申先鄭義而劉謂旅擯交擯皆傳辭以先鄭前後注義覈之似劉說近得其恉但經凡君與臣行禮皆旅擯兩君行禮則皆交擯是旅擯之禮必殺於交擯事無可疑如劉申先鄭說則是全無區別信有未安今攷覲禮齊夫承命及四傳擯爲交擯之禮聘禮聘享諸節並賓與擯面相交言爲旅擯之禮是旅擯不傳辭後鄭義合於經殆不可易聘義及論語皆廣論擯介之事固不容拘執矣至此經致積問在道朝賓與主使所陳皆依介數不依擯數故先鄭謂公介九人後鄭後注又謂使者介七人斯乃在道與在國不同二鄭義本無異也互詳後疏云玄謂旅讀爲鴻臚之臚臚陳之也者爲蜀石經作如誤案旅臚聲近字通續漢書百官志云大鴻臚卿一人中二千石賈疏云按爾雅釋詁云尸旅陳也釋言云豫臚敘也注云皆陳敘也後鄭不從旅大山之旅從臚者欲取敘義也段玉裁云後鄭云不傳辭但陳之而已

故讀爲臚臚陳之也後鄭意下文交擯乃是傳辭陳壽祺云士冠禮注古文旅作臚漢書敘傳大夫臚岱鄭氏曰臚岱季氏旅於泰山是祀卽臚岱也然則先鄭亦讀旅若臚後鄭恐人不知旅於泰山之旅也師古曰臚旅聲相近其義一耳史記六國表位在藩臣而臚於郊音臚故引伸之非與先鄭有異也案陳謂旅泰山之旅亦通作臚是也但後鄭論語注今佚此章義無可攷漢書敘傳顏注訓臚岱爲陳與後鄭此注義合然先鄭實詁旅爲臚句傳之臚不爲陳訓二鄭讀雖略同義不能強合也云賓之介九人者據大行人上公介九人與先鄭說同若侯伯則介七人子男則介五人云使者七人者以其爲主國之臣也賈疏云自後降二等之禮案鄭賈亦據大行人義此專屬諸公之使言之若侯伯之使則五人子男之使則三人亦並依介數不依擯數公五侯伯四也云皆陳擯位不傳辭也者別於傳擯有傳辭也凡賓禮君於臣則旅擯聘禮說諸侯於聘賓旅擯之法云擯者出請事注云擯謂主國之君所使出接賓者也於是時賓出次直闑西北面上擯在闑東閾外西面其相去也公之使者七十步侯伯之使者五十步子男之使者三十步此旅擯耳不傳命上介在賓西北東面承擯在上擯東南西面各自次序而下末介末擯旁相去三丈六尺上擯之請事進南面揖賓俱前賓至末介上擯至末擯亦相去三丈六尺止揖而請事還入告于公此三丈六尺者門容二徹參个旁加各一步也此卽旅擯之禮唯上擯與聘賓相問對餘擯介皆陳位不傳辭也呂飛鵬云聘禮諸侯於聘賓則旅擯此經云諸公相爲賓而亦旅擯者五積三問再勞皆使卿大夫致之故也云賓之上介出請使者則前對位皆當其末擯焉者末擯卽所謂末介也謂使者直闑西北面公之上介在闑東閾外西面使者之上介在使者西北東面公之次介在上介東南西面各自次序而下公之末介與使者末介東西相直公之上介進南面揖使者俱前使者至其末介公

之上介至其末介各三丈六尺止公之上介揖而請事使者則對如聘禮旅擯之位也云三揖謂庭中時也者賈疏云如聘禮入門揖當曲主當碑揖是也詒讓案此謂進至舍館之庭中時表記云故君子三揖而進一辭而退是也禮之通例凡入門將左右曲揖則當門內霤也將北曲揖則當陳也當碑揖則於堂下三分庭一在北也三揖地不同而皆在庭中故云謂庭中時云拜送送使者者謂禮畢使者出賓拜送使者於大門內也凡禮之通例送賓主人尊者皆於大主門內也經文拜送與拜受相次嫌其為使者拜送幣故特釋之

君郊勞交擯三辭車逆拜辱三揖三辭拜受車送三還再拜主君郊勞備三勞而親之也鄭司農云交擯三辭謂賓主之擯者俱三辭也車逆主人以車迎賓於館也拜辱賓拜謝辱也玄謂交擯者各陳九介使傳辭也車逆拜辱者賓以主君親來乘車出舍門而迎之若欲遠就之然見之則下拜迎謝其自屈辱來也至去又出車若欲遠送然主君三還辭之乃再拜送之也車送迎之節各以其等則諸公九十主步立當車軹也三辭重者先辭辭其以禮來於外後辭辭升堂【疏】君郊勞者此賓至近郊之禮覲禮說侯氏受郊勞云侯氏皮弁迎於帷門之外再拜注云郊舍狹寡為帷宮以受勞又左襄二十八年傳云子產相鄭伯以如楚舍不為壇杜注云至敵國郊除地封土為壇以受郊勞是受郊勞當為壇及帷宮也云交擯三辭畢逆拜辱者此兩君始相見用敵禮也三辭亦賓主之介傳辭辭禮畢車逆拜辱則賓親迎主君而拜其辱此皆於舍門外行之賈疏云此當近郊勞交擯者主君至郊郊有館舍賓在內主君至館大門外主君北面而陳此九介去門九十步東面賓在大門內於門外之東亦陳九介西面不陳五擯者非主君從賓禮故也車迎拜辱者傳辭既訖賓乘車出大門迎主君至主君處下車拜主君屈辱自至郊也云三揖三辭者賓主

同入門於庭中、三揖至階則、三辭讓升也此賓主敵、三讓則賓先升以道主君聘禮注、云凡升者主人讓於客、三敵者則客、三辭主人乃許升是也、云拜受者賓主既登堂賓則於東階上北面拜受幣也賈疏、云賓再拜乃受幣主君亦當拜送不言省文也、云車送三還再拜者此亦賓於舍門外乘車送主君也賓拜送主君亦不答拜賈疏、云賓乘車出門就主君若欲遠送之三還者主君見賓送己三還辭之再拜者賓見主君辭遂再拜送主君也　注、云主君郊勞備三勞而親之也者大戴禮記朝事篇、云君親郊勞大行人、云上公三勞此上文止有再勞至此主君身自郊勞乃備三勞之數且益親之也彼王待來朝諸侯使大行人勞王不親行故直云三勞文不別也鄭司農云交擯三辭謂賓主之擯者俱三辭也者先鄭後注、云交擯擯者交也蓋與後鄭說同擯即介也依前旅擯注義則賓及主君各介九人不依擯數俱三辭謂賓之擯辭主君之勞主之擯又辭之如此者各三而止此、云賓揖之擯正謂主擯與賓擯交傳其辭賓不自對也、云車逆主人以車迎賓於館也拜辱賓拜謝辱也者先鄭意此爲賓入國以後主國君親逆於館之事拜辱亦謂拜其親迎之辱與郊勞不相冡後鄭則以二者並爲迎謝郊勞二說不同後鄭爲長賈疏、云後鄭不從者此直是備三勞既未至國何有輒迎賓於館乎、云玄謂交擯者各陳九介者賈疏、云以其在道俱不爲主故無五擯之事故各陳九介也、云使傳辭也者對旅擯不傳辭覲禮所謂傳擯也凡賓禮兩君相見則交擯傳辭天子待朝覲諸侯不純用臣禮故亦傳辭覲禮、云嗇夫承命告于天子注、云嗇夫蓋司空之屬也爲末擯承命於侯氏下介傳而上上擯以告天子天子見公擯者五人見侯伯擯者四人見子男擯者三人皆宗伯爲上擯又聘禮注、云天子諸侯朝覲乃命介紹傳命耳其儀各鄉本受命反面傳而下及末則鄉受之反面傳而上又受命傳而下亦如之此郊勞交擯陳九介使傳辭與覲禮略同但天子受朝於國陳五擯此主君勞賓於郊則陳九介與彼小異耳凡擯介之數爵尊者多爵卑者少行禮之時又以遞傳爲文蓋非第致敬於主君在賓亦自有得申之隆禮故兩君相見用交擯其陳位與旅擯亦同但旅擯則上介請事使者自對不傳辭交擯則賓之上介受命於賓而出以次遞傳於末介末介傳於主君之末介主介又以次遞傳於主君之上介上介又受主君之辭遞傳於賓之上介賓上介又傳而入以復於賓此傳辭之法也云車逆拜辱者賓以主君親來乘車出舍門而迎之若欲遠就之然見之則下拜迎謝其自屈辱來也者此破先鄭說也以主君與朝賓禮敵當迎於大門外明車逆卽來朝之賓乘車出所止之舍門迎主國之君若不敢當其親來而欲遠就見之者既遇而相見則朝賓先下車西面迎拜謝其來勞之屈辱也云至去又出車若欲遠送然主君三還辭之乃再拜送之也者至主君勞禮畢去時賓又親出門西面拜送之也此賓主禮敵故迎送皆於大門外賈疏云賓乘車出門就主君若欲遠送之主君見賓送已三還辭之賓見主君辭遂再拜送主君也云車送迎之節各其以等者據齊僕說朝覲宗遇云各以其等爲車送逆之節明諸侯相朝禮亦同皆以其爵之尊卑爲送迎遠近之節亦如大行人職五爵三等也云則諸公九十步立當車軹也者賈疏云賓主俱立當軹大行人文云三辭重者先辭辭其以禮來於外後辭辭升堂者以經三辭文兩見故特釋之先辭在舍門外爲辭禮後辭在堂下爲辭升也賈疏云按鄉飲酒禮主人取爵降洗賓降主人坐奠爵于階前辭注云事同曰讓事異曰辭禮升堂是事同不云讓而云辭者此賓主敵者主人之意欲有受於庭之心故從事異曰辭是以下諸公之臣等升堂皆云讓依事同曰讓非敵故聘義云三讓而後傳命三讓而後入廟門並事異不云辭者欲取致尊讓之意變文耳又彼記文非正經故不爲例也案賈說非也鄉飲酒注所謂事同曰讓

者謂若賓主同升階不辭其升而讓先也事異曰辭者謂主不敢當賓之降而辭其降也依彼義則此注所云辭禮辭升堂者正合事異
曰辭之例賈反謂禮升堂是事同失之至辭讓散文亦通故聘義亦以事異爲讓劉台拱云疑後三辭當作三讓既三揖則升堂必矣乃
又辭升堂何也案以後諸公之臣相爲國客受郊勞之文校之疑劉說近是

致館亦如之

館舍也使大夫授之君又以禮親致焉疏致館亦如之者以下皆賓初至國之禮聘禮云卿致館注云致至也賓至此館主人以上卿禮致之所以安之也此致館
禮與彼同惟以君親致爲異賈疏云亦如之者上主君郊勞此親致館明亦如之也凡致者皆有幣以致之致之使若己有然也注云
館舍也者委人注同聘禮注云古者天子適諸侯必舍於大祖廟諸侯行舍於諸公廟大夫行舍於大夫廟賈彼疏謂諸公大國之孤又
聘禮記云卿館于大夫大夫館于士士館于工商注云館者必於廟然則此五等諸侯相朝並館於卿之廟也云使大夫授之君又以禮
親致焉者賈疏云鄭知使大夫授舍者見聘禮云大夫帥至館卿致之以此知先遣大夫授館也此大夫亦應是卿案賈謂此大夫是卿
者待朝君之禮宜隆於聘臣也國語周語云周之秩官曰敵國賓至司里授館彼似通朝聘言之司里蓋掌宅里之官經不見者或冬官
之屬韋注以爲里宰非也此注大夫賈謂是卿蓋君特使與司里同授之鄭意未必即謂司里也

致飧如致積之禮

俱使大夫禮同也飧食也小禮曰飧大禮曰饔餼疏致飧如致積之禮者此賓受館後致之於館也賈疏云上公飧五牢賓始至之
禮故致館後即言之又聘禮疏云致積有幣致飧亦有幣也注云俱使大夫禮同也者賈疏云以其俱小禮不使卿故云俱使大夫禮
同也詒讓案俱使大夫謂致積致飧使者爵同人則異也王氏詳說謂此君親致館則致飧與積似當使卿案後致饔餼亦君親致飧雖

小禮然不過降饔一等王說於理得通竊疑五積在道致非一次當使大夫飧止一致又在國當使卿爵實不同以其同爲臣致故禮得似亦對君親致言之卿大夫渾言不別猶後致饗食亦當使卿而注相如猶竟勞使大夫遠郊勞使卿其禮亦同也若然注云同使大夫云大夫上注云大夫授館疏謂大夫亦應是卿諸注文倒或略同與云飧食也者飧本爲餔食引申爲凡食物之稱蜀石經作飧夕食也則與宰夫先鄭注同非後鄭義也詳宰夫疏云小禮曰飧者聘禮宰夫朝服設飧其禮有飪腥而無饔牽又饌設不多故鄭聘禮注云食不備禮曰飧是比饔餼爲小也云大禮曰饔餼者其禮比飧爲盛也外饔注亦云致禮於客莫盛於饔詳彼疏

及將幣交擯三辭車逆拜辱賓車進荅拜三揖三讓每門止一相及廟唯上相入賓三揖三讓登再拜授幣賓拜送幣每事如初賓亦如之及出車送三請三進再拜賓三還三辭告辟

鄭司農云交擯擯者交也賓車進荅拜賓上車進主人乃荅其拜也及出車送三請主人三請留賓也三進進隨賓也賓三還三辭告辟賓三還辭謝言已辟去也玄謂旣三辭主君則乘車出大門而迎賓見之而下拜其辱賓車乃前下荅拜也三揖者相去九十步揖之使前也至而三讓讓入門也相謂主君擯者及賓之介也謂之相者於外傳辭耳入門當以禮詔侑也介紹而傳命者君子於其所尊不敢質敬之至也每門止一相彌相親也君入門介拂闑大夫中棖與闑之閒士介拂棖此爲介僞行相隨也止之者絕行在後耳賓三揖三讓讓升也登再拜授幣授當爲受主人拜至且受玉也每事如初謂享及有言也賓當爲儐謂以鬱鬯禮賓也上於下曰禮敵者曰儐禮器曰諸侯相朝灌用鬱鬯無籩豆之薦謂此朝禮畢儐賓也三請三

進請賓就車也主君每一請車一進欲遠送之也三還三辭主君一請者賓亦一還一辭【疏】及將幣者此謂致殯之明日正行朝禮於廟也將幣亦謂授玉也凡諸侯相朝以命圭與朝天子同史記齊世家索隱引張衡云禮諸侯朝天子執玉既受而反之若諸侯自相朝則不授玉此與經不合不可從賈疏云及至也至將幣謂賓初至館後日行朝禮之時幣即圭璋也云交擯三辭車逆拜辱者此與郊勞同但前爲朝君受主君之禮此爲主君受朝君之禮賓主互易當主君西面拜朝君東面拜下送賓同賈疏云此並在主君大門外賓去門九十步而陳九介主君在大門外之東陳五擯上擯入受命出請事傳辭與承擯承擯傳與末擯末擯傳與末介末介傳與承介承介傳與上介上介傳與賓賓又傳與上介上介傳與承介承介傳與末介末介傳與末擯末擯傳與承擯承擯傳與上擯上擯入告君如是者三謂之交擯三辭諸交擯者例皆如此也車逆拜辱者傳辭既訖主君乘車出大門至賓所下車拜賓屈辱來此也江永云交擯三辭再辭是主君辭其朝而賓答之三辭是主君固辭其朝而賓又答之仍有主君許之辭當傳自主傳至賓者四自賓傳至主者三也案江說是也疏謂賓主皆止三次傳辭說未備云賓車進答拜者賈疏云賓初升車進就主君主君下賓亦下車答主君拜也云三揖三讓者此揖讓在大門外時讓謂讓入仲尼燕居云兩君相見揖讓而入門是也至雉門時讓入亦同賈疏云主君遙揖賓使前北面三讓入大門也云每門止一相者賈疏云既入門迴而東至祖廟之時祖廟西仍有二廟以其諸侯五廟始祖廟在中兩廂各有二廟各別院爲之則有三門門傍皆有南北隔牆隔牆皆通門故得有每門若不然從大門內即至祖廟之門何得有每門而云門止一相乎故爲此解也案賈說非也此云每門者謂入雉門及五廟之外門故云每門也凡廟諸侯在雉門內天子在應門內鄭賈謂天子諸侯皆在中門外失

之詳小宗伯疏又賈說廟制爲五廟平列是也惟謂廟門之外牆南向無門凡至廟者皆由穆第二廟外西牆閤門入東行凡經三閤門始至大祖廟以是說經之每門聘禮疏亦謂此經每門爲據閤門言則非也今定五廟門外有牆中爲總門與大祖廟門正相直其由大祖廟入昭穆廟乃別爲閤門穆第二廟外西牆無閤門也詳守祧疏云及廟唯上相入者上相相中最貴者大宗伯云朝覲會同則爲上相此諸侯相朝禮雖殺於王亦使鄉爲上相也賈疏云相入卽上擯上介須詔禮故須入云賓三揖三讓者此第二次揖讓在廟庭中時讓謂至階讓升仲尼燕居云揖讓而升堂是也云登再拜授幣賓拜送幣者賈疏云授當爲受賓主俱升主人在阼階上北面拜乃就兩楹閒南面賓亦就主君賓授玉主人受之故云再拜受幣也賓既受乃退向西階上北面拜送幣乃降也云及出車送三請三進再拜者儐賓訖賓降出主人送至門外以車從旣請賓就車又以已車前進至所止之處則再拜以送賓也云賓三還三辭告辟者賓亦不答拜也方苞云三辭告辟以主君將拜驅而辟之不欲見主人之拜也主君再拜當在賓告辟後而序於前見賓告辟時主君卽拜而賓已辟然後主賓之敬皆曲盡而各得其安也　注鄭司農云交擯擯者交也者先鄭說無旅擯交擯之異謂擯者主客交錯傳辭也案此賓至國正行朝禮則賓陳九介主君陳五擯與前郊勞交擯賓至並陳九介者小異云賓車進答拜賓上車進主人乃答其拜也者賈疏云後鄭不從者車逆拜辱已是主人今云車進答當是客何得主人再度拜故不從也詒讓案先鄭蓋以車逆拜辱爲主君車逆而賓拜其辱故以此答拜爲主人答賓之拜也云及出車送三請主人三請留賓也者賈疏云後鄭亦不從者行朝享禮賓訖送賓出禮既有限何因更有留賓之事故不從也云三進進隨賓也者謂賓行前進主人亦進從之三請故有三進也云賓三還三辭告辟賓三還辭謝言已辟

去也者告辟告辟主君之拜也賓但告辟遂去不答拜者禮之通例送者拜去者不答拜鄉射禮賓出主人送于門外再拜注云不答拜禮有終也是也云玄謂既三辭主君則乘車出大門而迎賓者大戴禮記朝事篇云君拜迎于大門外案大門外謂諸侯庫門外其內即外朝也禮通例賓主人敵者迎於大門外此既交擯三辭主君乃出大門迎賓故經車逆在交擯三辭之後大行人注云王始立大門內交擯三辭乃乘車而迎之是天子待來朝諸侯亦同曲禮孔疏謂賓至主國大門外主人及擯出門相接而後交擯傳辭與此經注敘次並迮非也云見之而下拜其辱賓車乃前下答拜也者此破先鄭說也主君出門既見賓車則主君先下車拜其辱賓車稍前賓乃下車答主君之拜也凡賓車止於門外故曲禮云客車不入大門云三揖者相去九十步揖之使前也者據大行人上公朝位賓主之閒九十步也若侯伯則相去七十步子男則相去五十步此三揖在大門外與後庭中三揖有將右曲將北曲當碑之節者不同云至而三讓讓入門也者與後升堂時三讓爲讓升者異也國語周語云在禮敵必三讓曲禮云凡與客入者每門讓於客此讓入門亦謂入大門主君由闑東朝君由闑西皆中門而入此主君三讓則賓亦三辭禮器云三辭三讓而至不然則已蹙是也云相謂主君擯者及賓之介也謂之相者於外傳辭耳入門當以禮詔侑也者明相即主君之上擯及賓之上介因事異名耳前注云出接賓曰擯入贊禮曰相彼專據擯言之攷聘禮云擯者進相幣又擯者立于闑外以相拜凡言相亦皆專據擯而不及介鄭知此相兼有介者後諸公之臣相爲國客云每門止一相及門唯君相入注云唯君相入客臣也相不入矣彼以君相對臣相爲文臣相即聘介也此經唯云上相不辨賓主明兼有賓相可知故注兩舉擯介也互詳大宗伯疏云介紹而傳命者君子於其所尊不敢質敬之至也者賈疏云此聘義文按彼介紹而傳命謂

聘者旅擯法引證此交擯者但紹繼也謂介相繼而陳則交擯旅擯皆得爲紹故此交擯亦得紹介而傳命也按彼注賓謂正自相當賓主不敢正自相當故須擯介通情也云每門止一相彌相親也者每入門時止一人相禮不如在外用五擯九介傳辭者示情彌親禮彌簡也云君入門介拂闑大夫中棖與闑之閒士介拂棖者玉藻文引之者證介隨君入門之節鄭彼注云此謂兩君相見也棖門楔也君入必中門上介夾闑大夫介士介鴈行於後示不相沿也君若迎聘客擯者亦然孔疏云闑謂門之中央所豎短木也棖謂門之兩旁長木所謂門楔也又引崔氏皇氏云君必中門者謂當棖闑之中主君在闑東賓在闑西主君上擯在君之後稍近西而拂闑賓之上介在賓之後稍近東而拂闑大夫擯介各當君後在棖闑之中央賈疏云君入門不言所拂者朝君入由闑西亦拂闑不言之者君特行不與介連類故不言也介拂闑者上介隨君後與大夫士介自爲鴈行於後也王念孫云疏云朝君入由闑西亦拂闑與鄭玉藻注君入必中門不合其說甚誤君入當棖闑之閒未嘗拂闑也案王說是也凡門皆兩棖一闑闑在兩扉之閒當以崔靈恩皇侃說爲正孔穎達李如圭楊復江永淩廷堪張惠言孫希旦胡培翬朱大韶並從之賈聘禮疏獨謂闑有二分列東西非也凡入門近闑則拂闑近棖則拂棖若中門則當一扉之中於棖闑皆無所拂依玉藻注義則君與大夫介入門行列正相當賈此疏謂君亦拂闑則與上介行列相當不當棖闑之閒其誤甚矣云此爲介鴈行相隨也者卽玉藻注所云大夫介士介鴈行於後是也蓋入門時君特在前上介相禮者則先衆介拂闑而行次介以下則繼上介後相鴈行以次而入也玉藻孔疏云鴈行參差節級云止之者絕行在後耳者明非終不入特絕行在後不相隨俱入耳賈疏云知不全入而爲絕行在後者以聘禮介皆入廟門門西北面西上故知此君介亦入門門西北面西上可知故云絕

行在後後亦入廟也云賓三揖三讓讓升也者此三揖即入門後庭中三揖也讓升者別於前三讓爲讓入門也聘禮說歸饔餼之禮云大夫奉束帛入三揖皆行至于階讓大夫先升一等注云讓不言三不成三也凡升者主人讓於客三敵者則客三辭主人乃許升亦道賓之義也使者尊主人三讓則許升矣據彼注則賓主敵者主人一讓賓一辭主人再讓賓再辭主人三讓賓三辭主人乃先升以道賓此諸公賓主相敵則亦三讓而主人先升也云登再拜授幣授當爲受者授受聲類同鄭意下文云賓拜送幣則此不當云授幣且授幣與再拜文相屬再拜屬主君則授幣非指賓授玉可知故必破授爲受也云主人拜至且受玉也者釋再拜之義大戴禮記朝事篇云北面拜貺所以致敬也即此云每事如初謂享及有言也者後注義同朝畢必有享即大行人云廟中將幣三享是也有言據聘禮文詳大行人疏云云賓當爲儐者謂賓亦如之之賓當爲儐聲類同也段玉裁云以賓爲儐古文假借也聘禮少牢饋食禮儐字亦多作賓依說文儐擯同字皆訓導也而鄭君說禮擯爲導儐爲禮賓分別與許不同云謂以鬱鬯禮賓也者謂與大行人儐王禮諸侯事同而文異朝事記亦云儐而禮之是也今攷以鬱鬯禮賓謂之賓賓猶敬也此與大司徒賓興及鄉大夫興賢者能者以禮禮賓之義同鄉飲酒禮以酒獻賓朝聘禮以鬱鬯祼賓二者通謂之禮亦通謂之賓足相比例似不必讀爲儐也云上於下曰禮敵者曰儐者賈疏云大行人云王禮再祼而酢之屬是上於下曰禮此諸侯云儐是敵者曰儐也凌廷堪云凡賓主人行禮畢主人待賓用醴則謂之禮不用醴則謂之儐士昏禮納采問名禮畢請醴賓注醴當爲禮此女父禮賓也聘禮聘享禮畢請禮賓此主國之君禮賓也皆用醴又聘禮郊勞禮畢賓用束錦儐勞者又夫人使下大夫勞儐之如初又歸饔餼畢出迎大夫注賓出迎欲儐之又下大夫歸上介饔餼儐之兩馬束錦又夫人使下

大夫歸禮畢賓儐之乘馬束錦上介儐之兩馬束錦此聘賓及上介儐主國之使者也覲禮郊勞畢侯氏用束帛乘馬儐使者又天子賜舍畢儐之束帛乘馬又賜侯氏車服畢儐使者諸公賜服者束帛四馬儐大史亦如之此皆侯氏儐天子之使者也皆不用醴案凌說甚析但此經之儐爲祼禮禮經之儐爲幣馬事實不同鄭此注之意蓋謂此經字雖作儐實與禮經之禮相近但以尊卑文異其與禮經之儐事固不相涉也若然此注之禮卽禮經之禮而儐非卽禮經之儐不必援彼釋此後注云禮以醴禮客卽用禮經義也引禮器曰諸侯相朝灌用鬱鬯無籩豆之薦者證儐不用醴而用鬱鬯也孔疏云謂五等自相朝朝享禮畢未饗食之前主君酌鬱鬯之酒以獻賓示相接以芬芳之德不在殽味也云謂此朝禮畢儐賓也者禮器下文又云大夫聘禮以脯醢儐禮相對爲文明此卽指朝畢儐賓之事云三請三進請賓就車也者主君送賓至大門外則請賓就車如是者三也云主君每一請車一進欲遠送之也者此車謂主君之車主君每一請則主君之車亦一進示欲乘車遠送賓也云三還三辭主君一請者賓亦一還一辭者浦鏜云者字當在三還三辭下阮元云疏引注請下無者當如浦說案浦阮校近是賓出大門向外行以主君送請不敢徑行故主君一請則賓還面向內辭之也

致饔餼還圭饗食致贈郊送皆如將幣之儀此六禮者惟饗食速賓耳其餘主君親往親往者賓爲主人主人爲賓君如有故不親饗食則使大夫以酬幣侑幣致之鄭司農云還圭歸其玉也故公子重耳受飧反璧玄謂聘以圭璋禮也享以璧琮財也已聘而還圭璋輕財而重禮贈送以財既贈又送至於郊

疏致饔餼還圭饗食致贈郊送者此行朝禮後在館及行至近郊之禮凡五等諸侯相爲賓饔餼饗食之數並詳掌客職此饗食亦蒙致爲文與饔餼還圭皆致之賓館致贈卽於郊與送禮相將經以君

親行故文特致詳也云皆如將幣之儀者亦謂交擯及迎送辭受揖讓之儀略同其節次細別則異也　注云此六禮者惟饗食速賓耳者惟蜀石經宋大字本作唯字通此謂饗食正禮行於廟則使卿戒速賓於館主君不親往也方苞云注非也冠禮之賓儕輩也鄉飲酒之賓鄉大夫所治部民也主人猶親速況敵體之國君乎案方說較鄭爲長鄭謂速賓君不親往者以公食大夫禮及聘禮饗食君皆不親往然彼皆君待臣禮不可以例此也公食禮云使大夫戒各以其爵注云告之必使同班敵者易以相親敬又云大夫相食親戒速注云記異於君者也速召也先就告之歸具既具復自召之則戒速禮同必以同班敵者相食必親往速無疑矣云其餘主君親往者謂饔餼等四事皆君親致之也唯饗食於廟君親行之而致禮則否大戴禮記朝事篇云君親致饔既還圭饗食致贈郊送所以相與習禮樂也雍既與饔餼字通朝事亦據親饗食言也國語周語云周之秩官有之曰敵國賓至膳宰致饔廩人獻餼司馬陳芻彼云官致者廣晐朝聘亦以具送陳設事在有司耳實則以幣致之者君自親其事也云親往者賓爲主人主人爲賓者此主君親至賓館則賓轉爲主人而以待賓之禮待主君也聘禮注亦云賓在公館如家之義亦以來者爲賓賈疏云見聘禮云君使卿歸饔餼又云賓迎于外門外又云大夫東面致命君使卿還玉于館賓迎于外門外不拜帥大夫以入鄭君以此二者知賓爲主人主人爲賓致贈郊送亦然可知也聘禮乃君於臣此兩君敵明主君親爲之矣云君如有故不親饗食則使大夫以酬幣侑幣致之者明此經饗食亦據致禮故得如將幣之儀也凡此致饗食與聘禮待國客同掌客云上公三饗三食三燕若弗酌則以幣致之是也其不親燕亦有致幣注不言者文不備互詳酒人及掌客疏又據聘禮致幣各以其爵鄭注謂致禮於卿使卿致禮於大夫使大夫此致禮於國君君既不自致則當使孤卿注云大夫

者亦謂上大夫也鄭司農云還圭歸其玉也者以聘禮說還圭亦云還玉後鄭彼注云玉圭也但彼臣聘用瑑圭此國君相朝用命圭耳朝時廟中受其玉上云受幣是也禮畢則主君親歸玉於賓館據聘禮則幷還璋經文亦不具也云故公子重耳受飧反璧者賈疏云僖公二十三年左傳公子重耳反國及曹曹共公聞其駢脅欲觀其裸浴薄而觀之僖負羈之妻曰吾觀晉公子之從者皆足以相國若以相夫子必反其國反其國必得志於諸侯得志於諸侯而誅無禮者曹其首也子盍蚤自貳焉乃饋盤飧寘璧焉公子受飧反璧是其事引之者證還圭之事但彼反璧者義取不貪寶意非還圭故後鄭不從也云玄謂聘以圭璋禮也者賈疏云聘義云以圭璋聘重禮也謂行聘禮也云享以璧琮財也者賈疏云貢財貨時用璧琮以致之故云財也云已聘而還圭璋輕財而重禮者亦聘義文鄭彼注云圭瑞也尊圭璋之類也用之還之皆爲重禮禮必親之不可以己之有遙復之也財謂璧琮享幣也受之爲輕財者財可遙復重賄反幣是也案鄭言此者明朝聘皆有還圭其義同也云贈送以財者說文貝部云贈玩好相送也聘禮注云贈送也所以好送之也左昭五年傳云出有贈賄杜注云去則贈之以貨賄財賄義同詩大雅韓奕云韓侯出祖出宿于屠其贈維何乘馬路車箋云贈送也又使送以車馬所以增厚意也樂記云所謂大輅者天子之車也龍旂九旒天子之旌也青黑緣者天子之寶龜也從之以牛羊之羣則所以贈諸侯也此蓋天子贈上公之禮詩秦風渭陽說康公送晉文公云何以贈之路車乘黃則侯國自相贈亦有車馬矣云既贈又送至於郊者於舊本竝作于今依蜀石經正賈疏云聘禮賓遂行舍于郊公使卿贈如覿幣注云言如覿幣見爲反報是贈幷送至于郊案朝禮無文故鄭賈約聘禮爲說亦君親送於近郊與來時郊勞同

賓之拜禮拜饔餼拜饗食鄭司農云賓之拜禮者因言賓所當

拜者之禮也所當拜者拜饔餼拜饗食玄謂賓將去就朝拜謝此三禮三禮禮之重者也賓既拜主君乃至館贈之去又送之于郊 疏 拜禮者此賓將行時拜主國之禮於朝也 注鄭司農云賓之賓之拜禮者因言賓所當拜者之禮也者明經言拜禮與下二句為目諸公相為賓授玉後主君當亦有禮裸知此拜禮非別為拜裸禮者以聘禮將幣後亦有禮賓而無拜禮明此亦不當拜也云所當拜者拜饔餼拜饗食者謂當拜者止此諸禮其餘燕羞俶獻乘禽等皆不當拜與聘禮異也云玄謂賓將去就朝拜謝此三禮三禮禮之重者也者此朝謂庫門外之廷聘禮注云拜謝主君之恩惠於大門外是也三禮謂饔餼一饗二食三賈疏云先鄭所說是後鄭增成其義按聘禮饔餼燕羞俶獻之明日賓皆拜於朝將去又三拜乘禽于朝彼臣故盡拜謝此賓之拜禮在致贈郊送之下則不及燕羞俶獻乘禽以其君略小惠將去惟拜其大禮也按聘禮賓三拜乘禽於朝遂行舍于郊公使卿贈若然此致贈郊送在拜禮後今設文在前者欲取如將幣之儀故進文在前其贈送合在後也云賓既拜主君乃至館贈之去又送之于郊者于亦當作於蜀石經及各本並誤聘禮云君使卿贈士送至于竟此國君來朝禮尤重故主國君親至館贈又親送之於郊也但聘禮使卿郊贈後唯有士送于竟更無卿郊送之文此注說君贈於館又別送於郊與彼不同者以上文先云致贈後云郊送明贈不在郊至郊別有送蓋亦君臣隆殺之異也賈疏云鄭以贈送之文在前拜禮在後恐疑顛到故此解之是其次也

賓繼主君皆如主國之禮

鄭司農云賓繼主君復主人之禮費也故曰皆如主國之禮玄謂繼主君者儐主君也儐之者主君郊勞致館饔餼還圭贈郊送之時也如其禮者謂玉帛皮馬也有饌陳之積者不如也若饗食主君及燕亦速焉 疏 注鄭司農云賓繼主君復主人之禮費也故曰皆如主國之禮者說文系部云

繼續也引申之爲往來報復之義故先鄭以復訓繼也賈疏云後鄭不從者主人禮賓既多非賓所能復云玄謂繼主君者儐主君也者賈疏云按聘禮君遣卿勞及致館等皆儐儐者報也上注云敵者曰儐故此報主君爲儐云儐之者主君郊勞致館饔餼還圭贈郊送之時也者賈疏云按聘禮云賓至于近郊君使卿朝服用束帛勞又云賓用束錦儐勞者君使卿韋弁歸饔餼又云大夫奉束帛又云賓降授老幣出迎大夫注云出迎欲儐之庭實設乘馬賓降堂受老束錦賓奉幣西面大夫東面賓致幣是皆有儐法彼兩臣有儐此兩公有儐可知也若然彼聘禮致館無儐者彼君使卿致館不以幣故亦無儐明此兩君致時有幣合亦儐之也主君有故不能親饗食以侑幣酬幣致之亦無儐鄭彼注云以已本宜往還玉于館及還享雖無束帛文亦當儐之矣案聘禮致館實有幣而無儐賈謂無幣非是詳後疏云如其禮者謂玉帛皮馬也有饌陳之積者不如也者皮馬賈疏述注作乘馬阮元云諸本作皮誤詒讓案此謂主君致饔餼時有牲牢米禾薪芻等饌陳之積賓儐主君則惟如致幣以報之不報其饌陳之積也云若饗食主君及燕亦速焉者賈疏云聘禮賓不見有饗食速主君者臣於君雖他國亦不敢速君故禮記云大夫饗君非禮是也此兩君卽得其燕食等皆得速主君也案上注云惟饗食速賓故賈意賓饗食主君當亦使人速之賓不親往速燕禮輕於饗食亦不親速可知然依方苞說主君饗食賓賓當親速則賓饗食主君及燕似亦當親速不必如鄭賈所說也

諸侯諸伯諸子諸男之相爲賓也各以其禮相待也如諸公之儀賓主相待之儀與諸公同也饔餼饗食之禮則有降殺

疏注云賓主相待之儀與諸公同也饔餼饗食之禮則有降殺者賈疏云五等諸侯以命數分爲三等其圭璋饔餼飧積步數儐介皆降殺備於大行人掌客其進退揖讓之儀一與

公同故云如諸公之儀諸公之臣相爲國客謂相聘也疏諸公之臣相爲國客者以下並國君待聘使之禮賈疏云謂上諸公之臣相聘往來爲國客相待相送之儀此法皆備則於下文也　注云謂相聘也者謂奉君命聘問往來爲國客也

三積皆三辭拜受受者受之於庭也侯伯之臣不致積疏則三積者客初入竟之禮也三積通出入言之初入竟時或一積或二積經注無文未知其審賈疏云此謂在道之禮於路館致之亦有束帛致之云皆三辭拜受者與前諸公受積同案亦當旅擯經不言者文略凡此諸公之臣蓋亦唯有積勞不問與大行人職待大國之孤禮同經不言不問者亦文略也　注云受者受之於庭也者亦與前諸公受積同受之於舍門內之庭也以聘禮受勞禮約之蓋亦使者入門東面致命客則北面再拜稽首受幣也此諸公之臣凡受禮自郊勞外蓋皆受於庭與受積同詳後疏云侯伯之臣不致積者賈疏云按聘禮以五介又張旝是侯伯之卿聘使者經不云積明侯伯之臣不致積可知但不以束帛行禮致之豈於道全無積乎明有也黄以周云致積致飱皆使卿大夫致之司儀云致飱如致積之禮是其致禮同也其不使卿大夫致而微者直陳其禮謂之設聘禮宰夫朝服設飱記云飱不致謂不用致禮非無飱也侯伯之臣不致積與不致飱同亦非無積也聘義云主國待客出入三積自是五等之臣通禮但諸公之臣以禮致侯伯子男之臣不以禮致直使微者陳設之而已其設之之法亦當與宰夫朝服設飱同賈疏說甚通其據束帛言之者用鄭飱不致注其實當依經致皆卿大夫不致而設者士案賈黄說足補注義聘禮無積蓋亦因不致禮殺故文不具耳聘義孔疏謂彼三積專謂上公之臣亦誤會此注不足據也

及大夫郊勞旅擯三辭拜辱三讓登聽命下拜登受賓使者如初之

儀及退拜送登聽命賓登堂也賓當爲儐勞用束帛儐用束錦侯伯之臣受勞於庭

疏及大夫郊勞者此客至近郊之禮也凡聘臣蓋皆一勞聘禮二云賓至於近郊君使下大夫請行反君使鄉朝服用束帛勞鄭彼注二云大夫請行鄉勞彌尊賓也彼侯伯之臣相聘尚使鄉勞則此諸公之臣郊勞使鄉可知二云大夫者以鄉卽上大夫得通稱也二云旅擯者亦用臣禮也賈疏二云旅擯不傳辭賓使各陳七介而已二云三辭者辭郊勞也左昭二年傳二云叔弓聘于晉晉侯使郊勞辭曰寡君使弓來繼舊好固曰女無敢爲賓徹命于執事敝邑宏矣敢辱郊使請辭是辭郊勞之事但聘禮載受郊勞唯一禮辭此則有三辭與彼異者或禮文不具抑諸公之臣尊於侯伯故禮亦彌辭與二云拜辱者謂旣三辭客乃出舍門門東西面迎拜使者外來之辱案聘禮賓再拜勞者不答拜則此拜辱使者亦不答拜可知二云三讓登聽命者此謂入郊舍之門及階聘客三讓大夫三辭而後聘客先升堂聽使者所致主君勞問之命聘禮二云勞者奉幣入東面致命賓北面聽命此唯升堂不同其致聽之節一也二云下拜登受者尊主君之命故降拜於堂下也據聘禮當北面再拜稽首凡臣與君行禮皆降拜君若待以客禮則辭之然後升成拜凌廷堪謂下文二云致饔餼如勞之禮考聘禮歸饔餼大夫東面致命賓降階西再拜稽首卽此下拜也大夫辭升成拜受幣堂中西北面卽此登受也案凌說此例甚塙若然此亦當大夫辭升成拜乃受經文不具也二云賓使者如初之儀者此受勞訖更端復旅擯迎入舍行儐也賈疏二云謂使傳命訖禮畢出門賓以束帛賓使者如初行勞時之儀前賓受幣今使者受幣受幣雖異威儀則同敬主君使者也二云及退拜送者儐畢使者退聘客於舍門外西面拜送使者亦不答拜聘禮受儐訖亦云乃退賓送再拜是也　注二云登聽命賓登堂也者謂聘賓與使者相讓至三則賓先登堂聽命使者隨之登堂東面致命受幣也堂謂舍

館之堂二云賓當爲儐者前注同據聘禮受勞後有儐勞者之禮二云勞用束帛儐用束錦者呂飛鵬二云聘禮君使卿朝服用束帛勞此使者勞賓用束帛之證也又二云賓用束錦儐勞者此聘賓儐使者用束錦之證也二云侯伯之臣受勞於庭者賈疏二云亦按聘禮賓是侯伯之臣二云受於舍門內是不登堂也詒讓案聘禮郊勞注二云不受於堂此主於侯伯之臣也公之臣受勞於堂彼注亦據此經爲說

致館如初之儀

如郊勞也不儐耳侯伯之臣致館於庭不言致飧者君於聘大夫不致飧也聘禮曰飧不致賓不拜

疏致館者此賓初至國之禮也案聘禮記諸公之臣當館於大夫之廟　注二云如郊勞也者賈疏二云按聘禮賓至大夫帥至館卿致館此公之臣亦當然上二云郊勞此二云如初如初郊勞也案此亦當卿致之司里授之詳前疏二云不儐耳者明唯此不如郊勞也賈疏二云聘禮致館無束帛賓亦無儐知此亦然也案聘禮致館注二云主人以上卿禮致之賈彼疏二云覲禮注二云王使人以命致館無禮猶儐之者尊王使也無禮謂無束帛此二云以上卿禮明有束帛致亦可知若然有禮則稱致覲禮不稱致無禮故也據此文侯伯之卿聘郊勞致館有幣則五等待臣皆同有幣也案聘禮疏說與此疏不同黃以周二云覲禮賜舍擯之聘禮卿致館賓迎再拜卿致命賓再拜稽首卿退賓送再拜不言擯之是不儐也鄭此注亦以聘禮決之凡諸公相爲賓及其臣之爲國客致館皆有束帛鄭注郊勞二云勞用束帛注致館二云如郊勞也不儐耳明主國亦有束帛特賓不儐使爲異耳疏二云聘禮致館無束帛與聘禮本疏違案黃說是也二云侯伯之臣致館於庭者於舊本並誤于今依蜀石經正聘禮二云大夫帥至于館卿致館賓迎再拜卿致命賓再拜稽首卿退賓送再拜亦無登聽命下拜登受之事故知致館於庭也二云不言致飧者君於聘大夫不致飧也者凡聘使至皆有飧直設之而已不以束帛致之故二云不致也賈疏二云按聘禮致館之下即二云宰

夫設飧卽此致館下不云致飧故云君於聘大夫不致飧如是五等之臣皆無致飧也引聘禮曰飧不致賓不拜者鄭彼注云不以束帛致命草次饌飧具輕賓不拜以不致命引之者證君於聘大夫不致飧之事

及將幣旅擯三辭拜逆客辟三揖每門止一相及廟唯君相入三讓客登拜客三辟授幣下出每事如初之儀客辟逡巡不答拜也唯君相入客臣也相不入矣拜主君拜客至也客三辟三退負序也每事享及有言

疏及將幣者此謂致館之明日正行聘禮於廟也賈疏云謂賓在館至將幣將幣亦謂圭璋也云旅擯者賈疏云亦謂於主君大門外主君陳五擯客陳七介不傳辭故云旅擯也案此旅擯與前郊勞賓主皆陳七介異故賈謂主君陳五擯以其旣至則主君用擯與在道用介異也聘禮云卿爲上擯大夫爲承擯士爲紹擯鄭彼注云主君公也則擯者五人侯伯也則擯者四人子男也則擯者三人此並據大行人天子待五等諸侯擯數以爲己國待賓之擯數也敖繼公據聘禮但言上擯承擯紹擯謂諸侯之擯者三人而已不以己爵及朝聘者之尊卑而異凌廷堪云諸侯之於聘賓不應上同天子敖說似亦可從聘禮賓同卿下大夫擯是卿之擯者一人大行人職曰凡諸侯之卿其禮各下其君二等卿擯一人則主君擯宜三人矣黃以周說同孫希旦又謂上公卿七介則主擯五人侯伯卿五介則主擯三人子男卿三介則主擯二人案以君臣差降二等覈之凌孫說似皆可通經旣無文姑並存以竢攷云三辭者賈疏云前郊勞三辭辭其以禮來於外此三辭辭其主君以大客禮當己詒讓案聘義云三讓而后傳命三讓而后入廟門三揖而后至階三讓而后升所以致尊讓也鄭注云此揖讓主謂賓也三讓而後傳命賓至廟門主人請事時也賓見主人陳擯以大客禮當己則三讓之不得命乃傳其君之聘命

也三讓而后入廟門讓主人廟受也黃以周云據鄭彼注傳命前之
三讓卽司儀之三辭故賈疏三辭卽用鄭彼注以爲說散文辭猶讓
也但鄭注聘義三讓主賓言注司儀三辭又指主人言各據一偏案
黃謂此疏本聘義注義是也然賈說實非鄭恉此三辭當據主擯言
之左文十二年傳秦伯使西乞術來聘襄仲辭玉亦云主人三辭是
其證也綜校後鄭前後注義似亦與聘義注義不同蓋此章三辭鄭
無釋者明其與朝禮同前朝禮將幣節三辭亦無釋者明其與致積
勞郊勞同皆冢上而省也前朝禮致積郊勞三辭注並主內爲文辭
爲辭外來之禮此注既不別釋則鄭不以爲賓辭客禮當己明矣江
永謂此三辭爲主人辭不敢當而賓對辭疏謂辭其以客禮當己之
誤是也又攷聘義三讓文三見此經及聘禮唯有讓升餘二節並未
見彼先云三讓而后傳命則傳命在三讓之後彼注謂三讓不得命
乃傳聘命此經云旅擯三辭三辭三辭已是傳命則非彼三讓亦明矣以
鄭意推之蓋擯介將陳而未就位之前有讓擯之節不得命而後各
就位傳命三讓之禮細於三辭故此經不載至聘禮則公出迎以前
無辭文而辭玉則在賓及廟門時又無三辭之文並與此經小異或
大門外與廟門外各有三辭兩經詳略互見與若如賈說則客辭擯
而主竟不辭聘有是禮乎云拜逆客辟者主君迎賓於大門內也公
食大夫禮注云不出大門降於國君賈疏云謂三辭訖主君遣上擯
納賓賓入大門主君在大門內南面拜拜賓奉君命屈辱來見己客
辟不受拜者使者奉君命來不敢當拜故逡巡辟君拜也云三揖者
卽聘禮云公揖入每門每曲揖是也云每門止一相及廟唯君相入
者廟亦大祖廟也聘禮云不腆先君之祧既拚以俟矣注云諸侯五
廟則祧始祖也是亦廟也言祧者祧尊而廟親待賓客者上尊者賈
疏云與前諸公少異彼是兩君故云唯上相入則兩君擯介各有此
上相亦不入故據君而言也云三讓客登者卽聘義之三讓而後升

珍倣宋版印

也謂至階主君讓賓升賓又讓主君如此者三主君則先升故聘禮云至于階三讓公升二等賓升西楹西東面是三讓之後主君實先升此主客言之則云客登不論先後也賈疏云按聘義云三讓而後入廟門三揖而後至階此不言者文不具客登者主君與客俱登據客而言故云客登也云拜客三辟者卽聘禮云賓致命公當楣再拜賓三退負序是也賈疏云主君與客俱登訖主君於阼階上北面拜拜賓喜至此堂弁拜受幣客三辟者三退負序不敢當君拜云授幣下出者賈疏云授玉與主君也方苞云聘禮公受玉於中堂與東楹之閒賓降出卽此授幣下出也不敢拜送幣者奉君命以將事不敢當君也　注云客辟逡巡不答拜也者聘禮云公皮弁迎賓于大門內大夫納賓賓入門左公再拜賓辟不答拜注云辟位逡遁不敢當其禮又曲禮云君若迎拜則還辟不敢答拜注云嫌與君抗賓主之禮案逡巡與聘禮注逡遁字同詳司士疏云唯君相入客臣也相不入矣者以客是臣禮殺故相不入不入者謂客入之後上相與衆介絕行在後不與客俱入故聘禮云賓入門左介皆入門左北面西上注云隨賓入也介無事止於此賈彼疏云司儀及將幣每門止一相及廟唯君相入注云客臣也相不入矣此介皆入不同者彼云每門止一相鄭云絕行在後耳非是全不入廟又云唯君相入者謂前相君禮須入故言之臣相不前相禮故不言入其實皆入與此同也案此經及廟唯君相入與聘禮文異故賈彼疏據前諸公相朝注絕行在後之說通之理或然也云拜主君拜客至也者卽聘禮賓入門左公再拜注云南面拜迎是也案拜客至拜其至之辱也聘禮記贊拜之辭曰子以君命在寡君寡君拜君命之辱是也云客三辟三退負序也者賈疏云按聘禮云賓三退負序注云三退三逡遁也不言辟者以執圭將進授之此亦執圭將授言辟者儀禮是委曲行事故云將進不得云辟此周禮事未見據大總而言故云辟無嫌案賈聘禮

疏謂此經是諸公之臣相聘之禮與侯伯之卿聘於鄰國之禮少異與此疏說不同此疏爲允云每事享及有言者前注義同聘禮受幣之後云賓奉束帛加璧享又聘於夫人用璋享用琮所謂享也又云若有言則以束帛如享禮所謂有言也詳大行人疏二者皆在將幣之後其禮並同故經以每事晐之

及禮私面私獻皆再拜稽首君荅拜禮以醴客私面私覿也既覿則或有私獻者鄭司農說私面以春秋傳曰楚公子棄疾見鄭伯以其良馬私面

疏及禮私面私獻者以下並行聘禮後之禮賈疏云此三者皆於聘日行之故并言之云皆再拜稽首君荅拜者稽疑當從大祝釋文作䭫前將幣爲致君命拜不稽首此禮爲主君禮使臣私面私獻爲使臣以禮見主君故皆稽首以致敬也聘禮賓受禮云升再拜稽首受幣當東楹北面公壹拜賓降也公再拜又賓私覿云入門右北面奠幣再拜稽首又云公北面再拜又記私獻云賓東面坐奠獻再拜稽首公荅再拜皆其事也凡君與臣行禮臣皆稽首詳大祝疏注云禮以醴禮客者聘禮聘享畢後卿云請醴賓是其事也凡禮之通例賓主人行禮畢主人待賓用醴並謂之禮詳前疏賈疏云按聘禮禮客用醴齊異於君饗也云私面私覿也者據聘禮記郊特牲聘義及論語鄉黨篇並云私覿荀子大略篇亦云私覿私見也聘禮既將幣云賓奉束錦以請覿鄭彼注云覿見也鄉將公事是欲交其歡敬也又問卿之後云賓面如覿幣注云面亦見也其謂之面威儀質也賈疏云彼於君謂之覿於卿謂之面覿面別此云私面私覿爲一者以彼文兩見則私覿據君私面據卿此文不見有私覿直言私面豈不見君直見臣也明此私面主於君故以私面爲私覿也案賈說是也聘義亦云賓私面私覿面與覿爲二此經及左傳直以私覿爲私面者以覿面義同通稱故聘禮小聘曰問面不升注云面猶覿也彼亦以覿爲面又左昭十六年傳晉韓起聘于

晉私覿於子產以玉與馬是私面又稱私覿蓋皆散文互通也云既覿則或有私獻者者聘禮記云既覿賓若私獻奉獻將命鄭彼注云時有珍異之物或賓奉之所以自序尊敬也猶以君命致之案云或有者私獻不必常有也云鄭司農說私面以春秋傳曰楚公子棄疾見鄭伯以其良馬私面者證私覿亦通稱私面也舊本說上衍云字今從宋大字本岳本刪賈疏云按左氏昭六年楚公子棄疾如晉過鄭見鄭伯如見王以其乘馬八匹私面見子皮如上卿以馬六匹見子產以馬四匹見子大叔以馬二匹稱面者以其面亦覿也

出及中門之外問君客再拜對君拜客辟而對君問大夫客對君勞客客再拜稽首君荅拜客趨辟中門之外即大門之內也問君曰君不恙乎對曰使臣之來寡君命臣于庭問大夫曰二三子不恙乎對曰寡君命使臣于庭二三子皆在勞客曰道路悠遠客甚勞勞介則曰二三子甚勞問君客再拜對者爲敬愼也

疏出及中門之外問君者此客私覿事畢後君出送客至中門外門東西面有此問勞之事也賈疏云賓來主爲以君命行聘享是以先行聘享訖乃始行私相慰問之事是以聘禮注云鄉以公禮將事無由問也云客再拜對君拜客辟而對者客門西東面拜對君門東西面荅拜客辟又東面對以下君與客拜及問對位並同聘禮無第二次對文不具也方苞云前對問不恙後對或別問君之所爲也後曰君荅拜前第曰君拜者非荅客也問其君之起居不恙則如親見而拜以致敬也案方說是也聘禮注謂問君居處何如又引蘧伯玉使人於孔子孔子問曰夫子何爲是問居處兼問所爲之類故使者不唯一次對也云君問大夫客對者聘禮文同大夫謂客國之卿大夫或執政隆重或與主君雅故皆得蒙客問不拜而對降於君也云君勞客客再拜稽首君荅拜者聘禮文亦同注云勞以道路之

勤此主君又特勞問客故再拜稽首以拜其恩意也曲禮云大夫士見於國君君若勞之則還辟再拜稽首云客趨辟者聘禮云賓出公再拜送賓不顧注云公既拜客趨辟卽據此經若然主君尚有拜送之節此經亦不具客不敢當主君之拜故趨出辟之且見不敢勞主君之遠送也　注云中門之外卽大門之內也者謂雉門外庫門內也諸侯三門以雉門爲中門庫門爲大門鄭謂諸侯以應門爲中門皋門爲大門失之詳閽人及朝士疏賈疏云聘禮云及大門內公問君故指彼云卽大門內也按聘禮云及大門內公問君賓對公再拜注云賓至始入門之位北面將揖而出衆介亦在其右少退西上於此可以問君居處何如序殷勤也時承擯紹擯亦於門東北面東上上擯往來傳君命南面焦循云聘禮云公出送賓及大門內公問君賓對公問大夫賓對公勞賓賓再拜稽首賓出公再拜送賓不顧司儀云出及中門之外問君客再拜對君問大夫客對君勞客客再拜稽首君答拜客趨辟二文互同中門外卽大門內外朝之地也蓋送至此仍用擯傳命而賓出大門也公在雉門外送至外朝不送出大門也云問君曰君不恙乎對曰使臣之來寡君命臣于庭問大夫曰二三子不恙乎對曰寡君命使臣于庭二三子皆在勞客曰道路悠遠客甚勞勞介則曰二三子甚勞者寡君命臣于庭蜀石經宋大字本命下並有使字與下文同疑今本挩之于當作於各本並誤大行人注云問問不恙也賈疏云未知鄭君所出何文或云是孔子聘問之辭亦未得其實也惠棟云襄廿七年左傳曰仲尼使舉是禮也以爲多文辭服虔曰以其多文辭故特舉而用之後世謂之孔氏聘辭此書漢時猶存故鄭引之或說非無據也案惠說亦通呂氏春秋異用篇云孔子弟子從遠方來孔子問之曰子之公不有恙乎子之父母不有恙乎子之兄弟不有恙乎賈引或說疑卽據呂覽推定謂出孔子也聘禮云君與卿圖事遂命使者此卽所謂君命使臣于庭二

三子皆在也明君與諸臣皆無恙故得親命使圖事於庭凡圖事在燕朝卽路寢庭也云問君客再拜對者爲敬慎也者以下問大夫客不拜而對明問君再拜對者爲尊君特示敬慎也

致饔餼如勞之禮饗食還圭如將幣之儀

饗食亦謂君不親而使大夫以幣致之

【疏】致饔餼如勞之禮者賈疏云同使卿威儀進止皆如上郊勞之禮詒讓案上文郊勞云旅擯三辭拜辱三讓登聽命下拜登受賓使者如初之儀及退拜送今以聘禮致饔餼之禮校之大略相同惟彼經侯伯之臣受勞於庭與致饔餼受於堂不無殊異而此經諸公臣受勞於堂則尤爲符合故經直云如勞之禮也又案上諸公相爲賓說致饔餼與饗食還圭同云如將幣之儀而此文又以致饔餼如勞之禮特爲別異者蓋以詳略變文實則諸禮皆有同有異經或偏舉一隅或綜論大較義各有當故聘禮說致饗食亦云如致饔明文可兩通不容泥也云饗食還圭如將幣之儀者聘禮云公于賓壹食再饗燕無常數上介壹食壹饗賈彼疏據掌客注諸臣用爵不依命數推之云以此言之公侯伯子男大聘使卿主君一食再饗小聘使大夫則主君一食一饗若然案掌客子男一食一饗子男之卿再饗多於君者以其君臣各相望不得以君決臣也案依賈義五等臣同一食再饗則子男臣有踰君之嫌於等例必不可通竊意聘臣饗食之數亦當以三等降殺疑當公之卿再食再饗侯伯之卿一食再饗子男之卿一饗不食於差次或有合耳此饗食冢上致爲文與還圭並致之賓館則其行禮亦當如上注云賓爲主人主人爲賓而得如將幣者蓋迎送揖讓之節略同賈疏云致饗及還玉賓主皆是大夫其將幣主君與使臣行禮如將幣者蓋不盡如之所如者如旅擯主人皮弁賓皮弁襲將幣同自餘則別是以聘禮君使卿皮弁還玉于館賓皮弁襲迎于外門外不拜帥大夫以入大夫升自西階鉤楹賓自碑內聽命升自西階自左

南面受圭退負右房而立是與將幣別之事也　注云饗食亦謂君不親而使大夫以幣致之者聘禮云若不親食使大夫各以其爵朝服致之以侑幣如致饔無儐致饗以酬幣亦如之是其事也賈疏云以其與還圭共文同是致之故知君不親使大夫致之也

君館客客辟介受命遂送客從拜辱于朝　君館客者客將去就省之盡殷勤也遂送君拜以送客

疏　君館客客辟介受命者以下並客行時之禮君親至客館送使者使者不敢當君之盛禮故辟而使介於舍館大門外聽命也云客從拜辱于朝者釋文作客朋云本又作從從同案說文从部云从相聽也從隨行也此經義爲隨從當以從爲正盧文弨云朋爲篆文從字隸作从釋文本作兩刀誤書內從字甚多惟此一字作古體賈疏云聘禮曰公退賓從請命于朝公辭賓退是也詒讓案聘禮賓拜于朝鄭並謂拜謝於大門外則此客拜辱於朝亦於庫門外門西東面拜朝即庫門外廷與宮內三朝異也詳朝士掌訝疏　注云君館客者客將去就省之盡殷勤也者謂聘禮畢使者將行主國之君就客館省之故謂之館客聘禮云公館賓鄭彼注云爲賓將去親存送之厚殷勤且謝聘客之意也又云賓辟注云不敢受主國君見己於此館也此亦不見言辟者君在廟門敬也又云上介聽命注云聽命于廟門中西面如相拜然也擯者每贊君辭則曰敢不承命告于寡君之老此與彼禮節正同云遂送君拜以送客者謂君於客館門外東面拜以送客也賈疏云鄭知君拜送者見聘禮云聘享夫人之聘享問大夫送賓公皆再拜是其有拜詒讓案聘禮又云又拜送注云拜送賓也其辭蓋云子將有行寡君敢拜送鄭蓋兼據彼文

明日客拜禮賜遂行如入之積　禮賜謂乘禽君之加惠也如入之積則三積從來至去

疏　明日者即君館客之次日也云客拜禮賜者亦於庫門外之朝東面拜賜主國之擯聽之以告

於君君不見也　注云禮賜謂乘禽者賈疏云按聘禮公館賓下云賓三拜乘禽於朝以此知禮賜是乘禽也詒讓案聘禮致饔餼夫人歸禮及饗食明日客皆拜賜于朝此經無文唯於行時著拜禮賜之文蓋以其小節略之抑或文得兼含不甚區別要兩經之義大致無迕矣賈聘禮疏引此經而云臨行大小禮皆拜賜是謂諸禮皆行時總拜與此注不合亦未知然否云君之加惠也者以在致飧及饔餼諸正禮之外故目加惠云如入之積則三積從來至去者大行人注義同卽聘義云出入三積是也賈疏云入與出各三積故得以後如前以此而言諸侯言出入五積四積三積之類入出各五各四各三者也聘義孔疏說同黃以周云出入三積謂自入至出其所致積有三也故注云從來至去數如此賈孔謂來去皆有此數則注何爲言從至案黃說是也上文三積與聘義文同自通來去言之此云遂行如入之積明致積之禮與入時同耳若其積數則或來一去一或來一去二總而爲三入與行積數本不相等也大行人五等諸侯來朝惟侯伯四積來二去二積數相等其公五積子男三積來去數亦皆不相等彼經五積四積三積並通出入爲文亦不謂出數如入數也賈誤謂出入數等殊失鄭恉互詳大行人疏

凡侯伯子男之臣以其國之爵相爲客而相禮其儀亦如之爵卿也大夫也士也

疏凡侯伯子男之臣以其國之爵相爲客而相禮其儀亦如之者此明侯伯子男之臣禮與諸公之臣同也賈疏云其儀亦如之者亦以三等相差七十步七介五十步五介三十步三介小聘使大夫又降殺也詒讓案聘禮是侯伯之臣相爲國客之禮亦有與此諸公臣禮不同者如受郊勞受館皆於庭之等是也蓋其繁文縟節不能無少差異要其大致略同故經云亦如之　注云爵卿也大夫也士也者賈疏云諸侯之臣言爵相爲客而相禮者不離三等卿大夫士鄭注掌客云爵卿

也則飧二牢饔餼五牢大夫也則飧大牢饔餼三牢士也則飧少牢饔餼大牢也此降小禮豐大禮也以命數則參差難等略於臣用爵而已以此三等相禮也案此鄭賈約言之諸臣有此三等賓則每等之中亦自有尊卑細別不同左僖十二年傳云齊侯使管夷吾平戎于王王以上卿之禮饗管仲管仲辭受下卿之禮而還則爵同是卿仍有上下之等也自命士以上爲爵詳大宰疏

凡四方之賓客禮儀辭命餼牢賜獻以二等從其爵而上下之 上下猶豐殺也 疏 凡四方之賓客禮儀辭命餼牢賜獻以二等從其爵而上下之者此通論賓客之禮不限以朝聘也禮儀辭命即上文儀容辭令餼牢謂致饔餼等賜獻即禮賜及聘禮記之禽羞俶獻皆是也國語周語云其貴國賓至則以班加一等是班爵同者仍有隆殺之等也賈疏云上經云爵鄭以卿大夫士三等解之此經云二等即與大行人云諸侯之卿各下其君二等大夫士亦如之大夫下卿士下大夫降殺以兩解之同也云從其爵者以二等降殺從三等而爲之 注云上下猶豐殺也者賈疏云爵尊者禮豐爵卑者禮殺以二等爲豐殺也

凡賓客送逆同禮 謂郊勞郊送之屬 疏 凡賓客送逆同禮者上文云行如入之積又環人云送逆及疆亦送逆同禮之一端 注云謂郊勞郊送之屬者賈疏云經云送逆故知郊勞郊送也郊勞是逆郊送是送尊卑不同此二者一也案賈說非也尊卑無同禮之理經注之意蓋謂賓客之至逆以此禮送亦以此禮非謂尊卑禮一也

凡諸侯之交各稱其邦而爲之幣以其幣爲之禮 幣享幣也於大國則豐於小國則殺主國禮之如其豐殺謂賄用束紡禮用玉帛乘皮及贈之屬 疏 凡諸侯之交者即大行人所云凡諸侯之邦交問聘朝之等是也云各稱其邦而爲之幣以其幣爲之禮者賈疏云據朝聘所齎享

幣大國多小國少禮者據主國賄客還依來者多少而報之注云幣亨幣也者賈疏云以其經云稱其邦復云幣明幣是享幣不得據圭璋璧琮也案賈說是也朝聘瑞玉法數有定不得爲豐殺故鄭專據享幣言之聘禮記云幣美則沒禮注云幣人所造成以自覆蔽謂束帛也然此注則謂凡享用束帛加璧又以皮幣爲庭實同謂之幣猶小行人六幣兼皮馬矣聘禮有夕幣展幣亦並通玉帛皮馬而言云於大國則豐於小國則殺主國禮之如其豐殺也者謂來朝聘者於大國則幣豐於小國則幣殺其主國禮幣則視其來者而報之不以來朝聘之國大小爲異也云謂賄用束紡禮用玉帛乘皮及贈之屬者聘禮云大夫賄用束紡注云賄予人財之言也紡紡絲爲之今之縛也所以遺聘君可以爲衣服相厚之至又云禮玉束帛乘皮注云禮禮聘君也所以報享也亦言玉璧可知也又云遂行舍于郊公使鄉贈如覿幣又記云賄在聘于賄注云賄財也于讀曰爲言主國禮賓當視賓之聘禮而爲之財也賓客者主人所欲豐也若苟豐之是又傷財也亦引此經爲證

凡行人之儀不朝不夕不正其主面亦不背客謂擯相傳辭時也不正東鄉不正西鄉當視賓主之前卻得兩鄉之而已

疏凡行人之儀者卽見賓客之儀此官豫肄習之而以詔大小行人者也云不正其主面者擯人注云面猶鄉也案面偭之借字詳彼疏注云謂擯相傳辭時也者謂大小行人爲擯相傳辭之儀它若大宗伯齒夫及此官等爲擯相之時亦視此儀也云不正東鄉不正西鄉者釋經不朝不夕朝卽東也夕卽西也毛詩大雅卷阿傳云山東曰朝陽山西曰夕陽匠人云以正朝夕義亦同賈疏云朝謂日出時爲正鄉東夕謂日入時爲正鄉西云當視賓主之前卻得兩鄉之而已者謂大小行人隨賓主之前進及卻退宛轉鄉之兩不違背也賈疏謂亦指司儀誤俞正燮云不朝不夕不正其主面亦不背客蓋北面

而少偏西面注言當視賓主之前卻得兩向之是也正主面是正向主君擯人云使萬民和說而正王面亦言向王案俞說是也士相見禮云凡燕見于君必辯君之南面若不得則正方不疑君注云辯猶正也君南面則臣見正北面君或時不然當正東面若正西面不得疑君所處邪鄉之彼爲諸臣燕見之儀專主於君與此行人擯相之儀兼視賓主事正相反彼經辯君之南面猶此經正主面也彼注正東面正西面即此經朝夕也彼注疑君所處邪鄉之猶此注視賓主前卻兩鄉之也兩經義異而正可互證

周禮正義卷七十二

周禮正義卷七十三

瑞安孫詒讓學

行夫掌邦國傳遽之小事媺惡而無禮者凡其使也必以旌節雖道有難而不時必達傳遽若今時乘傳騎驛而使者也美福慶也惡喪荒也此事之小者無禮行夫主使之道有難謂遭疾病他故不以時至也必達王命不可廢也其大者有禮大小行人使之有故則介傳命不嫌不達

疏 掌邦國傳遽之小事媺惡而無禮者者媺古美字詳大司徒疏賈疏云行夫者以身自行於外言媺惡無禮者無擯介而單行謂之無禮也案無禮當亦謂無聘享玉帛之禮賈疏未晐覲禮賜舍不以幣致注云使人以命致館無禮賈彼疏謂無禮謂無束帛是無幣亦得爲無禮審矣云凡其使也必以旌節者明此官爲小事特使與聘問不同不得用邦節珍圭牙璋之等故與環人同用路節也云雖道有難而不時必達者賈疏云無難者卽依程至祇由有難故不時必達者雖不時必達於所往之處也注云傳遽若今時乘傳騎驛而使者也者大僕注云遽傳也玉藻云士曰傳遽之臣注云傳遽以車馬給使者也爾雅釋言云馹遽傳也左成五年傳晉侯以傳召伯宗杜注云傳驛又僖三十二年孔疏引孫炎云傳車驛馬也說文馬部云驛置騎也馹驛傳也案秦漢以後凡急事速行乘車曰傳曰馹乘馬曰遽曰驛故鄭許亦分別釋之然此經爲周初典法似尚未有單騎之制則傳遽當通爲乘車漢書高帝紀田横乘傳詣雒陽顏注引如淳云律四馬高足爲置傳四馬中足爲馳傳四馬下足爲乘傳一馬二馬爲軺傳急者乘一乘傳師古云傳者若今之驛古者以車謂之傳車其後又單置馬謂之驛騎此

說漢時乘傳騎驛之制亦以單置馬爲起於後世足證周初有乘無騎矣又案周時傳遽蓋用輕車取其速至故方言揚雄答劉歆書以行人爲輶軒使者輶軒卽輕車也行夫亦卽行人之屬凡王官以事巡行天下必乘傳遽通謂之傳遽之事則亦通謂之輶軒之使矣互詳大僕疏云美福慶也者此亦經用古字注用今字之例福慶者美善之事卽大宗伯大行人賀慶之禮是也云惡喪荒也者卽大宗伯凶禮之二賈疏云謂民有死喪及年穀不孰若諸侯薨之等大事卽使卿大夫若春秋王使榮叔宰咺之等有禮不使行夫也云此事之小者無禮行夫主使之者以行夫下士秩卑於大小行人故事之小無禮幣者則使行夫特往也云道有難謂遭疾病他故不以時至也者遭疾病謂行夫身有疾病也他故若虎賁氏云道路不通注云逢兵寇若泥水是也云必達王命不可廢也者明事雖小亦奉王命而往雖不以時至亦期於必達賈疏謂以行夫下士三十二人人數多縱有難必達失之云其大者有禮大小行人使之者明行人使邦國亦乘傳遽也賈疏云按大行人雖不云身使之事其閒問及王之所以撫諸侯之等或身自行小行人云使適四方是身行之事也云有故則介傳命不嫌不達也者明大事雖有故亦必達也聘禮云賓入竟而死遂也主人爲之具而殯介攝其命鄭彼注云爲致聘享之禮也初時介接聞命又云若賓死未將命則旣斂於棺造於朝介將命是聘使死則介傳命鄭卽據彼爲說

居於其國則掌行人之勞辱事焉使則介之

使謂大小行人也故書曰夷使鄭司農云夷使使於四夷則行夫主爲之介玄謂夷發聲

疏 居於其國者於經例當作于唐蜀石經及各本並誤此謂行夫隨行人居所使之國也云則掌行人之勞辱事焉者與行人爲役也勞辱事猶司隸云煩辱之事 注云使謂大小行人也者此謂大事有禮使大小行人者則行夫爲之介也云故書曰夷使者

謂故書使則介之上多一夷字也釋文出焉使云劉焉音夷則劉昌宗以夷爲卽焉之異文王引之云焉字屬上爲句使則介之故書使
上有夷字夷乃發聲故鄭兼存故書有夷字者而以發聲解之非謂焉故書作夷也若焉字故書作夷則鄭當云故書焉作夷方合全書
之例今不言焉作夷而云使謂大小行人也故書曰夷使是故書使上多一夷字而焉字仍屬上讀明矣劉音誤甚陸氏以焉使連讀亦
沿劉氏之誤案以注疊故書通例覈之王說是也孔繼汾說亦同劉音及陸讀並失之惠棟引三年問焉使倍之以證焉當訓於陸意或
當如是然非經注義也鄭司農云夷使使於四夷則行夫主爲之介者先鄭從故書爲說以夷爲四夷也賈疏云後鄭不從以爲夷發聲
者以經云居則掌行人之勞辱事是行人所使卽云介明還與行人爲介文勢不容與行人別行直四夷使自使象胥何得使行夫也故
不從之也云玄謂夷發聲者王引之云凡鄭注所列或本亦有爲之解者如稾人試其弓弩故書試爲考玄謂考之而稾則上其食尤稾
又賞之考工記貉踰汶則死貉或作猨謂善緣木之猨也輈人左不楗楗或作券玄謂券今倦字也是其例也夷發聲乃解故書夷字非
解經文焉字周官一書用焉字者多矣皆句末語助無爲句首發聲者案王說亦是也

環人掌送逆邦國之通賓客以路節達諸四方通賓客以常事往來者也路節旌節也四方圻上

疏注云通賓客以常事往來者也者通大小賓客朝覲會同聘覜言也掌交云掌邦國之通事而結其交好注云通事謂朝
覲聘問也此與彼義同云路節旌節也者據掌節大行人文賈疏云以其道路用旌節故知路節旌節也云四方圻上者圻與畿同卽大
司徒注云千里曰畿謂距王城五百里疆與侯國畿封相接之處也下文云送逆及疆故知不出畿賈疏云至畿卽入諸侯國諸侯國自

有通之者也舍則授館令聚欜有任器則令環之令令野廬氏也鄭司農云四方人有任器者則
環人主令殉環守之【疏】舍則授館者此授館據在道言之與入國致館異賈疏云館則道上廬宿市所館舍云有任器則令環之者賈
疏云謂賓客任用之器案任器詳司隸疏　注云令令野廬氏也者賈疏云其職云若有賓客則令守涂地之人聚欜之故知令野廬氏也
鄭司農云四方人有任器者則環人主令殉環守之者蜀石經殉作徇案殉卽徇字左傳桓六年注以木鐸徇徇釋文云徇本作殉徇亦卽
徇之俗敘官注云環猶圍也主圍賓客任器爲之守衞徇環亦謂徇行圍繞爲客戒守以備盜竊與後鄭義同凡門關無幾
送逆及疆鄭司農云門關不得苛留環人也玄謂環人送逆之則賓客出入不見幾【疏】送逆及疆者謂與訝士掌訝同從小
行人送逆於竟上也　注鄭司農云門關不得苛留環人也者王制注云幾呵察也苛呵字同詳宮正疏依先鄭說則似門關得幾賓客
惟不幾環人故後鄭更釋之云玄謂環人送逆之則賓客出入不見幾者補先鄭義明無幾卽謂不幾賓客也周書大子晉篇云委積施
關道路無限彼施讀爲弛弛關卽謂門關無幾也

象胥掌蠻夷閩貉戎狄之國使掌傳王之言而諭說焉以和親之謂蕃
國之臣來覜聘者【疏】掌蠻夷閩貉戎狄之國使者姜兆錫云卽職方氏四夷八蠻七閩九貉五戎六狄之國大行人所謂蕃國也
注云謂蕃國之臣來覜聘者者明經云國使卽蕃國之臣奉使來至王國者也賈疏云蕃國之君世壹見其臣得有覜聘者彼雖無聘使
法有國事來小行人受其幣聽其辭以中國覜聘況之耳其實無覜聘也案王無覜聘蕃國之禮若蕃國之於王則不必絕無覜聘但不

限以常期耳賈說未然

若以時入賓則協其禮與其辭言傳之以時入賓謂其君以世一見來朝爲賓者 疏 若以時入賓則協其禮者夷狄君長來朝亦以禮接之猶大行人凡諸侯之王協其禮但其禮當殺於中國五等諸侯耳王制孔疏引皇侃云戎狄之君使來王饗之其禮則委饗也若夷狄君來則當與中國子男同故小行人職掌小賓小客所陳牲牢當不異也案孔皇云委饗者國語周語云戎狄則有體薦其適來班貢坐諸門外而使舌人體委與之韋注云舌人能達異方之志象胥之官卽此此協禮之事云與其辭言傳之者辭謂蕃國君長告請之辭言傳與上文傳王之言義異冢人言鸞車象人大祝言甸人注並云言猶語也此言當與彼同謂告語傳達之大行人云屬象胥諭言語協辭命是此官通蕃國之辭故以主賓之辭傳譯通之也 注云以時入賓謂其君以世一見來朝爲賓者者一釋文作壹案注例用今字當作一詳酒正疏 此卽大行人云九州之外謂之蕃國世壹見是也

凡其出入送逆之禮節幣帛辭令而賓相之從來至去皆爲擯而詔侑其禮儀 疏 凡其出入送逆之禮節幣帛辭令而賓相之者賓亦當讀爲擯詳大宗伯大行人疏大行人注謂蕃國之君無玉瑞則唯有幣帛可知左隱七年傳云戎朝于周發幣于公卿此夷狄亦有幣帛之證賈疏謂夷狄無玉帛來向中國幣帛爲王有賜與之者是謂無玉幷無幣帛失之 注云從來至去皆爲擯而詔侑其禮儀者大行人注云出入謂從來訖去也此經亦云出入故知來去皆然擯釋賓詔侑禮儀釋相之

凡國之大喪詔相國客之禮儀而正其位客謂諸侯使臣來弔者 疏 凡國之大喪者賈疏云大喪言凡則非王喪若王喪諸侯皆來何得有使臣來諸侯絕無來者則大喪王后世子也或大喪王喪不言諸侯者餘官掌之此象

胥直掌臣也又象胥本主夷狄之使亦兼掌中國之使故下有大事諸侯之等也　注云客謂諸侯使臣來弔者者司儀云諸公之臣相為國客是諸侯使臣謂之國客此為大喪而來故知為來弔者也

凡軍旅會同受國客幣而賓禮之

謂諸侯以王有軍旅之事使臣奉幣來問

疏 凡軍旅會同受國客幣而賓禮之者鄉大夫先鄭注云賓敬也此與上文賓相義不同注云謂諸侯以王有軍旅之事使臣奉幣來問者賈疏云正謂禮動不虛以為相見之禮以幣致其君命非謂別有幣也

凡作事王之大事諸侯次事卿次事大夫次事上士下事庶子

作使也鄭司農云王之大事諸侯使諸侯執大事也次事卿使卿執其次事也次事使大夫次事使上士下事使庶子

疏 凡作事者此通論諸侯以下所共王事之差等非必皆象胥作之也小宰六敘正羣吏云以敘作其事此則通作諸侯諸臣等之事亦依敘以作之云次事上士者賈疏云直言上士不作中士下士者揔以王之三等之士皆曰上士與王制所云元士同也王引之云周禮序官凡言上士者皆對中士下士言之無合三等之士言之者掌客從者三公眡上公之禮卿眡侯伯之禮大夫眡子男之禮士眡諸侯之卿禮庶子眡其大夫之禮其序卿大夫士庶子之等與此同而但稱為士不稱上士夏官司士凡會同作士從賓客亦如之作士適四方使為介正此所謂次事使士者亦無上士之稱上蓋衍文也若有上字則與直言士者不同鄭必訓釋其義今鄭不為上字作解則所見本無此字也案王說是也云下事庶子者庶子謂公卿大夫之子未命而在官者故次在士下詳宮伯諸子疏　注云作使也者司士注義同鄭司農云王之大事諸侯使諸侯執大事也次事卿使卿執其次事也次事使大夫次事使上士下事使庶子者王引之云上字亦後人依誤本經文加之案王校是也

先鄭亦訓作爲使謂自大事至下事有此五等各依其爵次尊卑作使之

掌客掌四方賓客之牢禮餼獻飲食之等數與其政治政治邦新殺禮之屬

疏掌四方賓客之牢禮餼獻飲食之等數者牢唐石經初刻誤作勞磨改作牢此卽下文五等諸侯禮數不同之法宰夫云凡朝覲會同賓客以牢禮之灋掌其牢禮委積膳獻飲食賓賜之飧牽與其陳數此所掌與彼略同亦官聯也牢禮謂若下文飧積殷膳等皆有牲牢之禮餼卽下饔餼獻卽下乘禽宰夫注云膳獻禽羞俶獻也飲食燕饗也此不言膳及賓賜飧牽者詳略互見足相晐約也　注云政治邦新殺禮之屬者據下文

王合諸侯而饗禮則具十有二牢庶具百物備諸侯長十有再獻饗諸侯而用王禮之數者以公侯伯子男盡在是兼饗之莫敵用也諸侯長九命作伯者也獻公侯以下如其命數

疏王合諸侯而饗禮者司儀注云合諸侯謂有事而會也案亦兼時會殷同言之凡會同在國外爲壇此饗則仍在廟以饗與會同不同日也云則具十有二牢者宰夫注云三牲牛羊豕具爲一牢則十二牢卽十二太牢也云庶具百物備者祭統云官備則具備水草之菹陸產之醢小物備矣三牲之俎八簋之實美物備矣昆蟲之異草木之實陰陽之物備矣鄭彼注云具謂所共衆物案十二牢爲牲俎則庶具百物蓋指庶羞膳夫所謂羞用百有二十品之屬是也云諸侯長十有再獻者待方伯以殊禮蓋與大祫十二獻禮略同凡上公九獻依司尊彝注說祭禮約之蓋先有二祼祼後又有四獻賓食後酳爵又二獻衆賓之長又一獻是爲九獻此外更有三獻則禮經無可推約莫能詳也賈大行人疏說九獻無祼不足據　注云饗諸侯而用王禮之數者者賈疏云王禮則十二牢是故哀七年吳來徵百

牢魯使子服景伯對曰周之王也制禮上物不過十二以爲天之大數也上公以九爲節則十二者是王禮之數也云以公侯伯子男盡在是兼饗之莫敵用也者以四時朝覲五等諸侯皆一一專饗故牢禮多不逾九今合諸侯而兼饗之既不分牢各具則不得專屬一人故特用盛禮與專饗不同也賈疏云以經云合則時會殷同是盡在於是兼饗故用十二牢也若單饗一國卽有賓主之敵則單用大牢今兼饗諸侯無一一相敵故云莫敵用也若曲禮云大饗不問卜鄭云莫適卜也彼亦非一帝揔饗五帝莫適卜也案賈說非也敵適字同凡言莫適者皆無所專主之謂論語里仁篇無適也釋文引鄭本作敵詩衞風伯兮篇豈無膏沐誰適爲容毛傳云適主也此注云莫敵用者卽謂不能專主一人之禮而用之故用王禮之數曲禮注云莫適卜亦謂帝有五不能專主一帝而卜之非無一一相敵之謂也云諸侯長九命作伯者也者據大宗伯文先鄭彼注云長諸侯爲方伯故此云諸侯長也云獻公侯以下如其命數者賈疏云大行人云上公饗禮九獻侯伯七獻子男五獻是也

王巡守殷國則國君膳以牲犢令百官百牲皆具從者三公眂上公之禮卿眂侯伯之禮大夫眂子男之禮士眂諸侯之卿禮庶子壹眂其大夫之禮

國君者王所過之國君也犢繭栗之犢也以膳天子貴誠也牲孕天子不食也祭帝不用也凡賓客則皆角尺令者掌客令主國也百牲皆具言無有不具備

【疏】王巡守殷國者卽大行人十有二歲巡守殷國時也賈疏云王巡守則殷同殷同則殷國也王巡守至於四岳之下當方諸侯或所在經過或至方岳之下若殷國或在王城出畿外在諸侯之國所在之處皆設禮待王故巡守殷國並言也案殷國者王巡行近畿之國因而合諸侯也故有侯國膳具之事與大行人

之殽同在王都者異賈沿鄭職方氏注之誤說合二事爲一故謂或在王城非也詳職方氏疏云則國君膳以牲犢者賈疏據下文諸侯禮謂此王膳亦謂殽膳今案王在侯國亦若在國日一舉侯國之君當有進膳之禮不唯殽膳也賈說似未晐史記魯仲連傳云天子巡守諸侯避舍納筦鑰攝衽抱机視膳於堂下天子已食乃退而聽朝也是天子巡守諸侯有親視膳之禮也云令百官百牲皆具者此謂致積飧饔餼及殽膳皆有牲牢也賈疏云此文與下爲目百官卿三公已下是也詒讓案左僖二十四年傳云天子出居于鄭鄭伯與孔將鉏石甲父侯宣多省視官具于氾而後聽其私政禮也此百牲亦官具之一耑也云從者三公眡上公之禮者王三公眡畿外諸公之禮也國語周語說襄王使大宰文公賜晉文公命晉待以公命侯伯之禮云上卿逆於境晉侯郊勞館諸宗廟饋九牢與此後文上公之禮正同云卿眡侯伯之禮大夫眡子男之禮士眡諸侯之卿禮庶子壹眡其大夫之禮者賈疏云上公已下及侯伯子男禮備於大行人及掌客諸侯之卿及諸侯大夫禮亦備於聘禮及公食大夫也 注云國君者王所過之國君也者賈疏云鄭偏舉一邊而言所在亦須共待云犢繭栗之犢也者爾雅釋畜牛屬云其子犢國語楚語云郊禘不過繭栗韋注云角如繭栗漢書禮樂志顏注云繭栗言角之小如繭及栗之形也賈疏云王制云天地之牛角繭栗郊特牲云天子適諸侯諸侯膳用犢謂殽膳時特與祭天之牲同用犢則天子繭栗可知也云以膳天子貴誠也牲孕天子不食也祭帝不用也者據郊特牲文鄭彼注云犢者誠慤未有牝牡之情孕任子也云凡賓客則皆角尺者明餘賓客自上公以下皆不用犢也王制云賓客之牛角尺謂長一尺也云令者掌客令主國也者賈疏云以其掌客掌諸侯已下牢禮故知掌客令也云百牲皆具言無有不具備者

凡諸侯之

百牲舉成數明隨從官多少無不具備不必限以百也

禮上公五積皆眂飧牽三問皆脩羣介行人宰史皆有牢飧五牢食四十簠十豆四十鉶四十有二壺四十鼎簋十有二牲三十有六皆陳饔餼九牢其死牢如飧之陳牽四牢米百有二十筥醯醢百有二十罋車皆陳車米眂生牢牢十車車秉有五籔車禾眂死牢牢十車車三秅芻薪倍禾皆陳乘禽日九十雙殷膳大牢以及歸三饗三食三燕若弗酌則以幣致之凡介行人宰史皆有飧饔餼以其爵等爲之牢禮之陳數唯上介有禽獻夫人致禮八壺八豆八籩膳大牢致饗大牢食大牢卿皆見以羔膳大牢侯伯四積皆眂飧牽再問皆脩飧四牢食三十有二簠八豆三十有二鉶二十有八壺三十有二鼎簋十有二腥二十有七皆陳饔餼七牢其死牢如飧之陳牽三牢米百筥醯醢百罋皆陳米三十車禾四十車芻薪倍禾皆陳乘禽日七十雙殷膳大牢三饗再食再燕凡介行人宰史皆有飧饔餼以其爵等爲之禮唯上介有禽獻夫人致禮八壺八豆八籩膳大牢致饗大

牢卿皆見以羔膳特牛子男三積皆眡飧牽壹問以脩飧三牢食二十有四簋六豆二十有四鉶十有八壺二十有四鼎簋十有二牲十有八皆陳饔餼五牢其死牢如飧之陳牽二牢米八十筥醯醢八十甕皆陳米二十車禾三十車芻薪倍禾皆陳乘禽日五十雙壹饗壹食壹燕凡介行人宰史皆有飧饔餼以其爵等爲之禮唯上介有禽獻夫人致禮六壺六豆六籩膳眡致饗親見卿皆膳特牛積皆視飧牽謂所共如飧而牽牲以往不殺也不殺則無鉶鼎簋簠之實其米實于筐豆實實于甕其設筐陳于楹內甕陳于楹外牢陳于門西車米禾芻薪陳于門外壺之有無未聞三問皆脩脩下句云羣介行人宰史皆有牢君用脩而臣有牢非禮也蓋著脫字失處且誤耳飧客始至致小禮也公侯伯子男飧皆飪一牢其餘牢則腥食者其庶羞美可食者也其設蓋陳于楹外東西不過四列簠簋稻粱器也公十簠堂上六西夾東夾各二也侯伯八簠堂上四西夾東夾各二子男六簠堂上二西夾東夾各二豆菹醢器也公四十豆堂上十六西夾東夾各十二侯伯三十二豆堂上十二西夾東夾各十子男二十四豆堂上十二西夾東夾各六禮器曰天子之豆二十有六諸公十有六諸侯十有二上大夫八下大夫六以聘禮差之則堂上之數與此同鉶羹器也公鉶四十二侯伯二十八子男十八非衰差也二十八書或爲二十四亦非也其於衰公又當三十於言又爲無施禮之大數鉶少於豆推其衰公鉶四十二宜爲三十八蓋近之矣則

公鉶堂上十八西夾東夾各十侯伯堂上十二西夾東夾各八子男
堂上十西夾東夾各四壺酒器也其設於堂夾如豆之數鼎牲器也
簋黍稷器也鼎十有二者飪一牢正鼎九與陪鼎三皆設于西階前
簋十二者堂上八西夾東夾各二合言鼎簋者牲與黍稷俱食之主
也牲當爲腥聲之誤也腥謂腥鼎也於侯伯云腥二十有七其故腥
字也諸侯禮盛腥鼎有鮮魚鮮腊每牢皆九爲列設於阼階前公腥
鼎三十六腥四牢也侯伯腥鼎二十七腥三牢也子男腥鼎十八腥
二牢也皆陳陳列也飧門內之實備于是矣亦有車米禾芻薪公飧
五牢米二十車禾三十車侯伯四牢米禾皆二十車子男三牢米十
車禾二十車芻薪皆倍其禾饔餼既相見致大禮也大者既兼飧積
有生有腥有孰餘又多也死牢如飧之陳亦飪一牢在西餘腥在東
也牽生牢也陳于門西如積也米橫陳于中庭十爲列每筥半斛公
侯伯子男黍粱稻皆二行公稷六行侯伯稷四行子男二行醯醢夾
碑從陳亦十爲列醯在碑東醢在碑西皆陳於門內者於公門內之
陳也言車者行字耳車米載米之車也聘禮曰十斗曰斛十六斗曰
籔十籔曰秉每車秉有五籔則二十四斛也禾槀實并刈者也聘禮
曰四秉曰筥十筥曰稯十稯曰秅每車三秅則三十稯也稯猶束也
米禾之秉筥字同數異禾之秉手把耳筥讀爲棟梠之梠謂一穧也
皆陳橫陳門外者也米在門東禾在門西芻薪雖取數于禾薪從米
芻從禾也乘禽乘行羣處之禽謂雉鴈之屬於禮以雙爲數殷中也
中又致膳示念賓也若弗酌謂君有故不親饗食燕也不饗則以酬
幣致之不食則以侑幣致之凡介行人宰史衆臣從賓者也行人主
禮宰主具史主書皆有飧饔餼尊其君以及其臣也以其爵等爲之
牢禮之數陳爵卿也則飧二牢饔餼五牢大夫也則飧大牢饔餼三
牢士也則飧少牢饔餼大牢也此降小禮豐大禮也以命數則參差
難等略於臣用爵而已夫人致禮助君養賓也籩豆陳于戶東壺陳

珍倣宋版印

于東序凡夫人之禮皆使下大夫致之於子男云膳視致饗言夫人致膳於小國君以致饗之禮則是不復饗也饗有壺酒鄉皆見者見于賓也既見之又膳之亦所以助君養賓也鄉見又膳此聘禮鄉大夫勞賓飧賓之類與於子男云親見鄉皆膳特牛見讀如鄉皆見之見言鄉於小國之君有不故造館見者故造館見者乃致膳鄭司農說牽云牲可牽行者也故春秋傳曰餼牽竭矣秏讀爲秏稗麻荅之秏

【疏】凡諸侯之禮者賈疏云此一經並是諸侯自相朝主國待賓之禮若然天子掌客不見天子待諸侯之禮而見諸侯自相待者以外包內天子待諸侯亦同諸侯自相待可知案賈說是也覲禮饗禮乃歸注引此經上公三饗三食三燕云云爲釋則鄭謂天子待諸侯亦用此法明矣云上公五積皆眡飧牽三問皆脩者此賓客在道之禮大行人上公出入五積三問三勞是也此不言勞者文不具云飧五牢者以下至皆陳皆賓客始至所致之禮司儀云致飧如致積之禮是也云饔餼九牢者以下至皆陳皆賓客既將幣後所致之禮也云乘禽日九十雙者以下皆留閒所以給賓客之禮乘禽即下文禽獻也聘禮亦云歸乘禽日如其饔餼之數彼聘臣饔餼五牢故聘義云乘禽日五雙此上公九牢而乘禽日九十雙十倍其數者亦君臣禮異也云殷膳大牢者亦留閒所致也云以及歸三饗三食三燕者大戴禮記朝事篇云賓而禮之三饗三食三宴以與之習立禮樂宴卽燕之借字經文先饗次食次燕者凡賓禮饗最盛食次之燕爲最輕行禮先後亦同故公食大夫禮云設洗如饗注云必如饗者先饗後食如其近者也聘禮注亦據公食經云則饗與食互相先後也依彼注義則行此三禮亦依敘次錯互舉之蓋上公則先一饗次一食次一燕又再饗次再食次再燕又三饗次三食次三燕侯伯子男及聘臣數遞減而三禮相互並同唯左昭二十五年傳叔孫婼聘宋宋公享之明日宴彼亦先饗後燕而先後兩日饗燕相接其閒無食

者或文不具抑或以侯伯之卿再饗一食前已得一饗一食故更端再饗而無食皆未可知也云若弗酌則以幣致之者謂不親饗食燕
而以禮致之也云凡介行人宰史皆有飧饔餼者以下皆待賓客從者之禮云唯上介有禽獻者五等諸侯上介皆以卿故特隆其禮其
大夫士介則無也詳大行人疏云夫人致禮八壺八豆八籩膳大牢致饗大牢食大牢者皆夫人待賓客之禮也云卿皆見以羔膳大牢
者此皆卿大夫待賓客之禮也大宗伯六摯卿執羔五等侯國同云侯伯四積者以下至膳特牛皆待侯伯之禮與公略同唯等數皆遞
殺云三饗再食再燕者浦鏜云內宰大宗伯職金疏及覲禮注並作再饗汪文臺云通典七十四引亦作再饗郊特牲疏云侯伯則再饗
再食再燕南本或云侯伯亦三饗誤也案浦汪並據孔說校此孔云南本者謂南朝本也唐蜀石經及今本並與彼同依北朝本則五等
諸侯饗食燕數各自相同於上下文例亦符合但攷聘禮侯伯之卿壹食再饗則饗食數不必盡同況大行人注謂大國之孤饗食之數
並視小國之君而此經子男止壹饗壹食反不得視大國之卿則於禮例似不甚協竊疑南本此文不誤下文子男當作再饗一食與大
國卿同六朝以後子男文誤作壹饗北本遂改此文以與彼相儷實則五等諸侯唯上公三禮自相等餘皆不相等也云子男三積者以
下至親見卿皆膳特牛皆待子男之禮與侯伯略同而等數亦遞殺云夫人致禮六壺六豆六籩者俞樾云經文夫人致禮於上公則八
壺八豆八籩於侯伯亦八壺八豆八籩於子男則六壺六豆六籩此必誤也以上文例之降則公侯伯子男遞降如食四十簋十豆四十
之類皆是也不降則公侯伯子男皆不降如鼎簋十有二是也未有侯伯不降而子男獨降者疑致禮侯伯爲六壺六豆六籩子男爲四
壺四豆四籩據聘禮夫人致禮于賓六豆六籩六壺于介則四豆四籩四壺降殺以兩卽其例也案俞謂此經文有誤信然然聘禮五介

爲侯伯之御行聘之禮夫人致禮六豆六籩六壺若如俞說此夫人致於侯伯亦六壺六豆六籩則君臣無等又破子男爲四壺四豆四籩則降於侯伯之臣矣於禮文似未協蔣載康則謂侯伯子男數並不誤唯上公當作十壺十豆十籩亦無塙證竊疑此經於子男亦當作八壺八豆八籩蓋夫人致禮五等諸侯數皆不降猶膳用大牢亦五等同不降經文子男數誤而侯伯數則不誤也大抵此章文多舛譌但無它經可證姑並存諸說俟通學詳定焉　注云積皆視飧牽謂所共如飧而牽牲以往不殺也者此亦注用今字作視也下並同此五等諸侯相朝積飧饔餼之等同用大牢天子待來朝諸侯亦然郊特牲云諸侯適天子天子賜之禮大牢是也賈疏云上公五積公國自相朝是上公待上公之禮有五積皆眡飧一積眡一飧飧五牢五積則二十五牢言牽者數雖眡飧飧則殺積全不殺並生致之故云牽侯伯四積亦皆眡飧牽飧四牢一積眡一飧則一積四牢揔十六牢亦牽不殺子男三積積亦眡飧飧三牢一積三牢三積九牢亦牽之不殺也必牽之不殺者以其在道分置豫往故不殺之容至自殺也既云眡飧飧則有芻薪米禾之等故鄭辨積皆依飧解之也案賈說是也凡積皆不殺左傳隱十年孔疏謂積亦或有孰失之云不殺則無鉶鼎者賈疏云鉶鼎卽陪鼎是也但殺乃有鉶鼎不殺則無鉶鼎可知侯伯子男皆然王引之云下文飧五牢鉶四十有二鼎簋十有二是飧有鉶與鼎飧五牢皆殺則必亨肉於鼎盛汁於鉶故有鉶鼎也五積視飧而不殺牲則無鉶鼎可知故鄭云不殺則無鉶鼎鉶鼎二器也賈誤以爲一器而云卽陪鼎其說不可通下文鉶四十有二鼎簋十有二注曰鼎十有二者正鼎九陪鼎三是陪鼎已在鼎十有二之內何得又以鉶爲陪鼎郊特牲曰鼎俎奇而籩豆偶正鼎九陪鼎三正所謂鼎俎奇也鉶數偶而不奇明與陪鼎非一物聘禮饔餼一牢陪鼎設于西階前當內廉鉶設于堂上戶西及東西夾二

者絕殊鄭注聘禮云羞鼎則陪鼎也以其實言之則曰羞以其陳言之則曰陪未嘗以爲鉶也注掌客曰鉶羹器也注公食大夫禮曰鉶菜和羹之器注士虞禮曰鉶菜羹也注特牲饋食禮曰鉶肉汁之有菜和者召南采蘋篇釋文引鄭曰鉶和菜之器未嘗以爲陪鼎也賈誤解注之鉶鼎爲陪鼎又以解亨人之鉶羹皆以爲陪鼎是直不知鼎與鉶之有辨也聶崇義三禮圖亦沿賈氏之誤案王說是也胡培翬說同云簠簋之實其米實于筐豆實實于罋者于注例並當作於各本並誤下同賈疏云皆約公食大夫親食則有簠簋之實已下皆飪在俎若不親食使大夫各以其爵朝服以侑幣致之則生往今積既不殺與公食生致同故鄭皆約公食大夫解之也云其設筐陳于楹內罋陳于楹外牢陳于門西者賈疏云彼云豆實實于罋陳于楹外二以並北陳簋實實于筐陳于楹內兩楹閒二以並南陳牛羊豕陳于門內西方東上是鄭皆依公食大夫之文也詒讓案鄭彼注云陳罋筐於楹閒者象授受於中堂也牛羊豕爲其踐汙館庭使近外云車米禾芻薪陳于門外者賈疏云此約聘禮致饔餼之文彼云門外米三十車設于門東爲三列東陳禾三十車設于門西西陳薪芻倍禾注云薪從米芻從禾是其事也侯伯子男積之簠豆米禾薪芻等陳列亦與此同也云壺之有無未聞者以致飧致饔餼皆有壺惟此致積經不言壺數公食大夫禮致侑幣亦無壺故云有無未聞云三問皆脩脩脯也者脩脯膳夫先鄭注同以問禮輕故無牲牢云上公三問皆脩下句云羣介行人宰史皆有牢君用脩而臣有牢非禮也蓋著脫字失處且誤耳者賈疏云君尊用脩而臣卑用牢故云非禮按下文凡介行人宰史皆在饗食燕下此特在上有人見下文脫此語錯差著於此更有人於下著訖此剩不去故云蓋著脫字失處也下文皆云凡介此云羣介故云且誤耳段玉裁云皆有二字本下屬飧饔餼今乃因下文飧五牢而爲皆有牢與君脩爲對文鄭所謂

且誤謂誤中又誤也云飧客始至致小禮也者詳宰夫及司儀疏云公侯伯子男飧皆飪一牢其餘牢則腥者賈疏云鄭言此者下惟言
腥不言飪此有鉶及鼎皆爲飪一牢而言以是經雖不言飪須言飪之矣腥之數備於下也詒讓案鄭意若公飧五牢飪一牢餘四牢並
腥餘放此聘禮致飧飪一牢腥亦一牢者彼侯伯之卿飧止二牢故飪腥各一其諸侯相朝牢雖多飪亦止一牢與聘禮同惟腥牢多爲
異云食者其庶羞美可食者也者庶羞亦實於豆經以別於正豆之菹醢故謂之食明與食醫六食爲飯異也庶羞詳膳夫疏云其設蓋
陳于楹外東西不過四列者于亦當作於賈疏云前所陳皆約公食大夫致食之禮今案公食若不親食庶羞陳于碑內者設飧之時堂
上皆有正饌無容庶羞之處楹外既空不須向碑內及堂下故疑在楹外陳之十以爲列故四列也公食陳于碑內者由饔陳于楹外故
在下也必知爲四列見公食云庶羞西東毋過四列故知也云簠稻粱器也者粱舊本並誤梁今據宋蜀大字本正此對簋爲黍稷器也
許文竹部云簠黍稷圜器也許以簠亦爲黍稷器與鄭說異淩廷堪云聘禮歸饔餼堂上兩簠粱在北西夾兩簠粱在西東夾亦如之公
食大夫賓北面自閒坐左擁簠粱右執湆以降是簠乃稻粱器非黍稷器當以經文爲正案淩說根據禮經足申鄭義又鄭舍人注云方
曰簠亦與許異詳彼疏云公十簠堂上六西夾東夾各二也侯伯八簠堂上四西夾東夾各二子男六簠堂上二西夾東夾各二者賈疏
云鄭知此者見聘禮致饔餼堂上二簠東西夾各二簠今此公十侯伯八子男六禮之通例堂上之數與東西夾之數堂上不多則等鄭
遂以意裁之五等東西夾各二以外置於堂上故云公六侯伯四子男二也聘禮設飧鄭約致饔餼今亦約致饔餼也但聘禮設飧云西
夾六無東夾之饌者蓋降於君禮故也云豆菹醢器也者毛詩大雅生民傳云木曰豆豆薦菹醢也醢人云掌四豆之實是豆爲盛菹醢

凡濡物之器也凡飲食之禮有正羞之豆有庶羞之豆此豆專盛正羞之菹醢其庶羞經別謂之食不在此數互詳醢人瓬人疏云公四十豆堂上十六西夾東夾各十二侯伯三十二豆堂上十二西夾東夾各十子男二十四豆堂上十二西夾東夾各六者禮器注義亦同賈疏云鄭以堂上豆數取聘禮致饔餼於上大夫八豆是堂上豆數又取禮器天子之豆二十有六諸公十有六諸侯十有二謂侯伯子男同則亦是堂上豆數可知以此文公言四十明十六在堂上餘二十四豆分之於東西夾各十二此侯伯言三十二亦以十二爲堂上豆數餘二十分於東西夾各十此子男云二十四以十二爲堂上豆數其餘十二分爲東西夾各六其堂上豆數既約聘禮與禮器東西多少鄭以意差之可知云禮器曰天子之豆二十有六諸公十有六諸侯十有二上大夫八下大夫六以聘禮差之則堂上之數與此同者鄭自明上所釋堂上東西夾豆數並據禮器及聘禮參定之意鄭禮器注云豆之數謂天子朔食諸侯相食及食大夫公食大夫禮曰宰夫自東房薦豆六設于醬東此食下大夫而豆六則其餘著矣聘禮致饔餼於上大夫堂上八豆設于戶西則凡致饔餼堂上之豆數亦如此案禮器記天子以下豆數公羊桓四年何注說同鄭據公食禮下大夫豆數六定爲食禮又以聘禮致饔餼於上大夫堂上八豆亦與禮器文合則上大夫致饔餼堂上豆數與食禮同明諸公諸侯等致飧並與食禮同可知彼二經與此足互相推定也云鉶羹器也者說文金部云鉶器也案亨人有大羹鉶羹凡羹和菜者盛於鉶大羹不和菜則盛於登故公食大夫禮注云鉶菜和羹之器此注通言不別也聶氏三禮圖引舊圖云鉶受一斗兩耳三足高二寸有蓋士以鐵爲之大夫已上以銅爲之諸侯飾以白金天子飾以黃金案聶引舊圖說毛詩召南釋文引鄭說同聶又別釋云受一升口徑六寸足高一寸與舊圖異黃以周云御覽引舊圖鉶有足高一寸聶氏誤以

鉶爲鼎改云三足高二寸以合之非也案黄說是也鉶形制容實當與豆相近聶圖別說近是舊圖說兩耳三足所容又太多皆陪鼎制非鉶制詩釋文引鄭說蓋亦據禮圖說鄭三禮注無是義也云公鉶四十二侯伯二十八子男十八非衰差也者賈疏云衰差之法上下節級似若九若七若五校一節是衰差今公四十二侯伯二十八子男十八公於侯伯子男大縣絶故云非衰差也云二十八書或爲二十四亦非也者賈疏云侯伯若二十四爲比公四十二校十八又以二十四比子男十八校六亦非其類故云亦非也王引之云書或爲二十四者此周禮原文也蓋侯伯之鉶三八而爲二十四加八鉶則爲三十二上公之鉶之數也今本上公鉶四十有二四乃三之誤也減八鉶則爲十六子男之鉶之數也今本子男鉶十有八八乃六之誤也試以上下文例之上公食四十豆四十壺四十皆五八之合數也故其降殺以八四八而爲三十二故侯伯食三十有二豆三十有二壺三十有二也三八而爲二十四故子男食二十有四豆二十有四壺二十有四也上公簠十五二之合數也故其降殺以二四二而爲八故侯伯簠八也三二而爲六故子男簠六也上公腥三十有六四九之合數也故其降殺以九三九而爲二十七故侯伯腥二十有七也二九而爲十八故子男腥十有八也然則上公鉶三十有二四八之合數也故其降殺亦以八三八而爲二十四故侯伯鉶二十有四也二八而爲十六故子男鉶十有六也若云上公鉶三十八則旣多於四九之合數又少於六七之合數將何以爲降殺之本乎此當據或本以正經文之譌鄭君偶未審耳案王說差數精審足正經注之誤云其於袞公又當三十於言又爲無施者蜀石經又爲無施作又無所施賈疏云爲三十亦非袞法以其無所倚就故云無所施也案鄭意公鉶三十侯伯二十四子男十八是爲降殺以六爲袞雖是但經文作公鉶四十有二四十下有零數若改作三十則無奇零與

經文字數不合故云於言爲無施言卽指經句賈謂無所倚就亦此意也云禮之大數鉶少於豆者賈疏云案侯伯豆三十二鉶二十八於豆也云推其衰公鉶四十二宜爲三十八蓋近之矣者王引之云子男豆二十四鉶十八是鉶少豆多公食大夫豆六鉶四是其鉶少鄭言三十八蓋近之者意欲降殺以十使公三十八侯伯二十八子男十八也不知降殺以十者必始於十之積數如下文上公米四十車禾五十車侯伯米三十車禾四十車子男米二十車禾三十車是也若三十有八不足四十之數則不能降殺以十矣再以鉶少於豆計之上公豆四十鉶三十二侯伯豆三十二鉶二十四子男豆二十四鉶十六鉶少於豆者皆八所謂較若畫一也若云上公鉶三十八則少於豆者二侯伯鉶二十八則少於豆者四子男鉶十八則少於豆者六反致多寡參差矣案王說亦是也云則公鉶堂上十八西夾東夾各十侯伯堂上十二西夾東夾各八子男堂上十西夾東夾各四者賈疏云知如此差者亦約聘禮致饔餼兼以意準量而言案依王氏所定則公鉶三十二當堂上十六東西夾各八侯伯二十四當堂上十二東西夾各六子男十六當堂上八東西夾各四堂上之鉶各降殺以四東西夾之鉶各降殺以二也云壺酒器也者卽司尊彝之壺尊也詳彼疏云其設於堂夾如豆之數者鄭以聘禮堂上八豆壺亦八東西夾各六壺豆亦各六是上大夫致饔餼之禮堂夾所設壺與豆數同此經上公侯伯子男壺豆總數亦同以此推之其分設堂夾之數壺亦當與豆同其公四十壺亦堂上十六東西夾各十二侯伯三十二壺亦堂上十二東西夾各十子男二十四壺亦堂上十二東西夾各六也云鼎牲器也者說文鼎部云鼎三足兩耳和五味之寶器也案凡牲亨於鑊升於鼎載於俎詳內饔疏云簋黍稷器也者說文竹部云簋黍稷方器也凌廷堪云聘禮歸饔餼堂上八簋黍其南稷錯西夾六簋黍其東稷錯東夾亦如之公食大夫禮正饌宰

夫設黍稷六簋是諸侯盛黍稷之器謂之簋也大夫士盛黍稷之器謂之敦案淩說是也鄭舍人注云圓曰簋與許說異詳舍人疏云鼎十有二者飪一牢正鼎九與陪鼎三皆設于西階前者陪釋文作倍蜀石經及明注疏本同案陪倍古通用于亦當作於聘禮云飪一牢鼎九設于西階前陪鼎當內廉東面北上上當碑南陳牛羊豕魚腊腸胃同鼎膚鮮魚鮮腊設扃鼏膷臐膮蓋陪牛羊豕鄭並約彼爲說此五等同用大牢故鼎皆十有二與膳夫王日一舉鼎十有二同皆通正鼎陪鼎言之左昭五年傳云飧有陪鼎亦謂此也陪鼎聘禮又謂之羞鼎互詳膳夫疏云簋十二者堂上八西夾東夾各二者以聘禮致饔餼於上大夫堂上八簋約此經諸侯十二簋堂上簋數當與彼同其餘四簋兩夾分設則每夾各二也賈疏云此五等諸侯同簋十二按聘禮致饔餼堂上八簋東西夾各六簋揔二十簋彼臣多此君少者禮有損之而益故也賈聘禮疏說同案聘禮致飧堂上八簋西夾六簋則十四簋也彼臣禮致飧無東夾之饌尚多於此君禮於義頗難通所未詳也云合言鼎簋者牲與黍稷俱食之主也者對籩豆鉶壺等皆析言之也賈疏云黍稷與衆饌爲主牲與羞物爲主是俱得爲食之主也云牲當爲腥聲之誤也者謂上公牲三十有六子男牲十有八二牲字也以牲即牢於義無取故依聘禮易爲腥牲腥聲類同段玉裁云說文腥爲豕望眂而交睫腥之正字與鄭禮注異見內饔詒讓案依說文則腥鼎之腥當作胜云腥謂腥鼎也者腥者對飪爲文謂殺而未亨者也亦實於鼎故曰腥鼎云於侯伯云腥二十有七其故腥字也者明經三言腥其二並誤爲牲惟侯伯文不誤也云諸侯禮盛腥鼎有鮮魚鮮腊每牢皆九爲列設於阼階前者於舊本亦誤于今依蜀石經正賈疏云此皆約聘禮設飧而言案彼飪一牢在西鼎九羞鼎三腥一牢在東鼎七致饔餼云腥二牢鼎二七無鮮魚鮮腊設于阼階前西面陳如飪鼎二列此云三十六故知有

鮮魚鮮腊也詒讓案聘禮致飧歸饔餼皆飪鼎九腥鼎七此諸侯禮腥鼎亦九與飪鼎同列數又多是其盛也云公腥鼎三十六腥四牢也侯伯腥鼎二十七腥三牢也子男腥鼎十八腥二牢也者皆每牢九鼎爲一列也云皆陳陳列也者陳列司市注義同云飧門內之實備于是矣者于亦當作於門內謂堂上及東西夾所設別於米禾之設於門外者以上所說略已晐備也云亦有車米禾芻薪者此則門外所設聘禮云門外米禾皆二十車芻薪倍禾是也云公飧五牢米二十車禾三十車侯伯四牢米禾皆二十車子男三牢米十車禾二十車者聘禮注云諸侯之禮車米視生牢禾視死牢牢十車大夫之禮皆視死牢而已雖有生牢不取數焉據鄭彼注則此上公五牢生二死三故米二十車禾三十車侯伯四牢生死各二故米禾皆二十車子男三牢生一死二故米十車禾二十車也云芻薪皆倍其禾者聘禮致飧亦云芻薪倍禾與此經同若然上公芻薪六十車侯伯子男並四十車也米禾芻薪三者并之則公百有十車侯伯八十車子男七十車御覽禮儀部引鄭孝經注說天子待來朝諸侯云芻米百車舉成數通五等言之也賈疏云若然按聘禮米禾皆二十車者彼大夫禮豐小禮大夫飧一牢故米禾皆眂之米禾各二十車也案依賈說眂聘禮米禾皆二十車通晐五等聘臣則子男之臣米數倍多於其君於禮例亦難通竊疑米禾之數君臣或同聘禮專爲侯伯臣之禮上公之臣當亦米二十車禾三十車子男之臣當亦米十車禾二十車於差次似較合但與牢數又不無差異經注並無文未敢定也云饔餼既相見致大禮也者外饔注云饔既將幣之禮致禮於客莫盛於饔凡賓主相見而將幣將幣既退而致饔凡朝聘皆同云大禮者對飧爲小禮也並詳外饔疏云大者既兼飧積有生有腥有孰餘又多也者此釋饔餼獨爲大禮之意凡歸饔餼有飪有腥有餼飪者孰而亨之腥者殺而未亨餼者生而致之是生腥孰三者兼備也

賈疏云假令上公饔餼九牢五牢死四牢牽上公五積皆眡飧牽則是一積五牢言兼飧死五牢與飧同言兼積者則兼不盡止兼四耳以其牽與積同故云兼之也侯伯子男皆兼積不盡言餘又多者謂米禾芻薪醯醢之屬云死牢如飧之陳者亦飪一牢在西餘腥在東也者聘禮歸饔餼飪一牢設于西階前腥二牢設于阼階前是飪在西腥在東也云牽生牢也者生致之不殺也聘禮歸饔餼謂之餼鄭注云餼生也云陳于門西如積者亦當爲於聘禮云餼二牢陳于門西北面東上牛以西羊豕豕西牛羊豕是也賈疏云前飧之陳及積之陳皆約聘禮致饔餼法今於此云如積則亦如聘禮饔餼也云米橫陳于中庭十爲列每筥半斛公侯伯子男黍粱稻皆二行公稷六行侯伯稷四行子男二行者于亦當作於子男下賈疏述注有稷字疏云約聘禮致饔餼法彼云米百筥筥半斛設于中庭十以爲列北上黍粱稻皆二行稷四行此以增稷餘不增故知公稷六行子男米八筥黍粱稻各二行更得二即足故知稷二行詒讓案鄭聘禮注云中庭者南北之中也東西爲列據鄭彼注則上公米百二十筥十以爲列自東至西橫陳之黍二行在北次粱二行次稻二行次南稷六行也餘並放此每筥半斛即後文米筥之數也毛詩召南采蘋傳云圓曰筥說文竹部云筥箱也箱飯筥也受五升與禮經米筥異也云醯醢夾碑從陳亦十爲列醯在碑東醢在碑西者據聘禮云醯醢百甕夾碑十以爲列醯在東鄭彼注云夾碑在鼎之中央也醯在東醯穀陽也醢肉陰也賈疏云言夾碑故知從陳然侯伯醯醢百甕米百筥上介筥及甕如上賓上介四人米百筥此數多于子男與侯伯等者上公醯醢百二十甕與王舉百二十甕同故鄭志云此公乃二王後如是王之上公與侯伯俱用百甕子男八十甕其筥米皆同甕數此是尊卑之差至於聘禮乃是臣法自爲一禮不相與亦是損之而益案夾碑陳十爲列若上公醯醢百二十甕醯六十甕爲六列從

設碑西醯醢六十甕爲六列從設碑東也餘亦並放此又案賈此疏及聘禮疏並謂聘禮臣法損之而益者醯人疏謂五等聘臣同醯醢百甕則子男臣多於君故爲是說以斡旋之此於禮例亦難通竊米筥醯醢之數亦君臣禮同子男之臣當亦米八十筥醯醢八十甕耳賈說恐不塙也二云皆陳於門內者於公門內之陳也者經言車皆陳文承牢米醯醢之下皆門內所設故知皆陳於門內者明並於所館門內陳之也二云言車者衍字耳者謂經言車皆陳不當有車字賈疏二云言車載米之車不合在醯醢下言之又按侯伯子男醯醢下皆無車字故知衍字也段玉裁二云因下文車字多見而誤衍二云車米載米之車也者門外所陳米禾芻薪皆載於車此車米則爲載米之車別於後車禾爲載禾之車也薪芻不二云車者文略鄭必釋此者明此車字宜有非衍字也引聘禮曰十斗曰斛十六斗曰籔十籔曰秉者釋經秉籔之數此秉卽後文所謂米秉也鄭彼注二云秉十六斛今江淮之閒量名有爲籔者今文籔爲逾二云每車秉有五籔則二十四斛也者秉十六斛五籔共八斛合之是二十四斛聘禮記所謂二百四十斗也二云禾稾實并刈者也者稾舊本誤槀今據錢鈔本明注疏本正與釋文合說文禾部云禾嘉穀也稾稈也稈禾莖也案稾謂禾稈實謂采粟并刈謂連稾與實而刈之不去其采粟也凡穀之采稈通謂之禾故說文禾部二云莖節爲禾此謂稈也廣雅釋草二云粢黍稻其采謂之禾此謂采也此以稾實并刈爲禾義亦同書禹貢百里賦納總僞孔傳二云禾稾曰總入之供國馬此禾稾實并刈卽所謂總也程瑤田二云禾粟之有稾者也其實粟也其米粱也聘禮及掌客職禾皆言若干車車三秅薪芻倍禾以薪芻例禾是禾爲有稾者矣又聘禮記二云四百秉爲一秅鄭注此秉謂刈禾盈手然則秉秅者禾稾之名禾爲粟之有稾者故以秉秅數之也聘禮米禾皆兼黍稷稻粱言之以他穀連稾者不別立名遂假借通稱非謂禾爲諸穀苗幹大名也引聘

禮曰四秉曰筥十筥曰稯十稯曰秅者釋秅之名數此秉筥卽後文所謂禾之秉筥也釋文稯作緵云本又作稯案聘禮記作稯鄭彼注云古文稯作緵緵總緵字並通漢書王莽傳顏注引韋昭說亦作緵說文禾部云五稯爲秭二秭爲秅周禮曰二百四十斤爲秉四秉曰筥十筥曰稯十稯曰秅四百秉爲一秅許所述周禮說亦本聘禮記而以秉爲二百四十斤與鄭本經文及義並不同詳載師陶人疏云每車三秅則三十稯也者十稯爲秅三秅則三十稯鄭聘禮注亦云一車之禾三秅爲千二百秉三百筥三十稯也云稯猶束也者釋聘禮稯字之義說文糸部云緵聚束也禾稾實并刈總而束之故以爲十筥之名云米禾之秉筥字同數異者詩小雅大田孔疏云禾之秉一把耳米之秉十六斛禾之筥四把耳米之筥則五斗是字同數則異也王念孫云據周官儀禮及鄭注之文是禾束之秉與量名之秉其事既異其數亦殊量名之秉爲十六斛比於斗斛藪爲最多之數禾束之秉爲一把比於筥稯秅爲最少之名詒讓案鄭言此者以其字同易滋淆掍故特辨別之說文及載師賈疏引五經異義國語魯語韋注廣雅釋器並誤合米禾秉筥爲一亦詳載師陶人疏米筥互詳舍人疏云禾之秉手把耳者聘禮記四秉曰筥注云此秉謂刈禾盈手之秉也毛詩小雅大田篇彼有遺秉傳云秉把也孔疏云秉刈禾之把也小爾雅廣物云把謂之秉案說文又部云秉禾束也从又持禾兼持二禾秉持一禾手部云把握也莊子人閒世釋文引司馬彪云一手曰把據此蓋穫時持禾稾盈手一握刈而束之是謂之秉因以爲禾一束之名也左昭二十七年傳或取一秉秆焉杜注用毛義家語正論篇秉芻王注云一把曰秉是芻稾之束皆據一把言之國語魯語韋注引聘禮記十庾曰秉之文以釋秉芻蓋誤以米秉爲禾秉庾卽今文禮之逾亦卽藪也云筥讀爲棟梠之梠者段玉裁改讀爲爲讀如云此擬其音各本作讀爲誤此言禾之筥讀如梠以別

於米之筥讀姜呂反云謂一穧也者聘禮記注釋禾秉云筥穧名也
若今萊易之閒刈稻聚把有名爲筥者說文禾部云穧穫刈也一曰
撮也撮卽刈禾聚把之義賈疏云穧卽詩云此有不斂穧穧卽鋪也
詩大田孔疏云穧者禾之鋪而未束者案依鄭孔說蓋刈禾一把謂
之秉聚四把謂之筥皆未束者至十筥四十把乃總束之所謂總也
云皆陳横門外者也米在門東禾在門西者聘禮云門外米三十車
設于門東爲三列東陳禾三十車設于門西西陳是也鄭彼注云車
皆陳北輈云芻薪雖取數于禾薪從米芻從禾也者于亦當爲於此
明薪亦在門東芻亦在門西也云乘禽乘行羣處之禽謂雉鴈之屬
者聘禮注亦云乘禽乘行之禽謂鴈鶩之屬方言云飛鳥曰雙鴈曰
乘廣雅釋詁云雙耦匹乘二也列女傳仁智傳云夫雎鳩之鳥猶未
嘗見其乘居而匹處也案乘行謂雙雙相並而行羣處謂成羣而居
猶言乘居而匹處矣云於禮以雙爲數者賈疏云卽此九十五十及
士中日則二雙皆以雙爲數是也云殷中也者大行人注同云中又
致膳云不念賓也者賈疏云此爲牢禮之外見賓中閑未去恐賓慮主
人有倦更致此膳所以示念賓之意無倦也云若弗酌謂君有故不
親饗食燕也不饗則以酬幣致之不食則以侑幣致之者聘禮云公
于賓壹食再饗上介壹食壹饗若不親食使大夫各以其爵朝服致
之以侑幣致饗以酬幣亦如之鄭彼注云君不親食謂有疾及他故
也必致之不廢其禮也案說文酉部云酌盛酒行觴也饗燕皆有酒
食禮無獻酬則不得言酌經舉饗以見食耳經言弗酌亦當關燕言
之酒人注云王不親饗燕不親食而使人各以其爵以酬幣侑幣致
之覲禮饗禮乃歸注云禮謂食燕也王或不親以其禮幣致之略言
饗禮互文也據彼二注則天子待來朝諸侯不親燕尚有致幣之禮
明諸侯自相朝主國之君不親燕當亦有致幣聘禮諸侯使卿自相
聘禮殺燕無常數故彼經惟有致饗食幣無致燕幣此五等諸侯相

朝燕有常數與饗食同則不親燕亦致幣可知此注及司儀注並不云不親燕有致幣者蓋文不備賈酒人疏謂不燕亦以酬幣致之覲禮疏亦謂此經通饗食燕是也此疏又謂不言致燕者燕禮褻不親酌蓋不致非鄭恉也互詳酒人疏云凡介行人宰史衆臣從賓者也者謂來朝諸侯之臣從其君有職事者也云行人主禮者賈疏云主賓客之禮大行人之類是掌賓禮也胡匡衷云春秋諸國皆有行人而不言大小則諸侯僅立行人之官通掌其事云宰主具史主書者聘禮云宰命司馬戒衆介注云宰上卿貳君事者諸侯謂司徒爲宰又云命宰夫官具注云宰夫宰之屬也此宰在行人下則非司徒卿蓋指宰夫以下言之賈疏云此云史止謂大史之屬官以其有爵等故知也按聘禮云史讀書宰執書告備具于君又掌饌具故公食大夫云宰夫具饌于房是掌具也黃以周云掌客史從君而行者當是大史聘禮從卿而行者乃其屬疏非云皆有飧饔餼尊其君以及其臣也者衆臣皆別致飧饔餼明推尊禮其君之意以及其臣聘禮記云士無饔注云謂歸饔餼也是聘臣士介唯有餼之生牢無饔此朝卿大夫士介皆有饔亦禮之隆殺也云以其爵等爲之牢禮之數陳者此述經陳數作數陳與經文不合浦鏜以爲誤到今攷檀弓孔疏聘禮賈疏引經並作數陳又詩小雅大東箋云凡飧饔餼以其爵等爲之牢禮之數陳正用此經孔疏引注同竊疑此經本作數陳猶肆師云展器陳也今本經誤到而注則不誤但數陳它職未見而陳數則見宰夫經疑事毋質謹著其說以俟攷云爵卿也則飧二牢饔餼五牢大夫也則飧大牢饔餼三牢士也則飧少牢饔餼大牢也者賈疏云已下皆約聘禮賓之卿上介之大夫士介四人歸饔餼降殺而言也案鄭賈意經言以爵等爲陳數明依卿大夫士爲三等之差不分國大小亦不依命數左傳昭二十一年孔疏引劉炫說同蓋聘禮致飧賓飪一牢腥一牢上介飪一牢衆介皆少牢歸饔餼賓五牢飪

一牢腥二牢饋二牢上介三牢飪一牢腥一牢饋一牢士介四人皆大牢彼侯伯之卿三命而五牢此卽牢禮不依命數之證故據彼釋此若然鄭賈意此飪腥饋之數亦當如彼也云此降小禮豐大禮也者謂子男之卿饔餼五牢與其君等也賈疏云小禮謂飧飧則去君遠矣并乘禽之等皆是小禮也大禮謂饔餼卿與君等是豐大禮也云以命數則參差難等略於臣用爵而已者賈疏云依命公侯伯卿三命大夫再命士一命子男卿再命大夫一命士不命并有大國孤一人四命是從孤已下通一命不命有五等若以此命數五等爲之則參差難可等級略於臣用爵而已爵則有三等易爲等級也言略於臣用爵則君不依爵而用命卽諸侯爵五等命惟三等大行人掌客皆依命是也方苞云注非也曰以其爵等則各以三等之國卿大夫爵之相當者爲等明矣三等之國皆曰以其爵等正爲卿大夫士之爵同而其等各異也若如注說子男之卿陳數與君同則紊大禮矣案方說是也卿大夫牢禮雖不依命數然五等國大小不同不宜同禮竊謂大行人云凡諸侯之卿其禮各下其君二等以下及其大夫士皆如之卽此經爵等之義疑公之卿當飧三牢饔餼七牢大夫當飧二牢饔餼五牢士當飧大牢饔餼三牢侯伯之卿大夫士如聘禮賓介之數子男之卿當如聘禮之上介飧大牢饔餼三牢大夫當如聘禮之士介飧少牢饔餼大牢士當飧特豕饔餼少牢皆下其君二等如是則子男之卿無與君同禮之嫌似於禮爲合左昭二十一年傳說魯待齊鮑國禮以七牢葢鮑國爲侯國之卿依聘禮當五牢魯人加一等故以公之卿七牢之禮待之而杜注云牢禮各如其命數孔疏推之謂鮑國當三牢則與聘禮不合不足據也又案此經不言附庸之君牢禮之數左傳僖二十八年疏云附庸執帛與公之孤同則饔餼亦五牢禾三十車米二十車薪芻倍禾案依孔說則與子男同亦未知是否賈聘禮疏據此注諸臣用爵之義推聘臣饗食之

數謂公侯伯子男大聘使卿主君同一食再饗而此經子男相朝一食一饗則臣有踰君之嫌賈強爲之說終不可通亦足見此注之不容況矣云夫人致禮助君養賓也者謂主國夫人也夫人與君同體君既以禮養賓夫人亦致禮以助之君於賓有致積致飧致饔餼夫人唯一致禮略儗致饔餼而禮大殺皆降於君也云籩豆陳于戶東壺陳于東序者于亦並當作於聘禮云夫人使下大夫韋弁歸禮堂上籩豆六設于戶東西上二以並東陳壺設于東序北上二以並南陳醙黍清皆兩壺是也云凡夫人之禮皆使下大夫致之者卽據聘禮夫人歸禮而言鄭彼注云使下大夫下君也此云皆者兼致膳致饗諸事言之賈疏云若然不使卿者按內宰云致后之賓客之禮注謂諸侯朝覲及女賓之賓客亦內宰是下大夫王后尚使下大夫況諸侯夫人乎故知使下大夫也云於子男云膳視致饗言夫人致膳於小國君以致饗之禮則是不復饗也饗有壺酒者賈疏云公侯伯夫人致禮則曰八壺八豆八籩與膳大牢致饗大牢三者各別於子男夫人則云膳視致饗鄭云饗有壺酒則致膳無酒矣故云饗有酒若然子男夫人於諸侯惟有一禮矣聘禮夫人於聘大夫直有籩豆壺又不致饗是其差也詒讓案膳視致饗謂子男則夫人不致饗惟致膳禮特盛有壺酒與饗同其公侯伯既別有致饗則其膳無壺酒不同致饗也但酒正云其后之致飲于賓客之禮醫酏糟彼卽后致饗之禮注云王致酒后致飲夫婦之義是后致饗有飲無酒此注謂夫人致饗有酒與彼不同殆后夫人禮有隆殺與云卿皆見者見于賓也既見之又膳之亦所以助君養賓也者于亦當作於謂主國之卿皆以禮見賓也既見之後又致膳賈疏云言亦者亦夫人也云卿見又膳此聘禮卿大夫勞賓餼賓之類與者謂見與勞賓相類膳與餼賓相類也賈疏述注見上有既字疑今本誤挩疏云按聘禮賓卽館卿大夫勞賓賓不見大夫奠鴈再拜上介受勞上介亦如之注云

不言卿卿與大夫同執鴈下見於國君周禮凡諸侯之卿見朝君皆執羔又云大夫餼賓大牢米八筐上介亦如之此朝君有膳無勞餼聘客有勞餼無膳明此事相當故云勞賓餼賓之類與案鄭以見膳禮經無文約與勞餼相似然其隆殺究不甚相合賈聘禮疏謂此經卿見朝君公膳大牢侯伯子男膳特牛又無筐米聘禮侯伯之臣得用大牢有筐米者爲君臣禮各自爲差降不得以彼難此蓋亦以意強爲之說於理仍難通所未詳也云於子男云親見卿皆膳特牛見讀如卿皆見之見言卿於小國之君有不故造館見者故造館見者乃致膳者賈疏云上公侯伯直云卿皆見以羔於子男即云親見卿作文有異此言親見卿似朝君親自來見卿有此嫌故讀從上文卿皆見以兼之明此見亦是見朝君三卿之內有見者不見者若故造館見則致膳若不故造館見則不致膳鄭司農說牽云牲可牽行者也者宰夫先鄭注義同牲可牽行即是生牢二鄭說不異故并引之云故春秋傳曰餼牽竭矣者僖三十二年左傳文宰夫先鄭注亦引此文證牲可牽行之義云秅讀爲秅秭麻荅之秅者孔廣森云說文曰五稯爲秭二秭爲秅荅小豆也麻荅皆禾屬故以秅秭計之此未見所出然與急就相類似古小學文也案孔說是也段玉裁亦謂當是蒼頡篇若凡將篇中語但鄭云讀爲秅秭之秅爲變易之詞則不以二秭爲秅之本義蓋與許義不同麻荅穀名此牽連引之於義無取賈疏謂荅是鋪名刈麻者數把共爲一鋪未得其義 凡諸侯之卿大夫士爲國客則如其介之禮以待之 言其特來聘問待之禮如其爲介時也然則聘禮凡所以禮賓是亦禮介 疏 注云言其特來聘問者賈疏云前文云凡介行人宰史是從君之法今言此者見不從君而特來聘問者亦有三等之爵爵卿也爵大夫也爵士也若大聘曰聘卿爲賓大夫爲上介士爲衆介小聘曰問大夫爲賓介皆士也故歷言卿大

夫士也云待之禮如其為介時也者謂雖特來待之亦與從君為介
禮同賈疏云則前注爵卿已下是也云然則聘禮凡所以禮賓是亦
禮介者鄭意此經謂待特聘之卿大夫士如朝覲之介則聘禮凡所
以禮賓者卽朝覲所以禮介者可知明聘禮與此職文足互相證蓋
欲申前注約聘禮釋以爵等為牢禮陳數之意
賈疏謂禮介亦指聘禮上介衆介言未得其恉 凡禮賓客國新殺禮

凶荒殺禮札喪殺禮禍烖殺禮在野在外殺禮皆為國省用愛費也國新新建國也凶荒
無年也禍烖新有兵寇水火也

【疏】凡禮賓客國新殺禮者以下並待賓客之變禮廩
人注云殺猶減也新國庶事艸刱故減損賓禮不
如恆法也云札喪殺禮者謂遭大札及君喪亦殺禮也聘禮遭君喪
云不郊勞不禮賓不賄不禮玉不贈遭夫人世子之喪如遭君喪注
云喪殺禮為之不備是也云在野在外殺禮者在野謂王行在畿內
都邑在外則巡守殷國及大師出在畿外以其行道偶遇賓客故不
備禮也 注云皆為國省用愛費也者此皆非常忽遽異於平時取
其省用愛費故不得如常禮也云國新新建國也者賈疏云謂若刑
新國用輕典鄭云新辟地立君之國詒讓案此亦兼遷國言之若饗
賓當用大牢而大雅篤公劉執豕于牢毛傳云新國則殺禮也亦以
公劉遷豳為新國足補此注之義云凶荒無年也者說文禾部云秊
穀孰也無年見均人謂凶荒穀不孰也凶荒殺禮卽大司徒十二荒
政眚禮之一耑周書糴匡篇云年饑則勤而不賓大荒賓旅有賜孔
注云賓旅隨位賜之不饗燕又大匡篇云大荒旂而不賓非公卿不
賓賓不過具墨子七患篇云凶饑諸侯之客四鄰之使雍食而不盛
並凶荒殺賓禮之事禮器云禮之厚薄以年之上下是故年雖大殺
衆不匡懼亦謂此也云禍烖新有兵寇水火也者烖注例用今字當
作災詳宮正疏大宗伯注云禍烖謂遭水火此又有兵寇者以大宗

伯凶禮有禬圍敗恤寇亂皆國被兵寇亦宜殺禮此上下經無其文故知禍烖所晐者廣得兼之也凡賓客死致禮以

喪用死則主人爲之具而殯矣喪用者饋奠之物疏凡賓客死致禮以喪用者左哀十五年傳云有朝聘而終以尸將事之禮杜注云朝聘道死以尸行事是也賈疏云若諸侯之君出行則以三年之戒以椑從死者除棺之外主人皆借之若臣從者死棺物皆共之注云死則主人爲之具而殯矣者主人謂朝聘所至之國也聘禮云賓入竟而死遂也主人爲之具而殯注云具謂始死至殯所當用賈疏云此乃在館權殯還日以柩行知者時賓死以柩造朝是也云喪用者饋奠之物者謂常禮當致饔餼今改致共喪禮饋奠之物也聘禮云主人歸禮幣必以用注云當中奠贈諸喪具之用不必如賓禮此喪用亦當兼幣鄭不備舉耳賈疏云小斂特豚一鼎大斂特豚三鼎之類是也

賓客有喪唯芻稍之受不受饗食饗食加也喪謂父母死也客則又有君焉芻給牛馬稍人稟也其正禮饔餼主人致之則受疏賓客有喪唯芻稍之受者賈疏云上文賓客身死此文據爲賓客聘至彼國後有喪來告者君行飾從鄉行旅從須得資給故受芻稍也案此賓客當兼朝聘賈唯云聘未晐有喪亦通公私此皆謂既入竟以後若尚未出己國竟聞君喪則當反以吉凶禮不相干也聞私喪則或容受代故公羊宣八年傳云大夫以君命出聞喪徐行而不反何注云聞喪者聞父母之喪徐行者不忍疾行又爲君當使人追代之是也注云不受饗食饗食加也者賈疏云二者並速賓於廟飲食之事故自爲而不受之聘禮亦云聘君若薨于後入竟則遂受禮不受饗食注云受饔餼也詒讓案聘禮有私喪亦云不饗食是凡速賓饗食固不當受但不受饗食當兼含致於館者而言蓋賓雖不受主國仍不容無致也饗食加者對飧饔餼是正禮饗食是主國所以加禮於賓者遭喪不敢當

盛禮故不受也云喪謂父母死也者賈疏云據正賓而言若諸侯正應母死而有父者或始封之君舊爲卿大夫容有父或父有廢疾不立己受位於祖亦云有父也案此亦兼朝聘賓客而言因通關朝賓故不得云君賈謂止據正賓誤也朝賓有父死者或如典命所說諸侯適子攝其君而來朝者耳其介及聘使有父母喪是其常也云客則又有君焉者此專據朝介及聘客而言賈疏云謂介已下非直有父母又有君喪以其俱三年故聘禮若有私喪則哭于館衰而居案此客亦兼卿大夫士特來聘問者而言卽聘禮君薨于後者是也賈專以朝介以下爲釋未晐云芻給牛馬者當亦兼有禾也聘禮注云禾以秣馬云稍人稟也者謂人所食米穀之屬聘禮說君薨于後之禮亦云唯稍受之又記云既致饔旬而稍注云稍稟食也義並同致稍亦有酒漿故漿人云共賓客之稍禮蓋飲食通得爲稟也稍亦詳宮正疏云其正禮飧饔餼主人致之則受者據聘禮君薨于後旣受稍又云受禮補此經之義明芻稍之外仍得受飧饔餼以其並主國待賓飲食之正禮不容辭也

遭主國之喪不受饗食受牲禮牲亦當爲腥聲之誤也有喪不忍煎亨正禮飧饔餼當孰者腥致之也

疏遭主國之喪者謂朝聘既入竟遭主國君或夫人世子之喪左文六年傳季文子將聘於晉使求遭喪之禮以行又哀十五年傳亦云有朝聘而遭喪之禮是也據聘禮說遭夫人世子之喪亦唯饔餼之受與遭君喪同云不受饗食者亦通速及致皆不受也　注云牲亦當爲腥聲之誤也者賈疏云亦上文公與子男牲三十有六當爲腥是也云有喪不忍煎亨者飧饔有飪牢皆須煎亨致之有喪則哀痛方深故不忍煎亨云正禮飧饔餼當孰者腥致之也者賈疏云案聘禮聘遭喪入竟則遂也注云遭喪主國君薨也主人畢歸禮注云賓所飲食不可廢也禮謂饔餼饗食賓惟饔餼之受注云受正不受加也饗食雖主人歸賓賓不受其加

若饔主人致之亦應受以其正受腥禮

掌訝掌邦國之等籍以待賓客等九儀之差數【疏】注二云等九儀之差數者據大行人小行人並有九儀司勳注二云等猶差也大司馬九法二云設儀辨位以等邦國故九儀差數之書謂之等籍亦謂之禮籍小行人掌邦國賓客之禮籍注二云禮籍名位尊卑之書是也賈疏二云九儀之差數卽大行人命者五等者四以九以七以五爲差數是也

若將有國賓客至則戒官脩委積與士逆賓于疆爲前驅而入官謂牛人羊人舍人委人之屬士訝士也既戒乃出迎賓【疏】若將有國賓客至者賈疏二云謂五等諸侯及其臣來朝聘至謂入畿內至廬宿市當共待之二云則戒官脩委積者遺人二云郊里之委積以待賓客委人二云以稍聚待賓客是自四郊以至於疆道路之閒皆有委積賓客至則更申戒之二云與士逆賓于疆者夏官敘官注二云疆界也載師二云以大都之田任畺地畺疆字同謂於距王國五百里疆界之處迎賓客也　注二云官謂牛人羊人舍人委人之屬者賈疏二云以委積有牛羊豕米禾芻薪之等故知戒官者謂牛人已下也舍人掌給米稟委人掌芻薪之委布於道遺人道上十里有廬廬有飲食三十里有宿宿有委五十里有市市有積之等是也案據疏說則賈所見本此注疑并舉遺人大司徒大賓客令野脩道委積注亦二云令遺人是其證也二云士訝士也者訝士二云邦有賓客則與行人送逆之入于國則爲之前驅而辟野亦如之與此逆賓于疆爲前驅而入文正相應故知士卽訝士與此掌訝爲官聯也聘禮賓及竟君使士請事遂以入竟又聘義二云君使士迎于竟並稱訝士爲士與此文同二云既戒乃出迎賓者戒官脩委積之事訖乃出迎賓於疆恐猝至事有所闕也

及宿則令聚欜令令野廬氏

【疏】及宿則令聚欜者此與環人爲官聯也　注云令令野廬氏者環人注同

及委則致積以王命致于賓【疏】及委則致積者大司徒注云少曰委多曰積皆所以給賓客此謂當致委積之處則依法致之委積文互通也　注云以王命致于賓者于注例當作於各本並誤此雖依常禮而致不必請命於王以禮統於尊故亦稱王命也

至于國賓入館次于舍門外待事于客次如今官府門外更衣處待事于客通其所求索【疏】至于國者謂至國都也云賓入館次于舍門外待事于客者賈疏云賓客至王使卿致館掌訝既爲賓客前驅入館掌訝次止于舍門外待事于客呂飛鵬云聘禮記云賓卽館訝將公命疏引此經及注爲證而云彼謂天子有掌訝之官共承客禮此諸侯使無掌訝是以還遣所使大夫士訝將公命有事通傳於君據此記則諸侯之待事於客者使大夫士之訝爲之此經所謂待事于客者乃掌訝主之故下文疏云天子有掌訝之官卽館之訝餘事皆掌主之惟朝覲聘問之日使卿大夫訝也　注云次如今官府門外更衣處者掌次云凡祭祀張尸次先鄭注云尸次祭祀之尸所居更衣帳漢時官府門外亦各有更衣處故舉以爲況大射儀司射適次注亦云次若今時更衣處帳幃席爲之是也云待事于客通其所求索者于亦當作於謂客有闕乏求索之事則爲通之於所職之官使具而與之

及將幣爲前驅道之以如朝【疏】及將幣者賈疏云謂至行朝聘之日　注云道之以如朝者前驅卽道引詳內小臣疏如朝者自客館以至於朝也

至于朝詔其位入復及退亦如之鄭司農云詔其位告客以其位處也入復客入則掌訝出復其故位也客退復入迎爲之前驅至于館也玄謂入復者入告王以客至也退亦如之如其爲前驅【疏】至于朝者賈疏云卽是大門外陳擯介之處外朝在大門外金鶚云諸侯

大門之外有空地西旁可爲賓客次舍聘禮賓至于朝入于次是也天子大門外兩旁皆有賓客次舍覲禮諸侯前朝皆受舍于朝同姓
西面北上異姓東面北上是也此大門外兩旁通稱朝也案金說是也凡朝聘賓初至皆止於大門外以待事聘禮云賓皮弁聘至于朝
是也以後凡請事拜禮亦並於此大門外朝彼侯國禮爲庫門外此王朝禮則當爲臯門外其內直外朝故亦謂之朝實非外朝之廷也
凡天子諸侯外朝皆在大門內其門外之地或通謂之朝賈謂諸侯外朝在大門外誤詳朝士疏凡朝覲及聘並於臯門外爲次詳掌次
疏 注鄭司農云詔其位告客以其位處也者大宰注云詔告也賈疏云謂告賓門外立位云入復客入則掌訝出復其故位也者賈疏
云先鄭以入復爲掌訝詔客自復己之故位後鄭不從以入復爲白王於義爲允也云客退復入迎爲之前驅至于館也者于亦當作於
先鄭意客退則掌訝入迎導以出遂爲之前驅以至客館後鄭則謂無入迎之事其前驅至館則與先鄭同云玄謂入復者入告王以客
至也者破先鄭掌訝復位之義廣雅釋詁云告復語也是告復同訓此復與復逆之復義同詳宰夫疏云退亦如之如其爲前驅者賈疏
云賓客行朝聘訖出還館謂之退亦如前與之道至館 凡賓客之治令訝訝治之賓客之治謂欲正其貢賦
理國事也以告訝爲如朝而理之 疏 凡賓客之治令訝訝治之者聘禮注引此經作令訝聽之案治聽義同彼經云賓三拜乘禽于
朝訝聽之又記云凡賓拜于朝訝聽之公食大夫禮云明日賓朝服拜賜于朝訝聽之鄭葢兼用彼諸文此治以令訝者卽宰夫云待賓
客之令謂朝聘賓客之小治拜賜卽其一端也其大治則大僕以達於王不以令訝大僕云掌諸侯之復逆是也 注云賓客之治謂欲
正其貢賦理國事也者治卽復逆之事與小宰治訟之治義同凡諸辯陳訴請求皆是鄭云正貢賦理國事者約舉一端以見義耳云以

告訝訝爲如朝而理之者朝謂治朝賓客以所欲治者告訝訝爲如治朝以其事達於王辨理其可否也凡從者出則使人道之從者凡介以下也人其屬胥徒也使道賓客之從者營護之疏凡從者出則使人道之者道唐石經作導今從宋本及釋文導正字道叚字詳寺人疏注云從者凡介以下也者賈疏云上掌客凡介行人宰史從賓客來者皆是從者也云人其屬胥徒也者卽掌訝所屬胥四人徒四十人是也云使道賓客之從者營護之者賈疏云使不得侵陵從者也及歸送亦如之如之者送至於竟如其前驅聚櫜待事之屬疏及歸送亦如之者此亦與訝士送之與前來時與士逆賓於疆同故聘義賓歸亦云士送至于竟是也經不云與士者冢上文省注云如之者送至於竟如其前驅聚櫜待事之屬者亦如前來時之禮送至于疆竟卽疆也賈疏云來時訝爲之道今歸又爲之道及聚櫜待事皆如前故云亦如之凡賓客諸侯有卿訝卿有大夫訝大夫有士訝士皆有訝此謂朝覲聘問之日王所使迎賓客於館之訝疏注云此謂朝覲聘問之日王所使迎賓客於館之訝者於各本誤于今據明錢氏鈔本監本毛本正此明通記訝事故兼有卿大夫士非掌訝中士所爲也聘禮載行聘之禮云厥明訝賓于館注云此訝下大夫也以君命迎賓謂之訝此聘問之日迎賓之事彼賓是卿故使下大夫訝也賈疏云此訝是諸侯朝覲卿大夫士聘問之日訝之入至朝聘之時按聘禮記云卿大夫訝大夫士訝士皆有訝賓卽館訝公命注云使己迎待之命又見之以其摯注云訝將舍於賓館之外宜相親也聘問之日亦使之訝者但天子有掌訝之官卽館之訝餘事皆掌主之惟朝覲聘問之日使卿大夫訝諸侯兼官故大夫士爲訝賓卽館時卽爲之訝與此掌訝不同也詒讓案聘禮記主聘問言故不及諸侯卿訝此則關

朝覲故有卿訝也凡訝者賓客至而往詔相其事而掌其治令疏凡訝者賓客至而往詔相其事者此訝亦通指王使迎賓客之訝往謂往至客館也覲禮賜舍後云天子使大夫戒曰某日伯父帥乃初事注云大夫者卿爲訝者也亦引此經爲釋是也

掌交掌以節與幣巡邦國之諸侯及其萬民之所聚者道王之德意志慮使咸知王之好惡辟行之節以爲行信幣以見諸侯也咸皆也辟讀如辟忌之辟使皆知王之所好者而行之知王所惡者辟而不爲疏掌以節與幣巡邦國之諸侯者節蓋旌節也與行夫環人及布憲所執略同云及其萬民之所聚者者謂國都之外有大都邑亦巡行之也云道王之德意志慮使咸知王之好惡辟行之者宣布王之威德與撢人爲官聯也注云節以爲行信者地官敘官掌節注云節猶信也行者所執之信云幣以見諸侯也者亦以禮動不虛雖王使巡行邦國其見諸侯亦自有摯幣玉帛之屬也云咸皆也者大卜注同云辟讀如辟忌之辟者辟忌見誦訓段玉裁云辟避古今字云使皆知王之所好者而行之知王所惡者辟而不爲者明使邦國君民皆順王之好惡也緇衣云故君民者章好以示民俗慎惡以御民之淫則民不惑矣是其義使和諸侯之好有欲相與脩好者則爲和合之疏注云有欲相與脩好者則爲和合之者賈疏云下有結其交好爲朝聘則此好謂使爲婚姻之好也案和好亦謂非朝聘而特遣使通其和好若典瑞穀圭以和難之類皆是不必專指婚姻賈說未然達萬民之說說所喜也達者達之於王若其國君疏注云說所喜也者爾雅釋詁云悅喜樂也國語周語韋注云說古悅字案此與

撢人使萬民和說義同云達者達之於王若其國君者於舊本並作于今據錢鈔本明監本毛本校正賈疏云掌交旣巡民閒見民有喜說之事王與國君未知掌交通達于王及國君也

掌邦國之通事而結其交好通事謂朝覲聘問也疏注云通事謂朝覲聘問也者據大行人云時聘以結諸侯之好又云凡諸侯之邦交歲相問也殷相聘也世相朝也此皆以禮相交通之事亦兼凡使命往來言之

以諭九稅之利九禮之親九牧之維九禁之難九戎之威諭告曉也九稅所稅民九職也九禮九儀之禮九牧九州之牧九禁九法之禁九戎九伐之戎疏以諭九稅之利者以下五事並冡諭爲文大戴禮記朝事篇云諸侯之得失治亂定然後明九命之賞以勸之明九伐之法以震威之尚猶有不附於德不服於義者則使掌交說之故諸侯莫不附於德服於義者此天子之所以養諸侯兵不用而諸侯自爲正之法也案彼記卽本此經 注云諭告曉也者說文言部云諭告也廣雅釋言云諭曉也九稅以下五者並當告邦國使曉其利害也云九稅所稅民九職也者說文禾部云稅租也租田賦也賈疏云大宰云以九職任萬民旣任之使之營種因卽稅之三農生九穀稅九穀園圃毓草木稅草木九稅唯臣妾聚斂疏材者無稅今掌交還以此九稅之法告曉使之任之稅之案鄭賈以九職爲地稅故以當此九稅實則此九稅當爲大宰之九賦司書謂之九正彼注云九正謂九賦九貢正稅也其義正同九職任民乃口賦非地稅之正共也互詳大宰疏云九禮九儀之禮者賈疏云以其大行人小行人掌訝皆掌九儀之禮以其專據諸侯國不得以大宗伯九儀解此也言之親則朝覲聘是也云九牧九州之牧者牧卽九州長也詳大宰疏賈疏云大司馬九法建牧立監以維邦國故云維云九禁九法之禁者卽大司馬九法平邦國禁者禁其不奉法也大行人

時會以發天下之禁彼注云禁謂九伐之法此九伐別入下文九戎
故更以九法爲釋與彼義異云九戎九伐之戎者說文戈部云戎兵
也大司馬九伐皆用兵威武之事故謂之九戎之
威大戴朝事篇說九伐之法亦云震威之是也

掌察闕

掌貨賄闕

朝大夫掌都家之國治都家王子弟公卿及大夫之采地也主其國治者平理其來文書於朝者疏掌都家之
國治者謂國有事施於都家及都家以事請於國通謂之治下文云
凡都家之治於國者是也此官爲都家之臣奉其君長之命居於王
國者故國治下達都家治上達通掌之也此職凡言國者並指王朝
言與敘官每國上士二人指大都言者異賈疏謂國即都家雖有百
里五十里二十五里不同皆謂之國即王制云畿內九十三國失之
注云都家王子弟公卿及大夫之采地也者王子弟公卿之采地
爲都大夫之采地爲家詳載師及春官敘官都宗人家宗人疏云主
其國治者平理其來文書於朝者者鄭亦以國指王朝言也謂都家
以文書請事於朝則朝大夫爲平理而達之今案朝
大夫唯主達其文書不必有平理之事注義未塙

日朝以聽國事故以告其君長國事故天子之事當施於都家者也告其君長使知而行之也君謂其國君長其卿大夫也疏日朝
以聽國事故以告其君長者謂王每日視路門外之治朝聽受國之
政事朝大夫亦在位故得聽聞王國所施行之事記錄之而以文書
告其君長也　注云國事故天子之事當施於都家者也告其君長
使知而行之也者謂國有政治通行於畿內者朝大夫聽得之則以

告都家之君長亦依放而行之也然王朝有大政治雖不施於都家
者亦當告其君長注偏舉一耑耳俞正燮云朝大夫若漢郡國邸吏
國事故者謂邸報是也云君謂其國君長其鄉大夫也者賈疏云總
而言之皆曰國君别而言之唯三公及王子弟得稱國君鄉大夫揔
稱長是以司裘國君共熊侯豹侯鄉大夫共麋侯是其别稱也詒讓
案君即大都之主長即小都及家之主也通言之大都亦稱長大宰
乃施則于都鄙
而建其長是也國有政令則令其朝大夫使以告其
都家之吏【疏】國有政令者
謂政令專施
於都家者也云則令其朝大夫者謂政令既宣布則各以文書下其
都家之朝大夫也　注云使以告其都家之吏者賈疏云上文據天
子國事遣朝大夫告君長此經據天子政令告朝大夫之事詒讓案
都家之吏即下文云有司是也鄭以此不云告其君長故云告其吏
然王朝有政令施於都家亦
當告其君長注文亦不具也凡都家之治於國者必因其朝大夫然
後聽之唯大事弗因謂以小事文書來者朝大夫先平理之乃
以告有司也大事者非朝大夫所能平理【疏】凡
都
家之治於國者必因其朝大夫然後聽之者於經例當作于石經及
各本並誤聽謂王官斷其治之是非也賈疏云此經據都家有事上
諸王府之事　注云謂以小事文書來者朝大夫先平理之乃以告
有司也者謂都家之有司有小事以文書請於國者則先達朝大夫
朝大夫先平理其是非而後告於國有司也今審繹經義都家之治
必由朝大夫而達者以防其詐僞及壅遏耳此官所主者傳達徵令
之事似無平理之權鄭說恐非經義云大事者非朝大夫所能平理
者鄭意朝大夫是上士中士爵卑不能平理大事故都家之吏自告
其君長其君長專達於朝不因朝大夫也今案都家有大事則當令
專使來至王國咨問辯論非徒以文書上達故不因此官亦非爲其

爵卑不能平理也凡都家之治有不及者則誅其朝大夫不及謂有稽殿之疏凡都家之治有不及者則誅其朝大夫者此治謂王國所令徵發及計考之事也俞正燮云誅其朝大夫如漢丞相長史詰郡國邸吏注云不及謂有稽殿之者說文稽部云稽留止也廣雅釋詁云殿後也負也謂阻遏法令後期事不辦者也賈疏云都家治有不及稽殿誅朝大夫者以其朝大夫專主都家責其不能催促故也在軍旅則誅其有司有司都司馬家司馬疏在軍旅則誅其有司者此亦謂徵令有不及者也注云有司都司馬家司馬者謂都家司馬帥車徒從王者也賈疏云言此者見軍旅不干朝大夫之事都司馬王家之司馬王臣爲之者家司馬鄉大夫使家臣自置其司馬者也詒讓案知有司非即朝大夫之屬者明朝大夫當日朝以聽國事故不得從軍也都司馬亦當以家臣爲之詳夏官敘官及都司馬疏

都則闕疏都則者案此非官名此條蓋西漢時經師所增當刪詳敘官疏

都士闕

家士闕

周禮正義卷七十四

瑞安孫詒讓學

冬官考工記第六

鄭目錄云象冬所立官也是官名司空者冬閉藏萬物天子立司空使掌邦事亦所以富立家使民無空者也司徒之篇亡漢興購求千金不得此前世識其事者記錄以備大數古周禮六篇畢矣古周禮六篇者天子所專秉以治天下諸侯不得用焉六官之記可見者堯育重黎之後羲和及其仲叔四子掌天地四時夏書亦云乃召六卿商周雖稍增改其職名六官之數則同矣

【疏】冬官考工記第六者此西漢補闕時所題著也鄭詩大雅文王有聲箋云考稽也釋名釋典藝云記紀也紀識之也百工爲大宰九職之一此稽考其事論而紀識之故謂之考工記亦以別於前五篇爲古經也此篇故與周官經別行以其取補事典之闕故冢五官而冠以冬官之目國語齊語說工云相語以事相示以巧相陳以功少儀云工依於法游於說鄭注云法謂規矩尺寸之數說謂鴻殺之意斯記之作蓋於事功法說特詳而工別爲職實與五官文例略相類至旗章瑞玉之度明堂溝洫之制則尤禮經之枝別也備遺事典於義允矣阮元云唐石經作第十一非　鄭目錄云象冬所立官也者小宰云冬官之職其屬六十使掌邦事以其次六官之末於四時當冬故云象冬大戴禮記千乘篇云司空司冬以制度制地事是也云是官名司空者冬閉藏萬物天子立司空使掌邦事亦所以富立家使民無空者也者明冬官亦當有大司空卿一人爲正小司空中大夫二人爲貳如五官之例左定四年傳說成王時聃季爲司空又書顧命僞孔傳說毛公爲司空並卿大司空卿也知掌邦事者大宰云六曰事典以富邦國以任百官以生萬民故鄭依爲

說但司空之訓衆說不同古文苑楊雄司空箴云空臣司土白虎通
義封公侯篇云司空主土不言土言空者空尚主之何况於實以微
見著初學記職官部引應劭云空穴也司空主土古者穴居主穿土
為穴以居人也漢書百官公卿表顔注義同續漢書百官志劉注引
馬融云司空掌營城郭主空土以居民義並與鄭異又據鄉師注冬
官當有匠師下大夫四人為攷其下亦當有上士八人中士十有六
人旅下士三十有二人府六人史十有二人胥十有二人徒百有二
十人以五官通例推之可知也云司空之篇亡漢興購求千金不得
此前世識其事者記錄以備大數者釋文引司空下無之字購下無
求字疑陸氏所節又大數下釋文引有爾字賈述作耳今並不據增
司空篇亡塙在何時及此記補亡出於何人鄭錄無文明堂位說官
數云周三百注云周官三百六十此云三百者時冬官亡矣則似謂
亡於先秦以前而補以此記則在漢世釋文敘錄及隋經籍志並謂
河閒獻王時李氏上周官五篇失事官一篇乃購千金不得取考工
記以補之據此是購經補記皆河閒獻王事然賈敘廢興引馬融敘
則云劉向子歆校理祕書著於錄略然亡其冬官一篇以考工記足
之尋繹馬意或以二劉校上此經始顯因追敘補闕之事屬文先後
偶爾不攷未必周官初得六篇本自備具至向歆校書時乃闕冬官
而足以考工記也然則馬敘所言與陸敘本無不合大宰賈疏謂冬
官六國時亡其時以考工記代之御覽學部引物理論謂魯恭王得
周官闕冬官漢武購千金莫得以考工記備其數禮器孔疏又謂文
帝得周官不見冬官使博士作考工記補之斯並不經之論不足馮
信王應麟云齊書文惠太子鎮雍州有盜發楚王冢獲竹簡書十餘
簡以示王僧虔僧虔曰是科斗書考工記科斗書漢時已廢則記非
博士作也案王說是也攷漢書河閒獻王以孝景前二年立武帝元
光五年薨故馬傳謂周官之出在武帝時若文帝時獻王尚未受封

何二云已得周官且漢書藝文志云周官經王莽時劉歆置博士是孝文時此經亦尚無博士故趙岐孟子題辭載孝文所立博士有論語孝經孟子而無周官安得有博士作記補經之事足證其妄矣據鄭云記錄出於前代則是成於晚周故賈疏二云雖不知作在何日要知在秦以前是以得遭秦滅焚典籍韋氏裘氏等闕也士冠禮疏亦二云考工記六國時所錄江永二云考工記東周後齊人所作也其言秦無廬鄭之刀厲王封其子友始有鄭東遷後以西周故地與秦始有秦故知爲東周時書其言橘踰淮而北爲枳鸜鵒不踰濟貉踰汶則死皆齊魯閒水而終古戚速椑茭之類鄭注皆以爲齊人語故知齊人所作也案江說近是云古周禮六篇畢矣者謂經六篇終於冬官漢藝文志二云周官經六篇亦兼補記數之二云古周禮六篇者天子所專秉以治天下諸侯不得用焉者此總論六官之義天官敘官注二云周公居攝而作六典之職謂之周禮七年致政成王以此禮授之使居雒邑治天下明此六篇周天子秉以治天天下之書也二云六官之記可見者堯育重黎之後羲和及其仲叔四子掌天地四時者以下並援古官制證周官六典有所沿襲也國語楚語二云觀射父對昭王曰及少皞之衰也九黎亂德顓頊受之乃命南正重司天以屬神命火正黎司地以屬民其後三苗復九黎之德堯復育重黎之後不忘舊者使復典之書堯典二云乃命羲和賈疏敘引鄭彼注二云高辛之世命重爲南正司天犂爲火正司地堯育重犂之後羲氏和氏之子賢者使掌舊職天地之官其時官名蓋曰稷司徒是天官稷也地官司徒也堯典又二云分命羲仲申命羲叔分命和仲申命和叔賈敘引鄭注二云仲叔亦羲和之子堯既分陰陽四時又命四子爲之官掌四時者字曰仲叔則掌天地者其曰伯乎官名蓋春爲秩宗夏爲司馬秋爲士冬爲共工通稷與司徒是六官之名見也儀禮經傳通解續引尚書大傳二云舜元祀巡守四嶽八伯注二云春官秩宗也伯夷掌之契爲

司徒掌地官矣後又舉禹掌天官夏伯司馬也棄掌之秋官士也咎陶掌之冬官司空也垂掌之又云堯始得羲和命為六卿其主春夏秋冬者并掌方嶽之事是為四嶽出則為伯其後稍死鴅吺共工等代之乃分置八伯通校鄭義蓋堯時初以羲和及四子為六卿其後及舜時則以禹契等為之其官名同也又今文尚書說以羲仲等四人即是羲和與鄭不同故漢書百官公卿表食貨志論衡是應篇說並如是惟書釋文孔疏引馬融說與鄭同蓋即鄭所本也云夏書亦云乃召六卿者甘誓文詩大雅棫樸及曲禮孔疏引鄭書注云六卿者六軍之將周禮六軍將皆命卿則三代同矣曲禮疏又引鄭大傳注云所謂六卿者后稷司徒秩宗司馬作士共工也通典職官云夏后氏之制亦置六卿甘誓曰迺召六卿是也其官名次猶承虞制亦同鄭義謂夏六官與唐虞同也金鶚云曲禮天子五官曰司徒司馬司空司士司寇注謂殷制是殷止五官昭十七年左傳少皞氏鳥名官祝鳩司徒鴡鳩司馬鳲鳩司空爽鳩司寇鶻鳩司事此少皞五官又黃帝雲紀炎帝火紀共工水紀大皞龍紀注亦以五方五色言之此黃帝炎帝共工大皞皆五官也又二十九年傳五行之官木正句芒火正祝融金正蓐收水正玄冥土正后土孔疏謂在高陽之世是顓頊亦五官也竊意唐虞五官秩宗即周宗伯為春官春為木行是秩宗木官司徒掌教禮禮於行為火是司徒火官士即司寇為秋官秋為金也司空在周為冬官冬為水也后稷教民稼穡洪範稼穡屬土是后稷土官也此五官不及司馬者以士兼攝之鄭增以司馬列為六則經明無此官共工之官不尊故少皞五工正不列於五官唐虞時何得以共工列五官之內且經明言伯禹作司空是冬官為司空非共工也古天官皆治天事堯以羲和之伯分掌天地其仲叔分掌四時此治天事之官有六非周六官也案金謂唐虞羲和四子非周六官及共工非冬官是也鄭大傳注亦謂舜時冬官為司空但古

自有六官管子五行篇載黃帝六相其名有當時廩者士師司徒司馬李又云春者士師也夏者司徒也秋者司馬也冬者李也是唐虞以前已有六官但不必與周制符合耳至甘誓六卿以夏官敘官軍將皆命卿及春秋晉六卿將六軍推之鄭說塙不可易但鄭彼注所謂六卿者自據虞制大傳注及通典可證若然鄭意夏雖亦六卿而職名則與周異也云商周雖稍增改其職名六官之數則同矣者曲禮五官鄭以爲殷時制孔疏引鄭志崇精問焦氏云鄭云三王同六卿殷應六卿此云五官何也焦氏答曰殷立天官與五行其取象異耳焦述鄭意蓋謂兼上六大內大宰爲六卿金鶚云大宰何以與宗祝卜史並列其說不可通矣詒讓案曲禮所載六大五官六府六工鄭謂殷制本非定論焦氏強圓其說遂多牽合然春秋宋用殷制左傳紀其官以左師右師司馬司徒司城司寇爲六卿是殷實有六官焦答雖不可馮而鄭目錄固不誤也

周禮　鄭氏注

國有六職百工與居一焉　百工司空事官之屬於天地四時之職亦處其一也司空掌營城郭建都邑立社稷宗廟造宮室車服器械監百工者唐虞已上曰共工

【疏】國有六職百工與居一焉者總述百工之事以發三十工之耑也六職自天子以下至於庶民職事有此六等與小宰六職義異而與大宰九職其四略同但增王公士大夫而省園圃虞衡藪牧臣妾閒民爲異此通晐尊卑彼專據任民義各有所取也賈疏云卽下云或坐而論道至治絲麻以成之是也　注云百工司空事官之屬者賈疏云鄭據本而言案小宰職云六曰冬官其屬六十掌邦事此百工卽其屬六十言百者舉大數耳但爲其篇亡故六十之官不見記人以此三十工代之也詒讓案月令季春命工師令百工注云工師司空之屬官也又孟冬命工師效功注云工師工官之長也是冬官之屬有工師與

匠師梓師同領諸工而前五官亦或有給事之工若玉府典婦功諸職所屬之工皆是也此經三十工並卽在官之工故有明堂城郭溝洫瑞玉量器諸制而梓人又著梓師監視之法是其證矣至此篇本爲紀識工事之專書不爲補冬官而作漢時因其與事職相應取以補闕耳賈謂記人以三十工代六十官失之云於天地四時之職亦處其一也者賈疏云記人本意以國有六職據此下文或坐而論道已下百工與居其一鄭以此爲本又以天地四時六職天官冢宰地官司徒之等官主百工亦居其一分案賈說是也鄭言於天地四時之職者明小宰六職非此王公士大夫等之六職也百工處此六職之一司空則處小宰六職之一職異而皆以六爲目故云亦處其一言亦者明其事異而可取以相況也云司空掌營城郭建都邑立社稷宗廟造宮室車服器械監百工者者此並據三十工所掌工事言之監百工與上營城郭等四事平列並爲司空所掌御覽職官部引環濟要略云冬官司空掌邦事營城郭都邑立社稷宗廟造宮宅器械監百工卽本鄭義賈疏屬下讀非也王制云司空執度度地居民山川沮澤時四時量地遠近興事任力御覽職官部引尚書大傳云溝擁遏水爲民害田廣不墾則責之司空韓詩外傳云山陵崩阤川谷不通五穀不殖草木不茂則責之司空以上各書所述司空職掌亦與鄭略同云唐虞已上曰共工者已釋文作以阮元云作已非凡注作以案阮校是也書堯典云共工方鳩僝功史記五帝本紀集解引鄭彼注云共工水官名賈疏云按大史公楚世家云共工作亂帝使重黎誅之又按舜典云帝曰疇若予工僉曰垂才帝曰俞咨垂汝共工是唐虞已上曰共工者也若然唐虞以上皆曰共工堯時暫爲司空是以尚書舜典二十八載後咨四岳欲置百揆僉曰伯禹作司空注云初堯冬官爲共工舜舉禹治水堯知有強法必有成功改命司空以官異之禹登百揆後更名共工是其事也詒讓案淮南子天

文訓昔者共工與顓頊爭爲帝高注云共工官名伯於虙羲神農之閒其後子孫任智刑以強故與顓頊黃帝之孫爭位是堯以前卽有共工之官賈疏敘亦引鄭書注云禹登百揆之任捨司空之職爲共工與虞故曰垂作共工益作朕虞據此是鄭意謂改共工爲司空自堯始也史記集解引馬融書注說垂爲共工云爲司空共理百工之事亦以共工爲卽司空鄭大傳注說亦同案堯典云納于百揆百揆時敘馬鄭諸儒備多以爲官名書僞古文周官同與史記所載古文說釋百揆爲百官者異閻若璩據文十八年左傳云舜臣堯舉八凱使主后土以揆百事莫不時序證百揆非官名其說致塙若然舜之命禹蓋作司空而總百揆非登百揆遂捨司空之職也垂益與禹同命亦不得謂堯先改共工爲司空舜後分司空爲共工與虞鄭書注說殊未塙金鶚謂共工當爲司空之佐虞爲后稷之佐以理推驗金說近是若然唐虞夏並有司空書疏引馬融云咎單爲湯司空是殷制亦然周官沿古名也

或坐而論道或作而行之或審曲面埶以飭五材以辨民器或通四方之珍異以資之或飭力以長地財或治絲麻以成之

言人德能事業之不同者也論道謂謀慮治國之政令也作起也辨猶具也資取也操也鄭司農云審曲面埶審察五材曲直方面形埶之宜以治之及陰陽之面背是也春秋傳曰天生五材民並用之謂金木水火土也故書資作齊杜子春云齊當爲資讀如冬資絺之資玄謂此五材金木皮玉土

【疏】或坐而論道者賈疏云此六者卽上文之六職也此皆舉其事下文皆言其人以覆之云或飭力以長地財者賈疏云飭勤也地財穀物皆是案大宰賈疏釋飭材之飭亦爲勤則賈意飭力與上飭五材義同尋繹此文飭材飭力二者義似小異說文力部云飭致堅也讀若敕飭材之飭當從先鄭訓爲治乃致

堅引申之義飭力依賈訓爲勤則爲敕之叚借爾雅釋詁云敕勞也彼釋文本又作飭是也然飭材謂治五材致極其堅緻飭力則謂任力致極其勤勞二義亦得相通也互詳大宰疏呂氏春秋愼人篇高注云地財五穀亦即此長地財之義　注云言人德能事業之不同者也者賈疏云言人德者坐而論道是也言人能者作而行之是也言人之事審曲面埶是也言人之業通四方珍異以資之飭力以長地財治絲麻以成之三者是也云論道謂謀慮治國之政令也者說文言部云論議也廣雅釋詁云謀慮議也是論與謀慮義同云作起也者賈注同云辨猶具也者特牲饋食禮注云具猶辨也案說文刀部云辨判也隸變爲辨辨本訓判引申爲辨具之義俗辨具字别从力作辦非云資取也操也者說文貝部云資貨也引申之爲取亦爲操廣雅釋言云資操也又釋詁云操齎持也齎資字亦通謂商賈取四方珍異之物齎操居積之轉售以求利周書大聚篇云商資貴而來貴物益賤資貴物出賤物以通其器是其義也鄭司農云審曲面埶審察五材曲直方面形埶之宜以治之者形勢字古通作埶說文丮部云埶穜也無勢字弓人經注亦並作埶爾雅釋詁云察審也先鄭意蓋以曲直方面形埶平列爲三事皆當審察之又以治之訓飭材治與致堅義亦相成也弓人凡析幹射遠者用埶先鄭注亦云埶謂形埶假令木性自曲則當反其曲以爲弓故曰審曲面埶與此注同文選張衡東京賦審曲面勢薛綜注云審度也謂審察地形曲直之勢中論譴交篇云審曲直形勢飭五材以别民器謂之百工亦並同先鄭說鄭鍔云審曲者審其曲也面埶者面其埶也材有曲直直者不待審而可知審其曲者然後見其理之所在埶有向背背者不可向以爲用面其埶然後順其體之所向陳注云面字非物之面乃人向道之面也譚人以正王面召誥云面稽天若皆向之謂也案鄭陳二說與先鄭異亦通初學記器物部引後梁甄玄成車賦有亦面

勢而審曲之語以面埶與審曲對舉文選潘岳笙賦云審洪纖面短長李注亦引此文則六朝唐人已有訓面爲向者或本賈馬干諸家義與云及陰陽之面背是也者謂面兼含面背之義亦當審之也賈疏云謂若下云斬轂之道必矩其陰陽是記其陰陽之面背也引春秋傳曰天生五材民並用之者左襄二十七年傳宋子罕語引以證五材之義云謂金木水火土也者左傳杜注亦用先鄭義然此經說百工飭材而有水火於義未允故後鄭不從云故書資作齊杜子春云齊當爲資讀如冬資絺之資者絺下宋余本岳本附釋音本巾箱本舊注疏本並有給字衍段玉裁云此用聲類改其字而復說其音讀也徐養原云外府等職齎資通用司尊彝齊齍通用此經齊資通用並同音相借也周易旅得其資斧釋文云子夏傳及衆家並作齊斧此亦資通作齊之一證賈疏云按越語云大夫種曰臣聞之賈人夏則資皮冬則資絺旱則資舟水則資車以待乏也詒讓案韋注云資取也與杜鄭義同云玄謂此五材金木皮玉土者後鄭據後經有攻木攻金攻皮之工又有刮摩卽玉工搏埴卽土工明此五材與左傳異也江永云五材後鄭謂金木皮玉土爲長水火可制器不可爲器金雖可兼玉而皮革不可遺曲禮六工土金石木獸草獸卽皮也玉可兼石木可兼草案江說是也大宰百工飭化八材八材亦卽五材文有詳略先鄭以八材爲珠象玉石木金革羽後鄭此注以五材爲金木皮玉土蓋玉可關珠革可關象羽土可關石也

坐而論道謂之王公天子諸侯

疏坐而論道謂之王公者此明六職之人也注云天子諸侯者通典凶禮引馬融喪服注云公諸侯也賈疏云公君也諸侯是南面之君故知是諸侯也若然尚書三公論道經邦燮理陰陽鄭不言者三公有成文不言可知故夏傳云坐而論道謂之三公通職名無正官名是其義也阮元云注以天子釋王諸侯釋公也案阮說是也北堂書鈔職官部引五經異

義云古周禮說天子立三公曰太師太傅太保無官屬與王同職故曰坐而論道謂之王公地官敘官鄉老注云三公者內與王論道中參六官之事外與六鄉之教續漢書禮儀志劉注引月令盧植注云天子之三公坐而論道參五職事是並謂公卽三公此注不云者三公雖爲公然此云公者亦兼孤卿言之天子公孤六卿多以畿內外諸侯爲之故釋公爲諸侯也賈疏所引書周官乃僞古文鄭不援證不足爲疑今本書鈔引異義古周禮說王公誤作三公賈疏引鄭尚書大傳夏傳注三公又誤作王公案古周禮說因說三公與王同職故引此經爲證則當作王公無疑賈引書傳三公作王公則又涉正文而誤今並據文義攷正

作而行之謂之士大夫親受其職居其官也疏注云親受其職居其官也者賈疏云此卽設官分職治職教職之等是也

審曲面埶以飭五材以辨民器謂之百工五材各有工言百衆言之也疏審曲面埶以飭五材以辨民器謂之百工者此卽大宰九職之五曰百工飭化八材也注云五材各有工者下輪輿輈弓廬匠車梓柳矢木工也築冶鳧㮚段桃金工也函鮑韗韋裘皮工也玉雕磬玉工也陶旊土工也惟畫繢鍾筐㡛四工在五材之外云言百衆言之也者此經五材之工止三十明百工者舉成數衆言之也

通四方之珍異以資之謂之商旅商旅販賣之客也易曰至日商旅不行疏通四方之珍異以資之謂之商旅者珍異謂貨賄此卽大宰九職之六曰商賈阜通貨賄也賈人注云珍異四時食物與此異注云商旅販賣之客也者賈疏云按大宰九職注行曰商處曰賈商旅賈客也行商與處賈爲客此文無賈直云商旅故云販賣之客也引易曰至日商旅不行者復象辭文引以證商旅之義易釋文引鄭彼注云資貨而行曰商旅客也與此注同

飭力以長地財謂之農

夫三農受夫田也。疏飭力以長地財謂之農夫者，此卽大宰九職之一曰三農生九穀也。注云三農受夫田也者，三農詳大宰疏。賈疏云遂人云夫一廛田百畝，是三農受夫田也。

治絲麻以成之謂之婦功。布帛婦官之事。疏治絲麻以成之謂之婦功者，此卽大宰九職之七曰嬪婦化治絲枲也。天官敘官典婦功，九嬪教九御亦以婦功，注並釋婦功爲絲枲，枲卽麻也。注云布帛婦官之事者，賈疏云鄭云婦官，據典婦功爲婦官，此治絲麻者婦官所統攝，故言婦官也。

粵無鎛，燕無函，秦無廬，胡無弓車。此四國者不置是工也。鎛，田器。詩曰「庤乃錢鎛」，又曰「其鎛斯𢯷」。鄭司農云：函讀如國君含垢之含。函，鎧也。孟子曰：「矢人豈不仁於函人哉？矢人唯恐不傷人，函人唯恐傷人。」廬讀爲纑，謂矛戟柄竹欑柲。或曰摩鑛之器。胡，今匈奴。疏粵無鎛者，賈疏云粵卽今之越字也。杜氏春秋釋例土地名云越會稽山陰縣。案今屬浙江紹興府。云燕無函者，土地名云燕，燕國薊縣也。案燕都在今順天府大興縣。云秦有廬者，釋文云廬本或作蘆。阮元云蘆乃籚之譌，案詳後。土地名云秦國都扶風雍縣也。案秦都在今陝西秦州清水縣。注云此四國不置是工也者，謂粵無鎛等皆爲不專置是工也。江永云此甚言四國能此者多，雖有若無，非眞謂不置是工，亦非眞謂人人皆能作也。注泥案江說是也。賈疏謂無鎛官函官之等，尤誤。云鎛田器者，後鎛器注亦云鎛器田器錢鎛之屬。說文金部云鎛一曰田器。釋名釋用器云鎛亦鋤田器也，鎛，迫也，迫地去草也。鎛與鎛同。引詩云偫乃錢鎛，又曰其鎛斯𢯷者，周頌良耜臣工二篇文。引之者，證鎛爲田器。偫，毛詩作庤，傳云庤，具。錢，銚。鎛，鎒也。案偫庤字通。𢯷，毛詩作趙，傳云趙，刺也。鄭蓋本三家詩，故與毛異。鄭司農云函讀如國君含垢之含者，說文己部云圅，舌也。隸變作函，又假借爲甲名，亦取含容爲義，故擬其音也。國君含垢，左宣十五年傳文。云函鎧也者廣雅釋詁同釋名釋兵云甲亦曰函堅重之名也名甲爲鎧漢時語詳司甲疏引孟子者公孫丑篇文趙注與先鄭同此引以證甲之名函也云廬讀爲纑者賈疏云纑縷之纑取細長之義也段玉裁云說文竹部籚積竹矛戟矜也从竹盧聲引春秋國語侏儒扶籚此注纑當作籚若依纑字則當云讀如不當云讀爲矣釋文廬本或作籚此正用注說易正文也案段說是也說文糸部云纑布縷也與廬器義遠賈曲爲之說失之云謂矛戟柄竹欑柲者後注亦云廬矛戟矜柲也阮元云釋文作竹欑柲也此脫也字按說文木部欑積竹杖也柲欑也段玉裁云欑聚也竹欑者積竹也合細竹梃爲之昌邑王傳所謂積竹杖案阮段說是也賈疏謂欑謂柄之入銎處非其義云或曰摩鐧之器者段玉裁云此以鐧廬同音爲訓別一說非謂矛戟柄也丁晏云方言云希鑠摩也燕齊摩鋁謂之希卽鄭所云摩鐧也玉篇金部鑢錯也鋁同上集韻九御鑢鋁鐧引說文錯銅鐵也或从呂从閭磬氏先鄭注云摩鑢其旁大雅抑箋云玉之缺者可摩鑢而平卽摩鐧也詒讓案說文手部云摩研也鑢鐧之正字與廬聲近故或以廬爲摩鑢之器然摩鐧爲刮摩之事此後文以廬人屬攻木之工況廬人本職廬器自爲矜柲亦無取摩鐧之義或說非也賈疏謂柄須摩鐧令滑或解得爲一義亦非云胡今匈奴者卽今內外蒙古諸部落是也御覽四夷部引風俗通云胡者山戎之別種胡者互也言其被髮左衽言語贄幣事殊互也史記匈奴傳索隱引服虔云堯時曰葷粥周曰玁狁秦曰匈奴故鄭云今匈奴然山海經海內南經周書王會篇及伊尹獻令並有匈奴則匈奴之名不自秦漢始矣粤

之無鎛也非無鎛也夫人而能爲鎛也燕之無函也非無函也夫人而能爲函也秦之無廬也非無廬也夫人而能爲廬也胡之無弓車

也非無弓車也夫人而能為弓車也言其丈夫人人皆能作是器不須國工粵地塗泥多草薉而山
出金錫鑄冶之業田器尤多燕近強胡習作甲冑秦多細木
善作矜柲匈奴無屋宅田獵畜牧逐水草而居皆知為弓車
注云 疏 言其
丈夫人人皆能作是器不須國工者說文夫部云夫丈夫也鄭以此
夫亦為丈夫然其義迂曲不可從釋文引沈重音扶此六朝經師之
異讀其義較鄭為長王引之云夫人猶衆人也鄭以夫為丈夫失之
孝經疏引劉瓛曰夫猶凡也淮南子本經篇高注曰夫人衆人也襄
八年左傳曰夫人愁痛國語周語云夫人奉利而歸諸上杜韋注曰
夫人猶人人也案王說是也此亦極言能作者多耳非謂其人皆能
作轂梁成元年傳云夫甲非人人之所能為也與此記義不相妨也
云粵地塗泥多草薉而山出金錫鑄冶之業田器尤多者釋文引劉
昌宗云薉穢字之異者案詳蜡氏疏書禹貢揚州云厥土惟塗泥職
方氏揚州其利金錫越地屬揚州故鄭云然云燕近強胡習作甲冑
者史記匈奴傳云燕北有東胡山戎漢書地理志云燕上谷至遼東
地廣民希數被胡寇蓋以戰為常故習作甲冑也云秦多細木善作
矜柲者方言云戟其柄自關而西謂之柲矛其柄謂之矜說文矛部
云矜矛柄也引申之為凡長兵柄之通稱故廣雅釋器云矜柲柄也
漢書地理志云秦有鄠杜竹林南山檀柘號稱陸海天水隴西山多
林木故云秦多細木善作矜柲也云匈奴無屋宅田獵畜牧逐水草
而居皆知為弓車者史記匈奴傳云其俗隨畜牧而轉移逐水草遷
徙無城郭常處因射獵禽獸為生業其長兵則弓矢並鄭所據也
知者創物謂始閭端造器物若世本作者是也疏 知者創物者釋文云創依字作刱案
說文井部云刱造法刱業也讀若創
經典皆借創為之 注云謂始閭端造器物者閭開字同詳典瑞疏
廣雅釋詁云創始也國語周語韋注云創造也故鄭訓創物為始閭

端造器物云若世世本作者是也者謂世本作篇所說造作器物之人詳龜人疏巧者述之守之世謂之工父子世以相教疏巧者述之者說文辵部云述循也謂循故法而增修之　注云父子世以相教者卽大司徒十二教之世事國語齊語云今夫工羣萃而州處審其四時辨其工苦權節其用論比協材旦莫從事施於四方以飭其子弟相語以事相示以巧相陳以功少而習焉其心安焉不見異物而遷焉是故其父兄之教不肅而成其子弟之學不勞而能夫是故工之子恆爲工荀子儒效篇云工匠之子莫不繼事卽世守之事也百工之事皆聖人之作也事無非聖人所爲也疏注云事無非聖人所爲也者樂記云作者之謂聖易繫辭云備物致用立成器以爲天下利莫大乎聖人卽其義也爍金以爲刃凝土以爲器作車以行陸作舟以行水此皆聖人之所作也凝堅也故書舟作周鄭司農云周當爲舟疏爍金以爲刃者釋文云爍義當作鑠案爍卽鑠之俗莊子釋文引崔譔云爍消也說文金部云鑠銷金也漢書藝文志云爟金爲刃顏注云爟與鑠同謂銷也此謂攻金之事廣韻十二庚引世本云蚩尤以金作兵器云凝土以爲器者謂陶瓬之事　一切經音義引世本云舜始陶云作車以行陸作舟以行水者謂攻木之事山海經海內經郭注引世本云奚仲作車共鼓化狄作舟案世本說作器之人不必皆聖人經約舉大較言之　注云凝堅也者凝正字本作冰說文仌部云冰水堅也重文凝俗冰从疑云故書舟作周鄭司農云周當爲舟者段玉裁云此古文同音假借字惠棟云詩大東舟人之子鄭曰舟當作周詩以舟爲周考工以周爲舟義並通案段說是也舟周聲類同釋名釋船云舟言周流也亦其例天有時地有氣材有美工有巧合此四者然後

可以爲良時寒溫也氣剛柔也良善也疏材有美者前經五篇凡美字並用古字作媺輈人經同惟此及弓人作美與字例不合疑誤　注云時寒溫也者賈疏云謂若弓人春液角夏治筋秋合三材冬定體之屬是依寒溫而作云氣剛柔也者易說卦云立地之道曰柔與剛左昭二十五年傳云因地之性杜注亦謂高下剛柔之性是也云良善也者玉府注同

材美工巧然而不良則不時不得地氣也不時不得天時疏注云不時不得天時者以地氣言地天時不言天文有詳略故申其義

橘踰淮而北爲枳鸜鵒不踰濟貉踰汶則死此地氣然也鸜鵒鳥也春秋昭二十五年有鸜鵒來巢傳曰書所無也鄭司農云不踰濟無妨於中國有之貉或爲猨謂善緣木之猨也汶水在魯北疏橘踰淮而北爲枳者此明地氣有所不宜也說文木部云橘果出江南枳木似橘晏子春秋內篇雜下云晏子對楚王曰嬰聞之橘生淮南則爲橘生於淮北則爲枳葉徒相似其實味不同所以然者何水土異也淮南子原道訓云橘樹之江北則化而爲枳並與此經同列子湯問篇云吳楚之國有大木焉其名爲櫾碧樹而冬生實丹而味酸渡淮而北而化爲枳焉蓋傳聞之異淮青州川詳職方氏疏云鸜鵒不踰濟者列子文同案濟當依職方氏作泲兗州川詳彼疏釋文鸜作鸛云徐劉音權公羊傳同本又作鸜左傳同案公羊昭二十五年徐疏引此經亦作鸛正字本作鴝鸜鴝之俗鸛則叚借字也詳後云貉踰汶則死者列子文亦同釋文云貉獸名依字作貈案說文豸部云貈似狐善睡獸經典多借貉爲之　注云鸜鵒鳥也者說文鳥部云鴝鴝鵒也一切經音義云鴝鵒似百舌頭有兩毛角者云春秋昭二十五年有鸜鵒來巢傳曰書所無也者左傳文鸜宋余仁仲本附釋音本宋注疏本並作鴝與上文不同疑依說文妄改賈疏云左氏傳

作鸜鵒公羊傳作鸛鵒此經注皆作鸜字與左氏同阮元云釋文本作鸛鵒賈疏本作鸜鵒按徐邈劉昌宗作鸛音權是此經舊作鸛鵒經作鸜鵒爲失其舊說文鳥部云鵒鴝鵒也古者鴝鵒不踰泲權鴝一語之轉蓋攷工記春秋皆有二本不同依說文別作鴝爲是也陳壽祺云左傳音義鸛嵇康音權本又作鴝穀梁音義鸛本又作鸛音灌矣鄭注所引者爲左氏傳則鄭所據左氏春秋亦作鸛賈疏本居一石今攷左氏攷工記古本亦皆作鸛音權觀鄭注引左氏春秋徐邈劉昌宗周禮音嵇康左傳音陸德明周禮音義並同可證其作鸜者非古本也賈所見本不如諸家之善又不知左氏有作鸛之本疏矣案阮陳說是也淮南子原道訓字亦作鴝說文鳥部無鸜字而有鸛字別爲一鳥鴝鵒之字經典古本多作鸛者蓋借鸛爲鴝也鄭引左傳者證不踰濟故魯無此鳥左傳杜注云此鳥穴居不在魯界故云來巢鄭司農云不踰濟無妨於中國有之者此隱駁春秋公穀說也公羊春秋有鸛鵒來巢傳云何以書記異也何異爾非中國之禽也又穀梁傳云一有一亡曰有來者來中國也並以鸛鵒爲非中國之鳥玉燭寶典引禮稽命徵說同賈疏云按異義公羊以爲鸛鵒夷狄之鳥穴居今來至魯之中國巢居此權臣欲自下居上之象穀梁亦以爲夷狄之鳥來中國義與公羊同左氏以爲鸛鵒來巢書所無也彼注云周禮曰鸜鵒不踰濟今踰宜穴而又巢故曰書所無也許君謹案從二傳後鄭駮之云按春秋言來者甚多非皆從夷狄來也從魯疆外而至則言來鸜鵒本濟西穴處今乃踰濟而東又巢爲昭公將去魯國今先鄭云不踰濟無妨於中國有之與後鄭義同也案賈說是也鸜鵒即今南方之八哥北方所無經云不踰濟者謂不踰濟而北也魯在濟東南嫌未爲踰濟故駁異義謂鸜鵒本濟西穴處至魯爲踰濟而東明此經之義可通於春秋也左傳孔疏不達斯恉乃謂鸜鵒北方之鳥南不踰濟失之矣云貉或爲猨謂善緣木之猨也者

說文虫部云蝯善援禺屬爾雅釋獸云猱蝯善援猨即蝯之俗詩小雅角弓箋云猱之性善登木孔疏引陸璣疏云猱獼猴也老者爲玃長臂者爲猨猨徐養原云猨貉形聲各別不相假故鄭君特釋猨義以見其不與貉通也詒讓案蝯猱之屬今南北通有之不聞其踰汶則死也或本蓋誤云汶水在魯北者漢書地理志云琅邪郡朱虛東泰山汶水所出東至安丘入淮又泰山郡萊蕪縣云禹貢汶水所出西南入泲桑欽所言案鄭此注云在魯北則謂入泲之汶也其水出今山東萊蕪縣西南流入運河其出東泰山之水水經謂之東汶水出今沂水縣沂山東流至安丘縣入淮與此別賈疏云汶陽田或屬齊或屬魯是齊南魯北故云魯北也殷敬順列子釋文引此經注云先儒相因以爲魯之汶水皆大誤也案史記汶與崏同武巾切謂汶江也非音問之汶山海經大江出汶山郭云東南逕蜀郡東北逕巴東江夏至廣陵入海韓詩外傳云昔者江出於汶山其母也足以濫觴是也又楚詞云隱汶山之清江固可明矣且列子與周禮通言水土性異則遷移有傷故舉四瀆以言之案今魯之汶水闊不踰數十步源不過二百里揭厲皆渡斯須往還豈狐貉暫遊生死頓隔矣說文云貉狐類也皆生長丘陵旱地今江邊人云狐不渡江是明踰大水則傷本性遂致死者也案殷說亦通貉北方之獸不踰汶而南與鸜鵒不踰濟而北正相反江源出臨山臨或作汶故古亦謂江水爲汶水戰國策燕策云蜀地之甲輕舟浮於汶乘夏水而下江漢地理志蜀郡有汶江道皆以江水爲汶水之證殷氏以汶爲江與淮泲皆爲巨瀆其說不爲無據毛居正王應麟亦並從其說謹附著之以備一義

鄭之刀，宋之斤，魯之削，吳粵之劍，遷乎其地而弗能爲良，地氣然也。去此地而作之則不能使良也

【疏】鄭之刀者以下明地各有所宜也春秋釋例土地名云鄭熒陽宛陵縣西南有新鄭城案鄭都

在今河南許州府新鄭縣說文刀部云刀兵也云宋之斤者土地名
云宋梁國睢陽縣也案宋都在今河南歸德府商邱縣南說文斤部
云斤斫木也釋名釋用器云斤謹也版廣不可得削又有節則用此
斤之所以詳謹令平滅斧跡也云魯之削者土地名云魯魯國魯縣
案魯都在今山東兗州府曲阜縣削詳冶氏疏云吳粵之劍者土地
名云吳吳郡吳縣案今屬江蘇蘇州府吳粵出金錫利以為劍故莊
子刻意篇云干越之劍彼釋文引司馬彪云干吳也吳越出善劍是
也劍詳桃氏疏　注云去此地而作之則不能使良也者言移其地
之工及所產之材至他所作之則不能如其地所作之良也江
永云刀斤削劍必用水淬遷乎其地而弗能為良水性異也

燕之角荊之幹妢胡之笴吳粵之金錫此材之美者也

荊荊州也幹柘也
可以為弓弩之幹
妢胡胡子之國在楚旁笴矢幹也禹貢荊州貢櫄幹栝柏及箘簵楛
故書笴為筍杜子春云妢讀為焚咸丘之焚書或為邠妢胡地名也
筍當為笴笴讀
為稾謂箭稾

疏燕之角荊之幹者角牛角與幹為弓人六材之二
列子湯問篇云燕角之弧列女傳辨通篇晉弓工
妻曰臣夫造此弓傳以燕牛之角御覽兵部引綦毋邃注云燕角善
爾雅釋地云北方之美者有幽都之筋角焉燕於職方氏九州屬幽
州云妢胡之笴者笴唐石經作笴誤詳後云吳粵之金錫者即職方
氏揚州其利金錫吳粵於職方屬揚州也　注云荊荊州也者職方
氏云正南曰荊州是也云幹柘也可以為弓弩之幹者說文木部云
榦築牆耑木也柘桑也案幹即榦之隸變榦本為楨榦叚借為弓材
之名弓人云凡取幹之道七柘為上故知幹即為柘也詳弓人疏云
妢胡胡子之國在楚旁者左襄二十八年傳胡子朝于晉杜注云胡
子楚屬也釋例土地名云汝陰縣西北有胡城案今安徽潁州府阜
陽縣西北有故胡城即此又釋例附唐人盟會圖疏云胡在豫州郾

城則在今河南許州郾城縣與杜說異未知孰是左傳胡子國不云蚡胡其說亦未聞云笴矢幹也者矢人注義同別於上幹爲弓幹也引禹貢荊州貢櫄幹栝柏及箘簵楛者證幹笴之材出荊楚也阮元云釋文楛作枯云音戶尚書作楛音同然則今注作楛爲改同尚書非也案阮說是也說文木部引書亦作枯與陸本合櫄今書作杶櫄即杶之或體詳大宰疏簵今書作輅即簵之古文賈疏云按禹貢荊州貢櫄幹栝柏三邦底貢注云櫄幹栝柏四木名幹柘幹箘簵聆風楛木類周之始肅愼氏貢楛矢石砮此州中生聆風與楛者衆多三國致之云故書笴爲筍者此字形之誤段玉裁據唐石經改笴爲筍云注中筍字今本皆作笴而唐石經經文作蚡胡之筍蓋正依故書可藉以正注中笴字之誤可與句相亂如尚書盡執抲或作執拘說文許敘云俗謂苛之字止句菏水續漢書郡國志注作苛水皆其類也姚文田云此注兩笴字當並作苛釋文於梓人爲筍虡始云爲簨息允反本又作筍而此不發音爲此注不作筍以是明之案笴唐石經作筍與笴字形聲尤近段姚諸家並據彼謂注兩笴字當作笴徐養原馮登府校同其說是也但石經經文作筍則與矢人不合唐刻例不違鄭何得破笴爲筍此經與儀禮凡笴字皆不作筍足明其非況字書筍字無古老反之音五經文字筍字注亦止云見爾雅不云見考工記足證陸德明張參所見經本不作筍蓋石經筍字雖可藉以正此注之譌文而正文則自當作笴彼自是涉注而誤黃以周云唐石經作蚡胡之筍猶弓人謂之參均作謂之不參均一從故書改一從司農說皆石經之失當者也杜子春云蚡讀爲焚咸丘之焚者焚咸丘春秋桓七年經文段玉裁改讀爲爲讀如云蚡讀如焚疑其音耳案段校是也云書或爲邠者蚡邠同聲叚借字云蚡胡地名也者杜不詳蚡胡地所在胡承珙陳奐並謂蚡即汝墳詩召南汝墳毛傳云汝水名也墳大防也漢書地理志汝南郡汝陰故胡

國莽曰汝墳是汝墳卽胡地墳說文部又作坋二云大防也胡陳說不爲無徵但墳爲大防則非胡地之專名而爾雅釋水又云汝爲濆郭注亦引詩爲釋水經汝水酈注以濆爲汝水之別卽今郾城之大㶏水與唐人說胡國在郾城者同處若然汝或當爲濆之借字又此經汾或作邠周書度邑篇說武王在殷郊升汾之阜以望商邑汾本亦作邠史記周本紀作豳續漢郡國志襄城有汾邱卽此其地亦在今許州與郾城之胡相近洪頤煊又謂籥章豳籥先鄭二云豳國之地竹豳通作邠其地產竹或亦可以爲笱俞樾復據爾雅釋地二云西至邠國說文作汃二云西極之水邠胡蓋西戎國名以上諸義於聲類似皆可通而未能決定姑並存之俟學者攷焉二云笱當爲笴者笱段徐校亦並改爲笱黄以周二云以矢人笴厚及相笴諸文決之也二云笴讀爲稾謂箭稾者此正故書笱爲笴而又讀爲稾也矢人注二云笴讀爲稾謂矢幹古文假借字彼故書今書並作笴故經讀爲稾此故書爲笱與稾形聲並遠故必正其字而後讀爲稾杜鄭義同也黄以周二云此與鄉師臀當爲殿又讀爲屯朁矇帝當爲定又讀爲奠同例案黄說是也稾舊本並誤稾惟汪道昆本及監本黄丕烈校本作稾與宋本釋文合今從之夏官敘官稾人先鄭注云稾讀爲芻稾之稾箭幹謂之稾足證此注當作稾也段玉裁二云笴與稾異部雙聲也夏官注二云箭幹謂之稾蓋禾稾字引申爲矢幹字說文無笴蓋以幹字稾字包之案段說是也凡稾稾二字釋文音讀迥異詳夏官敘官疏

天有時以生有時以殺草木有時以生有時以死石有時以泐水有時以凝有時以澤此天時也言百工之事當審其時也鄭司農二云泐當如再扐而後卦之扐泐謂石解散也夏時盛暑大熱則然【疏】天有時以生有時以殺者此論天時各有所宜也殺下篇矢人梓人匠人弓人並作網字例與此不同未詳二云水有

時以凝有時以澤者釋文云澤音亦李音釋案李音是也澤釋聲類同古通用說文采部云釋解也淮南子詮言訓云夫水向冬則凝而爲冰迎春則釋而爲水國語齊語說工云審其四時韋注云言四時各有所宜謂死生凝釋之時也韋即本此經亦以澤爲釋是其證也

注云言百工之事當審其時也者此泛論天時之殊異以明工事之亦然鄭司農云泐讀如再扐而後卦之扐者易繫辭文卦今易作掛易釋文引京氏本作卦卽先鄭所據也段玉裁云此擬其音也云泐謂石解散也者段玉裁云說文水部曰泐水石之理也從水阞引周禮石有時而泐謂石如其理而解散猶水之依其理也阞地理也從阞會意云夏時盛暑大熱則然者春秋繁露循天之道篇云陰陽之會夏合南方而物動於上爲熱則焦沙爛石蓋夏時暑熱大盛則日暵氣漲石爲之泐也

凡攻木之工七攻金之工六攻皮之工五設色之工五刮摩之工五摶埴之工二

攻猶治也摶之言拍也埴黏土也故書七爲十刮作捖鄭司農云十當爲七捖摩之工謂玉工也捖讀爲刮其事亦是也

【疏】凡攻木之工七者以下記六工之凡數也云設色之工五者說文言部云設施陳也言以采色施陳於素物之上五疑當爲四詳後疏云摶埴之工二者摶唐石經作摶釋文同誤也今據宋余仁仲本建陽本及嘉靖本正詳後

注云攻猶治也者瘍醫注同說文攴部云攻擊也引申爲攻治瘍醫注不云猶者文略云摶之言拍也者摶釋文亦作搏云李音團劉音博戴震云團音當手旁專博音手旁尃絕然二字譌溷莫辨鄭注摶之言拍取音聲相邇爲訓拍古音滂各反釋名云拍搏也手搏其上也又云摶博也四指廣博亦似擊之也據此定從博音阮元云按注則當從劉昌宗音搏李軌音團釋文唐石經作摶誤也段玉裁云說文手部搏索持也拍拊也是搏之本義不訓拍故鄭以之言通之案戴

阮段說是也凡注云某之言某者多依聲爲訓若天官敘官注云膳之言善庖之言苞並其例也此注搏拍聲相近若作摶則與拍聲義俱遠足證其非說文手部云㧌拊也拍與㧌同此云搏埴卽瓬人注所謂拊泥也賈疏云以手拍黏土以爲培乃燒之云埴黏土也者說文土部同草人埴壚用豕注亦云埴壚黏疏者荀子性惡篇云故陶人埏埴而爲器莊子馬蹄篇云陶者曰我善治埴釋文引司馬彪云埴土可以爲陶器云故書七爲十者徐養原云七十形相似軵人軓前十尺十或作七與此互誤又漢隸字源孔廟置卒史碑元嘉三年三月廿十日袁君碑有十國之謀義皆作七是漢人每以十爲七云刮作捖者段玉裁云完聲昏聲合音最近檀弓華而睆注云說者以睆爲刮節目字或爲刮可相參證鄭司農云十當爲七者下文舉攻木之工凡七故先鄭據以校正孟子滕文公篇趙注亦云周禮攻木之工七從先鄭讀也然增軵人則當爲八此說未審云捖摩之工謂玉工也者以五工首玉人也實則五工之中楖人矢人治木雕人治骨角磬氏治石不皆玉工先鄭偏舉一耑爲釋耳爾雅釋器云金謂之鏤木謂之刻骨謂之切象謂之磋玉謂之琢石謂之磨一切經音義引爾雅磨作摩案磨卽摩之叚字釋器所說六事約言之通得爲刮摩矣云捖讀爲刮其事亦是也者說文刀部云刮掊杷也刷刮也刮刷卽掊杷引申之義段玉裁云謂刮刷之事亦正是玉工所爲也臧琳云說文手部無捖字惟刀部有刓字云剸也一曰齊也二禮當用此字摩刮節目正齊之之意古元完同聲因誤作睆或作捖也案臧說亦通捖俗字說文不收蓋亦同先鄭讀

攻木之工輪輿弓廬匠車梓攻金之工築冶鳧㮚段桃攻皮之工函鮑韗韋裘設色之工畫繢鍾筐㡆刮摩之工玉楖雕矢磬搏埴之工陶瓬事官之屬

六十此識其五材三十工略記其事耳其日某人者以其事名官也其日某氏者官有世功若族有世業以氏名官者也盧矛戟矜柲也國語曰侏儒扶盧梓榎屬也故書雕或爲舟鄭司農二云輪輿弓廬匠車梓此七者攻木之工官別名也孟子曰梓匠輪輿鮑讀爲鮑魚之鮑書或爲鞄蒼頡篇有鞄莞韗讀爲歷運之運㡆讀爲芒芒禹迹之芒楖讀如巾櫛之櫛瓬讀爲甫始之甫埴書或爲植杜子春云雕或爲舟者非也玄謂瓬讀如放於此乎之放

疏 攻木之工輪輿弓廬匠車梓者此記六等工之細目也也二云攻金之工築冶鳧㮚段桃者釋文二云㮚古栗字案詳籩人疏二云攻皮之工函鮑韗韋裘者釋文二云韗本或作韗案韗正字韗或體詳後疏二云設色之工畫繢鍾筐㡆者嚴可均二云㡆當作㡆說文有㡆無㡆五經文字㡆又作㡆見周禮則張所見正本又作本皆不从艸詒讓案㡆卽㡆之別體雖與說文不同然釋文及賈疏本並已如是五經文字疑當作㡆又作㡆張參在陸賈後不應未見作㡆之本且若如今石本下字作㡆則是譌文張氏又不宜絕無辯證矣二云刮摩之工玉楖雕矢磬者嚴可均云彫作雕隸借說文彫琢文也雕鷻也隸釋載劉寬碑疾雕飾漢時已通用下雕人釋文雕本亦作彫則本字矣二云搏埴之工陶瓬者陶正字當作匋說文缶部二云匋瓦器也古者昆吾作匋經典通借陶爲之書梓材釋文引馬融書注二云治土器曰陶瓬從瓦方聲唐石經譌瓬今從宋本及嘉靖本正陳祥道謂經設色之工五而其實則四攻木之工七而其實則八於輪輿弓廬匠車梓之外遺輈人而誤分畫繢爲二案此經各工都數與職事不相應信如陳說據上注故書本作攻木之工十先鄭破爲七則漢時經本已無輈人不知何以前後絕不檢照竊所未詳程瑤田則謂標目無輈人而云輈人爲輈恐與人之誤蓋從輪輈宜從輿也案以輈人兼及任正之圜後鄭釋以輿軌證之則程說可通但去輈人而以畫繢爲一則止二十九工於注三十工

之數又有所闕竊疑鄭意畫繢實當分爲二工故於此五工絕無校議而司服注引繢人職或當別有畫人故書並列二工而與韋裘同闕今存一經乃并二工而總記其事故曰畫繢之事猶旊人職末亦通舉陶旊之事也如是則經文無挩無誤於義得通但以闕誤已久凡說無徵未敢質也凡工官名義並詳本職疏又曲禮說天子六工曰土工金工石工木工獸工草工典制六材鄭彼注云此殷時制也周則皆屬司空土工陶旊也金工築冶鳧㮚段桃也石工玉人磬人也木工輪輿弓廬匠車梓也獸工函鮑韗韋裘也唯草工職亡蓋謂作萑葦之器案彼六工無設色而別有草工與此異竊謂萑葦草器其用甚少不必專設一工今攷說文艸部云草草斗櫟實也草爲櫟實正字其物可染皁疑染工或可謂之草工亦即設色之工也若然彼六工與此正相符合儻可備一義與　注云事官之屬六十者據小宰六屬文云此識其五材三十工略記其事耳者即鄭目錄所謂前世識其事者記錄以備大數者也凡此三十工各有所隸之官如梓人職有梓師鄉師職有匠師即梓匠二工之長亦有給事它官者如玉府有工八人即此玉人巾車有工百人即此輪人之等是也云其曰某人者以其事名官也者賈疏云匠人梓人韗人鮑人之類是也此等直指其事上爲名也曲禮孔疏引干寶云凡言人者終其身也與鄭略異云其曰某氏者官有世功若族有世業以氏名官者也者左隱八年傳云官有世功則有官族杜注云謂取其舊官之稱以爲族曲禮疏引干寶云凡言氏者世其官也與鄭說同賈疏云其曰某氏者其義有二一者官有世功則以官爲氏若韋氏裘氏冶氏之類是也二者族有世業以氏名官若鳧氏㮚氏之等是也案賈蓋謂鳧㮚等職官名與職事不甚相應者皆由族有世業即以族爲官名鄭意或當如是然三十工皆當世業何以惟九工以氏名官鄭說不甚通竊謂此經諸工亦皆隨事立名與五官官名同無定例不必强

爲之說詳天官敘官疏云盧矛戟矜柲也者說文矛部云矜矛柄也詳前疏引國語曰侏儒扶盧者盧舊本作盧與今本國語同今從明刻注疏本正此晉語胥臣對文公語韋注云扶緣也盧矛戟之柲緣之以爲戲盧王制孔疏引國語亦作盧又引舊注云盧戟柄也說文竹部引晉語又作盧盧正字盧盧並同聲叚借字云梓榎屬也者釋文云榎字或作檟案爾雅釋木云槐小葉曰榎郭注云槐當爲楸楸細葉者爲榎又云椅梓注云即楸說文木部云梓楸也檟楸也檟與榎字同故鄭以梓爲榎屬釋木別有槄山榎則又榎之別種云故書雕或爲舟者段玉裁云雕從周聲故古文假借舟爲之此亦上文舟作周之類也以學者不能通故皆從今書鄭司農云輪輿弓廬匠車梓此七者攻木之工官別名也者舉此以見三十工皆爲司空屬官之工也引孟子曰梓匠輪輿者滕文公篇文證木工有此諸名云鮑讀爲鮑魚之鮑者籩人有鱐鮑魚鱐段玉裁云讀爲當作讀如謂其音同也案段校是也云書或爲鞄者謂故書或本也鮑人本職注義同段玉裁云鞄正字鮑同音假借字說文革部曰鞄柔革工也從革包聲讀若朴周禮曰柔皮之工鮑氏鞄即鮑也許所據周禮字亦從魚史記宋世家昭公弟鮑革賢而下士此取攻皮之事爲名也詒讓案墨子節用中篇云輪車鞼匏匏亦鞄之同聲叚借字又非儒篇云鮑函車匠則與此經字同云蒼頡篇有鞄䩩者證攻皮字當從鞄爲正也舊本䩩譌莞宋余本附釋音本注疏本並作䩩與釋文合今從之正字當作𤿭說文𤿭部云𤿭柔韋也從北皮省夐省此下隸變從允亦譌賈疏云按漢藝文志蒼頡有七章秦丞相李斯所作鞄䩩是其一篇內有治皮之事故引爲證也段玉裁云蒼頡篇有鞄䩩者謂其篇內有此二字云韗讀爲歷運之運者段玉裁云此讀爲當作讀如其音同耳說文革部曰韗攻皮治鼓工也從革軍聲讀若運或從韋作韗案本職曰韗書或作䩵而說文云韗或作韗革部無䩵字蓋

與司農所據異案段校亦是也祭統云煇者甲吏之賤者也注云煇
周禮作韗謂韗磔皮革之官也韗煇運聲類並同煇字又作韗墨子
節用篇韇鞄王念孫謂韇即韗之音轉是也云幭讀爲芒芒禹迹之
芒者賈疏云襄四年左氏傳魏絳請和諸戎云芒芒禹迹畫爲九州
經啓九道引之者亦取音同耳段玉裁云讀爲當作讀如說文巾部
曰幭設色之工治絲練者讀若荒案段校是也芒荒聲類同云㡛讀
如巾櫛之櫛者段玉裁云謂其音同也櫛字說文不載蓋古文櫛字
節亦卽聲也云㼽讀爲甫始之甫者段玉裁云讀爲當作讀如㼽從
瓦方聲方與甫雖雙聲而不同部故鄭君易之案段校亦是也云埴
書或爲植者段玉裁云此同音假借也徐養原云埴卽徐州土赤埴
之埴亦作殖說詳弓人或亦通作植儀禮鄉飲記五職今文或作植
是也職卽埴也禹貢赤埴鄭作戠見釋文杜子春云雕或爲舟者非
也者杜定從今書作雕故㡿故書之非使學者無疑也云玄謂㼽讀
如放於此乎之放者賈疏云隱二年無駭入極公羊傳曰疾始滅也
始滅放於此乎是也案放何本公羊傳作昉隱五年傳始僭諸公昉
於此乎隸釋載漢石經昉作放昉俗字說文所無當從賈引作放爲
正鄭詩譜敘亦云詩之道放於此乎何本不足據鄭言此者亦以聲
兼義曲禮孔疏云㼽取放法之名也段玉裁云說文瓦部云㼽周家
摶埴之工也讀若抵破之抵抵破二字疑卽放於之誤

有虞氏上陶夏后氏上匠殷人上梓周人上輿

官各有所尊王者相變也舜至質貴陶器甒大瓦棺是也禹治洪水民降丘宅土卑宮室盡力乎溝洫而尊匠湯放桀疾禮樂之壞而尊梓武王誅紂疾上下失其服飾而尊輿

疏周人上輿者王宗涑云自此至登下以爲節乃輪輿輈車四職之總敘
注云官各有所尊王者相變也者廣雅釋詁云尚上也尊尚高也尚
上義同王者受命必易器械故制器之官所尊尚亦異也云舜至質

貴陶器者賈疏云按禮記表記云虞夏之文不勝其質殷周之質不勝其文謂上代質後代文若以文質再而復而言則虞又當質故云至質瓦器又至質故禮記郊特牲云器用陶匏是祭天地之器則陶器爲質也以代當質故用質器也云甒大瓦棺是也者禮器云君尊瓦甒孔疏謂卽燕禮公尊瓦大是也明堂位云泰有虞氏之尊也注云泰用瓦彼釋文泰作大字通司尊彝謂之大尊詳彼疏檀弓云有虞氏瓦棺注云有虞氏上陶御覽禮儀部引譙周古史考云舜作瓦棺甒大瓦棺並虞制故鄭引以證上陶之法云禹治洪水民降丘宅土卑宮室盡力乎溝洫而尊匠者降丘宅土書禹貢文禹卑宮室而盡力乎溝洫論語泰伯篇文明匠掌爲宮室溝洫故夏上之也云湯放桀疾禮樂之壞而尊梓者王宗涑云梓人所爲筍虡樂器也勺爵觚侯禮器也云武王誅紂疾上下失其服飾而尊輿者賈疏云紂之無道臣下化之無尊卑之差失其服飾但車服者顯尊卑之差故周公制禮尊上於輿也

故一器而工聚焉者車爲多周所上也【疏】故一器而工聚焉者車爲多者說文車部云車輿輪之總名也夏后時奚仲所造此象上而論上輿之法賈疏云謂有輪人輿人車人就職中仍有輈人是一器工聚者車最多於餘官也詒讓案工謂工官也左定元年傳云薛之皇祖奚仲居薛以爲夏車正是夏時已有掌車之官但工不如周之備呂氏春秋君守篇云今之爲車者數官而後成淮南子主術訓云故古之爲車也漆者不畫鑿者不斲工無二伎士不兼官各守其職不得相姦並與此經義同　注云周所上也者謂以一代所尚故其制特詳也

車有六等之數車有天地之象人在其中焉六等之數法易之三材六畫【疏】注云車有天地之象人在其中焉者卽後文軫方象地蓋圜象天是也云六等之數法易之三材六畫者賈疏云易說卦云立天之道曰陰與陽立地之道曰柔與剛立人之道曰仁與

義兼三材而兩之故易六畫而成卦兼三材者天有陰陽地有柔剛人有仁義三材六畫一材兼二畫故車之六等法之也案三材材詩鄘風伯也孔疏引作才與易說卦合當從之賈士冠禮疏引鄭易注云三才天地人之道六畫畫六爻此疏卽本鄭彼注義

車軫四尺謂之一等戈柲六尺有六寸既建而迆崇於軫四尺謂之二等人長八尺崇於戈四尺謂之三等殳長尋有四尺崇於人四尺謂之四等車戟常崇於殳四尺謂之五等酋矛常有四尺崇於戟四尺謂之六等

此所謂兵車也軫輿後橫木崇高也八尺曰尋倍尋曰常殳長丈二戈殳戟矛皆插車輢鄭司農云迆讀爲倚移從風之移謂著戈於車邪倚也酋發聲直謂矛

疏車軫四尺者由軫厚加軹轐崇數計之文具於後云戈柲六尺有六寸既建而迆崇於軫四尺者迆下鮑人注引有之字未知孰是釋文云崇本亦作古崈字案漢書郊祀志顏注亦云崈古崇字然此卽崇形聲上下互易非古今字也說文山部崇重文無崈於前經五篇並用古字作于此記上下篇並作於疑經記字例本不同鄭賈各仍其舊非傳寫之誤也後不備校建而迆者鄭大射儀注云建猶樹也戈柲長六尺六寸迆建高於軫四尺則減於直建者二尺六寸也

注云此所謂兵車也者卽車僕之五戎車王及軍將以下至卒兩所乘皆是也少儀云乘兵車出先刃入後刃亦據建兵言之賈疏云此六等軫一人一之外兵有四等此謂前驅車所建故詩云伯也執殳爲王前驅彼注引此文爲證明此是前驅所建可知案賈說非也此四等兵所建自是兵車之通法詩箋引證執殳耳非謂建兵專屬前驅車也其平時乘車雖不建兵然亦建戈盾故司戈盾云軍旅會同建乘車之戈盾但無矛

戟殳等故乘車六尺有六寸加軫轐亦得為四尺而不得備此六等也云軫輿後橫木者輿人注及說文車部國語晉語韋注方言郭注並略同而鄭後章加軫與轐注又云輿也義與此小異徐養原云軫之本義專指車後橫木以其為輿之本言輿者多舉以言之故輿牀面之材輢式之所尌然則輿之兩旁或因乎前面通謂之軓或因乎後面通謂之軫矣說文云軓車軾前也鄭注輈人云軓謂輿下三面及兩旁通謂之軫本無定名惟前軓後軫則不可互易小戎疏謂車前有軫謬矣記軫凡五見其別有三六分其廣以一為之軫圍與後橫木也加軫與轐軫方象地輿也五分軫閷弓長庇軫兩旁也江永云軫本車後橫木之名輿人六分車廣以其一為之軫圍是也及其載於轐上則通輿下四面皆可謂之軫此言加軫與轐後言弓長四尺謂之庇軫又言軫方象地是也猶之式本有其木而隧前三分之二之處亦得通謂之式也鄭珍云輿後橫木名軫本以紾轉為稱小雅方言並云軫謂之枕釋名亦以軫為枕以枕是薦首之物車由此登卽以此為首名枕止取首意亦緣與軫同聲毛詩謂之收者是指輿下四方故得以深淺言名收蓋取收固車箱意軫自是輿後橫木專名軓自是輿下三面材專名軫名可通於軓軓名不可通於軫以輿下輿後高度如一故可以軫包之軓者範輿軫固不範輿也康成注軫凡三處此云軫輿後橫木者著其主名也四面高同言專處餘可見矣下加軫與轐云軫輿也者以經通言四面也輿人軫圍云軫輿後橫者以軫軓異圍經所明是後橫者之度其軓圍在輿人故宜別言之也案徐鄭說是也云崇高也者爾雅釋詁文後注及瓬人梓人匠人注並同云八尺曰尋倍尋曰常者廬人注同說文寸部云度人之兩臂為尋八尺也小爾雅廣度云四尺謂之仞倍仞謂之尋尋舒兩肱也倍尋謂之常案小雅說仞四尺誤其尋常度數則與此同車戟長二尋故說文戈部引周禮戟長丈六尺吳子圖國篇云為長戟

二丈四尺短戟一丈二尺並與此不合釋名釋兵云車戟曰常長丈六尺車上所持也八尺曰尋倍尋曰常故稱常也則本此經而失其義蓋劉氏之謬也云殳長丈二者尋八尺尋有四尺則丈二尺也殳制詳司戈盾疏云戈殳戟矛皆插車輢者插葉鈔宋本釋文作捷案捷與插古通用士冠禮捷柶與釋文捷本作插是其證盧人注亦云晉矜所捷也釋文本是也釋文云輢車傍也義本說文賈疏云皆當以鐵圍範邪置於輢之上下乃插而建之容出先刃入後刃言之一則邪向前一則邪向後乃可得也戴震云車輢外設扃戈殳戟矛所建程瑤田云四兵之插車輢也惟戈迤之其餘殳戟矛三兵並直建不迤鄭珍云輢說文云車旁也則注云插車輢者止謂插車之兩旁耳自是插於外闌以詩詠二矛厹之知四兵左右皆有矣繹賈氏意似是以輢爲輿板其鐵圍當釘在板上以其說推之四兵宜上下各有兩圍始固又須有向後向前則輿一面有十六將鐵圍布滿兩箱絕無是理案經文計四兵崇數惟戈是柲之迤高殳戟矛皆直量其柲之實高若都是斜建其長短雖不齊而斜之距宜上下如一乃彼此不相拒礙柲六尺六寸者斜之則高止四尺以此數差之至酋矛止得崇一丈二尺皆不得如經所云程以戈獨迤之餘皆直插先刃後刃亦止戈乃如是其說確矣又云車箱外三面皆有闌三面材自軓以外尚寬四寸六分者所以爲置闌地也古人臨戎所需一切皆宜在其左右而隧前一分爲人所憑立隧後二分又登降無常如衞蒯瞶九上九下鄭丘緩有險必下推可見皆不容置物其中觸礙手足故必於輿外爲闌焉兵器旗物以插闌上金鼓諸具庋在闌中然後可進可戰非徒予然一箱也記文不及之者以非車正橫直諸度皆可仿輢式消息之其制以柱承平板率以橫木交於輢式之梁柱板上穿孔直軓下釘鐵圍簦以受插者式外如式之長輢外如輢之長其名曰扃西京賦旗不脫扃薛綜注扃關也謂建旗車上有關制

之令不動搖曰扃每門解下之今此門高不復脫扃其說此制甚明然則左傳宣十二年晉人以廣隊不能進楚人惎之脫扃少進馬還又惎之拔旆投衡乃出可知是旆插於扃楚人初教之脫去晉人不從迨復教乃拔旆而投之耳正義謂脫者是闌木殊誤服君左傳注扃橫木校輪閑蓋以扃指左右闌為旆插其上若其稱一曰車前橫木也是服前舊說為指前闌建旆與服異要可證左右前三面闌本皆扃也此較輪閑之闌戈殳戟矛建焉所需諸物庋焉又云車箱後面空虛兩柱上宜牽以一橫木其輢始固今既以人由此登下不可以一橫礙之則兩輢壁立高過五尺車行時必有戰抗不安之勢又可以鐵圜範邪置輢之上下插旗物兵器以益危之如賈疏之說邪故於理勢不能固之於內者可以闌使相扶相倚固之於外案兵車闌扃之制當如子尹所定王宗涑黃以周說略同黃又據漢書成帝紀顏注云校謂以木自相貫穿為闌校諸服說之校亦近是古兵車乘車輢外咸有闌扃亦謂之闌墨子貴義篇云子墨子南遊使衛關中載書甚多是也兵車以四等兵環建扃閑呂氏春秋悔過篇載秦師過周袀服回建卽謂是也兵惟戈迆建餘兵皆正建程說得之莊存與說同文選張衡東京賦云立戈迆戛戛與戟同張賦與此正相反文人屬辭不為典要也鄭司農云迆讀為倚移從風之移者弓人先鄭讀同倚移從風賈疏謂出司馬相如上林賦案今本史記本傳倚移作旖旎漢書作猗柅文選作猗狔並與鄭賈所見本異段玉裁云說文迆衺行也戈邪倚作迆是正字與上林賦倚移之移音義同倚移今史記上林賦作旖旎說文於禾曰倚移於旗曰旖施於木曰檹施皆謂阿那也詒讓案迆移聲近字義略同玉藻手足毋移注云移之言靡迆也彼以靡迆釋移與先鄭讀迆為移可以互證云謂著戈於車邪倚也者程瑤田云戈之迆也非向前卽向後蓋六尺六寸之戈迆之為四尺用股弦求句法得句迆出者五尺二寸五分弱若

左右橫池加以車廣共得丈有七尺必遮塞道塗矣鄭珍云古戈制刃卻柲端橫貫柲鑿則柲端卽盡其長故其崇止以柲計車上所以斜插者以其長止六尺六寸若直插則比人低一尺餘其援胡正當肩臂之閒射御指揮不無觸礙故斜插之若矛戟高出人上迥不相干詎須斜插乎其插之之所余思外闌局木廣亦無幾其上不能差互爲孔使邪正之柲得相交過程氏以股玹求句得句之迆出者五尺二寸五分弱計當在後軫前軓外而直局內處各釘一鐵圜簦令斜向輿凡四鐵簦皆足容戈鐏先刃則插之軫後刃則插之軓如此則輿深四尺四寸加軫廣四寸一分軓外廣四寸六分戈自鐵簦斜出闌之連較橫木傍局內以至高軫四尺之處柲端略直軓軫之盡比式雖高七寸而以援胡向下轡出柲之上尚高不至妨其磬控亦不至登降相妨於理勢庶有合乎二云酋發聲直謂矛者說文矛部云矛酋矛也建於兵車長二丈毛詩秦風無衣傳云矛長二丈是經典單稱矛者卽酋矛也廬人六建及司兵注說車五兵並有夷矛此無之者夷矛不常用故此唯舉酋矛之度鄭廬人注以酋夷爲長短名與先鄭異詳廬人疏又案酋矛夷矛並一刃直刺書顧命孔傳云惠三隅矛孔疏引鄭注云戣瞿蓋今三鋒矛詩秦風小戎毛傳云厹矛三隅矛也彼諸矛並矛之別制與兵車常建之酋矛夷矛不同也

車謂之六等之數申言數也疏注云申言數也者賈疏云申重也凡察車之道必自載於地者始也是故察車自輪始先視輪也自從也疏凡察車之道必自載於地者始也者王宗涑云此節敘記以輪人爲首之故兼小車任載車言阮元云車者輪輿輈之總名而其用莫先於輪是故察車自輪始說文曰有輻曰輪無輻曰輇是輪又爲輻轂之總名矣注云先視輪也者文選西京賦薛綜注云察視也輪人規萬縣水量權六事皆言眡卽察輪之義云自從也

者爾雅釋詁云從自也凡察車之道欲其樸屬而微至不樸屬無以為完久也不微至無以為戚速也樸屬猶附著堅固貌也齊人有名疾為戚者春秋傳曰蓋以操之為已戚矣速疾也書或作數鄭司農云樸讀如子南僕之僕微至謂輪至地者少言其圜甚著地者微耳著地者微則易轉故不微至無以為戚數

疏凡察車之道欲其樸屬而微至者此即謂察輪也賈疏云此以下云車有善惡高下大小之宜程瑤田云輪人三材不失職是最重者專在於牙故曰察車之道欲其樸屬而微至樸屬通謂三材而微至則專重乎牙也 注云樸屬猶附著堅固貌也者詩大雅棫樸鄭箋云相樸屬而生爾雅釋木樸枹者郭注云樸屬叢生者為枹方言云撲聚也郭注云撲屬藂相著貌案方言之撲段玉裁改為說文木部樸棗之樸云樸樸二同皆謂積密是也蓋樸屬戚速皆疊韻連語士冠禮鄭注云屬猶著也云齊人有名疾為戚者春秋傳曰蓋以操之為已戚矣者賈疏云按公羊傳莊公三十年冬齊人伐山戎傳云此齊侯也其稱人何貶曷為貶司馬子曰蓋以操之為已蹙矣注云操迫也已甚也蹙痛也鄭氏以蹙為疾與何休別阮元云賈疏引公羊傳作蹙戚正蹙俗案今本公羊傳亦作蹙明注疏本並改戚為蹙則非段玉裁云引公羊傳者以證齊言云速疾也者爾雅釋詁文弓人先鄭注義同云書或作數者丁晏云曾子問不知其已之遲數注數讀為速樂記衛音趨數煩志注趨數讀為促速聲之誤也祭義其行也趨趨以數注數之言速也又漢書賈誼傳淹速之度史記作淹數徐廣曰數速也云鄭司農云樸讀為子南僕之僕者賈疏云哀二年左氏傳云初衛侯游于郊子南僕引之者取音同也王宗涑云詩既醉景命有僕毛傳云僕附也樸僕聲同義近故先鄭讀為僕而後鄭訓為附著也云微至謂輪至地者少言其圜甚著地者微耳者祭義注云微

猶少也此據輪人云進而眡之欲其微至也無所取之取諸圜也故知微至專屬輪至地言之云著地者微則易轉故不微至無以爲戚數者先鄭從或本作數此亦明圜甚則利轉之義輪已崇則人不能登也輪已庳則於馬終古登阤也已大也甚也崇高也齊人之言終古猶言常也阤阪也輪庳則難引疏輪已崇則人不能登也者賈疏云輪已崇則過六尺六寸軫卽過四尺大高故人不能登也云輪已庳則於馬終古登阤也者阤釋文作陁非說文广部云庳一曰屋卑通言之輪卑亦得稱庳賈疏云輪已庳則無六尺六寸軫卽無四尺大下則馬難引常似上阪也 注云已大也甚也者皆引申之義鄭檀弓注云已猶太也又云已猶甚也云崇高也者前注同云齊人之言終古猶常也者此鄭據漢時方言釋之文選吳都賦劉逵注云終古猶永古也案楚辭離騷九歌九章並有終古之語則不猶齊人有此語矣云阤阪也者䡊人注同爾雅釋地云陂者曰阪郭注云陂陀不平案阤卽阤之俗說文𨸏部云阤小崩也凡山小崩者必陂陀衺下故因之阪之陂陀者亦謂之阤俗分別爲二音故釋文載劉昌宗音黨何反李軌音他並失之惟徐邈音丈爾反不誤云輪庳則難引者王宗涑云輪庳則壓馬重常若登阤然故兵車之輪六尺有六寸田車之輪六尺有三寸乘車之輪六尺有六寸此以馬大小爲節也兵車革路也田車木路也乘車玉路金路象路也兵車乘車駕國馬田車駕田馬疏故兵車乘車之輪六尺有六寸田車之輪六尺有三寸者鄭珍云後文輪輿諸事俱不著尺寸先出三車輪崇明根數也王宗涑云置六尺六寸六尺三寸兩輪以六觚率推之兵車乘車輪周丈九尺八寸田車輪周丈八尺九寸以密率推之兵車乘車輪周一丈零七寸三分四釐五豪一秒一忽田車輪周丈九尺七寸九分二釐

零三秒三忽此輪周當依密率算如依六觚率算則於輪崇之度必皆有所不足詒讓案此經及鄭注所算圜周圜徑並據六觚率與九章算術方田篇圜田率同法數雖疏然古法本如是圜率自祖冲之以來所推益密非先秦兩漢人所得聞也今於圜率周徑相求並首列古法以明經注之本義而附著密率以窮法數之微焉　注云此以馬大小為節也者輈人注云國馬高八尺田馬七尺故此兵車田車亦視馬之大小為輪高下之節度也云兵車革路也田車木路也乘車玉路金路象路也者賈疏云皆据巾車而言也云兵車乘車駕國馬田車駕田馬者校人六馬種馬戎馬齊馬道馬田馬駑馬注云玉路駕種馬戎路駕戎馬金路駕齊馬象路駕道馬田路駕田馬下輈人國馬之輈注國馬謂種馬戎馬齊馬道馬故此亦云兵車乘車駕國馬也輈人三輈又有駑馬之輈阮元云記不言駑馬輪崇然輈深既以七寸遞減輪數亦必以三寸遞減駑馬輪崇當六尺也案依阮說則駑馬輪崇與車人柏車同度與

六尺有六寸之輪軹崇三尺有三寸也加軫與轐焉四尺也人長八尺登下以為節

此車之高者也軫輿也鄭司農云軹軎也轐讀為旃僕之僕謂伏兔也玄謂軹轂末也此軫與轐幷七寸田車又宜減焉乘車之軌廣取數於此軌廣八尺旁出輿亦七寸也

【疏】六尺有六寸之輪軹崇三尺有三寸也者軹得輪全度之半也賈疏云此經論軫崇四尺不高不下之節上云兵車乘車輪高六尺六寸軹是軸頭處輪之中央故崇三尺有三寸云加軫與轐焉四尺也者以軫轐加軹崇之和數也云人長八尺登下以為節者據中人之度御覽人事部引春秋元命苞云陰極于八故人旁八幹長八尺經意以人長八尺取其半為輿軫之高度則無不能登之患也　注云此車之高者也者賈疏云對田車是車之下者也云軫輿也者以此軫加轐軹之上明通輿

下四面材言之不徒指後軫也詳前疏鄭司農云軹軎也者害軎之
隸變說文車部云軎車軸耑也大馭杜注云軹謂兩轊也轊即軎之
或體詳大馭疏程瑤田云軹崇當輪崇之半其數取節於軸圍之半
徑由是平出而達軸末謂之軎是軹崇處也云轐讀爲旃僕之僕者
旃僕未詳段玉裁云僕當作撲撲廣韻撲拂箸也漢人多用旃爲氈氈
撲者以氈毼物如今婦人之粉拍讀爲當作讀如案段說亦通云謂
伏兔也者卽軓人兔圍之兔也戴震云伏兔謂之轐易小畜九二輿
脫輻大畜九二輿脫輹大壯九四壯于大輿之輹說文轐車伏兔也
輹車軸縛也也釋名展似人展也又曰伏兔在軸上似之也又曰輹
輹伏也伏於軸上也按轐下有革以縛於軸今易小畜作輻蓋傳寫
者誤阮元云轐在輿底而銜於軸上其居軸上之高當與軓圍徑同
至其兩旁則作半規形與軸相合而更有二長足少鍥其軸而夾鉤
之使軸不轉鉤軸後又有革以固之輿底有轐則不至與軸脫離矣
案戴阮兩家說伏兔形制是也伏兔承輿下而加軸上其正中與軓
當兔圍徑同其前後作半規形下銜軸者鄭珍謂亦徑二寸二分其
說甚塙蓋其所銜者正切軸半徑而止則伏兔中方徑雖止三寸六
分其銜軸處則樇方徑五寸八分兼得軸半徑之度故此經亦止以
軫轐加軹下半徑而不必再計軹上半徑之度也轐與輹略同易小
畜孔疏引子夏傳云輹車展也易釋文引鄭易注云伏菟左僖十五
年傳云車脫其輹孔疏引子夏易傳云輹車下伏兔也今人謂之車
展形如伏兔以繩縛於軸因名縛也廣雅釋器云轐輹伏兔也是轐
輹同爲伏兔之名然以易言大輿之輹攷之蓋輹爲大車之伏兔轐
爲駟馬車之伏兔其用不同也詳車人疏云玄謂軹轂末也者卽輪
人賢軹之軹謂轂末小穿也鄭意軸末轂末並有軹稱此言軹崇取
轂末半徑求之卽得不必如先鄭說別取軸末半徑也李惇云車上
之軹一名而三物其一爲車較之直木橫木與人云參分較圍去一

以爲軹圍是也其一爲車軸之末出轂外者輪人云六尺六寸之輪軹崇三尺有三寸又云弓長六尺謂之庇軹大馭云右祭兩軹又大行人云公立當軹是也其一爲轂內之小穿輪人云五分其轂之長去一以爲賢去三以爲軹是也車蘭之軹及轂穿之軹注無異說惟軸末之軹後鄭頗有異說軹崇三尺有三寸先鄭云軹軎也後鄭云轂末也不從先鄭然以軹崇而言則軸在轂中其徑圍小六尺六寸之輪可於軸末取半若轂末則其徑圍廣其崇當不止三尺三寸矣且云加軫與轐焉轐在軸上軫在轐上其當指軸無疑若轂末則旣不在軫下且與轐迥不相涉矣案李說是也軸貫轂中軸末半徑與轂小穿半徑高度雖同而以轐所加言之則軸末之訓與經文尤爲密合後鄭之說自不如先鄭之切也云此軫與轐弁七寸者以四尺減三尺三寸餘七寸爲弁軫轐厚之度江永云加軫與轐之數軫方徑二寸七分有半自軸心上至軫面總高七寸轂入輿下左右軓在轂上須稍高容轂轉故軸上必有轐庋之轐之圍徑無正文輈人當兔之圍居輈長十之一方徑三寸六分輈亦在輿下庋輿者則兔圍與當兔等可知軸半徑二寸二分加轐方徑三寸六分共高五寸八分以密率算轂半徑五寸一分弱中閒距軓七分強可容轂轉以五寸八分加後軫出轐上者約一寸二分總高七寸也輿板之厚上與軫平亦以一寸二分爲率後軫在輿下者餘一寸五分半輈踵爲缺曲以承之算加軫與轐之七寸當從輈算起蓋輈在軸上必當輿底相切而兩旁伏兔亦必與輈齊平故知輈之當兔圍必與兔圍等大後不言兔圍者因輈以見也又云轐有二設之蓋在軓內八寸閒以轂入輿下者亦七寸也轐當連于輿有兩木鉗軸如今制輈之鉗軸亦當如轐之制與案伏兔圍徑之度當與輈人當兔之度同江說是也至江氏說軫高依輿人注兵車軫周尺一寸以正方之徑求之得二寸七分五釐加伏兔六寸三分半再加以軸半徑二寸二分則爲

八寸五分半較之記文七寸之度轐一寸五分半故江氏必謂後軫入輿下者餘一寸五分半乃適與贏高相消而正合七寸之度也鄭珍則謂軫圍楕方云通考車制知軫軓異圍軫廣當四寸一分軓廣當五寸八分厚皆一寸四分令四面上下齊平故曰軫方象地非正等方而後軫獨下於軓一寸五分半也其軸踵蓋平承軫下有直木關固之亦非爲缺曲若爲缺曲踵卽不與軫後齊兎圍固與當兎等大方徑皆三寸六分而並須除鉤心入底板之數則高當約三寸二分軸半徑二寸二分是約率以密率算止二寸一分今於輪半崇三尺三寸之上加軸半徑二寸一分轐高三寸二分軫厚一寸四分於七寸尚少三分據說文轐伏兎下革也知兎下有革爲藉不令木與木相摩當兎下應亦不異則革厚約三分添成高七寸爲軫崇四尺軫轐中閒空三分強於轂半徑五寸三分強入軓下者仍得容轉也設伏兎處江氏以轂入輿下七寸推之云當在軓內八寸閒余計宜距軓內一寸二分設之也案子尹說較江尤密但其所定軫軓異圍及伏兎鉤入底版之數經注並無見文未敢偏持一義今兩存以資參攷凡車制度數經有明文者並以經爲正注說閒有微差近儒攷正義據塙鑿者亦詳著之至經注並無文後人以意推定者衆說紛迂難以質正且根數一差則全車度數並隨之遷易黍絫之較舛馳千里今博采諸家略存一二不悉論也云田車又宜減焉者輈人注云田車加軫與轐五寸半又云輪軹與軫轐之減率寸半是也賈疏云田車軫崇三尺一寸半減乘車寸半加軫與轐爲五寸半也云乘車之軓廣取數於此軓廣八尺旁出輿亦七寸也者匠人注云乘車六尺六寸旁加七寸凡八尺是爲轂廣旁加七寸者輻內二寸半輻廣三寸半綆三分寸之二金轄之閒三分寸之一賈疏云車輿六尺有六寸軓廣謂轂廣轂八尺則車輿外出輿兩各七寸取於軫轐七寸之數故云取數於此也案詳匠人疏

周禮正義卷七十四

周禮正義卷七十五

瑞安孫詒讓學

輪人爲輪斬三材必以其時三材所以爲轂輻牙也斬之以時材在陽則中冬斬之在陰則中夏斬之今世轂用雜榆輻以檀牙以橿也

疏 輪人爲輪者以所制之器名工也雜記云叔孫武叔朝見輪人以其杖關轂而輠轂者注云輪人作車輪之官案此輪人即其官之屬也春官敘官巾車有工百人亦即此輪輿輈車諸工總敘云察車自輪始故車工首輪人云斬三材必以其時者斬材與山虞義同程瑤田云古人用材必量其事之大小而度之轂則度其材之約有四圍者輪牙則度其材之過乎把或搦及乎拱者山虞凡服耜斬季材注云季猶穉也服牝服古人度材之法此可類推 注云三材所以爲轂輻牙也者轂輻牙皆統於輪故先庀其材韓詩外傳云輪扁曰以臣輪言之夫以規爲圓矩爲方此其可付乎子孫者也若夫合三木而爲一應乎心動乎體其不可而傳者也三木即此三材也阮元云說文車部云有輻曰輪無輻曰輇是輪爲牙轂輻之總名云斬之以時材在陽則中冬斬之在陰則中夏斬之者據山虞職明時即中冬中夏也云今世轂用雜榆輻以檀牙以橿也者論三材所用之木程瑤田云爾雅釋木榆白枌玉篇枌白榆也然則榆爲赤枌矣雜榆赤白兼用之與詩魏風坎坎伐檀又曰坎坎伐輻毛傳輻檀輻也又曰坎坎伐輪毛傳檀可以爲輪伐輻兼言伐輪則牙亦可用檀矣說文橿枋也枋木可作車廣韻橿一名檍萬年木爾雅杻檍郭注似棣細葉材中車輞關西呼杻子一名土橿詒讓案齊民要術云挾榆可以爲車轂雜榆疑卽挾榆潛夫論相列篇云檀宜作輻榆宜作轂御覽木部引崔寔政論述師曠語同則

周時輻轂亦以檀榆作之與漢時不異也檀卽檍詳弓人疏三材既具巧者和之調其鑿內而合之【疏】三材既具巧者和之者程瑤田云三材治之各有度法合之爲輪所謂和也　注云調其鑿內而合之者釋文云內依字作枘案說文無枘字古鑿枘字止作內內謂輻菑蚤之入轂牙者鑿謂轂牙受菑蚤之空食醫注云和調也賈疏云謂孔入轂入牙者並須調使得所也

轂也者以爲利轉也輻也者以爲直指也牙也者以爲固抱也利轉者轂以無有爲用也鄭司農云牙讀如跛者訝跛者之訝謂輪輮也世閒或謂之罔書或作輮【疏】轂也者以爲利轉也者以下明三材之各有其職說文車部云轉還也轂中貫軸轉還無滯謂之利云輻也者以爲直指也者說文車部云輻輪橑也謂三十輻各指其鑿無偏倚也云牙也者以爲固抱也者說文手部云捊引取也重文抱捊或從包輪牙輞會合衆木聚成大圜形互相持引而固也　注云利轉者轂以無有爲用也者賈疏云案老子道經云三十輻共一轂當其無有車之用注無有謂空虛轂中空虛輪得用輿中空虛人居其上引之者證轂爲由空乃得利轉之義也錢坫云說文車部轂輻所湊也言轂外爲輻所湊而中空虛受軸以利轉爲用王宗涑云轂之穿空圜正而滑易則利轉故云以無有爲用也鄭司農云牙讀如跛者訝跛者之訝者此引公羊成二年傳文以擬其音也訝今本公羊傳作迓同詳秋官敘官疏云謂輪輮也世閒或謂之罔書或作輮者徐養原云車人云渠三柯者三鄭司農云渠謂車輮所謂牙說文木部枒木也一曰車輞會也又車部輮車輞也輞礙車木也如司農說則牙輮同物而異名如許君說則牙輮異物案徐據說文宋本今段玉裁校本據玉篇廣韻改車輞爲車网則亦以輮與枒爲一物但枒訓車輞會會爲會合衆材而輞則輪外匡之總名許於枒訓分析甚明而輮訓

則又渾舉不別義微異耳釋名釋車云輞罔也罔羅周輪之外也關西曰輮言曲輮也廣雅釋器云輮輞也急就篇輻轂輨轄輮轑顏注云輮車輞也關西謂之輮言其柔曲也案輮亦作柔揉鹽鐵論散不足篇云古者椎車無柔又云郡國繇吏素桑揉是也阮元云輞非一木其曲須揉其合抱之處必有牡齒以相交固爲其象牙故謂之牙說文曰牙牡齒象上下相錯之形于車牙牙字則加木作枒曰車輞會也蓋枒本車輞會合處之名本義也因而車輞通謂之枒此餘義也王宗涑云一木之屈曰輮輮煣也言木經煣屈也合衆輮以成大圜曰輞輞罔也言如罔之結繩聯綴也兩輮交合之牡齒曰牙此其本義也三字經典亦通用案阮王說是也牙材分言之則曰牙或曰輮總舉其大圜則曰輞輞與牙微異漢時俗語通稱牙爲輞故先鄭據以爲釋書或作輮謂今書別本有如此作者義兩通故記之

輪敝三材不失職謂之完敝盡而轂輻牙不動 疏 輪敝三材不失職謂之完者莊有可云不失利轉直指固抱之職也程瑤田云說文完全也謂之完者工巧之極致三材不失職天時地氣材美工巧兼任之而要其歸於工巧當其初成固已知之至於輪敝始可驗耳 注云敝盡而轂輻牙不動者說文㡀部云敝一曰衣敗引申之凡物敗壞並謂之敝鳧氏注云擊獘義亦相近賈疏云轂輻牙各有職任自相支持雖盡不動是不失職也詒讓案荀子大略篇云乘輿之輪太山之木也示諸檃括三月五月爲幬菜敝而不反其常楊注云菜讀爲菑謂轂與輻也案此輪敝三材不動即所謂敝而不反其常也

望而眂其輪欲其幎爾而下迆也進而眂之欲其微至也無所取之取諸圜也輪謂牙也幎均致貌也進猶行也微至至地者少也非有他也圜使之然也鄭司農云微至書或作危至故書圜或作員當爲圜 疏 望而眂其輪欲其幎

爾而下迆也者明治牙之善總敘所謂察車自輪始也賈疏云下迆者謂輻上至轂兩兩相當正直不旁迆段玉裁謂疏當本作不迆云下迆賈氏作不迆文理甚明今各本疏文皆作下迆此由宋人以疏合經注者改疏之不字合經之下字所仍之經非賈氏之經本也然則經本有二下者是也望而視其輪謂視其已成輪之牙輪圜甚牙皆向下迆邪非謂輻與轂正直兩兩相當經下文縣之以視其輻之直自謂輻規之以視其圜自謂牙輪之圜在牙上文轂輻牙爲三材此言輪輻轂輪卽牙也然則唐石經及各本經作下是賈氏本作不非也案段說是也　注云輪謂牙也者輪外周帀之大圜爲牙也云幎均致貌也者與幂人巾幂字同廣雅釋詁云幎覆也此輪牙之均平致密如物之下覆不偏衺也禮器云德產之致也精微注云致致密也案致卽今緻字詳大司徒疏江永云凡圜形遠望中半漸殺而下幎爾而下迆周遭皆均致也云進猶行也者大司馬注義同江永云注未確進非車進乃人進鮑人望而眡之進而握之可證大略好處遠望可見其精致處須近前細察案江說是也程瑤田王宗涑說並同下一章義並放此云微至至地者少也者總敘注義同程瑤田云至地者少圜使之然非指牙厚切地者言牙厚有杼有侔不皆微至也云非有他也圜使之然也者言下迆微至非別有巧術取之惟其圜故耳鄭司農云微至書或作危至者段玉裁云此聲之誤也云故書圜或作員當爲圜者徐養原云說文囗部圜天體也从囗睘聲圓全也从口員聲讀若員蓋圜圓音義俱相近而圜員又同讀故以員爲圜詁讓案圜正字員借字故先鄭定從圜

望其輻欲其掣爾而纖也進而眡之欲其肉稱也無所取之取諸易直也掣纖殺小貌也肉稱弘殺好也鄭司農云掣讀爲紛容掣參之掣玄謂如桑螵蛸之蛸

疏望其輻欲其掣爾而纖也者明治輻之善也掣爾徐

錯本說文手部引作掔尒案說文㸚部云爾麗爾猶靡麗也八部云尒詞之必然也尒正字經典通叚爾爲之云無所取之取諸易直也者弓人注云易理滑致也程瑤田云易直者輻不失職之極致貴直尤貴易也　注云掔纖殺小貌也者廣雅釋詁云纖小也謂從股趨轂以次漸殺而小也賈疏云凡輻皆向轂處大向牙處小言掔纖據向牙處而言也戴震云纖攕通輻有鴻有殺似人之臂掔故欲其掔爾而纖不擁腫也說文手部曰掔人臂皃攕好手皃詩云攕攕女手今毛詩作摻傳云摻摻猶纖纖也王宗涑云輻圍外一偏股骹若一肉偏三分其長而殺其近牙之一分與臂正相似記故以掔纖形容其殺也云肉稱弘殺好也者爾雅釋言云稱好也樂記云寬裕肉好肉稱與肉好義亦同謂輻均好也程瑤田云弘謂股殺謂骹好謂弘殺之闕弘不腫殺不陷也鄭司農云掔讀爲紛容掔參之掔者段玉裁云史記司馬相如上林賦說樹木云紛容蕭蔘蘀漢書文選皆作紛溶萷蔘案萷蔘與櫹槮同蕭森二音郭璞曰紛容萷蔘枝竦擢也鄭司農所偁作掔參音義與郭同謂輻之纖長略如枝條竦擢故曰讀爲言音義皆同也云玄謂如桑螵蛸之蛸者擬其音也神農本艸經云桑螵蛸生桑枝上螳螂子也說文虫部作蟲蛸螵卽蟲之俗**望其轂欲其眼也進而眡之欲其幬之廉也無所取之取諸急也**眼出大貌也幬幔轂之革也革急則裏木廉隅見鄭司農云眼讀如限切之限

疏望其轂欲其眼也者明治轂之善也眼說文車部作輥云輥轂齊等皃周禮曰望其轂欲其輥與鄭字義並異戴震云眼當作輥齊等者不橈減也云無所取之取諸急也者程瑤田云急者轂不失職之極致　注云眼出大貌也者說文目部云睴大目出也與眼聲近段玉裁云說文眼目也鄭意目部睔睴睍睅等字與眼音皆相近故以出大貌訓眼大對廉而言望之如大出目進而視則其幔革又斂

約〻云幬幔轂之革也者說文巾部幬作㡘〻云禪帳也又〻云幔幎也廣雅釋詁〻云㡘覆也案幬本爲帳引申爲覆幬之義凡小車轂以革冢幎爲固故亦謂之幬戴震〻云以革幬轂謂之軝說文亦作𩌦從革小雅約軝錯衡毛傳曰長轂之軝也軝卽幬革惟長轂盡飾大車短轂則無飾故曰長轂之軝案戴說是也史記禮書〻云大路之素幬也疑卽謂轂革純素無朱漆之飾索隱謂車蓋素帷非其義也互詳後及巾車疏〻云革急則裹木廉隅見者廣雅釋言〻云廉棱也轂榦木極圓雖平易齊等而兩耑近賢軹處自有廉棱冢革急則見也賈疏〻云凡轂初作時隱起然後以革鞔之革急裹木隱起見〻云鄭司農〻云眼讀如限切之限者此擬其音兼取其義也漢書外戚傳顏注〻云切門限也說文𨸏部〻云限門榍也切榍字通惠士奇〻云釋名〻云眼限也瞳子限限而出也與二鄭說同段玉裁〻云限切謂門限爾雅柣讀千結反卽切字也漢書曰切皆銅沓西都賦玄墀釦切西京賦設切厓隒高誘注淮南多儞門切司農讀如限切者擬其音謂其齊整截然也鄭君訓出皃則不讀如限也**眡其綆欲其蚤之正也**蚤當爲爪謂輻入牙中者也鄭司農〻云綆讀爲關東言餅之餅謂輪箄也玄謂輪雖箄爪牙必正也【疏】眡其綆欲其蚤之正也者以下輪輻入牙轂之巧綆卽下文〻云六尺有六寸之輪綆參分寸之二是也戴震〻云輻上端入轂中用正枘下端入牙中用偏枘令牙外出不與輻股骹參值是爲綆綆之言偏箄也蚤正謂衆輻齊平雖有綆之減蚤皆均正也程瑤田〻云綆者牙綆也綆之形見於輻廣之外而綆之故藏於輻廣之中輻廣有全有殺故轂牙兩鑿心對望有相左之差鑿心相左則菑蚤相左入牙一準乎蚤則輪綆故曰眡其綆欲其蚤之正也　注〻云蚤當爲爪者後爲蓋章弓蚤注同說文䖵部〻云蚤齧人跳蟲叉古爪字重文𧒒蚤或从虫又爪部〻云爪丮也覆手曰爪又部〻云叉手足甲也此蚤當爲叉取手足甲之義此經梓人段

爪爲叉故許君以叉爪爲古今字鄭此注亦破蚤爲爪也車輻大頭名股蚤爲小頭對股言之與人手爪相類故以蚤爲名段玉裁云儀禮士喪禮士虞禮爪字皆作蚤古文假借字也云謂輻入牙中者也者別於菑爲輻入轂中者也戴震云輻端之枘建牙中者謂之蚤鄭司農云綆讀爲關東言餅之餅謂輪箄也者段玉裁改讀爲爲讀如云擬其音也今本作讀爲誤必以關東言餅則他處言餅非其讀也玉篇云綆鄭衆音補管反蓋近之鄭珍云輪偏出股鑿之名古無正字其聲如綆記即以綆爲之綆从更聲更从丙聲古讀綆非如今之姑杏切也先鄭讀爲關東言餅而玉篇音補管反是關東言餅亦非如今之必井切也漢人言輪偏出其聲如箄因又以箄爲之綆與箄只聲有輕重其實一也今俗言物之偏出爲箄出猶漢之遺語案鄭說是也釋文云箄劉薄歷反李又方四反一音薄計反者說文竹部云箄箄也此注借爲外偏之義與訓蔽甑底之箄絕異盧文弨校本釋文誤作算段氏謂算不得反以薄歷足正其誤云玄謂輪雖箄爪牙必正也者程瑤田云謂蚤入牙鑿必直也詒讓案正謂鑿空正居牙中爪入牙仍不偏也詳後疏

察其菑蚤不齵則輪雖敝不匡

菑謂輻入轂中者也菑與爪不相佹乃後輪敝盡不匡刺也鄭司農云菑讀如雜廁之廁謂建輻也泰山平原所樹立物爲菑聲如胾博立梟棊亦爲菑匡枉也

【疏】察其菑蚤不齵則輪雖敝不匡者賈疏云上視輻入牙中此言察輻入轂中須得所之意詒讓案說文齒部云齵不正也一切經音義引蒼頡篇云齵齒重生也謂齒不齊平者也惠士奇云荀子君道篇弛易齵差淮南子泰族訓呪齵之卻齵者參差有鋪卻也玉篇云齒不齊管子輕重甲篇曰弓弩多匡輆注云匡輆戾戾礙也戴震云人齒佹戾曰齵凡物剌起不平曰匡案戴說是也此不匡據牙言之輪用久而敝其牙之匡乃見初成時不見也惟驗其菑蚤上下鑿枘正相直則可

決其牙雖敝不至匡戾也　注云菑謂輻入轂中者也者戴震云輻
端之枘建轂中者謂之菑阮元云菑蚤皆指名也公羊文十四年傳
曰如以指則接菑也四接菑即駢指也古人命物多就人身體名之
如牙服轂胡頸踵腹等皆是云菑與爪不相佹乃後輪敝盡不匡剌
也者鄭訓齵爲佹也程瑤田云蚤正則與菑不相齵菑不當不正也
蚤偏菑亦因之而偏齵者鑿枘相戾致然也王宗涑云輻居轂輞之
閒菑與爪大小不侔且爪偏在外最易佹戾菑爪不齵由於四周之
菑鑿正齊也說文東部云剌戾也義亦近枉鄭司農云菑讀如雜廁
之廁者賈疏云讀從史游急就章分別部居不雜廁義取不參差意
也段玉裁云擬其音也案段說是也菑並不取不雜廁之義疏說非
云謂建輻也者建猶插入也輻上頭插入轂故名爲菑云泰山平原
所樹立物爲菑聲如胾者段玉裁云廣證之皆建立之義弓人之菑
栗詩箋之熾菑管子之剚耕剚耘史記之剚刃義訓略同惠士奇云
菑猶立也亩也義與剚同漢書溝洫志瓠子歌揵石菑即菑蚤之菑
案段惠說是也漢溝洫志顏注云菑亦亩耳義與剚同即惠所本釋
名釋言語云剚立也青徐人言立曰剚文選思玄賦李注引韋昭漢
書注云北方人呼插物地中爲剚剚又爲事漢書蒯通傳注引李奇
云東方人以物亩地中爲事傳事菑音並相近毛詩大雅皇矣傳云
木立死曰菑亦取樹立之義云博立梟棊亦爲菑者韓非子外儲說
左云博貴梟勝者必殺梟西京雜記云郭舍人善投壺激矢令還謂
之爲驍言如博之豎梟於輩中爲驍傑也列子釋文引古博經云棊
行到處即豎之名爲驍驍棊驍棊即梟棊也云匡枉也者呂飛鵬云匡
說文作軭車部軭車戾也與先鄭訓枉之義合江
永云輪人兩匡字皆訓爲枉後鄭訓剌剌亦枉也　凡斬轂之道必矩
其陰陽　矩謂刻識之也故書矩爲距
鄭司農云當作矩謂規矩也　疏　凡斬轂之道必矩其陰陽者
賈疏云此欲斬轂之時先就

樹刻之記識其向日爲陽背日爲陰之處必記之者爲後以火養其陰故也江永云山虞陽木陰木以生山南爲陽山北爲陰此則陰陽木各有向日背日以向日爲陽背日爲陰程瑤田云一木必有一木之陰陽向背矩之乃能不誤施也故無論冬夏斬時皆當刻識之案江程說是也列女傳辯通篇說弓榦云生於大山之阿一日三覿陰三覿陽此言陰陽之均調也轂木不能皆均調故必矩識之 注云矩謂刻識之也者刻識猶畫也國語周語其母夢神規其臀以墨章注云規畫也刻識謂之矩猶畫謂之規矣云故書矩爲距鄭司農云當作矩者徐養原云說文工部巨規巨也从工象手持之或从木矢作榘別無矩字是巨即矩也距從巨聲故距矩通用釋名釁曲頭曰距距矩也言曲似矩也云謂規矩也者謂以規矩度而識之

陽也者稹理而堅陰也者疏理而柔

是故以火養其陰而齊諸其陽則轂雖敝不藃稹致也火養其陰炙堅之也鄭司農云稹讀爲奠祭之奠藃當作秏玄謂藃藃暴陰柔後必橈減幬革暴起

【疏】陽也者稹理而堅者釋文云稹本又作稹阮元云說文稹穜穊也从禾真聲引周禮稹理而堅是此經舊從禾作稹非也案阮說是也理謂木之脈理說文木部云朸木之理也云是故以火養其陰而齊諸其陽則轂雖敝不藃者敝說文艸部引作弊聲之譌也賈疏云此轂若不以火養炙陰柔之處使堅與陽齊等後以革鞔陰柔之處木則瘦減革不著木必有暴起若以火養之雖敝盡不藃暴也 注云稹致也者詩唐風鴇羽箋云稹者根相迫迮梱致也爾雅釋言云苞稹也郭注云今人呼物叢緻者爲稹鴇羽孔疏引孫炎云物叢生曰苞齊人名曰稹聘義注云縝緻也稹縝同段玉裁云致今之緻字稹者禾之密引伸爲文理之密云火養其陰炙堅之也者凡物柔者得火則堅故陰木疏理而柔亦須火炙使堅強也鄭司農云稹讀爲

奠祭之奠者段玉裁改讀爲爲讀如云讀如奠者擬其音今本作讀
爲非也漢時奠音如震案段校是也云藃當作秏者先鄭改讀與㮚
氏改煎金錫則不秏同謂轂圜滿不虧減也段玉裁云司農謂藃者
聲之誤也故改爲秏云玄謂藃藃暴陰柔後必橈減幬革暴起者戴
震云減下曰藃虛起曰暴洪頤煊云藃亦作槁晏子春秋雜上篇今
夫車輪山之直木也良匠揉之其圜中規雖有槁暴不復嬴矣荀子
勸學篇雖有槁暴不復挺者揉使之然也即其義矣段玉裁云說文
艸部云藃艸皃此藃之本義下文引周禮轂弊不藃此說其假借也
陰柔後必撓減所謂秏也幬革暴起所謂暴也幬必負幹注云革轂
相應無贏不足暴者轂不足而革贏也案洪段說是也暴㬥之隸譌
瓬人注云暴墳起不堅致也後鄭以藃爲暴革贏也先鄭以藃爲秏
轂不足也二讀不同而義實相因大戴禮記勸學篇用荀子文槁暴
作枯暴藃槁聲類同後鄭以藃暴古恆語故不
從先鄭改讀荀子楊注云槁枯暴乾亦非古義

轂小而長則柞大而短則摯

鄭司農云柞讀爲迫唶之唶謂輻閷柞狹也摯讀爲槷
謂輻危摯也玄謂小而長則菑中弱大而短則末不堅

［疏］轂
小而長則柞大而短則摯者摯錢氏宋本作摯釋文唐石經及各本竝
作槷羣經音辨同阮元以唐石經爲非案摯先鄭破爲槷依宋本則
爲聲之誤依石經則爲形之誤二字竝通無由決定今姑從石經程
瑤田云轂之大小長短必適中斯無柞摯之弊此爲下文言轂長轂
圍諸度法起本也　注鄭司農云柞讀爲迫唶之唶者秋官序官先
鄭注云柞讀爲音聲唶唶之唶與此讀同迫唶猶言迫笮典同後聲
笮注云後則聲迫笮出去疾也漢書王陵傳作迫笮釋名釋宮室作
迫迮迮字並同云謂輻閷柞狹也者王宗涑云轂閷須爲鑿以容三十
輻共一轂故轂小則輻閷柞狹而菑中弱云摯讀爲槷謂輻危槷也
者戴震云槷同隉呂飛鵬云說文出部云𡴫槷𡴫不安也易曰槷𡴫

先鄭讀摯爲槷訓危槷卽此義案戴呂說是也許引易槷䵤今易困上六爻辭作甈䵤又說文𨸏部云隉危也班固說不安也周書曰邦之阢隉今書秦誓作杌隉文選馬融長笛賦云巔根跱之槷刖今李注云槷刖危貌槷甈隉並聲近義同輻危槷謂菑不固搖動也云玄謂小而長則菑中弱大而短則末不堅者末上宋附釋音本汪道昆本及注疏本並有轂字衍此增成先鄭義也賈疏云以轂小而長則輻閒柞狹故菑中弱轂大而短卽轂末淺短故不得堅牢也詒讓案轂小而長則衆菑之閒餘地大少故弱轂大而短則藪外距賢軹餘地又太少故不堅也江永據車人云短轂則利長轂則安謂此云槷者安之反戴震亦謂車行危隉不安義亦通　是故六分其輪崇以其一爲之牙圍六尺六寸之輪牙圍尺一寸【疏】是故六分其輪崇以其一爲之牙圍者牙圍之度爲車制諸度之根依鄭注說牙圍爲長方形詳後　注云六尺六寸之輪牙圍尺一寸者賈疏云此據兵乘車而言若田車之輪小崇六尺三寸計亦可知也案依賈說田車牙當圍一尺十分寸之五減於兵車乘車五分注特出六尺六寸之輪亦明田車牙圍不得有此數也參分其牙圍而漆其二不漆其踐地者也漆者七寸三分寸之一不漆者三寸三分寸之二令牙厚一寸三分寸之二則內外面不漆者各一寸也【疏】參分其牙圍而漆其二者記漆牙之度幷爲下轂長轂圍明根數也　注云不漆其踐地者也者牙外踐地沙石輾轢易至瓣敝非漆所能固蓋別以薄鐵傅之故不漆也說文金部云鍚鍱車輪鐵也卽牙外傅鐵之名云漆者七寸三分寸之一不漆者三寸三分寸之二者賈疏云就一尺一寸且取九寸三分分之各得三寸猶有二寸在又一寸爲三分二寸爲六分三分分之各得二分若然一分有三寸三分寸之二一分總得七分三分寸之一是漆之者也餘一分者三寸三分寸之二是不漆

者也阮元云漆其近輻之二分寬七寸三分三釐三毫不漆其近地之一分寬三寸六分六釐六毫也云令牙厚一寸三分寸之二則內外面不漆者各一寸也者鄭珍云詳玩注文蓋專明牙之踐地不漆一邊之度所云牙厚不兼投輻一邊也注所以必專明不漆一邊者以上文但言六分輪崇一爲牙圍其圍之尺一寸者可知而以此尺一寸者分爲四面廣狹之數不可知不知四面廣狹數各若干則牙厚牙廣不能定卽漆與不漆之地無從定而下文轂輻諸數出於漆內中詘者皆茫然矣故先云不漆其踐地者以明不漆者在踐地一邊落後接云漆者七寸三分寸之一不漆者三寸三分寸之二以明漆其二不漆其一之數然後卽不漆之數折之云令牙厚一寸三分寸之二則內外面不漆者各一寸順文理讀之明明所云牙厚爲就牙之踐地一邊言非兼投輻一邊謂牙上下同厚也凡牙之厚其度皆如輻之廣小車輻廣三寸五分則牙厚亦三寸五分惟踐地一邊須不杼不侔自不能與投輻一邊同厚其制蓋於牙內外兩邊距地一寸之處各微微鈲殺而下至牙厚九分一釐三毫三不盡而止則牙之踐地不創者只餘一寸六分六釐六不盡合兩邊距地一寸圍之得三寸六分六釐六不盡居牙圍三分之一不漆是兩邊距地之一寸雖爲輪之崇自若而牙踐地一邊既不杼不侔則此二寸者俱踐地矣此注所以算不漆踐地者必幷內外面各一寸計之也得此不漆之度乃後以漆者七寸三分寸之一分居投輻一邊及內外兩邊投輻一邊如輻之廣占三寸五分內外兩邊各占一寸九分一釐六豪六不盡於是一尺一寸之牙圍共爲四面廣狹皆得的數自輪之平面視之六尺六寸之崇上下不漆者各去一寸其餘六尺四寸皆爲漆內而轂輻諸度之根定矣令者非假設之辭以記無明文由參互推得而不敢質言使若假設其數云爾下注令輻廣三寸半語意亦然又云古人凡創一物必合於物之情理當於人之心目絕無

勉強牽就故其制易知易從美善而不可易也卽如輪牙以注云踐地不漆一分之內有內外面各一寸推之知車輞揉治初成其厚本上下相侔也乃先於內外面距邊一寸各畫一規又於厚之外邊中除一寸六分強周畫兩界線然後各卽規外牆殺之至於界線而止則規自成廉堮而輪成不侔不杼之形立而視之輪之面盡於規自規以外皆踐地者非輪面也然後盡漆其輪面既使濂泥易脫易洗又得飾爲美觀椁內詘中易而且準若如後人所說牙厚上下相等則牙面自是齊平而一截漆之一截素之入於目既不成象又於無界埒之平面加漆必有過與不及之處詘中取度求準則難自然之與勉強可以定是非矣案子尹釋注牙厚一寸三分寸之二爲踐地一邊之厚數極爲精塙足申注義知牙投輻一面不爲此數者後注云令輻三寸半依經參分股圍去一以爲骹圍尚存二寸有零更加輪綆參分寸之二此豈一寸三分寸之二之地所能容乎況牙木須揉曲成圜必廣厚略等方可揉屈叚令牙投輻與踐地兩面正等則倍一寸三分寸之二得三寸三分寸之一以減一尺一寸餘七寸三分寸之二爲牙內外兩平面之廣每面得三寸六分寸之五爲三寸八分三釐有奇是平面之廣較之厚度贏至一倍有餘以如此之木向厚面揉之使圜亦甚難矣

椁其漆內而中詘之以爲之轂長以其長爲之圍六尺六寸之輪漆內六尺四寸是爲轂長三尺二寸圍徑一尺三分寸之二也鄭司農云椁者度兩漆之內相距之尺寸也

【疏】椁其漆內而中詘之以爲之轂長者說文言部云詘詰詘也廣雅釋詁云詘曲也案詘屈聲類同取牙漆內直度中屈之折取其半以爲轂之長度也惠士奇云凡測圓者必先得其心從心出線則面面皆等椁者度量之名度兩漆之內而中詘之則輪之心也輪內置轂轂內貫軸如此則軸正當輪心面面皆等然則中詘者測圓之法而轂之圍徑亦

從此出焉戴震云大車短轂取其利也兵車乘車田車暢轂取其安也六尺六寸之輪轂長三尺二寸則車行無危陧之患云以其長爲之圍者明轂長與圍等圍謂圜圍也淮南子說山訓云郢人有買棟者求大三圍之木而人予車轂跪而度之巨雖可而長不足案莊子人閒世釋文引李頤云徑尺爲圍此轂圍三尺二寸故三圍之木於度爲可淮南書與此經義合戴震云圍亦三尺二寸以建三十輻則輻閒無柞狹之患　注云六尺六寸之輪漆內六尺四寸是爲轂長三尺二寸圍徑一尺三分寸之二也者賈疏云上經不漆者外內面各一寸則兩畔減二寸故漆內有六尺四寸也中屈此六尺四寸故轂長三尺二寸也又以三尺二寸爲圍圍三徑一三尺得一尺餘二寸寸作三分爲六分又徑二分故徑一尺三分寸之二也戴震云周三尺二寸者徑尺有五分寸之一弱鄭注用六觚之率周三徑一約計大數爾非圜率也王宗涑云度起兩漆不及不漆之大圜是椁其漆內也圜密率圍三尺二寸徑得一尺零一分八釐五豪九秒一忽零鄭司農云椁者度兩漆之內相距之尺寸也者說文𩫖部云𩫖度也椁𩫖聲類同義亦相近阮元云椁者橫充物內而度之之名也椁與光廣二聲同轉書堯典光被四表漢書王莽傳及後漢書馮異傳並讀爲橫被四表爾雅桄充也桄卽與橫同義光黃聲相近也光轉聲爲廣廣從黃得聲亦卽有橫義故爾雅曰緇廣充幅方言曰幅廣爲充此卽橫充而度物之義光廣聲再轉卽爲廓方言曰張小使大謂之廓淮南子曰橫廓六合並同斯義廓與擴聲亦相近孟子曰知皆擴而充之矣趙岐注曰擴廓也然則椁其漆內之椁卽與光廣一聲之轉知其爲橫充物內而度之之名矣

以其圍之阞捎其藪

捎除也阞三分之一也鄭司農云捎讀爲桑螵蛸之蛸藪讀爲蜂藪之藪謂轂空壺中也玄謂此藪徑三寸九分寸之五壺中當輻菑者也蜂藪者猶言趨也藪者衆輻之所趨也

疏　以其

圍之阞捎其藪者捎賈匠人梢溝疏引此作梢從木據彼疏則賈所見本捎藪與梢溝字同而今本兩經捎梢錯出必有一誤段玉裁阮元皆謂字當從木此經捎誤當作梢然說文木部云梢木也爾雅釋木云梢梢權皆無捎除之義竊疑此與匠人梢溝實皆當作捎匠人經誤從木後人遂并改賈疏耳江永云以其圍之阞捎其藪謂以三分之二為內三分之一為壺中空也壺中空所以受軸者也下文言五分其轂之長去一以為賢去三以為軹則壺中內大而外小其當輻菑處得三分之一也統言之中空處皆為藪切指之外當菑者為藪若轂上三十孔受輻菑者謂之鑿不謂之藪案江說是也　注云捎除也者說文手部云自關以西凡取物之上者為撟捎捎除蓋其引申之義謂剜刻木中除去內心而空之也阮元云捎有除去之義史記龜策列傳捎葉絲而去之是也捎其藪者乃抽拔去轂木中心以為藪也輪人捎藪匠人梢溝上林賦捎鳳皇甘泉賦梢夔魖捎梢同義鄭珍云捎訓除者除去其實使虛而成孔也从手與匠人从木同云阞者三分之一也者程瑤田云阞餘也又分也理也王制祭用數之仂喪用三年之仂注以為十分之一也十分之一可曰仂則三分之一當亦可曰阞鄭珍云阞者分理之名本無專字言地理即从自作阞言木理即从木作朸言指之分即从手作扐言骨之分从月作肋因从木又可从艸作艻因从手又可从人作仂王制仂注為什一此為三一者以彼喪祭費不能多至三一此於上下諸數推三一為適合故知是三之一也孔氏正義謂仂者分散之言數亦不定得其義矣詒讓案注定藪徑小於小穿之軹者以軹穿有金須減去二寸而藪則無是也鄭後注蓋以賢軹與藪三者之徑適相稱其說甚精不可易也鄭司農云捎讀為桑螵蛸之蛸者匠人梢溝先鄭讀同為段玉裁改作如是也此擬其音不當云讀為匠人注亦誤桑螵蛸見前云藪讀為蜂藪之藪謂轂空壺中也者段玉裁云轂空壺中老

子所謂以無有爲用者也案說文木部橾車轂中空也從木喿聲讀若藪蓋故書作橾大鄭易橾爲藪故云讀爲許謂橾爲正字故云讀若藪今周禮本恐有誤又案急就篇作槃碑作桑桑藪雙聲阮元云藪說文作橾急就篇作槃藪橾槃聲之轉也藪爲中空之物故量亦名之聘禮記十六斗曰藪是也觀記曰量其藪以黍是轂藪雖不必定如十六斗之多而要爲物中空受物者之名可知案阮謂橾藪雙聲是也戴震說同槃當卽橾之變體轂空中後向外兩端漸斂與鼓匡相似廣雅釋器一切經音義引埤倉並以鼓匡爲鼓鞼壺中名藪又作槃義與彼同惠士奇黃以周並以急就篇槃爲喿之誤亦通鄭珍云轂孔內當輻菑處曰壺中蓋俗閒熟傳舊名故先鄭舉以通古云玄謂此藪徑三寸九分寸之五者賈疏云車轂其孔必大頭寬小頭狹當輻入處謂之藪寬狹處中而已轂徑一尺三分寸之二今一尺取九寸三分寸之一得三寸仍有一寸三分寸之二在今以一寸者爲九分寸之二爲六分摠爲十五三分取一得五分故云徑三寸九分寸之五也戴震云指空轂中如壺然所以受軸以密率計之徑三寸五分寸之二弱惠士奇云依注設藪以轂圍三尺二寸而三分之取其一以爲藪則藪圍一尺九分寸之六轂兩軸共徑七寸有奇足以內貫軸外受輻而無不勝任之患錢坫云藪圍一尺三分寸之二此是藪內圍若藪圍則是一尺五寸十五分寸之八方與賢圍軹圍相應云壺中當輻菑者也者謂壺中卽轂中之空其外則與輻菑之鑿正相直也云蜂藪者猶言趨也藪者衆輻之所趨也者鄭珍云蜂藪亦俗閒言衆湊意有此語與蜂起蜂聚蜂擁意同後鄭申之云藪猶趨蜂藪衆輻之所趨者李軌音藪倉豆反則藪趨音義並與湊同蜂藪是泛語注意以衆輻湊之亦是蜂藪所以名藪非轂藪卽是蜂藪也

五分其轂之長去一以爲賢去三以爲軹鄭司農云賢大穿也軹小穿也玄謂此大穿徑

八寸十五分寸之八小穿徑四寸十五分寸之四大穿甚大似誤矣大穿實五分轂長去二也去二則得六寸五分寸之二凡大小穿皆謂金也今大小穿金厚一寸則大穿穿內徑四寸五分寸之五分二小穿穿內徑二寸十五分寸之四如是乃與藪相稱也

【疏】其轂之長去一以爲賢去三以爲軹者明車轂含釘內外大小之異度也說文金部云釘車轂中鐵也釋名釋車云釘空也其中空也總言之大小通曰釘析言之大曰賢小曰軹其物以鐵爲之又說文玉部云琮似車釘大宗伯注云琮八方象地車釘與彼相似則當內圜而外爲八觚形蓋釘內空與軸相函故必圜以利轉外邊則嵌入轂中故爲觚棱使金木相持而固不復搖動也江永云五分其轂之長長與圍同言長卽是言圍阮元云大穿圍大小穿圍小蓋輻內之軸任重故不可殺使其穿大而轂弱輻外之軸任輕可以使其穿小而轂強且殺軸亦所以限轂使不致內侵也

注鄭司農云賢大穿也軹小穿也者阮元云穿者軸所貫也大穿者在輻內近輿之名小穿者在輻外近轄之名錢坫云廣雅賢大也賢有大義故大穿謂之賢說文車部軹車輪小穿也鄭珍云轂孔自內頭起其餘徑卽漸殺漸小軸入轂之圜徑如之故孔適相函而運轉其內頭孔曰大穿外頭孔曰小穿賢者說文目部賢大目也與此賢音義並同軹者凡語止詞曰只轂孔至末而止卽呼爲只後因加車作軹軸耑鎋亦當軸止處又所以止軸之出故亦呼爲只其作字遂兩同案鄭說是也凡兩穿及壺中一例捎之則三處當有一定之度若準賢軹兩圜則藪徑不止三寸五分五釐五豪強造轂者正因恐傷輻鑿故特增藪厚不因賢軹爲一定之殺不然由賢以趨於軹旣以相去遠近遂漸平殺則但見賢軹之圜藪圜自可例推經何必特出藪圍之度乎至釘金雖當隸金工然轂穿必沓金而後可以利轉若僅詳釘外本空之圜則轂穿之真度本無此大易致淆掍故必兼金計之而後其度數乃備也

云玄謂此大穿徑八寸十五分寸之八小穿徑四寸十五分寸之四者賈疏云五分其轂之長去一以爲賢即以轂長三尺二寸徑一尺三分寸之二而五分去一一尺去二寸得八寸三分寸之二者本三分寸今爲十五分寸即以二分者爲十分去二得八分故云徑八寸十五分寸之八也小穿經云去三一尺五分去三去六寸得四寸三分寸之二亦爲十五分寸之十五分去三去六分得四分故云徑四寸十五分寸之四王宗涑云賢得轂長五分之四圍一尺五寸六分軹得轂長五分之二圍尺二寸八分鄭謂大穿徑八寸十五分寸之八小穿徑四寸十五分寸之四用六觚率也以密率求之大穿徑八寸一分四釐八毫七秒三忽零小穿徑四寸零七釐四毫三秒一忽零是大穿倍小穿也云大穿甚大似誤矣大穿實五分轂長去二也者兩穿雖有大小之殊然增減之數不宜過遠又欲與藪相稱若依經五分去一爲賢則大於軹已倍故知其誤而別定爲五分去二也阮元云訛去一爲去二者蓋記文偶有缺筆耳云去二則得六寸五分寸之二者以一尺五分去二去四寸得六寸以三分寸之二爲十五分寸之十五分去二去四分得六分爲十五分之六約之即五分之二也錢坫云賢圍一尺九寸二分軹圍一尺二寸八分藪圍一尺十五分寸之九此用金裹之故藪圍徑與兩穿不合云凡大小穿皆謂金也者金謂釭鐵也云今大小穿金厚一寸則大穿穿內徑四寸五分寸之二小穿穿內徑二寸十五分寸之四如是乃與藪相稱也者戴震云今當作令賈疏已誤案戴校是也此與上注云令牙厚一寸三分寸之二同金厚經無文故爲假設之度以明之賈疏云大小穿內皆以金消去二寸故各減二寸也鄭珍云兩穿有內外徑者孔頭必嵌金釭使與軸之鐧相摩切作孔之時預儲嵌金厚一寸之地圍徑自寬多二寸深則止足容金自內郎圍徑與軸等大故有內徑外徑及嵌金之後外亦與軸等大而其孔是金非仍木也故曰凡大

小穿皆謂金也案注大小穿內徑賈疏無釋鄭子尹則謂壺中當輻之外釭金盡處爲內徑其說雖可通但諦玩注意似指釭金函軸之空爲穿內徑指轂木函釭之空爲穿外徑內徑外徑並據轂兩耑露見者而言若轂內釭金盡處函於空中則當以去壺中遠近消息以爲其度之弘殺不能與釭口平也江永云注算大小穿甚密但輈人軸圍一尺三寸五分寸之一若依圍三徑一算之則軸徑當大穿穿內處正得徑四寸五分寸之二與鄭所算大穿內徑同何以能轉蓋圍三徑一非真率以祖沖之徑七圍二十二約率算軸徑不及四寸五分寸之一故能稍寬而轉鄭珍云以金厚一寸故令穿之外徑增寬一寸爲嵌金之地及其嵌訖金圍自與穿內圍齊平也案江鄭說是也轂兩穿皆沓金自是常制此大穿徑六寸有奇若非加容轂金二寸不能與輈人軸徑之度適相函則注說塙不可易明矣容轂

必直陳篆必正施膠必厚施筋必數幬必負幹

鄭司農云讀容上屬曰輓容玄謂容者治轂爲之形容也篆轂約也幬負幹者革轂相應無贏不足

【疏】容轂必直者程瑤田云未飾之先治之之法也篆膠筋幬專言飾鄭珍云治經火養之木爲圓長三尺二寸之形是曰容轂以繩縣之身及兩端之圍皆與繩觸則直矣云陳篆必正者鄭珍云陳列也篆非一處故曰陳篆其廣狹及幾處無聞當任意爲之無定數也每篆一周以矩準之其高下皆與圍相切則正矣篆說文作䡔訓車約蓋所據本異云施膠必厚施筋必數者轂外周帀施以膠筋使之黏合纏綪則任力不至坼裂而亦可以助幬幹之呢著使無閒罅也程瑤田云數者疏之反謂縱橫重疊互相牽繫以爲固也 注鄭司農云讀容上屬曰輓容者段玉裁云農下云字衍文此離經之異案段校是也盧文弨黃丕烈說同據此則上先鄭注當云輓容小穿也後鄭引之刪容字輓容蓋謂小穿內空所容之度其義爲短故後鄭不從云玄謂

容者治轂爲之形容也者此破先鄭讀謂容爲頌之段借容轂猶言治轂也段玉裁謂容者當爲容轂者亦通云篆轂約也者巾車孤乘夏篆先後鄭並釋爲轂約與此義同王宗涑云篆刻轂木爲垠鄂篆起如竹有節約然鄭故訓轂約小車不皆有篆孤以上車乃有之巾車云卿乘夏縵言不爲篆也篆致飾之一所以辨等威也鄭珍云約轂與幬革是兩事諸家說皆不憭幬革者除置輻處通鞔之所以固轂因以爲飾凡小車皆然無貴賤之別上文云進而眡之欲其幬之廉無所取之取諸急知與輪必取圜輻必取直同是小車通制不得而缺者也篆者謂轂約轂約謂之篆鐘帶亦謂之篆皆指其圍繞一周者據巾車先鄭注篆讀爲圭瑑之瑑夏篆轂有約也參之先鄭典瑞注瑑有圻堮瑑起說文瑑圭璧上起兆瑑知篆以瑑起而名鐘帶亦名因瑑起其制於轂幹刻之令起圻堮一周刻此處微容即彼處起圻堮其圻堮處即是篆也當不止一處刻訖其狀蓋如竹形然後渾體厚播以膠密皮以筋又播膠一層乃以革鞔之令革與容處垠堮處皆緊相貼切則瑑起者亦隨革瑑起容突分明然後通丸漆之待乾摩平乃就瑑起上周畫五采其外通朱漆之此篆之制也以其周繞束轂故曰約非賴此約束其轂始固之謂據巾車孤乘夏篆卿乘夏縵大夫乘墨車後鄭注夏篆五采畫轂約夏縵亦五采畫轂無瑑爾墨車不畫是篆爲孤以上專制幬爲上下通制明矣幬轂古謂之軝詩商頌小雅並云約軝錯衡毛公采芑傳云軝長轂之軝也朱而約之而鄭烈祖箋云軝轂飾也飾即幬革則長轂之軝猶云小車轂之幬革耳朱而約之乃是解約字蓋孤以上之轂既五采畫其篆約則篆約之外皆朱漆也故云朱而約之說文軝長轂也以朱約之是本毛義非卽以朱爲約廣雅云轂篆謂之軝張揖爲失毛旨詩疏云軝者長轂之名又據許而違許意矣案篆約爲孤乘夏篆以上車轂之制王宗涑鄭珍說是也凡轂初斲治成平縵無文自卿以上乘

夏篆則迴環瑑刻自成圻堮若竹之有節者是謂之篆亦謂之約又以革鞔篆約之外是謂之軝凡小車有革鞔大車則無故毛詩並釋軝爲長轂明惟小車轂有此也鞔革密附轂木故篆在革內而文見於革外毛詩謂之約軝明軝與約備有也既篆刻而革鞔又漆之爲五色是謂之夏篆毛許則以爲朱約朱亦五色之一也凡篆約之用以爲文飾且以辨等威非以附纏約束爲義篆約之名亦起於刻瑑不繫於施筋與否也至於筋膠之被則凡車木任力處皆有之附纏之以爲固故輈人注謂輈亦有此不徒轂也蓋筋膠與篆不相涉鄭乘夏縵大夫乘墨車皆無篆而不得謂無筋膠之被筋膠之外加以漆則其痕亦成圻堮輈人謂之濟少儀謂之幾而不謂之篆此經亦以施筋與陳篆並舉篆非即筋膠之文明矣鄭珍謂幬革爲小車之通制不知施筋亦小車之通制也毛詩說文朱約之義非謂約束其轂鄭珍說是也然後鄭謂夏爲五采先鄭毛許則以爲朱赤其設色不同鄭珍兼取其義謂五采之外皆朱漆色未知是否轂約互詳巾車疏云幬負幹者革轂相應無贏不足者左襄十八年杜注云負依也謂幬革與轂幹密相依倚也賈疏云幬覆也謂以革覆轂之木隱著革使之急是革轂相應也無贏不足者若轂有耗廢不隱著轂則革有贏而轂不足若轂不耗革無贏轂亦無不足也既摩革色青白謂之轂之善謂丸漆之乾而以石摩平之革色青白善之徵也疏既摩革色青白者程瑤田云色青白者幬廉而急必負幹之所致也革以冒鼓爲最急鼓色近白是其驗云謂之轂之善者此總冢容轂以下六者言之　注云謂丸漆之乾而以石摩平之革色青白善之徵也者說文手部云摩研也賈疏云謂以革鞔轂訖將漆之先以骨丸之待乾乃以石摩平之其色青白則善也程瑤田云據注丸漆之後乃以石摩之王宗涑云賈意謂丸在摩前摩在漆前是也今革既摩色但青白未漆甚明案程王說皆

是也在摩前者和灰之丸漆在摩後者不和灰之漆鄭賈義並不相迕丸漆者說文土部云垸以桼和灰丸而䰍也段玉裁云灰者燒骨爲灰也一切經音義引通俗文曰燒骨以漆曰垸蓋以桼合和燒骨之灰摶而丸之以䰍擦物丸而䰍之旣乾如沙磣不光潤乃摩之鄭所云丸漆之乾乃以石摩平之也旣摩乃復桼之說文䰍下所云桼垸已復桼之也如此數四乃後𢿱丹臒今時桼工亦略同此案段說甚析據此則轂革有數次漆先丸漆不設色故摩之色青白後漆設色則爲巾車之夏篆夏縵及毛詩傳之朱約不得露青白之色矣經注並據未𢿱丹臒前之漆言之故在摩前非謂旣摩之後遂不復漆也

參分其轂長二在外一在內以置其輻　轂長三尺二寸者令輻廣三寸半則輻內九寸半輻外一尺九寸

疏　參分其轂長二在外一在內以置其輻者賈疏云此經欲論置輻於轂相去遠近之法趙溥云外謂轂之趨軹處內謂轂之趨賢處與輿相近以轂長三尺二寸三分之以二分爲外以一分爲內於二者之閒而置輻焉所以在外數多在內數少者蓋一車用兩轂而兩轂之閒置輿輻內數少則兩輪近輿有倚靠處自然牢固而行得穩輻外數多則轂行無所礙　注云轂長三尺二寸者令輻廣三寸半則輻內九寸半輻外一尺九寸者輻廣三寸半卽後文輻股之度也匠人注亦云乘車輻廣三寸半賈疏云按上云以圍之阞捎其藪藪中三分徑一轂徑旣一尺三分寸之二今取一分作空空中徑三寸九分寸之五兩畔得二分有七寸九分寸之一兩廂分之一畔得三寸九分寸之五下文云量其鑿深以爲輻廣鑿深三寸半故知輻廣三寸半也依前所計言之輻深實應三寸十八分寸之十言三寸半舉成數言也若然轂旣長三尺二寸輻居三寸半餘有二尺八寸半三分之輻外得一尺九寸輻內得九寸半也鄭珍云輻廣三寸半乃兵車乘車不可增減之實數令之云者以由經推得

而經無文故不敢質言使若假設云爾賈疏謂注以捎藪鑿深知之不得鄭旨捎藪鑿深之數於經亦無文注蓋由輈人之明言軸圍者層遞推至牙圍而得之也又云長上無內外也內外由輻而立則輻之地自在中閒故三分轂長擬九寸五分居內一尺九寸居外其中閒三寸五分卽置輻之地矣記於車總目著輪崇尺寸為輪輿諸度之根各度遂不明言使讀者互求自得則輻之廣厚宜卽於輪輿輈三職中求之車人大車輻博三寸厚三之一大車小車輻之所以不同者正有其故大車轂短只一尺五寸其圍之大卻四尺五寸制令輻廣三寸卽正中置輻其兩頭止各餘六寸令輻厚一寸三十輻估轂圍三尺餘一尺五寸兩輻相距尚有五分不鑿空地故輻比小車廣少而厚多小車轂長不止增倍而圍僅三尺二寸制令輻廣三寸半其外二內一者所餘甚長令輻厚七分則兩輻相距不鑿者只有三分零故輻比大車廣多而厚少其因轂之圍長以增減輻之廣厚為數雖異而廣少者增厚之厚少者增廣之使其強力而固則一案鄭說是也輻廣與鑿深同度下經有明文而鑿當盡捎藪餘徑之數其理亦明塙無疑注義不可易也

凡輻量其鑿深以為輻廣

廣深相應則固足相任也

疏 凡輻量其鑿深以為輻廣者說文金部云鑿穿木也案鑿本穿木之器引申之凡穿物為空亦謂之鑿此鑿卽軸蓄所入之空其數與輻同文子上德篇云三十輻共一轂各直一鑿不得相入是也輻廣卽上注云三寸半者也江永云輻廣者輻之博也不言其厚者轂圍三尺二寸三十輻之股端相著厚一寸有奇可知也輻相著不留空際者欲其輻與輻相湊相挾有力也觀今車用十八輻股猶相湊況三十輻乎鄭珍云凡者最括之辭包輪人車人六車在內上凡斬轂下凡揉牙亦然記不著輻廣之數者量其鑿深為之是鑿深之數卽輻廣之數也而亦不著鑿深之數者轂孔壺中當輻蓄之藪居轂圍三分之一餘三分

之二之徑卽兩畔輻菑之鑿深是捎藪餘徑之數卽鑿深之數也止發此一句爲率上文已著藪徑而由藪徑得鑿深卽鑿深見輻廣已博見鑿深由鑿深得藪徑同一省文之法明乎此益見藪徑鑿深輻不啻詳言之矣車人之正著輻博三寸亦以有此句爲率卽可由輻廣三事數同而小車是小車之數大車是大車之數也凡以柄周繞圓物投之者必深覘其圓之徑使投者相湊相倚衆力如一始固而益固輪人之爲輪爲蓋其鑿之法是一轂猶蓋斗也輻猶蓋弓也軸猶達常也蓋斗徑六寸達常徑一寸以達常貫蓋斗中猶以軸貫轂中也蓋斗之徑除達常徑一寸止餘五寸猶轂徑除軸當藪處徑三寸五分五鑿強則止餘七寸一分一鑿強也蓋斗鑿深二寸五分相對則盡其五寸猶轂鑿深三寸五分相對則盡其七寸也而蓋鑿之深無餘分轂鑿尚有一分一鑿強未盡者以蓋斗與達常靜不動故鑿雖穿通而不傷達常轂與軸常動不靜故鑿岀一枚之前須稍留五鑿強使輻與軸兩不相及然一畔五鑿強其留數甚微雖曰不盡而其徑亦適盡矣與蓋鑿究無異也案子尹以車蓋爲輪輻轂軸之比例其說甚當惟蓋之達常與斗爲一木則與軸轂二木相貫同而實異賈後疏以達常斗爲二木說尚未足憑耳　注云廣深相應則固足相任也者言輻之廣深同度則強弱相等而後足相持以爲固也

輻廣而鑿淺則是以大扤雖有良工莫之能固扤搖動貌

疏輻廣而鑿淺則是以大扤者阮元云輻入轂之菑當更薄而菑末又當削銳之蓋以三十輻共趨藪心若菑厚而豐末轂心不堅而鑿亦相通故淮南說山訓曰轂強必以弱輻兩強不能相服又說林訓曰輻之入轂各値其鑿不得相通荀子引詩曰轂既破碎乃大其輻此皆強有餘而固不足也　注云扤搖動貌者史記司馬相如傳集解引郭璞云扤搖也說文手部云扤動也詩小雅正月天之扤我毛傳同惠士奇云方言曰

舟僞謂之抏抏不安也注船動搖之貌則車之大抏狀如船矣鑿深而輻小則是固有餘而強不足也言輻弱不勝轂之所任也【疏】鑿深而輻小則是固有餘而強不足也者程瑤田云輻小亦謂菑也菑雖長而狹小則能固而不能強謂易折也鄭珍云輻與鑿其深廣如一言一則二見輻廣鑿淺是廣及度而深不及度鑿深輻小是深及度而廣不及度深不及度則菑之入轂不固廣不及度則菑之承轂少力見輻鑿廣深非皆三寸半不可也以此益驗菑是直入尖筍非鋸筍　注云言輻弱不勝轂之所任也者輻廣與鑿深同度所以爲強足以任轂之重今鑿雖深而輻大不及度故輻之力弱不能勝轂之任也故竑其輻廣以爲之弱則雖有重任轂不折言力相稱也弱菑也今人謂蒲本在水中者爲弱是其類也鄭司農云竑讀如紘綖之紘謂度之【疏】故竑其輻廣以爲之弱則雖有重任轂不折者鄭用牧云量其鑿深以爲輻廣竑其輻廣以爲之弱弱自與鑿深相應反覆言之爾抏而不固則轂折轂不能持輻也戴震云菑厚蓋大半寸漸殺之至末不得過三分寸之一鄭珍云輻菑當入轂處廣三寸半長如鑿深亦三寸半其初雖已削廣之兩面漸殺漸窄以至於端令適與鑿相函而其廣三寸半自若也今以入鑿處起兩邊斜殺以至於端與弓之股端一枚同則是成尖角形之筍故曰竑其輻廣以爲之弱弱所以必紘之爲尖筍者車輿之重全藉六十輻之力承之而六十輻更迭當直地者止有兩輻輻鑿心之末盡轂徑者止五鑿強輻端又鋒薄無餘分若爲方筍卽鑿亦方鑿其投弱也弱兩邊直入上以鋒薄之端撼未鑿五鑿之木雖不通猶通也而重任壓於上弱必上僭侵軸轂亦必往下潛移一輻如是卽輻輻如是轂之破折恆由是作惟剡輻廣使如箭鏃前半則弱之兩邊斜交鑿心其投轂也自入鑿至鑿心如並負轂迤邐相承一豪不能

上儹轂亦一豪不能下移而轂之壓輻以弱兩邊計之直是壓七八寸則輻之承轂愈固而有力故雖有重任轂不折也案菑之殺度經注並無文依戴說則厚殺而廣不殺江永程瑤田說同依子尹說則幷殺其廣爲銳角形黃以周說同二義並通故兩存之但審繹經文似以不傷轂爲義則子尹說於理尤密也鄭又云輻爪之長短廣狹經注皆無明文按菑爪爲輻上下之枘其於形制宜同菑既竑其股廣以爲尖筍明爪亦當竑其股廣以爲尖筍菑之長既如其鑿深而盡轂之徑明爪之長亦當如其鑿深而盡牙之廣卽其上可知其下經注故不言也爪所以必爲尖筍者蓋牙之廣三寸弱而踐地一寸又是斜殺則方者止二寸弱若爪爲方筍亦止可長二寸弱如此卽仍不免輻廣鑿淺大扤難固之病又牙厚三寸五分若以二寸一分之方筍投之兩邊不鑿者無幾必不勝爪之搖撼而有破裂之患故必爲尖筍自骹廣兩邊斜殺交於端一分如菑之端長二寸九分強如牙之廣而其鑿則穿達於外自外視之其廣一分其長七分及以爪投之也牙兩邊漸內漸厚迤邐固抱其爪上雖有重任壓之而爪一豪不能下出此制之所以善也案子尹以弱推之入牙之爪其說甚密黃以周則云輻向外一面直下爲倨向內一面剡曲爲句爪於倨亦直於句亦剡曲而銳黃所說輻骹倨句之形於義可通而謂爪亦外倨直而內剡銳與子尹說異竊謂經止以牙出輻外爲綆其爪入牙之枘爲鑿所含何必隨綆勢而爲倨直若然鑿內之爪似當以子尹說兩面剡成銳角爲是但經注並無文姑兩存之　注云言力相稱也者明菑與鑿力相等無強弱之異也賈疏云謂輻廣與鑿深相稱云弱菑也者卽上文菑蚤之菑輻入轂中者也戴震云菑沒鑿謂之弱云今人謂蒲本在水中者爲弱是其類也者弱與蒻通說文艸部云蒻蒲子可以爲平席詩大雅韓奕孔疏引陸璣疏云蒲始生取其中心入地者名蒻大如匕柄正白生噉之甘脃段玉裁云蒲本

在水中其字作蒻卽菑在轂中之意也鄭司農云竑讀如紘綖之紘謂度之者在桓二年傳云衡紞紘綖段玉裁云竑讀如紘擬其音而義在是紘絜於項故與圍度之訓相近

參分其輻之長而殺其一則雖有深泥亦弗之溓也 殺衰少之也鄭司農云溓讀爲黏謂泥不黏著輻也

疏 參分其輻之長而殺其一者此明輻股與骹不同度以起輪綆之義也阮元云參分輻長股不殺者二分骹殺者一分也鄭珍云輪崇六尺六寸者除去牙之漆者一寸九分一釐六豪六不盡不漆者一寸上下牙共除五寸八分三釐三不盡又除轂徑一尺六分六釐六不盡餘四尺九寸五分分爲兩輻之長則一輻除菑爪不計長二尺四寸七分五釐三分之而殺其一則殺者長八寸二分五釐止於廣之向車箱一邊殺狹至爪入牙際其向外一邊不殺兩面近牙處亦稍殺佀其數甚微試以人之立驗之由股而至足其前面直下後面自腓腸卽漸斜漸細兩邊亦略殺焉此下文股骹之所由名也云則雖有深泥亦弗之溓也者有唐石經初刻誤其磨改作有鄭珍云輻所以必有殺者止爲泥之黏著殺者連牙高一尺有奇泥之上及輻至此已深若過是則不能行矣或曰輻之向外者豈泥不能黏何以獨不殺乎曰不黏者謂殺其一邊使細如骹形自然通骹泥不黏著非謂只不黏殺之一面也 注云殺衰小之也者惠棟云殺猶衰也見儀禮注衰亦訓小春秋傳云其周德之衰乎注云衰小也小猶殺也鄭司農云溓讀爲黏謂泥不黏著輻也者段玉裁云說文溓薄冰也一曰中絕小水故大鄭易經之溓爲黏黏與溓聲類同也鄭君注易爲其嫌於陽也嫌讀如羣公溓之溓溓雜也雜之訓與黏相近詒讓案說文黍部云黏相著也溓黏聲近段借字

參分其股圍去一以爲骹圍 謂殺輻之數也鄭司農云股謂近轂者也骹謂近牙者也方言股以喻其豐故言骹以喻其細人脛

近足者細於股謂之骹羊脛細者亦爲骹

疏 參分其股圍去一以爲骹圍者承上輻三分殺一之文而明其所殺骹圍之度股圍卽輻上半橢方之全圍不殺者也鄭珍云輻股廣三寸五分厚七分兩面廣七寸兩邊厚一寸四分共八寸四分爲股圍三分之一分得二寸八分去其一分有五寸六分以爲骹圍骹兩面不殺則兩邊厚仍各七分其占一寸四分餘四寸二分兩面廣各居二寸一分也案鄭說是也錢坫云骹圍三分去一則骹廣二寸三分奇厚大半寸矣案錢謂骹厚亦三分殺一與鄭子尹說不同於骹圍全度亦無迕謹存之以備一義　注云謂殺輻之數也者之舊本作內宋余仁仲本同於義得通但宋明各本皆作之今從之輻股不殺惟骹殺之所殺之圍參分輻廣亦祗殺其向內之一分非周帀通殺之也鄭司農云股謂近轂者也骹謂近牙者也者鄭珍云上三分殺一著所殺之長短此著所殺之廣狹輻之未殺者皆股也股廣如一自二分長之下殺之使細則成上股下骹之形其殺數非直斜就向內一邊乃略圓漸斜而下至將入牙際骹圍卽於此取之先鄭謂骹近牙者指此以下則爪也謂股近轂者取其將入轂際以明此之爲將入牙際耳云方言股以喻其豐故言骹以喻其細者明股骹以龘細相對比例爲義云人脛近足者細於股謂之骹者釋股骹得名之義也弓人注亦云齊人名手足擊爲骹阮元云說文曰股髀也骹脛也蓋人股本豐自膝以下則向內剞而細今輻形正似之也云羊脛細者亦爲骹者爾雅釋畜云馬四骹皆白贈郭注云骹膝下也則獸脛通稱骹不徒羊矣

揉輻必齊平沈必均

揉謂以火橋之衆輻之直齊如一也平沈平漸也鄭司農云平沈謂浮之水上無輕重

疏 揉輻必齊者鄭鍔云木有曲直不能皆易直故以火矯揉其曲者使與直者齊則三十輻直必等矣鄭珍云輻牙轂三者皆曰揉蓋並用全木或析木爲之木之經鋸者筋理必不全不堪任力云平沈

必均者鄭鍔云木有虛實不能無輕重故平而沈諸水以觀其入水之淺深入深者知其必重入淺者知其必輕從其重者而削之則必平矣　注云揉謂以火槁之者段玉裁云字當作煣下文揉牙說文引作煣牙可證說文曰煣屈申木也無揉字錢坫云揉與煣同凡木直者煣以曲之曲者煣以直之故兼屈申兩義惠士奇云槁一作撟長笛賦曰撟揉斤械注引鄭注曰揉謂以火撟之釋文亦有二音一劉音苦老反者作槁一沈音居趙反者作撟撟與矯同荅頡篇曰矯正也案惠說是也說文矢部云矯揉箭箝也引申之凡揉材木並爲矯槁撟並矯之借字荀子性惡篇云故拘木必待檃括烝矯然後直鄭云以火槁之即荀子所謂烝矯也互詳弓人疏云衆輻之直齊如一也者揉者非徒矯直木使之曲亦所以矯曲木使之直輻貴直指故揉之使三十如一也云平沈平漸也者沈與鍾氏以朱湛丹秫之湛字通彼先鄭注云湛漬也後鄭讀如漸廣雅釋詁云漸漬也故此亦以漸詁沈平漸謂置之水兩輪所漸漬之度高下平等王宗涑云平爲木出水分數沈爲木入水分數案王說亦通鄭司農云平沈謂浮之水上無輕重者亦即平漸之義賈疏云重者沈多輕者沈淺此沈重者更去之則平而輕重等也

直以指牙牙得則無槷而固得謂倨句鑿內相應也鄭司農云槷椴也蜀人言椴曰槷玄謂槷讀如涅從木埶省聲

【疏】直以指牙者以下申論上文輻以爲直指牙以爲固抱二事相得益善也鄭珍云直以指牙謂三十輻投轂訖皆將入牙鑿時也詒讓案輻有骹之殺輪有牙之緶雖似不相當而爪入牙鑿則與股之中線首尾相貫其直中繩至輻厚則又股骹如一更無豐殺是皆直指之理也云牙得則無槷而固者程瑤田云謂蚤牙相稱齊密而無罅縫故能無槷而固也　注云得謂倨句鑿內相應也者鑿內詳前疏賈疏云以輻直爲倨以牙曲者爲句輻牙雖有倨句至於鑿內必正正則爲得得則若

無槷而牢固也江永云疏非也輻之入牙者作倨句之形卽邊笥是
也戴震云輻外直下爲倨內曲剡之爲句內枘同卽蚤鄭珍云桑蚤
既投轂乃以牙兩半規交而抱之時枘各指其鑿鑿各值其枘兩相
應而無豪末偏邪相就之處斯之謂得若少偏斜相就卽不得矣黃
以周云鄭注倨句當以江戴說爲正但爪宜剡而銳不可方也案江
戴黃說是也凡輻外近軹者股骹直下爲倨卽牙綆所由生內近輿
者骹曲剡爲句卽骹殺所由見也賈說非注指鄭司農云槷椴也蜀
人言椴曰槷者程瑤田云槷與楔同說文木部楔櫼也櫼楔也徐鍇
謂櫼簪也楯也集韻楔蜀人从殺周禮从執据此注言之也段玉裁
云椴說文作楔其正字也蜀人言椴曰槷者方言之異也舉方言證
經之槷謂楔也經傳多假槷爲臬又本職注用爲危槷楔之訓僅見
於此詒讓案椴楔一聲之轉云玄謂槷讀如涅從木熱省聲者說文
木部云槸木相摩也从木埶聲段玉裁云大鄭未說槷讀何音故擬
其音曰讀如涅又曰從木熱省聲者蓋以正說文槸字下云埶聲之
未密阮元云不曰从埶聲者取其音之相近也案鄭意當如段 不得
阮說但槷埶並從埶得聲不必別諧熱省聲鄭說較許爲短
則有槷必足見也必足見言槷大也然則雖得猶有槷但小耳【疏】不得則有槷必足見也者鄭珍云足槷之末也
苟鑿枘不應其投也必強一邊使相就則其一邊必鬆槷有厚薄無
長短以不能進爲極鑿枘既有一邊鬆卽槷無不進其末必露出踐
地一面待不能進始削其首令齊平此不得之徵也輻兩頭並是尖
筍其鑿深必盡其徑而牙鑿且穿通踐地一邊成廣一分長七分之
孔故鑿枘不相得必致槷見於此孔外案子尹槷足之說與鄭賈意
合但紬繹經義言槷足之見否似唯段以明鑿枘之得不得非謂輻
入鑿必用槷也注疏說於經似尚未合 注云必足見言槷大也者
賈疏云足乃據槷而言言足見故知槷大乃足見也云然則雖得猶

有槷但小耳者謂鑿枘相得得槷而益固然其容槷之地甚窄故雖有槷必小也程瑤田云云有槷者反言以見無槷之固也注說疑不然案程說近是凡制器鑿大而枘小相含不密則爲槷以充之此惟靜物爲可輪之用常動使輻爪枘鑿不密此豈槷所能固乎且爪枘與鑿空有一定之度數使良工爲之自可無槷而固若豫留閒隙以容槷此豈制器之理哉鄭殆未達經恉

六尺有六寸之輪綆參分寸之二謂之輪之固輪箄則車行不掉也參分寸之二者出於輻股鑿之數也

疏綆參分寸之二者戴震云以偏枘入牙而出之謂之綆鄭珍云經自凡斬轂以下言爲輪首明轂次明輻又次明牙三材和而輪成矣輪成其綆斯見故以綆數終焉

注云輪箄則車行不掉也者輪箄謂牙偏向外也江永云假令牙之孔與轂孔正相值牙不稍偏向外則重勢兩平輪可掉向外又可掉向內造車者深明此理欲去車掉之病令牙稍出三分寸之二不正與輪股鑿相當於是重勢稍偏而輪不得掉向內矣戴震云固謂不傾掉也輪不箄必左右仡搖故輻蚤用偏枘令牙出於輻股鑿三分寸之二如此則重埶微注於內兩輪訂之而定無傾掉之患云參分寸之二者出於輻股鑿之數也者賈疏云鑿牙之時孔向外侵三分寸之二使輻股外箄故云出輻股鑿之數也江永云疏非也牙之厚無幾鑿孔有偏恐偏薄一邊非暴裂卽先斷矣此賈氏察物未精失鄭注之意者也今車牙孔不偏而輻爪用邊笱缺邊向內是以牙偏向外鄭前言倨句鑿內相應是古人亦用邊笱鄭珍云注云出者牙出也牙所出於輻股鑿者牙之厚如輻股之廣同三寸五分當其爲受爪之鑿孔距牙外邊六分六釐六豪六不盡起鑿向內邊其廣長如轂之厚七分廣二寸一分兩邊亦斜剡令鑿端廣一分長七分直通於背使容尖笱則向內一邊不鑿者亦有六分六釐六不盡是內外不鑿之地相等而鑿孔正居牙中也及

以輻爪指牙中投之向外一邊不殺其直中繩向內一邊所殺廣之一寸四分爪之兩邊槷縫約消六釐六豪強而其半猶當牙上則投訖視之輻股向內一邊有六分六釐六豪六不盡出牙邊之外牙向外之厚有六分六釐六不盡出股鑿之外而牙自平鑿自中輻自直原正而不偏惟牙厚與股鑿同是三寸五分而上下不正相對則牙厚較股鑿爲偏出矣注曰三分寸之二者出於輻股鑿之數又曰輪雖算爪牙必正苟得其端緒其旨明若指掌賈疏以後乃皆失之案鄭子尹說甚精輪綆之制必如此而後牙出股外爪仍建於牙之正中爪內外餘地正相等與上文蚤正之義乃合牙有綆則偏出於輻股鑿之外外牙外之平面不與轂壺中正相直故注凡說軌徹之廣必加綆數計之但子尹於輻內轂斜殺而下以趨於牙則轂近股處之度既太贏近鑿處之度又不足於三分留一之圜似未密合黃以周則謂轂近爪處作倨句形約去三分之一牙內一邊宜留餘地以安句中鑿孔以投倨之爪外留餘地以爲綆之算綆者算出外故鄭注匠人徹廣八尺於旁加七寸必數綆三三分寸之二依黃說蓋於輻下三分一與股分處曲剡三分一爲句而後直下其下耑貼牙又曲剡三分一爲句以入鑿是鑿孔正在牙中其內外皆有空地外當牙綆處其本露見內則爲爪筍之句者所覆其末不見而轂內無綆其內邊與牙之內邊正相齊切更無贏朒於經義物理似較爲允協也王宗涑云輻轂殺在內不在外外之輻股與轂其菑鑿與爪鑿參值牙是以外出而不與輻股轂參值也外之牙出於輻股三分寸之二內之輻股亦卽出於牙三分寸之二賈曰輪皆向外算輪卽謂大圜也大圜向外則輻股向內是謂之算

凡爲輪行澤者欲杼行山者欲侔

杼謂削薄其踐地者侔上下等

疏 凡爲輪者此專指牙言之云行澤者欲杼行山者欲侔者鄭珍云澤地多塗山地多石故行澤之輪須削牙如杼使不爲塗所著行

山之輪須牙上下等使不爲石所傷至於行平地其常也雖亦有行山之時亦有行澤之時亦有行平地而值泥似澤遇石似山之時然
其車之輪斷不專爲行山使牙上下等亦不專爲行澤使牙如杼然於輪人必有常度在不杼不侔之閒明矣所以必著此節者正以見
常度之不杼不侔也猶之輈人極論大車之轅直無橈乃正以見輈之不直不橈耳案鄭說是也前注云令牙厚一寸三分寸之二此即
牙踐地一邊不杼不侔之度也　注云杼謂削薄其踐地者者玉人大圭杼上終葵首注云杼閷也削薄即閷之也云侔上下等者說文
人部云侔齊等也

杼以行澤則是刀以割塗也是故塗不附附著也

疏杼以行澤則是刀以割塗也者毛詩小雅角弓傳云塗泥也王宗涑云此節說杼之利於行澤詒讓案刀以割塗謂牙削薄如刀之刃以行澤之塗泥如刀割物也云是故塗不附者程瑤田云塗割之則劃開故不附牙而或上溓於輞　注云附著也者小司寇注同

侔以行山則是搏以行石也是故輪雖敝不甐於鑿搏圜厚也鄭司農云不甐於鑿謂不動於鑿中也玄謂甐亦敝也以輪之厚石雖齧之不能敝其鑿旁使之動

疏是故輪雖敝不甐於鑿者釋文云甐本又作𨏩案𨏩甐聲之誤王宗涑云此節說侔之利於行山　注云搏圜厚也者梓人盧人弓人注並云搏圜也說文手部同楚辭橘頌王注云搏圜也楚人名圜爲搏對澤輪削薄故云搏厚鄭司農云不甐於鑿謂不動於鑿中也者賈疏云先鄭以甐爲動後鄭不從者以其動者先動於旁乃及於中不可先動於中故不從也王宗涑云說文無甐字甐與論語磨而不磷同誼孔注云磷薄也鑿空兩旁敝薄則空中之枘動搖不固先鄭云不動於鑿特言不甐之善非以動訓甐後鄭訓甐爲敝補先鄭所未詳二說相成賈以爲歧異失其恉矣云玄謂甐亦敝也者明二字義同經

變文耳鮑人說治革云察其線而藏則雖敝不甐先鄭釋不甐爲縷不傷敝亦卽傷也云以輪之厚石雖齧之不能敝其鑿旁使之動者輪牙近地者搏厚雖爲石所齧而敝終不至侵其中之鑿使輻搖動凡揉牙外不廉而內不挫旁不腫謂之用火之善廉絶也挫折也腫瘣也疏凡揉牙者揉說文火部引作煣正字也詳前賈疏云此論用火煣牙使之圜正之意古者車輞屈一木爲之要當木善又齊又得乃可圓而得所也鄭珍云疏謂古者車輞屈一木爲之嘗細思其理若果用一木屈成一大圜規當建輻時若先投牙鑿待三十輻投訖中閒空處只足容藪徑轂之全徑不能貫過受菑之入若先投轂鑿輞爲諸輻爪長幾三寸所限斷不能挪讓得至爪下卽展開合縫亦僅受一二爪而止斷不能復伸之以受諸爪之入則疏說蓋疏也古當是屈兩木爲兩半規其兩端各爲筍使相交固玩經文於善輮之後接云直以指牙牙得則無槷而固知建輻時是先投轂鑿司農注上菑云謂建輻也其意是謂先以菑投轂鑿諸輻投訖乃以牙兩半規就爪合之如是乃於理得於事便也案鄭駁賈說是也此經兵車之輪以密率求之牙大周二丈七寸有奇田車輪牙大周一丈九尺七寸有奇至車人大車之輪牙大周則二丈七尺柏車輪最小牙大周亦一丈八尺此必非一木所能揉其不便建輻更無論矣惟孑尹謂屈兩木爲之亦無塙證竊疑當是合三木爲之據車人大車云渠三柯者三柏車云其渠二柯者三說渠並以三命分紀度他工無此文例是必非苟爲詭異蓋牙木通制實是合三成規無論大車小車咸用是法經於車人著此二文亦與輪人互相備也若然兵車乘車牙木合三段爲之每段長六尺九寸有奇田車牙木三段每段長六尺六寸弱如是則揉曲與建輻皆較易於事理尤切也互詳車人疏云外不廉而內不挫旁不腫謂之用火之善者記火煣之度也賈疏云凡屈木多

外廉絶理內挫折中旁腫負起無此三疾是用火之善也王宗涑云外當火之對面於輮牙爲踐地處內當火之正面於輮牙爲植骰處旁當火之左右側面於輮牙爲平面凡煣木使屈火皆在內火力不勻則外或理傷而斷絶內或焦灼而挫損旁或暴裂而癰腫故煣牙必除此三者始爲善於用火鄭珍云今試以竹木屈之外急則層析是廉也裏急則皺縮是挫也旁左右暴出是腫也然必筋理全始有此三病故知牙材斷不用鋸木也　注云廉絶也者段玉裁云說文火部曰熑火煣車網絶也引周禮煣牙外不熑鄭本當同轉寫失之耳絶者賈云絶理案段說是也熑正字廉叚借字許鄭義同宋本文選長門賦心慊移而不省故兮李注引此注云慊絶也慊字或從火疑唐時此經別本尚有作熑者慊則似卽熑之聲誤云挫折也者廣雅釋詁同說文手部云挫摧也摧一曰折也又刀部云剉折傷也挫剉聲義同云腫瘣也者說文疒部云瘣病也一曰腫旁出也

是故規之以眂其圜也輪中規則圜矣

疏是故規之以眂其圜也者以下明爲輪必中規矩準繩權量而後爲善也鄭珍云六事皆輪成後驗其工致之法　注云輪中規則圜矣者詩小雅沔水箋云規正員之器也大戴禮記勸學篇云木直而中繩輮而爲輪其曲中規墨子天志中篇云今夫輪人操其規將以量度天下之圜不圜也曰中吾規者謂之圜不中吾規者謂之不圜是以圜與不圜皆可得而知也此其故何則圜法明也故云輪中規則圜也

萬之以眂其匡也等爲萬蔞以運輪上輪中萬蔞則不匡刺也故書萬作禹鄭司農云讀爲萬書或作矩

疏萬之以眂其匡也者鄭鍔云萬矩也匡方也趙溥說同洪頤煊云萬與規對萬卽矩字匡與圜對讀爲方與人圜者中規方者中矩亦同此義案鄭洪讀萬爲矩與故書或本合是也訓匡爲方亦足備一義荀子不苟篇楊注云矩正方之器也史記禮書索隱云矩曲尺也此

職以規萬縣水量權驗輪之善與輿人以規矩水縣驗輿之善文正同蓋輪雖以圜爲用而牙之平面與輻之上下相直非矩無以定之也宋翔鳳亦據周髀云圜出於方方出於矩又曰以方出圜又曰環矩以爲圜謂徒圜不能知其數故必以方之數出之也宋蓋據圜內容方法以度牙之周徑說與鄭洪小異於義亦得通也」注云等爲萬蔞以運輪上輪中萬蔞則不匡剌也者此亦釋匡爲剌與前輪雖敝不匡義同戴震云正輪之器名萬亦謂之萬蔞蓋與輪等大平可取準萬之縣之猶瓬人之器中膞豆中縣也」方言秦晉之閒謂車弓曰枸蔞二者其狀彷彿故方俗同稱鄭珍云圜不見於牙上匡不見於牙兩邊牙是合成材易向兩邊枉戾故須以萬蔞運而視之萬之有不觸處是枉向外也有稍闕處是枉向內也適相觸則不匡矣注云等爲萬蔞以運輪上則是萬蔞運而輪不運所謂輪上即指牙邊與眡其輪輪謂牙同疏乃謂輪一轉一匝不高不下中於萬蔞意蓋以萬蔞冒輪上視輪之運中否以驗其匡不匡與注殆相反江永云湊合諸木成牙恐其匡枉不平正故須以萬蔞運之視其稍有枉處則削而正之耳後鄭言等爲萬蔞是當時有其名物余見造車者用木架作一圓與輪同大輪與之竝立而運之此正古人用萬蔞之法也案注萬蔞之義當如戴鄭江三家說此自是造輪之一法鄭君蓋據目驗得之但依其說則仍是察圜之器殆非經義至訓匡爲匡剌則自可通蓋眡其匡猶言視其不匡謂牙身不偏戾與上文察其蚤蚤不齵則輪雖敝不匡謂蚤爪與牙不偏戾者事異而義同也」云故書萬作禹鄭司農云讀爲萬書或作矩者阮元云云下當脫禹字徐養原云說文艸部萬艸也从艸禹聲萬蔞本無正字或借用萬或借用禹惟矩字雖亦與萬同音自爲規矩字若與萬通用異物同名易致相溷故不從別本作矩

縣之以眡其輻之直也輪輻三十上下相直從旁以繩縣之中繩則鑿正輻直矣

疏

注云輪輻三十上下相直從旁以繩縣之中繩則鑿正輻直矣者鄭珍云每上下兩輻當正中而縣之以繩必爲轂長所閡不能切輻邊也故須從旁縣之旁轂之兩旁也縣繩於兩旁令倚牙面以尺準輻邊至繩上下如一則直矣案鄭說是也凡物之直者縣度之必與垂線正等墨子法儀篇云百工爲方以矩爲圜以規直以繩正以縣蓋引繩雖亦可以度直唯縣而度之則直而又正其法尤精也**水之以眡其平沈之均也**平漸其輪無輕重則斲材均矣【疏】水之以眡其平沈之均也者明其平中準也鄭鍔云上文言平沈必均言揉輻之時也此則輪已成又置之水中欲其平沈之均 注云平漸其輪無輕重則斲材均矣者賈疏云兩輪俱置水中觀眡四畔入水均否若平沈均則斲材均矣**量其藪以黍以眡其同也**黍滑而齊以量兩壺無贏不足則同【疏】量其藪以黍以眡其同也者藪爲轂空壺中然賢軹亦得冢藪稱是藪爲轂空之通名急就篇顏注云轂者轂中空受軸處是也此量之以黍蓋兼壺中及賢軹兩端通量之數其一端滿實之以黍以觀其所容之同否非專就壺中當輻菑之處量之也 注云黍滑而齊以量兩壺無贏不足則同者程瑤田云量必用黍者取其滑也今之黃米穀皮光澤小大勻稱所謂滑而齊也詒讓案兩壺亦通轂空孫軸者言之以不止量當輻菑處故不云壺中也江永云兩壺欲同者欲其肉好均而輕重等也量之以黍猶古人以黍量黃鍾之意案江說是也鄭云黍滑而齊與漢書律曆志以子穀秬黍中者量黃鍾之龠同賈疏謂鄭不取律曆志以黍爲度量衡之義非也九穀之黍卽今之穄其米爲黃米詳大宰疏**權之以眡其輕重之侔也**侔等也稱兩輪鈞石同則等矣輪有輕重則引之有難易【疏】注云侔等也者詳前疏云稱兩輪鈞石同則等矣者賈疏云以其輪非斤兩所可準擬故以三十斤曰鈞百二十斤

曰石言之也云輪有輕重則引之有難易者兩輪有畸輕畸重則馬引之輕者易而重者難又以輪貫軸其公重心不在軸之正中則車行必不正此皆不可不侔之義故可規可萬可水可縣可量可權也謂之國工國之名工

疏注云國之名工者謂六法皆協則工之巧足擅一國者也

周禮正義卷七十五

周禮正義卷七十六

瑞安孫詒讓學

輪人爲蓋達常圍三寸圍三寸徑一寸也鄭司農云達常蓋斗柄下入杠中也疏輪人爲蓋者釋名釋車云蓋在上覆蓋人也程瑤田云蓋亦輪人爲之者輪圜蓋亦圜蓋弓之趨於部也猶輪輻之趨於轂故兼官也王宗涑云蓋凡三等大者弓長六尺中者弓長五尺小者弓長四尺蓋雖有三等之殊而達常圍桯圍部廣部長桯長部尊鑿廣鑿上鑿下鑿深下直鑿端之度則無殊詒讓案淮南子氾論訓軺蹻羸蓋高注云蓋步蓋也則蓋有車有步此專爲車蓋故輪人兼爲之注云圍三寸徑一寸也者周髀算經趙注云圓徑一而周三故圍三寸得徑一寸然此疏率也王宗涑云三寸圜周也以密率推之徑九分五釐四豪九秒二忽零鄭司農云達常蓋斗柄下入杠中也者賈疏云蓋柄有兩節此達常是上節下入杠中也戴震云蓋斗謂之部其柄謂之達常

桯圍倍之六寸圍六寸徑二寸足以含達常鄭司農云桯蓋杠也讀如丹桓宮楹之楹疏桯圍倍之六寸者賈疏云此蓋柄下節麤大常一倍向上含達常也注云圍六寸徑二寸者此亦依圓周求徑率求之王宗涑云六寸亦圓周也以密率推之徑一寸九分零九豪零八秒五忽零云足以含達常者錢坫云達常徑一寸下入杠中杠徑二寸則鑿外猶餘十分寸之五鑿枘不傷鄭司農云桯蓋杠也者華嚴經音義云杠謂蓋竿也釋名釋車云杠公也衆叉所公共也案古者車蓋之杠蓋皆建於軾閒有環以持之謂之轉輗故釋名又云轉輗猶祕齧也在車軾上正轑之祕齧前卻也華嚴經音義引聲類云俾倪是軾中環持蓋杠者也急就篇顏注亦云俾倪持蓋之杠

在軾中央環爲之所以止蓋弓之前卻也是古車蓋皆在軾閒有環以持其桯則不入輿版亦是以爲固也今本釋名軾謂軸轑謂輪學者遂不知車蓋建於軾閒之制故附論之云讀如丹桓宮楹之楹者段玉裁云此擬其音也詒讓案釋文云桯圍讀爲楹音盈據此讀如疑當作讀爲前設大而短則摯注摯讀爲槷釋文亦先出則摯讀爲槷而後發音與此列同讀爲楹者謂此桯卽楹字也丹桓宮楹見春秋莊二十三年經說文木部云桯牀前几楹柱也此蓋杠直建與柱義近故先鄭讀爲楹說文糸部縕重文作緹左傳欒盈史記晉世家作欒逞是盈呈聲近相通之例蓋杠論衡談天篇又謂之蓋莖莖與桯聲義亦相近

信其桯圍以爲部廣部廣六寸廣謂徑也鄭司農云部蓋斗也

疏信其桯圍以爲部廣者賈疏云此言蓋之斗四面鑿孔內蓋弓者於上部高隆穹然謂之爲部信古之申字申上桯圍六寸以爲此部徑詒讓案此申桯之曲圍以爲達常之直徑故以信言之云部廣六寸者王宗涑云蓋圜則部亦圜徑六寸於六觚率周一尺八寸以密率推之周一尺八寸八分四釐九豪五秒五忽零達常與部當以一完木爲之上留廣六寸厚一寸一分者爲部下斲削其四旁獨留圍三寸之心木爲達常注云廣謂徑也者周髀算經趙注云徑者圜中之直也此部亦圜形中直廣博如一故廣卽徑也鄭司農云部蓋斗也者謂蓋頭之斗部卽柎之借字左昭二十五年傳楄柎說文木部引作楄部是其證也弓人弓把名柎車蓋之弓兩邊下垂類射弓部當其中與把相似故其名亦同蓋斗漢時語御覽天部引桓譚新論云北斗極天樞樞天軸也猶蓋有保斗矣蓋雖轉而保斗不移天亦轉周匝而斗極常在是蓋斗亦謂之保斗論衡談天篇又謂之蓋葆保葆與部並一聲之轉

部長二尺謂斗柄達常也

疏注云謂斗柄達常也者賈疏云此部卽達常以此達常上入部中遂名此達常爲部其實

是達常也鄭用牧云部厚一寸連於達常通長二尺不計其入桯中者王宗涑云部與達常通高二尺達常雖部之柄而與部連爲一節軒直蓋杠二云犀軒御車其證也諸侯以上車用曲蓋其達常當較長故統名爲部二尺者直蓋之部也直蓋御以下車左定九年與之犀於直蓋之達常而揉屈之然部高於桯仍不過二尺記故不詳曲蓋之達常案王說是也部與達常同一木故蓋弓二十八持之而固若如賈說部與達常異木則部雖二尺入達常者不過一寸一分雖有鍵以持之亦不足以爲固矣

桯長倍之四尺者二

注杠長八尺謂達常以下也加達常二尺則蓋高一丈立乘也

疏桯長倍之四尺者二者此經文例與上下不同桯長八尺較之部長實不止一倍儻如舊說桯止是一長八尺之直杠則經冡上文云桯長四之足矣而乃云桯長倍之四尺者二以徑直之度而爲迂曲之文果何義乎據下注謂故書十與上二合爲廿字杜子春定爲二十是杜鄭所見並如今本則又無譌文竊謂經文當與車人大車渠三柯者三同例疑古車蓋之杠當爲二節上下各長四尺蓋與達常爲三節也其建於車上則別以軸鍵連貫爲一車止時車右持蓋以從則但持其上節六尺之部杠而下道右王下則以蓋從是也蓋在車上則建於軾閒故必八尺之杠而後無蔽目之患在車下則人持之其高下在手故去其下杠使輕便易舉此則校之經文而適協揆之事理而可通矣又案據左定九年傳有直蓋則亦有曲蓋曲蓋之桯長度當亦與直蓋同知此云四尺者二不指曲蓋之杠曲折上下截之分度者以曲杠上下曲直不同則經文當如車人爲耒中直下句分著其度蓋上直四尺則下句有弧曲之減其弦必不及四尺叚令弦度四尺則通弧曲計之又必增於四尺斷不能上下平等今經云四尺者二則是上下等度必非曲蓋明矣 注云杠長八尺謂達常以下也者杠在達常之下而達常之度晐於部長二尺之內故

知此長八尺指達常以下也云加達常二尺則蓋高一丈立乘也者林希逸云此下文所謂蓋崇十尺者也賈疏云人長八尺蓋弓有宇
曲之減二尺得不障人目也詒讓案釋名釋車云高車其蓋高立乘載之車也安車蓋卑坐乘今吏所乘小車也據此則惟高車之蓋部
杠得長十尺小車蓋卑則部杠之度當遞減不得有十尺故鄭云立乘也十分寸之一謂之枚為下起數也枚一分
故書十與上二合為二十字杜子春云當為四尺者二十分寸之一【疏】十分寸之一謂之枚者此枚卽十釐之分不云分而云枚者經
文它言分者並取算術差分為義此為實度慮其淆掍故改分為枚而明揭其度也　注云為下起數也者下文部尊及鑿上下諸𡨋並
以枚計故此先出枚之度以起例也云枚一分者賈子六術篇云十釐為分十分為寸是十分寸之一卽一分也云故書十與上二合為
二十字杜子春云當為四尺者二十分寸之一者二十字賈疏作廿字段玉裁云各本注誤惟疏不誤說文十部曰廿二十并也古文省
多卅三十并也古文省案廿讀如入卅讀如颯秦刻石文如是并為一字則不讀為兩字後世如唐石經作廿作卅仍讀二十三十非古
也此經二上屬十下屬而故書合為一字正由寫者不分句讀所致部尊一枚尊高也蓋斗上隆高高一分也【疏】注云尊高
也者廣雅釋詁同云蓋斗上隆高高一分也者錢坫云部厚一寸而上隆高十分寸之一亦例以上欲尊也王宗涑云謂部頂上加厚一
分也部徑六寸其加厚之一分四旁當各減三分徑五寸四分為十分部廣而殺其一弓鑿廣四枚鑿上二枚
鑿下四枚弓蓋橑也廣大也是為部厚一寸【疏】弓鑿廣四枚者王宗涑云鑿部上容弓菑之宊縱橫皆四分方空也一部
積二十八鑿凡一尺一寸二分置部圍一尺八寸八分四釐九毫五秒五忽除去一尺一寸二分餘七寸六分四釐九毫五秒五忽則每

鑿口相距二分七釐三豪二秒零云鑿上二枚鑿下四枚者賈疏云必以孔上二枚孔下四枚者以其弓下用力故也 注云弓蓋橑也者大戴禮記保傅篇云二十八橑以象列星盧注云橑蓋弓也續漢書輿服志羽蓋華蚤劉注引徐廣云金華施橑末有二十八枚卽蓋弓也淮南子說林訓云蓋非橑不能蔽日御覽車部引淮南舊注云橑蓋骨也案正字本作轑丁晏云急就篇蓋轑俾倪枙縛棠顏師古注轑蓋弓之施爪者也謂之轑者言若屋椽橑也說文車部轑車蓋弓也釋名釋車轑蓋叉也如屋構橑也詒讓案方言云車枸簍宋魏陳楚之閒謂之筱或謂之䉡籠西隴謂之𥴦南楚之外謂之篷或謂之隆屈郭注云卽車弓也彼車枸簍亦呼爲篷疑猶今橋車上隆起爲篷人居其中漢時蓋已有此制與此車蓋弓異云廣大也者廣雅釋詁同賈疏云恐直以橫廣四枚上下不知其數故訓廣爲大明上下及橫皆四分也案經凡言廣者多爲橫此廣鄭賈知爲方徑者經言鑿上二枚鑿下四枚皆主直徑言之不容鑿閒不言直徑故知爲正方之廣也云是爲部厚一寸者戴震云鑿上下合六分弁鑿空四分共一寸也惠士奇云鑿廣四分其不鑿者上有二分下有四分合之爲一寸王宗涑云鄭云厚一寸不計部尊也連隆高者部厚一寸一分

鑿深二寸有半下直二枚鑿端一枚鑿深對爲五寸是以不傷達常也下直二枚者鑿空下正而上低二分也其弓菑則撓之平剡其下二分而內之欲令蓋之尊終平不蒙撓也端內題也

【疏】鑿深二寸有半者賈疏云此經說蓋斗之上鑿孔內弓二十八孔之上下廣狹之義云下直二枚鑿端一枚者惠士奇云鑿孔外內若一曰直內孔之下與外平而上低二分不鑿則上有四分下有四分其鑿者二分而已弓廣四分殺去二分而內於鑿內其端又殺去參分惟一分而已故曰鑿端一枚端謂弓頭也戴震云弓鑿外大內小外縱橫皆四分內縱二分下直二枚是

也横一分鑿端一枚是也下直者對上迆爲言鑿下外內同四分鑿
上外二分內四分加部尊焉又云二枚一枚皆鑿端弓杪所至欲見
鑿空下正故云下直二枚鑿端一枚便文協句爾詁讓案弓菑之入
鑿內者長當盡其鑿亦二寸五分其廣從橫漸殺以趨鑿耑者下平
剡二分留上二分不剡兩旁各剡一分五釐留中一分不剡故從厚
得二分橫廣止一分也一枚者弓菑之末從橫皆止一分也　注云
鑿深對爲五寸是以不傷達常也者賈疏云前文云部廣六寸達常
徑一寸達常上入部中徑一寸則兩畔共有五寸在今以弓鑿深二
寸半兩各二寸半是不侵達常也案賈意達常與部爲二本非也鄭
不云不傷部而云不傷達常者正以達常與部爲一木明部內不鑿
者尚留有一寸之徑耳非謂達常別爲一木爲部所含也蓋弓二十
有八以鑿端一枚計之積二寸八分環欑部心徑一寸圍三寸之外
鑿端相距餘地止七豪有奇假令部與達常爲二木達常縱不傷而
部幾全穿斷無不傷之理將何以爲固乎足明其不然矣云下直二
枚者鑿空下正而上低二分也者賈疏云直正也鑿孔下正者上文
鑿下四枚今於內畔於下亦四枚與外正平故云下正也上低二分
者前文鑿上二枚今於內畔孔低二分鑿上亦四枚故云上低二分
也云其弓菑則撓之平剡其下二分而內之者賈疏云撓亦減也弓
外畔上下四枚今於內畔減二枚惟有二分剡去也故云平剡其下
二分而內之詁讓案撓者對鑿下直而言謂菑下雖平剡而由鑿外
之弓視之則若逆插不正直也云欲令蓋之尊終平不蒙撓也者賈
疏云蓋尊外畔孔上二枚及內畔上下俱四枚若然蓋弓向外頭仰
但以蓋弓三分一分外爲宇曲又以衣蒙之則弓低故蓋尊終平不
蒙撓又得吐水也案賈說亦非也此明弓菑必平剡其下二分之意
不蒙撓謂不蒙入鑿之菑而撓曲也蓋弓菑內鑿者爲仰勢以逆制
其俛者故雖重勢下注而俛仰相劑近部處終平也疏未得鄭恉云

端內題也者端耑之叚字說文耑部云耑物初生之題也淮南子本經訓高注云題頭也此鑿端亦卽鑿內之頭故云內題也弓長六尺謂之庇軹五尺謂之庇輪四尺謂之庇軫庇覆也故書庇作祕杜子春云祕當爲庇謂覆斡也玄謂軹轂末也輿廣六尺六寸兩轂幷六尺四寸旁減軓內七寸則兩軹之廣凡丈一尺六寸也六尺之弓倍之加部廣凡丈二尺六寸有宇曲之減可覆軹不及斡【疏】弓長六尺謂之庇軹者蓋之大小無定其差有此以下三等降殺各以一尺與車軹輪軫之廣相應也王宗涑云六尺五尺四尺弓蓋未入算　注云庇覆也者表記注同云故書庇作祕杜子春云祕當爲庇者段玉裁云必聲比聲合音相近杜謂字之誤也云謂覆斡也者上疑當有庇軹二字杜以此庇軹卽謂覆車軸耑之軹也與大馭注訓軹爲兩轊同斡者舝之借字說文舛部云舝車軸耑鍵也又車部云轄鍵也字或作鎋孫奭孟子音義引丁公著云鎋車轄也舝轄鎋斡義並同故聶氏三禮圖約此注義作轄釋文作輨云或作斡俱音管案輨斡同音字亦通然在此注則輨爲誤文說文車部云輨轂耑錔也類篇斡部云斡轂沓也是斡之義可通於轂沓而輨則無軸耑鍵義若依陸本作輨則與軹雖異物而同在轂耑後鄭不應以庇軹不及輨破杜說陸蓋依誤本作音不足據也斡明注疏本作幹尤誤云玄謂軹轂末也者總敍注同此破杜說也云輿廣六尺六寸者輿人文輿廣卽兩軫閒之度四尺之弓所覆者也云兩轂幷六尺四寸者據輪人轂長三尺二寸兩之得六尺四寸也云旁減軓內七寸者賈疏云上云以其轂長二在外一在內以置其輻輻內九寸半綆三分寸之二金轄之閒三分寸之一輻又三寸半總尺四寸以此計之以七寸承輿七寸爲軓故云旁減軓內七寸也詒讓案兩軓相距八尺卽輪閒之度五尺之弓所覆者也云則兩軹之廣凡丈一尺六寸也者賈疏云向計輿

六尺六寸并兩轂六尺四寸總一丈三尺減尺四寸入輿下其餘有丈一尺六寸也云六尺之弓倍之加部廣凡丈二尺六寸有宇曲之減可覆軹不及𨊠者謂六尺之弓僅能覆轂末不能及軸末也惠士奇云六尺之弓加部廣六寸凡丈二尺六寸有宇曲之減謂近部平者二尺而四尺爲宇曲低於部二尺面三尺幾半以面加尊二尺則弓長五尺幾半故曰可覆軹不及𨊠王宗涑云六尺之弓近部平者二尺幷宇曲之平徑兩數其得五尺四寸六分有奇倍之加部廣蓋徑凡一丈一尺五寸三分弱準以一丈一尺六寸之軹不足七分強案依王說蓋平徑較之兩軹之廣雖不足七分強然兩面分之止差三分強宇曲平徑容少有增後加以蚤飾蓋巾之幪無不覆之嫌也

參分弓長而揉其一參分之持長撓短短者近部而平長者爲宇曲也六尺之弓近部二尺四寸爲宇曲

疏參分弓長而揉其一者阮元云揉依說文當作煣案詳上煣牙疏注云參分之持長撓短短者近部而平長者爲宇曲也者賈疏云弓長六尺三分一分有二尺既云參分長揉其一則揉其二尺近部者必揉近部二尺者以其本鑿弓孔時外畔弓上二枚弓下四枚內畔上下俱四枚由弓頭仰故須近部撓之使平向下四尺持之爲宇曲叶水也戴震云弓蚤入鑿中剡其下二分兩旁各剡一分有半鑿空下平直則弓必上仰故揉其近部之二尺使平外四尺自下迆而成宇曲詒讓案蓋蚤入鑿者爲仰勢故鑿外之弓須略揉之而後可以取平其所揉蓋始於蚤本之外至距部三分一而止是揉者在近部平處而不在宇曲下迆處也云六尺之弓近部二尺四尺爲宇曲者此以庇軹六尺之弓計之若五尺之弓則近部當一尺六寸三分寸之二以三尺三寸三分寸之一爲宇曲四尺之弓近部當一尺三寸三分寸之一以二尺六寸三分寸之二爲宇曲也王宗涑云五尺之弓近部一尺六寸六分六釐六豪六秒六忽強宇曲三尺三寸三分三釐

三豪三三秒三忽強四尺之弓近部一尺三寸三分三釐三豪三秒三忽強宇曲二尺六寸六分六釐六豪六秒六忽強 參分其

股圍去一以爲蚤圍蚤當爲爪以弓鑿之廣爲股圍則寸六分也爪圍一寸十五分寸之一 疏 參分其股圍去一以爲蚤圍者並謂方圍也股卽弓上之傅於鑿者股圍卽鑿之方徑故經不別出股圍之度王宗涑云股弓近部者爪弓末也鄭鍔云股與輻之近轂者謂之股同弓之近部者亦謂之股以其大也蚤與輻之入牙者謂之蚤同弓之宇曲者亦謂之蚤以其小也 注云蚤當爲爪者前注同案此與輻蚤字皆當作叉鄭以漢時習用爪故讀從之獨斷云凡乘輿車皆羽蓋金華爪續漢書輿服志作華蚤說文玉部云瑵車蓋玉瑵此秦漢制橑末有玉飾者之專名古無此字也云以弓鑿之廣爲股圍則寸六分也者賈疏云上云弓鑿廣四枚卽以方圍之四四十六故圍寸六分云爪圍一寸十五分寸之一者賈疏云一寸爲三十分六分者爲十八分通前總四十八取三十分去十分得二十分十八分者去六分得十二分以十二升二十爲三十二分三十分作寸餘二分是三十分寸之二三十分寸之二卽是十五分寸之一故云爪圍十五分寸之一也王宗涑云自股漸殺至末其圍得股圍三分之二凡一寸零六釐六豪六秒六忽零乃殺之極也

參分弓長以其一爲之尊尊高也六尺之弓上近部平者二尺爪末下於部二尺二尺爲句四尺爲弦求其股股十二除之 疏 參分弓長以其一爲之尊者此明揉弓之度也面三尺幾半也 注云尊高也者前注同云六尺之弓上近部平者二尺爪末下於部二尺者近部平謂不曲者也其下宇曲有四尺宇曲之末爪端下於部者則二尺卽上平高於爪端之度也其五尺之弓則上近部平者一尺六寸三分寸之二爪末下於部同四尺之弓則上近部平者一尺三寸三分寸之一爪末下於部亦同云二

尺爲句四尺爲弦求其股股十二除之面三尺幾半也者賈疏云幾
近也言近半甄鸞五經算術云按句股之法橫者爲句直者爲股邪
者爲弦若句三則股四而弦五此自然之率也今此車蓋句二弦四
則股三此亦自然之率矣求之法句自乘以減弦自乘其餘開方除
之卽股也今車蓋崇二尺弓四尺以崇下二尺爲句弓四尺爲弦爲
之求股求股之法句二尺自乘得四弦四尺自乘得十六以四減十
六餘十二開方除之得三卽股三尺也餘三倍方法三得六又以下
法一從之得七卽股三尺七分尺之三故曰幾半也李淳風注云謹
案其問宜云車蓋之弓長六尺近上二尺連部而平爲高四尺邪下
宇曲爲弦爪末下於部二尺爲句欲求其股問股幾何曰三尺七分
尺之三術曰句自乘以減弦自乘其餘開方除之卽得股也王宗涑
云此句但據六尺弓之大蓋言也鄭故依弓之長六尺者計之六尺
之弓股長三尺四寸六分四釐一豪零一忽零弁近部平者倍之加
部廣蓋徑得一丈一尺五寸二分八釐二豪零二忽零案王所推與
甄李術同永樂大典本五經算術引此注求其句求作乘當是誤書
又除之上有開方二字疑甄鸞所增也其五尺四尺之弓句股弦之
數鄭及甄李並未推以此率求之可得也○上欲尊而宇欲卑○上近部平者也隤下曰宇【疏】上欲尊而宇欲卑者以下
並申論參分弓長以一爲尊之意也賈疏云上謂近部二尺者宇謂
持長二尺者也　注云上近部平者也者對宇下垂者爲下故近部
平者爲上也云隤下曰宇者說文宀部云宇屋邊也淮南子覽冥訓
高注云宇屋簷也廣雅釋詁云隤衺也蓋爪隤衺下覆輿屋四垂相
似故以屋檐爲名猶爪之亦名橑也程瑤田
云參分一在上爲尊其二者在下爲宇也○上尊而宇卑則吐水疾
而霤遠○蓋者主爲雨設也乘車無蓋禮所謂潦車謂蓋車輿【疏】則吐水疾而霤遠者說文雨部
云霤屋水流也蓋弓如屋宇之

隤下故以霤言之霤遠者言水下流不溼軹輪軫以內也 注云蓋者主爲雨設也乘車無蓋者賈疏云按巾車五路皆不言蓋以其建旌旗故無蓋故彼云及葬執蓋從車持旌鄭云王平生時乘車建旌雨則有蓋又道右職云王式則下前馬王下則以蓋從注云以蓋從表尊非謂在車時若今傘蓋者也鄭鍔云巾車惟王后五路重翟安車皆有容蓋輦車言有翣羽蓋彼婦人車蓋疑非此輪人所專掌也車未有不用蓋者道右掌前道車言王下則以蓋從不專爲雨而用蓋也孔廣森云車上設蓋陰則御雨晴則蔽日道右王下則以蓋從春秋左傳衞侯出奔使華寅肉袒執蓋又齊侯賜敝無存犀軒直蓋是五路有蓋明矣左傳笠轂注云兵車無蓋尊者則邊人執笠依轂而立亦未知是否案鄭孔謂乘車有蓋不專爲雨設是也史記商鞅傳趙良曰五羖大夫勞不坐乘暑不張蓋是蓋兼以蔽日之證大戴禮記保傅以蓋圓象天爲路車之制是路車有蓋史記晏子列傳云晏子御擁大蓋策四馬說苑臣術篇云田子方過翟黃乘軒車載華蓋並乘車有蓋之證乘車建旌旗而得建蓋者蓋杠插於式開橑圓取足覆輿而不盡方軫之四隅故與旌旗之建於輢外闌局者不相妨也王宗涑又謂兵車亦張蓋云左宣四年楚子與若敖氏戰伯棼射王貫笠轂笠蓋也轂輻所聚也部亦蓋弓所聚因名爲笠轂據此兵車亦有時設蓋也安得云乘車無蓋哉案王說未知是否姑存以備攷云禮所謂潦車謂蓋車與者既夕記稾車載蓑笠注云稾猶散也散車以田以鄙之車蓑笠備雨服今文稾爲潦是鄭彼注從古文作稾車此仍從今文者以欲明蓋主爲雨設彼潦車或取備水潦之義載蓑笠時當並設蓋故疑蓋車即彼潦車也

蓋已崇則難爲門也蓋已卑是蔽目也是故蓋崇十尺 十尺其中正也蓋十尺宇二尺而人長八尺卑於此蔽人目 疏 蓋已崇則難爲門也者蓋長十尺建於車上軫

距地四尺則丈四尺也藝文類聚禮儀部引周書說明堂門方十六尺其說不甚塙疑宮室之門容有高不及丈五尺者故蓋踰十尺則難爲門也　注云十尺其中正也者以部長二尺桯長八尺合之爲十尺三等之蓋大小不同而崇度必以十尺爲中正不得損益也云蓋十尺宇二尺而人長八尺卑於此蔽人目者人長八尺見總敘明人長正與宇末相直故不蔽目也

良蓋弗冒弗紘殷畝而馳不隊謂之國工隊落也舍蓋者以橫馳於壟上無衣若無紘而弓不落也

疏良蓋弗冒弗紘殷畝而馳不隊者畝畝之俗大司徒遂人經並作畮此疑誤隊唐石經作墜阮元云墜者隊之俗王宗涑云此言弓鑿與部鑿相得之甚也以幕蒙蓋弓曰冒以繩聯綴蓋弓之宇曰紘紘維也說文糸部維車蓋維也凡爲車蓋旣植弓於部鑿乃以繩聯綴其宇而後衣之詒讓案此記察蓋之法淮南子原道訓紘宇宙而章三光高注云紘綱也若小車蓋四維謂之紘繩之類也是維蓋之繩名紘之證冒者說文巾部云幏蓋衣也幏冒一聲之轉冒字又作帽文選張衡西京賦戴翠帽薛綜注云翠羽爲車蓋韓非子外儲說左篇云管仲父出朱蓋青衣鶡冠子天則篇云蓋毋錦杠悉動者其要在一也蓋言以錦爲衣凡蓋衣施蓋弓之上婦人車又下垂爲容詳巾車疏　注云隊落也者說文𨸏部云隊從高隊也爾雅釋詁云墜落也云舍蓋者以橫馳於壟上無衣若無紘而弓不落也者莊子釋文引司馬彪云壟上曰畝爾雅釋詁云殷中也車馳於畝中卽是橫絕故鄭訓殷爲橫史記天官書云北斗七星衡殷南斗六韜戰車篇云殷草橫畝犯歷浚澤者車之拂地也卽殷畝之義無衣無紘而弓不落者言弓菑入鑿之固也

輿人爲車輪崇車廣衡長參如一謂之參稱稱猶等也車輿也衡亦長容兩服

疏輿人

爲車者亦以所制之器名工也釋名釋車云輿舉也賈疏云此輿人專作車輿記人言車者車以輿爲主故車爲總名云輪崇車廣衡長參如一者賈疏云謂俱六尺六寸也錢坫云古車蓋用橫廣史記袁盎曰天子所與共六尺輿者蓋舉成數言漢制與工官亦同案錢說是也賈子新書禮篇云六尺之輿無左右之義則君臣不明亦舉成數言之凡兵車乘車輿廣衡長六尺六寸田車輿廣衡長六尺三寸

注云稱猶等也者廣雅釋詁云等齊也云車輿也者說文車部云車輿輪之總名也輿車輿也論語鄉黨皇疏云車牀名輿段玉裁云輿人不言爲輿而言爲車者輿爲人所居可獨得車名也軾較軫軹轛皆輿事也阮元云輿者軫軨軹轛之總名專謂較式內爲輿者非云衡亦長容兩服者莊子馬蹄篇釋文云衡轅前橫木縛軛者也釋名釋車云衡橫也橫馬頸上也詩鄭風大叔于田箋云兩服中央夾轅者呂氏春秋愛士篇高注云兩馬在中爲服鄭言此者明馬車衡下容兩服別於牛車鬲下止一牛故車人大車鬲長六尺此贏於彼六寸也賈疏云以其驂馬別有軥鬲引車故衡唯容服也案衡制度詳輈人疏

參分車廣去一以爲隧兵車之隧四尺四寸鄭司農云隧謂車輿深也讀如鐩燧改火之燧玄謂讀如遂宇之遂

疏參分車廣去一以爲隧者以下明輿上三面之度數也

注云兵車之隧四尺四寸者賈疏云鄭皆言兵車者按上文先言兵車後言乘車故據先而言其實乘車亦同也隧謂車輿之縱凡人所乘皆取橫闊以或參乘或四乘故橫則六尺六寸此隧輿之縱三分六尺六寸取二分以四尺四寸爲之鄭珍云經注並於車之長無文本疏云隧謂車輿之縱橫則六尺六寸又巾車疏云兵車乘車橫廣前後短大車柏車羊車皆方孔氏詩小戎疏云兵車當輿之內前軫至後軫深四尺四寸大車深八尺兵車之軫較大車爲淺故謂之淺軫知賈孔諸儒並以隧深謂即車之長也黃以周云隧四尺四

寸即謂輿深軫廣軓廣統於四尺四寸之內輈人任正注云輈軓前十尺與隧四尺四寸凡丈四尺四寸案黃說是也依鄭賈義則車箱四面略無餘地矣若然式輢外有闌扃及笭者蓋皆以竹木編構附式輢之木皆盡軫軓之邊際而軵踵亦適齊後軫是四尺四寸之外著軹轛軫軓之閒而於軫軓廣長之度則一無所增也又案田車之隧蓋深四尺二寸鄭司農云隧謂車輿深也者深謂從度對廣為橫度也云讀如鑽燧改火之燧者先鄭讀如論語陽貨篇之燧取音同也鳧氏注夫隧亦即金燧云玄謂讀如邃宇之邃者後鄭以鑽燧與此義不協故易之楚辭招魂高堂邃宇王注云邃深也此隧亦謂車深邃之處故即音以明義耳段玉裁云此皆擬其音而邃宇於義近

參分其隧一在前二在後以揉其式兵車之式深尺四寸三分寸之二

疏參分其隧一在前二在後以揉其式者釋名釋車云軾式也所伏以式敬者也說文車部云軾車前也史記淮陰侯傳集解引韋昭云軾今小車中隆起者案經典通叚式為軾論語鄉黨皇疏云古人乘路車如今龍旂車皆於車中倚立倚立難久故於車箱上安一橫木以手隱憑之謂之為較詩云倚重較是也又於較之下未至車牀半許安一橫木名為軾若在車上應為敬時則落手憑軾曲禮孔疏說略同江永云式有通指其地者參分其隧一在前二在後以揉其式是也有切指其木者參分軫圍去一以為式圍是也因前有憑式木故通車前參分隧之一皆可謂之式其實式木不止橫在車前有曲而在兩旁左人可憑左手右人可憑右手者皆通謂之式人立車前皆式之地也其言揉其式何也蓋揉兩曲木自兩旁合於前所以用曲木者不欲令折處有稜角觸礙人手如今人作椅子扶手亦揉曲木是也式崇三尺三寸并式深處言之兩端與兩輢之植軹相接軍中望遠亦可一足履前式一足履旁式左傳長勺之戰登軾而望是也式木有轛木承之甚

固故可履也車制如後世紗帽之形前低後高式崇三尺三寸不及人之半腰故御者可執轡射者可引弓而憑式須小俯也前人但知式車前橫木不細考輿人車前三分之一處通名爲式而可憑之木又有在兩旁者是以不得其狀於鄭注較兩輢上出式遂意其在橫木之上於是輿制皆謬亂矣試思較若在橫木上則人憑式首觸較矣較崇五尺五寸及人之胸射者亦不便於引弓橫木在較下將必以筍貫入轛木而轛圍甚小如何能貫式木又如何能登軾事事推之皆不合矣案江說甚精足正皇孔諸說之誤戴震云記不言式較之長一在前其上三面周以式則式長九尺五寸三分寸之一也二在後其上爲較則左右較各長二尺九寸三分寸之一也王宗涑云古者乘車之儀三分其隧御者立在前一分居中而箸於式左右兩人立中一分旁倚於較前直式隅圜折處楚辭云倚結軨兮長太息涕潺湲兮下霑式是也其或四乘則一人居中後一分兩轂貫軸適直中一分之中禮故云顧不過轂又云戴倍式深弁輿廣六尺六寸得九尺五寸三分寸之一是以式隅爲方折也方折之隅未有能揉屈一木以爲之者案王謂式兩隅當爲圜折是也黄以周說同但揉折之處所減蓋無多戴弁輿式深廣之和數大略計之亦不甚相遠也　注云兵車之式深尺四寸三分寸之二者賈疏云以四尺四寸取三尺得一尺又一尺一寸三分之取四寸仍有二寸在一寸爲三分二寸爲六分取一得二分故云深尺四寸三分寸之二阮元云一在前卽式深也二在後則輢深也式深一尺四寸六分六氂六豪江藩云一在前一尺四寸六分六六六二二在後二尺九寸三分三三二四詒讓案田車之式蓋深一尺四寸

以其廣之半爲之式崇

兵車之式高三尺三寸

疏　以其廣之半爲之式崇者阮元云式長與輿廣等六尺六寸崇於軫三尺三寸戴震云式卑於較者以便車前射御執兵亦因之伏以爲敬　注云兵車之式

高三尺三寸者賈疏云車輿之廣六尺六寸取半為式之高故知三尺三寸也錢坫云春秋穀梁傳叔孫得臣敗長狄於鹹斷其首而載之眉見於軾范注兵車之軾高三尺三寸說與鄭合詒讓案乘車之式高與兵車同距地皆七尺三寸田車之式高三尺一寸五分距地六尺三寸以其隧之半為之較崇較兩輢上出式者兵車自較而下凡五尺五寸故書較作榷杜子春云當為較

【疏】以其隧之半為之較崇者釋名釋車云較在箱上為辜較也重較其較重卿所乘也詩衛風淇奧猗重較兮毛傳云重較卿士之車字本作較說文車部云較車輢上曲銅也段玉裁云曲鉤言句中鉤也亦謂之車耳西京賦云戴翠帽倚金較荀卿禮論及史記禮書云彌龍以養威彌許書作⿱麻耳解云乘輿金耳也皆謂較為龍形而飾以金司馬氏輿服志乘輿金薄繆龍為輿倚較是其義也阮元云說文曰輒車兩輢也从車耴聲又曰耴耳下垂也象形春秋傳曰秦公子耴者其耳下垂故以為名又曰較車耳反出也車耳反出乎輪之上象耳之耴故謂之輒以其反出又謂之較至其直立軫上上曲如兩角之木則謂之重較古今注曰車耳古重較也在車藩上重起如牛角此固謂車耳重出式上如兩角之觭勢也秦公子名耴衞公子名輒晉公子名重耳魯叔孫輒字子張鄭公孫輒字子耳皆此義也輿人曰棧車欲弇飾車欲後後卽兩耳後張大約古人重較惟卿大夫之車有之至漢猶然禮士乘棧車棧車者木立軫上不曲如棧也若大夫墨車卿夏縵以上則並名軒有車耳案重較之制阮氏略得大概今以先秦兩漢人所言者反覆攷之蓋周制庶人乘役車方箱無較士乘棧車以上皆有較唯士車兩較出式上者正方無飾則有較而不重也大夫以上所乘之車則於較上更以銅為飾謂之曲銅鉤其形圜句邊緣卷曲反出向外故謂之較自前視之則如角之句自旁視之則高出式上如人之耳故謂之車耳凡車兩旁最下者為

輢輢下附軫象耴下垂故又謂之輒較在輢上則象耳之上聳是則車耳者較輢之通名也其較上更設曲銅鉤向外反出則是在較耳上重累爲之斯謂之重較重耳矣以荀子彌龍養威之文推之則周時已有金薄繆龍明金耳不徒爲漢制也凡輢較軓皆木材惟重較爲金材此爲攻木之工所記者不重之較也說文所釋者重較也凡重耳所附之輢軓無論重與不重並是直封其句曲而反出者唯銅磨耳左傳鄭大夫姚句耳名卽取諸此又案輒字亦作轓又通作蕃藩漢書景帝紀云長吏二千石車朱兩轓古今注云文官赤耳是也大玄經積次四云君子積善至于車耳測云至于車蕃也范注云蕃車耳也崔豹謂重較在車藩上重起藩卽謂輒此與車藩蔽異漢書顏注引應劭說車轓云車耳反出所以爲之藩屏翳塵泥也說尚不誤又云輒以簟爲之或用華則似提輒藩爲一顏師古已㡿其誤矣又史記司馬穰苴傳云斬其僕車之左駙索隱云駙當作軵謂車箱外立木承重較之材張氏正義引劉伯莊說同依小司馬說軵蓋卽較之木材上承曲銅鉤者此亦足證較爲立木唯金耳乃反出矣錢坫云式深一尺三分寸之二爲句較崇爲股句股求弦得弦二尺六寸太爲式去較之度。注云較兩輢上出式者者論語鄉黨皇疏云輢豎在車箱兩邊三分居前之一承較者也賈疏云較謂車輿兩箱今人謂之平鬲也言兩輢謂車箱兩旁豎之者二者既別而云較兩輢上出式者以其較之兩頭皆置於輢上二木相附故據兩較出式而言之鄭珍云說文輢車旁也則輢止是車兩旁之稱注云兩輢猶兩旁也上出式者謂兩旁之上高出於式之平木此平木爲較猶軾前平木爲式式崇較崇並是平木距箱底之高非指豎木承式較者豎木不得有此高也詳康成注考工及他經並不見車兩旁有版處謂旁是版自賈疏其見已然案子尹說輢較之制是也但賈意較爲車箱上耑之横木輢爲箱閒豎木以承較者較木平設故此及車人疏謂之平鬲山虞疏及詩衞風淇奧孔疏又作平較其說輢較亦不誤輢較在車兩旁通謂之箱故續漢書輿服志劉注引徐廣云較在箱上又引通俗文云車箱為較是也古車制輿上三面皆有横植木而無版版貴者所乘則有鞔革耳云兵車自較而下凡五尺五寸者亦謂距軫之數也下距地則九尺五寸賈疏云以其前文式已崇三尺三寸更增此隧之半二尺二寸故為五尺五寸按昭十年左氏傳云陳鮑方睦遂伐欒高氏子良曰先得公陳鮑焉往遂伐虎門公卜使王黑以靈姑銔率吉請斷三尺而用之彼注云斷三尺使至於較大夫旗至較按禮緯諸侯旗齊軫大夫齊較軫至較五尺五寸斷三尺得至較者蓋天子與其臣乘重較之車諸侯之臣車不重較故有三尺之較也或可服君誤江藩云式崇三尺三寸較崇二尺二寸去三尺至較是二尺五寸也賈據禮緯言三尺之較與禮制不合據賈說豈天子與卿士之較崇六尺倍於三尺故言重較與案賈意當如江說禮緯諸侯旗齊軫大夫齊較節服氏疏引含文嘉左傳昭七年孔疏公羊襄十八年徐疏引稽命徵並同新序義勇篇芋尹文曰大夫之旗齊軾廣雅釋天又云卿大夫七斿至軹文並小異竊謂軾高於軫三尺三寸君旗齊軫斷三尺適可至軾較雖高出於軾二尺二寸而兩輢上下通得較稱自較以上三尺雖非較盡之處而不得謂非較也至軹又即較横直材是齊較齊式齊軹文並得通但據含文嘉稽命徵說並謂天子旗九仞諸侯七仞大夫五仞士三仞則皆於理難通故左傳疏亦疑其誤是服據禮緯與此經車制及左傳斷三尺之文必不能合不足取證賈乃援彼謂三尺為諸侯之臣車不重較是較卑於式其說殊謬又案田車較崇蓋二尺一寸崇於軫五尺二寸五分云故書較作權杜子春云當為較者權舊本作推明注疏本作權與釋文合今從之徐養原云說文木部權水上横木所以渡者也權為水上横木較為車上横木義亦相近故較權古字通晉書林

邑傳韓戢估較太半估較卽權酟此較權通用之證六分其廣以一爲之軫圍軫輿後輿者也兵車之軫圍尺一寸疏六分其廣以一爲之軫圍者輿下後軫之圍小於三面材之圍阮元云軫所以收衆材者故又謂之收詩秦風小戎俴收傳曰俴收淺軫也晏子春秋曰棧軫之車卽小戎義也注云軫輿後橫者也者鄭珍云康成注加軫與轐云軫輿也是非不以軫爲四方庛軫軫閒爲兩旁矣而前注車軫四尺云軫輿後橫木此又云然者以此經軫圍獨爲輿後橫木之數也知獨爲輿後橫木之數者以左右前三面材之圍在下輈人也四方皆軫其圍宜同而後獨異者以輿後止人所登下非若三面範輿任正之外又須於上置闌故其圍狹於三面也四方圍數雖異同連輿底自歸輿人爲之而任正圍不與軫圍同見輿人乃見之輈人者以軫圍出數於車廣任正圍出數於輈長也云兵車之軫圍尺一寸者賈疏云輿廣六尺六寸而六分取一故得尺一寸也鄭珍云軫圍一尺一寸兩邊厚一寸四分兩面廣四寸一分長六尺六寸向前一邊中爲槽深七分以受底版兩端爲中筍貫左右任木之鑿達於外自面槷之以輈踵承其下當軫中爲圓孔連踵通之上大下小合時以一圓木旋轉關之令上與軫面平復以橫槷鍵其下若解輿則向上旋轉脫之輈與圍固合而不稍移掉傾脫者鉤心之後全賴此軫之名轉琴柱之名軫皆由斯義輿上諸材惟軫之四面非正方後人皆以正方算之又不知軫與任正異圍之所以然經注大旨全失案子尹說推算頗密於義近是依其說則軫圍爲橢方圍江永則以爲正方形云軫方徑二寸七分有半金榜江藩王宗涑說同凡此經諸圍或方或圓或橢長不等經注既無明文姑兼存衆義以備攷不敢質也又案田車軫圍蓋一尺五分

參分軫圍去一以爲式圍兵車之式圍七寸三分寸之一疏注云兵車之式圍七寸三分寸之一者此謂圓

圜也賈疏二云謂參分前軫圍尺一寸而爲之尺一寸取九寸爲三分去三寸得六寸餘二寸各三分之二寸爲六分去二分得四分以三分爲一寸餘一分添前六寸爲七寸三分寸之一也阮元云式圍七寸三分三氂三豪王宗涑二云式圍圜徑二寸三分三氂四豪七秒七忽零鄭珍二云式木正圓徑二寸四分四氂強揉一木爲之計長八尺餘其兩端入較柱其下正中爲鑿以受植轛之枘當折向兩旁處宜各有柱承之前之橫自軓以內長五尺有奇爲通轛不固也宜中介一柱或兩柱分其轛爲兩大格或三大格柱皆正方大如式之圍差互爲鑿視轛半厚以受其枘式較大小所以異者人立常當式之地式之爲人憑任也比較爲勞故其圍差大案式木圜徑王據密率鄭據古率所算皆是也江藩以爲方徑一寸八分三三三一亦存備一義田車式圍蓋七寸

參分式圍去一以爲較圍兵車之較圍四寸九分寸之八

疏參分式圍去一以爲較圍者鄭用牧二云較小於式者在兩旁用力少也　注二云兵車之較圍四寸九分寸之八者此亦謂圓圍也賈疏二云以式圍七寸三分寸之一取六寸三分去二寸得四寸仍有一寸三分寸之一以一寸者爲九分一分者轉爲三三分幷爲十二分去四分得八分故二云較圍四寸九分寸之八也阮元云較圍四寸八分八氂八豪王宗涑二云較圍圜徑一寸五分五氂一秒八忽零鄭珍二云較木亦正圓徑一寸六分二氂強兩端揉曲向下以與柱銜接前後柱四正方大如上木之圍而銳其前柱自式以上之外廉以揉式推之知不欲觸礙人手同也其受橫植軓及橫轛之鑿各視其半厚爲之較之長自柱以內僅二尺六寸零八氂強而高五尺三寸三分強爲通轛亦不固前後柱上於軓三尺當加二橫方梁大如柱上下差互爲鑿以受植軓如此則植軓不至太長勢危又與較木相配令柱上下牽倚得力又令外闌橫闌之木有所交附否卽內焉立寬長之窗外焉附長狹之闌皆机桯不

可終日矣案經止云棧式不云棧較則較兩耑與植木柄鑿相配處似當平設不當曲揉也況御以上重較之車較上更有曲銅鉤則尤宜平設以與銅鉤相接子尹說姑存以備攷又案較木圜徑亦王據密率鄭據古率江藩以為方徑一寸二分二二二亦存備一義田車較圍蓋四寸三分寸之二

參分較圍去一以爲軹圍

兵車之軹圍三寸二十七分寸之七軹輢之植者衡者也與轐末同名

疏 注云兵事之軹圍三寸二十七分寸之七者此謂方圍也賈疏云以前較圍四寸九分寸之八四寸取三寸去一寸得二寸餘一寸爲二十七分餘八分爲二十四分并之爲五十一分取三十去十分得二十分又二十一者去七分得十四添前二十一爲三十四分取二十七分爲一寸餘有七分在添前二寸總爲三寸二十七分寸之七也阮元云軹圍三寸二分五釐九豪江藩云方徑八分一釐四豪八秒一忽二五王宗涑說同詒讓案田車軹圍蓋三寸九分寸之一云軹輢之植者衡者也者戴震云輢內之軨謂之軹軹之言稜也稜者大小枝交結也云與轂末同名者轂末之軹卽輪人所謂五分其轂之長去一以爲賢去三以爲軹者也以其名同易於淆掍故特釋之詳總敘疏

參分軹圍去一以爲轛圍

兵車之轛圍二寸八十一分寸之十四轛式之植者衡者也鄭司農云轛讀如繫綴之綴謂車輿軨立者也立者爲轛橫者爲軹書轛或作軨玄謂轛者以其鄉人爲名

疏 參分軹圍去一以爲轛圍者鄭用牧云軹在較下轛在式下長短不同故轛小於軹鄭珍云軹轛凡兩端皆爲偏筍各縱橫相貫如窗櫺然故謂之櫺陽貨載蔥靈寢其中而逃蔥靈卽窗櫺之借以是棧車無革鞔故稱蔥靈虎蓋託士車使人不覺也軹轛同是軨木而大小異者較高於式軹之任力比轛自多故增厚三分有奇所謂惟其稱也　注云兵車之轛圍二寸八十一分寸之十四者此亦謂方圍也賈疏云參分軹圍三

寸二十七分寸之七取三寸去一寸得二寸餘七分者假令整寸爲
八十一分此二十七分寸之七爲二十一三分之去七得十四分故
云轛圍二寸八十一分寸之十四也阮元云轛圍二寸一分七釐三
豪王宗涑云方徑五分四釐二豪九秒零詒讓案田車轛圍蓋二寸
二十一分寸之二云轛式之植者衡者也者謂式閒衡植材總名爲
轛也鄭珍云此可見車箱三面止是櫺無所謂版也輢式所以止作
櫺者輿可以輕則輕䡼之視版輕數倍格格縱橫交結其視版之堅
亦數倍古人蓋計之精矣飾車鞔革當鞔貼䡼內若糊窗然棧車雖
不鞔革觀士喪禮惡車且有蒲蔽則平時有席蔽䡼內可知不徒窗
格也鄭司農云轛讀如繫綴之綴者段玉裁云擬其音也宋世犖云
士喪禮綴足用燕几注今文綴爲對云云謂車輿軨立者也立者爲轛
橫者爲軹者鄭珍云先鄭以䡼之立者爲轛橫者爲軹案軹圍大轛
圍小以二木相交犯大倚小之病經文大小無并正爲設軹轛言故
後鄭改之說文轛車橫軨也又以轛爲橫者則必以軹爲直者矣亦
失之云書轛或作軨者軨爲軹轛之大名故書別本作此字則無以
別於上文之軹圍不如作轛之辨晳故二鄭皆不從也戴震云車闌
謂之軨曲禮僕展軨效駕釋文軨盧云車轄頭靼也舊云車闌也說
文軨車轖閒橫木轖車籍交錯也楚辭九辨倚結軨兮長大息涕潺
湲兮下霑軾集注軨軾下從橫木按軨者軾較下從橫木統名卽軹
轛也結軨謂軨之衡絕交結倚軨而涕霑軾則是倚於輢內之軨故
其涕得下霑軾盧植轄頭靼之說乃因漢時路車之轄施小旛謂之
飛軨遂以解經爾古無是名也案戴說甚覈周時軒車之軨亦稱飛
軨文選七發李注引尚書大傳云未命爲士車不得有飛軨注云如
今窗車也依鄭彼注說則飛軨卽結軨如窗但加飾飛揚與重較相
類與漢飛軨制不相涉也云玄謂轛者以其鄉人爲名者段
玉裁云釋其字之從對也錢坫云轛者對也以式對人而言圜者中

規方者中矩立者中縣衡者中水直者如生焉繼者如附焉治材居材如此

乃善也如生如木從地生如附如附枝之弘殺也【疏】圜者中規方者中矩者以下通論爲輿上諸材形度之中規矩準繩也管子形勢篇亦二云奚仲之爲車器也方圜曲直皆中規矩與此經義同鄭珍二云圜者謂式較上平木方者謂諸柱軹轛二云立者中縣衡者中水者立卽材之直樹者莊子馬蹄篇二云匠人曰我善治木曲者中鉤直者應繩是也以下別二云直者故變文見義江永二云謂軹轛也較式之平置亦橫者也鄭珍二云立者謂柱及軹轛之植衡者謂式較及軹轛之橫二云直者如生焉繼者如附焉者明其際會鑿枘之密合也江永二云直者如生卽中縣者言其著於底版甚固也版之相連與軹轛橫直之相交皆爲繼鄭珍二云直者謂輿繼者謂闌　注二云治材居材如此乃善也者鄭珍二云中規中矩治材之善也中水中縣如生如附居材之善也二云如生如木從地生者王宗涑二云言立之軫上如木生於地不可動搖也二云如附如附枝之弘殺也者賈疏二云材有大小相附著如木之枝柯本大末小之弘殺也

凡居材大與小無并大倚小則摧引之則絕并偏邪相就也用力之時其大并於小者小者強不堪則摧也其小并於大者小者力不堪則絕也【疏】凡居材大與小無并者大史注二云居猶處也居材與弓人居幹居角義同謂處置車上之材大與大小與小各自相從不可錯互釋文載舊音據則讀爲鋸字非也詳弓人疏二云大倚小則摧者說文人部二云倚依也手部二云摧一曰折也大小相依則小者不能任必至於折也二云引之則絕者鄭珍二云謂人扳引之詘讓案此謂橫引之也當兼人馬言之　注二云并偏邪相就也者說文并部二云并相從也相就與相從義同凡材大小各自相值則交午勻正若大小相并則佹牾不相當故有偏邪牽就之患鄭珍二云軹轛小式

較及諸柱大以小縱橫交於大宜鑿枘相應不令偏邪相就否則摧絕之患作案子尹說亦通云用力之時其大弁於小者小者強不堪則摧也其小弁於大者小者力不堪則絕也者鄭意大弁小則以小承大重勢下厭而摧小弁大則強弱不調旁引之小者必絕鄭珍云用力謂人憑倚著力

棧車欲弇爲其無革鞔不堅易坼壞也士乘棧車【疏】棧車欲弇者爾雅釋器云圜弇上謂之鼒郭注云鼎斂上而小口此弇亦謂上斂也詳典同疏賈疏云弇向內爲之江永云賈謂弇向內後向外按成二年左傳丑父寢于轏中孔疏謂轏與棧者音義同引此棧車之注而云然則弇者謂上狹下闊也此以上下言之與賈說異向內向外是車後戶有翕張上下則謂較與邸有闊狹案賈氏向內向外之說不審何指江謂指後戶然輪輿諸職疏並無是說諦審賈意疑仍據輢較上耑而言與孔說異而恉同也但輿上橫直材度數既有一定之繩尺無論內外上下皆不得有後弇依賈孔說則輢較諸材皆當衺設破壞度率幾成奇車其可通乎故鄭珍亦駁之云兩輢壁立五尺五寸不加外闌猶且危之況又可令衆材斜迤案鄭所糾甚當竊謂此經輪輿度數自是上下之通制士乘棧車制亦如此所謂弇後者自指較耑之飾言之士車無鞔飾其較不重對飾車言之則謂之弇其實內外上下本方正不必狹於常制也又案韓非子外儲說左云孫叔敖相楚棧車牝馬晏子春秋內篇雜下云晏子棧軫之車而駑馬以朝彼棧軫與詩秦風小戎俴收義同謂車軫軓俴狹棧俴同聲叚借字與此棧車小異但俴卽鮑人注俴淺之俴淺狹與斂弇義亦相近可相參證也　注云爲其無革鞔不堅易坼壞也者巾車注云棧車謂不革鞔而漆之蓋鞔革所以爲堅固此不鞔革則慮其不堅而易坼壞故欲弇也云士乘棧車者賈疏云巾車職文江永云士棧車無飾而庶人乘役車亦如棧車欲弇之制故詩云有棧之車行彼周道

飾車欲後

飾車謂革鞔輿也大夫以上革鞔輿故書後作移杜子春云當爲後

疏 飾車欲後者五音集韻引字林云後大也飾車大夫以上之車有重較較較上重耳反出校之常車爲張大故欲後阮元謂後即指張耳言之其說是也賈疏不憭以爲向外後失之　注云飾車謂革鞔輿也者對棧車無革鞔也云大夫以上革鞔輿者賈疏云則天子諸侯之車以革鞔輿及轂約也但有異物之飾者則得玉金象之名號無名號者直以革爲稱革路墨車之等是也若木路亦以革鞔但不漆飾故以木爲號孤卿轂上有篆飾即以篆縵爲名也按殷傳云未命爲士者不得乘飾車士得乘飾車者後異代法也案巾車木路注云不輓以革漆之而已則木路本無革鞔此注雖通晐王侯而木路則不在其列賈說大誤江永云閔二年歸衞夫人魚軒定九年與敝無存犀軒夫人用魚皮卿用犀則大夫之軒及凡革車皆用牛革乎詒讓案飾車制度後大故亦謂之大車詩王風大車檻檻毛傳云大車大夫之車曹風候人傳又謂大夫以上乘軒皆即飾車也又公羊昭二十五年何注云禮大夫大車士飾車彼大車亦即此飾車而謂士乘飾車則與伏傳同文選別賦李注又引大傳云未命爲士者不得乘朱軒注云軒輿也士以朱飾之依巾車大夫止乘墨車不宜命士反得乘朱軒伏何說非此經之義賈亦謂伏傳是異代法而巾車疏則謂伏傳飾車即是有漆飾之棧車二疏說不同曲禮孔疏又謂上士三命得賜車馬中士乘棧車是士有不乘棧車者若然則伏何說飾車即此大夫所乘之車或三命上士加賜得乘之輿云故書後作移杜子春云當爲後者鳧氏後弇之所由輿注同段玉裁云此古文假借字也少牢饋食禮後袂一作移袂

上文云段氏爲鎛器蓋凡農器之有金者皆此工爲之段函人段借作鍛醢人注云鍛鎛亦卽此

周禮正義卷七十八

周禮正義卷七十七

瑞安孫詒讓學

輈人爲輈 輈車轅也詩云五楘梁輈

疏 輈人爲輈者亦以所制之器名工也總敍說攻木之工七無輈人程瑤田疑輈當升屬輿人輈人爲輿人之說未知然否詳彼疏 注云輈車轅也者說文車部云輈轅也釋名釋車云輈句也轅上句也方言云轅楚衞之閒謂之輈公羊僖元年何注云輈小車轅冀州以此名之案小車曲輈此輈人所爲者是也大車直轅車人所爲者是也散文則輈轅亦通稱王宗涑云析言之曲者爲輈直者爲轅小車曲輈一木居中兩服馬夾輈左右任載車直轅兩本分左右一牛在兩轅中說文云輈轅也轅輈也渾言之也阮元云輈者曲轅駕馬者也輈所以必撓曲之者爲登降均馬力也引詩云五楘梁輈者證小車曲輈也釋文云楘本又作鞪案此秦風小戎文毛詩亦作楘傳云五五束也楘歷錄也梁輈輈上句衡也一輈五束束有歷錄說文木部云楘車歷錄束文也革部云鞪車軸束也二字聲義略同

輈有三度軸有三理 目下事度深淺之數

疏 輈有三度軸有三理者說文車部云軸持輪也釋名釋車云軸抽也入轂中可抽出也鄭樂記注云理者分也三理亦謂軸之分理有三事也 注云目下事者謂輿下七事爲目云度深淺之數者賈疏云四尺七寸之等是也

國馬之輈深四尺有七寸 國馬謂種馬戎馬齊馬道馬高八尺兵車乘車軹崇三尺有三寸加軫與轐七寸又弁此輈深則衡高八尺七寸也除馬之高則餘七寸爲衡頸之閒也鄭司農云深四尺七寸謂轅曲中

疏 國馬之輈深四尺有七寸者以下明輈有三度之數各視其馬之良駑以爲淺深也 注云國馬謂

種馬戎馬齊馬道馬高八尺者賈疏云校人馬有六種下文有田馬駑馬明此四者當國馬也廋人云馬八尺以上爲龍故鄭云高八尺云兵車乘車軹崇三尺有三寸加軫與轐七寸者據總敘文云又并此輈深則衡高八尺七寸也者鄭意此輈深爲曲中下至軫之度非至輈下面與軸相切之度也以此輈深加軫轐與軹崇之和數四尺則曲中去地總高八尺七寸衡當輈末橫度輈頸之上其上平度與輈曲中高度正等故衡亦高八尺七寸也云除馬之高則餘七寸爲衡頸之閒也者頸卽下文頸圍之頸謂輈前持衡者也賈疏云按下文注衡圍一尺三寸五分寸之一頸圍九寸十五分寸之九并尺三寸與九寸爲二尺二寸衡圍五分寸之一於十五分寸之九當得十五分寸之三并頸圍十五分寸之九爲十五分寸之十二圍三徑一二十一寸徑七寸餘有一寸十五分寸之十二一寸復分之爲十五分通前十五分寸之十二爲二十七徑得十五分寸之九此九分當爲馬頸低消之鄭珍云以衡加於頸端之上頸之圓徑三寸二分衡之方徑三寸三分增衡頸筋膠束革之厚共五分通得高七寸是三輈衡頸之閒也以加國馬八尺得八尺七寸加田馬七尺得七尺七寸加駑馬六尺得六尺七寸是爲衡高而適與曲中齊平其衡頸之閒七寸卽馬高以上空處凡馬股與領平之後卽斜圓而下此七寸之空於十尺之平長向後必六尺有餘輈之曲始直馬尾其後尚有長三尺餘之地始抵軌前故能容兩服兩驂無不足之患若田馬駑馬之輈則空處更長矣又云賈疏以衡頸皆圓徑推算又不知二者皆被筋革故餘九分爲消於馬頸之低失之案鄭子尹說是也衡著於輈頸之上其平度與輈曲中等衡下夾頸設兩軶軶曲中與頸之平度亦正等故注止就衡頸計之不及軶也鄭司農云深四尺七寸謂轅曲中者此轅亦輈之通名阮元云記曰凡揉輈欲其孫而無弧深曰輈深則折淺則負深字皆指曲中者爲言是所謂深四尺有七

寸者乃曲中之度非輈端下垂之高明矣鄭珍云轅曲中者轅曲之中也轅曲之中倨句之交也此義後鄭同之故注都不解深字軓前十尺揉輈者必先以平度十尺爲股以各輈深度爲句而求得其弦旣而以深度正中直弦之正中適成十字卽得弧曲之倨句深處爲轅曲之中也乃以轅木平出軓前者直軓之盡處微微揉令前曲而上以至曲中卽微微前曲而下至與十尺平度相直是爲輈頸之端而適與馬領之高齊平則輈成而中度矣

田馬之輈深四尺 田車軹崇三尺一寸半幷此輈深而七尺一寸半今田馬七尺衡頸之閒亦七寸加軫與轐五寸半則衡高七尺七寸

疏 注云田車軹崇三尺一寸半者亦依總敘以輪崇取其半徑爲軹崇推之田車旣輪崇六尺有三寸取其半徑三尺一寸半卽軹崇也云幷此輈深而七尺一寸半者幷軹崇與輈深兩和總計之也云今田馬七尺衡頸之閒亦七寸者賈疏云田馬七尺者亦約庾人馬七尺曰騋以其兵車乘車駕國馬明田車騋馬也以此約之明役車駕駑馬也田車高七尺則七寸亦衡頸之閒消之也云加軫與轐五寸半則衡高七尺七寸者以七尺一寸半加五寸半故衡高七尺七寸然田車輪軹加軫轐之度經無明文鄭以較兵車減寸半之率推之定爲五寸半然此注實有可疑蓋田車之轐以當兔圍一尺四寸方徑三寸五分加軸半徑二寸一分兩和已得五寸六分軫爲橢方形至少亦當厚一寸有零卽轐有鉤心之減而與兵車乘車軫轐之數必不能差至一寸半然則鄭所定田車衡高之數未足憑也

駑馬之輈深三尺有三寸 輪軹與軫轐大小之減率寸半也則駑馬之車軹崇三尺加軫與轐四寸又幷此輈深則衡高六尺七寸也今駑馬六尺除馬之高則衡頸之閒亦七寸

疏 注云輪軹與軫轐大小之減率寸半也者減釋文作咸云本又作減案咸卽減之省史記萬石君傳九卿咸宣集解引服虔云咸音

減省之減是也賈疏云鄭以田車之輪下於兵車乘車軹崇及軫轐皆校一寸半則鴐馬是六尺之馬所駕之車又宜下故知輪軹軫轐大小之減率例一寸半與田車減兵車乘車同也詒讓案鄭謂田車軹崇減於兵車乘車寸半鴐馬車又減於田車寸半得之其謂軫轐加數亦各減寸半則非定率也云則鴐馬之車軹崇三尺者王宗涑云校人注鴐馬給宮中之役詩有棧之車毛詩棧車役車也役車軹崇經無的證然任載之柏車輪崇六尺軹崇半於輪崇是柏車固軹崇三尺給役小車軹崇等於柏車云加軫與轐四寸又弁此輈深則衡高六尺七寸也者謂田車軫轐共五寸半此減寸半得四寸以加軹崇三尺為三尺四寸又加衡高得六尺七寸也然此說亦未塙今攷鴐馬車之轐以當兔圍之當圍一尺三寸三分方徑三寸三分二豪五氂加軸半徑二寸已得五寸三分二豪五氂再加軫厚至少亦一寸有零則鴐馬車與兵車乘車軫轐之數必不能差至三寸鄭所定衡高之度亦未足馮也云今鴐馬六尺者庾人云六尺以上為馬則六尺為馬之最下者故知鴐馬高六尺也云除馬之高則衡頸之閡亦七寸者賈疏云輪軹軫轐大小之減率例一寸半衡頸之閡同七寸者車雖有高下至於衡頸不得不同故下云小於度謂之無任衡頸用力是同是以不得有麤細

軸有三理一者以為嬍也無節目也**疏**一者以為嬍也者以下明軸有三理之義嬍美古今字大司徒嬍宮室注云美善也　注云無節目也者謂治材平易不見節目也

二者以為久也堅刃也**疏**注云堅刃也者堅刃則久而不敝刃韌古今字詳山虞疏

三者以為利也滑密**疏**注云滑密者滑言其旋轉不滯密言與轂密湊無隙也

輈前十尺而策半之謂輈軏以前之長也策御者之策也十或作七合七為弦四尺七寸為鉤以求其股股則短矣七非也鄭司農云軏謂式前也書或

作軏玄謂軏是軏法也謂輿下三面之材輈式之所尌持車正也

疏 軏前十尺而策半之者軏賈疏本蓋誤作軌詳後程瑤田云十尺由軏前平指至上直輈端之虛度三輈此度皆同也案程說是也賈疏謂十尺指轅曲中戴震亦謂自軏至衡頸十尺據輈穹隆言王宗涑駁之云穹隆有三等嘗以輈深四尺七寸爲句十尺爲弦而求其股得八尺八寸二分大釐六豪六秒四忽零四尺爲句十尺爲弦而求其股得九尺一寸六分五釐一豪五秒一忽零三尺三寸爲句十尺爲弦而求其股得九尺四寸三分九釐八豪零九忽零是國馬輈之式衡閡反短田馬駑馬輈之式衡閡反長也知必不然故謂十尺是式距衡之平徑穹隆深者輈長穹隆淺者輈短其長不過數寸而平徑則皆十尺也案王說是也

注云謂輈軏以前之長也者輈長一丈四尺四寸其四尺四寸在輿下故出於輿外軏前者有十尺也江永云軏前十尺此以直度虛地而不論其弧曲鄭珍云注云謂輈軏以前之長明是平長非斜長也蓋輈本曲物其深淺必有底其端末必有限而非平無以立度非軏無以取平故不必各計其弧曲而止以十尺平度爲定合輿下四尺四寸通得一丈四尺四寸爲三輈之平長使揉輈者上求準於深度下求準於平度一差即無不差一合即無不合而弧曲多少之數皆不待言而自明焉云策御者之策也者說文竹部云策馬箠也箠擊馬也馬箠御者所執故云御者之策云十或作七者鄭珍云篆文十卜形似而誤云合七爲弦四尺七寸爲鉤以求其股股則短矣七非也者此以筭術課之知七爲誤字也阮元云合當令字之訛九章盈不足有假令鉤當作句輪人注云二尺爲句案阮校是也令七爲弦與輪人注云令牙厚一寸三分寸之二令大小穿金厚一寸同賈疏云七七四十九四丈九尺四四十六丈六尺七七四十九又得四尺九寸并之二丈九寸筭法以鉤除弦以二丈九寸除四丈九尺仍有二丈八尺一寸在然後以求其

股以二丈八尺一寸方之爲五尺之方五五二十五用二丈五尺爲方五尺也餘有三尺一寸皆以方一寸乘之得三百一十寸方之三百寸得廣六寸長五尺中分之禆前五尺之方一廂得三寸角頭方三寸三三而九又用一寸之方九餘有一寸之方一在總得方五尺三寸餘方一寸以此言之則軓前唯有五尺三寸不容馬故云股則短矣七非也鄭珍云十尺本或作七尺康成以句弦求股法正之云令七爲弦則股短意欲見五尺零之股於容馬爲極短不合耳其實就令以七尺爲股亦僅足容服馬而不足容驂馬也又云七尺爲弦四尺七寸爲句以求股賈疏所筭得股五尺三寸餘方一寸誤也今計之弦自乘七七四丈九尺句自乘四四一丈六尺四七二尺八寸又七四二尺八寸七七四寸九分并二丈二尺零九分以之除弦餘二丈六尺九寸一分然後以開方求股股方五尺除五五二丈五尺餘一尺九寸一分爲一百八十二寸方之一百寸得廣一寸長一丈中分之以禆前五尺之方一廂得一寸角頭補一寸得方五尺一寸尚餘八十一寸爲八千一百分若作方廣八分長五尺中分之以禆前五尺之方此八千一百分除盡尚少一百二十四分是得股五尺一寸八分弱也凡句股弦自乘必皆成方如賈氏筭句自乘先不成方此所由誤案鄭子尹說是也鄭司農云軓謂式前也者大馭杜注及後鄭少儀注詩秦風小戎箋說並同此經及大馭少儀並專據輿前言之則詁以式前於義自允但軓之本義則自通晐輿前及左右三面材大行人之車軹說文車部引作前軓有前軓明有左右軓矣故後鄭又增成其義也軓賈本蓋亦譌作軌詳後云書或作軛者謂故書別本或作軛也大馭祭軓注亦云故書軓爲範軛與範笵字同詳大馭疏云玄謂軓是軓法也謂輿下三面之材輢式之所尌持車正也者後鄭於經定從軓不從軛故自著其從軓之故又因先鄭詁軓爲式前於義未晐復補釋之謂軓本訓爲法與正義近明當爲

輿下三面橫木之通稱卽下任正以其持任車之正與法義相協也賈本經軓譌軌此注二軓字又譌軛疏云經作軌字不爲軛先鄭以軌爲式前後鄭從古書軛不從軓者以軛爲法是定雖有少儀祭軓字爲車旁凡與此古書車旁㔾字雖異同是式前若作軌則不可軓謂轛廣轂末亦爲軌故少儀云祭左右軌軌卽轂末考工經涂九軌軌卽轛廣是軌不定故從軛也段玉裁云玄謂軓是句絕謂當從軓也鄭君意謂此經軓是軛非正義乃云後鄭從古書軛不從軓蓋其所據注作玄謂軛是軛法也字譌句誤而支離其說矣大馭祭軓故書作軛杜子春易爲軓少儀注云範與軓聲同謂軾前也皆以軓爲正字阮元說同徐養原云軛卽軓字司農訓軓爲式前蓋以經言軓前故望文生義鄭君則謂輿下三面之材皆名軓一面在前式所封也兩面在旁輢所封也在前者爲前軓說文引周禮曰立當前軓軓前者前軓之前也與司農小異軓與笵通用說文竹部笵法也故軓亦訓法軓又與範通用範之字从車从笵省聲味者去竹作軛遂不成字案段糾賈疏之誤徐謂軛卽範字並是也此章經注之誤始於賈疏今以其所釋審覈之蓋其所據本經及先鄭注軓字並誤作軌後鄭注內兩軓字則又誤作軛故推鄭意謂軛訓法雖與它經作軓者字異而同爲式前若作軌則與轛廣及轂末之字掍以申鄭從軛之義其誤作軌者軌軓形近亦猶大馭注軓字釋文誤據軌字作音也此經釋文所據劉昌宗本軓字不誤故止音犯而不出軌音則其本較賈爲優唐石經亦因之至後鄭詁軓爲輿下三面材先鄭詁軓爲式前義雖小異意實相成並非破軓爲軛軛卽軓之形譌其字古書罕見鄭所不從軛笵範並以弓爲聲毋少儀注謂笵軓聲義同明此注必不別軓軛爲二物也此注傳寫舛迕易滋眩惑故具論之輿下三面材持車正者總名軓而大馭少儀皆於左右軹之外別言軓故杜及後鄭並專據式前爲釋此經雖亦謂前軓之前而後鄭欲明

軓法之達詁則先鄭義尚未備故增成之又式前別有揜輿版亦曰揜軓毛詩秦風小戎傳云陰揜軓也鄭箋云揜軓在式前垂輈上孔疏謂以版木橫側車前所以陰映此軓然則彼乃揜蔽前軓之版本與軓異物釋名釋車云陰蔭也橫側車前以蔭笭也笭卽前闌與軓同處陰笭非卽笭則揜軓亦非卽軓明矣

凡任木

目車持任之材

疏 注云目車持任之材者車輿下橫直材持任輿之重以行者通謂之任木淮南子說林訓云任動者車鳴也任蓋卽指任木高注釋爲輦失之任訓持詳司隸疏賈疏云此與下經爲目任木卽下云任正以下是也黃以周云凡任木通下軸當兎頸踵諸材而爲於輈人者爲多故以輈人言之

任正者十分其輈之長以其一爲之圍衡任者五分其長以其一爲之圍小於度謂之無任

任正者謂輿下三面材持車正者也輈軓前十尺與隧四尺四寸凡丈四尺四寸則任正之圍尺四寸五分寸之二衡任者謂兩輈之閒也兵車乘車衡圍一尺三寸五分寸之一無任言其不勝任

疏 任正者十分其輈之長以其一爲之圍衡任者五分其長以其一爲之圍者鄭珍云經於輈人始見軓圍者以軫軓同工面異圍軫圍出數於車廣而軓圍出數於輈長自上以來未著輈長卽無從著軓度此既出軓前十尺則輈長之度已明故卽承軓下著其圍數以與衡同是任木故卽並著衡圍此經意也黃以周云任正之名統於軫衡任之名統於衡任正衡任必參差言之者曰正任疑於正下別有任材也曰任衡疑於輈頸之持衡也任正者十分其輈之長明其出數於輈也衡任者五分其長明其出數於衡也輈軸亦任重之木下文又別記之明任正衡任之非輈軸也案鄭黃說是也 注云任正者謂輿下三面材持車正者也者鄭珍云車箱三面之下卽軫之左右前三方也其木經謂之軓其字卽法範正字古作軋軓笵

借作范範輿爲車之正軓持此正故謂之任正者注云謂輿下三面材持車正者是也其圍數不見輿人而見之輈人者以其出數於輈軫閒也凡曰範曰模曰型者皆自立規式使彼受範圍而不過之名長也軓乃輿人所爲而取度於輈長猶之軸乃輈人所爲而取度於若止是三方一匡其爲範也不見且箱之兩頭前必不盡前軓之邊後必不盡後軫之邊苟無定限則軓前隧深無準輈長之數亦難取準矣今按經云任正者十分輈長以其一爲之圍其圍一尺四寸四分由加軫與轐推之軫之厚當一寸四分三面與後軫必上下齊平則任正者亦厚一寸四分其廣五寸八分當前橫者長六尺六寸兩頭留五寸八分爲枘當兩旁縱者長五尺二寸七分後留四寸一分爲鑿以受後軫前留五寸八分爲鑿以受橫者當剡其中閒向內之上半厚七分廣一寸二分爲偏槽當橫者槽長五尺四寸四分當縱者槽長四尺二寸八分三面合之其槽成輢式及底之範此軓之所以名也其槽留下半厚七分底版等任木之厚而兩頭缺邊留上半七分合時卽上下齊平乃連版儘外爲鑿通於背廣長如軹轛之半厚則受軹者向內有八分弱受轛者向內有九分許不鑿也合軹轛時以一橫下貼版一橫上貼式較令櫺孔分明則版受軹轛鉗制不上動矣其受較柱之鑿內留四分外侵四分二鑿強受式柱之鑿內留四分外侵一寸三鑿強則合材時諸枘皆是偏笥缺邊向內而箱內立壁皆齊平無觸礙人手處隧深軓前之數皆得切其軓前之槽起度矣又云車箱之底輈及伏兎是直承底必用橫版爲之始克受其承而兩頭著槽乃有力其厚與軓同一寸四分兩頭留其上半之厚剡其下半七分廣亦一寸二分如偏笥合底時軓之下半與版之上半合卽上下齊平也其版名於一邊中爲槽一邊中爲笥令諸版互相笥納惟最後一版入於軫之槽最前一版當槽不槽而爲偏笥廣厚如兩頭以合於軓其版背正中及兩旁量伏兎當兎所承處鑿

之深四分廣三寸六分長一尺四寸六分六釐強以受伏兔當兔之
鉤車人所謂鑿其鉤法蓋大小車相同康成易注以伏兔爲鉤心之
木所鉤之心謂此又云輿空其後面止三面樹軹轛爲箱輈承其所
樹故謂之輿下三面材疏云此木下及兩旁見面上面託著輿版其
面不見故云三面材大誤正車正也輿當車之正而輈任之故云任
正者疏云此木任力車輿所取正亦誤黃以周云任正者任此正也
正謂車正車正者輿也輿形方正故謂之車正其前左右三面材之
尌輢式者與古文匚正字同故注云任正者輿下三面材持車正者
也不及軫者軫任輕故其圍亦小也案鄭黃說是也韓詩外傳云孔
子曰美哉顏無父之御也馬知後有輿而輕之知上有人而愛之馬
親其正而愛其事是車正卽輿之證云輈軓前十尺與隧四尺四寸
凡丈四尺四寸則任正之圍尺四寸五分寸之二者此謂橢方圍也
賈疏云以其經云輈則軓前輿下總是輈故鄭通計之一丈得一尺
四尺得四寸四寸者一寸爲五分四寸爲二十分得二分故云任正
之圍尺四寸五分寸之二詒讓案田車任正圍蓋一尺四寸駑馬之
車任正圍蓋一尺三寸三分云衡任者謂兩軛之閒也者軛軶之俗
賈疏云服馬有二一馬有一軛軶者厄馬領不得出云兩軛之閒則
當輈頸之處處費力之所者也江永云衡軶上有缺處不正得衡之圍
徑故必以兩軶之閒言之鄭珍云衡卽上衡長之衡衡之任力在兩
軶之閒故曰衡任者猶言衡之任者也下文五分其長其字卽承上
所謂衡而言黃以周云衡任者衡之任也衡之任重在中閒當輈頸
處故注云兩軛之閒衡長已見於輿人其圍未見故於此著之阮元
云衡與車廣等長六尺六寸平橫輈端直木也別有曲木縛於衡爲
之下以下扼馬牛之頸包咸論語注曰輗者轅端橫木以縛軛此雖
誤解輗爲鬲而其言軛縛於橫木之下則漢時目驗猶然皇侃疏曰
古作牛車二轅先取一橫木縛著兩轅頭又別取曲木爲枙縛著橫

木以駕牛服也卽時一馬牽車猶如此也據皇氏說則梔別爲衡鬲下曲木甚明至梁時此制尚存故亦得以目驗而知由此說驗之諸書無不合者急就篇既言軥衡又言軶縛莊子馬蹄篇曰加之以衡梔衡軶爲二物甚明儀禮既夕曰楔貌如軶上兩末楔乃末含飯置尸口中者爲半規形末向上據此可知軶曲半規特末向下耳鬲下駕牛秖用一軶若衡下駕馬則用兩軶故兩軶又名兩軥軥亦以其曲句名之也左襄十四年射兩軥而還昭二十六年中楯瓦繇朐汰輈服虔曰軥車軶兩邊叉馬頸者鄭珍云今時駕車邊馬用長數寸直木夾貼於肩領之交以繫靷鞅木爲前硯骨抵拒馬之致力前引全恃之古一轅車服馬用軛其必似此輿軛向下有兩末計兩末出缺月外必長七八寸許裏平而外圓削如肋骨之形兩末須是直者衡既是以直爲橫兩末其長如許必不能卽衡木爲之當別製兩末削穹其上貼缺月釘著之復各爲兩穿以受轡鞅之絆駕時衡加輈頸上軶之兩末下過輈頸圍徑三寸二分始與馬頸平是狹者全在空處及鬉肉以下骨張肉容末乃實壓而夾貼於肩領之交爲前硯骨抵拒可使馬致力引輈矣若駕驂馬恐卽如今時駕邊馬之法案阮鄭說是也衡軶雖同在輈耑而衡直軶曲制度迥異軶縛於衡之下非軶卽衡也故韓詩外傳云百里奚自賣五羊皮爲一軶車見秦繆公言一軶者蓋卽公羊昭二十五年徐疏引尚書大傳所云庶人單馬木車別於士以上乘車有兩軶也若軶卽是衡則凡車無不一衡何獨以一軶爲異乎又說苑雜言篇云孫叔敖相楚三年而不知軶在衡後案軶在衡下劉云在衡後或有舛誤然可證軶與衡爲二物也自小爾雅廣器云衡軶也軶上者謂之烏啄始以軶當衡論語衞靈公包注亦釋衡爲軶說文車部云軶轅前也軥軶下曲者蓋與小爾雅同誤軶又省作厄毛詩大雅韓奕鞗革金厄傳云厄烏蠋也蠋當依釋文作噣與小爾雅烏啄字正同釋名釋車云在馬曰烏啄

下向又馬頸似烏開口向下啄物時也劉釋烏啄義最析孔疏引爾雅釋蟲蚅烏蠋爲釋非也又案衡軶異物而此注釋衡爲兩軶之閒者以衡當著軶處之度有缺月之減故必以兩軶之閒言之但缺月在衡不過微鑿之以著軶而缺月非即軶也互詳車人疏云兵車乘車衡圍一尺三寸五分寸之一者此謂方圍也賈疏云田車之衡更無別文亦應與兵車乘車同鄭特言此二者都無正文且據尊者而言其田車之衡任亦當同也衡長六尺六寸五尺得一尺又以尺五寸得三寸又以一寸者爲五分得一分故云衡圍一尺三寸五分寸之一也江藩云衡方徑三寸三分鄭珍說同案江說近是王宗涑依前賈疏說謂此一尺三寸二分爲圜周徑得四寸二分強疑非又按衡長必與輪崇等田車輪崇六尺三寸駑馬車輪崇六尺衡長各如其輪崇亦五分其長以其一爲之圍則田車衡任圍當得一尺二寸六分駑馬車當得一尺二寸賈疏謂田車與兵車乘車同則以田車之衡圍而取數於兵車乘車之衡長殆非也云無任言其不勝任者賈疏云謂折壞不任用也阮元云匠人凡任索約大汲其版謂之無任文意同此

五分其軫閒以其一爲之軸圍

軸圍亦一尺三寸五分寸之一與衡任相應

【疏】五分其軫閒以其一爲之軸圍者戴震云左右軫之閒六尺六寸軸之長出轂末而以軫閒爲度者主乎任輿之六尺六寸也案戴說是也軸在輿下者圍一尺三寸二分以徑一圍三疏率求之得徑四寸四分與輪人注所定賢徑正同若以密率求之則止徑四寸二分一豪零校賢徑尚少一分九氂八豪零者軸外尚有薄鐵鍱之謂之鐧說文金部云鐧車軸鐵也釋名釋車云鐧閒也閒釘軸之閒使不相摩也是也釘厚一寸而鐧薄不及二分者恐鏨小軸木傷其力也其軸貫壺中以出於小穿者圍徑又當漸殺度蓋如藪軹之徑而微朒以爲鍱鐧之地此僅箸輿下之圍度者以藪軹圍徑輪人已詳可以互推

故從略也　注云軸圍亦一尺三寸五分寸之一與衡任相應者此謂圜圍也賈疏云上輿人云輪崇車廣衡長參如一則軫閒卽輿廣與衡長俱六尺六寸以六尺六寸五分取一與衡任同故軸圍亦一尺三寸五分寸之一輿衡任相應也江藩云軸圓徑四寸四分詒讓案田車軸圍蓋一尺二寸六分駑馬車蓋一尺二寸

十分其輈之長以其一爲之當兔之圍

輈當伏兔者也亦圍尺四寸五分寸之二與任正者相應

疏十分其輈之長以其一爲之當兔之圍者鄭珍云輈承輿下者四尺四寸宜廣厚如一而惟著對伏兔處長尺四寸六分強一段之圍明前後不對伏兔者其圍異矣以此推之輿底當處鑿深約四分以受輈與伏兔之鉤入爲固當兔三寸六分之厚約以四分鉤心則在外者仍有三寸二分庪軸上其前後不當兔者當止減上厚四分使與輿底相切兩邊及下面則漸殺矣向後殺至於踵止圍七寸六分八釐向前殺至於頸止圍九寸六分是轐在輿下者正中一段前後漸斂漸窄底則漸收漸上形若舟然此輈之所以名也當兔承輿中伏兔如展承兩旁惟中閒當軸一分須厚下爲銜軸地銜軸又須作半規形不可以圍計此外則其圍宜同當兔亦方三寸六分其鉤心庪軸上並同經以兩事度同可以互見而輈在輿下者有當兔不當兔鉤心不鉤心之增減若著兔圍則當兔且不能見今止著當兔之圍不惟可見兔圍卽不當兔者亦並見之矣案鄭說是也三分輿下之輈而當兔居其一蓋長一尺四寸六分與伏兔長正相應前至軓前之頸後盡踵之外邊亦各一尺四寸六分當兔之處正直輿心軸又橫其下作時上當隆起以持輿下復當突出鑿爲鉤以函軸半徑與大車轅同故亦可謂之鉤心蓋輈之與輿與軸相鉤連者全在此處故必大於頸踵諸圍非小車輈當兔處不鑿鉤也但此兔圍則正指加軸上者言之不兼計鉤軸之度耳　注云輈當伏兔者也者伏兔卽總敘之轐

也戴震云當兔在輿下正中其兩旁置伏兔者錢坫云當兩轐之閒謂之當兔云亦圍尺四寸五分寸之二與任正者相應者此謂方圍也賈疏云通計輈之軓前及隧總一丈四尺四寸十分取一故輈當伏兔之處麤細之圍有一尺四寸五分寸之二與任正相應也江藩云當兔圍一尺四寸四分方徑三寸六分鄭珍說同詒讓案此圍徑乃當兔之真度不計下銜軸者也其銜軸者當亦徑二寸二分盡軸之半徑與伏兔同詳總敘疏又案田車當兔圍蓋一尺四寸駑馬車蓋一尺三寸三分

參分其兔圍去一以爲頸圍頸前持衡者圍九寸十五分寸之九

疏參分其兔圍去一以爲頸圍者鄭珍云兔圍卽是伏兔之圍明當兔伏兔其圍一也王宗涑云兔謂伏兔也伏兔與輈當兔大小齊等故上云當兔之圍此云兔圍明伏兔圍亦得輈長十分之一並非當兔之圍之省也注云頸前持衡者者說文頁部云頸頭莖也賈疏云衡在輈頸之下其頸於前向下持制衡鬲之輔故云頸前持衡者也詩秦風小戎孔疏云轅從軫以前稍曲而上至衡則居衡之上而嚮下句之衡則橫居輈下如屋之梁然故謂之梁輈也鄭珍云此注三輈皆以軫平并輈深得衡高其曲中高軫平之數卽衡高軫平之數是衡與曲中適平輈自曲中以往斷非平指以投於衡必漸曲向下以就衡而漸低於曲中假令衡居輈下其高必不得與曲中平如注筭衡高乃與曲中平知衡必橫居頸上也若如孔賈說輈曲至衡上始向下句之令衡居輈下是未至衡以前皆止曲上而不句至衡上乃向下就衡勢必以頸投衡衡頸乃相連接其向下乃是頸而輈深惟至衡之處乃其曲之最高計其深當在此處自此處句下必數寸始抵衡衡高如何得等輈深則皆違失注義明矣凡言持者皆所持者在持之者上注於軓言持車正者於頸言持衡者以軓承輿下頸承衡下故也卽稱衡頸之閒文交皆衡上頸下亦可見案子尹說是也云圍九寸十

五分寸之九者，此謂圜圍也。賈疏云：「以前當兔圍有一尺四寸五分寸之二，今以一尺二寸三分之，去四寸，得八寸。又以一寸者分爲十五分，二寸爲三十分，又以五分寸二者爲六分，并三十分爲三十六分。三十分去十分，得二十分；六分者去二分，得四分。總得二十四分，以十五分爲一寸，仍有九分在，添前八寸，總九寸十五分寸之九也。」王宗涑云：「九寸十五分寸之九，卽九寸六分也。輈自當兔以前漸殺，其下至於縛衡之頸，圜周得九寸六分，殺之極也。」江藩云：「頸圍九寸六分，圓徑三寸二分。」鄭珍云：「輈承輿下者宜方，揉弧曲者宜圓。軫方木，承以方則穩。衡亦方木，而承以圓者，蓋路不能平如水，兩服之領必互有高下，衡不能不隨馬領爲低昂，承以方則礙，承以圓則活也。頸不獨當衡下者，凡弧曲皆是，則自當兔以前漸殺，至曲起而上，其棱隅亦漸盡就圓矣。故頸圍乃當兔前漸殺以至於衡上之數，踵圍乃當兔後漸殺以至於軫下之數。經於全輈之長，就中明當兔圍，就兩頭明頸踵圍，其閒之漸殺漸少不可以圍定者，度數自見，非承軫持衡之處突然削小就此圍數也。不然，當兔而外，惟承軫衡處有度，餘皆令人莫知其大小，經豈如是疏略乎？」詒讓案：田車頸圍蓋九寸三分寸之一，鴐馬車頸圍蓋八寸十五分寸之十三。

五分其頸圍，去一以爲踵圍。踵，後承軫者也。圍七寸七十五分寸之五十一。

【疏】注云「踵，後承軫者也」者，說文足部云：「踵，追也。」止部云：「踵，跟也。」此踵卽歱之叚字。賈疏云：「踵後承輈之處，似人之足跗在後，名爲踵，故名承軫處爲踵也。」云「圍七寸七十五分寸之五十一」者，賈疏云：「以上注九寸十五分寸之九計之，取五寸去一寸，得四寸，仍有四寸九分在。一寸爲七十五分，四寸爲三百分。又以十五分寸之九者，轉爲四十五分。三百分五五分去一，去六十分，得二百四十分。四十五分者，五五九，四十五，爲五分，分得九分，去一九，得三十六分。并前總二百七十六分，還以七十五分約寸，取二百二十五分爲三寸添前四寸爲七寸餘有五十一是以鄭云圜七寸七十五分寸之五十一也王宗涑云七寸七十五分寸之五十一卽七寸六分八釐也輈自當兔以後漸殺其下及旁側以至于踵則圜得七寸六分八釐爲正方形徑得一寸九分二釐此殺之極也上面不殺置軫尚平也案王說是也江藩說同田車踵圜蓋七寸四十五分寸之十九駑馬車蓋七寸七十五分寸之七 凡揉輈欲其孫而無弧深孫順理也杜子春云弧讀爲盡而不汙之汙玄謂弧木弓也凡弓引之中參中參深之極也揉輈之倨句如二可也如三則深傷其力

疏凡揉輈者賈疏云以火揉使曲也 注云孫順理也者匠人水不理孫注亦云孫順也王宗涑云順本曲之木理而煣屈之也鄭珍云揉直令曲必順木理微微曲之若太深將自軏前卽縣令直上此不待馬之椿柱勢無不先裂斷者經曰揉欲孫而無弧深又曰輈欲弧而無折經而無絕蓋諄諄爲不中理不中數者言也杜子春云弧讀爲盡而不汙之汙者段玉裁云盡俗本作淨轉寫之誤也盡而不汙見春秋成十四年左氏傳汙讀爲紆謂紆曲也杜易弧爲汙汙訓窊下窊下猶紆曲也云玄謂弧木弓也者賈疏謂見三倉案說文弓部說同鄭讀弧如字不從杜讀也司弓矢亦有弧弓云凡弓引之中參中參深之極也者賈疏云弓之下制六尺引之三尺是中參深之極也鄭珍云輈狀擬弧其弦卽以擬弓弦其深之上距至弦之正中卽以擬矢中參者謂凡弓引之其中容矢長三尺所謂弧深也錢坫云王弓合九而成規弧弓亦然令規圜五丈九尺四寸九分之爲六尺六寸六尺六寸之弓求其矢三則深矣故惟二爲可云揉輈之倨句如二可也者賈疏云六尺引二尺若然九尺得三尺則是弓一尺得三寸三分寸之一輈軓以前十尺國馬之輈深四尺七寸與二不相當者通計一丈四尺四寸弅與下數之故得二也二者輈總長丈四尺四寸且取丈二尺得四尺餘二尺四寸復

得八寸總爲四尺八寸是國馬之輈猶不滿二之數也言二舉大而言江永云輈出前軓漸曲而上至衡微鉤而下軓前十丈揉之已定者也揉輈欲其孫而無弧深注云揉輈之倨句如二可也蓋以一丈三尺三寸揉之爲十尺也疏幷輿下之不揉及軓前揉已定者通計如二未是鄭珍云輈之矢止如弧深三之二故曰如二輈之矢以深度約之每寸得四釐二豪五絲強深四尺七寸者中當二尺深四尺者中當一尺七寸深三尺三寸者中當一尺三寸而實度之皆多三寸強注云如二可也可者約略之詞止欲明三輈固欲似弧而其深度斷不可過與不及耳云如三則深傷其力者鄭珍云謂輈過曲不存直勢卽木力無勁耳非謂馬力也

今夫大車之轅摯其登又難既克其登其覆車也必易此無故唯轅直且無橈也大車牛車也摯輖也登上阪也克能也

【疏】今夫大車之轅摯其登又難者以下並論牛車直轅之不安利以見駟馬車之必爲曲輈也說文車部云轅輈也爰籀文以爲轅字古轅與爰袁三字通用釋名釋車云轅援也車之大援也錢坫云援卽從爰故爰與轅同爰亦引也轅在車前所以引也戴震云小車謂之輈大車謂之轅人所乘欲其安故小車暘轂梁輈大車任載而已故短轂直轅以明揉輈使撓曲之故王宗涑云大車不爲曲輈者任重載多轅苟煣曲爲輈引時必折故用直轅而助以牽徬也云既克其登其覆車也必易者說文襾部云覆覂也謂大車轅直上阪則勢仰而後之重勢彌增卽使能登而重心偏衺外越非前轅所能制則易致傾覆也云此無故唯轅直且無橈也者江永云輈人不爲大車之轅而言之者借彼喻此也大車轅木直無橈其轅夾牛轅端鬲厭牛領高下相當更不可作橈曲非作車者不善爲轅致有覆車之患亦不因其登下之難而欲改從橈曲也但借大車之轅難於登下以明馬車之輈當

曲橈耳疏謂駕牛者亦須曲橈非是今駕牛之車皆直轅　注云大車牛車也者國語晉語韋注同卽車人大車柏車羊車之通稱三車皆駕牛者也論語學而篇云大車無輗小車無軏包咸注亦云大車牛車小車駟馬車也是牛車爲大車對駟馬車爲小車言之詩小雅無將大車毛傳云大車小人之所將也亦卽此詩王風大車傳及公羊昭二十五年何注並以大車爲大夫車則似卽巾車之墨車與此異也云摯輖也者說文手部云摯握持也又車部云輖重也䡅抵也抵低通廣雅釋詁云輖䡅低也惠棟云摯本軒輊字或作䡅淮南子人閒訓置之前而不䡅錯之後而不軒或作摯儀禮既夕云志矢一乘軒輖中注云輖摯也盧人注云反覆猶軒輖也軒輖猶軒摯毛詩小雅六月如輊如軒傳云輊摯也案惠說是也摯輊䡅摯音義並同輖與輊亦一聲之轉駟馬車曲輈深者四尺七寸上出於式者二尺餘而大車直轅橫出牝服之下較之梁輈高卑縣殊故曰轅摯云登上阪也者後注云登上也下文云登阤故此亦以上阪爲釋云克能也者爾雅釋言文

是故大車平地既節軒摯之任及其登阤不伏其轅必縊其牛此無故唯轅直且無橈也阤阪也故書伏作偪杜子春云偪當作伏

疏是故大車平地既節軒摯之任者弓人注云節猶適也樂記孔疏云軒起也玉篇車部云前頓曰摯後頓曰軒王宗涑云大車前重後輕行平地時節其任載俾之輕重適均不至畸輕畸重也蓋大車牝服半在軸前半在軸後任載後多於前則輕重中節云及其登阤不伏其轅必縊其牛此無故唯轅直且無橈也者說文糸部云縊經也王宗涑云大車任載後多於前行於平地轅直而平則輕重齊一登阤時其轅前高後下重勢獨注於後使無人抑伏其前轅則車箱後傾前轅高揭而牛縣若縊矣上文云既克其登其覆車也必易此其一也曲輈車之登阤車箱非

不前高後下也輈之穹曲者高出式上重勢仍注於前不用抑伏前輈而馬自不至縣縊記故以縊牛爲轅直無橈之故也　注云陒阪也者總敘注同云故書伏作偪杜子春云偪當作伏者段玉裁云此鄭依杜改字伏偪古音同部徐養原云伏古通匐匍匐一作蒲伏釋名匐伏也伏地行也匐與偪俱从畐聲說文無偪字畐部畐滿也讀若伏江永云伏其轅者人爲攀援以助牛登也鄭用牧云抑伏車轅謂登下必特牽傍助之

故登陒者倍任者也猶能以登及其下陒也不援其邸必緧其牛後此無故唯轅直且無橈也

倍任用力倍也故書緧作鰌鄭司農云鰌讀爲緧關東謂紂爲緧鰌魚字【疏】不援其邸必緧其牛後者說文手部云援引也江永云援其邸者人援車邸使不速下也王宗涑云邸當作軧說文車部云軧大車後也今謂之車尾邸借字案王說是也掌次設皇邸司農注云邸後版也則此邸亦謂車後釋名釋車云有邸曰輜無邸曰軿宋書禮志引字林云軿車有衣蔽無後轅其有後轅者謂之輜是邸卽軧亦卽後轅也車人三車牝服後皆有後轅詳彼疏　注云倍任用力倍也者登阪者自下而上用力多倍於平地云故書緧作鰌鄭司農云鰌讀爲緧者葉鈔釋文鰌作緧蓋陸賈本異詳後段玉裁云鰌緧古音同部是以司農依聲類易之云關東謂紂爲緧者方言云車紂自關而東周洛韓鄭汝穎而東謂之緻或謂之曲綯或謂之曲綸自關而西謂之紂說文糸部云紂馬緧也緧馬紂也緻緧字同惠士奇云說文革部靴馬尾靴也今之般緧則般緧在馬尾故曰緧其後緧一作緻釋名曰緻遒也在後遒迫使不得卻縮也王隱晉書潘岳疾王濟裴楷乃題閣道爲謠曰閣道東有大牛王濟鞅裴楷鞧夾頸爲鞅後遒爲鞧言濟在前楷在後也一作鰌荀子彊國曰巨楚縣吾前大燕鰌吾後廣雅云綯紂緧也王宗涑云緧以生革縷般

牛尾之下引而前至背上與繫軛之革縷相接續當下阤時車箱後高前下轅直重勢直注轅端不援其軏輪轉逆於牛足則軛引而前緧掔牛尾必至傾敗此又易覆之一也輈之穹曲者下阤重勢注於軓前輈之平上曲處不注於輈端無侯援軏自不至緧其馬後記故以緧牛後爲轅直且無橈之故也云⿰魚叟魚字者賈疏云字猶名也既⿰魚叟是魚名明不從故書也段玉裁云言⿰魚叟字與經無當故知當是緧也一本注⿰魚叟作⿰糸叟葉鈔本釋文曰⿰糸叟音秋與緧同集韻緧⿰糸叟同字若然則陸本注無⿰魚叟魚字三字與賈本異宋世犖云⿰魚叟當爲⿰糸叟廣韻十八尤鞧車鞧緧⿰糸叟同引周禮曰必⿰糸叟其牛後案段宋說是也廣韻引此經卽故書本作⿰糸叟之明證若作⿰魚叟字則陸不宜云與緧同也⿰魚叟字說文玉篇竝無其爲魚名亦未詳惠士奇謂荀子之鰌卽此緧之異文則⿰魚叟疑亦鰌之變體說文魚部云鰌鰼也與⿰魚叟音同

是故輈欲頎典頎典堅刃貌鄭司農云頎讀爲懇典讀爲殄駟車之轅率尺所一縛懇典似謂此也

疏是故輈欲頎典者賈疏云此以下還說四馬車轅也　注云頎典堅刃貌者頎典蓋連語形容字淮南子兵略訓云典凝如冬廣雅釋詁云腆美也久也典與腆同堅刃與美久義亦相成刃靭同詳山虞疏鄭用牧云頎典者穹隆而堅強之貌雖橈而不傷其力也鄭司農云頎讀爲懇典讀爲殄者惠棟云殄古文腆字毛詩籩豆不殄箋殄當爲腆燕禮不腆之酒注云古文腆作殄段玉裁云頎典二字疊韻鄭訓爲堅刃皃司農擬以車歷錄訓之其二云讀爲懇讀爲殄者皆當作讀如擬其音耳故下文仍云頎典不云懇殄也云駟馬之轅率尺所一縛懇典似謂此也者懇段玉裁校改頎是也賈疏云此卽詩五絭梁輈一也孔廣森云檀弓注高四尺所正義曰所是不定之詞然則尺所卽尺許也疏廣傳數問其家金餘尚有幾所師古曰幾所猶言幾許古許與所通詩伐木許許許叔重引作所所案孔說是也毛詩秦風小戎傳云一輈五束

束有歷錄段校說文車部云轐車句衡五束也曲轅轐縛直轅暴縛縛束義同輈軏前十尺尺許一縛蓋在輈弧中以前近衡之處五束爲五尺則軏前之輈其半有縳即毛詩之楘許書之轐是也先鄭之意蓋以𤟤典爲縛轅之貌則亦爲連語形容字然此上下文並言曲輈之利病不宜於此忽論轅縛先鄭之義於經無會也又案先鄭𤟤殄之義賈氏無釋段玉裁云𤟤與阮雙聲殄與朕雙聲阮朕者㘬突也每一縛則有一㘬突案段說亦未知塙否瓬人髻墾後鄭釋爲頓傷而梓人注頓小頓本作頎釋文引李軌音𤟤似亦隱據此注爲讀以彼二文證之則𤟤似爲約小之義爾雅釋詁云殄絕也義亦相近若然輈上有縛或亦以約小爲貴與

輈深則折淺則負揉之大深傷其力馬倚之則折也揉之淺則馬善負之疏輈深則折淺則負者此又明輈不可太曲之義注云揉之大深傷其力馬倚之則折也者鄭珍云若中三則深過於深深度其輈雖非直上而已傷直馬股時椿拄之輈力不勝必向後裂斷故云輈無弧深又云弧而無折輈深則折也云揉之淺則馬善負之者賈疏云輈直似在馬背負之相似故善負之本或作若負皆合義不須改也鄭珍云若不中二則又淺不及深度其輈無衡頸閒七寸之空必將與馬身平馬股又喜上戴之故云淺則負也輈當兩服之中不直馬背而注云馬倚之負之者緣路有高下險易即馬股有橫側退郤故有倚其後負其上之時也

輈注則利準利準則久和則安故書準作水鄭司農云注則利水謂轅脊上兩注令水去利也玄謂利水重讀似非也注則利謂輈之揉者形如注星則利也準則久謂輈之在輿下者平如準則能久也和則安注與準者和人乘之則安疏輈注則利準者江永云注者不深不淺行如水注利準者便利而安耳戴震云輈注謂深淺適中也輈之曲埶隤然下注則車行有利準之善利疾速也準猶定也平也案江戴並不刪

利準字與二鄭說異亦通云利準則久和則安者墨子節用篇云車爲服重致遠乘之則安引之則利安以不傷人利以速至此車之利也　注云故書準作水者徐養原云至平莫如水故準字从水規矩準繩必以水輪人曰水之以眡其平沈之均也匠人曰水地以縣皆用準之法古音準與水同可通用㮚氏準之故書亦作水之此通用之證丁晏云㮚氏注準故書或作水杜子春云當爲水說文水部水準也釋名釋天水準也準平物也白虎通五行云水之爲言準也養物平均有準則也管子水地篇水者萬物之準也廣雅釋言水準也鄭司農云注則利水謂轅脊上雨注令水去利也者賈疏云先鄭依故書準爲水解之後鄭不從者輈轅之上縱不爲雨注水無停處故不從也云玄謂利水重讀似非也者賈疏云依後鄭讀當爲輈注則利也準則久也和則安也段玉裁云鄭君謂衍準利二字云注則利謂輈之揉者形如注星則利也者後鄭讀注與梓人注鳴之注同其義則取象注星也史記天官書云柳爲鳥注又律書云注者言萬物之始衰陽氣下注故曰注索隱云注咮也爾雅釋天云咮謂之柳郭注云咮朱鳥之口開元占經南方七宿占云咮一曰注音相近也丹元子步天歌云柳八星曲頭垂似柳謂輈之末下垂者其句如注星則利於引車也云準則久謂輈之在輿下者平如準則能久也者賈疏云準平也輈平輿亦平平則穩故得長久也徐養原云鄭不從司農說而曰平如準則亦不以平爲非云和則安注與準者和人乘之則安者後鄭意兼注準二善則車行和也賈疏云注爲轅曲中以前準謂在輿下前後曲直調和則人乘之安穩

輈欲弧而無折經而無絕揉輈大深則折也經亦謂順理也【疏】輈欲弧而無折者賈疏云按上文云孫而無弧深此云欲弧而無折者此欲得如弧無使折則不弧深亦一也王宗涑云蓋煣輈如引滿之弓則深傷木理不能無折也輈欲弧言但欲煣屈如弧而無

折言不欲深傷木理也云經而無絶者賈疏云則上文欲其孫亦一也王宗沐云絶與火煣車輞絶之絶同蓋卽順本曲之木理煣之而用火不均則木理絶而易折無絶謂欲用火得宜不使灼絶木理也注云揉輈大深則折也者大深卽謂中參以上云經亦謂順理也者謂經與上文孫義同呂氏春秋察傳篇高注云經理也

進則與馬謀退則與人謀言進退之易與人馬之意相應馬行主於進人則有當退時【疏】注云言進退之易與人馬之意相應者韓非子喻老篇云王子期曰凡御之所貴馬體安于車人心調于馬而後可以進速致遠與此意略同賈疏云若下文猶能一取皆是喻其利也云馬行主於進人則有當退時者退謂車當還駐及陷輦時或當退行由馭者使之

終日馳騁左不楗杜子春云楗讀爲蹇左面不便馬苦蹇輈調善則馬不蹇也書楗或作券玄謂券今倦字也輈和則久馳騁載在左者不罷倦尊者在左【疏】注杜子春云楗讀爲蹇者段玉裁云楗蹇古音同部云左面不便馬苦蹇輈調善則馬不蹇也者賈疏云子春意據將軍乘車之法將在中故御者在左楗爲蹇澀解之四馬六轡在御之手不在中央而在於左故云左面不便馬苦蹇云書楗或作券玄謂券今倦字也者惠棟云說文券勞也漢涼州刺史魏君碑云施舍不券是券與倦同段玉裁云古多用券今多用倦是之謂古今字說文力部券勞也人部倦罷也分載之不云一字徐養原云楗券同音古蓋通用鄭君雖以券爲正而經文仍作楗是讀楗爲券也云輈和則久馳騁載在左者不罷倦者說文馬部云騁直馳也杜讀爲不蹇主馬言鄭讀爲不倦主人言言乘車者安也云尊者在左者賈疏云尋常在國乘車之法尊在左御者中央曲禮云乘君之乘車不敢曠左左必式注云君存惡空其位是尊者在左也詒讓案此據乘車及平兵車言也其君及元帥之兵車則尊者在中央御者在左詳夏官敘官疏

行數千里馬不契需鄭司農云契讀爲爰契我龜之契需讀爲畏需之需謂不傷蹄不需道里【疏】注鄭司農云契
讀爲爰契我龜之契者爰契我龜詩大雅緜文詳華氏疏段玉裁云
用其義也云需讀爲畏需之需者段玉裁改需爲耎云耎今本作需
疏引易需卦釋文云需音須又乃亂反今案云乃亂反則當是耎字
說文大部曰耎稍前大也讀若畏偄人部曰偄弱也司農云畏耎者
與許畏偄同案段校是也畏耎字與易需卦之需異疏說失之凡經
注耎偄字多譌爲需及從需聲字互詳山虞鮑人疏云謂不傷蹄不
需道里者段玉裁云毛公曰契開也故以傷蹄言之不耎道里者不
怯偄道里悠遠也包愼言云契契龜者開龜也馬蹄傷則開坼故謂不
契爲不傷蹄案段包說是也戴震引方言謂畏懦爲契需亦足備一義
終歲御衣袵不敝袵謂裳也【疏】終歲御衣
袵不敝者前經例馭車字作馭此作御疑亦經記字例之異詳大司
徒疏說文尚部云敝一曰敗衣不敝謂不破敗也　注云袵謂裳也
者公羊昭二十五年何注云袵衣下裳當前者賈疏云禮記深衣續
袵鉤邊者據在旁屬帶處至於問喪云扱上袵及曲禮云苞屨扱袵
不入公門此皆據深衣十二幅要閒之裳皆是袵故此注云袵謂裳
也戴震云袵者衣裳之旁削幅也詒讓案袵有三義說文衣部云袵
衣裣也裣交袵也此袵之本義指凡衣前承領之袵而言又有禮衣
削幅掩裳際之袵深衣屬於裳之袵並與衣裣不同玉藻說深衣云
袵當旁注云袵謂裳幅所交裂也凡袵者或殺而下或殺而上袵屬
衣則垂而放之屬裳則縫之以合前後上下相變江永云凡袵者皆
以揜裳際得名喪服之袵殺而下左右各二尺五寸疊作燕尾之形
屬於衣垂而放之朝祭服亦當然深衣長衣之袵殺而上屬於裳蓋
輈不和則車不安御者裳之兩旁常掉動而易敝輈和則無此患也
案江說袵甚析但喪服及朝祭服之袵垂衣兩旁深衣之袵夾裳兩

旁此注以裳釋衽則專指裳旁之衽言之然裳旁之衽唯深衣有之而御者不必皆服深衣則鄭意似謂無論朝祭喪服其裳幅亦通謂之衽故深衣孔疏謂裳之前後左右皆有衽名是也賈說蓋與孔略同凡御者立於輿內近前行時惟裳前輻下際與輿橫直材相摩拂易於破敝故鄭通以裳爲釋明非衣衽亦不定指禮衣及深衣在旁之衽也

此唯輈之和也和則安是以然也謂進則與馬謀而下

疏注云和則安是以然也者申上言和則安之論也云謂進則與馬謀而下者賈疏云總結上四經

勸登馬力登上也輈和勸馬用力

疏注云登上也者司民注同戴震云登猶進也加也云輈和勸馬用力者廣雅釋詁云勸助也教也輈和則馬引之時若助教其用力也

馬力既竭輈猶能一取焉馬止輈尚能一前取道喻易進

疏注云馬止輈尚能一前取道喻易進者葉鈔本釋文喻作諭字通取猶言進取也輈和則勢利於進故馬力雖竭而爲輈和所趣猶能進取若不能自已也王宗涑云馬行欲止是其力竭也然以輈注之故不得遽止猶必前行數步此之謂一取

良輈環灂自伏兔不至軓七寸軓中有灂謂之國輈伏兔至軓蓋如式深兵車乘車式深尺四寸三分寸之二灂不至軓七寸則是半有灂也輈有筋膠之被用力均者則灂遠鄭司農云灂讀爲灂酒之灂環灂謂漆沂鄂如環

疏自伏兔不至軓七寸者賈疏云是從內向外之言云軓中有灂謂之國輈者猶輪人爲輪蓋云謂之國工也戴震云記反覆言輈之和灂耐久遠亦和之徵

注云伏兔至軓蓋如式深者賈疏云伏兔銜車軸在輿下短不至軓軓即輿十三面材是也無伏兔處去軓遠近無文以意斟酌經云自伏兔不至軓七寸明七寸之外更有寸數故鄭云伏兔至軓軓蓋如式深也江永云伏兔半在軸前半在軸後兔之長當一尺四寸有奇軸前約七寸

軸後亦如之賈疏有兎尾上載軫之說未是案江說是也依鄭說伏兎之長亦一尺四寸六分與輈當兎同居遂深三分之一則前至前軓後至後軫亦各一尺四寸六分也總敘疏謂兎尾上載軫蓋由兎後遙指後軫以明加軫轐之度非謂兎尾之長實至後軫也云兵車乘車式深尺四寸三分寸之二者見前輿人注云灂不至輈七寸則是半有灂也者賈疏云自伏兎至軓亦一尺四寸三分寸之二如是輈轅之深入式下半一尺四寸三分寸之二有七寸三分寸之一直言半有灂者據七寸不言三分寸之一舉全數而言也云輈有筋膠之被者筋膠所以爲固輈任力多與轂同故亦被以筋膠也筋膠之被輈前曲及輿下並當有之但輈前耑與軓正相摩切處久而無灂其軓內七寸上承輿版者軓和則與輿版不相侵乃常有灂耳云用力均者則灂遠者謂輈用力均調則輈不外出軓不內侵而七寸內之輿版與輈亦相承而安故灂得以久遠不然則輈軓及輿版動而相摩切灂久而漸平不得常有七寸矣遠是久遠之遠賈疏以漆入式下七寸爲灂遠非鄭司農云灂讀爲灂酒之灂者賈疏云讀從士冠禮若不醴灂用酒之灂也段玉裁云讀爲當作讀如謂其音同也疏引士冠禮灂用酒按說文冠娶禮祭字作醮酒盡字作釂此注灂酒正當爲釂酒云環灂謂漆沂鄂如環者先被筋膠後漆之漆乾則有沂鄂也沂鄂與典瑞注圻鄂同即輪人所謂篆也車轂及輈皆有筋膠之被故皆有之郊特牲云丹漆雕幾之美注云幾謂漆飾沂鄂也又少儀哀公問並云車不雕幾注云雕畫也幾附纏爲沂鄂也御覽兵部引周書云年飢上用輿曲輈不漆據此是少儀之不幾即周書所謂不漆此經之灂又即少儀所謂幾幾沂圻亦聲近字通蓋筋膠相附纏加之以漆則其起墳處容突紆屈自成沂鄂此經之環灂及弓人之弓灂皆是物也程瑤田云灂謂紋理有筋膠之被乃有灂故弓人云牛筋蕡灂麋筋斥蠖灂角亦有之故弓人云角環灂案程說

是也凡爲車及弓漆及筋膠初被時即有
滑摩鞭太甚恐其無滑故以有滑爲和耳軫之方也以象地也蓋之
圜也以象天也輪輻三十以象日月也蓋弓二十有八以象星也輪
象
日月者以其運行也
日月三十日而合宿疏軫之方也以象地也蓋之圜也以象天也者
以下通論車制取象之法周書周祝篇云天
爲蓋地爲軫大戴禮記保傅篇云古之爲路車也蓋圜以象天二十
八橑以象列星軫方以象地三十輻以象月故仰則觀天文俯則察
地理前視則覩鸞和之聲側聽則觀四時之運此巾車教之道也賈
子容經續漢書輿服志文並略同蓋即本此經案地形實圜赤道贏
而兩極微朒古渾天家言亦謂天地皆渾圜如丸而經典並云地方
者大戴禮記曾子天圓篇曾子曰如誠天圓而地方則是四角之不
揜也參嘗聞之夫子曰天道曰圓地道曰方是地方自主道言之其
形體圜而不方古人固知之矣春秋繁露三代改制質文篇云主天
法商而王鸞輿尊蓋法天列象主地法夏而王鸞輿卑法地周象載
然則周人上輿兼法夏商故此經軫蓋兼象地天與云輪輻三十以
象日月也者三十是日月合宿之數大戴記及賈子並止云象月不
云日者文之省也云蓋弓二十有八以象星也者星即馮相氏之二
十八星也史記律書載二十八舍曰東壁營室危虛須女牽牛建星
箕尾心房氐亢角軫翼七星張注弧狼罰參濁留胃婁奎此古蓋天
家說與玉燭寶典唐書曆志引甄曜度及魯曆同此經有象伐象弧
則所云二十八星必與彼同淮南子天文訓漢書律曆志三統曆四
方經星南方有東井輿鬼而無狼弧西方有觜觿而無罰北方有南
斗而無建星又以注爲柳以濁爲畢以留爲昴名亦小異此與史記
及佚緯不同後世天文家沿用之非此經之義　注云輪象日月者
以其運行也日月三十日而合宿者據一月之日言之周書周月篇

云日月俱起於牽牛之初右回而行月周天超一次而與日合宿孫穀古微書引尚書考靈耀云日月行一度月日行十三度十九分度之七故曰一月行二十九度半餘月一月行天一帀三百六十五度四分度之一過而更行二十九度半餘而與日會御覽天文部引范子計然云月行疾二十九日三十日閒一與日合日月合宿在二十九日三十日閒此云三十日者舉大數也阮元云日月三十日合朔遷一舍輪周三十輻在地遷一舊似之

龍旂七斿以象大火也交龍爲旂諸侯之所建也大火蒼龍宿之心其屬有尾尾九星

【疏】龍旂九斿以象大火也者以下記路車所建旂旂象東南西北四宮之星又放星數爲斿數也巾車云金路建大旂大旂卽龍旂也巾車別有玉路建大常十二斿此不及者大常設三辰此上文已有輪輻蓋弓等象日月星故不復舉也曲禮云行前朱雀而後玄武左青龍而右白虎招搖在上急繕其怒孔疏引崔靈恩云此謂軍行所置旌旗於四方以法天此旌之旒數皆放其星龍旗則九旒雀則七旒虎則六旒龜蛇則四旒皆放星數以法天也皆畫招搖於此四旗之上崔氏所說斿數並據此文蓋謂此龍旂鳥旟熊旗龜旐卽曲禮前後左右四旗其說是也鄭君釋此經四星舉蒼龍朱鳥白虎玄武四宮爲說亦與彼暗合其釋曲禮乃云以此四獸爲軍陳象天也不以爲旌旗之象蓋偶失之賈疏云此以下九斿七斿六斿四斿之旌旗皆謂天子自建非謂臣下若臣下則皆依命數然天子以十二爲節而今建九斿七斿六斿四斿者蓋謂上得兼下也又云九斿正謂天子龍旂其上公亦九斿若侯伯則七斿子男則五斿大行人所云者是也案賈說是也樂記云龍旂九旒天子之旌也荀子禮輪篇史記禮書並云天子龍旂九斿所以養信也國策齊策說魏王行王服建九斿朙天子龍旂斿數與上公同矣續漢書輿服志云龍旂九斿七仞齊軫以象大火其象星之義卽本此惟所說諸

旌旗仞數及所齊與節服氏賈疏引禮緯含文嘉說略同蓋別據彼文非此經義也　注云交龍爲旂諸侯之所建也者賈疏云皆司常文此既非臣下所建而鄭引司常者蓋取彼交龍以釋此旂因言諸侯亦建旂非謂此經論諸侯事云大火蒼龍宿之心者大戴禮記夏小正云九月內火內火也者大火大火也者心也左襄九年傳云古之火正或食於心是故心爲大火爾雅釋天云大辰房心尾也大火謂之大辰左傳孔疏引李巡云大辰蒼龍宿之體最爲明故云房心尾也大火蒼龍宿心以候四時故云辰史記天官書云東宮蒼龍房心案大火之次度詳保章氏疏云其屬有星尾尾九星者大火之次雖以心爲主然心三星與龍旂斿數不合惟尾九星故知此象大火謂尾也天官書云尾爲九子開元占經東方七宿占引石氏云尾九星十八度春秋繁露奉本篇云大火二十六星蓋合房心尾三星之通數言之

鳥旟七斿以象鶉火也

鳥隼爲旟州里之所建鶉火朱鳥宿之柳其屬有星星七星

【疏】鳥旟七斿者由車云象路建大赤大赤即鳥旟也續漢書輿服志云鳥旟七斿五仞齊較以象鶉火　注云鳥隼爲旟州里之所建者賈疏云司常職文州長中大夫四命里宰下士一命皆不得建此七斿之旟言州里建旟者亦取彼成文以釋旟非謂州里得建七斿也案司常之州里專指六鄉不兼六遂之里宰也鄭賈說誤詳彼疏云鶉火朱鳥宿之柳者左襄九年傳云古之火正或食於咮是故咮爲鶉火爾雅釋天云咮謂之柳柳鶉火也天官書云南宮朱鳥柳爲鳥注案鶉火之次度詳保章氏疏鶉即鶉之省鶉隼同物即朱鳥也詳司常疏云其屬有星星七星者柳八星亦與鳥旟斿數不合故知象鶉火者專據七星也左傳襄九年孔疏引春秋緯文耀鉤云咮爲鳥陽七星爲頸宋均注云陽猶首也柳謂之咮咮朱鳥首也七星爲朱鳥頸也咮與頸共在於午者鳥之止宿口屈在頸七星與咮體相接連故也是則七星與柳

同位連體故旟象朱鳥卽取彼星國策齊策說魏王從七星之旟亦其證也賈疏云七星者月令云曰七星中是也不指七星言柳乃云其屬有星者當鶉火三星柳爲首故先舉其首後言其屬也若然上心與尾別辰心非尾之首亦舉心後言其屬尾者心爲大辰雖非本辰亦爲其首也

熊旗六斿以象伐也 熊虎爲旗師都之所建伐屬白虎宿與參連體而六星 疏熊旗六斿者巾車云革路建大白大白卽熊旗也司常云熊虎爲旗此云熊旗者舉熊以晐虎續漢書輿服志云熊旗六斿五仞齊肩以象參伐說文㫃部云熊旗五游以象伐星依巾車革路條纓五就旗斿數或當與纓就同則許說亦可通但此注以參伐連體六星爲釋則鄭本自作六若伐不連參則止三星亦不得爲五斿許說與星象究不合也 注云熊虎爲旗師都之所建者賈疏云亦司常職文師都都鄉遂大夫也鄉大夫雖是六命卽得建六斿遂大夫是中大夫四命卽不得建六斿此謂天子所建也案師都當作帥都帥都卽軍將及都家之長鄭賈以爲鄉遂大夫誤詳司常疏云伐屬白虎宿與參連體而六星者史記天官書云參爲白虎三星直者是爲衡石下有三星兌曰罰爲斬艾事其外四星左右肩股也張氏正義云罰亦作伐春秋運斗樞云參伐事主斬艾也開元占經西方七宿占引黃帝占云參中央三小星曰伐案古說皆以參爲三星者不數肩股四星也故毛詩唐風綢繆傳云三星參也伐在參中與參連體幷數之則爲六星故參通謂之伐大戴禮記夏小正云五月參則見參也者伐星也毛詩召南小星傳云參伐也孔疏引演孔圖云參以斬伐是也伐亦通謂之參公羊昭十七年傳云伐爲大辰何注云伐謂參伐也此經亦通謂參爲伐故六斿取象於彼今天官家言參皆七星者不數伐而數肩股四星也

龜蛇四斿以象營室也 龜蛇爲旐縣鄙之所建營室玄武宿與東壁連體而四星 疏龜蛇四斿者蛇

唐石經宋本附釋音本嘉靖本並作虵俗今據舊注疏本正巾車云
木路建大麾大麾卽龜旐也續漢書輿服志云龜旐四斿四仞齊首
以象營室王引之云經文本作龜旐四斿今作龜蛇者涉注文而誤
也上文龍旂鳥旟熊旗上一字皆所畫之物下一字皆旗名此不當
有異若作龜蛇則旗名不箸所謂四斿者不知何旗矣龜蛇爲旐而
稱龜旐者猶熊虎爲旗而稱熊旗約舉其一耳上文交龍爲旂釋旂
字也鳥隼爲旟釋旟字也熊虎爲旗釋旗字也此注龜蛇爲旐釋旐
字也以注考經其爲龜旐明甚續漢書輿服志載此文正作龜旐四
斿通典禮同桓二年左傳正義太平御覽兵部引此文亦皆作龜旐
唐石經始誤爲龜蛇說文旐字注龜蛇四斿亦當作龜旐後人依俗
本周禮改之耳案王說是也王宗涑說同　注云龜蛇爲旐縣鄙之
所建者賈疏云亦司常職文縣正雖是下大夫四命鄙師上士三命
卽不得建四斿此亦謂天子自建也案司常縣鄙當爲公邑之長鄭
賈說亦誤詳彼疏云營室玄武宿與東壁連體而四星者壁釋文作
辟案辟壁字通爾雅釋天云營室謂之定娵觜之口營室東壁也爾
雅釋文亦作東辟左傳襄三十年孔疏引李巡注云娵觜玄武宿也
營室東壁北方宿名天官書云北宮玄武營室詩鄘風定之方中箋
云營室其體與東壁連正四方開元占經北方七宿占云營室東壁
四星四輔也又引石氏云營室二星
離宮六星十六度東壁二星九度　弧旌枉矢以象弧也　覲禮曰侯氏載龍旂
弧韣則旌旗之屬皆有弧也弧以張縿之幅有衣謂之韣又爲設
矢象弧星有矢也妖星有枉矢者蛇行有毛目此云枉矢蓋畫之　疏
弧旌枉矢者司常云析羽爲旌九旗皆有弧此獨舉弧旌者蓋弧矢
以象武事他旗注全羽之旞者或不畫枉矢唯旌畫之與　注云覲
禮曰侯氏載龍旂弧韣則旌旗之屬皆有弧也者此云弧旌是旌有
弧也覲禮弧韣主龍旂言是旂有弧也推之九旗之屬蓋皆有之明

堂位說大常亦云弧以張縿之幅者釋文縿作幓云本又作縿案幓卽縿之俗鄭覲禮注亦云弧所以張縿之弓也明堂位注云弧旌旗所以張幅也案巾車注謂縿爲旂之正幅蓋以弧張之而後縣於杠左隱十一年傳有鄭伯之旗蝥弧蓋卽弧旌也云有衣謂之韣者鄭覲禮明堂位注並云弓衣曰韣案韣本射弓衣叚之名故說文韋部云韣弓衣也廣雅釋器云韣弓藏也因之張縿之弓其衣亦曰韣又鄭既夕禮注謂弓衣以緇布爲之此旌旂之韣蓋當以采帛爲之與縿同云又爲設矢象弧星有矢也者文選張衡西京賦弧旌枉矢薛綜注亦云弧星名天官書云參其東有大星曰狼下有四星曰弧直狼李播天象賦云狼援戈而野戰弧屬矢而承天苗爲注云弧九星在狼東南天弓也主捕盜賊常屬矢直對狼則吉開元占經石氏外官占引石氏說略同是弧星有矢也後漢書馬融傳廣成頌云棲招搖與玄弋注枉矢於天狼則馬季長亦以枉矢爲卽弧星之矢故得注天狼李賢注專據妖星爲釋非馬恉也云妖星有枉矢者蛇行有毛目者賈疏謂孝經緯文又引孝經援神契云枉矢所以射慝謀輕又引春秋考異郵云枉矢狀如流星蛇行有毛目漢書天文志云枉矢類大流星蛇行而倉黑望如有毛目然開元占經妖星占引春秋合誠圖云枉矢者射星也水流蛇行含明故有毛目陰合於四故長四丈乙巳占祆星占引巫咸海中占說枉矢形狀並云有毛目手」宋巾箱本舊注疏本並作尾續漢輿服志劉注引同司弓矢疏引考異郵及後漢書馬融傳李注亦並作尾義得兩通鄭言此者以弧星屬矢不名枉矢經云枉矢兼取妖星爲象也云此云枉矢蓋畫之者賈疏云知畫之者以其弓所以張幅幅非弦不可著矢以畫於縿上也戴震云畫矢於韣案賈戴二說不同未知孰得鄭恉今依金榜說旟旌卽日月爲常等七旗而注羽則縿上自各有正章不得復畫枉矢以提厠其閒戴說於經義較合也又續漢輿服

志注引干注云枉矢象妖星非其義也枉蓋應爲枉直謂枉矢於弧案干破鄭說蓋謂枉矢即是矯矢令枉曲以屬於弓不爲畫妖星然九旗並有弧不聞著矢且叚令弧旌著矢亦宜直而不枉干說疑未然

周禮正義卷七十七

珍倣宋版印

瑞安孫詒讓學

攻金之工築氏執下齊冶氏執上齊鳧氏爲聲㮚氏爲量段氏爲鎛器桃氏爲刃多錫爲下齊大刃削殺矢鑒燧也少錫爲上齊鍾鼎斧斤戈戟也聲鍾錞于之屬量豆區鬴也鎛器田器錢鎛之屬刃大刃刀劒之屬

疏築氏執下齊冶氏執上齊者此通論金工齊和之等爲下六工發耑也詩周頌鄭箋云執持也謂執持此金樸依齊量鑄以爲器賈疏云據下文六等言之四分已上爲上齊三分已下爲下齊築氏爲削在二分中上仍有三分大刃之等亦是下齊若然築氏於下齊二等之內於此舉中言之注云多錫爲下齊者錫多則金不純故爲下齊多者謂參分其金而錫居一以下云大刃削殺矢鑒燧也者據下文云少錫爲上齊者錫少則金純故爲上齊少者謂四分其金而錫居一以上云鍾鼎斧斤戈戟也者亦據下文賈疏云若然鳧氏入上齊桃氏入下齊其㮚氏爲量段氏爲鎛器亦當入上齊中案鄭意當如賈說管子小匡篇云美金以鑄戈劒矛戟試諸狗馬惡金以鑄斤斧鉏夷鋸欘試諸木土依管子說斧斤與鎛器同用惡金則不當與戈戟同齊此與鄭賈說異未知其審云聲鍾錞于之屬者聲與典同十二聲義同謂凡聲樂之金器也錞于即鼓人四金之一詳彼疏云量豆區鬴也者大行人注同詳內宰㮚氏疏云鎛器田器錢鎛之屬者總敘注義同管子輕重篇云一農之事必有一耜一銚一鎌一鎒一椎一銍然後成爲農凡田器有金者蓋皆段氏爲之其金齊同也云刃大刃刀劒之屬者說文刃部云刃刀堅也又刀部云劉刀劒刃也刀劒雖非長兵而其鋒劉在兵中爲

最大故謂之大刃賈疏云案桃氏爲劍此言刃變言之者亦是劍類非一故注云大刃刀劍之屬也金有六齊目和金之品數

疏金有六齊者下文金皆與錫相和職金賈疏謂此金皆謂銅是也左傳僖十八年杜注云古者以銅爲兵案古鐘鼎及兵器田器之屬皆以銅爲之然兵器田器亦間有用鐵者故越絕書外傳記寶劍云風胡子曰神農赫胥之時以石爲兵黃帝時以玉爲兵禹之時以銅爲兵當今之時作鐵兵越紐說古兵器變易原流甚析蓋太古唯有石兵中古用銅最後乃用鐵今古器出土者猶可徵驗但依世本史記黃帝蚩尤已以金爲兵玉兵之說詭誕不足馮耳綜而論之自黃帝至周初大抵皆用銅兵而鐵兵亦漸興迄晚周始大盛故矢人二鄭注並以刃爲鐵六韜軍用篇說兵械亦有鐵者孟子滕文公篇又云以鐵耕卽鎛器也是知夏禹作貢已有鐵鏤殷周之際鐵器必繇唯究不及銅之多故今所傳古戈劍之等有款識可徵者率皆銅質明鐵兵尚尟且易朽蝕故不經見也若然則此金齊固當以銅錫爲主而金工所用之材則當兼有鐵經文不具也互詳職金疏　注云目和金之品數者少儀注云齊和也亨人注云齊多少之量故和金錫亦謂之齊品數卽謂多少之量也

六分其金而錫居一謂之鐘鼎之齊五分其金而錫居一謂之斧斤之齊四分其金而錫居一謂之戈戟之齊參分其金而錫居一謂之大刃之齊五分其金而錫居二謂之削殺矢之齊金錫半謂之鑒燧之齊鑒燧取水火於日月之器也鑒亦鏡也凡金多錫則刃白且明也

疏六分其金而錫居一謂之鐘鼎之齊者以下辨六齊之等也鐘鳧氏所爲也爲鼎之工無文㮚氏注謂鐘鼎與量異工則鄭意鼎或亦鳧氏爲之與

江永云鍾鼎欲其堅不剝蝕故金最多云五分其金而錫居一謂之斧斤之齊四分其金而錫居一謂之戈戟之齊者並冶氏所爲也說文斤部云斤斫木斧也斧斫也賈疏云上文築氏執下齊冶氏執上齊者今於此文戈戟之齊在四分其金而錫居一之中則此已上六分其金與五分其金在上齊上齊中參分其金已下爲下齊中可知其斧斤在上齊上齊中惟有冶氏造戈戟則斧斤亦當冶氏爲之矣云參分其金而錫居一謂之大刃之齊五分其金而錫居二謂之削殺矢之齊者亦並冶氏所爲江永云斧斤至削殺矢皆有刃其用之重欲其難缺者金多用之輕欲其不折者金少云金錫半謂之鑒燧之齊者燧葉鈔本釋文作隧阮元云燧隧皆說文𨼆字之誤此於𤎫燧無涉秋官夫遂祇作遂是爲正字詒讓案燧俗𨼆字鑒燧正字當作鐩古或叚遂隧爲之鳧氏注亦作夫隧疑葉鈔釋文近是互詳司烜氏

疏江永云鑒燧欲明故金錫半　注云鑒燧取水火於日月之器也者據司烜氏云掌以夫遂取明火于日以鑒取明水于月六齊之工惟鑒燧無文蓋記者失之云鑒亦鏡也者司烜氏注義同鑒錫最多故管子輕重己篇說天子迎春帶玉監迎秋帶錫監監鑒字通玉監者以玉飾監天子帶之者蓋事佩之屬云凡金多錫則刃白且明也者刃卽堅韌字釋文作忍宋附釋音本及注疏本並同嘉靖本作刃與賈疏述注合今從之山虞注柔刃輈人車人注堅刃字亦並作刃賈以爲卽大刃之刃則謬也史記夏本紀集解引鄭書注云錫所以柔金也呂氏春秋別類篇云金柔錫柔合兩柔則爲剛蓋金錫相得則堅刃錫在銀鉛之間其色白故多則白而含明又宜爲鑒燧也呂氏春秋又云相劍者曰白所以爲堅也黃所以爲牣也黃白雜則堅且牣良劍也牣亦與韌同彼白卽謂錫黃卽謂金而云白以爲堅與黃以爲牣相反者彼謂柔刃鄭則謂剛刃義各有所取也錫詳卝人疏

築氏爲削長尺博寸合六而成規今之書刀 疏 築氏爲削者說文木部云築擣也攻金之事必椎擣而成故作削之工謂之築氏韓非子外儲說左上云鄭有臺下之冶者謂燕王曰臣削者也葢通言之爲削者亦得稱冶矣云長尺博寸合六而成規者削爲曲刃合六成規著其句之度也申其句而度之其長一尺賈疏云削反張爲之若弓之反張以合九合七合五成規也馬氏諸家等亦爲偃曲卻刃也案據賈說疑賈于諸家咸以削爲偃曲郤刃謂削形偃折刃郤向內也說文刀部云剞剧曲刀也卽此陳祥道云少儀曰刀郤刃授穎削授拊鄭曰穎鐶也拊把也然則直而本鐶者刀也曲而本不鐶者削也劉嶽饔云削長一尺合六而成規是規周六尺也周六尺應得半徑九寸五分五釐卽六十度通弦削長一尺首末相距之數也 注云今之書刀者孔廣森云釋名曰書刀給書簡札有所刊削之刀也漢書音義晉灼曰舊時蜀郡工官作金馬削刀者似佩刀形金錯其拊詁讓案古作書以削刻簡札故謂之書刀御覽兵部有漢李尤金馬書刀銘三國志魏志韓馥以書刀自殺是也又晏子春秋內篇襍上云景公使晏子於楚楚王進橘置削是此刀亦用以剖削果實不徒削牘作書也書顧命孔疏又引鄭此注云曲刃刀也今本注無此文據疏云馬氏諸家亦爲偃曲郤刃亦者冢上爲文疑本有此注而今本挩之與欲新而無窮謂其利也鄭司農云常如新無窮已 疏 注云謂其利也者說文刀部云利銛也鄭司農云常如新無窮已者謂久用之常如新發於硎無已時也敝盡而無惡鄭司農云謂鋒鍔俱盡不偏索也玄謂刃也脊也其金如一雖至敝盡無瑕惡也 疏 注鄭司農云謂鋒鍔俱盡不偏索也者鋒謂刃末鍔卽刃也詳桃氏疏凡鍊冶不精用久則金惡者先銷故有偏索之患此敝盡而無惡則鋒與鍔同敝無偏索之弊也云玄謂刃也脊也其金如一雖至敝盡無

瑕惡也者㪙與輪人輪㪙三材不失職之㪙義同削一面銛者爲刃一面鈍者爲脊脊無刻削之用金或不精今脊金之精與刃同故雖刃金銷㪙至盡而不見瑕惡也又案鄭說削刃脊蓋止一面有刃而淮南子本經訓高注云削兩刃句刀也依高說削兩面有刃則當爲劍脊鄭意似不如是也

冶氏爲殺矢刃長寸圍寸鋌十之重三垸

殺矢與戈戟異齊而同其工似補脫誤在此也殺矢用諸田獵之矢也鋌讀如麥秀鋌之鋌鄭司農云鋌箭足入稾中者也垸量名讀爲丸

【疏】冶氏者說文仌部云冶銷也金部云銷鑠金也總敘云爍金以爲刃故工以冶爲名書梓材釋文引馬融書注云冶金器曰冶云爲殺矢者爲金鏃與矢人爲聯事也此工亦爲斧斤詳前疏云刃長寸圍寸者江永云刃者鏃鋒鋒上漸廣闊一寸不言博而言圍者闊處有脊厚薄不等故以圍言之謂轉一周皆一寸也戴震云矢匕中博刃長寸自博處至鋒也矢人刃長二寸通謂匕爲刃也圍寸不言博言圍者矢匕有脊之減博不及一寸案戴說與矢人注異彼經亦作刃長寸注謂當作刃長二寸經脫二字此注不言者鄭以彼爲正經此爲補脫之誤故不詳校戴氏則謂矢刃中博自其中㓺而上下者各一寸是亦二寸也其說近是互詳矢人疏云鋌十之者段玉裁云刃圍一寸而鋌入稾中者一尺 注云殺矢與戈戟異齊而同其工者賈疏云按上文戟在上齊內殺矢在下齊中是異齊今此同工不可也江永云異齊未嘗不可同工鄭疑未確云似補脫誤在此也者段玉裁云鄭意補脫者當補入於築氏職而在此是爲誤也殺矢與削同齊此與掌客著脫字失處同案段說是也賈疏謂補矢人之脫漏又補此職殊誤云殺矢用諸田獵之矢也者司弓矢云殺矢鍭矢用諸近射田獵彼六矢殺矢第三此不舉餘五

矢者據矢人諸矢惟鐵入槀者輕重長短不同刃則不異故此舉中以眩其餘也云鋌讀如麥秀鋌之鋌者段玉裁云讀如者謂其音同也麥秀鋌鄭時葢有此語謂麥秀芒束森挺然也箭足入槀中者纖銳似之詒讓案集韻鋌稻麥傑立皃鋌鋌字通鄭司農云鋌箭足入槀中者也者槀舊本並譌作稾釋文同今據岳本正箭足謂金也釋名釋兵云矢又謂之箭其本曰足矢形似木木以下爲本以根爲足也又謂之鏑齊人謂之鏃案槀卽矢榦箭足著金惟見其刃其莖入榦中不見者謂之鋌也云垸量名者此量謂權也家語五帝德篇王注云五量權衡斗斛尺丈量步十百是權衡亦通稱量賈疏謂垸是稱兩之名非斗斛之號非先鄭意至垸之爲量經注無文戴震謂卽鍰之叚字云十一銖二十五分銖之十三程瑤田及段玉裁並從其說詳後及弓人疏云讀爲丸者段玉裁云讀爲疑當作讀如案段校是也此亦擬其音也說文土部垸訓丸桼列子黃帝篇㬥垸殷氏釋文音丸莊子達生篇垸作丸是其證

戈廣二寸內倍之胡三之援四之

戈今句孑戟也或謂之雞鳴或謂之擁頸內謂胡以內接柲者也長四寸胡六寸援八寸鄭司農云援直刃也胡其孑

疏 戈廣二寸者說文戈部云戈平頭戟也从弋一橫之象形方言云凡戟而無刃吳揚之閒謂之戈趙溥云廣二寸總內與援胡言三者皆徑廣二寸疏謂廣二寸只說胡廣則經當言胡廣不當說戈廣也案趙說是也金榜說同云內倍之胡三之援四之者明戈諸體之長度並以廣爲根數也凡戈三體援爲橫刃主擊故最長胡半刃主決次之內卽援本之入柲爲固者又次之黃伯思東觀餘論云戈之制兩旁有刃橫置而末銳若劍鋒所謂援也援之下如磬折稍刓而漸直若牛頸之垂胡者所謂胡也胡之旁一接柲者所謂內也援形正橫而鄭以爲直刃禮圖從而繪之若矛槊然誤矣葢戈擊兵也可句可啄而非用以刺也是以衡而弗從程瑤田

云戈之制有援援其刃之正者衡出以琢人其本卽內也內衡貫於柲之鑿而出之故謂之內援接內處下垂者謂之胡胡上不冒援而出故曰平頭戟也近見山東顏崇榘所臧銅戈以證冶氏制度無不相合銅戈之胡貼柲處有闌以限之闌之外復爲物上當內而垂下廣一二分如胡之修而加長焉葢恐內廣一寸僅足以持援而或不足以持胡致有搖動之患爲此物於柲鑿之下亦刻其鑿以含之則胡有所制而不能搖動矣又於胡上爲三空內上爲一空殆於旣內之後復以物穿空處約之以爲固與又云戈戟謂之句兵又謂之擊兵其用主於橫擊故其著柲處不用直戴而用橫內戈戟之有內也其名葢出於此內者於柲端却少許爲鑿戈戟之內以薄金一片橫內於其鑿內與鑿柄之柄同義非若矛之著柲者爲圜筩空其中而以柲貫之如人足之脛故名之爲骹也戈之著柲橫內於後則其正鋒必橫出於前如人伸手援物故謂之援援體如劍鋒旣橫出則上下皆有刃如劍之鍔鋒以琢上刃以摏下刃以句下刃之本曲而下垂爲刃轉其下刃以決人所謂胡也胡之言喉也援曲而有胡如人之喉在首下曲而下垂然則胡之名因援而有者也案戈戟之制漢時所傳已誤故二鄭所說形制與古器不合曲禮孔疏亦沿其誤宋以後說戈制者亦多不得其解惟黃氏程氏據世所傳古戈就其形度別爲考定其說特爲精塙校以經文亦無不密合信爲定論矣

注云戈今句孑戟也者夏官敘官注同鄭意古戈胡橫句與漢時句孑戟形制同然戟爲刺兵戈爲句兵形制絕異漢句孑戟乃戟之別制非卽古之戈也云或謂之雞鳴或謂之擁頸者方言郭注謂大戈卽雞鳴鉤釨戟御覽兵部引張敞晉陳宮舊事云東列崇福門之右雞鳴戟十枚卽此擁頸未聞云內謂胡以內接柲者也者此鄭意謂戈有直刃有橫刃其直刃謂之援橫刃謂之胡內則其直刃之首近胡入柲後者故云胡以內接柲者也然古戈平頭實無直刃援乃其橫

刃胡乃横刃之下當援內相接處爲半刃下垂附於柲者注就漢時所傳句孑戟說之與古戈制度並不合也云長四寸者謂內之長也倍二寸故得四寸云胡六寸援八寸者三二寸故得六寸四二寸故得八寸也鄭司農云援直刃也者亦誤以横刃爲直刃也云胡其孑者孑者小枝之名釋名釋兵說孑盾云孑小稱也故枝兵小枝亦謂之孑也先鄭意亦以胡爲戈之横刃誤與後鄭同

已倨則不入已句則不決長內則折前短內則不疾

戈句兵也主於胡也已倨謂胡微直而邪多也以啄人則不入已句謂胡曲多也以啄人則創不決胡之曲直鋒本必横而取圜於磬折前謂援也內長則援短援短則曲於磬折曲於磬折則引之與胡並鉤內短則援長援長則倨於磬折倨於磬折則引之不疾

疏 已倨則不入已句則不決者明戈援横出倨句之度也凡戈之用以援爲主援横出微邪向上若太昂則倨正平或微俛則句皆不適用也程瑤田云倨謂援倨於外博太向上也戈啄人蓋横用之太向上是以不能入也句謂援句於外博横啄之雖可入然太向下與胡相迫是以入而難決斷也倨句外博則二病除云長內則折前短內則不疾者明內長短之度也程瑤田云前謂援也內長則重而援轉輕輕則爲重者所累故易掉折亦啄而不能入也內短則輕而不足以爲援助故入之而不疾也二病弗除雖倨句外博戈亦未盡善也　注云戈句兵也者賈疏云下文廬人云句兵欲無彈鄭注云句兵戈戟屬是戈爲句兵也云主於胡也者程瑤田云注意以句之名由横者而生定胡爲横刃故謂胡爲戈之主其實主於援援其横刃也云已倨謂胡微直而邪多也者謂刃直太後向上邪勢多也然經云倨句並據援言之鄭謂據胡言並誤云以啄人則不入者刃向上多則下擊其鋒不正故不能入也金榜云戈擊人若鳥之開口啄物然注釋爲啄人取其象類云已句謂胡曲多也者說文句

部云句曲也刃大屈向下曲勢多也云以啄人則創不決者廣雅釋詁云創傷也曲禮鄭注云決猶斷也言胡過曲則啄人雖傷而不能割斷也云胡之曲直鋒本必橫而取圜於磬折者賈疏云胡孑橫捷微邪向上不倨不句似磬之折殺也案賈說非鄭意也鄭葢謂胡爲戈之橫刃其本雖橫出正平其外卻微邪向下與直刃爲圜勢其折處若圜之鈍角與磬折相似也賈謂孑微邪向上則正與注義相反矣云前謂援也者謂援在胡前也然鄭意援爲直刃出胡前故以前爲援與經之援爲橫刃出胡前者不合義雖無迕而形制失矣云內長則援短援短則曲於磬折曲於磬折則引之與胡並鉤者賈疏云曲於磬折由胡向上近援胡頭低胡頭低則胡曲於磬折也胡既與援相近故援共胡並鉤並鉤則援折故云折前也詒讓案鄭意以內長則橫刃近下前之直刃不得不短直刃短則其鋒接橫刃近若微曲而內向有橫刃之一邊引之則與橫刃並鉤矣云內短則援長援長則倨於磬折倨於磬折則引之不疾者賈疏云以其由胡近下安之則頭舒頭舒則倨於磬折也以頭舒則引之不疾程瑤田云長內短內二語釋內之所以四寸以配援之八寸於倨句無與也案程說是也鄭意以內短則橫刃近下前之直刃不得不長直刃長則鋒接橫刃遠必漸倨若外向無橫刃之一邊而引之不疾矣以上諸義並是鄭以意說之實則經言倨句既不取圜於磬折而內之長短與倨句尤不相蒙鄭說並非經義

是故倨句外博

博廣也倨之外胡之裏也句之外胡之表也廣其本以除四病而便用也俗謂之曼胡似此

疏 是故倨句外博者程瑤田云倨句外博專承已倨已句二語而定之戈之刃在援與胡其用以爲句兵也主於援故其發斂之度以援與胡定倨句之形而曰倨句外博外博云者不中矩之云也又云戈之援昂然如橋衡其衡不與內之平相應故戈之倨句外博外博者援與胡縱橫不正方也所以然者戈無枝其

上徒平故使其援外博焉而不令中矩也倨句外博者外博於矩也案程說是也此經說制器曲折形勢凡侈者曰倨斂者曰句合校其角度之銳鈍則曰倨句樂記云倨中矩句中鉤是也互詳車人疏注云博廣也者磬氏注同廣雅釋詁云廣博也鄭意博卽上文戈廣二寸之廣然經外博實言外侈與廣度不相涉鄭未得其義云倨之外胡之裏也者金榜云外讀如大防外閷之外戈廣二寸廣于二寸外者謂之外博胡上邪與援接取圜磬折者爲倨由倨下度之博逾二寸者爲倨之外博故外爲胡裏也詒讓案鄭意横刃之鋒袤向內其近直刃者爲倨其近內者爲句自倨處視之則胡裏句者爲外故云倨之外胡之裏也云句之外胡之表也者金榜云胡下横與援接者爲句由句上度之博逾二寸者爲句之外博故外爲胡表也詒讓案鄭意自句處視之則胡外倨者爲外故云句之外胡之表云廣其本以除四病而便用也者鄭意倨外者博則横刃之本當句處者博矣句外者博則本之當倨處者亦博矣表裏俱博於二寸是其本之廣也欲其除不入不決折前不疾之四病然經外博實言援胡倨句之度援侈邪指外不謂胡之表裏博亦非謂廣於二寸鄭說亦並非經義云俗謂之曼胡似此者證戈横刃本廣故有曼胡之稱也曼胡義互詳鼈人疏金榜云方言凡戟而無刃秦晉之閒謂之鋝或謂之鏝吳揚之閒謂之戈東齊秦晉之閒謂其大者曰鏝胡其曲者謂之鉤鋝鏝胡郭注云卽今雞鳴鉤鋝戟也

重三鋝鄭司農云鋝量名也讀爲刷玄謂許叔重說文解字云鋝鍰也今東萊稱或以大半兩爲鈞十鈞爲環環重六兩大半兩鍰鋝似同矣則三鋝爲一斤四兩

疏重三鋝者明戈金全體之重也兼內胡援三者言之注鄭司農云鋝量名也者量亦權也書呂刑孔疏引馬注同云讀爲刷者戴震云史記周本紀其罰百率徐廣曰率卽鍰也音刷平準書白選索隱曰尚書大傳云夏后氏不殺不刑死罪罰二千饌漢書

作撰二字音同也蕭望之列傳甫刑之罰小過赦薄罪贖有金選之
品應劭曰選音刷金銖兩名也師古曰音刷是也字本作鋝鋝即鍰
也段玉裁改讀爲爲讀如云應劭曰選音刷與此讀如刷一也今本
注作讀爲誤案段說是也云玄謂許叔重說文解字云鋝鍰也者證
鋝與鍰義同弓人注亦用此義今本說文金部云鋝十一銖二十五
分銖之十三也周禮曰重三鋝北方以二十兩爲三鋝又鍰鋝也書
曰罰百鍰鋝下無鍰也之文蓋挩也書呂刑疏引馬注亦云鋝量名
當與呂刑鍰同俗儒云鋝六兩爲一川不知所出耳是鄭許說並本
馬季長也川選音亦相近云今東萊稱或以大半兩爲鈞十鈞爲環
環重六兩大半兩者戴震改環爲鍰以環爲鍰之誤阮元云釋文不
出環字三鋝下云或音環賈疏兩引此注先作環後作鍰案戴阮校
是也賈職金疏及呂刑孔疏引此注亦作鍰賈疏云鋝鍰輕重無文
故王肅之徒皆以六兩爲鍰是以鄭引許氏及東萊稱爲證也凡數
言大者皆三分之二爲大三分之一爲少以一兩二十四銖十六銖
爲大半兩也鍰則百六十銖二十四銖爲兩用百四十四銖爲六兩
餘十六銖爲大半兩是鍰有六兩大半兩也案鍰鋝義同其數則有
三說鄭以爲六兩大半兩三之則二十兩此注引東萊語說文引北
方語是也賈引王肅則以爲六兩三之爲十八兩小爾雅廣衡云二
十四銖曰兩兩有半曰捷倍捷曰舉倍舉曰鋝鋝謂之鍰即王氏所
本呂刑僞孔傳孔疏及釋文引馬融賈逵說俗儒說同又路史後紀
引尚書大傳史記索隱引馬融釋饌賈職金疏引五經異義尚書夏
侯歐陽說釋率亦同許君則以爲十一銖二十五分銖之十三職金
疏引異義古尚書說及呂刑釋文引馬融說是也書舜典疏引鄭駮
異義云贖死罪千鍰鍰六兩大半兩爲四百一十六斤十兩大半兩
銅與今贖死罪金三斤爲價相依附與此注同而呂刑釋文引鄭書
注又與王肅同路史引鄭書傳注以千饌爲三百七十五斤亦以一

鍰六兩計之是鄭說亦自舛異呂刑疏謂鄭說鍰重六兩三分兩之二多於孔王所說惟較十六銖然則王說與東萊方言所差甚微孔廣森亦謂言六兩者舉成數此鄭書禮兩解錯出之故與云鍰鋝似同矣者許謂鍰鋝數同鄭證以東萊人所稱而定從其說也戴震云鍰鋝篆體易訛說者合爲一恐未然也鍰讀如丸十一銖二十五分銖之十三垸其假借字也鋝讀如刷六兩大半兩率選鍰其假借字也二十五鍰而成十二兩三鋝而成二十兩呂刑之鍰當爲鋝故史記作率漢書作選伏生大傳作鍰弓人膠三鋝當爲鍰一弓之膠三十四銖二十五分銖之十四賈逵說俗儒以鋝重六兩此俗儒相傳譌失不能覈實脫去太半兩言之案戴謂鋝鍰異量孔廣森說同亦通云則三鋝爲一斤四兩者一鋝爲六兩大半兩三六得十八兩三大半兩合成二兩故得一斤四兩以四分其金而錫居一之齊計之則金十五兩錫五兩也若依馬王及鄭書注說鋝爲六兩則三鋝止一斤二兩也

戟廣寸有半寸內三之胡四之援五之倨句中矩與刺重三鋝

戟今三鋒戟也內長四寸半胡長六寸援長七寸半三鋒者胡直中矩言正方也鄭司農云刺謂援也玄謂刺者著柲直前如鐏者也戟胡橫貫之胡中矩則援之外句磬折與

【疏】戟廣寸有半寸者亦通內胡援刺四者言之程瑤田云戈戟並有內有胡有援二者之體大略同矣其不同者戟獨有刺耳是故說文曰戈平頭戟也然則戟爲戈之不平頭者矣又曰戟有枝兵也然則戈爲戟之無枝者矣說文言枝考工記言刺枝刺一物也云內三之胡四之援五之者戟胡長與戈同內則贏以戈半寸援則朒於戈半寸形制與戈同云倨句中矩者程瑤田云戟之制內也胡也援也猶之乎戈之內也胡也援也其刺則胡上冒援而枝出者也內胡援刺四物相際交午於中不似戈形三相際平其上而不交午也戟之援衡如內之平而內

小卻焉倨句中矩中矩云者援與胡一縱一橫適正方也云與刺重三鋝者亦明戟全體之重也程瑤田云戈戟廣之數援之數胡之數內之數並有紀惟戟之刺無度然二者並重三鋝而戈形或豐於戟兩相較焉取其戈之所有餘者以與戟之刺刺亦如戟之廣則其長當六寸與司馬相如上林賦有雄戟張揖注云胡中有鮔者蓋言有刺如雞距增韻云凡刀鋒倒刺皆曰距然說文解刺爲直傷且以有枝對平頭其非倒刺明矣有刺謂之雄戟其名甚正而曰鮔在胡中是爲倒刺記曰已句則不決戟中矩視戈爲句矣胡中設又加刺豈能決乎蓋所傳聞異辭矣又云戟廣寸有半寸內三之胡四之援五之三事弁之長十八寸與戈三事弁數同其長而殺於戈之廣者四分之一則輕於戈者亦四分之一矣取所殺之長截之爲三而弁之成廣寸半長六寸以之爲刺加於胡之上適與戈同其重故記云與刺重三鋝也阮元云戟之異於戈者以有刺刺同援長可省言刺五之但曰與刺而已又記歙程敦所拓古戟其刺直上出於柲端與旁出之援絜之正中平矩且刺與援長相同可以爲考工之證詒讓案淮南子氾論訓云古之兵脩戟無刺高注云刺鋒也蓋戟有直鋒故謂之刺戟制二鄭所說亦誤程阮二說得之阮所見古戟胡內有文云龍伯作奔戟銘度相應尤爲塙證惟程以戟與戈廣殺而重同推刺當長六寸與胡等而阮所見古戟刺之度乃與援同長於胡案此記與刺冡上援五之爲文明刺度與援同故不別出阮圖出於目論亦較程說尤塙

注云戟今三鋒戟也者釋名釋兵云戟格也旁有枝格也方言云三刃枝南楚宛郢謂之匽戟郭注云今戟中有小孑刺者所謂雄戟也程瑤田云鄭意據司農刺爲援是以刺援爲一物與胡僅兩鋒耳故以今戟三鋒破其說詒讓案古戟止刺援二鋒胡則有鍔而無鋒以其附柲也漢之三鋒戟蓋直刃二與橫刃一而三與古戟制不同郭所云小孑刺卽中之直刃也云內長四寸半者

戟廣寸半三之得四寸半也云胡長六寸者以四乘寸半得六寸也云援長七寸半者以五乘寸半得七寸半也云三鋒者胡直中矩言正方也者鄭意戟有三鋒中直刃爲刺旁二刃其一橫出者爲胡其一本橫而外句微直向上者爲援經言中矩卽指橫刃旁出正平無衺曲與戈之橫刃取圓於磬折者異也史記司馬相如傳索隱引禮圖云戟支曲下爲胡也此說又與鄭異不知何據鄭司農云刺謂援也者凡刃直出曰刺先鄭以戈援爲直刃故以戟刺卽爲援然刺直傷援橫擊實爲二刃此并而一之與經不合後鄭亦不從云玄謂刺者著柲直前如鐏者也者曲禮進戈者前其鐏後其刃注云銳底曰鐏盧人先鄭注云刺謂矛刃胷也後鄭不知戈戟刃皆橫著於柲與矛刃之直冒於柲者不同而誤謂刺卽戟直刃之胸著柲直前而銳其耑與兵器之鐏略相似故云如鐏也云戟胡橫貫之者謂橫貫刺之近本處也云胡中矩則援之外句磬折與者程瑤田云鄭意胡旣橫貫於刺中矩則援必不中矩衺出於刺其外句成磬折而爲三鋒矣然胡橫貫於刺其用止能橫擊若斬首必不能決而援衺倚於刺卽以刺人亦恐難勝任也案程說是也鄭蓋謂戟橫刃直出與刺爲中矩惟旁出之直刃外句亦取圓於磬折云外句者別於戈橫刃之內句也通校經注蓋戈戟本制並橫著於柲戈上一橫刃平出而微昂謂之援援之下直下其半爲刃半無刃附於柲者謂之胡與援相接橫貫於柲者謂之內戟則二刃援胡與戈正同惟援上別爲一刃直出者謂之刺而援則正平不昂起與戈異此古制也先鄭所說之制則戈戟並二刃戈之直刃上出者爲援其橫刃下句者爲胡援之下直冒於柲者爲內戟援內並與戈同惟胡橫出正平與戈胡之下句者異此其所說戈制全誤戟則與古戈相類而以刺爲援以援爲胡又其著柲以橫穿爲直冒則與古戈制亦不合後鄭之說戈制與先鄭同而戟則三鋒中一直者謂之刺兩旁二小刃一橫出正平

者爲胡一本橫出而鋒上句者爲援其著柲亦並以橫穿爲直冒葢沿先鄭之說而少變之其誤尤甚今謹據程阮所攷糾正之而綜論其義於此

桃氏爲劍臘廣二寸有半寸 臘謂兩刃 疏 桃氏爲劍者桃名義未詳疑卽斛之段字說文斗部云斛一曰利也爾雅曰斛謂之鍬有司徹桃匕注云桃謂之歃卽用雅訓而以桃爲斛是其證也刃劍鋒鋭利有似匕臿故以名工說文刃部云劍人所帶兵也釋名釋兵云劍檢也所以防檢非常也又斂也以其在身拱時斂在臂內也云臘廣二寸有半寸者明劍身一面之橫度也臘廣者中爲一脊左右兩從合爲一面謂之臘其橫徑之度廣二寸半則臘上下匔帀葢圍五寸知非兩面之廣者下首廣兼言圍則云參分其臘廣去一以爲首廣而圍之此不言圍之是僅言橫徑不兼圍度可知段令以二寸有半寸分爲二面則一面止得一寸四分寸之一於今度不逾八分其臘太狹知其非也 注云臘謂兩刃者劍刃爲薄匕形猶聘禮栖匕之擸故謂之臘賈疏云兩面各有刃也

兩從半之 鄭司農云謂劍脊兩面殺趨鍔 疏 兩從半之者此明分臘廣爲二之度以其從夾劍脊故云兩從脊中隆起分爲兩刃故其橫徑適得臘廣之半度半之者自脊中分兩邊各廣一寸四分寸之一也 注鄭司農云謂劍脊兩面殺趨鍔者鍔說文刀部作㓵云刀劍刃也凡劍自脊以下殺之漸薄以趨於刃戰國策趙策趙奢說劍云夫毋脊之厚而鋒不入無脾之薄而刃不斷脾卽所謂鍔也賈疏謂鍔卽鋒案鋒說文金部作鏠云兵耑也葢卽劍末莊子說劍篇鋒鍔兩出賈合爲一失之莊子釋文引一說云鍔劍棱也則誤以鍔爲卽劍脊亦非

以其臘廣爲之莖圍長倍之 鄭司農云莖謂劍夾人所握鐔以上也玄謂莖在夾

中者莖【疏】以其臘廣爲之莖圍長倍之者明劍柄圍長之度也莖纖長五寸細挺直含貫夾木之中義蓋與程相近程瑤田云莖者人所握者也莖之言頸也在首下以臘廣爲之圍則參分臘廣之一其莖圍之徑也案程說是也莖圍二寸半其形正圓徑蓋八分強也

注鄭司農云莖謂劍夾人所握鐔以上也者金榜云劍夾以木爲之桃氏攻金之工而明劍夾大小之數殆非也程瑤田云莊子說劍篇天子之劍以燕谿石城爲鋒齊岱爲鍔晉魏爲脊周宋爲鐔韓魏爲夾諸侯之劍以知勇士爲鋒以清廉士爲鍔以賢良士爲脊以忠勝士爲鐔以豪傑士爲夾據其所次者言之則鋒者其耑也鍔者其刃也脊者身中隆者也鐔者其首也夾次鐔後繼夾遂言包裹釋文司馬彪云夾把也先後鄭亦並以人所握者爲夾是謂莖外著木如今之刀劍拊者先後鄭目驗漢劍億之以爲說故與記文違異又云說文云鐔劍鼻也釋名云旁鼻曰鐔鐔尋也帶所貫尋也廣雅云劍珥謂之鐔莊子釋文鐔三蒼云劍口也徐云劍環也司馬云劍珥也又引一云鐔從棱向背鋏從棱向刃也漢書韓延壽傳注曰鐔劍喉也又曰似劍而小陋又案說文云璏劍鼻玉也玉篇璏與鐔同釋並云劍鼻也王莽傳莽進玉具寶劍於孔休解其璏蘇林曰璏劍鼻也雋不疑傳帶櫑具劍應劭曰櫑具木標首之劍櫑落壯大也晉灼曰古長劍以玉作井鹿盧形上木作山形如蓮花初生未敷時今大劍木首其狀如此然則劍鼻玉謂之璏以物施置其上則曰具並謂劍首也古劍首鑄銅爲之後世異其制而飾之以玉與案程釋鐔爲劍首甚精覈深合鄭恉賈疏謂二鄭意劍夾是柄莖又在夾中即劍鐔非也凡劍把著木所以便握擊古今制當不異今所傳古銅劍木夾皆已朽故不可見非古劍把不著木也先鄭釋莖爲人所握不誤但以莖爲夾不知莖函夾內金木異材則其疏也云玄謂莖在夾中者者後鄭不從先鄭說謂莖在夾中明與夾異材也戴震云刃後之鋌曰

莖以木傅莖外便持握者曰夾云莖長五寸者卽莖圍之倍數也

中其莖設其後鄭司農云中謂穿之也玄謂從中以卻稍大之也後大則於把易制

疏中其莖設其後者明劍把之飾也程瑤田云中其莖者何當莖長之中也史記孟嘗君傳馮煖有一劍又蒯緱說者謂劍把以蒯繩纏之劍把者莖也莖必纏以緱中其莖而設之者在是也戴震云設其後猶之曰設其旋設其羽爾案程戴說是也江永亦謂設當訓置後之爲物古書未見程氏目驗古劍當莖中別有隆起爲沂鄂者一以爲卽纏緱之處亦卽此經之後其說與中其莖之文頗合但設後之處雖卽纏緱之處然不可謂緱卽爲後以意推之疑古劍把莖外之飾蓋分三節上近刃及下近鐔者各自爲一木夾兩夾之閒別以銅爲環大於兩夾著於莖五寸適中之處則既可助把握以爲固而後與承刃之金及把後之鐔相閒匑帀隆起亦足以飾觀程氏所見古劍莖中之沂鄂卽設後之界埒也今所傳古劍多無此者蓋以鑄冶時與莖不相屬故易墜失抑或亦刻玉石角木爲之則固不能久存今古劍亦有無首者斯其論矣至馮煖之長鋏蒯緱則因貧不能具飾不設後亦并無夾故直以蒯繩纏之耳凡劍身以鋒爲前其與莖相屬處雖別有金承之而此物著劍莖則亦在劍身之後故對鋒而謂之後也至其圍徑之度則取足函莖而突出夾外可以意量度爲之故經不著耳　注鄭司農云中謂穿之也者舊本無中字今據明注疏本增賈疏云謂穿劍夾納莖於中詒讓案經文二句相貫爲義先鄭以中其莖別穿夾納莖與設後爲二事於文例不合故後鄭不從云玄謂從中以卻稍大之也後大則於把易制者鄭意謂後卽莖後與首相屬者也從中以卻稍大之謂從莖中半以下二寸半稍大之以趨於鐔則把之易制然今所傳古劍並無此制賈疏云鄭意設訓爲大故易繫辭云益長裕而不設鄭注云設大也周禮考工曰中其莖設其後案賈引易注證注義

深得鄭恉但訓設爲大與經文例不合不足據也

參分其臘廣去一以爲首廣而圍之

首圍其徑一寸三分寸之二

疏參分其臘廣去一以爲首廣而圍之者曲禮云進劍者左首孔疏云首劍拊環也少儀曰澤劍首鄭云澤弄也推尋劍刃利不容可弄正是劍環也春秋魯定公十年叔孫之圉人欲殺公若僞不解禮而授劍末杜云以劍鋒末授之案解鋒爲末則環是首也金榜云首謂劍之標首也漢時或用玉若木爲之古劍首皆用銅鞾延壽傳取官銅物鑄作刀劍鉤鐔鐔卽劍首殊言之者明劍與鐔鑄作異事與古合矣今時所見古劍其首圓長豐下而殺上少儀澤劍首謂其形堳落弄之便也首漸殺而上端有小孔以繩導之若卯鼻然莊周所謂吹劍首者是也劍首或謂之鐔或謂之鐶或謂之鼻或謂之口或謂之珥皆據其端小孔命名者賈疏以劍把接刃處爲首失之程瑤田云首者何戴於莖者也首也者劍鼻也劍鼻謂之鐔鐔謂之珥又謂之鐶一謂之劍口有孔曰口視其旁如耳然曰珥面之曰鼻對末言之曰首又曰首及莖並與劍同物鑠金而成自首至末一體也少儀云澤劍首鄭以爲金器弄之易於汙澤是也去三分臘廣之一以爲首廣則其廣與其圍並視莖而倍之又云汪中得一古劍有劍首形如覆盂宛然而中空可以證考工制度莊周書夫吹管也猶有嗃也吹劍首者吷而已矣釋文司馬彪云劍首謂劍鐶頭小孔也吷然如風過劍首必如此乃可言吹吹聲異於管者管空長故其聲嗃劍首空淺不能有嗃聲但吷然而已然則劍首之義可定矣案孔金程說是也劍首與廬人殳首同義賈疏推鄭義以首廣爲劍把接刃處之徑誤賈疏云圍之者正謂圓之故廬人皆以圍爲圓之也 注云首圍其徑一寸三分寸之二者輪人部廣注云廣猶徑也賈疏云以一寸爲六分二寸爲十二分半寸爲三分添十二爲十五分三分去一得十分取六分爲一寸餘四分名爲六分寸

之四六分寸之四卽三分寸之二故云一寸三分寸之二也詒讓案以圜徑求周率課之首圍蓋五寸强身長五其莖長重九鋝謂之上制上士服之身長四其莖長重七鋝謂之中制中士服之身長三其莖長重五鋝謂之下制下士服之上制長三尺重三斤十二兩中制長二尺五寸重二斤十四兩三分兩之二下制長二尺重二斤一兩三分兩之一此今之匕首也人各以其形貌大小帶之此士謂國勇力之士能用五兵者也樂記曰武王克商禪冕搢笏而虎賁之士說劍

疏身長五其莖長重九鋝謂之上制上士服之者記三等服劍長短輕重之差身長卽臘之從度也身之長度三等不同而臘莖廣長之度及首之圍徑之度並同程瑤田云身長五其莖亦略以人况之人身五其頭之長也莖五寸五倍之則連莖長三尺也上中下異制者何也人貌異形服劍宜稱上士服中制則病劍短中士服下制則病形長矣　注云上制長三尺重三斤十二兩中制長二尺五寸重二斤十四兩三分兩之二下制長二尺重二斤一兩三分兩之一者賈疏云以其言五其莖長上文長倍之莖長五寸五其莖長二尺五寸幷莖五寸爲三尺也已下皆如此計之可知重三斤十二兩者以其言九鋝鋝別六兩大半兩六九五十四爲五十四兩九鋝皆有大半兩鋝別有十六銖爲百四十四銖二十四銖爲一兩揔爲六兩添前五十四爲六十兩十六兩爲一斤取四十八兩爲三斤餘十二兩故云重三斤十二兩已外皆如此計之亦可知也詒讓案以三分其金而錫居一之齊計之則重九鋝者金二斤八兩錫一斤四兩也重七鋝者金一斤十五兩二銖又三分銖之二錫十五兩十三銖又三分銖之一也重五鋝者金一斤六兩五銖又三分銖之一錫十一兩二銖又三分銖之二也又書呂刑釋文引馬融書注云俗儒以鋝重

六兩周官劍重九鋝俗儒近是依馬說則上制重三斤六兩中制重二斤十兩下制重一斤十四兩與鄭微異鋝義詳前疏二云此今之匕首也者御覽兵部引通俗文云匕首劍屬其頭類匕故曰匕首短而便用史記鄒陽傳索隱引風俗通說同程瑤田二云史記刺客傳曹沫執匕首刼齊桓公索隱曰匕首劉氏二云短劍也鹽鐵論以爲長尺八寸鄭注下士之劍爲今匕首則二尺非尺八寸也詒讓案匕首爲刀劍之最短者故鄭以況下士之劍御覽兵部引魏文帝典論述所作匕首有長二尺三寸二尺二寸者則不必定長二尺也二云人各以其形貌大小帶之者賈疏二云解經上士中士下士非并謂三命如上士之屬直以據形長者爲上次者爲中短者爲下詒讓案經言服即謂帶之紳帶之閒大戴禮記武王踐阼篇劍銘曰帶之以爲服呂氏春秋順民篇二云服劍臂刃高注二云服帶也劍有三等各以人形貌大小所宜帶之故莊子說劍篇趙文王問莊子曰夫子所御杖長短何如是人所用劍長短不同也二云此士謂國勇力之士能用五兵者也者據司右文證此士即彼勇力之士也引樂記曰武王克商裨冕搢笏而虎賁之士說劍者證此三等之士亦兼有虎士也鄭彼注二云裨冕衣裨衣而冠冕裨衣袞之屬也搢猶插也虎賁詳夏官敘官疏

鳧氏爲鍾兩欒謂之銑故書欒作樂杜子春云當爲欒書亦或爲欒銑鍾口兩角【疏】鳧氏爲鍾者鳧名義未詳賈總敘疏謂族有世業以名官義未塙鍾之叚字詳春官敘官疏此官掌鑄金爲鍾又兼爲鼎詳前疏二云兩欒謂之銑者釋文云欒本又作鑾案欒鑾聲同字通程瑤田二云此記欲見鍾體鍾柄飾之縣之諸命名及其分布位置之所也古鍾羨而不圜故有兩欒在鍾旁言其有棱欒欒然兩欒謂之銑鍾是以有兩銑也詒讓案欒者小而銳之貌說文山部二云巒山小而銳者鍾兩角亦小而銳謂之欒猶山小

而銑謂之欒矣注云故書欒作樂杜子春云當爲欒者段玉裁云此字之誤也說文大夫墓樹欒冢人正義引春秋緯作

欒草其誤正相似云銑鍾口兩角者說文金部云銑金之澤者一曰鍾兩角謂之銑賈疏云古之樂器應律之鍾狀如今之鈴不圓故有

兩角也程瑤田云兩欒通長生光澤故謂之銑　銑閒謂之于于上謂之鼓鼓上謂之鉦鉦上

謂之舞此四名者鍾體也鄭司農云于鍾脣之上祛也鼓所擊處　疏　銑閒謂之于于上謂之鼓者程瑤田云兩銑下垂角處相

距之閒卽鍾口大徑其體于然不平故謂之于于上爲鍾體下段擊處故謂之鼓徐養原云于者鍾口上下之圜周也與舞相對于上謂

之鼓猶鉦上謂之舞非直上也臥鍾而觀之一耑似璧而橢者舞也一耑似環而橢者于也立鍾而觀之鉦上不見舞鼓下不見于銑閒

謂之于弧背也以其鉦爲之銑閒弧弦也記兩言銑閒其義不同云鼓上謂之鉦鉦上謂之舞者程瑤田云鼓上爲鍾體之上段正面也

謂之鉦鉦上爲鍾頂覆之如廡故謂之舞又云見銑閒者以銑閒有于之名而見之不見鼓閒鉦閒者無名可紀亦如舞之脩廣必俟後

文出度乃可一一紀之也詒讓案鼓人注云鐲鉦也形如小鍾凡鍾上殺小其形如鐲故謂之鉦　注云此四名者鍾體也者賈疏云

對下甬衡非鍾體也程瑤田云銑判鍾體爲兩面面之上體曰鉦其下體曰鼓鼓體有兩面故有兩鉦兩鼓也鄭司農云于鍾脣之上祛也

者檀弓長祛注云祛謂褎緣祛口也鍾脣之後者與褎緣相似故先鄭以祛釋于也云鼓所擊處者小師注云出音曰鼓此于上正鍾所

擊而出音處故亦謂之鼓也江藩云鍾磬之制擊處謂之鼓梟氏于上謂之鼓磬氏鼓爲三是也　舞上謂之甬甬上

謂之衡此二名者鍾柄　疏　舞上謂之甬者戴震云鍾體鍾柄皆下大漸斂而上甬之爲言如華甬之聳長故甬長與鉦等程瑤

田云舞上連鍾頂而出之鍾柄也爲篇故謂之甬云甬上謂之衡者戴震云衡者鍾頂平處程瑤田云甬末正平故謂之衡江永云衡甬名者鍾柄者對上于鼓鉦舞四者爲鍾體也鍾以甬縣於虡故通謂之上端非別有一物爲衡鄭意甬之上一截爲衡者誤　注云此二之鍾柄

鍾縣謂之旋旋蟲謂之幹　旋屬鍾柄所以縣之也鄭司農云旋蟲者旋以蟲爲飾也玄謂今時旋有蹲熊盤龍辟邪

疏鍾縣謂之旋旋蟲謂之幹者此記鍾紐之名也王引之云鍾縣者縣鍾之環也環形旋轉故謂之旋旋環古同聲環之爲旋猶還之爲旋也旋蟲謂之幹者銜旋之紐鑄爲獸形居甬與旋之閒而司管轄故謂之幹幹之爲言猶管也楚辭天問斡維焉繫斡一作筦筦與管同後漢書竇憲傳注云斡古管字余嘗見劉尚書家所藏周紀侯鍾甬之中央近下者附半環焉爲牛首形而以正圜之環貫之始悟正圜之環所以縣鍾卽所謂鍾縣謂之旋也半環爲牛首形者乃鍾之紐所謂旋蟲謂之幹也而旋之所居正當甬之中央近下者則下文所謂參分其甬長二在上一在下以設其旋也幹爲銜旋而設言設其旋則幹之所在可知矣幹卽斡字隸變案王說是也　注云旋屬鍾柄所以縣之也者鍾柄卽謂甬旋屬甬閒所以縣於虡也鄭司農云旋蟲者旋以蟲爲飾也者王引之云此以旋蟲幹爲一物也若然則記文但言鍾縣謂之旋旋謂之幹可矣何以文句又加蟲字乎幹所以銜旋而非所以縣幹爲蟲形而旋則否不得以旋爲幹也又云旋蟲爲獸形獸亦稱蟲月令其蟲毛謂獸也儒行鷙蟲攫搏鄭注鷙蟲猛鳥猛獸也案王說亦是也漢時縣鍾之制蓋已與古異故先鄭之說如此云玄謂今時旋有蹲熊盤龍辟邪者此舉漢法證先鄭以蟲飾旋之義賈疏云辟邪亦獸名案王氏經義述聞所圖紀侯鍾旋蟲爲獸首有角如牛形疑卽辟邪也

鍾帶謂之篆篆閒謂之枚枚謂之景　帶所

以介其名也介在于鼓鉦舞甬衡之閒凡四鄭司農云枚鍾乳也玄謂今時鍾乳俠鼓與舞每處有九面三十六

【疏】鍾帶謂之篆篆閒謂之枚者記鍾飾之制也程瑤田云鉦體正方中有界縱三橫四爲鍾帶篆起故謂之篆篆之設於鉦也交午爲之中含扁方空者六空設三枚三六十八枚故兩鉦凡三十六枚枚之上下左右皆有篆故曰篆閒謂之枚也詒讓案古鍾鉦閒每面爲大方圍一以帶周吩其外而內以二從帶中分之從列橢方圍二橢方圍中又以三橫帶吩之爲橫列橢方圍五大小相閒三大而二小大者各容乳三小者爲篆文回環其閒此帶篆所由名也阮元云余所見古鍾甚多大小不一而皆有乳乳即枚也其枚或長而銳或短而鈍或且甚平漫鍾不一形余在杭州鑄學宮之樂鍾筭律以定其范將爲黃鍾者及鑄成則失之爲夾鍾乃令其別擇一鍾挫其乳之銳者乳鈍而音改矣夫乃知考工但著摩磬之法而不著摩鍾之法者爲其枚之易摩人所共知不必著於書也云枚謂之景者程瑤田云枚隆起有光故又謂之景 注云帶所以介其名也者說文人部云介畫也左傳襄三十一年杜注云介閒也言縱橫畫於鍾體諸名之閒亦區別也云介在于鼓鉦舞甬衡之閒凡四者賈疏云中二通上下畔爲四處王引之云疏誤四處者合鍾之兩面計之非謂一面有四處也江永云帶如人腰之有帶當設於鼓之上舞之下二帶之閒即鉦閒帶唯二耳若于之上舞之端無所用帶注謂介在于鼓鉦舞甬衡之閒凡四非也衡疑爲衍字若甬衡之閒有介豈帶亦施於甬上乎案王江說是也戴震亦謂帶當俠鉦與今所存古鍾形制正合今以古鍾校之帶皆設於鉦而其上爲舞其下爲鼓則注謂介鼓鉦舞之閒義尚可通惟不得兼介鍾柄之甬及甬上平之衡耳鄭司農云枚鍾乳也者枚隆起如乳故亦曰鍾乳北堂書鈔樂部引樂緯汁圖徵云君子鑠金爲鍾四時九乳宋均注云九乳法九州也案四時謂帶有四九乳謂

枚有九也樂緯文與此注義合云玄謂今時鍾乳俠鼓與舞每處有九面三十六者俠夾字通賈疏云舉漢法一帶有九古法亦當然鍾有兩面面皆三十六也王引之云面當爲而字之誤也此承上文凡四言之鍾之兩面帶凡四處每帶一處而有九鍾乳四九而得三十六故云每處有九而三十六博古圖所圖周漢古鍾凡百一十四鍾每一面篆各兩處分列左右兩面凡四處注所謂帶介在于鼓鉦舞甬衡之閒凡四也每篆一處鍾乳上中下三列列三鍾乳三三而九面有篆兩處而得十八兩面四處而得三十六注所謂每處有九而三十六也程氏通藝錄所圖周公㝨鍾及余所見紀侯鍾無不皆然鄭注正合其爲而字無疑賈氏不能釐正而云鍾有兩面面皆三十六則是七十二矣無論古鍾無此制且非一鍾所能容案王說是也江永亦謂枚兩面乃得三十六注云一處有九而疏謂一帶有九乳不設於帶何云一帶有九爲失注意並足匡賈說之謬

于上之攠謂之隧

攠所擊之處攠弊也隧在鼓中窐而生光有似夫隧

疏 于上之攠謂之隧者隧當作遂俞樾云下文爲遂六分其厚以其一爲之深而圜之字正作遂可證也釋文於匠人出隧字曰隧音遂本又作遂蓋隧即遂之俗字一簡之中正俗錯見傳寫異耳案俞說是也作隧者蓋後人妄改釋文不爲隧字發音疑陸本尚不誤矣程瑤田云鼓所擊之處在于之上攠弊焉窐下生光如夫隧謂之隧 注云攠所擊之處攠弊也者攠摩之變體說文手部云摩旌旗所以指摩也摩研也此攠即摩之假字後漢書文苑傳李注引字書云攠亦摩字方言云摩滅也郭注云或作攠滅字案攠弊與少儀靡敝字通與總敘刮摩義亦相近鍾隧常用鼓擊易銷敝故因以爲名云隧在鼓中窐而生光有似夫隧者隧亦當依司烜氏作遂賈疏云隧者據生光而言故引司烜氏夫隧彼隧若鏡亦生光窐而生光者本造鍾之時即窐於後後生光詒讓案說文穴部云窐空也呂

氏春秋任地篇子能以窐爲突乎高注云窐容汙下也史記樂書索隱云窐卽窊也窐而生光光謂汙下而生光澤也凡摩鐲擳敝而成圜窐者通謂之遂莊子天下篇云若磨石之隧與此義可互證擳遂並據當鼓擊處爲名鄭云似夫遂者以古夫遂卽窐鏡鍾當鼓亦窐而光故以相比況也

十分其銑去二以爲鉦以其鉦爲之銑閒去二分以爲之鼓閒以其鼓閒爲之舞脩去二分以爲舞廣

此言鉦之徑居銑徑之八而銑閒與鉦之徑相應鼓閒又居銑徑之六與舞脩相應舞脩舞徑也舞上下促以橫爲脩從爲廣舞廣四分今亦去徑之二分以爲之閒則舞閒之方恆居銑之四也舞閒方四則鼓閒六亦其方也鼓六鉦六舞四此鍾口十者其長十六也鍾之大數以律爲度廣長與圜徑假設之耳其鑄之則各隨鍾之制爲長短大小也凡言閒者亦爲從篆以介之鉦閒亦當六今時鍾或無鉦閒

疏十分其銑去二以爲鉦以其鉦爲之銑閒去二分以爲之鼓閒者程瑤田云此記以鍾之命名位置既定須制矩度以爲諸命名出分之本也其矩度卽以鍾體之長所謂銑者爲之於是十分之銑去二得八爲鍾體上段之鉦所去之二在下段者爲鼓也兩銑之閒卽以其鉦爲之鉦八銑閒亦八也是爲鍾口大徑去銑閒之二分以爲兩鼓閒銑閒八鼓閒六也是爲鍾口小徑如是則鍾口縱橫之度得矣又云凡物有兩斯有閒是故有上下然後有上下之閒有前後然後有前後之閒有左右然後有左右之閒鍾有兩銑兩鉦兩鼓於是乎有銑閒鉦閒鼓閒也十分其銑者命其鍾體之長爲十分而因以爲度鍾之法去其下體之二分餘八分在上者爲鉦其二分則鼓也銑閒謂之于明鍾脣于于然曲當兩銑之閒故謂之銑閒銑閒者鍾口之大徑凡圜中所含直觸兩邊之數謂之徑步算家之率所謂徑一圍三也橢圜有羨有

斂故徑有大小鍾口大徑所謂羨者之徑大徑橫小徑縱于上謂之鼓兩鼓相觸以爲鍾口小徑是謂鼓閒何以不名于閒也于言鍾脣于曲非鍾體之名且自兩銑而中趨之皆其于曲處非若兩鼓適當小徑之所觸此鼓閒之所由名也以其鉦爲之銑閒去二分以爲之鼓閒銑閒八鼓閒六也鼓上謂之鉦鉦閒者兩鉦之閒與鼓交接處觸兩鉦之下際蓋鼓閒旣準鍾口則鉦閒亦準其在下者可知又云鍾口空無物可指以寫其縱橫大小之徑於是指其兩銑之下端與其兩鼓之下端而命之曰鉦閒鼓閒鉦閒不言數者鼓閒六舞廣四介其中者有定形不必知也無已則以句股法求之當五又十分一之六矣案程說是也徐養原說同經凡單言銑言鉦者皆鍾體之直徑也自銑閒謂之于外凡言銑閒鼓閒者皆鍾空中相距之橫徑也蓋古鍾橢圓後弇必有定度而後可以協律然兩銑之閒者唯紀實體之度則隅角之銳鈍與弧中之增減無由可定故必度其下口弧弦虛直之大徑合之鼓閒及舞廣之小徑而弧背之實度自畢含於其中於古經究極度數之微恉也云以其鼓閒爲之舞脩去二分以爲舞廣者程瑤田云以其鼓閒六爲舞脩六是爲鍾頂大徑去其二分以爲舞廣四是爲鍾頂小徑如是則鍾頂縱橫之度得矣又云鉦上謂之舞舞覆也謂鍾頂其脩六所羨之徑去二分則廣之徑四也舞覆在上者一而已故但有脩廣之數不得以閒命之戴震云古鍾體羨而不圜故有脩有廣橢圜大徑爲脩小徑爲廣舞者鍾體上覆其脩六是爲橢圜大徑其廣四是爲橢圜小徑金榜說同徐養原云此記鍾體也銑閒鼓閒一橫一從於下而鍾口之大小見矣舞脩舞廣一橫一從於上而鍾頂之大小見矣上下定而全體皆定故特記此四者鼓閒之度同乎舞脩銑閒之度倍於舞廣此又度數之上下相準者也案程戴徐並以舞之廣脩爲鍾頂平體縱橫之度是也注云此言鉦之徑居銑徑之八而銑閒與鉦之徑相應者經云十分

其銑去二以爲鉦以其鉦爲之銑閒本上言鍾全體直徑十體上半之鉦直徑八又以鉦之直徑爲銑閒卽鍾口之大横徑也鄭誤以銑十義也云鼓閒又居銑徑之六與舞脩相應者經云去二分以爲之鼓爲鍾口之横徑鉦八爲鉦之横徑銑閒八爲鍾體下半之直徑非經閒以其鼓閒爲之舞脩本言去鍾口大横徑之二分爲鼓閒之小横徑六又以爲鍾頂之大徑亦六鄭誤以鼓閒爲鼓之直徑舞脩爲鍾體近頂處之横徑亦非經義云舞脩舞徑也者謂舞脩卽舞之横徑也鄭釋舞爲鉦上之一體誤而釋脩爲徑則義尚可通云舞上下促以横爲脩從爲廣舞廣四分者舞本鍾上覆經舞廣本謂小徑鄭誤謂鍾分三體鉦上别有舞經云以鼓閒爲舞脩脩爲横徑則六分去二分以爲廣廣爲直徑則四分故云舞廣四分也云今亦去徑之二分以爲之閒則舞閒之方恆居銑之四也者鄭意舞廣卽舞閒與銑閒鼓閒之爲直徑者同舞閒亦有正方之篆畛從如其廣而横則減於脩二分與廣度同故曰舞閒恆居銑閒之四也云舞閒方四則鼓閒六亦其方也者鄭意以舞閒推鼓閒亦當有正方之篆畛從横皆六爲鼓方也云鼓六鉦六舞四此鍾口十者其長十六也者鄭意鼓在下有六舞在上有四鉦在舞鼓之閒經雖無文以意定之亦當有六二六十二加四則十六矣故曰鍾口十而長則十六不知鍾長實止十無十六也云鍾之大數以律爲度廣長與圜徑假設之耳其鑄之則各隨鍾之制爲長短大小也者賈疏云按周語云景王將鑄無射問律於伶州鳩對曰律所以立均出度古之神瞽考中聲而量量以制度度律均鍾韋昭云均平也度律呂之長短以平其鍾和其聲也據此義假令黄鍾之律長九寸以律計身倍半爲鍾倍九寸爲尺八寸又取半得四寸半通二尺二寸半以爲鍾餘律亦如是其以律爲廣長與圜徑也此口徑十上下十六者假設之取其鑄之形則各隨鍾之制爲長短大小者此卽度律均鍾也案鄭意鍾之大小視律

之長短以定而銑鼓鉦甬之長短亦隨之若鍾長尺則銑得其全鼓
得其寸凡皆以此爲差假設者命分之法非實數賈小胥疏引服虔
左傳注云鳧氏爲鍾以律計自倍半賈說卽本於彼但依賈義凡鍾
皆依律倍之更加半律是以二律有半爲自倍半聶崇義說同通典
樂則云以子聲比正聲則正聲爲倍以正聲比子聲則子聲爲半是
以或倍或半大小不同爲自倍半與賈義異未知孰是互詳典同疏
云凡言閒者亦爲從篆以介之者鄭意銑閒鉦閒舞閒皆有從篆以
盼之使上下體易辨也云鉦閒亦當六者此無正文鄭以鼓與鉦相
接其長度當同也今依經文鉦之長度實八銑十而鉦八含於其中
鉦八不在銑十外也鄭說誤云今時鍾或無鉦閒者古鍾本無舞閒
而有鉦閒鄭誤以舞爲鍾直體之一則與鉦鼓爲三體漢時鍾篆盼
或有三截與鄭說巧合而亦有止二截與古鍾同者鄭不知其無舞
閒而誤以爲無鉦 以其鉦之長爲之甬長 并衡數也 疏 以其鉦之長爲之甬長者鉦長八卽
閒故其說如此
上文所云十分其銑去二以爲鉦也程瑤田云鍾體度定乃度鍾柄
於是以其鉦之長爲之甬長甬長亦八也 注云并衡數也者衡本
鍾上平處有廣而無長鄭誤仞甬上別有一物謂之衡
而經不著其度故謂此甬長當并衡長數之其說非也 以其甬長爲
之圍參分其圍去一以爲衡圍 衡居甬上又小 疏 以其甬長爲之圍者程瑤田云甬長八以其長爲之
圍圍謂與舞交接處準銑閒鼓閒亦指其在下者以命名命名之法
一器中不得異也云參分其圍去一以爲衡圍者戴震云衡者鍾頂
平處鍾體柄皆下大漸斂而上程瑤田云甬體上小下大略準鍾體
爲之詒讓案甬長八參分去一以爲衡圍則衡圍五又三分分之一
也 注云衡居甬上又小者鄭誤謂衡別居甬上故其圍異不知衡
卽甬末平處由甬本漸殺以上至於衡而得甬圍三之二非於甬上

別爲衡也參分其甬長二在上一在下以設其旋令衡居一分則參分旋亦二在上一在下以旋當甬之中央是其正【疏】參分其甬長二在上一在下以設其旋者記設旋於甬上下之度謂於三分甬八之中旋居下之一分上空其二也凡古鍾皆如此　注云令衡居一分則參分旋亦二在上一在下者鄭誤謂衡別設於甬上而甬長又并衡長數之則參分甬長衡當居其一分而甬止二分矣今經云二在上一在下上二分內當除衡一分則甬上實仍止一分與下等設旋卽在甬上一下一之閒通衡言之則亦二在上一在下也云以旋當甬之中央是其正者設旋必當甬之中央而後縣之中正不衺掉也今驗古鍾旋皆設於甬下不居甬中注與古制不合薄厚之所震動清濁之所由出侈弇之所由興有說說猶意也故書侈作移鄭司農云當爲侈【疏】薄厚之所震動者此以體言謂鍾體有薄厚而聲之震動從之也云清濁之所由出者此以聲中十二律而言云侈弇之所由興者此以鍾口之度言說文舁部云興起也言侈弇之所由起也云有說者江永云有說卽在此三言中謂其中有理可說也諸家以下文之說解之不確下文自說不中度之病案江說是也此明鍾之薄厚清濁侈弇自有其度下乃論其不合度之患賈疏謂此文與下爲目失之　注云說猶意也者少儀云工依於法游於說注云說謂鴻殺之意所宜也釋名釋言語云說述也宜述人意也云故書侈作移鄭司農云當爲侈者與人注同鍾已厚則石大厚則聲不發【疏】鍾已厚則石者賈疏云案典同病鍾有十等此但言薄厚侈弇者典同具陳於此略言其意　注云大厚則聲不發者月令雷乃發聲注云發猶出也典同云厚聲石注云鍾大厚則如石叩之無聲此注云聲不發猶彼注云叩之無聲也已薄則播大薄則聲散【疏】注云大薄則聲散者

文選劉琨荅盧諶詩李注引聲類云播散也賈疏云典同云薄聲甄鄭云甄猶掉也與此聲播亦一也以聲散則掉也 侈則柞 柞讀爲咋咋然之咋聲大外也[疏]侈則柞者典同云侈聲筰筰柞聲近字通 注云柞讀爲咋咋然之咋者典同杜注云筰讀爲行扈唶唶之唶此咋咋與唶唶字亦通云聲大外也者賈疏云典同注云侈則聲迫筰出去疾此聲大外亦一也 弇則鬱 聲不舒揚[疏]注云聲不舒揚者廣雅釋詁云鬱幽也聲幽滯不得出故不舒揚也賈疏云典同注云弇則聲鬱勃不出也與此注不舒揚亦一也 長甬則震 鐘掉則聲不正[疏]長甬則震者謂甬長過於八也 注云鐘掉則聲不正者爾雅釋詁云震動也廣雅釋詁云掉動也是震掉同義賈疏云甬長縣之不得所則鐘掉故聲不正也 是故大鐘十分其鼓閒以其一爲之厚小鐘十分其鉦閒以其一爲之厚 言若此則不石不播也鼓鉦之閒同方六而今宜異又十分之一猶大厚皆非也若言鼓外鉦外則近之鼓外二鉦外一[疏]是故大鐘十分其鼓閒以其一爲之厚小鐘十分其鉦閒以其一爲之厚者記鐘厚薄之正度也爾雅釋樂云大鐘謂之鏞其中謂之剽小者謂之棧凡特鐘編鐘皆應十二律其大小各不同大鐘厚得鼓閒十分之一小鐘厚得鉦閒十分之一亦各以其鐘體直徑十爲根數也程瑤田云鐘已厚則石小鐘尤易石故大鐘之厚取節於鼓閒小鐘之厚取節於鉦閒鉦閒小於鼓閒也鉦閒兩鉦之閒與鼓交接處觸兩鉦之下際葢鼓閒既準鐘口則鉦閒亦準其在下者可知又云大鐘之厚十分鼓閒六而取其一而小鐘之厚則十分鉦閒五又十分一之六而取其一必薄於大鐘者以鐘小易石故也徐養原云此記厚薄之差爲別聲之法也大鐘小鐘者一均之鐘自有大小也鼓閒者鼓之下耑接于者也鉦閒者鉦之下耑接舞者也鐘上小下

大鼓閒廣鉦閒狹十分鼓閒以其一爲厚者羽鍾也十分鉦閒以其一爲厚者宮鍾也大鍾聲小小鍾聲大舉其兩耑以差次其中閒卽各聲可得矣上文記鍾體不言鉦閒至此乃言者蓋鉦屬於舞鉦閒卽舞廣耳以其鼓閒爲之舞脩既以其鉦閒爲之舞廣鼓閒鉦閒皆與舞相應對舞脩則曰舞閒對鼓閒則曰鉦閒　注云言若此則不石不播也者明此所以去厚而石薄而播之病也云鼓鉦閒同方六而今宜異者此言閒者並爲鍾大小徑之橫度鄭誤以爲從徑而謂鉦與鼓同卽上注云鉦閒亦當六是也賈疏云此鍾有大小不同明厚薄宜異不得同取六也云又十分之一猶大厚皆非也者此承鉦閒六而言也金榜云鄭疑小鍾十分鉦閒之一猶大厚云若言鼓外鉦外則近之鼓外二鉦外一者鄭意此經鼓閒鉦閒當作鼓外鉦外也賈疏云鄭不敢正言是故云近之鼓外二鉦外一者據上所圖鼓外有銑閒乃銑外有二閒鉦外唯一閒就外中十分之一爲鍾厚可也金榜云鼓外二謂鉦閒舞閒鉦外一謂舞閒

鍾大而短則其聲疾而短聞　淺則躁躁易竭也　疏 鍾大而短者程瑤田云謂體太博則鍾形短如銑十分銑閒亦十分或九分也　注云淺則躁躁易竭也者廣雅釋詁云躁疾也鍾大而短則內淺鼓之其震盪急而出聲躁疾故易竭也

鍾小而長則其聲舒而遠聞　深則安安難息　疏 鍾小而長者程瑤田云謂體太狹則鍾形長如銑十分銑閒則六分或七分也云則其聲舒而遠聞者賈疏云於樂器中所擊縱聲舒而聞遠亦不可是以樂記云止如槁木不欲聞遠之驗也徐養原云疾而短聞舒而遠聞說者以爲聲病按上文石播柞鬱聲病已詳此處無庸復說聲病蓋此乃聲音自然之道非病也疾而短聞莫甚於羽舒而遠聞莫過於宮韗人末章亦有此四句賈侍中釋韗人首章云晉鼓大而短然則晉鼓必疾而短聞者鼓雖無當于五聲而其制既殊則其聲

隨之此亦自然之道豈聲病哉案依鄭賈說則此二句並爲聲病依徐氏說則爲通論鍾聲疾舒遠近之理以文義較之徐說亦足備一義　注云深則安安難息者說文予部云舒伸也一曰舒緩也弓人先鄭注云舒徐也聲舒則不疾故安此謂鍾體小而長則內深鼓之其震盪緩而出聲安徐不迫故難息也

爲遂六分其厚以其一爲之深而圜之

厚鍾厚深謂窐之也其窐圜故書圜或作圛杜子春云當爲圜

【疏】爲遂者卽于上之攠謂之隧之隧阮元云遂是古字說文無隧字隧後世俗字耳案阮說是也云六分其厚以其一爲之深而圜之者遂與鼓同處然鼓是鍾下半之全體上接鉦而下接于其地平廣叩擊易差故於正中處六分其厚而圜窐其一分使擊時易辨也賈疏云此遂謂所擊之處初鑄之時卽已深而圜以擬擊也　注云厚鍾厚者遂當鍾下體正中處故其厚卽鍾厚也云深謂窐之也其窐圜者卽前注云隧在鼓中窐而生光故有深也云故書圜或作圛杜子春云當爲圜者段玉裁云杜謂字之誤案圛義自可通規其處而後深之也施之於文則蒙上先言以其一爲之深耳詒讓案圜圛義通盧人云凡爲殳五分其長以其一爲之被而圍之注云圍之圜之也與此文例正同杜氏因圛有方有圜且與上甬圍衡圍無別故改從圜也

㮚氏爲量改煎金錫則不秏

消湅之精不復減也㮚古文或作歷玄謂量當與鍾鼎同齊工異者大器

【疏】㮚氏爲量者㮚名義未詳疑當從故書作歷歷氏歷與陶人鬲實五觳之鬲聲近字通說文鬲部云鬲漢令作歷史記滑稽傳銅歷爲棺索隱云歷卽釜鬲也嘉量之鬴亦鬲之類故工以爲名也大行人注云量豆區釜也漢書律歷志云量者龠合升斗斛也所以量多少也本起於黃鍾之龠用度數審其容以子穀秬黍中者千有二百實其龠以井水準其槩合龠爲合十合爲升十升爲斗十斗爲斛而五量嘉

矣案漢志嘉量無鬴豆此經又無合斗斛皆文不具也云改煎金錫則不秏者凡金樸初出鑛多含異質爲量當用精金故鑄造時必先鍊冶去其滓濁使淨盡而後得其純質也廣雅釋詁云改更也說文火部云煎熬也謂以金樸入冶竈更改煎鍊非一次以不復秏減爲度也　注云消湅之精不復減也者減釋文作咸云本亦作減案咸卽減之省詳輈人疏廣雅釋詁云秏減也消湅卽消鍊之借字說文金部云銷鑠金也鍊冶金也又攴部云潄辟潄鐵也湅潄音義亦同凡金錫樸消湅之分出其濁氣及粗滓則重率必減此更煎之以不減爲度則至精矣云㮚古文或作歷者段玉裁云㮚歷異部而雙聲聘禮燕禮曰栗階檀弓曰歷階其實一也徐養原云古文猶古書也周禮注內稱古文者惟匏人及此經而已又下有玄謂字則此句乃司農子春說案徐說是也此疑亦杜子春說不著某云者冡㮚氏末章注而省鄭閱有此例詳鍾師及秋官敘官疏云玄謂量當與鍾鼎同齊者賈疏云按上文云六分其金而錫居其一謂之鍾鼎之齊是上齊鄭以㮚氏爲鍾鍾鼎在上齊之中㮚氏爲量量是鍾類故知亦在上齊之中矣云工異者大器者鄭意量與鍾同齊本當同工因其器大故爲特設一工不使梟氏兼爲之也

不秏然後權之權謂稱分之也雖異法用金必齊

【疏】不秏然後權之者既得純金則其輕重之眞數乃可求也九章算術少廣篇劉注云黃金方寸重十六兩金丸徑寸重九兩率生於此未曾驗也考工記㮚氏爲量改煎金錫則不秏不秏然後權之權之然後準之準之然後量之言鍊金使極精而後分之則可以爲準也　注云權謂稱分之也者漢書律厤志云權者所以稱物平施知輕重也賈疏云謂稱金多少分之以擬鑄器也云雖異法用金必齊者賈疏云法謂模假令爲兩箇鬴卽爲兩箇模器之用金多少必須齊均也

權之然後準之準故書或作水杜子春云當爲水金器有孔者水入

孔中則當重也玄謂準擊平正之又當齊大小【疏】權之然後準之者重率既定乃更校其體積也江永云權之者惟知金錫之輕重而不得大小之度亦不能算此鬴當用金錫幾何凡重者體小輕者體大量為法度之器欲其適重一鈞雖云六分其金而錫居一若先以一鈞之數六一分之則不能通合一鈞矣故必平正之如銅立方一寸其重幾何錫立方一寸其重幾何知其體積與輕重之比例然後可以計金錫而入模範也 注云準故書或作水者與輈人輈注則利準故書作水同杜子春云當為水者杜以輪人矢人並有水之之文故讀從之段玉裁云為當作從從云金器有孔者水入孔中則當重也者杜意量鑄成後或有釁鑄故以水試之如加重則是尚有微孔是其冶鑄未精也然經意實指未成量言故後鄭不從江永云準字古文作水或是先以方器貯水令滿定其重乃入金若錫於水水溢取出金錫再權其水視所減之斤兩與分寸可得金錫大小之比例後人算金銀之法如此疑古人亦用此法模範先成而金錫體異先權以知輕重準以知大小然後可量金錫之多寡入模範使其成適合一鈞也戴震云以合度之方器承水置金其中則金之方積可計而其體之重輕大小可合而齊此準之之法也案江戴二家亦並依故書為說與算術合較杜說為長云玄謂準擊平正之又當齊大小者說文水部云準平也管子宙合篇云準壞險以為平蓋謂段擊之以齊其體積之大小賈疏云後鄭以準為平前經已稱知輕重然後更擊鍛金令平正之齊其金之大小也

準之然後量之鑄之於法中也量讀如量人之量【疏】準之然後量之者戴震云量範之大小所受以為用金多少之量數也先權之以知輕重次準之以知輕重若干為方積幾何又次量之以知為器大小受金多寡 注云鑄之於法中也者賈疏云此量謂既準訖量金汁以入摸中鑄作之時也云量讀如量人之量者讀與夏官量人同明與為

量嘉量別也段玉裁云此擬其音也量之以爲鬴深尺內方尺而圜其外其實一鬴以其容爲之名也四升曰豆四豆曰區四區曰鬴鬴六斗四升也鬴十則鍾方尺積千寸於今粟米法少二升八十一分升之二十二其數必容鬴此言大方耳

【疏】量之以爲鬴者記嘉量容實之數也賈疏云謂量金汁入模以爲六斗四升之鬴云深尺內方尺而圜其外者爲之脣者賈疏云謂向下方尺者鬴之形向上謂之外遠口圜之又厚之以爲脣案嘉量形制鄭賈所釋未明而鬴豆課算冪積之法自漢以來衆說紛異九章算術方田篇劉注云晉武庫中漢時王莽作銅斛其銘曰律嘉量斛內方尺而圜其外庣旁九氂五毫冪一百六十二寸深一尺積一千六百二十寸容十斗此即漢書律厤志劉歆銅斛法依其法推之斛十斗鬴六斗四升容積不同而皆以方尺深尺爲度則斛內外皆圜鬴必外圜內方矣劉徽祖沖之以漢斛周鬴互相推說並如此此舊說也徐養原云鬴之形其猶斧乎斧背則狹釜刃廣鬴底小鬴口大內謂鬴底也外謂鬴口也鬴底方尺向上則漸大不止方尺矣至近口處則遠而圜之故曰內方尺而圜其外賈疏甚明劉歆斛制與考工不同先儒多以劉歆說釋考工以方尺深尺爲立方一尺既齟齬不合其爲鬴圜者自底至口皆內方外圜果爾則其實安得一鬴其重豈止一鈞而其聲亦焉能中黃鍾之宮乎其臀一寸其實一豆一寸言其深也不言方者臀之底即鬴之底不言可知此臀近口處亦微侈不得爲直口也然則鬴與臀皆底狹口廣而非直口明矣鄒伯奇云劉歆作斛欲附合此文乃爲口圜徑一尺四寸一分四氂二毫令內容方尺深尺而旁庣之則內容積一千六百二十寸先儒不審乃以鬴制爲外圜內方然則當方角至少厚一分當四弧厚至二寸餘矣以今輕重率求之變從今尺度則圜徑九寸二分弱深六寸四分內除方六寸四分立方虛積則鬴外體

實積一百六十寸每寸重半斤尚有兩耳及底未算已重今衡八十斤今衡於古三倍有餘則古衡二百四十斤有餘矣與一鈞之數縣殊其體又厚薄不等亦豈能有聲耶且鬴內如果正方則言內方尺足矣又何贅言深尺乎蓋內有容納之義然則內方尺謂其容積千寸耳其形體不方也今設鬴爲圜體詳繹記文以算術求之鬴積千寸四升曰豆四豆曰區四區曰鬴然則豆積六十二寸半升積一十五寸六百二十五分臀深一寸實一豆則臀內徑八寸九分二釐周二尺八寸零二釐三毫豆底周徑卽鬴底周徑而鬴深一尺則口徑一尺三寸四分九釐二毫六絲三忽六微以口徑自乘又以底徑自乘又以底徑乘口徑幷三數深尺乘之又以圜率七八五三九八一六二五因之三歸之得積千寸又耳深三寸實一升則耳口徑二寸五分七釐七毫周八寸零八釐九毫六絲二忽以耳口徑乘周徑深三寸乘之四歸之得一十五寸六百二十五分爲一升之積以臀口徑乘周徑深一寸乘之四歸得六十二寸五百分爲一豆之積以此形體爲重三十斤但當厚一分餘耳故能聲中黃鍾之宮案鄭說與徐略同但徐謂鬴底方一尺至口則漸後而圜鄭氏則謂底口皆圜底斂而口侈方尺爲中容之實積諦審鄭賈之恉似與徐說同二說咸無文可證今以經校之經云深尺內方尺則容積之一定者也經又以臀一寸爲豆耳三寸爲升則無論鬴之冪積多少而必以十六分之一爲豆六十四分之一爲升此差分之一定者也經又云重一鈞聲中黃鍾之宮則輕重亦有定而厚薄之度又必可擊而成聲也依漢晉古說謂鬴內方外圜重旣不止一鈞擊之又不成聲與經義必不合徐鄭所糾甚塙則周鬴必不爲內方外圜之形可知若以內外正圜之度推之則容積幾與莽斛同況鬴底爲豆深寸當得鬴十分之一與十六分一之差復近則周鬴亦必不爲正圜之形又可知說文鬲部云鬴鍑屬也金部云鍑釜大口者明鬴鍑之口大小不一

此口與底不正等之墧證管子輕重甲篇云釜鏂之數不得爲後弇不曰大小而曰後弇明乎其不爲上下正等之形也然則鬴爲圜形口大而底小當如徐鄭之說無疑但徐說於經方尺得千寸之容積未能密合參互校覈鄭說推算精審以鬴豆升三數校之悉合足爲此經之的解矣又案此經嘉量有鬴無斛九章算術商功篇劉注又據此鬴容積推周斛之制云釜六斗四升方一尺深一尺其積一千寸若此方容六斗四升則通外圓積庣旁容十斗四合一龠五分龠之三也以數相乘之則斛之制方一尺而圓其外庣旁一釐七毫冪一百五十六寸四分寸之一深一尺積一千五百六十二寸半容十斗又隋律厤志說祖沖之以算術考周斛之積云凡一千五百六十二寸半方尺而圓其外減旁一釐八毫其徑一尺四寸一分四毫七秒二忽有奇而深尺卽古斛之制也案劉祖兩家並以鬴法推斛法庣數少異者二家圓率不同也雖古斛形制無文而容積則不誤謹附著之於此　注云以其容爲之名也者賈疏云此量器受六斗四升曰釜因名此器爲鬴云四升曰豆四豆曰區四區曰鬴鬴六斗四升也鬴十則鍾者鄭據左傳釋此鬴之容數也九章算術劉注隋書律厤志引祖沖之說同左昭三年傳晏子曰齊舊四量豆區釜鍾四升爲豆各自其四以登于釜釜十則鍾陳氏三量皆登一焉杜注云四豆爲區區斗六升四區爲釜釜六斗四升鍾六斛四斗登加也加一謂加舊量之一也以五升爲豆四豆爲區四區爲釜則區二斗釜八斗鍾八斛晏子春秋內篇問下說與左傳同鬴並作釜釜卽鬴之或體區甌之叚字說文瓦部云甌小盆也案齊舊量卽周之古法故與此經及㮚人職並合若陳氏新量依杜說則四量各就舊法而加四爲五故釜爲八斗今諦審左傳文義竊謂當以豆四升不加而區釜鍾則並以五五遞加蓋區二斗釜十斗鍾十斛乃與三量皆登一之文合管子輕重丁篇云今齊西之粟釜百泉則鏂二十也齊東之

粟釜十泉則鏂二泉也請以令籍人三十泉得以五穀菽粟決其籍若此則齊西出三斗而決其籍齊東出三釜而決其籍尹注云五鏂爲釜斗二升八合曰鏂鏂與區同以管子所言推之齊西粟一鏂二十泉而三斗三十泉則是二斗而當一鏂齊東粟一釜十泉而一鏂二泉則是五鏂而當一釜釜凡十斗也此正用陳氏新量之數與海王篇說鹽百升而成釜亦相應杜釋新量尹釋鏂皆非也管子書多後人羼易故與舊量不合且稟人云凡萬民之食人四鬴上也人三鬴中也人二鬴下也以漢書食貨志人食粟月一石半計之則槁以一鬴六斗四升爲是若以百升之鬴計之則鬴卽是石下歲之食人有二石尚不止一石半其不可通明矣古說釜容數多異載師賈疏引五經異義說釜米十六斗聶氏三禮圖又引舊圖云釜受三斛或云五斛並非此嘉量也詳稟人疏云方尺積千寸者賈疏云方尺者上下及旁徑爲方尺縱橫皆十破一寸一截一截得方寸之方百十截則得千寸也云於今粟米法少二升八十一分升之二十二者九章算術商功篇云程粟一斛積二尺七寸其米一斛積一尺六寸五分寸之一菽荅麻麥一斛皆二尺四寸十分寸之三劉注云二尺七寸者謂方一尺深二尺七寸凡積二千七百寸米斛積一千六百二十寸菽荅麻麥斛積二千四百三十寸鄭此注據米斛也五曹算經夏侯陽算經說斛法並同徐養原云九章算術斛有三等此記言耳三寸實一升則是粟斛也而鄭以米斛計之者粟斛大米斛小小者猶不足六斗四升之數則大者可知故知此記所謂內方尺言其底耳非謂立方一尺也賈疏云算法方一尺深尺六寸二分容一石如前以縱橫十截破之一方有十六寸二分容一升百六十二寸容一斗千六百二十寸容一石今計六斗四升爲釜以百六十二寸受一斗六斗各百爲六百六斗各六十六六三十六又用三百六十十六斗又各二寸二六十二又用十二寸揔用九百七十二寸爲六斗於千

寸之內仍有二十八寸在於六斗四升曰鬴又少四升未計入今二十八寸取十六寸二分爲一升添前爲六斗一升餘有十一寸八分又取一升分爲八十一分以十六寸二分一寸當五分十寸當五十分又有六寸五六三十又當三十分添前爲八十分是十六寸當八十也仍有十分寸之二當一分都并十六寸二分當八十一分如是十一寸八分於八十一分當五十九更得八十一分升之二十二分始得一升添前爲六斗二升復得二升乃滿六斗四升爲鬴也黃以周云九章粟米斛法一尺六寸二分王莽嘉量斛積千六百二十寸斗積百六十二寸以是推之鬴積應有千零三十六寸八百分古鬴僅有積千寸是少漢法三十六寸八百分以升法一六二除之得二升一百六十二分升之四十四以二約之故曰少二升八十一分升之二十二以今量言之其所容約得九升七合七勺弱詒讓案鄭意劉歆斛亦與九章米斛同故舉以校此依其率斗積一百六十二寸則升積十六寸二分周鬴校九章凡少三十六寸八分以三十二寸四分爲少二升餘四寸四分不成升即八十一分升之二十二也云其數必容鬴此言大方耳者毛晉本大方作內方誤此謂經言方尺必足容鬴而以立方之積較粟米之率不符故定此方尺謂言其大方若鬴形則略侈不必正方一尺也然則鄭意蓋如徐氏之說然經不容無容積之數況漢量較之周量其數自當稍贏鄭說不若鄭說之塙也云圜其外者爲之脣者釋名釋形體云脣緣也口之緣也此外圜亦謂鬴之外緣故云爲之脣也

其臀一寸其實一豆 故書臀作脣杜子春云當爲臀謂覆之其底深一寸也

【疏】其臀一寸其實一豆者嘉量內深尺而臀深寸與度正相應也玉篇肉部引聲類云臀尻也正字當作屍說文尸部云屍髀也重文臀尻或从骨殿聲臀即臀之異文一寸者其深之度不言容積者以鬴積差之可知依鄭伯奇說臀口徑八寸九分二釐積六十二

寸半錢塘云升法十五寸六分二釐五毫四乘升法爲六十二寸五
分其深一寸當用開平方開之命爲八寸少一寸五分案漢量四升
積六十四寸八分故周豆少一寸五分錢說與鄭同　注云故書脣
作脣杜子春云當爲臀者段玉裁云殿聲辰聲古音同部此謂聲之
誤也云謂覆之其底深一寸也
者賈疏云此謂鬴之底著地者其耳三寸其實一升耳在旁可舉也疏其耳三寸
其實一升者三寸亦其深之度也依鄭伯奇說耳口徑二寸五分七
釐圜周八分八釐九毫六絲二忽積十五寸六百二十五分鄭氏又
云漢書食貨志合龠爲龠十合爲升說文升十龠也龠當爲合漢志
黃鍾之龠八百一十分則一升之積一萬六千二百分考工記鬴積
千寸容六斗四升則一升容積一萬五千六百二十五分錢塘云升
之爲方六十四分鬴之一以六十四除千寸得十五寸六分二釐五
毫爲一升三寸自乘爲九以除之命爲寸八分少五分七釐五毫案
漢升法積十六寸二分故周升少五分七釐五毫錢說亦與鄭同賈
疏云實一升亦謂覆之所受也　注云耳在旁可舉也者徐養原云
耳當在脣下向下設之故云可舉也賈疏云此鬴之耳在旁可舉謂
人以手指舉之處詒讓案此謂兩耳各爲一升形度同
也漢律厤志劉歆銅斛左耳爲升右耳爲合龠與此異重一鈞重三十斤
疏重一鈞者記嘉量之應衡也徐養原云據鄭注量與鍾鼎同齊六
分其金而錫居一爲金二十五斤錫五斤　注云重三十斤者大
司寇注義同此與冶氏注引東萊方言大半兩爲鈞異孫子算經云
稱之所起起於黍十黍爲一絫十絫爲一銖二十四銖爲一兩十六
兩爲一斤三十斤爲一鈞四鈞爲一石若然一鈞爲斤三十爲兩四
百八十爲銖一萬一千五百二十爲絫十一萬五千二百爲黍百一
十五萬二千也其聲中黃鍾之宮應律之首疏其聲中黃鍾之宮者記嘉量之應律也賈疏云十二辰各有律十二

律以黃鍾爲初不直言中黃鍾之聲而云之宮者十二辰其變聲辰各有五聲則子上有宮商角徵羽五聲具今之所中者中其宮聲不中商角之等故以宮言之也案賈不詳律度長短今攷黃鍾之宮古說有三月令中央土律中黃鍾之宮鄭注云黃鍾之宮最長也史記律書生黃鍾術說苑修文篇並謂黃鍾之宮長九寸此卽黃鍾之全律也月令孔疏云蔡氏熊氏以爲黃鍾之宮謂黃鍾少宮也半黃鍾九寸之數管長四寸五分此謂卽黃鍾之半律也呂氏春秋古樂篇云昔黃帝令伶倫作爲律伶倫自大夏之西乃之阮隃之陰取竹於嶰谿之谷以生空竅厚鈞者斷兩節閒其長三寸九分而吹之以爲黃鍾之宮吹曰舍少次制十二筒以之阮隃之下聽鳳皇之鳴以別十二律其雄鳴爲六雌鳴亦六以比黃鍾之宮適合黃鍾之宮皆可以生之故曰黃鍾之宮律呂之本此謂不及黃鍾半律者也陳澧申呂覽義云律呂之度見於古書者以呂氏春秋爲最古其云三寸九分爲黃鍾之宮自來無知其說者惟律呂正義云閉嘗截竹爲管詳審其音黃鍾之半律不與黃鍾合而合黃鍾者爲太族之半律呂氏春秋以三寸九分之管爲聲中黃鍾之宮非半太族合黃鍾之義耶謹案三寸九分爲黃鍾之宮得此說而昭然若發矇矣葢絲聲倍半相應竹聲倍半不相應必半之而又稍短乃相應故半大族之管乃合黃鍾卽京房所謂竹聲不可以度調也月令亦出於呂氏其所謂黃鍾之宮卽三寸九分之管鄭注以爲最長固失之矣蔡氏熊氏知其爲黃鍾少宮而云管長四寸五分則又不知竹聲倍半不相應也案陳說致塙足正鄭蔡諸說之誤又漢書律厤志說嘉量云聲中黃鍾始於黃鍾而反覆焉注引孟康云反斛聲中黃鍾覆斛亦中黃鍾之宮宮爲君也此經云中黃鍾之宮無反覆之異漢志所說本於劉歆與此經異　注云應律之首者續漢書律厤志律術云黃鍾紀元氣之謂律律呂之首而生十一律者也案十二律相生首黃鍾詳大師疏

不稅鄭司農云令百姓得以量而不租稅疏槩而不稅者荀子宥坐篇云盈不求槩楊注云概平斗斛之木也考工記曰概而不稅案楊倞釋槩與鄭異而義實長陳祥道亦云律厤志以子穀秬黍中者千有二百實其龠以井水準其槩月令仲春正權槩荀子君道曰勝斛敦槩者所以爲嘖也管子樞言曰釜鼓滿則人槩之槩平也以竹木爲之五量資之以爲平也戴震亦謂平鬴區者曰槩稅脫古字通案陳戴並本楊義是也林喬蔭說同說文木部云槩杚斗斛杚平也韓非子外儲說左云槩者平量者也玉燭寶典引月令章句云概直木也所以平斗斛也月令鄭注呂氏春秋仲春紀淮南子時則訓高注義並同稅當讀爲挩說文手部云挩解挩也謂以槩平斗斛所實米粟適平其脣無復有隨槩而解落者也　注鄭司農云令百姓得以量而不租稅者此釋槩爲量稅爲租稅後鄭曲禮注云槩量也賈疏云按鄭志趙商問㮚氏爲量槩而不稅廛人職有稅何荅曰官量不稅若然此官量鎮在市司所以勘當諸廛之量器以取平非是尋常所用故不稅彼廛人所稅在肆常用者也案據賈引鄭志其則後鄭亦以稅爲租稅故此注直引先鄭不復增釋然非經義也

銘曰時文思索允臻其極銘刻之也時是也允信也臻至也極中也言是文德之君思求可以爲民立法者而作此量信至於道之中疏其銘曰者以下言鑄量既成而繫以銘也　注云銘刻之也者國語晉語韋注云刻器曰銘賈疏云刻之者正謂在模上刻之非謂在器乃刻今之鍾鼎爲文亦爾云時是也允信也臻至也者並爾雅釋詁文王引之云允猶用也言用臻其極也鄭義未安案王說亦通云極中也者天官敘官注同云言是文德之君思求可以爲民立法者而作此量信至於道之中者釋文云索求也故注亦訓爲思求荀子大略篇云能思索謂之能慮左傳定四年孔疏謂鄭以索爲法非也

嘉量既成以觀四

國以觀示四方使放象之【疏】嘉量既成者漢書律厤志顏注云嘉善也又引張晏云量知多少故曰嘉方矩云嘉量卽夏書所謂和鈞也此器兼律度量衡方尺深尺則度也實一鬴則量也重一鈞則衡也聲中黃鍾之宮則律也內方外圓則方圓冪積少廣旁要之理該而具也　注云以觀示四方使放象之者爾雅釋言云觀示也言以此嘉量頒示四方邦國令無不協同卽大行人同度量之事也

永啓厥後茲器維則永長也厥其也茲此也又長啓道其子孫使法則此器長用之【疏】注云永長也者爾雅釋詁文云厥其也者爾雅釋言文云茲此也者亦釋詁文云又長啓道其子孫使法則此器長用之者廣雅釋詁云啓開也國語楚語云道開也故鄭訓啓爲道又爾雅釋詁云則法也言以此嘉量垂之子孫教訓啓道之使長遵用守爲法則也

凡鑄金之狀故書狀作壯杜子春云當爲狀謂鑄金之形狀【疏】凡鑄金之狀者說文金部云鑄銷金也此通論攻金諸工鑄冶之度以㮚氏爲量改煎之法最詳故綴於此也　注云故書狀作壯杜子春云當爲狀者段玉裁云此亦聲之誤徐養原云狀壯亦形之誤王逸楚詞敘云又以壯爲狀義多乖異與此相類云謂鑄金之形狀者說文犬部云狀犬形也引申爲凡物之形狀此銷鑄金樸亦宜察其形狀也

金與錫黑濁之氣竭黃白次之黃白之氣竭青白次之青白之氣竭青氣次之然後可鑄也消湅金錫精麤之候【疏】金與錫黑濁之氣竭黃白次之者凡金樸改煎之所含麤質得熱則化爲氣而上騰其色有此數等也　注云消湅金錫精麤之候者消湅金錫久則濁滓淨盡而質獨精故視其煙氣以爲候也

段氏闕【疏】段氏者說文殳部云段椎物也又金部云鍛小冶也凡鑄金爲器必椎擊之故工謂之段氏鍛則所用椎段之具也

上文云段氏爲鎛器蓋凡農器之有金者皆此工爲之段函人段借作鍛醢人注云鍛鎛亦即此

周禮正義卷七十八

周禮正義卷七十九

瑞安孫詒讓學

函人爲甲犀甲七屬兕甲六屬合甲五屬屬讀如灌注之注謂上旅下旅札續之數也革堅者札長鄭司農云合甲削革裏肉但取其表合以爲甲【疏】函人爲甲者亦以所作之器名工也孟子公孫丑篇亦有函人趙注云函甲也詳夏官敘官疏云犀甲七屬兕甲六屬者說文牛部云犀南徼外牛一角在鼻一角在頂似豕豕部云兕如野牛而青重文兕古文从儿爾雅釋獸云犀似豕兕似牛郭注云犀形似水牛豬頭大腹庳腳腳有三蹏黑色三角一在頂上一在額上一在鼻上鼻上者卽食角也小而不橢好食棘亦有一角者兕一角青色重千斤國語晉語云唐叔射兕於徒林殪以爲大甲又越語云衣水犀之甲韋注云犀形似象而大今徼外所送有山犀有水犀水犀之皮有珠甲山犀則無一切經音義引南州異物志云兕角長二尺餘其皮堅可爲鎧甲七屬六屬甲每旅連屬之數也云合甲五屬者江永云犀甲兕甲皆單而不合合甲則一甲有兩甲之力費多工多而價重詒讓案荀子儒效篇云定三革楊注云三革犀也兕也牛也亦引此經三種甲疑楊倞卽以合甲爲牛革所爲今攷牛革雖亦可爲甲然甲材究以犀兕爲最善此三甲以合甲爲尤堅當亦以犀兕爲之但材良而工精耳非別用他革也荀子議兵篇注又說楚人以鮫魚皮爲甲則非恆制也

注云屬讀如灌注之注者匠人水屬不理孫注亦云屬讀如注司服賈疏引鄭志釋左傳韎韋之跗注以跗爲幅注爲屬謂以韎韋幅如布帛之幅而連屬以爲衣此屬讀如注義亦與彼同段玉裁云屬者連屬附著之義讀如注者重言之也云謂上旅下旅札續之數也

者賈疏云謂上旅下旅皆有札續一葉爲一札上旅之中續札七節六節五節下旅之中亦有此節故云札續之數也惠士奇云大玄玄捝曰比札爲甲比猶屬也凡皮皆曰札淮南子齊俗訓羊裘解札言裘敝也合爲屬散爲解案惠說是也惠又據成十六年左傳養由基蹲甲而射之徹七札焉呂氏春秋愛士篇晉惠公之右路石奮投而擊繆公之甲中之者已六札矣未徹者特一札耳謂古甲皆七札亦塙韓詩外傳及列女傳說齊景公晉平公射事並云穿七札足與左傳呂傳互證但札與屬不同制革片謂之札爲甲則以組帛綴屬之所謂組甲被練也左傳所云七札者甲內外層厚薄複疊之數此經云七屬六屬五屬者札上下層長短連屬之數也云華堅者札長者釋兕甲犀甲合甲屬數遞減之義江永云甲續札爲之節節相續則一札而表裏有兩重不甚堅者續欲密札稍短而多堅則可稍長而少也如第一札之半第二札續之第二札之半第三札續之則第三札之上端當第一札之盡處故一札有兩重惠士奇云荀子議兵曰魏氏武卒衣三屬之甲漢刑法志注如淳謂上身一髀褌一脛繳一蘇林謂兜鍪盆領髀褌爲三屬兜鍪冑也以冑爲甲固非以脛繳爲甲尤非上旅甲下旅裳甲裳三屬其甲更長於合甲矣革之最堅者敷案江惠說是也荀子甲屬與此經義同若如如蘇二說則此經云七屬六屬五屬甲裳上下旅之外不得有屬數如此之多足明其非也鄭司農云合甲削革裏肉但取其表合以爲甲者戴震云合之爲言取重堅相并惠士奇云革裏肉者革之敗蔵去之則材良所謂視其裏而易則材更也戰國策燕策燕王思欲報齊身自削甲札妻自組甲絣削甲札者司農所謂削其裏而取其表也管子小匡輕罪入蘭盾鞈革二戟注云鞈革重革當心著之可以禦矢鞈省爲合古今文鞈猶堅也荀子議兵曰楚人鮫革犀兕以爲爲甲鞈如金石楊注云鞈堅貌武億云鞈即合士喪禮注云古文鞈爲合也然則合或從

韋或從革均一字耳函人合從古文管子及荀子鞈從今文

犀甲壽百年兕甲壽二百年合甲壽三百年革堅者又支久疏注云革堅者又支久者冢上注革堅者札長爲文故云又支久也

凡爲甲必先爲容服者之形容也鄭司農云容謂象式疏注云服者之形容也者說文頁部云頌皃也容頌之借字賈疏云凡造衣甲須稱形大小長短而爲之故爲人之形容乃制革也江永云甲片片而爲之非若裁衣之易故必爲人身之形容而從裁制之爲甲甚多其容亦當有大小長短服時以身合之非先擬一人之身而後制甲爲此人服也鄭司農云容謂象式者此直謂甲之通式不爲人之形容說與後鄭微異

然後制革裁制札之廣袤疏然後制革者以下明制甲之尺度也注云裁制札之廣袤者說文刀部云制裁也衣部云裁制衣也制甲與制衣相似故亦言裁制淮南子兵略訓云制革爲甲制卽劃也賈疏云節數已定更觀人之形容長大則札長廣短小則札短狹故云裁制札之廣袤廣卽據橫而言袤卽據上下而說也

權其上旅與其下旅而重若一鄭司農云上旅謂要以上下旅謂要以下疏權其上旅與其下旅而重若一者此權甲之輕重也戴震云合言之上旅下旅通謂之甲分言之上旅謂之甲又名爲盤領下旅謂之髀褌甲之札有七屬六屬五屬髀褌之札屬與甲等案戴說本蘇林漢書注江永云甲自要半上下相等故權之而重若一注鄭司農云上旅謂要以上下旅謂要以下者說文臼部云要身中也甲與衣同亦上衣下裳左宣十二年晉楚戰于邲傳云趙旃弃車而走林屈蕩搏之得其甲裳杜注云下曰裳賈疏云上旅謂衣也下旅謂裳也呂飛鵬云先鄭以要釋旅旅當爲膂說文呂篆文从肉从旅要以上要以下猶言膂以上膂以下也經文蓋省膂作旅疏訓旅爲衆非案呂說是也江永

說亦同

以其長爲之圍圍謂札要廣厚

疏以其長爲之圍者此度甲之要圍也江永云以其長爲之圍文承權其上旅下旅之後必通計上旅下旅之長蓋甲裳當下蔽脛及跗中人長八尺自肩及跗約六尺五六寸計上旅下旅正合人身之要圍又云深衣裳計要半下七尺二寸者彼禮服欲寬博又有帶束之甲欲貼身緊束故要圍當殺數寸案江說是也戴震說同賈疏謂止取一旅之長則圍必太小而與甲不稱不可從注云圍謂札要廣厚者長謂甲旅札上下之直度故圍即指上下旅之閒要圍之橫度也

凡甲鍛不摯則不堅已敝則橈鄭司農云鍛鍛革也摯謂質也鍛革大孰則革敝無強曲橈也玄謂摯之言致

疏凡甲鍛不摯則不堅者此記治甲之法注鄭司農云鍛鍛革也者廣雅釋詁云鍛椎也韓非子外儲說右篇云椎鍛者所以平不夷也案鍛段之借字此與段氏之段義略同謂椎擊皮革使純孰也喪服記斬衰冠深衣注說衣布並有鍛此鍛革與鍛布事同云摯謂質也者摯質字通左昭十七年傳少皞摯周書嘗麥篇摯作質是其證論語雍也皇疏云質實也鍛不摯亦謂鍛之不實故不堅也云鍛革大孰則革敝無強曲橈也者說文木部云橈曲木也引申之凡物曲弱並謂之橈廣雅釋詁云橈曲也治革鍛過其度則革理傷敝故曲弱不強韌也御覽兵部引此注作橈曲也亦通云玄謂摯之言致者弓人注同此以聲類爲訓也致即今緻字詳大司徒疏鍛不摯謂椎鍛不精緻也

凡察革之道眂其鑽空欲其惌也鄭司農云惌小孔貌惌讀爲宛彼北林之宛

疏凡察革之道者以下記相甲之法云眂其鑽空欲其惌也者說文金部云鑽所以穿也又穴部云空竅也鑽空謂以組纓綴甲所穿之空竅燕策所謂組甲絣是穿甲用組之事惠士奇云左襄三年傳組甲三百被練三千孔疏引賈逵注組甲以組綴甲被練帛也以帛綴甲

珍倣宋版印

而有盈竅敫半任力盡任力之說其說本於呂氏春秋去尤篇云邾之故法爲甲裳以帛公息忌謂邾君曰不若以組凡甲之所以爲固者以滿竅敫也今竅敫滿矣而任力者半耳且組則不然竅敫滿則盡任力矣邾君以爲然然則察革之道先視其竅敫竅敫大則難盈故任力半竅敫小則易滿故任力全合甲者任力全之謂也而組練實爲之助焉故曰隨繩而斵因鑽而縫竅敫者鑽空所謂視其鑽空而惌則革堅者以此合甲之堅亦以此 注鄭司農云惌小孔貌者說文宀部云宛屈艸自覆也重文惌宛或从心詩小雅小宛毛傳云宛小貌是惌有小義也空孔古今語云惌讀爲宛彼北林之宛者段玉裁改爲爲如云此擬其音也今本作讀爲誤案段校是也宛彼北林詩秦風晨風文今毛詩宛作鬱此所引蓋出三家詩宛鬱古通用內則兎爲宛脾鄭注云宛或作鬱依先鄭說則惌宛非一字與許說異 眡其裏欲其易也無敗蠹也【疏】眡其裏欲其易也者戴震云易治也治除革裏敗蠹犀甲兕甲皆然若合甲則用功尤多但存其表詒讓案弓人冬析幹則易注謂理滑致此易亦謂革裏滑致也 注云無敗蠹也者釋文云蠹本或作䘁案䘁卽蠹之俗詳蜡氏疏文選西都賦李注引字書云䘁不潔清也革有敗蠹者卽前注云革裏肉是也 眡其朕欲其直也鄭司農云朕謂革制【疏】眡其朕欲其直也者江永云甲縫欲正直不可斜枉深衣篇負繩及踝以應直深衣背縫直中繩此縫甲亦欲如是也 注鄭司農云朕謂革制者據下制善爲釋謂裁制革之縫也江永云朕爲目縫則朕謂甲之縫也戴震云舟之縫理曰朕故札續之縫亦謂之朕 櫜之欲其約也鄭司農云謂卷置櫜中也春秋傳曰櫜甲而見子南【疏】櫜之欲其約也者廣雅釋詁云約少也謂卷束藏之櫜中約少易特載也 注鄭司農云櫜謂卷置櫜中也者武億云甲衣謂之櫜檀弓赴車不載櫜韔注櫜甲衣樂記鍵櫜注兵甲之衣曰

櫜少儀袒櫜注弢鎧衣也呂氏春秋悔過篇櫜甲束兵引春秋傳者證甲之有櫜也賈疏云按昭元年傳鄭公孫黑與子南爭徐吾犯之妹適子南氏子晳怒既而櫜甲而見子南欲殺之彼以衣裏著甲謂之櫜此以甲衣藏甲爲櫜相似故引以爲證也舉而眡之欲其豐也豐大疏注云豐大者易象下傳文矢人弓人注並同衣之欲其無齘也鄭司農云齘謂如齒齘疏注鄭司農云齘謂如齒齘者王聘珍云方言云齘怒也郭注云言噤齒也說文云齘齒相切也欲其無齘也者謂札葉不欲其相摩切如人之怒而切齒也案王說是也賈疏謂人之齒齘前卻不齊札葉參差與齒齘相似非經注之義眡其鑽空而宨則革堅也眡其裏而易則材更也眡其朕而直則制善也櫜之而約則周也舉之而豐則明也衣之無齘則變也周密致也明有光耀鄭司農云更善也變隨人身便利疏眡其鑽空而宨則革堅也者此下總論察革六事備具之善注云周密致也者說文口部云周密也白虎通義號篇云周者至也密也致亦卽緻字云明有光耀者賈子道德說云光輝之謂明鄭司農云更善也者俞樾云更之爲善猶易之爲善也周易繫辭傳辭有險易釋文引京房曰易善也易與更同義變謂之更亦謂之易善謂之易亦謂之更正古訓之展轉相通者案俞說是也云變隨人身便利者謂隨人屈申不萎牾也

鮑人之事鮑故書或作鞄鄭司農云蒼頡篇有鞄甇疏鮑人之事者以事名工也事謂柔鞄鄭司農云蒼頡篇有鞄甇者總敘注義同甇字當爲[illegible]並詳總敘疏治韋革之事注云鮑故書或作望而眡之欲其荼白也韋革遠視之當

如茅莠之色【疏】注云韋華遠視之當如茅莠之色者此亦注用今字作視也賈疏云此官主華不主韋韋自韋氏爲之鄭云華華者夾句而言耳詒讓案地官敘官注云荼茅莠莠者秀之借字毛詩鄭風出其東門傳云荼英荼也鄭箋云荼茅莠孔疏云英是白貌茅之秀者其穗色白又國語吳語云皆白裳白旂素甲白羽之矰望之如荼蓋韋華色貴白遠視之與茅華色同故經云荼白也互詳地官疏

進而握之欲其柔而滑也謂親手煩擱之【疏】進而握之者此下當有引而信之欲其直也八字誤錯著於後詳後疏 注云謂親手煩擱之者毛詩周南葛覃薄汙我私傳云汙煩也鄭箋云煩煩擱之用功深彼釋文引阮孝緒字略云煩擱猶挼莏也案煩擱挼莏並用兩手上下摩揉之謂說文手部云握搤持也謂持華煩擱之

卷而摶之欲其無迆也鄭司農云卷讀爲可卷而懷之之卷摶讀爲縛一如瑱之縛謂卷縛韋華也迆讀爲既建而迆之之迆無迆謂華不韢【疏】注鄭司農云卷讀爲可卷而懷之之卷者段玉裁云卷與論語卷懷義同云摶讀爲縛一如瑱之縛者此易其字也縛一如瑱左昭二十六年傳文釋文云瑱本或作顛段玉裁阮元並以顛爲𦖋之誤是也說文玉部瑱重文𦖋云瑱或从耳云謂卷縛韋華也者左傳杜注云縛卷也段玉裁云易摶爲縛縛謂卷之緊也云迆讀爲既建而迆之之迆者此引總敘文迆下多一之字段玉裁云謂與既建而迆之義同謂不衺也云無迆謂華不韢者韢字唐以前字書未見類篇韋部始有此字云柔華平均也案釋文音虧疑卽虧之俗小爾雅廣言云虧損也不虧蓋謂華不縮而減損則卷之無迆邪不正之患類篇蓋本此注而失其義

眡其著欲其淺也鄭司農云謂郭韋華之札入韋華淺緣其邊也玄謂韋華調善者鋪著之雖厚如薄然【疏】眡其著欲其淺也者江永云言縫合兩皮相著之處欲淺狹若太深

廣則革爲厚邊縫庋起而革不信　注鄭司農云謂郭韋革之札入韋革淺緣其邊也者郭廓聲類同淮南子道應訓云譬之猶廓革者也廓之大則大矣裂之道也方言云張小使大謂之廓此注言張郭皮革使極伸則其札之邊緣接入相連著者乃淺而不厚也先鄭此說深得經意後鄭破之非也云玄謂革韋調善者鋪著之雖厚如薄然者此訓著爲鋪著與先鄭異廣雅釋詁云鋪陳也調和也謂革和耎則不暴起其鋪著之時雖厚亦如薄也察其線欲其藏也故書線或作綜杜子春云綜當爲系旁泉讀爲絤謂縫革之縷【疏】注云故書線或作綜杜子春云綜當爲系旁泉讀爲絤者段玉裁云泉宗篆相似正其形之誤當爲線而後說線即絤字蓋子春時多用絤字也說文綫爲小篆綫與絤同也線爲古文謂縫人及考工故書也晉灼注漢書功臣表云綫古線字則晉時綫爲古字線爲今字與許時互易徐養原云晉世專行線字故反以綫爲古字至今猶然說文有綫無絤然子春不讀爲綫而讀爲絤則綫字在後漢已不行矣云謂縫革之縷者縫人先鄭注云線縷也革欲其荼白而疾澣之則堅鄭司農云韋革不欲久居水中【疏】革欲其荼白而疾澣之則堅者申論上文五者之義說文水部云瀚濯衣垢也澣即瀚之俗制革必澣之者所以去其不潔猶布帛之有鍛濯灰治也色既荼白而澣之又疾則不潔去而無傷其肕故堅也　注鄭司農云韋革不欲久居水中者韋革久漸漬水中則敝而損其堅故澣之欲疾欲其柔滑而腥脂之則⿰需刂故書⿰需刂作劉鄭司農云腥讀如沾渥之渥劉讀爲柔需之需謂厚脂之韋革柔需【疏】欲其柔滑而腥脂之則需者需當作耎柔滑者治革之精然恐其枯燥而坼故又以脂潤之以助其輭也戴震云蓋革宜柔柔則利於屈伸而能久　注云故書需作劉者段玉裁校改經注及釋文需爲耎劉爲⿰耎刂云釋文需人兗反劉而

髓反又人兗反蓋作音義時字未誤也古音耎聲在元寒桓部需聲在矦部陸氏在唐初尚未誤自後乃耎需互譌延及經傳大祝㨎祭鞻人契耎及此皆是也唐初契耎已誤爲需故陸有須音㨎祭及此經未誤故反以而泉人兗徐養原云考說文从耎从需在同部者如臑腝儒偄濡渜嬬㜣繻緛皆截然兩字其从耎从需而爲一字者如碝之作瓀蝡之作蠕皆不見於說文其誤明矣五經文字刀部⿰需刂柔耎之耎見考工記注⿰需刂字誤而耎字不誤集韻二十八獮⿰耎刂或作⿰需刂則⿰需刂之本當从耎信而有徵但⿰耎刂字說文亦不載耎字注云稍前大也讀若畏偄疑故書本借用偄字後譌爲⿰耎刂耳易需卦釋文云從兩重而者非是需字或作𩂐與耎字形相似隸釋魯峻碑學爲偄宗以偄爲儒則漢時已誤矣說文需耎俱从而聲似二字聲類相近或可通案段徐說是也說文甍部云甍柔韋也讀若耎尸部云㞋柔皮也此耎與甍反聲義並同據釋文則陸時經注字已誤而音讀相傳未誤當據校正鄭司農云腝讀如沾渥之渥者段玉裁云此擬其音而義可知也說文不收腝字者蓋其字因脂從肉旁而亦從肉實則用渥足以包之也沾今之添字案段說是也說文水部云渥霑也沾渥與霑渥同云⿰需刂讀爲柔需之需者亦當從段校改⿰需刂爲⿰耎刂需並爲耎此改其字又釋其義也柔需猶司几筵注之柔⿰石需詩大雅桑柔箋之柔濡並耎偄之譌文一切經音義引三蒼云耎弱也物柔曰耎云謂厚脂之韋革柔需者需亦當作耎此釋腝脂之則需之義廣雅釋詁云渥厚也段玉裁云腝之言厚也脂之猶詩言膏之案段說亦是也梓人注云脂牛羊屬膏豕屬此散文通言脂膏皆可以柔韋革不定用牛羊脂也

引而信之欲其直也信之而直則取材正也信之而枉則是一方緩一方急也若苟一方緩一方急則及其用之也必自其急者

先裂若苟自急者先裂則是以博爲帴也

鄭司農云帴讀爲翦謂以廣爲狹也玄謂翦者如俴淺之俴者讀爲或羊豬戔之戔

疏 引而信之欲其直也者王引之云此皆先列其目後乃一一申言之不應引而信之二句不見於前而見於後蓋本在進而握之欲其柔而滑也下寫者錯亂耳案王說是也信與伸同云信之而直則取材正也者取材正謂革裁斷之成札牒理齊正而不邪絕其伸之乃得直也云信之而枉則是一方緩一方急也者革不直者郭之必不均故一方緩一方急云必自其急者先裂者說苑敬慎篇云革剛則裂急則必剛故先裂也 注鄭司農云帴讀爲翦者帴翦聲近叚借字既夕禮緇翦注云今文翦作淺賈疏云翦亦是狹小之意云謂以廣爲狹也者訓帴爲狹也革札以廣爲貴若有坼裂則廣者反成狹矣云玄謂翦者如俴淺之俴或者讀爲羊豬戔之戔者釋文云沈云馬融音淺干寶爲殘與周易戔戔之字同亦音素干反不知其義或云字則如沈釋而羊豬戔之語未見出處俗謂羊豬脂爲𦟝音素干反豈取此乎案周禮注殘餘字本多作戔宜依殘音王引之云馬音是也古人多以博與淺相對爲文羣書治要引曾子脩身篇曰君子博學而淺守之管子八觀篇曰彼野悉辟而民無積者國地小而食地淺也田半墾而民有餘食而粟米多者國地大而食地博也荀子脩身篇曰多聞曰博小聞曰淺非相篇曰君子博而能容淺粹而能容雜儒效篇曰以淺持博以古持今以一持萬禮論篇曰博之淺之呂氏春秋執一篇曰騈猶淺言之也博言之豈獨齊國之政哉賈子容經篇曰人主大淺則知聞大博則業厭淮南說山篇曰所受者小則所見者淺所受者大則所照者博皆是也帴乃淺之假借耳段玉裁云司農易帴爲翦說其義曰狹鄭君恐人不知翦意伸明之曰此翦音義如詩俴淺之俴俴淺也見毛詩小戎傳俴淺者狹意也又云或者讀爲羊豬戔之戔者此鄭君

博異說也案俴淺之義王段所說是也羊豬戔之戔以沈重所說推之蓋與干讀殘同文選七命髦殘象白李注云殘白蓋羹肉之異名羹羊豬肉爲殘又凡經典言殘餘者正字當作𣧰說文歺部云𣧰禽獸所食餘也崔駰博徒論云燕臛羊殘此羊豬戔疑即羊殘字蓋漢時俗語謂獸所食餘也則羊豬所食之餘亦得謂之殘未審後鄭塙指何物干氏似亦用殘餘義易賁束帛戔戔釋文載子夏傳本亦作殘殘故云與周易戔戔之字同陸謂周禮注殘餘字作戔者見槁人注以博爲俴者謂破廣爲狹以博爲戔者謂破整爲殘後鄭二讀少異而義不甚相遠賈疏謂戔俴義同非也

卷而摶之而不迆則厚薄序也序舒也謂其革均也疏則厚薄序也者序前經例用古字並作敘此作序疑經記字例之異 注云序舒也者毛詩大雅常武傳云舒序也是序舒可互訓云謂其革均也者革均則無偏厚偏薄之處故均平而不迆

眡其著而淺則革信也信無縮緩疏注云信無縮緩者信亦伸字廣雅釋詁云申展也直也革展之直則平而無縮急而不緩

察其線而藏則雖敝不甐甐故書或作鄰鄭司農云鄰讀爲磨而不磷之磷謂韋革縫縷沒藏於韋革中則雖敝縷不傷也疏察其線而藏則雖敝不甐者釋文云甐或作鄰案或本蓋涉注疊故書而誤 注云甐故書或作鄰鄭司農云鄰讀爲磨而不磷之磷者磨而不磷論語陽貨篇文段玉裁云甐與磷同瓦石皆磨甐之物也鄰者古文假借字徐養原云甐磷俱不見於說文故書借用鄰字輪人不甐於鑿釋文甐本又作鄰是不特故書爲然矣云謂韋革縫縷沒藏於韋革中則雖敝縷不傷也者輪人注云甐亦敝也此謂線縷深藏於韋革中則磨甐不能及故革雖敝其線終不傷而斷也

韗人爲皐陶鄭司農云韗書或爲鞠皐陶鼓木也玄謂鞠者以皐陶名官也鞠則陶字從革疏韗人爲皐陶者亦以事名工也祭統注釋韗爲韗磔皮革明此工主治革以冒鼓又兼爲鼓木祭統韗作煇以爲甲吏者亦以韗與函同爲攻皮之工故通言不別也　注鄭司農云韗書或爲鞠者徐養原云說文無鞠字革部韗或从韋作韗篆文軍與匋相似遂誤爲鞠云皐陶鼓木也者謂鼓匡也亦名[illegible]廣雅釋器云鼓[illegible]謂之柩鼓匡皆以木爲之故柩字從木史記龜策傳云殺牛取革被鄭之桐集解引徐廣云牛革桐爲鼓也則鼓木以桐爲之程瑤田云鼓木曰皐陶蓋穹隆之形雙聲疊韻字與莊周書弧落義略同又云皐陶卽鼓名先鄭以爲鼓木或卽以木名其鼓若但作鼓木不應三鼓獨此鼓不見鼓名也案先鄭義當如程氏前說後說謂皐陶鼓名不爲無見但與鼓人六鼓文並不合六鼓鼖鼓此後文作皐鼓度已別見此鼓又不宜與彼同名竊疑皐陶當讀爲鼛鼖鼓陶古音雖不同部而合音最近古可通用大司樂有靁鼖靈鼓路鼓則亦當有皐鼖矣以下文推之此鼓高度殺於中穹之徑形較賁皐二鼓爲獨扁則於搖播反擊爲宜且皐鼓長尋有四尺此鼓長六尺六寸於率約倍半之較亦正相應也依賈鄭義下文爲晉鼓於經亦無見文抑或晉鼓與皐鼖度同而制異亦未可知要鼓鼖同用革其爲一工所爲固無可疑首舉鼖制者先小而後以次及大也此雖肊測而於義似得通謹附著以備一解云玄謂鞠者以皐陶名官也者此姑依或本說之也後鄭雖不從作鞠之本而謂若作鞠人則是以皐陶名官凡故書鄭所不從亦閒有釋其義者賈疏謂後鄭謂鞠人爲皐陶不取韗字爲官名失其指矣大射儀注引此職作鼓人則通稱也云鞠則陶字從革者則卽古通用謂若作鞠則當與陶爲一但變從阜爲從革字則同也段玉裁云鄭君釋鞠字曰从革从陶省爲皐陶故官名鞠也陶省亦聲也壺涿氏有炮土之鼓明

堂位有土鼓蓋大古鼓腔用匋後乃用木鼓木曰皋陶 長六尺有六寸左右端廣六寸中尺厚三寸版中廣頭狹為穹隆也鄭司農云謂鼓木一判者其兩端廣六寸而其中央廣尺也如此乃得有腹 疏 長六尺有六寸者徐養原云六尺六寸乃循鼓身之屈折計之非兩面相距之直度也下二鼓倣此凡量曲物皆然車人之耒弓人之弓與皋陶同度其量之亦同法晉鼓兩面相距五尺七寸弱又云首節不言鼓面與下二鼓同也下二鼓不言版廣與首節同也皆互見也言版廣而不言鼓面則鼓之大小僅有虛率而無實數言鼓面而不言版廣則鼓面雖得而中徑不可知案依鄭下注則此云六尺六寸者為緣版三正弧曲之度以中穹之度減之為弦直之數即徐氏所謂兩面相距之度也中圍廣而直距短所謂大而短者知此六尺六寸非鼓高直弦之度者若以此為鼓高則校之中穹之度止減三分寸之二所差無多穹與高幾等於形未協且車人為耒庛長尺有一寸中直者三尺有三寸上句者二尺有二寸耒身亦有句曲而所謂六尺有六寸之長正指緣身曲折之度徐氏謂此與量耒同法塙不可易也云左右端廣六寸中尺者易祓云謂鼓木之版此鼓二十版每版兩頭各廣六寸其圍丈有二尺而鼓面徑四尺矣中尺謂鼓版之中廣一尺其圍二丈其鼓之中徑六尺六寸三分寸之二矣此鼓之中徑即所謂穹者三之一云厚三寸者徐養原云謂中段也至兩端則漸薄案徐說近是周尺三寸於今尺約二寸強兩旁漸殺而薄則足以發其聲而無瘖鬱之患矣 注云版中廣頭狹為穹隆也者鼓匡中必大於兩端而後有聲故其版必中廣頭狹匔而聯合之以為匡也穹隆者高突上出之貌大玄玄告云天穹隆而周乎下是也鄭司農云謂鼓木一判者其兩端廣六寸而其中央廣尺也者說文刀部云判分也片部云片判木也版片也此一判猶云一片一版鼓以二十版合為一圓

形版又折爲三正故有左右兩端及中也云如此乃得有腹也者謂頭狹則合之而斂中廣則合之穹隆而後故得有腹也

穹者三之一

鄭司農云穹讀爲志無空邪之空謂鼓木腹穹隆者居鼓三之一也玄謂穹讀如穹蒼之穹穹隆者居鼓面三分之一則其鼓四尺者版穹一尺三寸三分寸之一也倍之爲二尺六寸三分寸之二如鼓四尺穹之徑六尺六寸三分寸之二也此鼓合二十版

疏穹者三之一者明鼓匡隆起之度也　注鄭司農云穹讀爲志無空邪之空者惠棟云弟子職云志無虛邪或古本虛作空故讀从之古穹與空同文選注引韓詩白駒云在彼穹谷薛君曰穹谷深谷也今詩穹作空段玉裁云司農云腹穹隆則穹讀空而已非易爲空字今本作讀爲誤也案段說是也云謂鼓木腹穹隆者居鼓三之一也者明穹卽取穹隆之義云玄謂穹讀如穹蒼之蒼者此改先鄭之讀而不易其義也爾雅釋天云穹蒼蒼天也文選古辭傷歌行李注引李巡云仰視天形穹隆而高其色蒼蒼故曰穹蒼是穹蒼亦取穹隆義也云穹隆者居鼓面三分之一則其鼓四尺者版穹一尺三寸三分寸之一也者賈疏云此鄭所言皆從二十版計之乃得面四尺及穹之尺數經既不言版數知二十版者此以上下相約可知何者此鼓言版之寬狹不言面之尺數下經二鼓皆言鼓四尺不言版之寬狹明皆有鼓四尺及鼓版之廣狹也若然下二鼓皆云鼓四尺明此鼓亦四尺據面而言若然鼓木兩頭廣六寸面有四尺二十版二六十二長丈二尺圍三徑一是一丈二尺得面徑四尺矣以此面四尺穹隆加三之一三尺加一尺其一尺者取九寸加三寸其一寸者爲三三分取一分幷之得一尺三寸三分寸之一也程瑤田云穹者三之一注据鼓面四尺言之穹言腹徑與鼖鼓据中圍加三之一者不同徐養原云晉鼓雖不言鼓面而記版廣之數特詳知版廣之數則左右端之口徑定矣口徑卽鼓面也左右端廣六寸中尺以左右端

之廣三分益二一卽得中廣然則口徑三分益二亦必得中徑由廣知徑由徑知穹其專計一㡯何也尺與六寸一版之廣也二十版兩兩相對今衹就一版驗之故其穹也亦衹得一㡯數爾云倍之爲二尺六寸三分寸之二如鼓四尺穹之徑六尺六寸三分寸之二也者穹出者匈帀鼓身欲求直徑須合兩穹面計之故必倍一尺三寸三分寸之一計之得兩穹面之合數二尺六寸三分寸之二再益以鼓平面之四尺適得徑六尺六寸三分寸之二也云此鼓合二十版者江永云凡徑一者不止圍三祖沖之約率徑七圍二十二如鼓面徑四尺則其圍十二尺五寸七分弱以端廣六寸計幾有二十一版以中穹六尺六寸三分寸之二計之則其圍二十尺九寸四分亦幾有二十一版蓋造鼓時自有伸縮以求密合記不言版數或用二十版而稍加其六寸與一尺之度或用二十一版而稍減其六寸與一尺之度皆可也先儒習於徑一圍三之說未知有密率耳徐養原云中徑六尺六寸三分寸之二合二十版以割圜之法求之每版一尺一分七氂有奇言一尺者舉成數也凡圜物之有棱者兩棱之閒仍是平面不可以圜周論也古率固疏或用密率亦非弃案此依江說以圜徑求周密率推之徑六尺六寸三分寸之二者當周二丈九寸四分三氂七豪零以二十版每版廣尺消去二丈尚餘九寸四分三氂七豪零以二十版分之一版贏四分七氂一豪有零依徐說二十版爲二十觚計之則合二十版共贏三寸四分強二說不同徐爲近是要之每版所益無多卽可密合無隙故鄭徑定爲二十版也

上三正

鄭司農云謂兩頭一平中央一平也玄謂三讀當爲參正直也參直者穹上一直兩端又直各居二尺二寸不弧曲也此鼓兩面以六鼓差之賈侍中云晉鼓大而短近晉鼓也以晉鼓鼓金奏

疏 上三正者此明鼓匡三折之形也 注鄭司農云謂兩頭一平中央一平也者楚辭離騷王注云正平也謂鼓匡每版爲三折每折之上

其版正平故有兩頭及中央三平也云玄謂三讀當爲參參者以經例凡分率參等字並作參與紀數字作三別故正其讀也段玉裁云先後鄭讀異而說同必易三爲參參者如弓人爲之參均之參雖兩𨑨一平而各居二尺二寸又各弦直也異而同曰參云正直也者鬼谷子摩篇云正者直也云參直者穹上一直兩端又直各居二尺二寸不弧曲也者穹上一直卽先鄭所謂中央一平也兩端又直卽先鄭所謂兩頭一平也以六尺六寸之長三折平分之各得二尺二寸無所羸朒不弧曲謂三正爲方折不爲屈曲圜折之平弧形也云此鼓兩面者說文鼓部云鼖鼓晉鼓皋鼓皆兩面賈疏云下經二鼓言四尺之面此經不言四尺之面故言之對發祭祀三鼓四面已下詒讓案言此鼓二面明其與雷鼓八面靈鼓六面路鼓四面不同亦以定此鼓之當爲晉鼓也云以六鼓差之賈侍中云晉鼓大而短近晉鼓也者後漢書賈逵傳云逵字景伯扶風平陵人作周官解故永元八年爲侍中此卽解故說也鄭據鼓人惟有六鼓此鼓二面旣非雷靈路三鼓而鼖鼓皋鼓制度已見下文明此當爲晉鼓又以此鼓亦大而短與賈說晉鼓相合故因定之曰近晉鼓也胡彥昇徐養原並謂雷鼓靈鼓路鼓亦二面與晉鼓同此制兼四鼓未知然否詳鼓人疏云以晉鼓鼓金奏者賈疏云鼓人文也

鼓長八尺鼓四尺中圍加三之一謂之鼖鼓

中圍加三之一者加於面之圍以三分之一也面四尺其圍十二尺加以三分一四尺則中圍十六尺徑五尺三寸三分寸之一也今亦合二十版則版穹六寸三分寸之二耳大鼓謂之鼖以鼖鼓鼓軍事鄭司農云鼓四尺謂革所蒙者廣四尺

疏 鼓長八尺者亦據緣版三正之長言之其鼓高弦直之度亦當略減經不著左右端中廣及穹數者以有中圍之數可以互推也不言厚三寸及上三正者以與晉鼓同亦文不具也云謂之鼖鼓者鼖釋文作賁云本或作𢿍又作鼖案鼓

人作鼖說文鼓部云大鼓謂之鼖从鼓賁省聲或作韇賁卽韇之省大司馬經及毛詩大雅靈臺並作賁惟鼓字字書所無疑有誤注云中圍加三之一者加於面之圍以三分之一也者中圍據鼓腹言面圍卽鼓四尺之面也云面四尺其圍十二尺加以三分一四尺則中圍十六尺徑五尺三寸三分寸之一也者賈疏云添四面圍丈二尺爲十六尺然後徑之十五尺徑五尺餘一尺取九寸徑三寸取餘一寸者破爲三分得一分總徑五尺三寸三分寸一此言中圍加三之一與上穹三之一者異彼據一相之穹加面三之一故兩相加二尺六寸三分寸二此則於面四尺總加三分之一則總一尺三寸三分寸一若然此穹隆少校晉鼓一尺三寸三分寸之一與彼穹隆異也江永云鼖鼓依密率算之中圍十六尺七寸六分戴震云密率徑四尺者圍十二尺五寸三分寸之二弱詒讓案若依密率圍十六尺五寸三分寸之二弱則徑當五尺二寸七分三氂零若依鄭十六尺之圍算則徑尤少鄭依疏率約略計之不甚密合也程瑤田云言面四尺其圍十二尺加以三分一四尺則中圍十六尺以二十版通之兩端版廣六寸者中圍版廣八寸也云今亦合二十版則版穹六寸三分寸之二耳者以中圍之徑除去面四尺餘一尺二寸三分寸之一兩分之則每面各穹出於面者六寸三分寸之二也云大鼓謂之鼖者鼓人注同云以鼖鼓鼓軍事者亦據鼓人文鄭司農云鼓四尺謂革所蒙者廣四尺者謂鼓面也凡擊鼓必當革所蒙之兩面故卽謂之鼓與鳧氏磬氏名鍾磬當擊處爲鼓同義先鄭恐與鼓匡之廣相淆故特明之

爲皋鼓長尋有四尺鼓四尺倨句磬折以皋鼓鼓役事磬折中曲之不參正也中圍與鼖鼓同以磬折爲異

疏爲皋鼓者卽鼓人之鼛鼓也皋鼛之借字云長尋有四尺者亦謂緣版句折之度其弦直之度亦當略減不著中圍及所厚之度者中圍與鼖鼓同厚與晉鼓同亦可互推也

注云以臯鼓鼓役事者亦據鼓人文云磬折中曲之不參正也者謂中曲於鼓腰爲鈍角不如上晉鼓三正隆起而參直也云中圍與鼖鼓同以磬折爲異異者鄭意此鼓與鼖鼓中圍同十六尺亦合二十版中穹六寸三分寸之二惟鼖鼓與晉鼓同三正爲三折此則磬折止一折與彼異也案磬氏爲磬云倨句一矩有半車人云半矩謂之宣一宣有半謂之欘一欘有半謂之柯一柯有半謂之磬折二文不同程瑤田云鄭解此倨句磬折言中圍與鼖鼓同依其說圖之過乎磬氏磬折約三十度詒讓案三鼓異長而面同四尺則鼖臯二鼓雖異長中圍同度無害也車人磬折本爲一柯有半與磬氏文異依鄭此注其倨雖視一柯有半尚贏十餘度然亦不害其同爲磬折車人倨句四形祇就後弇弧度約略區別之不必豪秒密合也詳彼疏

凡冒鼓必以啓蟄之日

啓蟄孟春之中也蟄蟲始聞雷聲而動鼓所取象也冒蒙鼓以革

【疏】注云啓蟄孟春之中也者大戴禮記夏小正云正月啓蟄言始發蟄也周書時訓篇云立春又五日蟄蟲始振月令注云漢始亦以驚蟄爲正月中雨水爲二月節錢大昕云古以啓蟄爲正月中雨水爲二月節夏小正正月啓蟄春秋傳啓蟄而郊杜云啓蟄夏正建寅之月祀天南郊月令孟春之月蟄蟲始振仲春之月始雨水皆其證也漢改啓蟄曰驚蟄避景帝諱而中節之次第無改三統術亦如之律曆志注稱驚蟄今曰雨水雨水今曰驚蟄者乃東漢所改班氏紀之於史耳孝經緯立春十五日爲雨水雨水十五日爲驚蟄緯書出於東漢則中節亦其時所改矣案錢說是也啓蟄之日鄭義與三統曆合自是古法周書周月篇淮南子天文訓易緯通卦驗埶文類聚歲時部引孝經援神契並先雨水後驚蟄周髀算經先雨水後啓蟄蓋皆東漢以後人追改故與古憲不合左傳桓二年孔疏謂太初以後所改然三統曆尚與古同則其改必在劉歆後明矣春秋釋例郊雩烝嘗篇又以啓蟄爲

正月中氣驚蟄爲二月節謂蟄蟲既啓之後遂驚而出蓋兼采古曆強生分別殆不足據夏小正說啓蟄在正月而爲鼓則在二月與啓蟄相較一月與此經亦不合也云蟄蟲始聞雷聲而動鼓所取象也者賈疏云月令仲秋云雷乃始收注雷乃收聲在地中動內物則此云孟春始聞雷聲而動者亦謂未出地時故蟄蟲聞之而動至二月卽雷乃發聲出地蟄蟲啓戶而出故月令仲春云日夜分雷乃發聲蟄蟲咸動啓戶而出是也云冒蒙鼓以革者漢書王商傳顏注云冒蒙覆也易緯通卦驗云冬至擊黃鍾之鼓鼓用馬革夏至鼓用黃牛皮淮南子說山訓云剝牛皮鞹以爲鼓又詩大雅靈臺云鼉鼓逢逢月令季夏命漁人取鼉注云鼉皮又可以冒鼓夏小正亦云二月剝鱓以爲鼓也是冒鼓有用牛馬皮及鼉皮者六鼓所用何革於經無文或亦用鼉也

良鼓瑕如積環革調急也疏良鼓瑕如積環者謂蒙革之善也通典樂引作革鼓譌賈疏云瑕與環皆謂漆之文理林希逸云瑕者痕也積環者鼓皮既漆其皮鞔急則文理累累如環之積案林說是也此與輈人弓人輈弓之環灂相類謂革漆之坼鄂也　注云革調急也者賈疏云謂革調急故然若急而不調則不得然也詒讓案調急猶鮑人注云韋革調善亦謂郭革調適而冒之急也

鼓大而短則其聲疾而短聞鼓小而長則其聲舒而遠聞疏鼓大而短則其聲疾而短聞者以下並明爲鼓不中度則爲聲病與鳧氏爲鍾義同賈疏云此乃鼓之病大小得所如上三者所爲則無此病

韋氏闕疏韋氏者以所治之材名工也說文韋部云韋相背也獸皮之韋可以束枉戾相韋背故借以爲皮韋一切經音義引字林云韋柔皮也蓋此工專治柔孰之韋與鮑人兼治生革異漢書鄭崇傳顏注云孰曰韋生曰革曲禮孔疏云韋孰皮爲衣及韎韐者也

裘氏闕 疏 裘氏者以所作之服名工也曲禮孔疏云裘謂帶毛狐裘之屬案詳司裘疏

畫繢之事雜五色東方謂之青南方謂之赤西方謂之白北方謂之黑天謂之玄地謂之黃青與白相次也赤與黑相次也玄與黃相次也 此言畫繢六色所象及布采之第次繢以爲衣 疏 畫繢之事者亦以事名工也司几筵注云繢畫文也古今韻會舉要引說文云繢一曰畫也今本說文糸部云繢織餘也繪會五采繡也案依許說繢畫繪繡字義殊別經典多叚繪爲繢釋名釋書契云畫繪也以五色繪物象也亦通作會書益稷云作會鄭書注讀會爲繢訓爲畫故司服注亦引作繢詳彼疏蓋鄭亦用許義以繢爲即成文之畫與繪爲繡異此經畫繢依鄭義亦止是一事舉畫以晐繡但經諸工皆云某人某氏故此職司服注引作繢人總敘以畫繢鍾筐㡛爲設色之工五則似以畫衣畫器分爲二工而以下文五章及書十二章兼備繢繡證之抑或此繢轉爲繪之借字經自兼有黹繡之工司几筵筵席有畫純又有繢純亦可證若然繢人之外當更有畫人以其事略同經遂合記之云畫繢之事若瓬人職末總舉陶瓬之事亦其比例與互詳總敘疏云雜五色者說文衣部云雜五采相合也此即下云雜四時五色之位以章之謂之巧荀子正論篇云天子則服五采雜閒色重文繡案此雜五色謂以正五色雜比錯綜成文與綠紅碧紫駵黃五閒色不同又此方色六而云五色者玄黑同色而微異染黑六入爲玄七入爲緇此黑即是緇與玄對文則異散文得通賈疏云但天玄與北方黑二者大同小異何者玄黑雖是其一言天止得謂之玄天不得言黑天若據北方而言玄黑俱得稱之是以北方玄武宿也案賈說是也禮運亦云五色六章十二衣還相爲質也孔疏云五

色謂青赤黃白黑據五方六章者兼天玄也以玄黑爲同色則五中通玄云天謂之玄地謂之黃者易文言云天玄而地黃周髀算經云天青黑地黃赤者青黑卽玄赤亦與黃近染人注亦云玄纁天地之色纁卽黃赤也云青與白相次也者以下布衆采相次之法順其次則采益章明也金鶚云此五行相克者也　注云此言畫繢六色所象者謂四方天地各有所象之色覲禮云設六色東方青南方赤西方白北方黑上玄下黃是也云及布采之第次者采體色用義略同楚辭思古王注云次第也此經青與白相次以下並指謂布采之第次故左昭二十五年傳謂之六采云繢以爲衣者賈疏云案虞書云予欲觀古人之象日月星辰山龍華蟲作繢是據衣始言繢故鄭云繢以爲衣也詒讓案鄭因此是畫故謂在衣然此經畫繢章采當通冠服旗章等而言鄭約舉冕服十二章爲說耳

青與赤謂之文赤與白謂之章白與黑謂之黼黑與青謂之黻五采備謂之繡

此言刺繡采所用繡以爲裳

疏 青與赤謂之文赤與白謂之章者以下記采繡之事皆合二采以上爲之左昭二十五年傳所謂五章也此五章雖參合諸色而亦各有定法賈子新書傳職篇云雜綵從美不以章謂施采不應法則不成章也金鶚云此五行相生者也云白與黑謂之黼黑與青謂之黻者說文黹部云黼白與黑相次文黻黑與青相次文書益稷僞孔傳云黼爲斧形黻爲兩己相背孔疏云釋器云斧謂之黼孫炎云黼文如斧形蓋半白半黑似斧刃白而身黑黻謂兩己相背謂刺繡爲兩己字相背案依孔引孫說是黼黻雖以色別亦兼取象斧己則與文章繡微異經義或當如是漢書韋賢傳顏注云朱紱畫爲亞文亞古弗字也故因謂之紱字又作黻其音同聲此說與孫孔異阮元云亞乃兩弓相背之形言兩己者訛也紱畫爲亞亞古弗字弼古此說必有弼傳經傳中弼佛弗每相通假

音亦近轉凡鍾鼎文作亞者乃輔戾二弓之象正是古黻字亦卽是弗字黻乃繡亞於裳裳故从黹義又屬後起陳壽祺云玉篇丿部弗下云亞古文晉書輿服志戭戟韜以黻繡上爲亞字此亦在小顏前似可證黻之爲繡亞也集韻類篇古今韻會並云弗古作亞蓋皆祖玉篇班固白虎通謂黻譬君臣可否相濟見善改惡杜注左桓二年傳孫郭注爾雅釋言僞孔注尚書益稷並謂黻爲兩己相背則此字傳譌已久不知黻之爲亞也案阮說近是黼象斧形相背黻象弓形相背文正相對竊疑古鍾鼎款識有作亞字者卽案黼文有作亞字者亦卽連黻文或蟠屈鉤連繁縟猶器皆斧弓兩形之遞變也云五采備謂之繡者說文糸部云繡五采備也釋名釋采帛云繡修也文修修然也書益稷五采五色孔疏引鄭書注云性曰采施曰色未用謂之采已用謂之色案采色亦通稱故毛詩秦風終南傳云五色備謂之繡卽據此經而以五采爲五色又上四章采兼衆色唯黃未見此則五色具備其文尤縟故獨專繡名祭義云朱綠之玄黃之以爲黼黻文章彼兼有黃色而獨不舉繡者錯文互見與此經義不迕也注云此言刺繡采所用者謂箴縷所紩別於上經爲畫繢所用也益稷疏引鄭書注云凡刺者爲繡廣雅釋詁云刺箴也繡成於箴功故云刺繡此當爲縫人典婦功等所職而與畫繢同工者其設色之法同也凡對文五采備謂之繡散文文章黼黻繡亦通稱故爾雅釋詁云黼黻彰也彰章字通毛詩王風揚之水傳云繡黼也賈疏云凡繡亦須畫乃刺之故畫繡二工共其職也云繡以爲裳者賈疏云案虞書云宗彝藻火粉米黼黻絺繡鄭云絺紩也謂刺繡於裳故云以爲裳也衣在上陽陽主輕浮故畫之裳在下陰陰主沈重故刺之也

土以黃其象方天時變

古人之象無天地也爲此記者見時有之耳子家駒曰天子僭天意亦是也鄭司農云天時變謂畫天隨四時色

【疏】土以黃其象方者以下又記畫物乎

象之別也禮運孔疏云言若畫作土必黃而四方之象地之黃而方云天時變者易賁象傳云觀采天文以察時變謂凡畫天象隨時施布采色變易無常與畫土唯用黃色異也 注云古人之象無天地也爲此記者見時有之耳者賈疏云此據虞書日月以下不言天地古人既無天地若記者不見時君畫於衣記者何因輒記之爲經典也案鄭賈說並未允此經本況言畫繢章采鄭專據衣裳十二章然日月星辰亦天象也則不得以無天地疑其非古賈疏又謂於六色之外別增天地二物於衣亦非是云子家駒曰天子僭天意亦是也者賈疏云案公羊傳云昭公謂子家駒云季氏僭于公室久矣吾欲殺之何如子家駒曰天子僭天諸侯僭天子彼云僭天者未知僭天何事要在古人衣服之外別加此天地之意亦是僭天故云意亦是也案賈引公羊昭二十四年傳文何本無天子僭天之語賈大宰疏引同鄭引有之者疑是嚴顏之異意亦猶云抑亦疏誤續漢書五行志劉注引春秋考異郵云天子僭天大夫僭人主諸侯僭上漢書貢禹傳云昭公曰吾何僭矣今大夫僭諸侯諸侯僭天子天子過天道蓋並本公羊文鄭司農云天時變謂畫天隨四時色者爾雅釋天云春爲蒼天夏爲昊天秋爲旻天冬爲上天又云春爲青陽夏爲朱明秋爲白藏冬爲玄英是四時之色也四時天名雖異而形象不殊故假四時之色以章之

火以圜鄭司農云爲圜形似火也玄謂形如半環然在裳 疏 注鄭司農云爲圜形似火也者左傳昭二十五年杜注云火畫火續漢書律曆志律術云陽以圜爲形火陽氣之尤盛者故亦爲圜形也書益稷僞孔傳云火爲火字此說不可從云玄謂形如半環然者莊子釋文引廣雅云環圜也故鄭訓圜爲環與司農說異賈疏謂與先鄭不別誤然火形如半環經典無文未詳其說云在裳者賈疏云虞書藻火以下皆在裳

山以章章讀爲獐獐山物也在衣齊人謂麇爲獐 疏 注云章讀爲獐獐山物也

者此依馬融讀也正字作麞說文鹿部云麞麇屬从鹿章聲章卽麞之省俞樾云山莫尊於虎故澤國用龍節山國用虎節若水必以龍則山必以虎何取於獐而畫之乎案俞駁馬鄭不當破章爲獐是也竊謂此章卽上文赤與白謂之章山以章章卽五章之一猶土以黃黃卽五色之一蓋畫平地者其色以黃畫山者其色以赤白以示別異耳云在衣者亦據虞書山龍在作繪之列繪是畫衣也云齊人謂麇爲獐者說文鹿部云麇麞也籀文作麕毛詩召南釋文引陸氏艸木疏云麕麞也青州人謂之麏麏卽麞之俗御覽獸部引伏侯古今注云麞一名麕青州人謂麕爲麞案以伏說校之則陸疏云青州人謂之麏麏蓋麞之誤青州卽齊地伏陸二書所說與此注正同也

水以龍龍水物在衣疏水以龍者此明衣服旗章凡畫龍以備水物也注云龍水物者賈疏云馬氏以爲獐山獸畫山者弁畫獐龍水物畫水者弁畫龍鄭卽以獐表山以龍見水此二者各有一是一非古人之象有山不言獐有龍不言水今記人有獐有水止可畫山兼畫獐畫龍兼畫水何有棄本而遵末也案賈說非也山以章止謂畫山馬鄭兩讀並不塙水以龍則當從鄭說以龍見水爲正古衣服旗章無畫水者馬氏謂畫龍兼畫水於古無徵恐不足據云在衣者亦據虞書爲釋

鳥獸蛇所謂華蟲也在衣蟲之毛鱗有文采者疏鳥獸蛇者唐石經蛇作虵案虵俗字今從宋本此亦兼衣服旗章言之九旗有鳥隼熊虎龜蛇又有交龍卽上文之龍合之亦卽曲禮左青龍右白虎前朱鳥後玄武四官之象也衣服則王鷩衣后三翟並鳥之類　注云所謂華蟲也者賈疏云虞書云山龍華蟲彼畫華蟲次在龍下此文亦次龍下故知當華蟲也春官司服饗射則鷩冕注云鷩畫以雉謂華蟲也華蟲五色之蟲案鄭賈意蓋以十二章中有雉名爲華蟲雉實兼鳥獸蛇三者之形但華蟲爲鷩則是鳥而不得兼獸蛇鄭說甚迂曲殆非經義云在衣者亦據

虞書華蟲在作繪之列也云蟲之毛鱗有文采者者賈疏云言華者象草蟲言蟲者是有生之總號言鳥以其有翼言獸以其有毛言蛇以其有鱗以首似鷩亦謂之鷩冕也王制孔疏云雉是鳥類其頸毛及尾似蛇兼有細毛似獸故云鳥獸蛇雜四時五色之位以章之謂之巧章明也繢繡皆用五采鮮明之是爲巧【疏】雜四時五色之位以章之謂之巧者四時即謂月令春青夏赤秋白冬黑之四時色又中黃附屬季夏是爲四時五色戴震云凡衣裳旗旐所飾必合四時五色之位雜閒章施之注云章明也者楚辭懷沙章畫志墨王注同云繢繡皆用五采鮮明之是爲巧者書皋陶謨云以五采彰施於五色作服汝明是繢繡皆用五采錯雜章明之乃成也凡畫繢之事後素功素白采也後布之爲其易漬汙也不言繡繡以絲也鄭司農說以論語曰繢事後素【疏】注云素白采也者小爾雅廣詁云素白也采謂采色明非白質云後布之者爲其易漬汙也者白色以皎潔爲上漬汙則色不顯故於衆色布畢後布之若先布白色恐布他色時漬汙之奪其色也淩廷堪云詩云素以爲絢兮言五采待素而始成文也今時畫者尚如此先布衆色畢後以粉句勒之則衆色始絢然分明詩之意卽考工記意也云不言繡繡以絲也者鄭意繡以色絲刺之刺成後不布色故此不言也云鄭司農說以論語曰繢事後素者八佾篇文何晏本繢作繪釋文云本作繢先鄭所引與陸所見或本同集解引鄭注云繪畫文也凡繪畫先布衆色然後以素分布其閒以成其文與此事同故引以爲證俞樾云玉人瑑琡射素功司農云素功無瑑飾也然則素功不專以畫繢言凡不畫繢者不雕琢者皆謂之素功畫繢之事後素功言其居素功之後也孔子言繪事後素義亦如此案俞說與鄭異而與玉人文合義亦得通

鍾氏染羽以朱湛丹秫三月而熾之鄭司農云湛漬也丹秫赤粟玄謂湛讀如漸車帷裳之漸熾炊也羽所以飾旌旗及王后之車

【疏】鍾氏染羽者名義未詳職金說受丹青之征有數量掌染草斂染草亦云以權量受之若然此工受染石染草或以鍾鏽討與此工掌染羽與染人染布帛絲枲職互相備凡石染法略同也云以朱湛丹秫三月而熾之者賈疏云染人云春暴練夏纁玄注云石染當及盛暑熱潤始湛研之三月而後可用若然熾之當及盛暑熱潤則初以朱湛丹秫春日豫湛至六月之時卽染之矣案賈意蓋謂季春湛石歷三月至季夏乃染凡染羽蓋皆用石染說文木部云朱赤心木段借爲赤石之名卽職金之丹故呂氏春秋誠廉篇云丹可磨也而不可奪赤論衡率性篇云染之丹則赤鄉射記注云丹淺於赤賈彼疏謂朱與赤同丹亦淺於朱蓋丹朱淺深雖異而其染石用丹沙則同以朱湛丹秫此專據染赤法若四入以後將染黑則以涅不以朱其湛熾淳漬法同爾染法互詳染人

疏 注鄭司農云湛漬也者月令湛熾必潔注同謂合染羽之色先以朱及丹秫漬而烝之也一切經音義引通俗文云水浸曰漬云丹秫赤粟者說文禾部云秫稷之黏者程瑤田云稷大名也黏者爲秫北方謂之高粱或謂之紅粱通謂之秫秫其黏者黃白二種不黏者赤白二種民俗云種赤者故得專紅粱之名也案赤秫疑亦有黏不黏兩種程偶未見耳此染羽當用黏者爾雅釋文云江東人皆呼稻米爲秫米古今注云稻之黏者爲秫此以秫爲黏稻蓋漢晉以後方語之變易周秦時所未有也云玄謂湛讀如漸車帷裳之漸者依注例讀如當作讀爲明湛改讀爲漸而後得訓漬也漸車帷裳衞風氓篇文毛傳云漸漬也與先鄭義同段玉裁云湛者今之沈溺字於義無施故易爲漸漬之漸云熾炊也者月令注同熾卽饎之借字月令湛熾呂氏春秋仲冬紀作饎高注亦云饎炊也饎讀熾火之熾云羽

所以飾旌旗及王后之車者賈疏云司常云全羽爲旞析羽爲旌自餘旌旗竿首亦有羽旄巾車有重翟厭翟翟車之等皆用羽是也案夏采注云夏采夏翟羽色禹貢徐州貢夏翟之羽有虞氏以爲緌後世或無故染鳥羽象而用之謂之夏采此是鍾氏所染者也

淳而漬之淳沃也以炊下湯沃其熾烝之以漬羽漬猶染也」疏注云淳沃也者廣雅釋詁云𣿅沃漬也說文水部云𣿅淥也淳即𣿅之隸省淳沃並以水澆淥物之稱故鄭此注及士虞禮內則注並訓淳爲沃云以炊下湯沃其熾烝之以漬羽者賈疏云上熾之謂以朱湛丹秫三月末乃熾之即以炊下湯淋所炊丹秫取其汁以染鳥羽而又漸漬之也案賈說非也鄭意蓋謂炊者以箅隔水炊之水氣上烝而下於湯炊畢遂以所炊之湯復沃所炊之朱秫并烝之使濃厚乃可染也經止言淳沃不言更烝注知更烝者蓋據漢時染羽法如是云漬猶染也者亦謂浸而染之之段玉裁云與上文注漸漬不同訓賈疏誤

三入爲纁五入爲緅七入爲緇染纁者三入而成又再染以黑則爲緅緅今禮俗文作爵言如爵頭色也又復再染以黑乃成緇矣鄭司農說以論語曰君子不以紺緅飾又曰緇衣羔裘爾雅曰一染謂之縓再染謂之竀三染謂之纁詩云緇衣之宜兮玄謂此同色耳染布帛者染人掌之凡玄色者在緅緇之閒其六入者與疏三入爲纁者此明染色淺深之異名入謂入染汁而染之故爾雅云三染也朱染四黑染三各有其名而此止著纁緅緇三色者疑染羽止有此三色縓赬諸色並爲染繒帛及他器服設故文不具與　注云染纁者三入而成者說文糸部云纁淺絳也士冠禮注義同王制孔疏引鄭易注云黃而兼赤爲纁案說文絳爲大赤纁雖三入深於縓赬而色尚兼黃則淺於絳也纁亦謂之彤故書顧命彤裳僞孔傳云彤纁也絳纁散文亦通故染人注云纁謂絳也云又再染以黑則爲緅者黑謂涅也染朱以四入

而止不能更深故五入之後即染以黑也云緅今禮俗文作爵言如爵頭色也者士冠禮注云爵弁者其色赤而微黑如爵頭然或謂之緅爵字又作雀巾車漆車雀飾注云雀黑多赤少之色韋也案巾車注疑當作赤多黑少詳彼疏段玉裁云此注謂爵為今之俗文然則古文皆當作緅矣說文不取緅字取纔字云帛雀頭色一曰微黑色如紺纔淺也讀若讒蓋漢時禮今文作爵亦作纔許與鄭所取不同也鄭不取纔故今禮無纔字纔與緅爵皆雙聲云又復再染以黑乃成緇矣者說文糸部云緇帛黑色也釋名釋采帛云緇滓也泥之黑者曰滓此色然也賈疏云若更以此緅入黑汁則為玄更以此玄入黑汁則名七入為緇矣但緇與玄相類故禮家每以緇布衣為玄端也云鄭司農說以論語曰君子不以紺緅飾者鄉黨篇文皇疏及玉燭寶典引鄭注云紺緅玄之類也玄纁所以為祭服等其類也紺緅石染不可為衣飾飾謂純緣也案依鄭義蓋紺緅色近祭服之玄故不敢褻用非謂君子所不服莊子讓王篇云子貢中紺而表素墨子節用中篇云古者聖王制為衣服之法曰冬服紺緅之衣輕且暖皆以紺緅為法服之證先鄭引之者證此五入為緅義當與後鄭同何氏集解引孔安國云一入曰緅紺者齊服盛色緅者三年練以緅飾衣案孔以緅為一入與此經異者江永錢大昕錢坫並謂孔誤以緅為縓蓋據爾雅縓一染及檀弓練中衣縓緣為說緅本無是義其說紺為齊服則又誤以紺為玄是也續漢書輿服志云宗廟諸祀皆服袀玄獨斷則云袀紺繒蓋漢時紺玄不別故孔有此說皇疏亦序其誤矣賈疏云淮南子云以涅染紺則黑於涅涅即黑色也纁若入赤汁則為朱若不入赤而入黑汁則為紺矣若更以此紺入黑則為緅則此五入為緅是也案依賈說則紺為四入微淺於緅也賈引淮南子見俶真訓今本紺作緇賈士冠禮疏兩引並作紺疑唐本文異涅為染黑之石故鄭論語注云石染俗本皇疏作木染者乃傳寫之誤

今據寶典校正古止有石染草染無木染詳地官敘官疏金鶚云疏纁入黑汁爲紺是紺赤黑閒色也而說文云緅帛深青楊赤色也釋名紺含也青而含赤色也與賈不同案禮器注秦時或以青爲黑民言從之今語猶存也漢人所謂青者卽黑也引又曰緇衣羔裘者亦鄉黨文證緇爲深黑色也引爾雅曰一染謂之縓再染謂之竀三染謂之纁者釋器文釋文云竀本又作䞓亦作赬案郭本爾雅作赬據說文則䞓爲正字赬爲或體竀又䞓之借字夏采小祝司常注並有赬字鄭本疑當與郭同左哀十七年傳如魚竀尾杜注云竀赤色釋器郭注云縓今之紅也赬淺赤纁絳也此經無一入再入之文故鄭引以補其義賈疏云凡染纁玄之法取爾雅及此相兼乃具按爾雅一染謂之縓再染謂之竀三染謂之纁三入謂之纁卽與此同此三者皆以丹秫染之此經及爾雅不言四入及六入按士冠有朱紘之文鄭云朱則四入與是更以纁入赤汁則爲朱以無正文約四入爲朱故云與以疑之黃以周云說文云絑純赤也纁淺絳也絳大赤也纁爲淺絳則絳深於纁矣絳卽赤也乾鑿度云天子朱芾諸侯赤芾詩斯干箋謂芾者天子純朱諸侯黃朱則赤者黃朱也黃朱非純赤純赤則爲朱矣許意如此但分絑纁絳爲三色義與鄭異鄭意赤爲黃朱卽所謂纁也士冠禮注云纁裳淺絳裳也對朱爲深絳言之詁讓案說文絑卽今之朱字以許鄭說參互攷之蓋朱與絳爲一色赤與纁爲一色朱絳色最深最純赤纁較淺而不甚純故赤爲朱而兼黃詩小雅孔疏引鄭易注謂朱深於赤而纁又爲淺絳詩豳風七月毛傳亦云朱深纁也再淺則爲䞓爲縓縓色赤而兼黃白既夕注云縓今紅也說文糸部訓縓爲帛赤黃色紅爲帛赤白色蓋赤淺則近於黃更淺則又近於白矣通言之則自朱以下通謂之絳故士冠禮注以縓赬纁通爲染絳也又案此經及爾雅所云染絳皆石染之法其草染則以茅蒐深淺之度此經無文攷說文韋部云韎茅蒐染韋

也一入曰䞓是䞓爲草染絳之最淺者與石染之縓正同其最深者則爲綪說文糸部云綪赤繒也左定四年傳綪茷杜注云綪大赤取染草名也綪蓋與石染之絳同則當爲四入其二入三入名無可攷經有緇緅意或是與引詩云緇衣之宜兮者鄭風緇衣文毛傳云緇黑色云玄謂此同色耳者謂染羽與染布帛色同也云染布帛者染人掌之者賈疏云染布帛者在天官染人此鍾氏惟染鳥羽而已要用朱與秫則同彼染祭服有玄纁與此不異故也云凡玄色者在緅緇之閒其六入者與者六入之色此經及爾雅並無文故鄭又補其義士冠禮注義亦同毛詩豳風七月傳云玄黑而有赤也說文玄部云黑而有赤色者爲玄賈疏云若更以此緅入黑汁卽爲玄則六入爲玄但無正文故此注與士冠禮注皆云玄則六入與詒讓案玄與緇同色而深淺微別其染法亦以赤爲質故毛許鄭三君並以爲赤而兼黑玄於五行屬水史記封禪書張蒼以爲漢水德年始冬十月色外黑內赤與德相應是正玄以赤爲質而加染以黑之塙證張蒼與毛公時代相接其言可互證也

筐人闕 疏 筐人者說文匚部云匡飯器筥也重文筐匡或从竹此工文闕職事無攷毛詩小雅鹿鳴傳云筐篚屬所以行幣帛也書禹貢記九州地貢又別有篚爲織文絲纊之屬僞孔傳謂盛於筐篚而貢焉則此有筐人疑亦治絲枲布帛之工故與畫繢㡛氏相次也

㡛氏湅絲以涗水漚其絲七日去地尺暴之故書涗作湄鄭司農云湄水溫水也玄謂涗水以灰所泲水也漚漸也楚人曰漚齊人曰涹 疏 㡛氏湅絲者亦以事名工也此記絲灰湅之法說文水部云湅灡也案凡治絲治帛

通謂之湅染人云春暴練者借練爲湅也華嚴經音義引珠叢云煑絲令熟曰練練亦湅借字云以涚水漚其絲七日者釋文出漚絲二字則陸所見本無其字郊特牲注引同戴震云凡湅絲湅帛灰湅水湅各七日 注云故書涚作湄鄭司農云湄水溫水也者段玉裁云湄當作湈釋文曰湄一音奴短反可證也士喪禮湈濯棄於坎古文湈作湪湪涚同字猶湪稅同字司農據作湪之本說文據作涚之本水部曰涚財溫水也從水兌聲引周禮以涚漚其絲鄭君則從涚而義異阮元云說文引周禮無水字司農與說文義同疏又云諸家及先鄭皆以涚水爲溫水是賈馬諸氏義亦與許鄭同也詒讓案說文引此經蓋捝水字湄段謂當作湈近是說文水部云湈湯也云玄謂涚水以灰所泲水也者灰卽欄灰也後鄭以此方言灰湅則不徒用溫水故易先鄭說也涚訓泲司尊彝說酌注義同郊特牲明水涚齊注云涚猶清也泲之使清亦引此經爲釋然則此涚亦謂泲清之水也湅絲必以灰灰和水又恐其濁而失其色故必泲而清之而後可漚古凡治絲麻布帛必以灰故喪服有澡麻經雜記說緦布加灰爲錫深衣注亦謂用布鍛濯灰治鹽鐵論實貢篇云浣布以灰皆以灰治麻布之事治絲帛用灰與彼同但絲之灰湅蓋唯用欄灰漚之不淫以蜃與帛灰湅小異也云漚漸也者廣雅釋詁云漚漸漬也說文水部云漚久漬也此湅絲以水漬之七日故曰漚云楚人曰漚齊人曰湊者蓋漢時方言引之者廣異語也

晝暴諸日夜宿諸井七日七夜是謂水湅宿諸井縣井中 疏 是謂水湅者記絲水湅之法 注云宿諸井縣井中者縣而漸之於水經宿也井有韓構木爲之可縣絲帛

湅帛以欄爲灰渥淳其帛實諸澤器淫之以蜃渥讀如繒人渥菅之渥以欄木之灰漸釋其帛也杜子春云淫當爲涅書亦或爲湛鄭司農云澤器謂滑澤之器蜃謂炭也士冠禮

曰素積白屨以魁柎之說曰魁蛤也周官亦有白盛之蜃蜃蛤也玄謂浮薄粉之令帛白蛤今海旁有焉【疏】湅帛者以下記帛灰湅之法也云以欄為灰渥淳其帛實諸澤器淫之以蜃者淳與鍾氏淳而漬之之淳同戴震云渥淳者以欄木之灰取瀋厚沃之也凡湅帛朝沃欄瀋夕塗蜃灰　注云渥讀如繒人渥菅之渥者左哀八年傳云初武城人或有因於吳境田焉拘鄫人之漚菅者曰何故使我水滋段玉裁云云讀如者音義同也今左傳作鄫人漚菅鄭君所據作渥渥之言厚也久也以欄灰相水久日濃沃其帛詒讓案繒今左傳作鄫鄫正字繒借字鄭所見本作繒毛詩邶風簡兮傳云渥厚漬也陳風東門之池可以漚菅傳云漚柔也此湅絲言漚湅帛言渥文異義同云以欄木之灰漸釋其帛也者鄭釋渥為漸與漚同欄卽楝字說文木部云楝木也玉篇木部云楝木名子可以浣衣證類本艸楝實引圖經云木高丈餘葉密如槐三四月開花紅紫色芬香滿庭閒實如彈丸生青熟黃段玉裁云漸釋者猶今俗云浸透也案段說是也鄭意淳亦訓沃而渥又為厚沃經兼言之明欲帛之漸浸柔潤如解釋然杜子春云淫當為涅書亦或為湛者王引之云涅與淫形聲俱不相近涅卽湛之譌也湛淫古字通故子春讀淫為湛爾雅曰久雨謂之淫論衡明雩篇曰久雨為湛湛卽淫字也下云書亦或為湛大宗伯五祀鄭司農云禩當為祀書亦或作祀肆師為位杜子春云涖當為位書亦或為位樂師趨以采齊鄭司農云路當為趨書亦或為趨是凡言書亦或為某者皆承上之辭湛涅隸書形相似故湛譌涅耳釋文有湛無涅以是明之案王說是也淫帛以蜃欲其白涅以染緇於義無取足知其非鄭司農云澤器謂滑澤之器者說文水部云澤光潤也器之潤澤者必滑故卽謂之澤器必用滑澤之器取其難乾也云蜃謂炭也者炭明注疏本作灰案蜃炭見赤犮氏炭擣之卽為灰掌蜃共白盛之蜃注云今東萊用蛤謂之叉灰云此蜃亦卽蛤

灰也引士冠禮目素積白屨以魁柎之者釋文云魁又作魅素魅卽魁之譌體鄭引之者證此蜃灰卽士冠禮之魁也鄭彼注云柎注也云說曰魁蛤也者蓋禮家舊說鄭士冠禮注云魁蜃蛤案魁蛤二字連讀魁蛤者蛤之一種說文虫部說蜃有三云魁蜃一名復絫老服翼所化也爾雅釋魚云魁陸郭注云本草云魁狀如海蛤圓而厚外有理縱橫卽今之蚶也攷本草經云海蛤一名魁蛤生東海又云魁蛤一名魁陸一名活東生東海正圓兩頭空表有文兩文錯出未知孰是據釋魚郭注及陸音引說文則魁蛤與海蛤塙是二種又本艸陶注云魁蛤形如紡紅小狹長外有縱橫文理又引蜀本圖經云形圓長似大腹檳榔兩頭有乳則又與蚶異周時所用蜃灰不知是何蛤也云周官亦有白盛之蜃者見掌蜃及匠人云蜃蛤也者鼈人注云蜃大蛤案蜃蛤二字亦連讀卽所謂大蛤也大蛤正名爲蜃通言之則曰蜃蛤與說文三種蛤異物先鄭意蓋以禮經之魁爲魁蛤此經之蜃爲蜃蛤二者同類而小異故分別釋之後鄭則以魁亦卽蜃蛤湅帛之蜃灰卽柎屨之魁灰與先鄭微異任大椿云魁亦訓大本草魁蛤爾雅魁陸皆以魁爲大也蓋蛤粉本白魁蛤則蜃之尤大者爲尤白也云玄謂淫薄粉令帛白者鄭讀淫如字不從子春破爲湛也說文水部云淫浸淫隨理也淫之以蜃亦謂以蜃粉浸淫附著之與匠人善防者水淫之義同段玉裁云鄭君从淫訓薄粉之然則淫之言糝也任大椿云蓋蜃粉與爛灰及水參相和則浸淫漸漬而善入粉必薄乃善入也云淫者浸潤之使易徹也云蛤今海旁有焉者說文虫部云蜃屬有三皆生于海

清其灰而盝之而揮之清澄也於灰澄而出盝晞之晞而揮去其蜃

疏清其灰而盝之而揮之者此灰兼爛灰蜃灰二者皆清之戴震云每日之朝置水於澤器中以澂蜃灰乃取帛出盝之揮之注云清澄也者說文水部云清朖也澂水之貌又云澂清也澂澄字同蓋以水

澄去其灰之蠹滓其細灰仍著帛不去故後復振之也云於灰澄而出盝晞之者爾雅釋詁云盝涸竭也正字當作淥說文水部云漉浚也重文淥漉或从彔字亦作盝方言云盝涸也盝即盝之省說文日部云晞乾也謂竢灰清時出布去其水而暴乾之云晞而揮去其蜃者戰國策齊策高注云揮振也謂因其乾更振去其蜃也

而沃之而盝之而塗之而宿之更渥淳之

疏而沃之而盝之者沃渼之隸省說文水部云渼漑灌也謂更以灰水澆沃又漉乾之戴震云更沃欄瀒云而塗之而宿之者戴震云每日之夕盝欄瀒塗蜃灰經宿注云更渥淳之者明沃與淳義同鍾氏注云淳沃也

明日沃而盝之朝更沃至夕盝之又更沃至旦盝之亦七日如漚絲也

疏明日沃而盝之者戴震云明日者承宿之為言也沃前則清其灰而盝之揮之沃後則盝之塗之宿之詳略互見注云朝更沃至夕盝之又更沃至旦盝之者明沃盝相繼無間朝夕也云亦七日如漚絲也者明練絲湅帛日數等也

晝暴諸日夜宿諸井七日七夜是謂水湅

疏是謂水湅者賈疏云湅帛湅絲皆有二法上文為灰湅法此文是水湅法也

周禮正義卷七十九

周禮正義卷八十

瑞安孫詒讓學

冬官考工記下　周禮　鄭氏注

玉人之事鎭圭尺有二寸天子守之命圭九寸謂之桓圭公守之命圭七寸謂之信圭侯守之命圭七寸謂之躬圭伯守之命圭者王所命之圭也朝覲執焉居則守之子守穀璧男守蒲璧不言之者闕耳故書或云命圭五寸謂之躬圭杜子春云當爲七寸玄謂五寸者璧文之闕亂存焉

疏玉人之事者亦以所攻之材名工也左襄十五年傳宋有玉人杜注云玉人能治玉者孟子梁惠王篇云今有璞玉於此雖萬鎰必使玉人彫琢之此事卽彫琢之事也云鎭圭尺有二寸天子守之者以下卽大宗伯六瑞之四也蘇氏演義引三禮義宗云天子大圭尺有二寸者法十二辰也戴震云鎭圭命圭通謂之介圭爾雅珪大尺二寸謂之玠據鎭圭言也詩崧高錫爾介圭以作爾寶韓奕以其介圭入覲于王據命圭言也介者大也大有二義以尊大言者鎭圭命圭之爲大圭是也以長大言者大圭長三尺杼上終葵首是也案戴說是也書康王之誥云大保承介圭僞孔傳亦據此鎭圭爲釋尺二寸者圭之長度聘禮記說上公朝圭云剡上寸半厚半寸博三寸三等命圭當同王鎭圭博厚度無文攷後云大琮十有二寸厚寸是爲內鎭宗后守之注謂如王之鎭圭則鎭圭之厚當亦盈一寸命圭之厚蓋半之其等衰適合也唯博及剡上之度或當與命圭同耳四圭名制並詳大宗伯疏又王鎭圭諸侯命圭並有繅藉此經文不

具詳典瑞大行人疏　注云命圭者王所命之圭也者謂諸侯初封
及嗣位來朝時王命以爵卽賜以圭覲禮云乃朝以瑞玉有繅鄭注
亦以五等圭璧爲釋是也演義引三禮義宗云謂之命圭者言皆受
命而得故朝覲宗遇則執焉卽本鄭義賈疏云公羊傳云錫者何賜
也命者何加我服也於王以策命諸侯之時非直加之以車服時卽
以圭授之以爲瑞信者也案賈謂命圭卽錫命時所授者國語周語
云襄王使召公過及內史過賜晉惠公命晉侯執玉卑韋注云命瑞
命諸侯卽位天子賜之命圭以爲瑞節玉信圭侯所執左傳僖十一
年文元年杜注說同卽賈氏所本惠士奇云此臆說也白虎通禮曰
諸侯薨使人歸瑞玉於天子諒闇之後更爵命嗣子而還之故在喪
則視元士以君其國除喪則服士服而來朝天子爵命之也其在來
朝之時乎春秋禮壞久矣晉惠魯文錫命於卽位魯桓衞襄追命於
既薨則新天子輯瑞之典不行嗣諸侯還圭之禮亦廢不知天王所
賜者是何瑞也或曰琬圭者諸侯有德王命賜之使者執琬圭以致
命春秋錫命蓋以此案惠說是也諸侯歸瑞還瑞之禮當於喪畢來
朝時行之與春秋錫命所致玉不同白虎通君薨歸玉之說似亦未
可信至周語晉侯所執之玉卽王使執以致命之玉故內史過云夫
執玉卑贊其摯也明與命圭不同僖十一年左傳說其事云惰于受
瑞瑞玉通稱耳非必六瑞之命圭惠引或說以爲琬圭理或然也云
朝覲執焉居則守之者明大宗伯典瑞說六瑞及大行人說五等圭
璧皆曰執此四圭皆曰守二文足互相備也云子守穀璧男守蒲璧
不言之者闕耳者經無子男命璧故鄭據大宗伯典瑞大行人補之
云故書或云命圭五寸謂之躬圭杜子春云當爲七寸者杜據典瑞
正此經譌字也云玄謂五寸者璧文之闕亂存焉者段玉裁云此鄭
從杜作七寸而明經作五之所由也闕亂者依典瑞則有兩命璧五
寸之文而闕又以五字羼入圭文也存焉者於此可考也徐養原云

篆文五七相似。詩七月鳴鵙，王肅讀爲五月，此經因闕而亂，亦字形相涉所致。

天子執冒四寸，以朝諸侯。名玉曰冒者，言德能覆蓋天下也。四寸者，方以尊接卑，以小爲貴。

【疏】天子執冒四寸以朝諸侯者，冒正字作瑁。說文玉部云：「瑁，諸侯執圭朝天子，天子執玉以冒之，似犂冠。周禮曰：天子執瑁四寸。古文作玥。」案冒即瑁之借字。御覽珍寶部引此經舊注云：「玉以冒之，似犂冠也。」疑馬注佚文。犂冠，即許書之犂冠也。段玉裁云：「犂冠，爾雅注作犂錧，謂耜也。」黃以周云：「瑁方四寸，其冒圭之空在下面。孔疏謂當下邪刻之，如圭頭是也。據說文云似犂冠，似衺刻之空，從兩旁洞達其下。御覽引禮舊圖云：圭制上小下大，狀如犂鋒。圭冒乃似犂冠，此正用許說者。攷漢之犂冠，本方末兩岐，中空銳如圭頭。車人爲耒，庛長尺有一寸，先鄭注云：庛謂耒下岐。匠人耜廣五寸，後鄭注云：古者耜一金。今之耜岐頭兩金。庛即耜，耜即犂冠。」案段、黃說是也。犂錧即匠人注所謂耜岐頭兩金者也。洪适隸續載漢柳敏碑陰、益州太守碑陰六玉碑所畫瑁，並外方，首半以下衺刻其內爲岐足，與圭首之銳適足相函，正與岐頭耜刃相似，非一金之耜也。爾雅釋樂郭注釋大磬，亦云形似犂錧者，晉時磬蓋已橫縣，故股鼓兩末平偃，其下岐出。郭說與古磬直縣形制不合，而與瑁形似犂冠之義正足相證矣。書康王之誥云：「上宗奉同瑁。」三國志虞翻傳裴注引翻別傳，奏述鄭書注訓同爲酒杯，翻駁之云：「康王執瑁，古目似同。」玉人職曰：「天子執瑁以朝諸侯。」馬融訓注亦以爲同者，大同天下。據彼，則馬氏書注以同爲瑁之別名，虞氏則直謂同當作曰，即古文瑁字之省，同瑁並舉爲羨文。今案書下文云：「王乃受同瑁，王三宿、三祭、三咤。」又云：「大保以異同秉璋以酢。」瑁以冒圭，非祭酢所用，則馬、虞義非也。注云「名玉曰冒者，言德能覆蓋天下也」者，小爾雅廣詁云：「冒，覆也。」白虎通義文質篇云：「合符信者，謂天子執瑁以朝諸侯，諸侯執圭以覲天子。瑁之爲言冒也上有所覆下有所冒也賈疏云按書傳云古者圭必有冒言不敢專達之義天子執冒以朝諸侯見則覆之注云君恩覆之臣敢進是其冒覆之事按孔注顧命云言冒所以冒諸侯圭以齊瑞信方四寸邪刻之不言冒以覆蓋天下者義得兩含故注有異故書傳云古者圭必有冒亦是冒圭之法也此冒據朝覲諸侯時執之詩殷頌云受小球大球爲下國綴旒注云小球尺二寸大球長三尺與下國結定其心如旌旗之旒彼據天子與諸侯盟會故云結定其心故執鎮圭不執瑁也書顧命孔疏云禮天子所以執瑁者諸侯卽位天子賜之以命圭圭頭邪銳其瑁以下邪刻之其刻闊狹長短如圭頭諸侯來朝執圭以授天子天子以冒之刻處冒彼圭頭若大小相當則是本所賜其或不同則圭是僞作知諸侯信與不信故天子執瑁所以冒諸侯之圭以齊瑞信猶今之合符然經傳惟言圭之長短不言闊狹瑁方四寸容彼圭頭則圭頭之闊無四寸也天子以一瑁冒天下之圭則公侯伯之圭闊狹等也此瑁惟冒圭耳不得冒璧璧亦稱瑞不知所以齊信未得而聞之也左傳文元年孔疏說同案書僞孔傳及孔疏謂瑁衺刻之與犂錧形正合但申伏傳冒圭之說則終有不能冒璧之疑鄭亦不從其說恐未足馮也云四寸者方以尊接卑以小爲貴者天子之玉尺度宜侈此冒獨止四寸故云以小爲貴示降尊接卑之義也禮器云禮有以小爲貴者是鄭所據也

天子用全上公用龍侯用瓚伯用將

鄭司農云全純色也龍當爲尨尨謂雜色玄謂全純玉也瓚讀爲饡餍之餍龍瓚將皆雜名也卑者下尊以輕重爲差玉多則重石多則輕公侯四玉一石伯子男三玉二石

疏 伯用將者惠士奇戴震阮元並謂將當依說文作埒段玉裁云埒許鄭同皆不作將倘是將字鄭不得釋爲雜鄭已後傳寫失之案段說是也此作將者字形之誤詳後　注鄭司農云全純色也者士昏禮注云純全也是純全互訓純色謂玉

色粹一不尨駮也云龍當爲尨者牧人杜注義同說文字作䮾戴震云龍䮾古字通用云尨謂雜色者牧人云凡外祭毀事用尨可也杜注云尨謂雜色不純此尨亦謂玉色不純者也云玄謂全純玉也者謂不參以石也此破司農純色之說說文入部云仝完也重文全篆文仝从玉純玉曰全與後鄭說同賈疏謂純玉即純色義無殊誤云瓚讀爲餈𩞁之𩞁者葉鈔釋文及賈疏述注讀下皆無爲字段玉裁據刪云瓚讀餈𩞁𩞁者謂其音同𩞁也案釋文云瓚才旱反司農音讚然則陸本瓚讀餈𩞁之𩞁六字在玄謂之上與賈本不同疑陸筆誤錢大昕云據玉篇𩞁即饡之古文說文食部云饡以羹澆飯也禮記內則云小切狼臅膏以與稻米爲酏注狼臅膏臆中膏也以煎稻米則似今膏𩞁矣釋名䐁糝也以米饡之如膏𩞁也賈疏謂漢時有膏𩞁蓋本內則注集韻𩞁以膏煎稻爲酏與賈疏合王引之云內則釋文𩞁本又作餈又作𩞁並同之然反又音讚案𩞁字說文缺載以六書之例求之𩞁蓋從食展省聲字當作𩞁俗書譌作餍則諧聲之理不明其又作𩞁者𩞁之省耳楚辭九思時混混兮澆饡注云饡餐也混混濁也言如澆饡之亂也則𩞁有雜亂之義故玉人注讀瓚爲𩞁而訓爲雜聲中兼義也案王說是也云龍瓚將皆雜名也者段玉裁謂龍當作尨是也將亦當作埒賈疏云雜名者謂玉之雜名此亦含雜色知者鄭異義駮云玉雜則色雜則知玉全色亦全也案賈說非也玉雜者雖同色而質必微異故駁異義謂兼色雜至玉全則不必色全故鄭不從先鄭之說不可以彼證此云卑者下尊以輕重爲差玉多則重石多則輕者賈疏云盈不足術曰玉方寸重七兩石方寸重六兩案賈引盈不足術者九章算術第七篇也孫子算經云玉方寸重一十二兩石方寸重三兩與九章不同未知孰是云公侯四玉一石伯子男三玉二石者賈疏云按禮緯云天子純玉尺二寸公侯九寸四玉一石伯子男三玉二石此注出於彼但此經公與侯異彼

文公侯同又彼伯子男同七寸皆與此經不同者彼據殷法若然公侯同四玉一石而龍瓚異者蓋玉色有別也戴震云說文玉部曰瓚三玉二石也禮天子用全純玉也公用駹四玉一石侯用瓚伯用埒玉石半相埒也此蓋泛記用玉爲飾之等石謂石之次玉者如詩之充耳琇瑩貽我佩玖琇與玖皆美石案戴說是也金鶚說同白虎通義文質篇云禮王度記曰天子純玉尺有二寸公侯九寸四玉一石也伯子男俱三玉二石也又云公珪九寸四玉一石何以知不以玉爲四器石特爲也以尚書合言五玉也案禮緯文卽本王度記據此諸文則此章卽指瑞玉而言其云公九寸伯七寸與此命圭尺度同而云侯上同公子男上同伯並與此異者傳禮者各據其所聞不必合一賈以爲殷禮則無據說文以公四玉一石侯三玉二石伯玉石半相埒與注及禮緯又異其說較允許鄭說並不以此三玉爲瑞玉蓋命圭爲邦國重鎭不宜羼雜玉石其爲泛記玉飾殆無疑義此經不詳子男用玉之名依鄭說或當與伯同段玉裁云依許差之子男同位一玉二石未知然否

繼子男執皮帛 謂公之孤也見禮次子男贄用束帛而以豹皮表之爲飾天子之孤表帛以虎皮此說玉及皮帛者遂言見天子之用贄

疏 繼子男執皮帛者賈疏云此公之孤上不言子男而此云繼子男者以上文不見子男也以子男與伯同用三玉二石故空其文見子男與伯等以是得言以皮帛繼子男也以大行人注言之此亦是孤尊更以其贄見也案賈說非也以大宗伯典命兩經證之疑此文當次前三等命圭之後因上闕子男執璧之文而誤移於此經備記五等瑞玉因及孤之摯耳

注云謂公之孤也者典命云公之孤四命以皮帛眡小國之君不言侯伯有孤又大行人云凡大國之孤執皮帛以繼小國之君與此文相應故知是公之孤也鄭鍔云有天子之孤有諸侯之孤大宗伯曰孤執皮帛者天子之孤也二者皆執皮帛特所用以飾之皮異耳

天子之孤不當繼子男之後故康成以爲此公之孤也然典命又有諸侯適子未誓則以皮帛繼子男之文則公之孤與諸侯適子之未誓者皆執皮帛而列子男之後鄭云見禮亦子男贄用束帛而以豹皮表之爲飾天子之孤表帛以虎皮者大宗伯注義同彼注贄竝作摯是也贄卽摯之俗詳彼疏云此說玉及皮帛者遂言見天子之用贄者以皮帛非玉人之事明此經因說玉而類及皮帛之贄也

天子圭中必

必讀如鹿車縪之縪謂以組約其中央爲執之以備失隊

疏 天子圭中必者賈疏云案聘禮謂五等諸侯及聘使所執圭璋皆有繅藉及絇組絇組所以約圭中央恐失墜卽此中必之類若然圭之中必尊卑皆有此不言諸侯圭舉上以明下可知注云必讀如鹿車縪之縪者廣雅釋器云維車謂之麻鹿道軌謂之鹿車方言云維車趙魏之閒謂之轣轆車東齊海岱之閒謂之道軌又云車下鉄陳宋淮楚之閒謂之畢大者謂之綦郭注云鹿車也戴震云此言維車之索故郭云鹿車也玉篇云紩索也古作鉄據此紩乃本字鉄卽其假借字圭中必爲組鹿車縪爲索其約束相類故鄭讀如之縪畢古通用段玉裁云廣雅鹿車本方言鹿車與歷鹿義同皆於其圍繞命名也說文曰縪止也古畢必通用案戴段說是也說文縪訓止蓋凡以絲麻爲組索皆所以止縛爲繫固故通謂之縪鹿車卽收絲之器說文糸部云維箸絲於筟車也是也縪卽束鹿車之索索亦名鉄鉄段借作鉄方言所謂車下鉄車非乘載之車鉄亦非五金之鐵也御覽車部引風俗通鹿車窄小裁容鹿也與此鹿車亦異云謂以組約其中央爲執之以備失隊者聘禮記云圭皆玄纁繫絇組鄭注云采成文曰絇繫無事則以繫玉因以爲飾皆用五采組上以玄下以絳爲地說文糸部云組綬屬圭重器恐失隊破損故以組約而執之此組繫聘禮亦謂之繅與典瑞大行人畫韋之繅異詳典瑞疏

四圭尺有二寸以祀天

郊天所以禮其

神也典瑞職曰四圭有邸以祀天旅上帝【疏】四圭尺有二寸以祀天者賈疏云據下祼圭尺有二寸而言則此四圭圭別尺有二寸戴
震云一邸而四圭邸爲璧在中央圭各長尺二寸在四面詒讓案周易集解引荀九家易注云天子以尺二寸元圭事天卽謂此也璧度
經注無文賈典瑞疏以爲徑六寸是也爾雅釋器云璧大六寸謂之宣此四圭邸璧及下祀日月星辰之圭璧蓋皆如宣璧之度古文苑
秦詛楚文祠巫咸亞駝久湫亦用宣璧漢書郊祀志謂之瑄玉蓋古祭玉多用六寸之璧矣　注云郊天所以禮其神也者典瑞注云祀
天夏正郊天也外祀用玉禮神詳大宗伯疏引典瑞職者賈疏云證祀天爲夏正郊所感帝兼國有故旅祭五帝之事亦以此圭禮神也
案此不云有邸及旅上帝者文略但彼祀天當爲圜丘祭昊天旅上帝爲旅祭受命帝鄭賈說並失之詳彼疏大圭長三尺
杼上終葵首天子服之王所搢大圭也或謂之珽終葵椎也爲椎於其杼上明無所屈也杼閷也相玉書曰珽玉
六寸明自炤【疏】大圭長三尺者此圭較鎮圭爲尤長故稱大圭禮器云大圭不琢注謂卽此大圭又云琢當爲篆不篆者蓋謂純素
無文與鎮圭有瑑異也詩商頌長發云受大球小球鄭箋云受小玉謂尺二寸圭也受大玉謂珽也長三尺案大圭以球玉爲之故玉藻
云笏天子以球玉晏子春秋諫上篇齊景公帶球玉亦謂笏也白虎通義文質篇引禮云珪造尺八寸案禮無尺八寸之圭或卽笏珽之
屬與云杼上終葵首者杼說文玉部引作抒誤荀子大略篇楊注云謂剡上至其首而方也云天子服之者服猶服劍之服謂帶之於身
典瑞謂之搢彼注云插之於紳帶之閒若帶劍是也　注云王所搢大圭也者據典瑞文云或謂之珽者玉藻云天子搢珽方正於天下
也鄭注云此亦笏也謂之爲珽珽之言挺然無所屈也或謂之大圭說文玉部云珽大圭長三尺抒上終葵首左傳桓二年孔疏引徐廣

車服儀制云珽一名大圭說並與鄭同戴震云大圭笏也天子玉笏其首六寸謂之珽案戴說是也大戴禮記虞戴德篇云天子御珽諸侯御荼大夫服笏荀子大略篇同隋書禮儀志引五經異義御覽服章部引五經要義並以珽爲天子笏左傳桓二年杜注云珽玉笏也廣雅釋詁周書王會孔注穆天子傳郭注亦並以笏珽相詁是珽與笏異名同物典瑞天子晉大圭以朝日而管子輕重己言天子祭日搢玉笏是大圭與珽同爲玉笏之塙證至玉藻所云笏度二尺有六寸者左傳桓二年疏謂是諸侯以下之度分其說甚塙蓋搢珽與帶劍同大圭三尺與上士之劍度適相當諸侯以下之笏二尺六寸與中士之劍度亦相近其等例同也云終葵椎也者惠士奇云說文木部椎擊也齊謂之終葵終葵爲椎猶邾婁爲鄒皆齊魯閒俗語詒讓案廣雅釋器云柊楑椎也御覽器物部引何承天纂文云柊楑方椎後漢書馬融傳廣成頌云翬終葵柊楑卽終葵依玉藻注云方如椎頭何說是也云爲椎於其杼上明無所屈也者玉藻注云終葵首者於杼上又廣其首方如椎頭是謂無所屈後則恆直玉藻又云諸侯荼前詘後直讓於天子也大夫前詘後詘無所不讓也注云詘謂圜殺其首不爲椎頭大夫又殺其下而圜賈疏云玉藻鄭注言挺然無所屈此注亦云明無所屈皆對諸侯爲荼大夫前屈後屈故云無所屈也又典瑞疏云終葵首謂大圭之上近首殺去之留首不去處爲椎頭惠士奇云杼上者繝其上此椎頭六寸指不繝者而言云杼繝也者釋文云繝殺字之異者本或作殺阮元云經作繝注當用殺字下文注中取殺殺文皆不作繝也今此諸本皆作繝蓋淺人援釋文本改之案阮說是也繝卽緞字詳矢人疏輪人行澤者欲杼注云杼謂削薄其踐地者此杼義與彼同謂圭接首處削而殺之也玉藻云笏度二尺有六寸其中博三寸其殺六分而去一注云殺猶杼也天子杼其終葵首諸侯不終葵首大夫士又杼其下首廣二寸半戴震

云凡笏廣三寸殺半寸自中已上漸殺笏上廣二寸半也詁讓案鄭以此經之杼卽玉藻所謂殺故互相訓杼之逝首者廣二寸半首與後同廣三寸依鄭說所杼者在笏上首下終葵首在杼上杼殺而首方固不杼也方言引燕記云豐人杼首與此及輪人之杼義並別引相玉書曰珽玉六寸明自炤者玉藻注同證大圭首六寸名珽自殺以下二尺四寸也賈疏云謂於三尺圭上除六寸之下兩畔殺去之使以上爲椎頭言六寸據上不殺者而言引之者證大圭者爲終葵六寸以下杼之也惠士奇云離騷王注相玉書珽大六寸其燿自照玉篇玉部亦云珵美玉埋六寸光自輝而康成引相玉書珵作珽說文有珽無珵蓋珵卽珽古今文詁讓案玉藻釋文云珽本又作珵與楚辭注所引同

土圭尺有五寸以致日以土地致日度景至不夏日至之景尺有五寸冬日至之景丈有三尺土猶度也建邦國以度其地而制其域 疏 土圭者典瑞云土圭以致四時日月封國則以土地此不言致月者以致日爲重文不具也並詳大司徒典瑞馮相氏土方氏疏　注云致日度景至不者典瑞注義同云夏日至之景尺有五寸冬日至之景丈有三尺者馮相氏土方氏注義同此明土圭之長與夏至地中之景相應其冬至之景則八土圭之長又三分長之二也云土猶度也者據段借義也土度聲近義通詩豳風鴟鴞徹彼桑土釋文引韓詩作杜書費誓杜乃擭雍氏注引杜作敜是土度聲類相通故土亦有度訓大司徒典瑞土方氏注並訓土爲度云建邦國以度其地而制其域者據大司徒文詳彼疏

祼圭尺有二寸有瓚以祀廟祼之言灌也或作淉或作果祼謂始獻酌奠也瓚如盤其柄用圭有流前注 疏 祼圭尺有二寸有瓚者詩大雅旱麓孔疏云天子之瓚其柄之圭長尺有二寸其賜諸侯蓋九寸以下詁讓案尺有二寸者圭之長度不兼瓚言之祼圭與鎮圭同度故亦謂之大圭明

堂位云灌用玉瓚大圭是也又說文玉部云瑒圭尺二寸有瓚以祠宗廟者也瑒圭尺度形制與祼圭同蓋即國語魯語之鬯圭鬯經典或通作暢故鬯圭字亦作瑒也祼圭亦當有繅詳典瑞疏云以祀廟者賈疏云鄭注小宰云惟人道宗廟有祼天地大神至尊不祼故此唯云以祀廟典瑞兼云以祼賓客此不言者文略也　注云祼之言灌也者小宰大宗伯注並同詳小宰疏云或作淉者說文水部云淉水也從水果聲與祼聲類同云或作果者大宗伯云大賓客攝而載果小宗伯云辨六彝之名物以待果將注並讀爲祼與此或作同云祼謂始獻酌奠也者王禮廟享有九獻二祼爲始也詳大宗伯司尊彝疏賈疏云小宰注云祼亦謂祭之啐之奠之以其尸不飲故云奠之云瓚如盤其柄用圭有流前注者賈疏云鄭注典瑞引漢禮瓚盤大五升口徑八寸下有盤口徑一尺言有流前注者案下三璋之勺鼻寸是也言前注者以尸執之向外祭乃注之故云有流前注也詒讓案鄭言此者明圭爲柄與瓚不同物瓚則勺也白虎通義考黜篇說圭瓚云玉飾其本亦謂柄也書文侯之命敘僞孔傳及郊特牲孔疏引王肅說並同又詩大雅旱麓瑟彼玉瓚黃流在中陸本毛傳云玉瓚圭瓚也黃金所以流鬯也此流前注所謂瓚口流鬯者也互詳典瑞疏戴震云以圭爲柄曰圭瓚以璋爲柄曰璋瓚其勺並同

琬圭九寸而繅以象德琬猶圜也王使之瑞節也諸侯有德王命賜之使者執琬圭以致命焉繅藉也

疏琬圭九寸而繅以象德者賈疏云典瑞云琬圭以治德以結好此不言結好此文略彼云治德據使者而言此言象德據圭體而說彼不言有繅此言有繅亦是互見爲義　注云琬猶圜也者琬圭耑圓宛曲下覆故云猶圜也說文宀部云宛屈草自覆也琬宛聲類亦同九章算術方田篇有宛田宛田亦上圜隆起與琬圭形相似典瑞先鄭注云琬圭無鋒芒無鋒芒則圜也互詳典瑞疏云王使之瑞節也諸侯有德王命賜

之使者執琬圭以致命焉者典瑞注同惠士奇謂天子使使賜諸侯命當執琬圭於義近是詳前疏云繅藉也者聘禮注云繅所以蘊藉玉又云繅所以藉圭也詳典瑞大行人疏繅采就經無文以此琰圭圭長九寸與公侯伯命圭同則繅疑亦當三采三就與彼同也琰圭

九寸判規以除慝以易行凡圭琰上寸半琰圭琰半以上又半爲瑑飾諸侯有爲不義使者征之執以爲瑞節也除慝誅惡逆也易行去煩苛

疏琰圭九寸者此度與琬圭同書顧命弘璧琬琰賈天府疏引鄭書注謂彼琬琰皆度尺二寸蓋其度尤長非常用之玉也　注云凡圭琰上寸半者琰與剡同此據聘禮記及雜記文云琰圭琰半以上又半爲瑑飾者公羊定八年傳璋判白何注云判半也賈疏云以其言判判半也又云規明半以上琰至首規半以下爲瑑飾可知案鄭賈並釋判爲半而規字無釋似卽以爲瑑飾也說文玉部云琰璧上起美色也此與瑑飾義近但以圭爲璧段玉裁以爲字誤然疑賈馬諸家或有破圭爲璧以傅合判規之文者若然則是琮玦之類與圭不同與鄭剡射之義尤不相冡也戴震云凡圭直剡之倨句磬折上端中矩琰圭左右剡如而下如規之判黃以周云判規之義戴說爲合但戴氏以凡圭剡之僅剡寸半鄭則謂剡半以上此其異也蓋琰之言剡其首剡然上起其半以上如規之判也案戴黃說並與鄭異鄭意此圭加剡半以上則所剡者四寸五分銳角尤纖長較常法剡寸半增二倍故獨得剡名但鄭以爲直剡則與規義不相應戴以爲圓剡故曰判規是判規者若割圓爲四象限形圭左右剡各一象限合兩圭而成規也其義於經較切黃兼取鄭戴義謂剡半以上如規形但圭廣三寸左右各寸半於寸半之內圓剡之至四寸半之長則其圓界甚大左右幷之適成橢圓雖合兩圭亦斷不能成規規與半規之義無會則鄭戴兩義固不能強合也衆說紛互未審孰得姑並存之云諸侯有爲不義使者征之執以

爲瑞節也者典瑞先鄭注云琰圭有鋒芒傷害征伐誅討之象故以易行除慝是除慝易行爲使者征不義所執以爲信也但後鄭彼注據大行人職以除慝爲殷覜時使大夫執以命事此義亦當同可以互推故不具也云除慝誅惡逆也者小行人云其悖逆暴亂作慝猶犯令者爲一書注云慝惡也此除慝亦謂諸侯有悖逆作慝者乃誅之也云易行去煩苛也者賈疏云此非惡逆之事直政教煩多而苛虐是諸侯行惡故王使人執之以爲瑞節易去惡行

璧羨度尺好三寸以爲度

鄭司農云羨徑也好璧孔也爾雅曰肉倍好謂之璧好倍肉謂之瑗肉好若一謂之環玄謂羨猶延其袤一尺而廣狹焉

疏璧羨度尺好三寸以爲度者陳祥道云璧圜九寸好三寸延其袤爲一尺旁各損半寸則廣八寸矣說文曰人手卻十分動脈爲寸口十寸爲尺尺周制寸尺咫尋常仞諸度量皆以人之體爲法又曰中婦人手長八寸謂之咫周尺也然則璧羨袤十寸廣八寸以十寸起度則十尺爲丈十丈爲引以八寸起度則八尺爲尋倍尋爲常度必爲璧以起之則圜三徑一之制又寓乎其中矣程瑤田云典瑞曰以起度玉人曰以爲度蓋造此以度物猶周髀算經所用之折矩也案陳程說是也璧羨度尺者據其袤言之其廣則中咫經不著廣度者文不具也古人度數有以十起者尺丈引是也有以八起者咫仞尋常是也以十起者視以八起者視璧羨之廣咫起度之說蓋如是 注鄭司農云羨徑也者明經云度尺爲璧之直徑橫廣則不滿尺也黃以周云典瑞先鄭注云羨長也此璧徑長尺亦謂橢圜形案黃說是也典瑞賈疏亦謂先後鄭同爲不圜但璧羨袤尺廣八寸先鄭釋爲徑於義未明故後鄭補釋之云好璧孔也者好對肉爲文詩魯頌泮水孔疏引孫炎爾雅注云肉身也好孔也引爾雅者釋器文左傳昭十六年孔疏引李巡注云肉倍好邊肉大其孔小也好倍肉其孔大邊肉小也肉好若一其孔及邊

肉大小適等也郭注義同賈疏云引爾雅欲見此璧好三寸好卽孔也兩畔肉各三寸兩畔其六寸是肉倍好也程瑤田云据經與注謂若璧孔一寸則邊二寸合兩邊及孔其徑五寸也賈氏誤釋案程述李郭義是也依其說則璧正法好三寸兩畔肉當各六寸則廣袤皆尺五寸也此璧羨好廣袤皆三寸而肉則袤各三寸五分廣各二寸五分故合之袤尺而廣八寸肉雖不倍好而袤則肉較好已略贏故仍得叚璧稱也云玄謂羨猶延者二字聲近義通文選東京賦乃羨公侯卿士薛注云羨延也冢人注羨道左傳隱元年杜注亦作延道皆其證典瑞先鄭注訓羨爲長爾雅釋詁云延長也是羨延義同云其袤一尺而廣狹焉者賈疏云造此璧之時應圜徑九寸今減廣一寸以益上下之袤一寸則上下一尺廣八寸故云其袤一尺而廣狹焉狹焉謂八寸也歐陽謙之云好三寸左右之肉減六寸爲五寸上下之肉增六寸爲七寸詒讓案注意謂損廣以益其袤損益係於肉則好自爲正圓之三寸無所損益所損益者唯肉之廣袤耳又案周尺度數衆說差異沈彤據今所傳周尺謂一尺當今尺七寸四分江永以同身寸推之謂人張兩手古爲一尋今爲五尺則古一尺當今尺六寸二分半金鶚據漢書律厤志黃鍾絫黍法謂古一尺當今尺八寸一分黃以周說同古尺亡失無可質定姑備列之俟學者攷焉

圭璧五寸以祀日月星辰禮其神也圭其邸爲璧取殺於上帝疏圭璧五寸者聶崇義云於六寸璧上琢出一圭長五寸賈疏云典瑞又有珍圭牙璋此不言文略並玉人造之可知　注云禮其神也者與祀天以圭璧禮神同也云圭其邸爲璧取殺於上帝者典瑞注同

璧琮九寸諸侯以享天子享獻也聘禮享君以璧享夫人以琮疏璧琮九寸諸侯以享天子者此卽小行人所云璧以帛琮以錦亦卽下文瑑璧琮也覲禮亦云四享皆束帛加璧若然享后則束錦加琮矣九寸者爲上

公自朝以享天子及后之法小行人注所謂大各如其瑞是也下云八寸者據上公之臣聘天子及諸侯所用故尺度不同不言瑑又不言享后者皆文略白虎通義文質篇云琮后夫人之財也賈疏云按小行人二王後享天子及后用圭璋則此璧琮九寸據上公 注云享獻也者牛人注同大行人廟中將幣三享先鄭注云三享三獻也聘禮注云既聘又獻所以厚恩惠也引聘禮者賈疏云欲見經云享天子用璧享后用琮此據上公九命若侯伯當七寸子男當五寸案彼文云受享束帛加璧受夫人之聘璋享玄纁束帛加琮又云聘于夫人用璋享用琮但彼據侯伯之臣聘他國以享君及夫人者與此上公親朝時所用享王及后者不同鄭因享王及后禮經無文故假彼文爲證耳案賈後疏亦謂五等諸侯朝王享同用璧琮若然自伯以上享玉降於朝子男朝與享同玉不降但以瑑爲異也

穀圭七寸天子以聘女 納徵加於束帛 疏 穀圭七寸天子以聘女者典瑞云穀圭以和難以聘女此不言和難者文略穀圭形制詳典瑞注 注云納徵加於束帛者士昏禮納徵玄纁束帛儷皮如納吉禮鄭彼注云束帛十端也執束帛以致命此云天子以聘女蓋使者亦執束帛加穀圭以致命卽媒氏所謂入幣晉書禮志云大康八年有司奏婚禮古者以皮馬爲庭實天子加以穀珪諸侯加大璋案士昏禮有皮無馬有馬者蓋天子諸侯也案據晉志說則天子入幣又有皮馬爲庭實也賈疏云自士以上皆用玄纁皮帛但天子加以穀圭諸侯加以大璋也

大璋中璋九寸邊璋七寸射四寸厚寸黃金勺青金外朱中鼻寸衡四寸有繅天子以巡守宗祝以前馬 射琰出者也勺故書或作約杜子春云當爲勺謂酒尊中勺也鄭司農云鼻謂勺龍頭鼻也衡謂勺柄龍頭也玄謂鼻勺流也凡流皆爲龍口也衡古文橫假借字

也衡謂勺徑也三璋之勺形如圭瓚天子巡守有事山川則用灌焉於大山川則用大璋加文飾也於中山川用中璋殺文飾也於小山川用邊璋半文飾也其所沈以馬宗祝亦執勺以先之禮王過大大山川則大祝用事焉將有事於四海山川則校人飾黃駒 疏 璋中璋九寸邊璋七寸者記璋瓚形制及所用之事凡祭祀賓客之祼后佐王亞祼並用璋瓚大宗伯攝祼亦然此不言文略也詳內宰大宗伯大行人疏又案公羊定八年盜竊寶玉大弓傳云寶者何璋判白何注云五玉盡亡之傳獨言璋者所以郊事天尤重詩云奉璋峨峨髦士攸宜是也春秋繁露郊祭篇亦以棫樸爲文王郊辭與毛鄭異據其所說璋別爲郊天之玉則非此璋瓚璋瓚用以祼祭惟宗廟山川用之天地大神至尊不祼不得有璋瓚也云射四寸厚寸者凡圭皆剡上寸半厚半寸此三璋剡四寸則多於圭二寸半而厚又倍之也邊璋長度殺於大璋中璋二寸而射及厚度則同云黃金勺青金外者勺即三璋之瓚也以金爲之王制金璋孔疏謂即此金飾璋是也爾雅釋器云黃金謂之盪其美者謂之鏐說文金部云鉛青金也案以黃金爲勺則不宜以鉛飾其外竊疑古通以銅爲金書禹貢揚州貢金三品孔疏引鄭注云金三品者銅三色也則此黃金青金疑即謂銅二品即圭瓚璋瓚之勺書顧命謂之同三國志虞翻傳裴注引今文書作銅即其證也詳典瑞疏云朱中者謂於黃金勺之中又以朱漆涂之爲飾也云有繅者亦謂繅藉也其采就經無文攷大中璋九寸與公侯伯命圭同疑繅亦當三采三就邊璋七寸與子男命璧同疑繅亦當二采再就也 注云射琰出者也者典瑞璋邸射注云射剡也琰與剡同謂三璋上半所剡既多角尤鐵銳若芒刺上出以達於耑也方言云忽達芒也郭注云謂草杪芒射出即此射出之義賈疏云向上謂之出謂琰半已上其半已下爲文飾也案大璋中璋所剡不及半邊璋則又過半賈概謂剡半以上未析云勺故書

或作約杜子春云當爲勺者勺約聲類同段玉裁云此古文假借云
謂酒尊中勺也者明堂位云灌尊夏后氏以雞夷殷以斝周以黃目
其勺夏后氏以龍勺殷以疏勺周以蒲勺案灌尊卽司尊彝之六彝
凡酒皆盛於尊以勺挹之而注於爵杜意謂此勺卽彼灌尊中所𣂷
之蒲勺也典瑞先鄭注云於圭頭爲器可以挹鬯祼祭謂之瓚先鄭
似亦以瓚爲挹鬯之勺而兼用爲祼祭之爵實則瓚雖爲勺制而祼
祭則以當爵其挹之仍用蒲勺不用瓚故後鄭王制注直釋爲鬯爵
明不得如杜及先鄭說至蒲勺卽梓人所爲之勺以木爲之不以黃
金又止容一升此勺不言所容以漢禮瓚槃徑八寸受五升推之此
勺徑四寸所受當不止一升是二勺形度並異尤不可合爲一故後
鄭不從也吳廷華云此勺有鼻有流則卽祼盤但四寸與八寸及尺
爲異耳杜以酒尊中之勺訓之誤鄭司農云鼻謂勺龍頭鼻也者鼻
謂勺前銳出之口也鄭注明堂位龍勺云龍龍頭也然彼是尊中勺
此勺卽是鬯瓚其爲龍頭於經無文先鄭蓋依漢制說之聶氏三禮
圖引阮氏梁正等圖云三璋之勺鼻爲獐犬之首其柄則畫以雞尾
皆不盈寸與法違異聶氏亦斥其謬也云衡謂勺柄龍頭也者吳廷
華云勺柄卽璋先鄭以衡爲勺柄後鄭不從云玄謂鼻勺流也凡流
皆爲龍口也者前祼圭注云有流前注卽此以其口旁出則謂之鼻
以其吐水則謂之流猶旣夕及士虞禮謂匜口吐水爲流也龍口亦
卽謂流爲龍頭其口以吐酒鬯此說與先鄭略同但先鄭不云勺流
故後鄭增成其義云衡古文橫假借字也者衡橫聲近段借字檀弓
今也衡縫注云今禮制衡讀爲橫是其證也云衡謂勺徑也者此破
先鄭說也勺中橫徑四寸圜周蓋尺二寸也其勺鼻當如三禮舊圖
說廣不盈寸云三璋之勺形如圭瓚者如前祼圭之瓚也左傳昭十
七年杜注云瓚勺也賈疏云圭瓚之形前注已引漢禮但彼只徑八
寸下有盤口徑一尺此徑四寸徑旣倍狹明所容亦少但形制相似

耳案賈引漢禮見典瑞注詩大雅旱麓箋云圭瓚之狀以圭爲柄黃金爲勺青金爲外朱中央矣白虎通義攷黜篇說圭瓚云玉以象德金以配情芬香條鬯以通神靈玉飾其本君子之性金飾其中君子之道君子有黃中通理之道美素德金者精和之至也玉者德美之至也是圭瓚璋瓚並爲金勺惟柄異也云天子巡守有事山川則用灌焉者賈疏云以其圭瓚灌宗廟明此巡守過山川用灌可知云於大山川則用大璋加文飾也於中山川用中璋殺文飾也於小山川用邊璋半文飾也者明兼以文飾之加殺爲大小尊卑之差知巡守有祭山川者詩周頌般敘云巡守而祀四嶽河海也僖三十一年公羊傳云山川有能潤于百里者天子秩而祭之觸石而出膚寸而合不崇朝而徧雨乎天下者唯泰山爾河海潤于千里又王制孔疏引尚書大傳云五嶽視三公四瀆視諸侯其餘山川視伯小者視子男此三璋長度與五等命圭璧降殺正相應若然大山川即大宗伯之四望謂五嶽四瀆及海視三公者也中山川即視伯者也小山川即視子男所謂潤于百里者也云其祈沈以馬者釋文云小爾雅云祭山川曰祈沈案爾雅祭山川曰庪縣祭川曰浮沈今讀宜依爾雅音案祈即庪之借字今小爾雅無祭山川曰祈沈之文蓋有佚挩祈沈之義詳大宗伯及犬人疏賈疏云取校人飾黃駒故知以馬也云宗祝亦執勺以先之者宗祝有二有謂大小宗伯大小祝諸官者禮運云宗祝在廟注云宗宗人也國語周語云宗祝執祀韋注云宗宗伯祝大祝是也亦曰祝宗左襄九年傳云宋災祝宗用馬于四墉即謂祝與宗人也有專謂大祝者周書克殷篇云乃命宗祝崇賓饗禱之于軍古文苑詛楚文云宗祝邵鼛是也此經宗祝則似專屬大祝故下注即引大祝職以證義也江永云先行灌而後殺駒也云禮王過大山川則大祝用事焉者據大祝文注此宗祝即大祝也賈疏云大祝職不言中山川小山川者舉大者而言或使小祝爲之也云將有

事於四海山川則校人飾黃駒者據校人文引之者亦證此馬即謂黃駒也大璋亦如之諸侯以聘女亦納
徵加於東帛也大璋者以大璋之文飾之也亦如之者如邊璋七寸射四寸【疏】大璋亦如之諸侯以聘女者陳祥道云以文玫之當
繼天子以聘女之後亦如之者亦如穀圭之七寸蓋聘女天子以圭諸侯以璋是爲降殺之等若以邊璋與黃金勺用以酌聘女加於東
帛非酌事禮安所用哉案陳說是也林希逸江永戴震說並同吳廷華云天子九寸之璋謂之大璋諸侯降於天子七寸之璋亦可謂之
大與大射儀大侯之義等　注云亦納徵加於東帛也者與天子納徵以穀圭加於東帛同亦使者執以致命也云大璋者以大璋之文
飾之也者鄭不知此文爲錯簡誤謂冢上璋瓚大璋爲文於經無驗蓋不足據云亦如之者如邊璋七寸射四寸者亦鄭意爲之說不知
此云亦如之者本冢上穀圭七寸爲文不冡三璋也經云大璋鄭必謂如邊璋七寸者賈疏云以其天子穀圭七寸以聘女諸侯不可過
於天子爲九寸江永云天子用穀圭七寸謙也諸侯用大璋七寸謂上公七寸亦謙也侯伯當用五寸子男其用璧琮與瑑圭璋
八寸璧琮八寸以覜聘瑑文飾也覜視也聘問也衆來曰覜特來曰聘聘禮曰凡四器者唯其所寶以聘可也
【疏】瑑圭璋八寸者此聘享之玉度並用偶數與命圭異爾雅釋器云璋大八寸謂之琡殆即此瑑璋與云璧琮八寸者冢上瑑爲文說
文玉部云琮瑞玉大八寸似車釭亦謂此瑑琮也云以覜聘者賈疏云此謂上公之臣執以覜聘用圭璋享用璧琮於天子及后也若兩
諸侯自相聘亦執之侯伯之臣宜六寸子男之臣宜四寸案左傳隱六年孔疏引此注云八寸者據上公之臣今本注無此文疑孔約小
行人注義釋之凡聘享之玉各降其瑞一等上公命圭九寸故使臣聘王用瑑圭八寸聘后用瑑璋八寸享王用瑑璧八寸享后用瑑琮

八寸其侯伯之臣聘享王后當用瑑圭璋璧琮皆六寸賈所說是也其子男以璧為瑞則聘王后不得用瑑圭璋賈典瑞疏謂子男之臣當用瑑璧琮左傳文十二年昭五年疏並謂子男之使當瑑璧四寸若然子男之臣聘后當用瑑琮四寸此疏唯謂子男之臣宜四寸不著圭璧之異文不具也其子男之臣享王后之玉經注無文或當降君用琥璜四寸與　注云瑑文飾也者典瑞先鄭注云瑑有圻鄂瑑起文飾即圻鄂也典瑞瑑圭璋璧琮又有繅皆二采一就此經不云繅文不具也賈疏云凡諸侯之臣覜聘並不得執君之桓圭信圭之等直瑑為文飾耳云覜視也聘問也者據大宗伯云時聘曰問殷覜曰視云衆來曰覜特來曰聘者典瑞注義同賈疏云衆來則元年七年十一年一服朝之歲來者衆也特來則天子有事乃來無常期者是也案詳大宗伯疏引聘禮者聘禮記文四器即此圭璋璧琮是也賈疏云所寶謂不聘時寶之

牙璋中璋七寸射二寸厚寸以起軍旅以治兵守

二璋皆有鉏牙之飾於琰側先言牙璋有文飾也

【疏】牙璋中璋七寸射二寸厚寸者二璋長厚並與璋瓚邊璋同唯射減於彼二寸云以起軍旅以治兵守者賈疏云牙璋起軍旅治兵守正與典瑞文同彼無中璋者以其大小等故不見也牙璋起軍旅則中璋亦起軍旅二璋蓋軍多用牙璋軍少用中璋　注云二璋皆有鉏牙之飾於琰側者琰側即所射上半二寸之側釋名釋形體云牙樝牙也廣韻九麻云齟齬齒不平正說文金部云鋙鉏鋙也又齒部云齟齬齒不相值也案楚辭九辨又作鉏鋙鉏樝齟及牙齖鋙齬鋙皆音近叚借字鉏釋文引沈重音徐加反即讀為樝也鉏牙謂就其剡處刻之若鋸齒然不平正典瑞先鄭注云瑑以為牙義同賈疏云鄭知二璋皆為鉏牙之飾者以其同起軍旅又以牙璋為首故知中璋亦有鉏牙云先言牙璋有文飾也者鄭意二璋形度同但牙璋別有文飾故經列中

璋之前明以文質為尊卑之次也　駔琮五寸宗后以為權駔讀為組以組繫之因名焉鄭司農云以為稱錘以起量疏駔琮五寸宗后以為權者說文玉部云珇琮玉之瑑段玉裁云駔琮許作珇方言曰珇好也美也許意謂兆瑑之美曰珇鄭所不從記又云瑑琮八寸則駔琮非謂瑑明矣賈疏云此后所用故五寸降於下文天子所用七寸者也林希逸云宗后尊后也即王后也其重可以起五權之制亦璧羨起度之意　注云駔讀為組者典瑞云駔圭璋璧琮琥璜之渠眉彼注讀同詳彼疏云以組繫之因名焉者別於他琮不繫組故名組琮也戴震云此亦有鼻以結組省文互見吳廷華云組琮七寸鼻得七寸之二分有零為寸半則此鼻得五寸之二分有零為一寸有零也鄭司農云以為稱錘以起量者後鄭月令注云稱錘曰權廣雅釋器云稱謂之銓錘謂之權漢書律厤志云權重也銖兩斤鈞石也所以稱物平施知輕重也五權之制大小之差以輕重為宜圜而環之令之肉倍好者周旋無端終而復始無窮已也顏注引孟康云謂為錘之形如環也案彼權以銅為環形不為琮今世所存秦權亦多為環形而有鼻與漢制同賈疏云量自升斛之名而云為量者對文量衡異散文衡亦得為量以其量輕重故也　大琮十有二寸射四寸厚寸是謂內鎮宗后守之如王之鎮圭也射其外鉏牙疏大琮十有二寸射四寸者賈疏云言大琮者對上駔琮五寸為大也言十有二寸者并角徑之為尺二寸言射四寸者據角各出二寸兩相并四寸鄭鍔云琮本八寸爾其射二寸兩旁各射二寸是為四寸四寸之射八寸之琮此所以十有二寸戴震云惟大琮言射四寸其餘皆不言射琮八方象地疑不剡為射故八方也云是為內鎮者賈疏云對天子執鎮圭為內詒讓案此鎮琮即王后所守之瑞玉若然諸侯夫人受命於后亦當有命玉公夫人疑當中琮九寸侯伯

夫人疑當中琮七寸子男夫人疑當小琮五寸度各視其夫之圭璧而用琮與　注云如王之鎮圭也者謂其名及尺度同依典瑞王鎮圭有繅藉五采五就此后鎮琮亦當同大宗伯注說鎮圭公鎮安也所以安四方此后爲內鎮亦取安四方之義陳祥道謂亦刻鎮山以爲飾未知是否云射其外鉏牙者亦謂剡外出爲鉏牙別於它琮八方平列也白虎通義文質篇云圓中牙身方外曰琮賈疏云據八角鋒故云鉏牙也

駔琮七寸鼻寸有半寸天子以爲權鄭司農云以爲權故有鼻也【疏】駔琮七寸者駔亦當讀爲組天子駔琮制與后同而度較大所以別等差也注鄭司農云以爲權故有鼻也者鼻謂紐也所以穿組而縣之弁師注云紐小鼻也廣雅釋器云鈕謂之鼻先鄭意蓋謂駔琮八方於中隆起爲鼻以繫組若印鈕然它琮無此制也左昭十三年傳說楚平王當璧拜曰厭紐彼璧好通謂之紐與鈕鼻異賈疏云上后權不言鼻者舉以見后亦有鼻可知

兩圭五寸有邸以祀地以旅四望邸謂之柢有邸僢共本也【疏】兩圭五寸有邸者聶崇義云兩圭五寸亦宜於六寸璧兩邊各琢出一圭俱長二寸半博厚與四圭同黃以周云兩圭五寸亦謂各出邸五寸聶云各琢出二寸半非戴震云兩圭蓋琮爲之邸故文在此大宗伯職注曰禮神者必象其類璧圜象天琮八方象地案兩圭之邸舊說用璧戴本陳祥道趙溥說以爲用琮是也五寸者亦謂邸兩面各琢五寸圭繫於一邸其邸之琮亦徑六寸與四圭之邸璧度同云以祀地者兼方丘北郊兩祭言之賈疏依大宗伯典瑞注謂專指北郊神州之祭方丘大地自用黃琮非也周易集解引荀九家注云天子以圭九寸事地與此經不合未知何據互詳大宗伯典瑞疏　注云邸謂之柢者釋文云柢劉作桓阮元云邸謂之柢爾雅釋器文劉本作桓字形之譌云有邸僢其本也者爾雅釋言云柢本也典瑞先鄭注

引爾雅秖作邸又後鄭彼注云僢而同邸僢與舛同言兩圭足反舛相對而同著一邸也瑑琮八寸諸侯以享夫

人獻於所朝聘君之夫人也疏瑑琮八寸諸侯以享夫人者戴震云前已云瑑圭璋八寸璧琮八寸以覜聘復見此文以明覜聘兼

享與夫人之禮案戴說是也說苑脩文篇云親迎之禮諸侯以屨二兩加琮曰某國寡小君使寡人奉不珍之琮不珍之屨禮夫人貞女

夫人受琮取一兩屨以屨女劉氏此說於禮無文其所加之琮或亦卽瑑琮與　注云獻於所朝聘君之夫人也者賈疏云言以享夫人

則是諸侯自相朝所用致享者也五等諸侯朝天子享用璧琮不降瑞若自相享降瑞一等此八寸據上公二王後自相享亦用璧琮八

寸侯伯當六寸子男自相享退用琥璜降用四寸經言諸侯正是朝注兼云聘者其臣聘瑑圭璋璧琮亦皆降一等與君寸數同故兼言

聘也此經直言瑑琮不言瑑璧以享君文略可知也詒讓案鄭知聘享與朝同者據聘禮云聘于夫人用璋享用琮也案十有

二寸棗㮚十有二列諸侯純九大夫純五夫人以勞諸侯純猶皆也鄭司農云

案玉案也夫人天子夫人玄謂案玉飾案也夫人王后也記時諸侯僭稱王而夫人之號不別是以同王后於夫人也玉案十二以爲列

王后勞朝諸侯皆九列聘大夫皆五列則十有二列者勞二王之後也棗㮚實於器乃加於案聘禮曰夫人使下大夫勞以二竹簋方玄

被纁裏有蓋其實棗烝㮚擇兼執之以進疏案十有二寸者此附記飾玉之器也說文木部云案几屬急就篇顏注云無足曰槃有足

有案所以陳舉食也案此承食物之案與掌次氈案重案爲牀異十有二寸蓋案之高度曾子問孔疏引阮諶禮圖謂几高尺二寸此案

亦几屬也其楕方廣長之度無文依後鄭義每案各陳棗栗一器此必非尺二寸之長所能容則鄭亦不以此爲案之長度可知矣賈疏

二云案十有二寸者謂玉案十有二枚亦非是戴震云案者桪禁之屬儀禮注曰桪之制上有四周下無足蓋如今承槃禮器注曰禁如今方案隋長局足高三寸桪又名斯禁斯盡也切地無足此以案承棗栗上宜有四周漢制小方案局足此亦宜有足惠士奇云案有大小漢舊儀旋案丈二以陳肉食大案也漢書許后奉案上食孟光舉案齊眉小案也案者今之槃古之禁云棗㮚十有二列者賈疏云案案皆有棗栗爲列十有二者還據案十二爲數不謂一案之上十有二也　注云純猶皆也者此引申之義緇衣注同後鄭意棗栗合殽一案數皆以或九或五爲列也戴震云列謂兩以列也純耦也鄉射禮二算爲純一算爲奇惠士奇云純猶兩也與淳通左襄十一年傳淳十五乘或曰列或曰純純謂兩行並列案惠戴皆訓純爲耦蓋依賈馬義較鄭說爲長鄭司農云案玉案也者猶大宰司几筵之玉几也惠士奇云藝文類聚服飾部引楚漢春秋淮陰侯曰臣去項歸漢王賜臣玉案之食云夫人天子夫人者謂卽昏義之三夫人也戴震云漿人共夫人致飲于賓客之禮則此爲三夫人勞諸侯未爲不可詒讓案先鄭說是也璧琮擧天子以晐后以見禮之下達此文擧夫人以兼后以見禮之上達皆以互見爲例賈疏駁先鄭謂勞諸侯以王后爲主豈不見后先見三夫人乎非也上瑑琮以享諸侯夫人知此不謂諸侯夫人者聘禮諸侯夫人勞賓不用玉案也云玄謂案玉飾案也者謂梓人爲之案而玉人以玉飾之此增成先鄭義也先鄭但云玉案不云玉飾嫌於以全玉爲案故後鄭補釋之賈疏云以其在玉人故知以玉飾案也云夫人王后也記時諸侯僭稱王而夫人之號不別是以同王后於夫人也者此謂夫人卽王后以破先鄭天子夫人之說賈疏云春秋之世吳楚及越僭稱王而吳楚夫人不稱后是夫人之號不別也周王與吳楚同號王故周王后亦下同吳楚之夫人也案此當以先鄭說爲正後鄭及賈說非也王氏詳說云鄭以

爲記時諸侯僭稱王而夫人之號不別又何以有宗后爲權與夫宗后守之之文乎云玉案十二以爲列者鄭意案之成列者有十二列也賈疏云微破賈馬以此十二列比聘禮醯醢夾碑百罋十以爲列詒讓案聘禮醯醢百罋夾碑十以爲列醯在東彼文謂醯五十罋爲五列在東醢五十罋爲五列在西賈馬據彼爲訓蓋謂此玉案棗與栗各以一案盛一器陳之棗栗各十有二列則二十有四案也若後鄭之義則每案之上各有棗一籩栗一籩十有二列止十有二案以經文審之當以賈馬爲長惠士奇亦申賈馬義云二王後二十有四兩兩列之則十有二諸侯十有八兩兩列之則九大夫十兩兩列之則五案惠說是也經於諸侯大夫言純九純五於十有二列不言純者蓋互文以見義云王后勞朝諸侯皆九列聘大夫皆五列則十有二列者勞二王之後也者此由平諸侯九列推而上之則十二列當屬二王後此勞蓋皆謂郊勞也依聘禮夫人待聘臣使下大夫近郊勞此夫人待上公諸侯或當有遠郊勞等與大行人上公三勞侯伯再勞之禮略相儗與云棗稟實於器乃加於案者以聘禮推之籩人弓人皆經用古字作稟注用今字作栗惟此職及矢人經注皆作稟疑後人所改下同引聘禮者明棗栗所實之器即竹簋之類也烝禮經作蒸字通彼注云竹簋方者器名也以竹爲之狀如簋而方兼猶兩也右手執棗左手執栗賈疏云聘禮五介入境張旃是侯伯之卿大夫聘者也而主國夫人使下大夫勞賓以二竹簋方者簋法圓今此竹簋方爲之者此或棗栗與黍稷簋異也玄被者以玄繒爲表彼聘禮諸侯大夫使下大夫勞無案直有棗栗此后勞有棗栗又亦有案引之者證此棗栗亦盛於竹簋者也

璋邸射素功以祀山川以致稍餼邸射剡而出也致稍餼造賓客納稟食也鄭司農云素功無瑑飾也餼或作氣杜子春云當爲餼

疏璋邸射者璋以琮爲邸又於琮剡之爲八角也其尺度無

文疑當璋五寸邸琮六寸與上圭璧同云以祀山川以致稍餼者典瑞云璋邸射以祀山川以造贈賓客贈與致稍餼爲二事此不云贈上謂之出半圭曰璋璋首邪卻之今於邪卻之處從下向上總邪卻者文不具也　注云邸射剡而出也者典瑞先鄭注義同賈疏云向之名爲剡而出案賈說非也剡而出者專據琮邸言之出卽謂邸八出也賈謂於璋首爲之誤詳典瑞疏云致稍餼造賓客納稟食也者造賓客據典瑞文稍卽聚人云共賓客之稍禮注謂王不親饗食而致以酬幣侑幣又聘禮記既致饔旬而稍注云稍稟食也是二者皆得稱稍也餼卽司儀掌客之致饔餼二者皆造賓客所舍之館納之其使者則執玉帛以致命也凡天子待朝聘賓客及五等侯國君相爲賓臣相爲國客蓋皆通有此禮但聘禮致饔餼止以束帛致之不用玉致稍禮尤殺其無玉可知此璋邸所用疑爲天子待朝賓之禮聘客禮降於朝君二等其致稍餼用玉與否經注無文未能詳也互詳典瑞疏稍爲稟食詳掌客疏鄭司農云素功無瑑飾也者禮器云大圭不瑑此以素爲貴也是素卽不瑑之謂素功與畫繢之事同彼布帛則爲白采此玉則爲無瑑飾璋邸之琮但爲剡射無瑑飾對上文瑑琮等有瑑飾也云餼或作氣杜子春云當爲餼者段玉裁云說文米部曰氣饋客芻米也從米气聲引春秋傳曰齊人來氣諸侯又曰或從既作槩又曰或從食作餼然則氣正字餼或字不當云氣當爲餼也蓋漢時已用气爲氣假字氣爲雲气字而餼爲饔餼字略如今人子春以今字釋古往往讀古字爲今字於此可得其例聘禮注古文餼爲既中庸既稟稱事此皆槩文之爛與

楖人闕【疏】楖人者釋文云楖本或作櫛案總敘先鄭注云楖讀如巾櫛之櫛說文木部云櫛梳比之總名也楖櫛字同玉藻有樿櫛象櫛喪服傳有櫛笄注云以櫛之木爲笄是也凡刮摩之工蓋玉石骨角木通有之玉人治玉雕人治骨角磬氏治石此楖人疑卽

治木之工明堂位有刮楹注云刮刮摩也木工刮摩以梳比為尤精致故工亦即以為名矣

雕人闕【疏】雕人者釋文云雕本亦作彫案說文彡部云彫琢文也彫琢字當以彫為正司几筵彫几巾車彫面司約注彫器字並作彫作雕者叚借字也詳總敘疏又爾雅釋器云玉謂之雕其正字則當作琱詳梓人疏雕琢之事蓋亦玉石骨角木所通有故梓人說祭器云小蟲之屬以為雕琢但此刮摩五工已有玉人楖人磬氏等則此雕人當為治骨角之工意林引尸子云雕人裁骨則知牛長少是也毛詩大雅棫樸傳又曰金曰彫則非此義江永云姓有漆雕氏記言丹漆雕幾之美司几筵有彫几彤几漆几蓋凡漆器彫人作之案江說亦足備一義凡漆華木有彫刻為文輪人說轂漆云既摩革色青白謂之轂之善是漆器亦有刮摩之事矣

磬氏為磬倨句一矩有半 必先度一矩為句一矩為股而求其弦既而以一矩有半觸其弦則磬之倨句也磬之制有大小此假矩以定倨句非用其度耳【疏】磬氏為磬者亦以所作之器名工也說文石部云磬樂石也從石殸象縣虡之形殳擊之也古者毋句氏作磬云倨句一矩有半者謂磬有大小其股鼓之折皆為鈍角後弇之度一矩又益以半矩乃合也蓋一矩為正方之角後之而以半矩益一矩則成鈍角矣今磬皆橫縣股鼓正平古磬則皆直縣股衺側而鼓直下程瑤田云磬縣之其鼓之直中繩曲禮立則磬折垂佩謂立而曲身如磬之折也左氏內外傳室如縣磬古人五架屋從第四架下為戶牖以隔之外為堂內為室室上之宇北出斜下以交於北墉墉直如磬鼓宇如磬股也文王世子公族有死罪則磬於甸人鄭注縣縊殺之曰磬謂如磬之縣也案程說足明古制爾雅釋樂大磬謂之毊郭注謂形似犂錧犂錧即耜金岐出者郭蓋據後世橫縣之磬言之是晉時已不知有直縣之制矣互詳玉

人疏注云必先度一矩爲句一矩爲股而求其弦既而以一矩有半觸其弦則磬之倨句也者江永云倨猶直也句猶曲也磬須作折旋形然不可正方如矩而失於太句又不可使兩股闊過開而失於大倨故先度一矩爲句一矩爲股句股闊之弦比正方之弦稍長得一矩有半以爲作磬之法則得倨句之宜也凡正方形方十者斜弦十四一四有奇此正方矩也今以一矩有半爲弦是爲十有五不止十四一四有奇而兩股稍開也後世作磬不知此率作正方知矩形戴震云取句股相等各自乘并之爲弦實開方除之得弦一矩有半大於所求之弦張句一股就之又云任取大小縱橫等成方是爲一矩度兩對角徑隅不及一矩有半今以一矩有半爲之徑隅則倨句不中矩而成磬折矣程瑤田云度一矩爲句者磬股矩也一矩爲股者磬鼓矩也二矩均長而求其弦得弦數是正方角之倨句非磬之倨句也於是推而求之以句一矩應磬股二二爲一矩也以股一矩應磬鼓三三則一矩有半侵出弦外半矩不能觸弦今乃推開一矩有半而漸張之令其侵出者反而歸乎弦位而不出乎弦其弦亦自然引而伸之以來相就是之謂以一矩有半觸其弦而向之正方角倨句變爲鈍角之倨句則磬之倨句得矣案依江戴說則一矩有半爲弦之長依程說則一矩有半爲股之長二說於算術並通今諦玩鄭云以一矩有半觸其弦則是謂以股觸弦程說似得鄭恉李銳說亦同然經實無是義故程氏譏鄭義爲煩碎且與經文齟齬程又別說之云磬折之發斂也倨句然正方折之一矩又外博其折而斜出其半矩以爲股案程說是也蓋經凡云倨句者止論角度之侈弇與弦徑無涉今以割圜四象限之度數求之蓋一矩爲九十度益以半矩則百三十五度即此磬之倨句也若依鄭注李銳以三角法算之止得一百六度五十二分二十八秒是不及一矩有半於形爲太句矣至車人云一柯有半謂之磬折則當得百五十一度有奇與此不同

而亦以磬折名之者彼爲倨句形之通名不必與此豪秒密合也互詳彼疏云磬之制有大小者謂若特磬大而編磬小又律各有長短有大小之制也案賈依下文先鄭注義以大小據一磬之中股爲大不同賈疏云按樂云云磬前長三律二尺七寸後長二律一尺八寸是磬鼓爲小似非注義賈引樂云云者聶氏三禮圖載舊圖引樂經云黃鍾磬前長三律二尺七寸後長二律一尺八寸此謂特縣大磬配鎛鍾者也是賈所引卽樂經義依其說則此乃特磬之度故長皆倍增於正律也云此假矩以定倨句非用其度耳者鄭車人注定一矩長二尺六寸三分之二此磬之長短自依律爲增減其度不一故知經其所謂一矩有半者止假以定其倨句之形非言長短之度也

博爲一 博謂股博一也博廣也 疏 其博爲一者聶崇義云謂股博一律也黃鍾之磬博九寸程瑤田云截其股之長半之爲其博命之爲一以爲出度之本 云博謂股博也者磬直縣上下爲股鼓二體鼓博之度別見下文故鄭知此博爲專主股言也云博廣也者治氏注同

股爲二鼓爲三參分其股博去一以爲鼓博參分其鼓博以其一爲之厚 鄭司農云股磬之上大者鼓其下小者所當擊者也玄謂股外面鼓內面也假令磬股廣四寸半者股長九寸也鼓廣三寸長尺三寸半厚一寸 疏 股爲二鼓爲三者鼓之長度贏於股三分之一也聶崇義云股爲二後長二律者也鼓爲三前長三律者也黃鍾之磬股長一尺八寸鼓長二尺七寸云參分其股博去一以爲鼓博者鼓博朒於股三分之一也聶崇義云黃鍾磬鼓博六寸程瑤田云參分其股博去一以爲鼓博鼓博得股博之太半也又云磬之體鼓三一片石耳其股之二如懸疣枝指非所應有以其孔必設於其旁懸之不能正故倨而壓之使正耳然則股二何以股博一鼓三何以鼓博三分一之二也曰壓之使正之道也偏諸左者必

益之於其右偏諸下者必益之於其上所益之數與所偏之數必兩相當焉而後偏者正矣曷為其益股於鼓而後能兩相當也曰股與鼓之數兩相函而後股與鼓之體兩相當是故三分其鼓三以其一為股博一三分其股二以其一為鼓博六六六不盡是股博鼓博之數兩相函於鼓股中也三其股博之一即鼓之三三其鼓博之六六六不盡即股之二是鼓股之數兩相函於股博鼓博中也股鼓和而三分之一即股博鼓博之和股博鼓博和而三倍之即股鼓之和是股鼓之和數與股博鼓博之和數又互相函於兩數之中也此其故何也股二與股博一自乘得積二百鼓三與鼓博六六六不盡自乘亦得積二百其積同其兩體之輕重同也故能益其偏而壓之使正以其一為之厚者股與鼓厚度同程瑤田云厚得鼓博之少半也聶也案程說磬股鼓體積相函之理極精足補鄭賈義云參分其鼓博崇義云黃鍾磬厚二寸徐養原云磬惟藉厚薄以分清濁賈疏謂厚則聲清薄則聲濁是也依鳧氏為鍾之例則當以分別大磬小磬厚薄之度今云三分其鼓博以其一為之厚是厚薄之度生乎鼓博鼓博同則厚薄亦無弗同何以分清濁哉是有說焉八音惟絲與石俱倍半同聲而絲之倍半與石相反絲音長者濁短者清全弦為正聲則半弦為半聲半弦為正聲則全弦為倍聲石音薄者濁厚者清半其厚則得倍聲倍其厚則得半聲上生者反用損下生者反用益然其半而又半倍而又倍皆自然相應則與絲者同理故舉一聲而各聲可得鍾磬皆十聲而磬之十聲與鍾異鍾於五正聲外有五清磬則於五正聲外有徵羽二濁聲宮商角三清聲傳曰鍾尚羽石尚角此之謂也磬十聲清角最清其磬最厚磬之厚不得過其廣之半假如鼓廣三寸則角磬寸四分商寸二分宮一寸羽九分徵八分再退一分得七分則復為角矣由是六分為商五分為宮四分半為羽四分為徵而十聲皆備然則鼓博三寸其厚一寸乃宮聲也所謂黃鍾

小素之首也夫宮音之主也尺制樂器必吹律以定宮聲得宮聲而五聲可推得清宮而正宮亦可得矣案徐說是也磬亦有特縣編縣之異賈前疏引樂經及聶氏所說爲特磬之數度徐氏所說爲編磬之數度足互相備也特磬編磬制詳小胥疏　注鄭司農云股磬之上大者鼓其下小者所當擊者也者賈疏云以其股面廣鼓面狹故以大小而言也程瑤田云磬之有股猶鐘之有甬也鐘縣設於甬磬縣設於股恐著鐘磬之本體而爲聲病故別爲甬與股以設之又云磬有二體曰鼓曰股縣設於股故股橫在上其下縱者鼓蓋所擊處磬之本體也司農以上下寫其形得古縣磬之法案程說是也磬所擊處謂之鼓猶鳧氏鐘所擊處亦謂之鼓也股專爲縣磬設其縣孔所在經無文程氏及汪萊謂鼓與股相函同積推其重心縣孔當於鼓上中線之右設之於算術亦密合可補經注義也云玄謂股外面鼓內面也者鄭鍔云擊者爲前面在內不擊者爲後面在外內者在下外者在上故康成謂股外面鼓內面也程瑤田云先鄭言上下後鄭言內外蓋互相足先鄭解直縣則鼓在下故以上下寫之後鄭申言鼓直縣故恆在內爲內面惟鼓直縣則股斜出故恆在外爲外面而向人又云國語籧篨蒙璆則古人縣磬當以折處向人面以椎旁擊其鼓磬直股斜出有偃形籧篨立其下仰而蒙之案程說亦是也二云假令磬股廣四寸半者股長九寸也鼓廣三寸長尺三寸半厚一寸者賈疏云假令者經直言一二三不定尺寸是假設之言也若定尺寸自當依律爲短長也以四寸半爲法者直取從此已下爲易計非實法也徐養原云鄭意舉黃鍾磬爲例正是實法古磬之大小讀此可得其概若取易計何不如樂云一律二律三律不更整齊乎惟林夷南無應五律股博宜用全數又云四寸半與黃鍾律數相準得黃鍾而他律亦可類推假如林鍾之磬當倍律股博六寸脩尺二寸鼓脩尺八寸博四寸案依徐說則鄭據黃鍾半律見編磬股博之數

也其說較賈爲長　已上則摩其旁　鄭司農云磬聲大上則摩鑢其旁玄謂大上清聲也薄而廣則濁　疏　已上則摩其旁者江藩云爲磬雖有度數然不摩鑢之則清濁不分焉能合律平以意度之磬制成之後吹十二律之管以定其聲如一律有清濁二音者求濁聲則摩之使薄而廣求清聲則摩之使短而厚再以律管比其聲於是五音諧矣徐養原云摩其旁摩其耑此劑量之法也典同云凡爲樂器以十有二律爲之度數以十有二聲爲之劑量觀磬氏之爲磬可得其法矣物性無常卽同爲一物而剛柔精粗良非一致不知劑量之法雖得其度數終不得聲磬氏爲刮摩之工非摩無以成器上言三分其股博以其一爲之厚則磬之厚薄本有一定之度然或合度而不得聲故又有摩旁摩耑之法以爲之劑量　注鄭司農云磬聲大上則摩鑢其旁者明此二云上下皆造磬旣合度而聲尚未協律故爲此調劑之法聲太高則須減其厚度故摩錯其旁使之薄摩鑢詳總敘疏磬之考擊雖以鼓爲主而其得聲則股鼓同體互相函含亦兩相震盪不能分爲二也依後鄭薄厚之義似謂摩其平面之兩面但摩厚使薄則止摩一面已足不必摩兩面而摩面亦必上下均平則於厚度所減無多而已足改其聲矣徐養原云磬以鼓爲主旣摩其鼓則股亦須摩否則輕重不等而鼓縣不得直矣案徐說是也云玄謂大上聲清也者上猶高也聲高則清故云大上聲清云薄而廣則濁者賈疏云凡樂器厚則聲清薄則聲濁今大上是聲清故使薄薄而廣則濁也詒讓案狹者不可使廣此摩其旁其廣度自若但厚旣減則因薄見廣耳　已下則摩其耑　大下聲濁也短而厚則清　疏　已上則摩其耑者釋文云耑劉又音穿本或作端案劉音與經義不合不足據說文耑部云耑物初生之題也立部云端直也阮元云依說文則耑爲肇耑字端爲端正字案阮說是也耑端古今字釋文或本葢後人所改鼓上耑與股相接不

可摩則可摩者唯股之上耑與鼓之下耑然股鼓兩積正等若止摩一耑則上下旣不均平而重心亦隨之而改縣與聲皆不協矣諦審注短而厚之義自謂股上鼓下兩耑並摩之以略減其脩度也　注云大下聲濁也者下猶低也聲低則濁故云大下聲濁也云短而厚則清者賈疏云此聲濁由薄薄不可使厚故摩使短短則形小形小則厚厚則聲清也案賈說是也此摩耑其厚一寸之度亦自若但兩耑長度得摩而減則因短見厚耳

周禮正義卷八十

瑞安孫詒讓學

矢人為矢鍭矢參分茀矢參分一在前二在後參訂之而平者前有鐵重也司弓矢職茀當爲殺鄭司農云一在前謂箭稾中鐵莖居參分殺一以前

疏 矢人爲矢者亦以所作之器名工也說文矢部云矢弓弩矢也古者夷牟初作矢大射儀及孟子公孫丑篇並有矢人云鍭矢參分茀矢參分一在前二在後者程瑤田云司弓矢職掌八矢之法枉矢絜矢殺矢鍭矢矰矢茀矢恆矢庳矢鄭注殺矢鍭矢二者前尤重中深而不可遠也恆庳二者前後訂其行平也又云恆矢之屬軒輖中所謂志也矢人職所舉五矢僅三等鍭矢茀矢曰參分一在前二在後即夏官注所謂前尤重者也易祓云三分其稾之三尺則一尺在前二尺在後以後二尺之重與前一尺相等則稾前之鐵爲極重矣故其發遲而近射用焉詒讓案恆矢之鏃蓋有二種禮射用金習射用骨既夕禮及爾雅所謂志也此經不及恆矢庳矢者以其前後訂分數易明文不具也互詳司弓矢疏 注云參訂之而平者前有鐵重也者訂謂平比之釋文云訂李音亭呂沈同則讀訂爲亭毛詩大雅行葦傳云鍭矢參亭淮南子原道訓高注云亭平也亭訂字通詳司弓矢疏鐵謂刃也前攻金之工云五分其金而錫居二謂之削殺矢之齊則矢鏃亦以銅爲之故得與錫相和而二鄭此注並云鐵者蓋據漢時爲矢皆用鐵鏃周時矢鏃亦容兼用銅鐵故並云鐵矣鄭意凡矢以刃爲前刃以鐵爲之故恆重後則唯著栝羽故恆輕既夕注云凡爲矢前重後輕是也此二矢後多而前少以相稱量而適平者明鐵重故厭前一使重得與後二等也云司弓矢職茀當爲殺者段玉

裁云當字衍文賈疏云彼鏃矢與殺矢相對茀矢自與矰矢相對此上旣言鏃矢明下宜有殺矢對之故破此茀爲殺也司弓矢注亦云殺矢之屬參分一在前二在後鄭司農云一在前謂箭槀中鐵莖居參分殺一以前者槀舊本並誤槀釋文同今依毛晉本正後注並同鐵莖卽鋌也此矢槀三尺殺者居一尺鋌之入槀中者亦止一尺故云居參分殺一以前也

兵矢田矢五分二在前三在後

鐵差短小也兵矢謂枉矢絜矢也此二矢亦可以田田矢謂矰矢

疏兵矢田矢五分二在前三在後者程瑤田云司弓矢注枉矢絜矢二者前於後重微輕行疾也記言兵矢田矢五分二在前三在後卽夏官注所謂前於重微輕者也易祓云五分其槀之三尺則尺有二寸在前尺有八寸在後也以後尺有八寸之重而與前尺有二寸相等則槀前之鐵比殺矢蓋短而小矣故其發遠而火射用焉　注云鐵差短小也者賈疏云前參分一在前得訂此五分二在前得訂故知鐵差短小也云兵矢謂枉矢絜矢也者亦據司弓矢文彼注云枉矢者今之飛矛是也或謂之兵矢絜矢象焉是也云此二矢亦可以田者鄭意謂二矢雖爲兵矢亦兼爲田矢也司弓矢以二矢爲利火射用諸守城車戰則專屬兵事不云可以田鄭以意定之彼注亦云枉矢之屬五分二在前三在後云田矢謂矰矢者賈疏云按鄭志趙商問司弓矢注云凡矢之制矰矢之屬七分三在前四在後按矢人職曰田矢五分二在前三在後注云田矢謂矰矢數不相應不知所裁荅曰田矢謂矰矢此先定後云此二矢亦可以田頃若少疾此疏初在簏笥之閒屬錄事得之謹荅若然鄭君本意以矰矢爲田矢非經田矢自是尋常田矢此二矢亦可以田解經田矢是枉矢絜矢非直爲兵矢此二者亦可以田也此鄭云田矢爲矰矢案司弓矢職枉矢絜矢言利諸田獵茀矢矰矢直言弋射不言田獵而云田矢者弋射卽是田獵也案司弓矢云殺矢鏃矢用諸

田獵賈說似誤記鄭以殺矢鍭矢參分一在前二在後已見上文則此田矢不得爲彼二矢故別以枉矢絜矢爲釋而又以爲矰矢者蓋因司弓矢云田弋共矰矢故注復著此說然與彼注違牾故趙商疑而發問據鄭君所荅則田矢謂矰矢乃鄭初定之注後因與司弓矢注不合乃重定云此二矢亦可以田則謂田矢仍是枉矢絜矢其矰矢自與下茀矢同度與司弓矢注無不合矣然則鄭後定之注當刪去田矢謂矰矢五字而今本兼有之者殆由鄭先定本早已行世學者見後定本有此二矢亦可以田之語輒據增入而忘去田矢謂矰矢五字遂成兩載亦猶保氏九數注鄭云今有重差句股馬融干寶云今有重差夕桀校者誤合兩注遂於鄭本增夕桀二字也賈疏所見本已誤而不知鄭後定本當無此五字乃強圓其說云鄭君本意以矰矢爲田矢非經田矢若然鄭君既以非經田矢則又何爲於此注出之乎其誤甚矣

殺矢七分三在前四在後

鐵又差短小也司弓矢職殺當爲茀

疏　殺矢者殺釋文作⿰糸閃阮元云經當作⿰糸閃此因注云殺當爲茀遂改殺也錢大昕云梓人矢人篇皆有⿰糸閃字說文無糸部从閃亦無義此卽籀文殺字冂譌爲門又譌爲人非別有⿰糸閃字也案阮錢說近是段玉裁說同此經下篇梓人匠人弓人凡殺字皆作⿰糸閃疑此職五殺字亦當同今本作殺字例岐互非其舊也云七分三在前四在後者程瑤田云司弓矢注矰矢茀矢二者前於重又微輕行不低也殺矢七分三在前四在後卽夏官注所謂前於重又微輕者也易祓云七分其槀之三尺則在前者尺有三寸七分寸之六在後者尺有七寸七分寸之一也以後七分之四與前七分之三相等則槀前之鐵比兵矢又短而小矣故其發高而弋射用焉賈疏云此經直言茀矢不言矰矢者以其與茀矢同制故略而不言也　注云鐵又差短小也者賈疏云以其前五分二在前此七分三在前是差短小也云司弓矢職殺當爲茀者段玉裁

謂當亦衍文此茀字與上文殺誤互易故鄭兩破之司弓矢注云矰矢之屬七分三在前四在後此破殺爲茀亦當兼賅矰矢也參分其長而殺其一矢稾長三尺殺其前一尺令趣鏃也疏參分其長而殺其一者以下通記爲矢之法六矢所同殺釋文亦作[糸殺]云本又作殺　注云矢稾長三尺者鄉射記云物長如笴注亦云笴矢榦也長三尺與跬相應賈疏云按稾人注矢服長短之制未聞彼以無正文故云未聞此云三尺者約羽六寸逆差之故知三尺也江永云矢笴有長短三尺其中制詒讓案稾人云矢八物皆三等則八矢長短各異與弓同又輈人注云凡弓引之中參中參者蓋謂弓之下制六尺引滿之中容矢長三尺然則矢之制以三尺爲最短其上中制當以次遞增也云殺其前一尺令趣鏃也者鏃即刃也釋名釋兵云矢本齊人謂之鏃鏃族也言其所中皆族滅也正字當作族說文金部云鏃利也㫃部云族矢鋒也束之族族也趣與趨同鏃細而稾豐故殺稾前一尺使趨前漸殺至於鏃而平也五分其長而羽其一羽者六寸疏五分其長而羽其一者釋名釋兵云矢其旁有羽如鳥羽也鳥須羽而飛矢須羽而前也說文羽部云翦矢羽既夕記有𦐂矢志矢並短衞鄭注云示不用也然則羽短則矢不可用太長則又行遲故必以五分矢長之一爲度　注云羽者六寸者以三尺之稾五分之而取一分則六寸也以其笴厚爲之羽深笴讀爲稾謂矢幹古文假借字厚之數未聞疏以其笴厚爲之羽深者深謂羽入笴之深凡設羽深淺之度必視笴之厚薄爲差則不傷其力也　注云笴讀爲稾謂矢幹古文假借字者總敘杜注義同釋名釋兵云矢其體曰榦言挺榦也鄭意笴自有本義與矢榦之稾聲近故叚笴爲稾也說文竹部無笴字然許鄭二君說字不盡同疑古本有此字从竹可聲而別有本義今不可攷禮經借爲矢幹之稾故云古文假借若鄉射

大射禮注並訓笴爲矢幹則卽以借義釋之故不復正其讀與此注不相盩也互詳總敘疏又案此經笴字葢故書今書所同鄭云古文假借者乃釋字例非校故書也與小史注以軌爲簋古文同與庖人㮚氏注所稱古文卽指故書異云厚之數未聞者矢厚經無文故鄭云未聞程瑤田云刃圍寸者刃本之圍也刃之本卽笴之末循其所鍘之末而漸豐之至於其所鍘之始所謂參分其長而鍘其一也準之而爲笴末之鍘圍則亦參分其圍而鍘其一而已矣鍘圍寸則不鍘者圍寸有半其厚半寸可知也若是刃之圍寸似無三等之差矣圍寸無差而三等之差實由金鏃豈所謂鋌十之重三垸者惟殺矢之屬爲然故冶氏專言殺矢與案此程氏以意推之未知是否姑存之以備一義

水之以辨其陰陽辨猶正也陰沈而陽浮 疏 水之以辨其陰陽者爲欲設比也水之謂取笴木漸之水中猶輪人云水之以眡其平沈之均也陰陽謂槀之向日背日者亦與輪人斬轂必矩其陰陽同賈疏云就其浮沈刻記之 注云辨猶正也者此引申之義小爾雅廣言云辨別也辨別所以正其陰陽之面故云猶正也云陰沈而陽浮者陰潤就下故沈陽燥向上故浮也

夾其陰陽以設其比夾其比以設其羽夾其陰陽者弓矢比在槀兩旁弩矢比在上下設羽於四角鄭司農云比謂括也 疏 夾其陰陽以設其比者莊存與云比今人謂之扣所以扣弦也夾其陰陽以爲扣謂笴笴當弦處半陰半陽不偏重也程瑤田云如弓矢旣辨其沈而在下者爲陰浮而在上者爲陽而刻記之矣乃夾其兩旁而設比是爲夾其陰陽案莊程說是也云夾其比以設其羽者矢羽有四設之必夾比葢在四角邪夾之故羽著四角自從橫相直而不與比相侵也古矢皆四羽與今矢三羽異 注云夾其陰陽者弓矢比在槀兩旁弩矢比在上下者賈疏云以其弓豎用之故比在槀之兩畔弩弓橫用故比在槀上

下詁讓案設比蓋當陰陽均處弓矢則比在兩旁陰陽在上下弩矢則比在上下陰陽在兩旁也云設羽於四角者弓弩之矢比在兩旁上下則四角皆適當空處故就之設羽也鄭司農云比謂括也者文選西京賦薛注云括箭括之御弦者括正字作栝說文木部云栝一曰矢栝築弦處釋名釋兵云矢其末曰栝栝會也與弦會也栝旁曰叉形似叉也國語魯語說楛矢云銘其栝曰肅慎氏之貢韋注云栝箭羽之閒也案栝即栝之隸變此注及儀禮尚書並作括同聲段借字比即於笴末刻之魯語云銘其栝者即銘其笴也經不著比之長度者比之長不過數分於三尺之笴所增損無多不關前後輕重之數故可從略也

參分其羽以設其刃刃二寸

疏參分其羽以設其刃者江永云此刃幷鋌言之設刃即設鋌也俞樾云分字衍文也記文本云參其羽以設其刃刃者兼鋌而言之也羽長六寸三六一尺八寸加鋌一尺刃二寸適合矢長三尺之數故曰參其羽以設其刃明設鋌刃在一尺八寸之外也上文云五分其長而羽其一此就全矢計之若除去鋌刃一尺二寸則參分其長而羽其一矣所謂參其羽以設其刃也誤衍分字義不可通矣案俞謂經分字當爲衍文其說近是　注云刃二寸者賈疏云以其言參分其羽以設其刃不可參分取一分作四寸明知參分取一得二寸爲刃故知刃二寸俞樾云如疏義則當云參分其羽以爲刃長不當言參分其羽以設其刃也且羽長六寸但云參分其羽將取二分乎抑取一分乎古人之辭不應如是之鶻突也詁讓案鄭賈之意以經參分其羽爲參分六寸之長而取其一爲二寸故下文又增刃長寸爲刃長二寸於此經義雖未協但以下文校之刃長寸爲薄匕之度其匕上爲豐本出笴外圍寸者長亦一寸合之亦得二寸則鄭云刃二寸於矢鏃之度固不謬也

則雖有疾風亦弗之能憚矣故書憚或作但鄭司農云讀當爲憚之以威之

憚謂風不能驚憚箭也【疏】注云故書憚或作但鄭司農云讀當爲憚之以威之憚謂風不能驚憚箭也者段玉裁云大司馬職注壇讀從憚之以威之憚壇但憚三字古音同部張文虎云盧人句兵欲無憚注故書或作但鄭司農云但讀爲彈丸之彈但謂掉也此憚彈二字同義當皆訓爲掉商頌不震不動箋不可驚憚也以驚憚訓震動蓋彈憚但動掉皆聲之轉案張說是也注云驚憚箭亦謂矢行爲風所撼而振掉若驚憚然與盧人注讀雖異而意則同又莊子大宗師篇子犂曰無怛彼釋文引先鄭注作不能驚怛蓋以音同改之以就莊子之文不知此經故書憚作但與盧人彈作但正同不能驚憚之訓又正承憚之以威之讀改作怛不可通也

刃長寸圍寸鋌十之重三垸刃長寸脫二字鋌一尺【疏】刃長寸者記鏃末之長也以下冶氏文同凡矢鏃以金鑄之與稾異材別使金工爲之既成以授此工設之於稾故其文兩見亦百工之聯事通職也云圍寸者此專指鏃本之圓在稾外者言之其長與鏃末之薄匕等也鏃末之匕薄而且銳不可以言圍則圍寸指鏃本言明矣鏃本與末各寸合之適二寸云鋌十之者謂鏃本之入稾者十倍圍之度也鄭讀刃長寸爲長二寸則謂此不豙彼爲文也云重三垸者并鏃與鋌之重也程瑤田云冶氏曰爲殺矢矢人言刃同不專言殺矢也余以三等之矢訂之而平者前後殊所其故在金鏃有輕重則記所云刃之度法與權刃之數宜如冶氏專指殺矢言也其他二等則以次差短亦以次差輕準訂平處試之可知其數詒讓案殺矢之刃在三等爲最重兵矢田矢茀矢等當以次遞輕然此皆就鋌之長短豐殺消息之以取均平而刃長寸圍寸之度則諸矢固無不斠若畫一也鋌之度法八矢爲四等可以意參定之故經不分別著之也互詳冶氏疏　注云刃長寸脫二字者段玉裁云謂寸上脫二江永云刃長寸此及冶氏兩言之謂此處脫二字既未安而刃長二

寸鋌十之者又有鋌一十寸之嫌文意尤不協案江說是也此經本無脫文但鄭說矢長二寸亦不誤戴震謂矢匕中博刃長寸自博處至鋒也程瑤田云余見古矢鏃不爲匕豐本銳末自其半而漸殺之然則二寸者刃之通長言刃長寸者蓋言其半之發於硎者耳案古矢鏃蓋有豐本及薄匕兩制其鋒皆一寸戴程兩說並得通左昭二十六年傳云齊子淵捷從洩聲子射之中楯瓦繇朐汏輈匕入者三寸杜注云匕矢鏃也孔疏云今人猶謂箭鏃薄而長闊者爲匕據杜孔說則古矢鏃多爲匕方言云凡箭鏃胡合嬴者四鏃或曰拘腸三鏃者謂之羊頭其廣長而薄鏃謂之錍或謂之鈀郭注云鏃棱也楊氏所謂四鏃三鏃胡合嬴者卽豐本銳末之制廣長而薄鏃者卽古薄匕之制是矢鏃有二制漢時猶然矣

前弱則俛後弱則翔中弱則紆中強則揚羽豐則遲羽殺則趮

言幹羽之病使矢行不正俛低也翔迴顧也紆曲也揚飛也豐大也趮旁掉也

【疏】前弱則俛者俛唐石經作勉宋余仁仲本同錢大昕云勉與俛古多通用黽勉漢碑多作僶俛陸機文賦在有無而僶俛李善注引詩僶俛求之漢書谷永傳閔免遁樂師古注閔免猶黽勉也表記俛焉日有孳孳讀如勉此經又讀勉爲俛音同義亦同也案錢說是也以下並論矢不中法之弊程瑤田云前弱後強後弱前強與前後強弱同而中或偏強偏弱則俛翔紆揚之病生云羽殺則趮者殺亦當作纎下章並同羽殺謂羽減少也 注云言幹羽之病使矢行不正者凡矢行正必應拋物線若幹羽有病則行失其正前弱後弱中弱中強幹之病羽豐羽殺羽之病也俛翔紆揚謂矢行不應正線遲趮則不中常節也云俛低也者說文頁部云頫低頭也重文俛頫或从人免引申之矢行低亦通謂之俛程瑤田云俛者前低云翔迴顧也者說文羽部云翔回飛也程瑤田云翔者前高云紆曲也者楚辭惜誦王注同程瑤田云紆者

中曲而不直云揚飛也者說文手部云揚飛舉也大射儀云揚觸梱復與此揚義略同程瑤田云揚者前後輕而不定云豐大也者畜人注同云趩旁掉也者說文走部云趩疾也廣雅釋詁云掉動也謂矢太疾則動而旁出

是故夾而搖之以眡其豐殺之節也今人以指夾矢舞衛是也 疏 是故夾而搖之者釋文云搖本又作搯案搯卽搖之變體漢隸凡从䍃之字或變从𠂉劉球隸韻載漢孔廟禮器碑劉寬碑朱龜碑李翕西狹頌繇並作䌛韓勑碑鄭固碑瑤並作瑶是其證也阮元云葉本作本又作搖疑正文搖字當本作䌛案阮說亦通以下記試羽之法也云以眡其豐殺之節也者弓人注云節猶適也程瑤田云豐殺得其節則遲趮之病亦除矣 注云今人以指夾矢舞衛是也者釋名釋兵云矢羽齊人曰衛所以導衛矢也程瑤田云今人試矢以左手指隔而圍之藏矢其中復以右手兩指夾其比旋之令前行以觀其遲趮之宜衛卽羽也既夕記云翭矢短衛志矢亦短衛疏言羽所以防衛其矢不使不調故名羽爲衛是也

橈之以眡其鴻殺之稱也橈搦其幹 疏 橈之以眡其鴻殺之稱也者記試幹之法也賈疏云此言鴻卽上文強是也此言殺卽上文弱是也 注云橈搦其幹者廣雅釋詁云橈曲也說文手部云搦按也謂抑按其幹令曲則殺者牙屈可以驗其稱否也

凡相笴欲生而摶同摶欲重同重節欲疏同疏欲㮚相猶擇也生謂無瑕蠹也摶讀如摶黍之摶謂圜也鄭司農云欲㮚欲其色如㮚也 疏 凡相笴者記選笴之法也云同重節欲疏者節謂笴之節目也呂氏春秋舉難篇云尺之木必有節目矢笴長三尺以上必不能無節目但以疏爲善耳 注云相猶擇也者爾雅釋詁云相視也相笴亦謂視而擇之云生謂無瑕蠹也者謂若初生之木也賈疏云無瑕謂無異色無蠹謂無蠹孔也程瑤田云生

如漢律志岑綸取竹之解谷生其竅厚均之生晉灼曰生而自然均也彼言其厚生而自然均此言其形生而自然圜且生字直貫下四者搏垂疏㮚生而自然者也案程說較鄭為長云搏讀如搏黍之搏者賈疏云讀如爾雅釋鳥黃鳥搏黍也云謂圜也者輪人注云搏圜厚也義同鄭司農云欲㮚欲其色如㮚也者㮚注例用今字作栗此經注皆作㮚疑亦後人所改詳籩人玉人疏戴震云堅實之色詒讓案聘義縝密以栗注云栗堅貌此云色如㮚㮚亦由質堅故色如㮚也

陶人爲甗實二鬴厚半寸脣寸盆實二鬴厚半寸脣寸甑實二鬴厚半寸脣寸七穿量六斗四升曰鬴鄭司農云甗無底甑【疏】陶人爲甗實二鬴者陶人亦以事名工也左襄二十五年傳云虞閼父爲周陶正喪大記云陶人出重鬲此工即其屬也互詳總敘疏說文瓦部云甗甑也一穿案甗盆甑皆容一斛二斗八升戴震云一穿爲甗七穿爲甑並上大下小爾雅䰝謂之鬵鬵鉹也方言甑自關而東謂之甗或謂之鬵或謂之酢餾郭注云涼州呼鉹甑甗亦通稱也甗上體如甑無底施箅其中容十二斗八升下體如鬲以承水陞氣於上古銅甗有存者大勢類此又云陶人甗盆甑鬲庾皆不言廣崇之度或脩而斂或庳而匽不一定也詒讓案甗甑皆炊飪之器故少牢饋食禮云雍人摡鼎匕俎于雍爨廩人摡甗甑匕與敦于廩爨是甑甗以炊飯與鼎以亨牲體同甗盆甑並陶土爲之故左傳釋文引字林云甗土甑也左成二年傳齊侯使賓媚人賂以紀甗玉磬杜注云甗玉甑此別以玉爲之不爲用器非常制也云厚半寸脣寸者說文肉部云脣口耑也凡器埒厚半寸其口脣周帀有緣故厚倍之陶瓬諸器並同云盆實二鬴者制詳牛人疏云甑實二鬴者說文瓦部云甑甗也又鬲部云鬸鬵屬案鬸甑字同一切經音義引

字林云甑炊器也云七穿者穿卽謂空說文穴部云穿通也窐空也楚辭離騷有甑窐王注云窐土甑孔也此七穿卽所謂窐矣　注云量六斗四升曰鬴者廩人㮚氏注並同鄭司農云甗無底甑者少牢饋食禮注云甗如甑一空說文云甗一穿釋名釋山云甗甑一孔也賈疏云對甑七穿是有底甑段玉裁云無底卽所謂一穿蓋甑七穿而小甗一穿而大一穿而大則無底矣

鬲實五觳厚半寸脣寸庾實二觳厚半寸脣寸

鄭司農云觳讀爲斛觳受三斗聘禮記有斛玄謂豆實三而成觳則觳受斗二升庾讀如請益與之庾之庾

【疏】鬲實五觳者容六斗說文鬲部云鬲鼎屬實五觳斗二升曰觳象腹交文三足角部云觳盛觵卮也讀若斛方言云鍑北燕朝鮮洌水之閒或謂之錪或謂之鉼江淮陳楚之閒謂之錡或謂之鏤吳揚之閒謂之鬲郭注云鍑釜屬也戴震云爾雅鼎款足謂之鬲注云鼎曲腳也蓋或以金或以瓦爲之款而三足無足則釜也毛詩傳有足曰錡案戴說是也鬲三足似鼎故史記封禪書說九鼎云其款足曰鬲索隱云款者空也言其足中空也漢書郊祀志款足作空足顏注引蘇林云足中空不實者名曰鬲是鬲形制與鼎同但以空足爲異故許君云鼎屬其用主於烹飪與釜鍑同故方言又以爲鍑之別名古或笵銅爲之史記滑稽傳云銅歷爲棺索隱云歷卽釜鬲也歷歷鬲之借字此陶人所作是瓦鬲說苑反質篇云瓦鬲煑食說文載鬲字重文或作䰛又引漢令作𤮊並從瓦是也云庾實二觳者容二斗四升左傳昭二十六年孔疏云庾瓦器今甕之類案形制未聞　注鄭司農云觳讀爲斛者段玉裁云以傳寫之誤讀爲斛當本是或爲斛案段校是也此疊異文非改讀其字也云觳受三斗者此據瓬人文而讀豆爲斗兼據今文禮家說以此經之庾爲聘禮記之逾又以庾實二觳爲六斗半之爲一觳所受之數也彼逾掌客及古文禮並作籔聘禮記說致禮之米云

十斗曰斛十六斗曰籔十籔曰秉注云今文籔爲逾彼記下文別釋車米總數云二百四十斗又別說禾云四秉曰筥十筥曰觳此後鄭本記三文各不相冡也說文禾部秅字注則以十籔之秉與四秉之秉爲一而云周禮曰二百四十斤爲秉四秉曰筥十筥曰稯此亦本聘禮記而易二百四十斗之斗爲斤以爲一秉之總數許所據文義並與鄭異其稱周禮者謂此經舊師說故載師疏引五經異義古周禮說一井出稯禾二百四十斛秉芻二百四十斤釜米十六斗與說文同孔廣森云異義以稯禾爲二百四十斛是秉乃六斛矣禮注云今文籔爲逾似今文不但逾籔字異且唯作六斗曰逾而無十字逾卽庾也記庾實二觳司農注觳受三斗梓人一獻而三酬則一豆矣後鄭讀豆爲斗蓋旊人豆實三而成觳先鄭亦讀豆爲斗故云觳受三斗觳斛同音而所容實異三斗爲觳六斗爲庾十庾爲秉秉六斛二百四十斤四十秉爲稯稯二百四十斛九千六百斤也案孔參綜異義說文證先鄭此注觳受三斗據今文禮記逾之半量其說甚塙蓋先鄭意觳三豆實爲三斗是庾卽逾六斗鬲一斛五斗也以此數遞乘之則一秉爲庾者十爲斛者六爲觳者二十也一稯爲秉者四十爲庾者四百爲斛者二百四十爲觳者八百也與異義所述古周禮說稯禾之數正合蓋此經舊師說本如是故先鄭從之後鄭掌客注及聘禮記注則並從古文作十六斗曰籔不從今文作逾亦不從別本作六斗曰逾而四秉自爲禾把與十籔之量不相冡先鄭及許依今文說於義爲短故不從也許君雖從今文禮義然說文鬲部又云斗二升曰觳則許不以此庾爲卽今文禮之逾其說與先鄭又小異云聘禮記有斛者段玉裁云謂十斗曰斛此分別觳斛之解也正經觳或爲斛之誤案段說是也先鄭旣不從或本作斛又嫌觳斛音義易掍故別白之云聘禮記有斛明彼斛自爲十斗之量與此觳異賈疏謂先鄭說觳受三斗或十斗未達先鄭之恉云玄謂豆實三而

成觳則觳受斗二升者後鄭亦據瓬人文而不破字豆實四升三之爲斗二升此破先鄭觳受三斗之說說文義同云庾讀如請益與之庾之庾者論語雍也篇文後鄭引之明此庾卽論語之庾也依鄭義則庾容二斗四升何氏集解引包咸云十六斗曰庾非鄭義也戴震云量之數斗二升曰觳十斗曰斛二斗四升曰庾十六斗曰籔觳與斛庾與籔音聲相邇傳注往往譌溷論語與之庾謂於釜外更益二斗四升蓋與之釜已當所益不得過乎始與包注十六斗曰庾誤也案戴說是也賈疏云小爾雅𥂕二升二𥂕爲豆豆四升四豆曰區四區曰釜二釜有半謂之庾者庾本有二法故聘禮記云十六斗曰籔注云今文籔爲逾逾卽庾也按昭二十六年申豐云粟五千庾杜注云庾十六斗以此知庾有二法也案賈引小爾雅廣量文與今本異庾小爾雅作籔則仍與聘禮記字同禮今文作逾別本又作六斗曰逾先鄭以當此經之庾彼逾字或亦作庾國語魯語缶米韋注云缶庾也聘禮曰十六斗曰庾是庾與逾聲近字通故包杜及史記集解論語皇疏引賈逵左傳國語注周語韋注引唐固說並同後鄭但引論語以證此經之庾而不引聘禮記明今文禮之逾與此經及論語之庾異字異量亦與先鄭意不同賈引聘禮記謂庾本有二法與後鄭情實無當也據論語則釜庾二量迥殊小爾雅廣量云籔二有半謂之缶則缶爲四斛是缶與釜庾亦異而魯語缶米許氏異義以缶爲釜韋注又以爲卽庾則是㨛釜庾缶爲一量殆必不可通今文禮之逾字又作斞匬詳弓人疏

瓬人爲簋實一觳崇尺厚半寸脣寸豆實三而成觳崇尺崇高也豆實四升

【疏】瓬人爲簋者瓬唐石經誤旓今據宋本正瓬人亦以事名工也賈疏云祭宗廟皆用木簋今此用瓦簋據祭天地及外神尚質按易

損卦彖云二簋可用享四以簋進黍稷於神也初與二直其四與五承上故用二簋四巽爻也巽爲木五離爻也離爲日日體圜木器而圜簋象也是以知以木爲之宗廟用之若祭天地外神等則用瓦簋故郊特牲云掃地而祭於其質也器用陶匏以象天地之性是其義也案賈所述易損彖義據鄭易注亦見詩秦風權輿孔疏簋之容與瞉同皆斗二升賈舍人疏引鄭孝經注謂簠簋受斗二升則簠簋所容亦同唯以方圓爲異戴震云古者簠簋或以金或以木或以瓦爲之管仲鏤簋金簋也爾雅金謂之鏤是也飾以玉飾以象者木簋也瓦簋不得有飾案戴說是也韓非子十過篇云堯飯於土簋土簋卽此瓦簋也聘禮又有竹簋方則簋之別制此與木簋金簋並非瓬人所爲矣唯瓬人爲瓦簋亦當兼爲瓦簠此不言者文不具也簋形制互詳舍人疏云豆實三而成瞉崇尺者戴震云簋豆並崇尺簋通蓋高豆下有柄亦通蓋高爾雅木豆謂之豆瓦豆謂之登竹豆謂之籩此瓦豆則登也豆其通名登與豆用同宜濡物若籩唯宜乾物黃以周云崇尺瓦豆之高也籩人注云籩如豆其容實皆四升賈疏以爲籩豆皆面徑尺柄尺依漢禮器制度知之管子弟子職柄尺不跪注云豆有柄長尺則立而進之則柄尺實古制矣論語皇疏云柄尺二寸非也柄卽中央直者禮謂之校其下有跗禮謂之鐙跗與口各高一寸合柄一尺爲高尺二寸鄭注襍記云豆徑尺疏云面徑尺以口高一寸圓徑一尺算之已足容實四升聶氏以爲口圓徑尺二寸亦非也案戴黃說甚覈聶氏三禮圖引梁正阮諶圖云登盛湆以瓦爲之受斗二升口徑尺二寸足徑尺八寸高二尺四寸小身有蓋似豆狀此所說形制過大聶崇義已斥之矣又賈疏謂祭宗廟用木簋祭天地外神用瓦簋則豆亦當然郊特牲孔疏亦謂祭天之簋豆用瓦與賈意同陳祥道云詩生民述祀天之禮言于豆于登則祀天有木豆矣少牢饋食禮有瓦豆則宗廟有瓦豆矣案陳說是也蓋簋豆各有

瓦木二種內外祭祀賓客通用之賈孔强爲區別未足據也又案豆實三而成觳先鄭蓋讀豆爲斗故陶人注云觳受三斗若然則簋亦容三斗於量太多後又斗用木不用瓦非瓬人所爲故後鄭不從此注亦不載詳陶人疏豆形制互詳醢人疏　注云崇高也者總敘注同云豆實四升者㮚氏注同廣雅釋器云升四曰梪梪木豆正字凡豆瓦木容實並同詳醢人疏

凡陶瓬之事髻墾薜暴不入市爲其不任用也鄭司農云髻讀爲刮薜讀爲藥黃蘖之蘖暴讀爲剝玄謂髻讀爲跀墾頓傷也薜破裂也暴墳起不堅致也

【疏】凡陶瓬之事者以下通論陶人瓬人制器之法式云髻墾薜暴不入市者墾墾之譌體葉鈔釋文作豤案當從說文作豤詳後不入市謂不得鬻於市即司市僞飾之禁在工者也　注云爲其不任用也者明髻墾薜暴則器苦窳不任用故不入市也鄭司農云髻讀爲刮者髻刮聲類同廣雅釋詁云刮減也戴震云刮削薄減下之義段玉裁云說文髻訓絜髮也故大鄭易爲刮謂器似刮刷然也云薜讀爲藥黃蘖之蘖者說文木部云檗黃木也段玉裁改爲爲如蘖爲檗云黃檗今俗作黃柏黃蘖皆誤讀如檗者擬其音也今本作讀爲誤案段校是也阮元說同云暴讀爲剝者說文刀部云剝裂也廣雅釋詁云剝落也先鄭蓋謂蘖暴爲破裂剝落之貌云玄謂髻讀爲跀者賈疏云跀謂器不正敧邪者也段玉裁云鄭君以爲刮義未安乃易髻爲跀跀謂器之折足者也髻從昏聲昏從氏聲音厥與月聲近詁讓案廣雅釋詁云刖危也跀刖音義同謂器折足則危而易覆也云墾頓傷也者段玉裁云墾葉鈔釋文作豤集韻入聲四覺引周禮髻豤薜暴案說文本無墾字豕部云豤齧也凡齧物必用力頓傷謂若傾跌器坏傷辟戾者也顛頓而傷案段校是也華嚴經音義引文字集略云頓損也頓傷猶言損傷云薜破裂也者謂燒成破裂有罅隙說文缶部云缶燒善裂段玉裁云薜讀爲西京賦擘肌分理

之薜謂器之璺者也案段說是也西京賦李注引此注薜作擘蓋李亦以薜擘爲一字故依賦文改之非唐時有此異本也云暴墳起不堅致也者段玉裁云鄭君以剝義與薜相亂故從本字作暴訓墳起不堅致與槁暴之暴略同案段謂此暴與輪人注藃暴字同是也一切經音義引聲類云爆燌起也毛詩大雅桑柔傳爆爍彼釋文云爆本又作暴爾雅釋畜犦牛郭注云領上犦胅起彼釋文述注作犦引此注云曝謂墳起蓋暴爆犦曝聲義竝略同陸引此注作曝則似依爾雅文改也不堅致謂不堅固密致此卽檀弓所謂瓦不成沬孔疏謂瓦器無光澤是也致卽今緻字詳大司徒疏

器中膞豆中縣膞讀如車輇之輇既抟泥而轉其均尌膞其側以儗度端其器也縣縣繩正豆之柄

疏器中膞者此記陶旊范器之法也器兼甗盆甑鬲庾簋豆諸器而言云豆中縣者瓦器惟豆有柄尤貴其直故別出之注云膞讀如車輇之輇者賈疏謂讀從雜記載以輇車之輇取音同也案今禮記輇作輲注云輲讀爲輇或作槫鄭賈並依所改字爲讀槫與膞聲類亦同云既抟泥而轉其均尌膞其側以儗度端其器也者釋文云尌木又作樹案尌樹義同詳大司寇疏賈疏云按下文膞崇四尺上下高四尺無邪曲轉其均之時當儗度此膞宜與膞相應其器則正也詒讓案抟泥卽總敘之摶埴謂拍泥爲瓦器之坏也諦審經文及注義膞蓋爲長方之式以度器使無衺曲者注所謂均則器範下圓物以便旋轉者管子七法篇云猶立朝夕於運均之上尹注云均陶者之輪也卽此其字又作鈞淮南子原道訓云鈞旋轂轉高注云鈞陶人作瓦器法下轉旋者漢書鄒陽傳顏注引張晏云陶家名模下圓轉者爲鈞賈誼傳注亦云今造瓦者謂所轉爲鈞綜覈諸說蓋均圓膞方其制迥殊相資而爲用者莊子駢拇篇云陶者曰吾善治埴圓者中規方者中矩若然均其中規之式膞其中矩之式與云縣縣繩正豆之柄者與輿人立者中縣義同謂

豆柄之直與縣繩之垂綫相應也賈疏云豆柄中央把之者長一尺宜上下直與縣繩相應其豆則直案豆柄謂校也祭統云夫人薦豆執校注云校豆中央直者也賈知柄長一尺者據弟子職文詳前疏

甎崇四尺方四寸凡器高於此則埒不能相勝厚於此則火氣不交因取式焉［疏］甎崇四尺者謂尌甎之直度也云方四寸者甎平方之橫徑也注云凡器高於此則埒不能相勝者集韻十五灰云埒陶器範說文土部云坏一曰瓦未燒又缶部云罄未燒瓦器也讀若筩莩同埒與坏罄音義並相近不能相勝謂太高過四尺則未燒時易傾壞也云厚於此則火氣不交者謂厚過四寸賈疏云謂埒不熟則易破者也云因取式焉者鄭意揃泥爲埒尌甎以擬度端正其器因卽視爲高厚之度也

梓人爲筍虡樂器所縣橫曰筍植曰虡鄭司農云筍讀爲竹筍之筍［疏］梓人爲筍虡者梓人亦以所攻之材名工也爾雅釋木云椅梓說文木部云梓楸也凡木材以梓爲良故書云若作梓材彼釋文引馬融云治木器曰梓大射儀工人士與梓人畫物卽此工也筍釋人作簨云本又作筍廣韻十七準云簨簴同案簨簴並筍之俗筍⿰木筍之省詳典庸器疏爾雅釋器云木謂之虡莊子達生篇云梓慶削木爲鐻鐻亦虡之叚字彼釋文引李頤云梓官名卽此工官也周時縣樂器之筍虡並以木制故梓人爲之秦漢以後或鑄金爲之非古也　注云樂器所縣橫曰筍植曰虡者典庸器杜注義同鄭司農云筍讀爲竹筍之筍者段玉裁改爲爲如云各本作讀爲誤也此與典庸器注皆擬其音耳此筍竹胎字也與竹箭有筍字同音異竹箭有筍于貧反案段校是也

天下之大獸五脂者膏者贏者羽者鱗者脂牛羊屬膏豕屬贏者謂虎豹貔螭爲獸淺毛者之屬羽鳥屬鱗龍蛇之屬［疏］

天下之大獸五者爾雅釋鳥云二足而羽謂之禽四足而毛謂之獸此五獸兼羽鱗者對文則異散文可通猶月令五蟲有羽毛也注云脂牛羊屬膏豕屬者賈疏云二者祭宗廟以爲牲故知也鄭注內則云凝者曰脂釋者曰膏詒讓案說文肉部云戴角者脂無角者膏家語執轡篇云無角無前齒者膏有角無齒者脂王注云膏豕屬脂羊屬淮南子墬形訓云無角者膏而無前有角者脂而無後高注云膏豕熊猨之屬脂牛羊麋之屬義並與鄭同大戴禮記易本命篇亦云無角者膏而無前齒有羽者脂而無後齒有羽卽有角之譌云贏者謂虎豹貔螭爲獸淺毛者之屬者大司徒贏物注義同螭卽离之借字詳彼疏云羽鳥屬者大司徒羽物注云翟雉之屬文選蜀都賦劉注云羽族鳥也云鱗龍蛇之屬者月令春其蟲鱗注同大司徒鱗物注云魚龍之屬案此經魚入小蟲連行屬蛇入小蟲紆行屬筍虡大獸鱗屬當專據龍言之又案說文魚部云鮒蟲連行紆行者依此經下文連行爲魚屬紆行爲蛇屬則鮒似亦魚蛇水蟲之通名非一蟲而兼兩行也若然疑此經故書別本鱗或有作鮒者故許卽據下經爲訓鱗鮒聲類亦相近也

宗廟之事脂者膏者以爲牲致美味也疏宗廟之事者卽大宗伯人鬼六享之事云脂者膏者以爲牲者牧人六牲唯雞爲羽屬餘皆獸屬有脂膏者也賈疏云上摠言於此已下別言之欲分別可爲筍虡者也注云致美味也者脂膏者肥腯中爲犧牲故以共祭致其美味也

贏者羽者鱗者以爲筍虡貴野聲也疏注云貴野聲也者野物有聲者或不中爲牲則刻其形於筍虡使樂作時匪色似鳴若備其聲也

外骨內骨卻行仄行連行紆行以脰鳴者以注鳴者以旁鳴者以翼鳴者以股鳴者以胷鳴者謂之小蟲之屬以爲雕琢

刻畫祭器博庶物也外骨龜屬內骨鼈屬卻行螾屬仄行蟹屬連行魚屬紆行蛇屬脰鳴鼃黽屬注鳴精列屬旁鳴蜩蜺屬翼鳴發皇屬股鳴蚣蝑動股屬胷鳴榮原屬【疏】謂之小蟲之屬者賈疏云上云大獸或爲宗廟牲或爲筍虡設今此更別言小蟲之屬以飾祭器者也自紆行以上不能鳴者據行而言自脰鳴以下能鳴者據鳴而言之　注云刻畫祭器博庶物也者此亦以雕爲彫也巾車注云彫者畫之司約丹圖注謂彫器簠簋之屬有圖象者雕彫之借字詳總敘疏賈疏云以雕畫及刻爲琢飾者也案賈蓋以雕爲畫琢爲刻二義不同然攷說文彡部云彫琢文也玉部琱琢並云治玉也爾雅釋器云玉謂之雕又云玉謂之琢琱雕字亦通孟子梁惠王篇趙注云彫琢治飾玉也論語公冶長篇朽木不可雕也集解引包咸云雕雕琢刻畫依包說則雕琢即雕亦即刻畫可證鄭義說文刀部云刻鏤也蓋施刀削曰刻成文采曰畫祭器雖有畫文而經云雕琢則自專據刻鏤言之若司尊彝注說雞彝鳥彝山罍並云刻而畫之雜記鏤簋注云刻爲蟲獸是也賈分雕琢爲兩訓非經注義云外骨龜屬者說文龜部云龜舊也外骨內肉者也案禮敦簋皆刻龜形詳舍人疏此外骨內骨皆鼈人所謂互物也外骨當亦兼有蠡貝之屬鼈人有蠡尊注謂畫蠡亦祭器也云內骨鼈屬者鼈釋文云本又作鱉案字當作鼈說文黽部云鼈甲蟲也鱉鼈皆俗體鼈亦見薙氏注賈疏云按易說卦云離爲鼈爲蟹爲蠃爲龜注皆云骨在外與此注違者龜鼈皆外骨但此經外骨內骨相對以鼈外有肉緣爲內骨也云卻行螾行之屬者廣雅釋言云卻退也釋文云爾雅云螾衍入耳郭璞云蚰蜒也按此蟲能兩頭行是卻行劉云或作衍蚓今曲蟮也臧琳云說文虫部螾側行者與鄭異然鄭以仄行爲蟹屬說文亦以蟹爲旁行則此作側行或字誤螾衍今爾雅爲螾衝陸云本又作螸皆說文所無當定作衍又說文云蚓螾或从引與劉昌宗所見或本合釋文作

衍蚓誤倒也以爲曲蟮亦非說文蟺蜿蟺也此卽曲蟮與螾衍異方
言二云蚰蜒自關而東謂之螾蜑或謂之入耳或謂之蛝蠷趙魏之閒
或謂之蚨虶北燕謂之蛆蚭案臧說甚析凡連言螾衍者爲蚰蜒本
艸陶注二云細黃蟲狀如蜈蚣是也單言螾者爲邱蚓劉二云曲蟮是也
鄭二云郤行者自謂蚰蜒許二云側行者自謂邱蚓故玉篇亦二云蟺螾仄
行卽寒蚓也今目論蚰蜒能兩頭行而邱蚓則非側行許說爲短也
云仄行蟹屬者漢書五行志顏注二云仄古側字廣雅釋言二云側旁也
說文虫部二云蟹有二敖八足旁行又以側行爲螾字義並與鄭異二云
連行魚屬者王制注二云連猶聚也連行卽易剝六五爻辭所謂貫魚
王注二云駢頭相次是也二云紆行蛇屬者矢人注二云紆曲也說文糸部
云紆詘也賈疏二云紆曲也以其蛇行屈曲故謂之紆行也二云脰鳴鼃
黽屬者說文肉部二云脰項也公羊莊十二年何注二云脰頸也齊人語
釋名釋形體二云咽青徐謂之脰說文虫部二云蝦鼀詹諸以脰鳴者爾
雅釋魚鼁鼀蟾諸在水者黽案鼀黽水居詹諸陸居種類略同鄭二云
鼀黽屬足以眩詹諸許鄭義不異也鼀黽無肋骨口不能呼氣成聲
其聲似出咽項之閒故二云脰鳴也鼀黽詳秋官敘官疏二云注鳴精列
屬者公羊釋文二云注與咮同案說文口部二云咮鳥口也注卽咮之叚
字賈疏二云按釋蟲二云蟋蟀蛬注二云今促織也亦名青蛚方言精列楚
謂之蟋蟀或謂之蛬南楚之閒或謂之王孫詒讓案大戴禮記易本
命篇盧注二云蟋蟀無口而鳴今目論蟋蟀有口而鳴不以口其聲出
兩翼閒鄭以釋注鳴似未塙說文虫部二云虺以注鳴詩曰胡爲虺蜥
又二云蠑蚖蛇醫以注鳴者虺卽蠑蚖亦卽蠑原鄭以爲胷鳴之屬與
許異當以許爲長玉篇虫部亦二云石虺今以注鳴者依許義也二云旁
鳴蜩蜺屬者說文肉部二云膀脅也旁卽膀之叚字又說文虫部二云蜩
蟬也詩曰五月鳴蜩蟬以旁鳴者蜺寒蜩也賈疏二云蟬鳴在脅二云翼
鳴發皇屬者賈疏二云按爾雅蛂蟥蛢郭二云甲蟲也大如虎豆綠色今

江東呼爲黃蛢即此發皇也臧琳云說文虫部蛢蟜蟥以翼鳴者爾雅蛂蟥蛢御覽引孫炎注云翼在甲裏衣發聲同古人多通用故爾雅作蛂周禮注作發爾雅音義云蟥本或作黃黃與皇亦古通案臧說是也今有綠色甲蟲形狀如郭說鳴聲甚清亮江蘇人謂之金鐘子當即發皇也云股鳴蚣蝑動股屬者說文虫部云蚣蝑以股鳴者重文蚣蜙或省詩豳風七月云五月斯螽動股毛傳云斯螽蚣蝑也爾雅釋蟲云蜇螽蜙蝑郭注云蜙蝑也俗呼蝽蟒詩周南螽斯孔疏引陸璣疏云幽州人謂之舂箕舂箕即舂黍蝗類也長而青長角長股股鳴者也或謂似蝗而小班黑其股似瑇瑁文五月中以兩股相搓作聲聞數十步案蚣蝑鳴聲亦出兩翼旁以其與股相摩切故謂之股鳴詩云斯螽動股即謂蚣蝑振股而鳴此注亦用詩成文非以動股爲別一蟲也云胷鳴蠑原屬者釋文云胷本亦作骨又作肖干本作骨云敝屁屬也賈馬作胃賈云靈蠵也鄭云蠑原屬也不知蠑原之屬以何鳴作骨者恐非也沈云作胷爲得亦所未詳聶音胃劉本作胷音凶原亦作螈賈疏云此記本不同馬融以爲胃鳴干寶本以爲骨鳴胃在六府之內其鳴又未可以骨爲狀亦難信皆不如作胷鳴也臧琳云說文虫部蠵大龜也以胃鳴者爾雅釋文引字林云蠵大龜以胃鳴本說文許叔重學於賈景伯故從賈說馬季長亦同沈重云作胷爲得據鄭本也詒讓案說文勹部云匈膺也重文胷匈或从肉胷即匈之俗玉燭寶典引經作匈攷巾車盧人注並有胷字經文作胷作肖並通諸家本作骨作胃字形咸相近知故書不作匈也此經文及訓義諸家差互未知孰是釋文引干寶本胷作骨云敝屁屬敝屁段玉裁定爲鼈字之誤分是也又引劉昌宗本作胷音凶胷今本釋文作胷字書所無胷字亦無凶音疑誤蠑原說文作蠑蚖原即蚖之借字陸載別本作螈玉燭寶典引同爾雅釋蟲云蠑螈蜥蜴方言云守宮其在澤中者謂之易蜴南楚謂之蛇醫或謂之蠑螈

桂林之中守宮大者而能鳴謂之蛤解注榮原當即指蛤解也段成式酉陽雜俎廣動植篇云榮原胃鳴此從賈馬本作胃而義則仍從鄭與陸引聶音略同今攷說文以榮原為注鳴蓋亦本賈侍中說義實允協但此胷鳴賈馬作胃鳴於義為短竊謂經文當從胷而義則當從賈說為靈蠵爾雅釋魚靈龜郭注云涪陵郡出大龜甲可以卜緣中文似瑇瑁俗呼為靈龜即今觜蠵龜一名靈蠵能鳴是也凡龜屬胁骨咸與外甲相屬不能張翕故其鳴似出胷閒與鼉鼉脰鳴相類也

厚脣弇口出目短耳大胷燿後大體短脰若是者謂之贏屬恒有力而不能走其聲大而宏有力而不能走則於任重宜大聲而宏則於鍾宜若是者以為鍾虡是故擊其所縣而由其虡鳴

燿讀為哨頎小也鄭司農云宏讀為紘綖之紘謂聲音大也由若也

【疏】厚脣弇口者呂氏春秋仲冬紀高注云弇深邃也謂脣厚而口深大云大胷燿後者後漢書馬融傳廣成頌胷作匈李注引此經同聶氏三禮圖云燿本又作曜案賈疏引此記亦作曜詳後云有力而不能走則於任重宜大聲而宏則於鍾宜者明鍾虡宜用贏屬之義云若是者以為鍾虡者說文虍部云虡鍾鼓之柎也飾為猛獸即謂贏屬之獸古飾鍾虡以猛獸說者因誤以虡為獸名後漢書董卓傳李注引前書音義及漢書郊祀志賈山傳顏注並以箾虡之虡為神獸此蓋以為虡之段字非古義也依說文則鼓虡亦象贏屬為之蓋鼓音宏大虡宜與鍾同也此不云為鼓虡者文不具穆天子傳云鳥以建鼓獸以建鍾彼似謂建鼓之柎以鳥為飾則又與磬虡同也江永云凡贏羽蟲皆刻於植虡上曰任重曰任輕曰加任焉假設言之耳非真以全架任之於其背也戴震云贏者為鍾虡羽者為磬虡皆所以負筍非為虡下

珍倣宋版印

之跗也西京賦洪鍾萬鈞猛虡趪趪負筍業而餘怒乃奮翅而騰驤張
薛綜注云當筍下爲兩飛獸以背負案江戴說是也文選上林賦張
揖注云虡獸以俠鍾旁足爲虡獸負栒之證聶氏禮圖乃畫獸於虡
趺之下若負虡然失之　注云燿讀爲哨頃小也者頃余仁仲本作
頎注疏本及羣經音辨並同釋文作頃云音傾李一音墾惠士奇云
馬融廣成頌曰鷙鳥毅蟲倨牙黔口大匈哨後然則燿一作哨音義
宜然康成讀從之本師說也燿一作臞細小之貌與哨通臞一作臞
爾雅曰臞脙瘠也瘠則細小音異而義同段玉裁云說文哨不容也
記投壺曰枉矢哨壺哨是頃意不容是小意頃今傾字頃不正也或
作頎李音懇釋文本作頃是賈疏本作頎非案此經無作臞之本惠
說蓋據大司徒釋文及塵人疏而言以音義攷之此經訓頃小者宜
作燿臞大司徒塵人注訓瘠瘦者宜作臞二字形近故多互譌頃小
之義當如段說阮元說亦同廣雅釋詁傾哨並訓衺也頃與傾同形
方氏注亦以傾邪爲傾哨然則哨後亦謂後衺殺而小也李軌本作
頎音懇則謂與鞞人頎典字同未詳其義後漢書注引此注作燿讀
曰哨哨小也疑李賢所改鄭司農云宏讀爲紘綖之紘謂聲音大也
者說文宀部云宏屋深響也爾雅釋詁云宏大也書盤庚孔疏引樊
光注亦援此記爲釋用先鄭義也賈疏云讀從左傳桓二年臧哀伯
曰衡紞紘綖取其音同耳阮元云此讀爲疑當作讀如段玉裁云月
令其器圜以閎注云閎讀爲紘紘謂中寬象土含物正義云紘從頤
下屈而上屬於冕中央寬緩案凡其外圍弇其內深廣曰宏似不假
易爲紘也聲音謂聲之成文者案阮說是也云由若也者由與猶同
郊特牲注云猶若也　銳喙決吻數目顧脰小體騫腹若是者謂之羽屬恆無力
而輕其聲清陽而遠聞無力而輕則於任輕宜其聲清陽而遠聞則

於磬宜若是者以爲磬虡故擊其所縣而由其虡鳴吻口䏰也顧長脰貌故書顧或作牼鄭司農云牼讀爲齦頭無髮之齦

疏銳喙決吻者說文口部云喙口也文選甘泉賦李注云決亦開也謂口銳利而脣開張也云數目顧脰者毛詩釋文云數細也謂細目也云小體騫腹者說文馬部云騫馬腹縶也段玉裁校改縶爲㙷謂馬腹低陷是也毛詩小雅無羊傳云騫虧也體小則腹虧損低陷也無羊孔疏引崔靈恩毛詩集注本詩傳作騫曜也則與此上文燿後之燿義同云其聲清陽而遠聞者弓人云凡相幹欲赤黑而陽聲注云陽猶清也案陽與揚通釋名釋天云陽揚也氣在外發揚也荀子法行篇云玉扣之其聲清揚而遠聞聘義作叩之其聲清越以長揚越一聲之轉云無力而輕則於任輕宜其聲清陽而遠聞則於磬宜者於磬上俗本並捝則字今據唐石經補賈疏云磬輕於鍾故畫鳥爲飾 注云吻口䏰也者說文口部云吻口邊也集韻二僊云䏰吻也釋名釋形體云吻口卷也可以卷制食物使不落也卷䏰字通云顧長脰貌者顧與肩通莊子德充符篇云其脰肩肩釋文引李頤云羸小貌梁簡文帝云直貌此顧脰亦項長而直之貌也云故書顧或作牼鄭司農云牼讀爲齦頭無髮之齦者釋文云齦呂忱云鬜禿也案呂本說文牼齦聲相近左成十七年經邾子牼牼公羊穀梁作瞯是其例惠士奇云廣雅曰齦鬜鬠頜禿也明堂位夏后以楬豆注云楬無飾也齊人謂無髮爲禿楬則齦與楬音同器無文猶頭無髮其義亦同矣楬一作𣄜士喪禮𤮏豆兩段玉裁云說文頁部曰顧頭鬢少髮也从頁肩聲引周禮數目顧脰此蓋賈侍中說字與鄭同義與鄭異顧或爲牼司農讀爲齦齦皆雙聲字說文髟部云鬜鬢禿也明堂位注禿楬楬即鬜之假借釋名作𣄜司農與髟部合謂項無毛也羽屬項不必無毛故鄭君不取

小首而長摶身而鴻若是者謂

之鱗屬以為筍搏圜也鴻傭也疏若是者謂之鱗屬以為筍者賈疏云上論鍾磬之虡用鳥獸不同此論二者之筍同用龍蛇鱗物為之也故直云為筍不別言鍾之與磬欲見二者同也詒讓案明堂位夏后氏之龍簨虡注云橫曰簨飾之以鱗屬孔疏謂此經筍飾以龍彼經并云虡者蓋夏時簨虡皆飾之以鱗或可因簨連言虡也又引漢禮器制度云為龍頭及頷口銜璧璧下有旄牛尾也文選顏延之曲水詩序李注引阮諶三禮圖云筍虡兩頭並為龍以銜組以上二說並漢制不知與古合否說文金部鎛字注云鎛鱗也鐘上橫木上金華也以鱗屬為鐘上橫木之飾故謂之鎛鱗矣注云搏圜也者盧人弓人注同詳輪人疏云鴻傭也者爾雅釋言云傭均也郝懿行云傭與鴻聲近鄭蓋以龍蛇之屬其身搏圜前後均等故訓鴻為傭傭義本爾雅案郝說是也典同先鄭注云鍾聲上下正傭與此義同林希逸云鴻大也搏身而鴻身圓而大也俞樾云鴻當讀為鳿說文隹部琟鳥肥大琟琟也或從鳥作鳿搏身而鳿者亦謂其肥大也作鴻者段字案林俞說亦通

凡攫閷援簭之類必深其爪出其目作其鱗之而謂筍虡之獸也深猶藏也作猶起也之而頰頯也疏凡攫閷援簭之類者閷籀文殺字之譌詳矢人疏賈疏云此覆釋上文鍾虡之獸云攫閷者攫著則殺之援簭者援攬則噬之詒讓案攫猶搏持詳獸人疏廣雅釋詁云援引也噬齧也簭噬字同春官以為卜筮字彼為段借此用本義也山師注作噬簭噬古今字詳春官敘官疏攫閷援簭謂猛殺剽狡之獸爾雅釋獸云猱蝯善援郭注云便攀援又云玃父善顧注云能攫持人亦其類也云必深其爪出其目者謂刻猛獸之爪必深入目必高出也爪叉之段字詳輪人疏云作其鱗之而者賈疏云謂動頰頯此皆可畏之貌　注云謂筍虡之獸也者此有鱗屬則兼筍虡而言賈疏謂此唯說鍾虡鄭連言筍非也云深

猶藏也者亦引申之義廣雅釋詁云藏深也云作猶起也者地官胥注同云之而頰頌也者鄭蓋以之而爲疊韻連綿語其義則爲頰頌也賈疏云舊讀頌字以沽罪反謂起其頰頌劉炫以爲於義無所取當爲頰頌音壺讀之於義爲允也釋文云頌許慎口忽反禿也劉古本反李又其懇反一音苦紇反又音混戴震云頌側上出者曰之下垂者曰而須鬣屬也王引之云說文頌禿也禿爲無髮則不可以言作矣鄭說非也案而頰毛也之猶與也作其鱗之而謂起其鱗與頰毛也若龍有鱗虎有鬣皆象其形使之上起耳古文連及之詞或言與或言之說文而頰毛也引周禮作其鱗之而釋而不釋之然則之爲語詞非實義所在矣案王說於義爲允然鄭意似當如戴說頰頌陸賈所列諸家音讀義並難通今攷疏所舉沽罪反一音釋文及說文玉篇廣韻並不載又引劉炫讀爲壺廣韻二十一混訓禿頭集韻十四賄沽罪切及二十一混苦本切兩收頌字並訓頰高據疏則兩音當異訓不如劉讀於義何取竊疑頰頌當作頰須頌正字作頌與須形近致譌禮運孔疏引說文云而者鬚也鬚即須之俗今本說文而部作頰毛而須部云䫇頰須也頰須與頰毛義同冥氏先鄭注以須爲頤下須許鄭詁而云頰須者明其與頤下須微異也然據李劉兩音則晉時本已如此蓋其譌久矣而字又作髵耏文選張衡西京賦云猛毅髬髵薛綜注云髬髵作毛鬣也漢書西域傳注孟康云師子有頿耏顏注云耏亦頰旁毛也

深其爪出其目作其鱗之而則於眡必撥爾而怒苟撥爾而怒則於任重宜且其匪色必似鳴矣

匪采貌也故書撥作廢匪作飛鄭司農云廢讀爲撥飛讀爲匪以似爲發

【疏】則於眡必撥爾而怒者眡謂人眡之也

注云匪采貌也者詩衞風淇奧有匪君子毛傳云匪文章貌說文文部云斐分別文也段玉裁云匪者斐之假借與淇奧詩同

云故書撥作廢匪作飛鄭司農云廢讀為撥飛讀為匪者段玉裁云撥廢匪飛皆以聲類易字也云以似為發者亦述先鄭義段玉裁云謂似當為發也僅云似鳴形容未盡故改為發鄭君經仍作似蓋不謂然俞樾云以似為發與上兩句不一律且經文必似鳴矣文義甚明若破似為發而曰必發鳴矣義轉未安下文云其匪色必似不鳴矣豈可曰必發不鳴乎然則此注殆必有誤疑故書廢字先鄭讀為撥後鄭以撥字無義改讀為發論語微子篇廢中權釋文曰鄭作發是鄭注論語亦讀廢為發可證案似發形聲並遠固似有誤然俞疑為後鄭讀廢為發則此無玄謂之文於注例不合所未詳也

爪不深目不出鱗之而不作則必穨爾如委矣苟穨爾如委則加任焉則必如將廢措其匪色必似不鳴矣措猶頓也故書措作厝杜子春云當為措

疏則必穨爾如委矣者穨唐石經初刻並作頹磨改作穨案頹即穨之譌說文禿部云穨禿貌又𠂤部云隤下墜也此穨爾形容厭伏不振之貌當為隤之叚借易繫辭云夫坤隤然示人簡矣釋文引馬融云隤柔也委亦廢措之意此申明為虡獸而不深爪出目作鱗之而者之不足觀也賈疏謂此說䏣者膏者止可為牲不可為虡之義非也云其匪色必似不鳴矣者段玉裁謂此本云其匪色必不似鳴今本似不鳴誤注云措猶頓也者此引申之義也說文手部云措置也廣雅釋詁云頓僵也云故書措作厝杜子春云當為措者段玉裁云此古文假借也漢人抱火厝之積薪之下同子春謂厝石之字非訓故易為措古廢置皆曰措

梓人為飲器勺一升爵一升觚三升獻以爵而酬以觚一獻而三酬

則一豆矣勺尊升也觚豆字聲之誤觚當爲觶豆當爲斗【疏】爲飲器者飲酒所用之器也勺所以㪺爵觚所以飲二者通爲飲器云勺一升者說文勺部云勺挹取也象形中有實明堂位云夏后氏以龍勺殷以疏勺周以蒲勺鄭注云龍龍頭也疏通刻其頭蒲合蒲如鳧祥也聶氏三禮圖引舊圖云龍勺柄長二尺四寸受五升士大夫漆赤中諸侯以白金飾天子以黃金飾疏勺長二尺四寸受一升漆赤中丹柄端蒲勺所受同案舊禮圖說疏勺蒲勺所受與此經同而龍勺則容五升所贏太多殆誤以洗勺容量釋尊枓與禮器有樿勺士喪禮有素勺亦並以木爲之與蒲勺略同又案漢書律厤志云十合爲升此勺一升卽容十合也孫子算經云十勺爲合彼爲量之微數與尊枓亦異也云爵一升觚三升者聶圖及御覽器物部引三禮舊圖云觚受三升銳下方足漆赤中畫青雲氣通飾其巵爵觚觶角散諸觴皆形同升數則異案爵形制詳大宰疏云獻以爵而酬以觚者說文酉部云醻主人進客也重文酬醻或从州詩小雅彤弓箋云飲酒之禮主人獻賓賓酢主人主人又飲而酌賓謂之醻醻猶厚也勸也觚當依鄭作觶凡酬皆用觶淩廷堪云鄉飲酒記獻用爵其他用觶鄉射記同此爲鄉飲酒鄉射而言也若燕禮大射雖獻亦用觚宰夫爲主人避君也至於酬旅酬無算爵則同用觶矣云一獻而三酬則一豆矣者劉敞云獻以一升酬以三升也并而計之爲四升四升爲豆豆雖非飲器其計數則然戴震亦云合獻酬共一豆酒其曰一獻而三酬者爵一升以之獻觶三升以之酬蒙上省文詒讓案一獻三酬合爲一豆馬鄭並破豆爲斗是以一獻三酬一三並爲獻酬之次數一獻得一升三酬得九升則一斗也然於禮無據禮器孔疏云案燕禮獻以觚又燕禮四舉酬熊氏云此一獻三酬是士之饗禮也若是君燕禮則行無算爵非唯三酬而已若是大夫以上饗禮則獻數又多不唯一獻也故知士之饗禮也案熊孔申鄭說謂

此是士之饗禮臆說無左證且梓人制器必準之士禮義亦無取劉敞謂一升獻而三升酬一三非謂獻酬次數故書作豆可通不煩破字其說甚塙陳頤道及近儒多從其說陳喬樅云攷儀禮士冠禮乃醴賓以壹獻之禮注壹獻者獻酢酬賓主人各兩爵而禮成案賓兩爵謂獻飲一爵而酬飲一觶主人兩爵謂酢飲一爵而酬飲一觶也然主人之酢酒若於介酢者則酢酒不止一爵今梓人言獻酬非言酢酬知一爵一觶但就賓客而言不指主人言也又攷鄉飲酒鄉射並行壹獻之禮者壹獻之禮始於獻而成於酬賓介衆賓各得一獻一酬焉自獻賓以迄旅酬皆是也鄉飲酒禮迎賓拜至主人取爵于篚實爵獻賓賓拜受坐卒爵此主人獻賓而賓飲一爵也賓實爵酢主人畢主人實觶酬賓賓奠觶于薦東則賓雖受酬而未飲矣主人又實爵獻介介拜受坐卒爵此主人獻介而介飲一爵也介洗爵授主人主人酌酢畢又實爵獻衆賓衆賓之長升拜受者三人立卒爵授主人爵衆賓獻則不拜受爵此主人獻衆賓衆賓各飲一爵也衆賓不酢主人鄉射無介則衆賓之長一人酢既畢獻主人以虛爵降奠於篚而獻酬之爵遂不復用焉於是一人舉觶于賓賓受奠觶于其所舉觶者降是賓仍受觶而未飲也至正歌告備旅酬方起賓乃取俎西之觶阼階上酬主人主人卒觶賓實之授主人觶揖復席此賓酢主人而飲一觶以為旅酬之始也主人以所受賓酬之觶西階上酬介如賓酬主人之禮主人揖復席司正升相旅曰某子受酬受酬者自介右此介受主人酬而飲一觶以酬衆賓之長也衆賓長又以所受介酬之觶酬衆賓皆如賓酬主人之禮衆受酬者受自左辯卒受者以虛觶降奠于篚此衆賓以次行酬而各飲一觶也至是旅酬事畢而壹獻之禮終矣賓若有遵者諸公大夫則既一人舉觶乃入主人獻遵者遵者皆飲一爵鄉射禮云遵酢主人鄉射無介其旅酬也賓酬主人主人酬遵遵酬衆賓然則鄉飲酒禮若有遵者當主人酬介

介酬遵者遵酬衆賓也賓介遵者及衆賓並獻爵之外不多一爵酬爵之外不多一觶據此則壹獻之禮賓皆飲酒一爵一觶爵受一升觶受三升獻酬二者共四升與梓人言一獻三酬當豆相合不當改字斯亦足以明矣案陳說是也　注云勺尊升也者段玉裁改升爲斗云斗與枓同說文枓勺也尊枓謂挹取尊中之枓也今本作尊升誤魏晉人書斗多作什故易譌升案段校甚塙士冠禮云實勺觶角柶注亦云勺尊斗所以斞酒也賈彼疏云案少牢云罍水有枓與此勺爲一物故云尊斗對彼是罍枓所以斞水則此爲尊斗斞酒者也案賈說是也今本儀禮注亦譌斗爲升與此注同鄭言此者別於鬯人大渳設斗爲挹水之枓也聶圖引舊圖云洗勺受五升彼卽罍枓與此勺異云觚豆字聲之誤觚當爲觶豆當爲斗者此依馬融說也賈疏云觶字爲觚是字之誤斗字爲豆是聲之誤又疏及燕禮疏禮器孔疏引五經異義爵制篇云今韓詩說一升曰爵二升曰觚三升曰觶四升曰角五升曰散總名曰爵其實曰觴古周禮說爵一升觚三升獻以爵而酬以觚一獻而三酬則一豆矣許慎謹案周禮云一獻三酬當一豆卽觚二升不滿一豆矣鄭玄駁之云周禮獻以爵而酬以觚觶字角旁著辰汝潁之閒師讀所作今禮角旁單古書或作角旁氏角旁氏則與觚字相近學者多聞觚寡聞觗寫此書亂之而作觚耳又南郡太守馬季長說一獻而三酬則一豆觚當爲觶豆當爲斗與一爵三觶相應賈疏又云禮器制度云觚大二升觶大三升是故鄭從二升觚三升觶也案各疏引異義互有誤挩刪改今參合校正古周禮說觚三升賈孔所見本並誤作二升與此不合今從程瑤田陳壽祺校正觶字角旁辰今本賈疏誤作角旁友臧琳改爲角旁支與古今韻會及周禮訂義引王氏詳說同然字書無此字段玉裁改爲角旁辰字見說文角部較有根據今從之鄭駁所引馬季長說蓋周禮傳佚文亦從韓詩說論語雍也篇觚不觚集解引馬注義

同鄭此注及禮器注並本之臧琳云儀禮燕禮坐取觚洗賓少進辭
洗主人坐奠觚于篚注古文皆為觶士長升拜受觶主人拜觶注今
文觶作觚媵觚于公注此當言媵觶酬之禮皆用觶言觚者字之誤
也古者觶字或作角旁氏由此誤爾賓降洗象觶注今文曰洗象觚
公坐取賓所媵觶興注今文觶又為觚大射儀士長升拜受觶注今
文觶作觚媵觶于公注今文觶為觚洗象觚注此觚當為觶據此知
觗觚二字形相近儀禮古文多作觶今文多作觚鄭參校古今文以
義言之義當作觶者從古文則云今文作觚義當作觚者從今文則
云古文作觶亦有古文觶字反為觚者如燕禮媵觶于公大射儀洗
象觚及梓人獻以爵而酬以觚是也鄭俱云觚當為觶精審之至也
許叔重不知觶觚易溷皆作如字讀觚為三升則觶為四升故說文
角部云觶鄉飲酒角也受四升觗觶或从辰觗禮經觶觚鄉飲酒之
爵也一曰觴受三升者謂之觚此許自用其說非古義也儀禮注駁
異義皆云觶字古書或作角旁氏與說文觗禮經觶正合陳喬樅云
許君異義從古周禮說觚三升則以一獻三酬當一豆為以一升獻
以三升酬者當亦古周禮說如此鄭君參攷禮經酬皆用觚梓人觶
當為觚又據馬氏說改豆為斗謂與一爵三觶相應然則馬氏以前
無為此說者矣今案許從此經故書舊說定為觚三升觶四升馬鄭
從韓詩及漢禮說觚二升觶三升而破經字以合之審校兩說實互
有是非許讀豆如字是也其謂觚三升墨守周禮故書與韓詩漢禮
並不合則不若鄭說之長鄭讀觚為觶是也而破豆為斗則與經文
不合又不若許讀如字之塙矣云豆當為斗者鄭亦謂聲之誤今案
當讀
如字

食一豆肉飲一豆酒中人之食也

一豆酒又聲之誤當為斗

疏 食一豆肉飲一豆酒者易
被云坊記曰觴酒豆肉豆所以盛肉也故曰豆肉　注云一豆酒又
聲之誤當為斗者蒙前注破豆為斗謂此經豆字兩見後一豆字亦

當改爲斗也一豆肉之豆不破之者以肉本爲豆實小子有肉豆則義自可通故仍之今攷一豆酒豆似亦當讀如字大戴禮記曾子事父母篇二云執觴觚杯豆而不醉則古或亦以豆盛酒矣

凡試梓飲器鄉衡而實不盡梓師罪之

鄭司農二云梓師罪也衡謂麋衡也曲禮執君器齊衡玄謂衡平也平爵鄉口酒不盡則梓人之長罪於梓人焉

疏 凡試梓飲器鄉衡而實不盡梓師罪之者罪前經五篇並用古字作辠此作罪者疑亦經記字例之異梓師蓋司空之屬工官之一古者器成工官必考試之以校其功事之巧拙管子七法篇二云成器不課不用不試不藏是也試梓猶橐人試弓弩以下上其食而誅賞之亦工官之官計官刑也

注鄭司農二云梓師罪也者賈疏二云謂梓師身自得罪後鄭不從者梓師是梓官之長不可自受罪故爲梓師罪梓人也二云衡謂麋衡也者麋眉聲近叚借字士冠禮眉壽注二云古文眉爲麋壽程瑤田二云王莽傳盱衡厲色注孟康曰眉上曰衡盱衡舉眉揚目也蔡邕傳揚衡含笑注二云衡眉目之閒也衡皆指眉言鄉衡者飲酒之禮必立而飲之賈子容經經立之容固頤正視則不能昂其首矣試舉古銅爵飲之爵之兩柱適至於眉首不昂而實自盡衡指眉言兩柱向之故得謂之鄉衡也由是觀之兩柱蓋節飲酒之容而驗梓人之巧拙也案程說深得經恉引曲禮執君器齊衡者證麋衡之訓彼文二云執天子之器上衡國君則平衡鄭彼注二云衡謂與心平不爲麋衡先鄭蓋據禮家舊詁故與後鄭異二云玄謂衡平也者地官敘官注同此破先鄭麋衡之義也二云平爵鄉口酒不盡者後鄭意凡飲酒舉爵鄉口平橫而酒適盡乃爲中法若平橫而尚有餘瀝則是制器不應程法非良工也程瑤田二云後鄭衡指爵之平是衡而鄉之非鄉衡也案程說是也二云則梓人之長罪於梓人焉者亦破先鄭罪梓師之義也天官敘官注二云師猶長也故梓人之官長謂之梓師猶匠人之官長謂之匠師

也梓人制器不應程法則長當施以羿若月令孟冬
命工師効功功有不當必行其羿以窮其情是也

周禮正義卷八十一

周禮正義卷八十二

瑞安孫詒讓學

梓人爲侯廣與崇方參分其廣而鵠居一焉崇高也方猶等也高廣等者謂侯中也天子射禮以九爲節侯道九十弓弓二寸以爲侯中高廣等則天子侯中丈八尺諸侯於其國亦然鵠所射也以皮爲之各如其侯也居侯中參分之一則此鵠方六尺唯大射以皮飾侯大射者將祭之射也其餘有賓射燕射

疏梓人爲侯者鄉射禮注云侯謂所射布也梓人攻木之工而爲侯者凡侯皆以木爲植以張之也云廣與崇方參分其廣而鵠居一焉者以下通說三射之侯制凡侯鵠个身之度皆以侯中爲根數不正言其度者侯中大小視侯道爲差天子諸侯大夫士侯道不同侯中崇廣不能齊壹故先差分以起度使可互通也三射之侯依司裘先鄭注說皆有正有鵠正小而鵠大正中又有質此不及正質之度者文略侯制互詳司裘疏 注云崇高也者總敘注同云方猶等也者毛詩大雅生民箋云方齊等也此廣與崇方亦言侯之廣與其高齊等也云高廣等者謂侯中也者即正鵠所居者也鄉射記云鄉侯中十尺注云方者也亦引此經爲釋此不云中鄭知者以下文有身及兩个即鄉射記之躬與舌獨侯中不見明此文即指中而言也云天子射禮以九爲節者賈疏云按射人及樂師皆云天子以騶虞九節是也云侯道九十弓弓二寸以爲侯中高廣等則天子侯中丈八尺者司裘注說天子三侯云虎九十弓熊七十弓豹麋五十弓此偏舉虎侯侯中之度以概其餘一弓取二寸九十弓則丈八尺若然熊侯七十弓侯中當丈四尺豹侯麋侯五十弓侯中當一丈皆以侯道遞減而廣與崇方則一也弓二寸以爲侯中亦鄉射

記文云諸侯於其國亦然者謂畿外諸侯於其國大射亦具三侯大侯侯道亦九十弓則侯中及鵠之廣崇亦同大射儀云大侯九十糝侯七十豻侯五十鄭彼注云大侯之鵠方六尺糝侯之鵠方四尺六寸大半寸豻侯之鵠方三尺三寸少半寸是與天子同司裘注所謂遠尊得伸是也畿內諸侯及畿外諸侯入爲卿士者則當依熊侯七十弓之制不得與王同詳司裘疏云鵠所射也以皮爲之各如其侯也者賈疏云侯謂以皮飾兩畔其鵠之皮亦與飾侯用皮同也謂若虎侯以虎皮飾侯側其鵠亦用虎皮其餘熊豹麋等亦然云居侯中參分之一則此鵠方六尺者此冡上天子侯中丈八尺而以參分居一之數推其鵠也賈疏云以侯方丈八尺三六十八故知方六尺也云唯大射以皮飾侯大射者將祭之射也其餘有賓射燕射者鄉射禮注云天子大射張皮侯賓射張五采之侯燕射張獸侯案鄭以皮侯唯大射得有之賓射采侯畫布燕射獸侯畫獸皆不以皮飾故特著之今以鄉射記考之天子諸侯之獸侯亦以皮飾鄭說非也三射之外又有鄉射亦用獸侯賈疏依鄭鄉射記注說謂鄉射用采侯與賓射同亦非也詳後疏

上兩个與其身三下兩个半之

鄭司農云兩个謂布可以維持侯者也上方兩枝與身三設身廣一丈兩个各一丈凡爲三丈下兩个半之傅地故短也玄謂个讀若齊人搚幹之幹上个下个皆謂舌也身躬也鄉射禮記曰倍中以爲躬倍躬以爲左右舌下舌半上舌然則九節之侯身三丈六尺上个七丈二尺下个五丈四尺其制身夾中个夾身在上下各一幅此侯凡用布三十六丈言上个與其身三者明身居一分上个倍之耳亦爲下个半上个出也个或謂之舌者取其出而左右也侯制上廣下狹蓋取象於人也張臂八尺張足六尺是取象率焉

【疏】上兩个與其身三者王引之云說文介畫也从人从八隸書作亻省人則爲个个介音古拜反轉音古賀反後人於古拜反者則

作介於古賀反者則作个而不知非兩字也梓人爲侯上兩个下兩个大射儀謂之左个右个義與明堂左右个相近侯之有个偏處於正作介鄉射禮適右个白帖作適右介是侯之左右个皆介字也大雅生民箋曰介左右也鄉射禮記注曰居兩旁謂之个案王說是也賈疏云此經云身卽中上布一幅者是也上兩个居二分身居一分者也戴震云九節之侯上个左右出各丈八尺下个左右出各九尺故云與其身三謂三分如等也云下兩个半之者賈疏云謂半其出

注鄭司農云兩个謂布可以維持侯者也者明个亦以布爲之也云上方兩枚與身三設身廣一丈兩个各一丈凡爲三丈者此先鄭讀个爲箇也說文竹部云箇竹枚也鄭士虞禮注云个猶枚也今俗或名枚曰個音相近案個卽箇之俗凡漢以後經典言个者多爲箇之借字故先鄭易兩个曰兩枚一丈三丈皆假設其數以明之司裘先鄭注云方十尺曰侯卽此身廣一丈彼亦設數也依先鄭義則上其上又加布一幅長三丈爲兩个後鄭不從者侯有中有躬有个三下个夾中上下共三層也賈疏云先鄭意身卽與中爲一謂方丈者者今先鄭唯有身不見中故不從之也云下兩个半之傅地故短也者下兩个與綱相連鄉射禮云乃張侯下綱不及地武武尺二寸是兩个傅地至近故短也云玄謂个讀若齊人搚幹之幹者段玉裁云此擬其音也賈疏云此讀從公羊傳桓公朝齊齊侯使公子彭生搚幹而殺之是幹爲脅骨故云搚幹之幹案賈引公羊莊元年傳文後鄭意此上下兩个夾身爲之若兩脅然故以搚幹擬其音而其義亦見明不當如先鄭讀爲箇而訓爲枚也云上个下个皆謂舌也身躬也者明此个與身卽鄉射記之上舌下舌與躬也引鄉射禮記曰倍中以爲躬倍躬以爲左右舌下舌半上舌者欲破先鄭上方兩枚與身三之說故先引此文爲證鄭彼注云躬身也謂中之上下幅也半

者半其出於躬者也云然則九節之侯身三丈六尺上个七丈二尺下个五丈四尺者謂身个横長之度也九節之侯中丈八尺身倍之得三丈六尺上个又倍身得七丈二尺出於身者左右各一丈八尺下个當身處三丈六尺不減其出於身者減之得上个之半左右各九尺凡一丈八尺連當身總五丈四尺也然則七節之侯侯身二丈八尺上个五丈六尺下个四丈二尺五節之侯侯身二丈上个四丈下个三丈故鄉射記云鄉侯上个五尋注云八尺曰尋上幅用布四丈是也此可以類推故注不出云其制身夾中个夾身者皆謂上下夾之也身夾中之上下耑兩个夾身之外上下共五層也云在上下各一幅者明身及上下个長度不同而廣則皆充幅除削縫一寸爲二尺鄉射記注云今官布幅廣二尺二寸旁削一寸是也上身下身上个下个各有一幅共四幅其侯中幅數則隨侯道爲增減不能等也云此侯凡用布三十六丈者白虎通義鄉射篇云侯者以布爲之布者用人事之始也本正則末正矣賈疏云古者布幅廣二尺二寸二寸爲縫皆以二尺計之此侯是九十弓侯侯中丈八尺則九幅布布長丈八尺九幅九丈幅有八尺爲七丈二尺添前爲十六丈二尺上下射各三丈六尺即上下共爲七丈二尺其上个七丈二尺下个有五丈四尺添前總用布三十六丈也詒讓案此亦指九節之侯也若七節五節之侯亦依此爲差故鄭鄉射記注云凡鄉侯用布十六丈數起侯道五十弓以計道七十弓之侯用布二十五丈二尺道九十弓之侯用布三十六丈是其差也云言上个與其身三者明身居一分上个倍之耳者明此經所謂三乃上二合之下一爲三是兩層之和數亦以破先鄭兩个各一丈與身爲三丈之說也云亦爲下个半上个出也者謂爲下个半上个之出身外者故經先明上个倍躬之度也其當身之度則上下个等不半之云个或謂之舌者取其出而左右也者鄭注鄉射記左右舌云謂上个也居兩旁謂之个左右

出謂之舌蓋兩个匧長猶人舌外出故以爲名云侯制上廣下狹蓋取象於人也張臂八尺張足六尺是取象率焉者釋文云率本又作類案率類聲義並相近鄉射記下舌半上舌注云所以半上舌者侯人之形類也上个象臂下个象足中人張臂八尺張足六尺五八四十五六三十以此爲衰也案張臂八尺所謂尋也張足六尺所謂步也又鄉射禮下綱不及地武鄭注亦云武迹也中人之迹尺二寸侯象人綱即其足也是以取數焉是侯制取象於人者其義甚廣不徒躬舌諸名也

上綱與下綱出舌尋縜寸焉綱所以繫侯於植者也上下皆出舌一尋者亦人張手之節也鄭司農云綱連侯繩也縜籠綱者縜讀爲竹中皮之縜舌維持侯者

疏上綱與下綱出舌尋縜寸焉者臧琳云釋文縜于貧反或尤粉反劉侯犬反一音古犬反案于貧尤粉兩反皆員聲字作縜侯犬古犬兩反皆員聲字作絹鄉射禮疏曰周禮梓人云絹寸焉此縜字作絹之證然說文糸部云縜持綱紐也从糸員聲周禮曰縜寸則綱紐字員聲爲正許叔重所據古文本作縜作絹爲繒如麥稍義別劉昌宗音侯犬反儀禮疏作絹非也案臧說是也依先鄭讀推之亦當以從員爲正大射儀中離維綱注云或曰維當爲絹絹綱耳絹亦即縜之譌戴震云鄉射禮曰乃張侯下綱不及地武尺二寸爲武然則九節之侯高二丈七尺四寸上綱兩植相去八丈八尺下綱兩植相去七丈案依戴說則七節之侯高二丈三尺四寸五節之侯高一丈九尺四寸大射儀說畿外諸侯三侯云大侯之崇見鵠於參參見鵠于干干不及地武注云以豻侯計之糝侯去地一丈五寸少半寸大侯去地二丈二尺五寸少半寸賈彼疏謂以豻侯五十弓上綱去地丈九尺二寸計之與戴率較二寸者戴兼上下各縜寸計之鄭賈不兼縜計之戴說爲密鄭賈所計皆當增二寸但王大射賓射等皆三侯並張則熊侯當見鵠於虎虎侯當見鵠於豹所謂下綱不及地武者

惟豹侯爲然耳其熊虎二侯各以見鵠於犮侯而遞增其去地之高度如大射糝侯豻侯之數非三侯皆下綱不及地武也　注云綱所以繫侯於植者也者賈疏云植則在兩傍邪豎之也必知邪豎之者下个半上个皆出舌尋明知兩相皆邪向外豎之也詁讓案植謂侯兩旁所樹之長木云上下皆出舌一尋者者明綱雖亦上長下短而左右出舌之數則同與舌之下半上者異也云亦人張手之節也者謂象人張臂八尺也鄭司農云綱連侯繩也者鄉射禮注云綱持舌繩也持舌卽所以連侯彼注與司農說同說文糸部云綱維紘繩也是綱爲繩名故連侯繩亦謂之綱也云縜籠綱者者卽說文所謂持綱紐也戴震云縜者个上之紐以綱貫之詁讓案大射儀注又謂之綱耳綱貫縜中縜籠絡綱使不脫故曰籠綱賈大射儀疏謂亦以布爲之聶氏三禮圖引舊圖云上紐皆十二下紐皆十而三侯數同今案紐數經注無文三禮舊圖說未知所據聶氏駁之謂九十弓七十弓五十弓之侯丈尺廣狹不同縜紐籠繫宜異但依侯大小取稱爲是是也又大射儀別有維注謂邪制躬舌之角者賈彼疏謂小繩綴角繫著植則與縜紐迴異聶圖以縜維爲一大謬云縜讀爲竹中皮之縜者段玉裁云當作讀如竹青皮筍之筍擬其音也筍于貧反今之筠字顧命禮器聘義注字皆作筍云舌維持侯者者亦謂舌卽个也與後鄭說兩个義同

張皮侯而棲鵠則春以功　皮侯以皮所飾之侯司裘職曰王大射則共虎侯熊侯豹侯設其鵠謂此侯也春讀爲蠢蠢作也出也天子將祭必與諸侯羣臣射以作其容體出其合於禮樂者與之事鬼神焉

疏　張皮侯而棲鵠者以下辨三侯之用也皮侯者大射於學之侯也說文西部云西鳥在巢上也重文棲西或从木妻案鵠取名於鳥故亦以棲言之賈疏云張皮侯者天子三侯用虎熊豹皮飾侯之側號曰皮侯棲鵠者各以其皮爲鵠綴於中央似鳥之棲也金鶚云侯中有鵠又有正

本當兼言正鵠記但言鵠而不言正者以正在鵠中言鵠則正可知故省之也下云張五采之侯張獸侯幷不言鵠蒙上省文可知也鄭云采侯不言鵠遂謂畫布爲正與棲皮之鵠異誤矣案金說是也朱大韶說同鄭中庸射義注並云畫布曰正棲皮曰鵠陸氏釋文孔氏詩禮記疏咸以爲大射賓射之異其說非是詳司裘射人疏云則春以功者孔廣森云春當如字讀射義曰諸侯歲獻貢士于天子天子試之于射宮小行人令諸侯春入貢於春貢之時因貢教士乃張皮侯而大射三朝記天子以歲二月爲壇於東郊與諸侯之教士射是其事也漢五行志曰春而大射以順陽氣東京賦曰春日載陽合射辟雍古者大射本在春審矣鄉射禮注曰今郡國行此禮以季春金鶚云春以功蓋大射在春而以較諸侯羣臣之有功與否也王制云習射上功此其明證射義云諸侯君臣盡志於射以習禮樂文王世子云春秋教以禮樂而春時陽氣舒和尤善於秋故大射必于春也白虎通鄉射篇云天子所以親射何助陽氣達萬物也春陽氣微弱恐物有窒塞不能自達者射自內發外貫堅入剛象物之生故以射達之也漢書五行志東京賦皆與白虎通合案孔金讀春如字較鄭爲長戴震讀同說文矢部云侯春饗所射侯也亦據春行大射言之凡諸侯三歲貢士王與大射及王每歲與羣臣大射皆於春行之以功者凡射以中爲功詩大雅賓之初筵云射夫既同獻爾發功是其義 注云皮侯以皮所飾之侯者司裘注云以虎熊豹麋之皮飾其側又方制之以爲辜謂之鵠著於侯中所謂皮侯是侯側之飾及鵠並以皮爲之故專得皮侯之名也云司裘職曰王大射則共虎侯熊侯豹侯設其鵠謂此侯也者引以證皮即指虎熊豹麋等皮也云春讀爲蠢蠢作也出也者段玉裁云此易其字蠢作也見方言詒讓案春蠢聲類同鄉飲酒義云春之爲言蠢也蠢作之訓亦見爾雅釋詁廣韻十八真引尚書大傳云春出也萬物之出也又廣雅釋詁云𢧢

出也載亦即古文蠢字是蠢有作出兩訓然此經春當如字讀鄭破爲蠢非經義云天子將祭必與諸侯羣臣射以作其容體出其合於禮樂者與之事鬼神焉者據射義文詳司裘疏張五采之侯則遠國屬五采之侯謂以五采畫正之侯也射人職曰以射法治射儀王以六耦射三侯三獲三容樂以騶虞九節五正下曰若王大射則以貍步張三侯明此五正之侯非大射之侯明矣其職又曰諸侯在朝則皆北面遠國屬者若諸侯朝會王張此侯與之射所謂賓射也正之方外如鵠內二尺五采者內朱白次之蒼次之黃次之黑次之其侯之飾又以五采畫雲氣焉

疏張五采之侯則遠國屬者此賓射於朝之侯也采侯侯中亦兼有鵠正其制蓋純布而畫五采故謂之五采之侯鄭鄉射記注謂鄉射亦張此侯非也詳後疏金榜云不言棲鵠蒙上皮侯省文　注云五采之侯謂以五采畫正之侯也者五采即下朱白蒼黃黑是也畫者統鵠六尺全畫之不云畫鵠云畫正者鄭謂大射有鵠無正賓射有正無鵠也引射人職曰以射法治射儀王以六耦射三侯三獲三容樂以騶虞九節五正者鄭意彼五正即此五采侯故引以爲證射人注亦引此經爲采云五釋之侯即五正之侯也實則射人五正乃樂節非指五采之侯詳彼疏云下曰若王大射則以貍步張三侯明此五正之侯非大射之侯明矣者賈疏云鄭引射人職賓射及大射二者陰破賈馬以此五采與上春以功爲一物故云非大射之侯明矣詒讓案鄭意射人言若大射若爲更端語明彼上文爲賓射其說非也射人所言皆大射非賓射此五采之侯爲賓射與射人所言實不相涉也據疏則賈馬並以此五采之侯爲即上大射所用皮侯然皮侯采侯儻同是一侯則經不宜兩見亦不可通也云其職又曰諸侯在朝則皆北面者證此云遠國屬即謂諸侯來朝也然彼文自況指諸侯在朝之禮不專屬射鄭說亦誤並詳彼疏云遠國屬若諸侯朝會王張此侯與

之射所謂賓射也者射人注引此文而釋之云遠國謂諸侯來朝者
也屬謂朝會詳後賈疏云言遠國屬對畿內諸侯爲遠國若以要服
以內對夷狄諸侯則夷狄爲遠國也云正之方外如鵠者鄭意賓射
采侯之正一如大射皮侯之鵠外亦廣與崇方居侯廣三分之一惟
內爲五采異今依先鄭說正小鵠大正在鵠中凡射侯無論大射賓
射皆有鵠有正非以皮侯采侯異名詳司裘及射人疏云內二尺者
賈疏云中央畫朱方二尺故司裘注引諸家方二尺曰正以此二尺
爲本其外以白蒼等充其尺寸使大如鵠也云內二尺者爲畫五采
地也云五采者內朱白次之蒼次之黃次之黑次之者射人注義同
彼注云玄居外而此云黑居外者黑玄色近古書多通稱云其侯之
飾又以五采畫雲氣焉者射人注云大夫以上與賓射飾侯以雲氣
用五采各如其正鄭意此侯五正故雲氣亦五采畫也然其說無據
亦詳射
人疏
張獸侯則王以息燕獸侯畫獸之侯也鄉射記曰凡侯天子
熊侯白質諸侯麋侯赤質大夫布侯畫
以虎豹士布侯畫以鹿豕凡畫者丹質是獸侯之差也
息者休農息老物也燕謂勞使臣若與羣臣飲酒而射
疏 張獸侯則
王以息燕
者此王於大學及大寢行息燕之射之侯也鄉遂之吏行鄉射於庠
序蓋亦用之不言棲鵠者亦冡上文省其制天子熊侯諸侯麋侯並
以皮飾侯之側惟以布爲鵠而染其質以白赤大夫以下則全以布
爲之與采侯同惟畫其側爲虎豹鹿豕而染其質以丹蓋兼取皮侯
采侯之制而少變之因天子諸侯用獸皮爲飾大夫以下畫獸之毛
物故名之曰獸侯也 注云獸侯畫獸之侯也者謂畫獸於三分侯
中居一之處以當正鵠也鄭意天子諸侯之飾亦畫獸并皮侯故謂
止取畫獸之義不知天子諸侯之侯並不畫獸獸侯實兼取獸皮及
畫獸爲名也云鄉射記曰凡侯天子熊侯白質諸侯麋侯赤質大夫
布侯畫以虎豹士布侯畫以鹿豕凡畫者丹質是獸侯之差也者鄭

彼注云此所謂獸侯也燕射則張之鄉射及賓射當張采侯二正而
記此者天子諸侯之燕射各以其鄉射之禮而張此侯由是云焉白
質赤質皆謂采其地其地不采者白布也熊麋虎豹鹿豕皆正面畫
其頭象於正鵠之處耳君畫一臣畫二陽奇陰偶之數也燕射射熊
虎豹不忘上下相犯射麋鹿豕志在君臣相養也其畫之皆毛物之
賓射之侯燕射之侯皆畫雲氣於側以為飾必先以丹采其地丹淺
於赤案依鄭彼注說則獸侯不辨尊卑侯道皆五十弓侯中並方一
丈其中三分居一畫布為獸首以當正鵠天子則以白地畫熊諸侯
則以赤地畫麋大夫則以白布畫虎豹士則以白布畫鹿豕其畫獸
之外當侯中四旁者尊卑同以丹地畫雲氣為飾敖繼公謂凡畫者
丹質專指畫虎豹鹿豕之侯金榜申敖說云熊麋虎豹鹿豕之侯咸
取名於鵠記言大夫士布侯用畫則熊侯麋侯棲皮為鵠對文見異
矣質天子白諸侯赤記言凡畫者丹質謂大夫士畫以虎豹鹿豕者
用丹矣黄以周云鄉射記言大夫士布侯用畫則天子熊侯諸侯麋
侯之為皮也可知凡皮侯不去毛去毛無以別熊麋又皮侯純用皮
非以熊麋飾其側而中仍用布質謂質的天子熊侯用白的諸侯麋
侯用赤的則大夫士之畫侯亦必有的也可知凡畫者丹質為大夫
士畫侯言也人有大夫士之異侯有虎豹鹿豕之分故曰凡以統之
人有天子諸侯及大夫士之異侯有飾皮及畫布之分故曰凡畫者
以別之鄭說熊麋亦是畫侯質是采地畫熊白質畫麋赤質與下文
凡畫者丹質語相觸礙因以凡畫丹質為畫賓射燕射之侯白質赤
質為畫熊侯麋侯之正殊非經意記又云禮射不主皮則天子諸侯
大射賓射燕射之為皮侯也可知鄭謂賓射燕射不用皮亦未審矣
案金氏黄氏據鄉射記虎豹鹿豕言畫而熊麋不言畫定熊侯麋侯
為鵠皮侯不畫又以畫者丹質即承上文畫以虎豹畫以鹿豕而言
說皆致塙孔廣森林喬蔭陳奐朱大韶俞樾說並同今攷司裘先鄭

注說凡侯皆有鵠正質三等其說最是鄉射記白質赤質丹質卽正中最小之的亦卽韓非子外儲說左所謂五寸之的非采其地之謂也蓋獸侯尊卑同用布爲侯中天子諸侯則以熊麋之皮飾侯側又棲其皮以爲鵠鵠內又用布爲正不畫正內則又畫白赤之采以爲質大夫士用布侯側不飾而畫虎豹鹿豕於布以爲鵠鵠內亦用布爲正不畫正內則亦畫丹采以爲質獸侯之制蓋如是則於此經及鄉射記義無不通矣獸侯熊麋皆非畫丹質鄭二禮注並誤云息者休農息老物也者籥章云國祭蜡則龡豳頌擊土鼓以息老物注杜子春云郊特牲曰天子大蜡八伊耆氏始爲蜡歲十二月而合聚萬物而索饗之也蜡之祭也主先嗇而祭司嗇也黃衣黃冠而祭息田夫也既蜡而收民息已玄謂十二月建亥之月也求萬物而祭之者萬物助天成歲事至此爲其老而勞乃祀而老息之於是國亦養老焉月令孟冬勞農以休息之是也此注云休農息老物蓋兼用籥章及月令之文謂息卽因大蜡息老物之祭遂行射禮是謂之息敖繼公云鄉飲酒乃息司正息疑飲燕之異名案敖據鄉飲酒禮證此經其塙然竊疑息燕自是二事息非專指息老物與燕亦不同攷鄉飲酒鄉射禮明日皆息司正又大戴禮記千乘篇云方冬三月草木落庶虞藏五穀必入于倉於時有事蒸于皇祖皇考息國老六人以成冬事是皆息之見於經記者不必蜡祭息老物而後有息也鄉飲酒禮說息云無介不殺薦脯醢羞唯所有徵唯所欲鄉射注云息猶勞也勞司正謂賓之與之飲酒又云勞禮略貶於飲酒也是息亦飲酒於學而其禮稍略息卽鄉飲酒之細別故通言之凡飲酒皆謂之息鄭月令注云勞農以休息之黨正屬民飲酒正齒位是也月令又云季冬大飲烝注云十月農功畢天子諸侯與其羣臣飲酒於大學以正齒位謂之大飲別之於燕據鄭說則黨正息民卽用鄉飲酒禮天子諸侯則別有大飲之禮二者蓋皆通稱息千乘之息國老卽指養

老於學亦即用飲酒正齒位之禮若燕禮則行於寢而輕於鄉飲酒
與禮經之息迥殊不可并為一也蓋王與諸侯鄉大夫士咸有飲酒
臣飲酒在大學則謂之大飲二者亦通有射此經息燕之射雖同用
於學之禮鄉大夫士飲酒在鄉遂之學則謂之鄉飲酒王與諸侯諸
獸侯而其事則別息者先行飲酒禮而射在鄉大夫士則謂之鄉射
燕者先行燕禮而射即所謂燕射也射義云古者諸侯之射也必先
行燕禮卿大夫士之射也必先行鄉飲酒禮是天子諸侯有息燕之
射而無鄉射大夫士有鄉射而無燕射鄉射記云唯君有射于國中
其餘否是也陳奐云獸侯用諸鄉射故特著於鄉射記而燕射亦用
獸侯燕禮云若射如鄉射之禮是其義也案陳說是也黃以周說同
鄉射記云天子熊侯白質諸侯麋侯赤質此息燕射之侯也又云大
夫士布侯此鄉射之侯也鄭君彼注未悟乃曲為之說謂燕射張獸
侯鄉射賓射當張采侯因天子諸侯燕射各以其鄉射之禮而張獸
侯故附見獸侯於鄉射之記此曲說與鄉射記及此經並不合不足
據也云燕謂勞使臣若與羣臣飲酒而射者羣臣下宋余仁仲本岳
珂本附釋音本宋注疏本並有閒暇二字阮元謂係疏語誤入鄭注
本無是也今從嘉靖本賈疏云勞使臣謂若四牡勞使臣之來若與
羣臣飲酒者君臣閒暇無事而飲酒息老物及勞使臣并無事飲酒
三者燕皆有射法此燕射以其事褻天子
已下唯有五十步侯而已無尊卑之別也

祭侯之禮以酒脯醢

謂司馬實爵而獻獲者于侯薦脯醢折俎獲者執以祭侯

疏 祭侯之禮者梓人不掌祭事此記其辭者因侯制連類及之也云以酒脯醢者明有獻有薦也　注云謂司馬實爵而獻獲者于侯薦脯醢折俎獲者執以祭侯者于注例當作於各本並誤鄉射禮云司馬洗爵升實之以降獻獲者于侯薦脯醢設折俎俎與薦皆三祭獲者負侯北面拜受爵司馬西面拜送爵獲者執爵使人執其薦與俎從之適右个設薦

俎獲者南面坐左執爵祭脯醢執爵興取肺坐祭遂祭酒興適左个中亦如之即此注所據大射儀載此禮略同惟獻獲者作獻服不服不司馬之屬即獲者也賈疏云大射雖諸侯禮天子射亦然又此不辨大射賓射燕射則三等射皆同

其辭曰惟若寧侯若猶女也寧安也謂先有功德其鬼有神【疏】其辭曰惟若寧侯者鄭大射儀注引此以爲天子祝侯之辭又云諸侯以下祝辭未聞則此記是天子之禮故以射不寧侯爲祭辭也惟大射注引作唯字通大戴禮記投壺篇亦載此辭云嗟爾不寧侯爲爾不朝于王所故亢而射女強食食爾曾孫侯氏百福白虎通義鄉射篇云所以名爲侯何明諸侯有不朝者則當射之故禮射祝曰嗟爾不寧侯爾不朝于王所以故天下失業亢而射爾說文矢部侯字注云其祝曰毋若不寧侯不朝于王所故伉而躲女也文並與此小異而意指略同孔廣森云此貍首之首章也天子大射歌之以祭侯曾孫其次章諸侯以爲射節禮獸侯皆畫獸首故以貍首名篇史記封禪書曰萇弘設射貍首貍首者諸侯之不來者鄭儀禮注曰貍之言不來也其詩有射諸侯首不朝者之言即此章是也詒讓案此經云祭侯之辭則非詩也樂師先鄭注以貍首爲曾孫之詩大戴禮投壺載曾孫之詩與此辭文亦不相屬但大射儀注謂貍首詩有射諸侯不朝之言與此下文頗相近鄭意或當然也詳樂師疏　注云若猶女也者小爾雅廣詁云若汝也汝女字同云寧安也者爾雅釋詁文云謂先有功德其鬼有神者賈疏云祭侯者祭先有功德之侯若射侯則射不寧侯有罪者也舉有功以勸示又舉有罪以懲之故兩言之也

毋或若女不寧侯不屬于王所故抗而射女或有也若如也屬猶朝會也抗舉也張也【疏】毋或若女不寧侯者毋大射儀注引作無同不寧侯謂不安順之諸侯易比卦辭云不寧方來義與此同云不屬于王所者覲禮載諸侯來覲

天子賜舍之辭曰伯父女順命于王所伯父舍不屬于王所猶言不順命于王所也廣雅釋詁云所居也王所謂王所居之處通王都及巡守朝會之地言之　注云或有也者小爾雅廣言文云若如也者廣雅釋言云如若也是若如可互訓云屬猶朝會也者此屬與上文遠國屬之屬義同大戴禮投壺白虎通義鄉射篇說文矢部並作不朝於王所國語齊語云兵車之屬六乘車之會三韋注云屬亦會也故云猶朝會也云抗舉也張也者詩大雅賓之初筵云大侯既抗毛傳云抗舉也廣雅釋詁云抗張也大戴禮作亢說文作伉義並同

強飲強食詒女曾孫諸侯百福詒遺也曾孫諸侯謂女後世爲諸侯者疏詒女曾孫諸侯百福者曾孫上葉鈔本釋文無女字阮元云葉鈔本蓋誤脫也注云曾孫諸侯謂女後世爲諸侯者是經本有女字毋或若女不寧侯故抗而射女此二女目不寧侯也惟若寧侯詒女曾孫諸侯此二女目寧侯也注云若猶女也經意雖各有屬固無妨同言女矣案阮說是也大射儀注引此辭亦有女字　注云詒遺也者爾雅釋言云貽遺也詒貽字同大射儀注引亦作貽云曾孫諸侯謂女後世爲諸侯者者女即指寧侯爲寧侯祝後世子孫世爲諸侯而詒以福也

廬人爲廬器戈柲六尺有六寸殳長尋有四尺車戟常酋矛常有四尺夷矛三尋柲猶柄也八尺曰尋倍尋曰常酋夷長短名酋之言遒也酋近夷長矣疏廬人爲廬器者亦以所作之器名工也云戈柲六尺有六寸者賈疏云凡此經所云柄之長短皆通刃爲尺數而言案賈說是也毛詩秦風無衣傳云戈長六尺六寸亦通柲刃言之五兵柲度若不通刃而言則夷矛加刃不止三尋過於三人之身而弗能用矣云夷矛三尋者唐石經作矛夷誤今從宋本及嘉靖本正此戈殳車戟酋矛夷矛五者即司兵先鄭注所說車之五兵也　注云

柲猶柄也者說文木部云柲欑也總敘注云廬謂矛戟柄竹欑柲是柲本爲欑竹柄之名引申之凡木柄不欑者亦謂之柲廣雅釋器云柲柄也方言云戟其柄自關而西謂之柲案古戈戟皆於柄端爲鑿而以金爲內橫插之謂之柲與矛矜於刺木爲圜冒而以矜直貫之不同此工所爲兼有柲矜兩制經唯見戈柲而無矛矜矛不云矜蓋文不具二鄭則誤謂戈戟柲與矛矜同制故注中柲矜二者咸通言不別也又昭十二年左傳云剝圭以爲戚柲戚於刃首爲銎而以柄橫貫之與戈柲矛矜又並不同而亦謂之柲則古蓋以柲爲兵柄之通稱矣云八尺曰尋倍尋曰常者總敘注同云酋夷長短名酋之言遒也酋近夷長矣者段玉裁云前引司農云酋矛酋發聲直謂矛鄭君此云酋近夷長以正之酋之言遒有近義夷有長義詒讓案酋遒聲類同廣雅釋詁云遒近也說文大部云夷平也凡物引之長則平故夷引申之亦爲長矛之至長者以爲名釋名釋兵云矛冒也刃下冒矜也夷矛夷常也其矜長丈六尺不言常而曰夷者言其可夷滅敵亦車上所持也案劉說矛刃冒矜深得其制而誤以車戟之度爲夷矛義與此經注並迕不足馮也墨子備蛾傅篇有二丈四矛即此夷矛

凡兵無過三其身過三其身弗能用也而無已又以害人人長八尺與尋齊進退之度三尋用兵力之極也而無已不徒止耳【疏】注云人長八尺與尋齊者據總敘文云進退之度三尋用兵力之極也者言三尋之外人力有所不及司馬法天子之義篇云兵大長則難犯義亦通也云而無已不徒止耳者戴震云不徒止於不能用也又適以害執兵之人故攻國之兵欲短守國之兵欲長攻國之人衆行地遠食飲飢且涉山林之阻是故兵欲短守國之人寡食飲飽行地不遠且不涉

山林之阻是故兵欲長言罷羸宜短兵壯健宜長兵疏故攻國之兵欲短守國之兵欲長者通論攻守之兵長短互用之法賈疏云按司馬法云弓矢圍殳矛守戈戟助此言攻國之兵欲短則弓矢是也守國之兵欲長則殳矛是也言戈戟助者攻國守國皆有戈戟以助弓矢殳矛以其戈戟長短處中故也注云言罷羸宜短兵者謂行地遠而食飢故不任用長兵而用短也江永云人衆地阻勢不便人勞飢罷則力不勝故兵宜短不宜長注未該云壯健宜長兵者謂行地近而食飽則任用長兵也

凡兵句兵欲無彈刺兵欲無蜎是故句兵椑刺兵摶句兵戈戟屬刺兵矛屬故書彈或作但蜎或作絹鄭司農云但讀爲彈丸之彈彈謂掉也絹讀爲悁邑之悁悁謂橈也椑讀爲鼓鼙之鼙玄謂蜎亦掉也謂若井中蟲蜎之蜎齊人謂柯斧柄爲椑則椑隋圜也摶圜也疏句兵欲無彈者以下記制兵柲之法也注云句兵戈戟屬者呂氏春秋知分篇云句兵鉤頸高注云句戟也賈疏云以戈有胡孑其戟有援向外爲磬折入胡向下故皆得爲鉤兵也案戈戟之句主於援不主於胡賈不識古戈戟形制詳冶氏疏云刺兵矛屬者程瑤田云矛用恆直故曰刺說文刀部刺直傷也詒讓案刺兵亦謂之直兵呂氏春秋知分篇云直兵造胷高注云直矛也淮南子氾論訓云槽矛無擊修戟無刺是矛亦得稱擊戟亦得稱刺蓋散文通也云故書彈或作但者段玉裁云說文人部曰僤疾也從人單聲周禮句兵欲無僤此注當云故書彈或作僤司農讀僤爲彈也案段說是也惠士奇亦謂此注但爲僤之誤云蜎或作絹者蜎絹聲類同鄭司農云但讀爲彈丸之彈彈謂掉也者但亦當爲僤御覽兵部引字林云彈行丸者又拼也拼使戰動掉彈也是彈有掉義段玉裁云司農易但爲彈書亦或爲彈彈丸者傾側而轉者也掉之義取此說文僤疾也疾與掉義相足案段說是也說

文手部云掉搖也凡持長物緩則定疾則動掉故僤訓疾亦訓掉二義相成惠士奇謂僤訓疾訓動讀爲上林賦象輿婉僤之僤戴震又讀爲蜿蟺之蟺訓爲轉掉今案婉僤卽蜿蟺與僤彈聲義亦通然與蜎掉義近不若先鄭義之切也句兵之刃橫向一邊若一轉掉則其刃違盭而不能中故欲其無掉程瑤田云司農云彈掉蓋言戈戟之柲欲其不轉掉於手戈戟之體其援橫出而偏長用之防其轉掉故爲內令穿柲之鑿而出之以與援相稱爲其援之重也若內過長則內轉重而援反輕是故援重亦掉援輕亦掉冶氏云長內則折前前謂援折謂掉也合冶氏廬人兩職觀之知句兵之病在易轉掉也云絹讀爲悁邑之悁悁謂橈也者詩陳風澤陂中心悁悁毛傳云悁悁猶悒悒也邑卽悒之借字段玉裁云大鄭本作絹易爲悁悁邑者悁悒也鬱抑之皃橈之義取此程瑤田云先鄭謂蜎橈也是也案下記云凡試廬事置而搖之以眡其蜎也置謂植之也蜎謂不直皃如蜀之蜎蜎然也立而搖之以眡其往來或有偏強偏弱處也偏強處則往少來疾偏弱處則往多來緩所謂蜎也案程說是也刺兵直刃所遇必決不患其掉惟患其橈弱則刺之無力而不入先鄭訓爲橈義最精而讀爲悁則取義轉迂遠不若後鄭作蜎之當矣云椑讀爲鼓鼙之鼙者段玉裁云讀爲當爲讀如擬其音耳案段校是也云玄謂蜎亦掉也謂若井中蟲蜎之蜎者惠士奇云爾雅釋魚蜎蠉注云井中小蛣蟩赤蟲廣雅孑孓蜎也莊子秋水篇釋文司馬彪云虷井中赤蟲一名蜎然則蜎者水中孑孓掉尾之蟲動搖不定蜎乃動搖之狀也詒讓案此破先鄭悁邑之讀則謂疑當爲讀之誤蓋擬其音而義亦存乎其中也程瑤田云後鄭謂蜎亦掉者非也爾雅蜎蠉郭注一名孑孓据說文無右臂曰孑無左臂曰孓是蟲行水中恆屈曲其體轉變無定勝負不均苟爲廬一器中若此蟲然偏強偏弱節節相閡是之謂蜎井中蜎是橈象而亦以掉釋之與彈相溷不可從云齊

人謂柯斧柄爲椑則椑隋圜也者說文木部云椑圜榼也廣雅釋器云匾榼謂之椑案圜而匾卽隋圜也此段借爲兵柲隋圜之名柯卽車人柯欘之柯毛詩豳風伐柯傳云柯斧柄也又破斧傳云隋銎曰斧斧以柄納於銎銎隋故柄亦隋銎與柄適相函也但戈戟之柲與斧柄制實不同以其同爲隋圜假以證義耳賈疏云隋圜謂側方面去楞是也段玉裁云斧柄必隋圜則椑者隋圜之言隋圜對下文摶是正圜言也程瑤田云柲正圜則易轉掉柲隋圜則難轉掉故曰句兵椑云摶圜也者梓人注同

毄兵同強舉圍欲細細則校刺兵同強舉圍欲重重欲傳人傳人則密是故侵之

改句言毄容殳無刃同強上下同也舉謂手所操鄭司農云校讀爲絞而婉之絞重欲傳人謂矛柄之大者在人手中者侵之能敵也玄謂校疾也傳近也密審也正也人手操細以毄則疾操重以刺則正然則爲矜句兵堅者在後刺兵堅者在前

【疏】毄兵同強舉圍欲細者毄擊義同亦古今字前經五篇如方相氏以戈擊四隅宮正擊欜大師小師等擊樂器字並作擊而毄見司門占人校人釋文則並以爲繫字亦經記字例之異但此記梓人擊其所縣字兩見亦作擊未審其義例也以下並論兵柲舉圍大小之用爲下章起義也云是故侵之者程瑤田云總承細重二者謂不彈不蜎尚何患不能侵乎　注云改句言毄容殳無刃者鄭意下文有殳此毄兵對刺兵爲文則卽上句兵此因欲晐殳故變文言毄也弓人注云毄拂也說文殳部作毄云相擊中也如車相擊故从殳从軎隸變作毄經典通段擊爲之鄭鍔云變句兵而謂之毄者戈戟可以句可以毄殳不可以句可以毄故專言句兵足以見戈戟而不及殳於是言毄以包之左傳襄二十三年晉人以戟句欒樂而殺之昭元年子南以戈擊子晳此戈戟可句可毄之驗也案鄭說是也金榜云戈戟用恆主於擊人故亦謂之擊兵

左傳襄十八年中行獻子夢與厲公訟公以戈擊之二十八年王何以戈擊子之昭元年子南逐子晳及衝擊之以戈二十年齊氏用戈擊公孟二十五年公將以戈擊僚相定四年盜以戈擊王十四年靈姑浮於戈擊闔廬哀十四年公執戈將擊之十五年石乞孟黶敵子路以戈擊之斷纓是也程瑤田云記文改句兵曰毄兵者句言其形毄言其用戈戟用恆橫故曰毄橫用曰毄云同強上下同也者賈疏云謂本末及中央皆同堅勁故云同強也云擧謂手所操者謂柲中當人手操處也說文手部云擧對擧也引申之凡獨擧亦曰擧此擧圍與下被圍略同據其最後之近晉者而言則曰擧圍統其略前者而言則曰被圍其實一也鄭司農云校讀爲絞而婉之絞者弓人先鄭注同此易校爲絞也賈疏云昭元年左傳子羽謂子皮曰叔孫絞而婉注云絞切也故讀從之取切疾之義也云重欲傳人謂矛柄之大者在人手中者者亦謂手所操處稍大之則重云侵之能敵也者國語楚語韋注云侵犯也兵傳人而密則能犯人而無不敵之患故云能敵也戴震云侵害人也云玄謂校疾也者弓人注同此義與先鄭略同段玉裁云校司農易爲絞鄭君則不易字蓋校有疾義與剿軆字同弓人注亦兩言校疾也云傳近也者小爾雅廣詁文云密審也正也者謂兵之中人審諦而正也云人手操細以毄則疾者細則操之堅任力多故毄之疾也云操重以刺則正者程瑤田云蓋謂勁直有定在手之所用與目之所視相準無游移之病以刺人自然審而且正云然則爲矜句兵堅者在後刺兵堅者在前者賈疏云以凡句兵向後牽之故堅者在後也以刺兵向前推之故堅者在前也

爲殳五分其長以其一爲之被而圍之參分其圍去一以爲晉圍五分其晉圍去一以爲首圍凡爲酋矛參分其長二在前一在後而圍

之五分其圍去一以爲晉圍參分其晉圍去一以爲刺圍被把中也圍之圜之也大小未聞凡矜八觚鄭司農云晉謂矛戟下銅鐏也刺謂矛刃胷也玄謂晉讀如王搢大圭之搢矜所捷也首殳上鐏也爲戈戟之矜所圍如殳夷矛如酋矛 疏 凡爲殳五分其長以其一爲之被而圍之者殳制詳司戈盾疏賈疏云殳長丈二尺五分取一得二尺四寸爲把處而圜之也 注云被把中也者說文手部云把握也言當手握處之中也云圍之圜之也者明殳雖與戈戟同爲轂兵而圍則與酋矛同爲正圜形也云大小未聞者以經文不具程瑤田云凡爲殳五分其長以其一爲之被而圍之參分其圍去一以爲晉圍五分其晉圍去一以爲首圍是晉圍首圍之數皆出於其圍也凡爲酋矛參分其長二在前一在後而圍之五分其圍去一以爲晉圍參分其晉圍去一以爲刺圍是其晉圍刺圍之數亦皆出於其圍也然則殳與酋矛之圍乃其盧體上下諸圍之宗也而鄭注則云大小未聞夫既爲其諸圍之宗安得不以大小示人也考之喪服傳苴經大搹注云盈手曰搹搹扼也中人之扼圍九寸今訓被爲把中說文訓搹爲把搹圍九寸是把圍九寸也用殳與矛以把故卽以把之數爲其圍之數莊周書言櫟社樹絜之百圍吳越春秋言伍子胥腰十圍皆具數於人之把豈盧之用在把反疑其圍之之云非卽其把之數乎曰爲之被而圍之蓋謂爲之把而圍之也依文義讀之亦是著數之辭案程說甚精足補鄭義鄭訓被爲把中則被圍卽把圍莊子人閒世釋文引司馬彪云一手曰把李頤云徑尺爲圍亦與程所定相近此經言圍之者二桃氏爲劍云參分其臘廣以爲首廣而圍之首廣卽首徑以求其圍可得其度故不言圍度而度卽寓乎廣此爲殳云五分其長以其一爲之被而圍之亦不言圍度而度卽寓乎被求度不同而文例則一也至諸圍之度以程說推之殳圍九寸參分去一以

爲晉圍則晉圍六寸也五分其晉圍去一以爲首圍則首圍四寸又五分寸之四也酋矛圍與殳同五分其圍去一以爲晉圍則晉圍七寸五分寸之一也參分其晉圍去一以爲刺圍則刺圍亦四寸又五分寸之四也然則酋矛之刺圍與殳之首圍正同惟殳之晉圍視酋矛六分減一蓋凡轂兵刺兵柲之圍度並同其被皆漸殺以趨於晉轂兵所殺多舉之則細句兵所殺少舉之則重故被圍雖同而近晉之舉圍則又不害其異也長兵之制其可攷者如此云凡矜八觚者賈疏云以經二者近手皆云圍之明不圜者爲八觚也程瑤田云殳据說文積竹八觚說文又云𥴦積竹矛戟矜也蓋言凡𥴦皆積竹爲之記所言𥴦似並用木今注云凡矜八觚類同說文所謂積竹者或亦爲𥴦之一法然如戈戟之柲隋圜則斷不能積竹爲之矣案程說甚析文選張衡西京賦竿殳之所揘畢薛注云殳杖也八棱長丈二而無刃或以木爲之或以竹爲之是殳本有竹木兩種唯古戈戟柲爲鑿以函內自不能以積竹爲之許說似據漢制與古不合至戈戟柲雖爲隋圜形然舉圍之外亦未嘗不可爲八觚而隋之鄭說與經郤不相迕也鄭司農云晉謂矛戟下銅鐏也者說文金部云鐏柲下銅也釋名釋兵云矛下頭曰鐏鐏入地也曲禮進戈者前其鐏後其刃進矛戟者前其鐓注云銳底曰鐏平底曰鐓案鐏鐓對文則異散文得通段校說文金部云鐓矛戟柲下銅鐏也毛詩秦風小戎厹矛鋈錞傳云錞鐏也是兵器柲末並以銅鐏之名曰鐏亦曰晉程瑤田云殳以晉圍對首圍酋矛以晉圍對刺圍則晉圍者廬所內鐏之一端也晉尊一聲之轉云刺謂矛刃胷也者淮南子氾論訓高注云刺鋒也即謂矛刃本與矜相含之圜銎詩鄭風清人箋所謂室是也云玄謂晉讀如王搢大圭之搢矜所捷也者據典瑞文段玉裁改搢爲晉云謂其音義同晉大圭訓爲插於紳帶之閒知此晉謂矜插於銅鐏捷同插俗作插晉大圭俗本作搢大圭非案段校是也典瑞亦作

晉注引先鄭讀爲薦申之薦今本彼注薦申作搢紳誤也提插古通詳總敘疏云首殳上鐏也者賈疏云殳下有銅鐏此殳首無亦以上頭爲首而稍細之以其似鐏故鄭云首殳上鐏也案殳無刃蓋首末並有銅鐏以爲固賈說疑非程瑤田云矛之用在刺故即以刺名其內刺之一端殳所用之一端無刺但平其首故名之曰首云爲戈戟之矜所圍如殳夷矛如酋矛者經不箸戈戟夷矛之圍度故鄭補其義以殳爲轂兵戈戟亦可句可轂與殳用同其柲雖有隋圜正圜之異而圍度大小可約略相等夷矛酋矛則並爲刺兵其矜自當同也其由彼以下漸殺以趨於晉者則異

凡試廬事置而搖之以眡其蜎也灸諸牆以眡其橈之均也橫而搖之以眡其勁也置猶尌也灸猶柱也以柱兩牆之閒輓而內之本末勝負可知也正於牆牆歰

【疏】凡試廬事者記廬人爲廬器成後試其利用與不其法有三也程瑤田云三法之試初一法防其蜎次二法防其末弱次三法無上二病專主於強刺兵無掉病而防其蜎故曰欲其無蜎也然三法之試凡兵皆然故刺兵摶而試之以三法則可無蜎病且均而同強句兵之不摶而柙也專以防掉然亦不可有蜎病故試廬之法句兵亦然故記言凡以包之云置而搖之以眡其蜎也者戴震云眡其蜎審察搖掉之勢也云灸諸牆以眡其橈之均也者戴震云審察屈勢皆欲通體無勝負苟材有勝負必自負處動析程瑤田云如爲廬尋層擇兩牆閒函二丈者屈廬而柱諸牆令橈而因以觀其所橈兩端初無勝負則均也云橫而搖之以眡其勁也者說文力部云勁彊也戴震云試之既齊均又以彊勁爲尚程瑤田云勁謂通體同強無弱眡之挺直不下垂也　注云置猶尌也者說文壴部云尌立也廣雅釋詁云置立也是置與尌義同案置凡訓尌立者並植之叚字說文木部植或作𣙙可證植謂直立與橫搖正相對云灸猶柱也

以柱兩牆之閒輓而內之本末勝負可知也者惠棟云灸說文久部引作久云从後灸之象人兩脛後有距也案士喪禮云冪用疏布久口注云以柱兩牆之閒輓而內之與儀禮久之同義是久爲古文灸之注云久讀爲灸既夕云木桁久之注云久當爲灸灸謂以蓋案塞其爲今文也灸从火久聲古文省火段玉裁云說文久字下引周禮久諸牆以觀其橈案此則故書作久鄭讀爲灸也許君從故書作久自可通無勞易字久灸義相近許以灸釋久案久之本訓從後抵拒引申爲長久之訓後人乃知長久之訓而不知本訓遂以抵拒之訓專歸灸字注家欲知古今異言古今異字之梗概耳柱今之拄字云正於牆牆歰者釋文云歰本又作澀又作歰同案說文止部云歰不滑也澀𣥄並歰之俗取牆歰者欲其柱之定也

六建既備車不反覆謂之國工六建五兵與人也反覆猶軒輖疏注云六建五兵與人也者賈疏云盧人所造有柄者戈戟殳與酋矛夷矛五兵而已上車有六等除軫與人四兵此云六建建在車上明無軫自取人與五兵爲六建可知也戴震云六建當爲五兵與旌旗案戴說是也人立車上不可言建注義爲短云反覆猶軒輖者既夕記志矢一乘軒輖中注云軒輖猶軒輕御覽車部引通俗文云後重曰軒前重曰輕戴震云六建搖動則車行反覆矜柲不彊故也

匠人建國立王國若邦國者疏匠人建國者說文匚部云匠木工也雜記云匠人御柩孟子梁惠王篇云工師得大木匠人斲而小之又左成二年傳魯賂楚以執斲百人杜注以爲匠人鄉師職有匠師鄭匠人之長也凡建立國邑必用土木之工匠人蓋木工而兼識版築營造之法故建國營國溝洫諸事皆掌之也注云立王國若邦國者者天官敘官注云建立也賈疏云周禮單言國者

據王國邦國連言據諸侯經既單言國鄭兼言邦國者以其下文有王及諸侯城制明此以王國爲主其中兼諸侯邦國可知下文又有都城制則此亦兼諸侯也

水地以縣於四角立植而縣以水望其高下高下既定乃爲位而平地

疏 水地以縣者將建國必先以水平地以爲測量之本莊子天道篇云水靜則平中準大匠取法焉李筌太白陰經水攻具篇有水平法蓋古之遺制也江永云此謂測景之地須先平之蓋地不平則景有差故下注云於所平之地中央樹八尺之臬非謂通國城之地皆須平也疏謂欲置國城先當以水平地知地之高下然後平高就下謬矣國地隨地勢皆可居民何用平案江說是也 注云於四角立植而縣以水望其高下者賈疏云植卽柱也於造城之處四角立四柱而縣謂於柱四畔縣繩以正柱柱正然後去柱遠以水平之法遙望柱高下定卽知地之高下江永云今工人作室有平水之法各柱任意量定若干尺畫墨四面依墨用橫線線下以竹承水縣直物於線進退量之如柱平則直物至水皆均如不均則知柱有高下而更定之意古人亦用此法戴震云水地者以器長數尺承水引繩中水而及遠則平者準矣立植以表所平之方縣繩正植則度水面距地者準矣案江戴說是也四角立植卽於所平之地立之縣繩所以正植亦以測四植距水之高下均否此蓋兼有準繩之用矣淮南子齊俗訓云視高下不失尺寸明主弗任而求之於浣準許注云浣準水望之平浣準疑卽管準所以測高下之表儀也云高下既定乃爲位而平地者位卽天官敘官辨方正位之位彼注謂定宮廟也凡建國必先定宮廟之位而後平地

置槷以縣眡以景故書槷或作弋杜子春云槷當爲弋讀爲杙玄謂槷古文臬假借字於所平之地中央樹八尺之臬以縣正之眡之以其景將以正四方也爾雅曰在牆者謂之杙在地者謂之臬

疏 置槷以縣眡以景者地既平然後揆日眡景以

正東西南北之鄉背卽辨方之事也賈疏云置槷者槷亦謂柱也以縣者欲取柱之景先須柱正欲須柱正當以繩縣而垂之於柱之四角四中以八繩縣之其繩皆附柱則其柱正矣然後眂柱之景故云眂以景也　注云故書槷或作弋杜子春云槷當爲弋讀爲杙者段玉裁云杜正槷從弋又云弋讀爲杙此與正帝爲奠奠讀爲定正笴爲笴笴讀爲槀同說文槷弋字作弋而杙爲爾雅劉劉杙之字杜易弋爲杙者蓋漢時槷弋字已作杙故以今字易古字如以灸易久之此許自據周禮故書及字形得其說故不同也云玄謂槷古文臬假借字者段玉裁云鄭君則從槷謂槷爲臬之假借如笴爲槀之假借九軌爲簋之假借下文引爾雅分別杙臬字見此經言在地者則作臬爲正不當如杜作杙也案段說是也鄭以槷臬爲古今字故以後注中並作臬云於所平之地中央樹八尺之臬以縣正之者賈疏云天文志云夏日至立八尺之表通卦驗亦云立八神樹八尺之表故知樹八尺之臬臬卽表也必八尺者按考靈曜曰從上向下八萬里故以八尺爲法也彼云八神此縣一也以於四角四中故須八神神卽引也向下引而縣之故云神也江永云古人樹臬用八尺何也蓋測景之臬不可過短過短則分寸太密而難分過長則取景虛淡而難審八尺與人齊如是爲宜八尺雖無正文而土中之地夏至景尺有五寸以知用八尺臬也後世郭守敬測景用四丈之表表上作橫梁下用銅皮鑽小竅於小竅中取橫梁之景謂之景符此後人之巧法然四丈表亦不易作也疏引考靈曜謂從上向下八萬里故以八尺爲法此漢人之妄說天去地豈止八萬里哉詒讓案臬卽大司徒測景之表周髀算經亦謂之髀長八尺取天高八萬里周髀已有此論雖非實測然古天官家書傳其說故鄭亦從之互詳大司徒疏云眂之以其景將以正四方也者眂詩鄘風定之方中孔疏引作視是也凡經作眂注例用今字作視各本並誤詳大宰疏正位必先辨方

故眡景以正之也引爾雅曰在牆者謂之杙在地者謂之臬者證臬與杙異槷當爲臬也釋宮云樴謂之杙在牆者謂之揮在地者謂之臬郭注云杙橛也臬即門橛也此引作在牆者謂之杙者鄭以杙揮同物隨文便改之爾雅之臬即此經之槷與門闑字異郭注亦誤

爲規識日出之景與日入之景

日出日入之景其端則東西正也又爲規以識之者爲其難審也自日出而畫其景端以至日入既則爲規測景兩端之內規之規之交乃審也度兩交之間中屈之以指臬則南北正

疏 爲規識日出之景與日入之景者測東西之景也詩大雅沔水箋云規正員之器也林喬蔭云此蓋於土圭之外別詳測景之用謂於地平上爲圓規而植槷其中日出景在槷西日入景在槷東視景端與規齊之處識之參以日中午正之景則東西正又中屈其規以指槷而南北亦正與土圭互相爲用 注云日出日入之景其端則東西正也者中國在赤道北日景所照恆偏指北惟日初出時景端正指東日將入時景端正指西故正東西必眡日出入時景端詩鄘風定之方中云揆之以日作於楚室毛傳云揆度也度日出日入以知東西周髀算經云以日始出立表而識其晷日入後識其晷晷之兩端東西也中折之指表者正南北也皆即此法也又淮南子天文訓亦有以表測景正朝夕之術與此經及周髀並不同蓋漢以後所更定也云又爲規以識之者爲其難審也者但識景端恐尚不審故復爲規以攷其合否也云自日出而畫其景端以至日入既則爲規測景兩端之內規之規之交乃審也者規之交賈疏述注作規交阮元云之字蓋涉上衍詒讓案此謂從日初出始有景時測臬西之景端畫識之隨景東移接續畫之至日入時窮臬東之端不復有景處而止既得其景乃以臬爲心而於臬兩端景線相距之內爲圓規規其大盡景線之兩端匝旋轉若規適相交則東西正也如有微差則兩端距臬心必不能同度

東長則東半規邊線出西半規之外西長則西半規邊線出東半規之外而不能交矣故必規之交東西乃審也鄭意蓋如是江永云爲規者以樹槷之處爲心而畫墨於地爲圓形視朝景端之當規者識之又視夕景端之當規者識之作一橫線於規心亦作一橫線與之平行則東西之位正矣後世郭守敬作正方案多爲之規樹短表於案心多爲之墨亦放此意而變通之日景近二分時朝夕有微差當二至時朝夕均方位尤審戴震云先爲規而後識景記文也先識景徐徐作點後乃連爲規鄭說也案江戴說是也江謂先爲規後識景與經文合似勝鄭義梅瑴成林喬蔭說同云度兩交之閒中屈之以指臬則南北正者臬卽八尺之臬圓規兩交之閒正與臬心南北相當爲直線線與東西橫線交午爲十字形橫線兩端正指東西則取直線折半屈之兩端正指南北矣周髀正東西南北之法卽與此同惟不爲規不若此之審

晝參諸日中之景夜考之極星以正朝夕

日中之景最短者也極星謂北辰

【疏】晝參諸日中之景者兼測南北之景也日中謂日加午時其景與前指臬之南北線相合則正也凡日中景端必正指北故墨子經上篇云日中正南也云夜考之極星以正朝夕者極星恆居正北測其與所識日中之景合否也正朝夕者舉東西以晐南北也春秋緐露深察名號篇云正朝夕者視北辰晏子春秋雜篇下云古之立國者南望南斗北戴樞星彼安有朝夕哉北辰樞星並卽極星董晏二子說與此經合程瑤田云朝夕卽大司徒職所謂景朝景夕也正朝夕者正其東西也必夜考之極星者極星與地中正南北相直者也日東立表北視極星則在表西日西立表北視極星則在表東南北不相直者也當地中未得其求之之時使不考之極星安知尺有五寸者之爲地中而日東景夕日西景朝使不考之極星又安從而知其景之夕與景之朝哉是故考極星者測景之權衡而正朝夕以

求地中舍是則弗得其求也林喬蔭云夜考極星經既未言其術鄭注亦不之及惟賈疏謂當夜半考之而所以考之之方究未明也竊案周髀有云正極之所游冬至日加酉之時立八尺表以繩繫表顛希望北極中大星引繩致地而識之又到旦明日加卯之時復引繩而希望之首及繩致地而識其端其兩端相去正東西中折之以指表正南北此卽所謂夜考極星者正猶定也謂定極星所在之處也八尺表卽八尺之槷於地平之所立之以繩繫表顛亦置槷以縣之意也其必於冬至日加卯酉之時者以冬至前後卯酉之閒皆得見星故於此時希望引繩致地識其兩端其相去爲東西之正猶爲規識景以日出日入參諸日中而正東西也中折其所識之兩端以指表爲南北之正猶測景之規度兩交之閒以指槷而正南北也是其法與測景略同案林氏據周髀以釋此經考極星之法是也但周髀望極星定於二至故必以卯酉二時此經正朝夕則通四時言之故考必以夜以卯酉二時惟二至乃見極星若夜則通四時無不見也此經與周髀法蓋大同小異又案毛詩鄘風定之方中傳云南視定北準極以正南北則古法正南北兼考中星蓋中星必在正南與極星在正北亦參相直也但中星無定隨時變易不若日中之景及極星之不差故此經略之耳　注云日中之景最短者也者日中晝直故景最短也云極星謂北辰者爾雅釋天云北極謂之北辰公羊昭十七年傳云北辰亦爲大辰何注云北辰北極天之中也常居其所迷惑不知東西者須視北辰以別心伐所在徐疏引李巡云北極天心居北方正四時謂之北辰許宗彥云匠人夜考諸極星以正朝夕今北極星甚小不易辨周髀曰冬至日加酉之時立八尺之表繩繫表顛希望北極中大星引繩至地而識之蓋周髀本言北極中大星則非今所指之小星可知也史記天官書中官天極星其一明者太一常居北極大星或卽此歟今法測句陳大星東西所極折中以定

南北與周髀北極樞璿之用正同若論語所云北辰卽周髀所謂正北極璿璣之中正北天之中者蓋赤道極也鄒伯奇云論語爾雅北辰皆通指北極四星言之猶大火謂之大辰伐謂之大辰皆不必定指一星也謂之北辰者居天之北以正四時然惟不正當不動處故可因其四游以測日度而知節候詒讓案天體渾圓二極居其中爲左旋之樞周王城爲今河南洛陽縣今實測北極出地三十四度四十二分南極入地亦如之南極不見故揆測者必以北極爲宗續漢書天文志劉注引張衡靈憲云天有兩儀以儛道中其可覩者樞星是也謂之北極在南者不著故聖人弗之明焉是也北極正中卽天之中古謂之天極又謂之北極樞後世謂之赤道極然天中之極無可識別則就近極之星以紀之謂之極星沿襲既久遂并稱星爲北極又謂之北辰然則北極者以天體言也北辰者以近極之星言也呂氏春秋有始覽云極星與天俱游而天極不移周髀算經云欲知北極樞璿璣周四極常以夏至夜半時北極南游所極冬至夜半時北游所極冬至日加酉時西游所極日加卯時東游所極此北極璿璣四游正北極樞璿璣之中正北天之中周髀之說與呂覽正同璿璣者卽極星故續漢志注引星經云璿璣謂北極星也尚書大傳云璿璣謂之北極是也北極樞者卽天極也然則極星繞極四游非不移者其不移者乃天極耳論語爲政篇云譬如北辰居其所而衆星共之此亦謂天極而曰北辰者舉星以表極許氏謂卽指赤道極是也至古天文家說極星或以爲四星史記天官書云中宮天極星其一明者大一常居也旁三星三公或曰子屬漢書天文志說同或以爲五星史記索隱引春秋合誠圖云北極其星五在紫微中開元占經石氏中官占篇引石氏說同則兼數天樞小星晉書天文志云北極五星在紫微宮中北極北辰最尊者也其紐星天之樞也第二星帝王也亦大乙之坐謂最赤明者也隋書天文志苗爲天文大象賦

丹元子步天歌說並略同攷史記所云天極四星其一明者卽晉志北極第二星最赤明者茁爲謂之帝星丹元子謂之大帝之坐今名同晉志所謂紐星茁爲亦以爲後宮屬丹元子則以爲第五星天樞與茁爲同史記所云旁三星茁爲謂之太子庶子後宮三星今名亦今直謂之北極此星距帝星較遠故史記不數說苑辨物篇說書璿璣玉衡云璿璣謂北辰句陳樞星也說苑之樞星卽所謂天樞今所謂北極者而劉向以與北辰並稱則亦不數樞星矣其考測亦有二法有專測帝星者周髀立表希望北極中大星是也有專測樞星者晏子云北戴樞星是也占經引黃帝占云北極者一名天樞一名北辰天樞天一座也又靈憲云樞星謂之北極隋書天文志云賈逵張衡蔡邕王蕃陸續皆以北極紐星爲樞是不動處此經極星其爲帝星樞星無可質證要之古說北極星或四或五其攷測或主帝星或主樞星皆先秦舊術也至二極終古如一而極星則隨恆星東徙今則紐星移遠極至五度四十五分而不動之處乃在鉤陳大星與紐星之閒故推步家改以鉤陳大星測極然說苑雖以鉤陳與北辰樞星同爲璿璣已開以鉤陳測極之端而終不以鉤陳當北辰知古經無是義也又北極帝星卽鄭所謂天皇大帝名耀魄寶者占經引甘氏別有天皇大帝星在鉤陳口中今名亦同鄭所不從互詳大宗伯疏

周禮正義卷八十三

瑞安孫詒讓學

匠人營國方九里旁三門營謂丈尺其大小天子十二門通十二子疏匠人營國方九里者謂營王都也賈疏云按典命云上公九命國家宮室車旗衣服禮儀以九為節侯伯子男已下皆依命數鄭云國家謂城方公之城蓋方九里侯伯七里子男五里并文王有聲詩箋差之天子當十二里此云九里者按下文有夏殷則此九里通異代也鄭異義駁或云周亦九里城則公七里侯伯五里子男三里不取典命等注由鄭兩解故義有異也焦循云方九里以開方計之徑九里圍三十六里積八十一里也尚書大傳云古者百里之國九里之城注云玄或疑焉匠人營國方九里謂天子之城今大國九里則與之同然則大國七里之城次國五里之城小國三里之城為近又其駁異義云公七里侯伯五里子男三里準此天子之城九里也及注典命則疑公之城方九里侯伯之城方七里子男之城方五里而坊記注大雅文王有聲箋並用此說今案周書作雒篇云作大邑成周於土中城方千六百二十丈計每五步得三丈每百八十丈得一里以九乘之千六百二十丈與考工九里正合則謂天子之城九里者是也金鶚云以典命注推之天子之城宜方十二里鄭蓋以典命匠人俱有正文故兩解不定左氏隱元年傳云都城過百雉國之害也先王之制大都不過參國之一夫鄭伯爵也侯伯城方三百雉雉長三丈三百雉得九百丈適足五里推而上之天子當九里矣孟子言三里之城此國城之小者當是子男之城子男城方三里可知天子城有九里也射人三公執璧與子男同五經異義古周禮說都城之高皆如子男之城指三公大都言然則

大都城方亦當如子男作雒言大縣城方王城三之一與左傳大都參國之一合天子城方九里則大都方三里適與子男同若城方十二里則大都方四里與子男五里不同苟亦方五里非參國之一矣匠人言王城隅高九雉諸侯七雉古周禮說公七雉侯伯五雉禮器言天子堂高九尺諸侯七尺皆九降爲七其例相合又何疑於九里之說哉大雅築城伊洫鄭箋以洫爲成溝成方十里謂文王之城大於諸侯而小於天子說者以爲天子城方十二里之證然此特謂城放乎洫以爲池池深廣與洫等非謂城有十里也文王方爲諸侯其城安得獨大哉賈謂匠人九里或是夏殷之制以下文有夏后氏世室殷人重屋也然考工一書皆言周制惟世室重屋明標夏殷以見其與周之明堂同中有異非匠人所言皆夏殷制也案焦金二說是也陳啓源戴震林喬蔭說並同續漢書郡國志劉注引帝王世紀說成周云城東西六里十一步南北九里一百步又晉太康地道記云城內南北九里七十步東西六里十步爲地三百頃十二畝三十六步此敬王以後王都之制輪亦不逾九里而廣復朒焉足徵此記之爲周制矣互詳典命疏王城方九里積八十一里地每里九夫則積七百二十九夫也王城郛郭里數經注並無文案作雒篇云郛方七十二里依其說是郭大於城八倍於理難信作雒別本作七十里金履祥通鑑前編又作十七里亦皆無分率可說攷孟子公孫丑篇云三里之城七里之郭國策齊策貂勃說卽墨云三里之城五里之郭又田單云五里之城七里之郭是郭大於城不得過二倍足證今本周書之譌以意求之疑作雒當作郛方二十七里據典命注說九里之城其宮方九百步則周王宮亦必方三里若然宮三里城九里郭二十七里皆以三乘遞加於差分比例正合今本周書二七上下互易遂不可通耳依此計之則郭中積七百二十九里除城中八十一里餘六百四十八里積五千八百三十二夫通爲國中也又案公羊

定十一年傳云百雉而城何注云二萬尺凡周十一里三十三步二尺公侯之制也禮天子千雉蓋受百雉之城十伯七十雉子男五十雉此說復與鄭異焦循云雉長三丈每里爲雉六十天子之城徑五百四十雉周二千一百六十雉公之城徑四百二十雉周一千六百八十雉侯伯之城徑三百雉周一千二百雉子男之城徑一百八十雉周七百二十雉如何休說則千雉爲二十萬尺凡周一百十一里三十三步二尺方徑得二十七里一百三十步五尺城不應如是之大子男五十雉周五里一百六十六步三尺有奇方徑一里一百十六步十五尺有奇於地又太狹何氏本春秋說與鄭不合存其異說可也案焦說亦是也何說雉長二百尺與古說並不合其所說天子城千雉卽以鄭說雉長三丈計之亦得十六里有二百步與經必不相應也雉制詳後疏　注云營謂丈尺其大小者廣雅釋詁云營度也營國以丈尺度其大小若量人所量是也賈疏謂丈尺據高下而言大小據遠近而說誤云天子十二門者四旁各三門總十二門月令云九門者金鶚以爲上公之制與此異也云通十二子者賈疏云按孝經援神契云天子卽政置三公九卿二十七大夫八十一元士愼文命下各十二子如是甲乙丙丁之屬十日爲母子丑寅卯等十二辰爲子故王城面各三門以通十二子也

國中九經九緯經涂九軌

國中城內也經緯謂涂也經緯之涂皆容方九軌軌謂轍廣乘車六尺六寸旁加七寸凡八尺是爲轍廣九軌積七十二尺則此涂十二步也旁加七寸者輻內二寸半輻廣三寸半綆三分寸之二金轄之閒三分寸之一

【疏】國中九經九緯經涂九軌者賈疏云王城面有三門門有三涂男子由右女子由左車從中央焦循云疏所引王制文彼注云道中三涂蓋謂一道之中分而爲三疏以此三涂卽九經九緯之三而男女與車各行一涂也若然則涂雖有九道止有三每涂九軌則每道二十七軌爲步三十

有六其度爲太廣或三涂分爲三處則三涂即是三道不得爲一道三涂且每涂皆以軌度斷非僅以中涂行車若左右之涂止行男女又何用此九軌之廣哉經文曰九經九緯又曰經涂九軌其制甚明王制所云道路與涂爲通稱鄭所云一道三涂猶云一涂中分爲三涂一之爲三以男女車而別非真界畫爲三如每門之三涂也案焦說是也呂氏春秋樂成篇云孔子用於魯三年男子行乎塗右女子行乎塗左是一涂分爲左右中之證王城旁三門而涂有九則每門有三涂故文選張衡西京賦云旁開三門參塗夷庭薛注云一面三門門三道是也實則九涂之中正當門者止三涂其六皆不當門蓋並由環涂以達之　注云國中城內也者鄉大夫注云國中城郭中也與此義同謂王城之內也云經緯謂涂也者賈疏云南北之道爲經東西之道爲緯云經緯之涂皆容方九軌者焦循云容方九軌者容廣九軌也詒讓案經無緯涂軌數鄭知亦九軌者後文唯云環涂七軌野涂五軌明緯涂軌數同經涂故不別出也方九軌者淮南子汜論訓高注云方並也謂容並[列]九軌呂氏春秋權勳篇云中山之國有夙繇者智伯欲攻之爲鑄大鍾方車二軌以遺之史記蘇秦傳亦云車不得方軌是也左傳隱十一年杜注云逵道九軌孔疏引李巡爾雅注說同若然經緯涂亦通稱逵與云軌謂轍廣者阮元云說文無轍當作徹案阮校是也後經注皆作徹說文車部云軌車徹也段玉裁云車徹者謂輿之下兩輪之閒空中可通故曰車徹是謂之車軌軌之名謂輿之下隋方空處老子所謂當其無有車之用也高誘注呂氏春秋曰兩輪之閒曰軌毛公匏有苦葉傳曰由輈以下曰軌兩輪之閒自廣陿言之凡言度涂以軌者必以之由輈以下自高庳言之詩言濡軌晏子言其深滅軌以之案段說是也車之兩輪閒爲軌因以兩輪所輾之迹爲軌中庸云車同軌孟子盡心篇云城門之軌是也後文云涂度以軌故此言經緯涂之廣並以軌計之云乘

車六尺六寸旁加七寸凡八尺是謂轍廣者乘車六尺六寸見總敘左右輪旁各加七寸共加一尺四寸是轍廣八尺也云九軌積七十二尺則此涂十二步也者軌廣八尺以九乘之得積七十二尺以步法收之適得十二步也焦循云每涂容方九軌者累二百二十五推城中爲方一里者八十一每方一里中積九萬步經緯各三千六百步減中互百四十四步共得經緯積七千一百五十六步餘八萬二千八百四十四步一城之中九經九緯共積五十七萬九千六百三十六步餘積六百七十一萬三百六十四步又環涂減五萬八千九百七十步四尺餘六百六十五萬一千三百九十三步三分步之一凡朝市苑囿學校皆奪涂之地涂之於城蓋不足十之一也云旁加七寸者輻內二寸半輻廣三寸半綆三分寸之二金鎋之閑三分寸之一者鄭珍云輻內轂長九寸半只有二寸半者以其七寸入輿下也金者大穿之釭也其去內轄不可太切使之利轉故金鎋相去其閑有三分三釐強也軌以兩輪所踐之迹相距之廣爲度其度自以牙外邊所及爲限牙外踐一分則度廣一分假令牙不偏出以三寸半之厚與三寸半之輻股鑿正對卽所踐之迹亦與股鑿正對是兩輪之閑止有車廣輻內輻廣及金鎋閑之數而軌不及八尺矣今輻股向外一邊不殺直入牙鑿鑿之外邊有六分六釐強是多踐六分六釐強合成軌度八尺案鄭子尹說是也輻廣三寸半輪人注同此與鑿深同皆得捎藪餘徑之半故三寸半也輻內二寸半者輻距輿之度綆三分寸之二者亦輪人文此牙外出於輻股鑿之度也並詳輪人輿人疏又案軌廣八尺凡兵車乘車田車並同蓋度涂以軌爲周人度法之要事必無不齊若畫一者此注及總敘注並唯云乘車者文不具也至車人大車羊車柏車雖不駕馬輻廣及輪綆數亦不與乘車同而揆以同軌之義亦當無異徹彼經云徹廣六尺者自是誤文鄭於彼注未能刊正實爲疏舛不知凡軸上與下小車有兩轐

大車有兩轅輿皆不正與轂相切則長轂者或入輿下短轂者或出輿外消息之以合八尺之徹無所不可八尺之軌固大小車之通度矣互詳車人疏

左祖右社面朝後市 王宮所居也祖宗廟面猶鄉也王宮當中經之涂也 **疏** 左祖右社者謂路門外之左右詳小宗伯疏天官敘官賈疏云宗廟是陽故在左社稷是陰故在右云面朝後市者謂路寢之前北宮之後也天官賈疏云三朝皆是君臣治政之處陽故在前三市皆是貪利行刑之處陰故在後也案書召誥孔疏引顧氏云市處王城之北朝為陽故在南市為陰故處北卽賈疏所本詳朝士司市疏 注云王宮所居也者賈疏云謂經左右前後者據王宮所居處中而言之故云王宮所居也云祖宗廟者據小宗伯云左宗廟與此云左祖同故知祖卽宗廟也云面猶鄉也者擇人注同案鄉亦前也士冠禮注云面前也云王宮當中經之涂也者王宮必居國城正中之處故於九經涂當中經之涂晏子春秋襍篇下云景公新成柏寢之室飾開曰室夕公召大匠曰室何為夕大匠曰立室以宮矩為之於是召司空曰立宮何為夕司空曰立宮以城矩為之然則宮在國城之正中立宮與建國方位必相應也

市朝一夫 方各百步 **疏** 市朝一夫戴震云以朝百步言之方九百步之宮朝左右各四百步外門百步之庭曰外朝路門百步之庭曰內朝路門內至堂百步之庭曰燕朝王與諸侯若羣臣射於路寢則路寢之庭容侯道九十弓弓與步相應其百步宜也焦循云考聘禮注擯與賓相去公七十步侯五十步大夫三十步推此則天子之外朝當有百步矣射禮言大侯九十參七十干五十設乏各去其侯西十北十賓射在路門之外燕射在大寢之廷於此張九十步之侯則自應門至路門自路門至路寢之階各百步可見是三朝各方一夫之地也伏生書大傳路寢之制南北七雉東西九雉七雉得三十五步廷深三倍當得百五步亦合也又云司市職

云大市日昃而市百族爲主朝市朝時而市商賈爲主夕市夕時而
市販夫販婦爲主據此則市有三郊特牲云朝市之於西方失之矣
注云朝市宜于市之東偏據此則大市居中朝市居東夕市居西前
有三朝王立之後有三市后立之三朝朝方一夫三市市方一夫也
案焦說是也依鄭義王宮三里前有五門三朝惟臯門內及路門內
外有朝自應門至雉門雉門至庫門並不爲朝而宮室府庫所在兩
門南北相距亦當各有百步則路門之前當有四百步其後尚有五
百步以百步爲路寢庭之內朝又以百步爲王后北宮之朝餘三百
步分建王路寢燕寢后路寢燕寢亦並不迫隘也其後市之制以此
經及司市推之蓋三市爲地南北百步東西三百步其一里在王宮
之北左右中平列爲之三市市有一垣以爲界故說文冂部云市買
賣所之也市有垣从冂是其證賈司市疏謂三市皆於一院內爲之
殆未得其制又王宮前朝後市朝在宮九百步內而市朝則在其外
以其附近宮牆而建國之初內宰佐后所立亦或繫宮言之故初學
記帝王部引尸子云君天下者宮中三市而堯鶉居卽指此宮後之
市非臯門以內更有市也朝制互詳閽人朝士疏　注云方各百步
者小司徒注引司馬法云畮百爲夫田百畮方百步故方百步之地
亦謂之一夫三朝朝各方百步三市市亦各方百步也知非以百步
分爲三朝三市者百步凡六十丈三分之每一分止得二十丈朝市
衆人所集地太隘則不能容故知不然也賈疏云按司市市有三朝
總於一市之上爲之若市總一夫之地則爲太狹蓋市曹司次介次
所居之處與天子三朝皆居一夫之地各方百步也案賈以市一夫
爲專指市朝司次介次吏所治者言之司市疏亦謂列行肆之處居
地多在一夫之外不知王城止九里本不甚大則以三百步之地爲
市未爲太狹凡商賈列肆及販夫販婦蓋皆羣萃於此三市之中不
徒市吏次舍也惟儲貨物之廛則當於市旁相近隙地爲之雖亦市

吏所掌而不在三夫之內廛人之廛布於文布總布之外別為征斂亦其證也夏后氏世室堂脩二七廣四脩一世室者宗廟也魯廟有世室牲有白牡此用先王之禮脩南北之深也夏度以步令堂脩十四步其廣益以四分脩之一則堂廣十七步半疏夏后氏世室者以下皆記三代明堂制度之異世室者即夏之明堂史記五帝本紀正義引尚書帝命驗云五府者夏謂之世室殷謂之重屋周謂之明堂皆祀五帝之所也三輔黃圖云明堂夏后曰世室隋書牛弘傳明堂議引漢司徒馬宮云夏后氏世室室顯於堂故命以室是漢儒舊說亦以世室為即明堂云堂脩二七廣四脩一者三代明堂之通制皆四面為四堂世室四堂此其一面脩廣之度四堂全基正方鄭注以廣脩之數為全基之度則堂為橢方形非也隋書宇文愷傳愷奏明堂議云周官考工記曰夏后氏世室堂脩二七博四脩一臣愷案三王之世夏最為古從質尚文理應漸就寬大何因夏室乃大殷堂相形為論理恐不爾記云堂脩七博四脩若夏度以步則應脩七步注云令堂脩十四步乃是增益記文殷周二室獨無加字便是其義類例不同山東禮本輒加二七之字何得殷無加尋之文周闕增筵之義研覈其趣或是不然讎校古書並無二字此乃桑閒俗儒信情加減據愷議則六朝舊本並作堂脩七無二字黃式三云殷度以尋堂脩七尋周度以筵堂脩七筵則夏度以步堂脩七步鄭君以堂脩七步為隘注有令堂脩十四步之文假令之辭也而後人乃依此作二七字宇文愷所規固得其實也俞樾亦云堂脩二七二字衍文宇文愷曰記云堂脩七山東禮本輒加二七之字則隋時古本並作堂脩七鄭本亦當如是注云令堂脩十四步此乃鄭君假設若記文本作堂脩二七則是實數如此何言令乎學者從鄭義作十四步遂增記文作二七改經從注貽誤千古當據宇文愷議訂正大室之外四面有堂其南明堂其北玄堂其

東青陽其西總章之堂凡堂皆脩七步廣四脩一者廣二十八步也堂脩一七其廣四七廣之四脩之一也是謂廣四脩一雖然堂不已廣乎曰此兼四旁兩夾而言也中央爲五室四面爲堂東堂之南即南堂之東南堂之西即西堂之南西堂之北即北堂之西北堂之東即東堂之北是故東西兩面各廣四七而南北兩面之各脩一七者即在其中矣南北兩面各廣四七而東西兩面之各脩一七者即在其中矣記文不曰廣四七而變其文曰廣四脩一明廣之數兼有脩之數也於是堂基定而室基亦定堂基方二十八步室基方十四步案黃俞兩家據宇文愷議考定經文最塙此經廣脩之說亦當以俞氏爲允依其說則夏世室全基正方一百六十八尺與周明堂爲亞字形者異也牛弘議又引馬宮說謂夏后氏堂廣百四十四尺以步法六尺除之則二十四步也其義牛氏亦謂未詳今攷馬謂周明堂廣二百十六尺爲二十四筵蓋以兩堂三室東西合并計之是周度以筵其廣二十四筵夏度以步廣亦二十四步比例相同若然馬意世室亦兩堂堂各七步中三室合十步并之爲二十四步分率及度法與明堂正同三室所以得有十步者疑謂隅室各三步中室則四步蓋馬釋三四步之義如是而四三尺之度則不計似亦謂包於三四步之內但不審其意云何又馬謂周堂廣二十四筵而以十六筵爲兩序閒則世室廣二十四步亦當以十六步爲兩序閒馬說大意約略如是於此經義未必密合然可證馬氏所見本亦作堂脩七故每堂止以七步入算與明堂每堂九筵七筵同也又春秋繁露三代改制質文篇云主天法商而王郊宮明堂員主地法夏而王郊宮明堂方主天法質而王郊宮明堂內員外橢主地法文而王郊宮明堂內方外衡今攷三代明堂制雖不同而皆爲方形董子所說亦與此經不合　注云世室者宗廟也者鄭謂此世室即夏宗廟與殷路寢周明堂相配也玉海郊祀引禮記外傳云夏謂太廟爲世室不毀之

義卽本鄭義戴震云王者而後有明堂其制蓋起於古遠夏曰世室殷曰重屋周曰明堂三代相因異名同實明堂在國之陽祀五帝聽朔會同諸侯大政在焉世世室猶大室也夏曰世室舉中以該四方猶周曰明堂舉南以該三面也孔廣森云世室者明堂之中室夏以室舉周以堂稱異名而同實故周公作洛立文武之廟制如明堂謂之文世室武世室洛誥曰王入太室祼太室猶世室也春秋世室屋壞左氏經爲太室古者世太字多通用阮元云世室乃明堂五室之中猶尚書大傳所言大室夏特取此爲名概其餘耳匠人言三代明堂之制皆郊外明堂也自室中度以几以下乃通言城中王宮之制非專指明堂鄭注謂世室爲宗廟殆以魯世室例之耳其實夏之名世室非專爲祀祖案戴阮二說是也公羊文十三年經世室屋壞左氏穀梁世作大穀梁傳云大室猶世室也周曰大廟魯公曰大室羣公曰宮范注云世世有是室故言世世室此宗廟之世室與夏明堂名同而義異周宗廟與明堂不同制詳後云魯廟有世室牲有白牡者明堂位云魯君季夏六月以禘禮祀周公於大廟牲用白牡又云魯公之廟文世室也武公之廟武世室也卽鄭所據也云此用先王之禮者賈疏云世室用此經夏法白牡用殷法皆是用先王之禮也詒讓案鄭言此者證夏宗廟爲世室魯廟卽法夏制爲名也云脩南北之深也者周髀算經趙爽注云從者謂之脩一切經音義引韓詩傳云南北曰從故此經亦以南北之深爲脩也云夏度以步者據下有五室三四步之文也云令堂脩十四步其廣益以四分脩之一則堂廣十七步半者賈疏云知堂廣十七步半者以南北爲脩脩十四步四分之取十二步益三步爲十五步餘二步益半步爲二步半添前十五步是十七步半也孫星衍云六尺爲步二七十四步南北得八十四尺也八十四尺而四分之其一得二十一尺以益八十四尺東西爲百五尺俞樾云鄭意五室皆在一堂之上疑堂脩七步不足以容之

以爲是記人假設之數使人以七步推算非是止脩七步故下注云令堂脩十四步此乃鄭君以意說之謂設以二七推算則是十四步也案俞說是也鄭嫌堂脩七太狹因疑其當爲二七十四步而經無文故爲假令之辭凡注言令者並是經文不具而鄭以意補之若輪人牙圍注云令牙厚一寸三分寸之二以經無牙厚之文也賢軹注云令大小穿金厚一寸以經無大小穿金厚之文也置輻注云令輻廣三寸半以經無輻廣之文也鳧氏爲鍾注云令衡居一分以經無衡居一分之文磬氏注云假令磬股廣四寸半以經無磬股廣幾寸之文也此經云廣脩七不言二七故鄭補之云令堂脩十四步若如今本云堂脩二七則其爲十四步甚明何藉爲假令之辭乎然鄭此說其誤有三一則經云廣脩本爲四堂每面一堂之度鄭誤以爲四堂五室之通基遂令一代布政之宮尺度迫隘形制不稱且脩廣異度四堂不方尤爲非制二則橫增二七之數不直據經文而假設爲說有乖經義三則廣四脩一經文本明而猥云四分益一增字成義說尤牽強故守文愷議亦據馬宮言謂此經廣脩止論堂之一面三代堂基並方房鄭說與古違異今案殷周堂皆四出雖不正方然世室之制自當如愷議俞樾亦云如鄭義則當云益以四脩一其文方明不得但云廣四脩一也且其數畸零不齊於義無取足知其非並足正鄭注之誤

五室三四步四三尺堂上爲五室象五行也三四步室方也四三尺以益廣也木室於東北火室於東南金室於西南水室於西北其方皆三步其廣益之以三尺土室於中央方四步其廣益之以四尺此五室居堂南北六丈東西七丈

疏五室者亦三代明堂之通制也云三四步四三尺者鄭漢勛云室各方四步中一室隅四室是自東而西自南而北皆三室之廣故言三四步也五室東西凡四墉南北亦四墉墉厚三尺故言四三尺也黃以周云五室室各四步四隅室及中室之正堂其內有三箇四

步故曰三四步謂三其四步也凡隅室設窗戶其四面有墉墉之地各有三尺四隅室及中室之正堂其內有四箇三尺故曰四三尺謂四其三尺也案鄭黃說是也沈夢蘭俞樾說三四步亦同蓋五室惟土室在中四室分居四維室方四尺而墉厚三尺土室之四墉與四室之四墉廣脩相接是四墉合三室而占地十四步後文云牆厚三尺亦其證也牛弘明堂議引馬宮說夏堂廣度不以四三尺入算疑漢人舊說已有以此爲五室之墉者但以爲包於室廣之內故於三四步之度無所增益耳　注云堂上爲五室象五行也者三輔黃圖說明堂同牛弘議引尚書帝命驗云帝者承天立五府赤曰文祖黃曰神斗白曰顯紀黑曰玄矩蒼曰靈府注云五府與周之明堂同矣是五室沿五府之制也玉藻孔疏引五經異義講學大夫淳于登說周明堂云周公祀文王於明堂以配上帝上帝五精之帝大微之庭中有五帝座星案據書緯五府之說則夏殷以前當已有五帝五神之祭若然夏世室五室象五行亦兼爲合祭五帝五神之宮也云三四步室方也者謂一室之方鄭意中太室方四步旁四室皆方三步經云三四步即室方或三步或四步也云四三尺以益廣也者謂以四尺益中太室之廣以三尺益旁四室之廣經云四三尺即或益廣以四尺或益廣以三尺也依鄭說則五室並橢方故賈後疏謂世室室東西廣於南北今攷定世室五室亦正方與周明堂同鄭賈說並失之云木室於東北火室於東南金室於西南水室於西北者明四室分居四維玉藻孔疏引鄭駁異義說明堂五室云水木用事交於東北木火用事交於東南火土用事交於中央金土用事交於西南金水用事交於西北與此義略同焦循云鄭易繫辭傳注云天一生水於北地二生火於南天三生木於東地四生金於西天五生土於中地六成水於北與天一並天七成火於南與地二並地八成木於東與天三並天九成金於西與地四並地十成土於中與天五並大

衍之數五十有五五行各氣並氣並而減五據鄭此義生數既位於各方而又有成數與之並故世室正北有水堂西北又有水室正南有火堂東南又有火室正東有木堂東北又有木室正西有金堂西南又有金室也以爻辰之位言之寅木居東北巳火居東南申金居西南亥水居西北亦其義也黃以周云明堂五室法五行生成數合八卦方位鄭意一水生於乾金而六成之於坎故乾爲水室坎爲水堂於支爲亥子三木生於艮水而八成之於震故艮爲木室震爲木堂於支爲寅卯二火生於巽木而七成之於離故巽爲火室離爲火堂於支爲巳午四金生於坤土而九成之於兌故坤爲金室兌爲金堂於支爲申酉其象如此案焦黃說並依五行生成數以推鄭義是也大戴禮記盛德篇引明堂月令說明堂九室云二九四七五三六一八則依九疇數爲方位卽漢人之九宮數宋人以爲洛書數者也依其位推之則四正之九七金與火兩易四維之二四東南與西南互更鄭所不據也又案凡世室重屋明堂五室旁四室並隅列鄭說墉不可易蓋古人寢室本有東房西室之制則室固不必皆居正中況土室已在中央則四室自宜讓而居隅彼此乃不相蔽礙揆之形制理自無疑藝文類聚禮部引三禮圖說周明堂五室云東爲木室南火西金北水土在其中此以四室居四正與鄭說不合魏書李謐傳明堂制度論亦駁鄭說云鄭釋五室之位謂土居中水火金木各居四維然四維之室既乖其正施令聽朔各失厥衷既依五行當從其正用事之交出何經典依禮圖及李說並以四室移居正中則四室環列中室之外由四堂而入必經四室而後可至中室且中室四面蔽礙不能納光其不可信明矣云其方皆三步其廣益之以三尺者謂四室方各三步又各益以三尺則方三步半也焦循云以算推之四隅室各廣二丈一尺深一丈八尺云土室於中央方四步其廣益之以四尺者土於五行位中央故土室在中央鄭意五室以土爲

最尊故方四步廣又多四尺較旁四室方多一步廣多一尺也焦循云中室廣二丈八尺深二丈四尺云此五室居堂南北六丈東西七丈者賈疏云以其大室居中四角之室皆於大室外接四角為之大室四步四角室各三步則南北三室十步故六丈東西三室六丈外加四三尺又一丈故七丈也案鄭賈說以尺益步取數畸零亦非經義

九階 南面三三面各二

疏 九階者說文自部云階陛也此亦明堂三代之通制也北史封軌傳明堂議云九階法九土賈疏云按賈馬諸家皆以為九等階鄭不從者以周殿差之夏人卑宮室故一尺之堂為九等階於義不可故為旁九階也案疏述賈馬說九階為九等階則階數與鄭不同蓋謂南面亦二階四面共八階矣藝文類聚禮部引徐虔明堂議云四門八階即用賈馬說也依後注則夏堂崇一尺為一等階於度太卑恐不足據竊疑世室重屋之階當同高三尺而為三等呂氏春秋別類篇云明堂土階三等即據夏殿制言之賈馬說亦非詳後疏其階之廣經無文宇文愷明堂議引周書明堂云階博六尺三寸未知是否牛弘明堂議云案考工記夏言九階四旁夾窗門堂三之二室三之一殷周不言者明一同夏制

注云南面三三面各二者賈疏云鄭知南面三階者見明堂位云三公中階之前北面東上諸侯之位阼階之東西面北上諸伯之國西階之西東面北上故知南面三階也知餘三面各二者大射禮云工人士與梓人升自北階又雜記云夫人至入自闈門升自側階奔喪云婦人奔喪升自東階以此而言四面有階可知孔廣森云管子君臣曰立三階之上南面而受要明堂位曰三公中階之前知明堂南面正中有階與廟寢惟賓階阼階者異也俞樾云四堂之制如一何以南面獨多一階蓋土室戶牖南鄉必由明堂而入故於南面特設中階將有事乎土室則由中階升堂焉秦制增為十二階惡知此意哉案孔俞說是也宇文愷議引禮圖云秦明堂九室十二階愷謂

其雖不與禮合一月一階非無理思失之四旁兩夾窻窻助戶爲明每室四戶八窻

疏四旁兩夾窻者亦三代明堂之通制也孔廣森以四旁兩夾爲句云四旁各有兩夾當隅室戶牖之外卽所謂左右个也木室南之前曰明堂左个東之前曰青陽右个水室東之前曰青陽左个北之前曰玄堂右个金室北之前曰玄堂左个西之前曰總章右个火室西之前曰總章左个南之前曰明堂右个盛德記十二堂謂此四方各一堂兩个通之爲十二矣凡廟寢兩序之外必有東堂西堂明堂之有左右个猶廟寢之有東西堂由此言之明堂之所異者在四面如一面自其一面視之則皆前堂後室隅室之墉卽序也个卽箱也與儀禮廟寢之制固不相遠也阮元亦云四旁者四堂之旁也兩夾者左右个也此个與五室不相涉也个與介同古經子中每通用初學記引月令个卽作介个介相同卽是一堂兩旁夾室之義也梓人爲侯侯有上兩个下兩个亦皆具旁夾之形卽廟寢之東西箱東西夾也俞樾云說文無个字个者介之變體史記十二諸侯年表曰楚介江淮索隱曰介者夾也是夾與介義通案孔阮讀是也俞樾黃以周讀同此明四堂有八个之義與月令文正相應孔氏謂兩夾與八个爲一制通四正堂爲十二堂其說甚是鄭以爲記五室八窻之制非也旁阮謂四堂之旁亦墻兩夾在隅室之前卽堂兩序之外故云四旁兩夾世室全基正方二十八步中五室爲地方十四步每面之堂與兩夾亦通廣十四步夾之外墉與隅室之牆正參相直與重屋明堂之制同惟世室四旁兩夾之外各餘地方七步以爲堂坫殷周則四堂外出爲亞字形夾外墉之外無餘地制小異耳江永云序外之室儀禮顧命皆言東夾西夾未有言夾室者注疏或言夾室者因雜記下釁廟章及大戴禮釁廟篇而誤耳雜記云門夾室皆用雞先門而後夾室又云夾室中室此夾室二字本不連夾與室是二處室謂堂後之室也夾又名爲達內則天

子之閣左達五右達五閣者庋食之物也夾又名爲个左昭四年傳豎牛置饋于个而退是也戴震云釋名釋宮室夾室在堂兩頭故曰夾也凡夾室前堂或謂之箱或謂之个左傳昭四年杜注云个東西箱是箱得通稱个也古者宮室恆制前堂後室有夾有个有房惟南鄉一面明堂四面闓達亦前堂後室有夾有个而無房房者行禮之際別男女婦人在房明堂非婦人所得至故無房宜也案夾个之義當以江氏爲正凡廟寢之夾在左右房外夾堂爲之明堂則在隅室之外亦夾堂爲之夾惟後三面有壁前一面接東西堂者則無壁其制似室而非室故聘禮公食大夫禮及書顧命謂之東西夾此經謂之兩夾皆不云夾室諸侯釁廟禮之門夾室江氏謂夾與室爲二而大戴禮記盧注則以爲門夾之室近陳喬樅黃以周並從其說二義未知孰是要東西夾之不全爲室制則固無疑義鄭儀禮禮記注及釋名並云夾室者通言之耳析言之夾之前無壁者爲東西堂謂之个亦謂之箱覲禮記几俟於東箱注云東箱東夾之前相翔待事之處是也統言之則隅室之外盡於東西堂廉通謂之夾亦通謂之个謂之箱月令鄭注釋左右个並爲堂偏明是堂序外盡東西堂之通名矣而高誘注呂氏春秋十二紀及淮南子時則訓之左右个並釋爲隔而云某堂某頭室者此亦沿夾室之稱故云堂頭室卽指東西堂後言之與五堂固不相涉也至明堂本無房而呂覽高注云明堂通達四出各有左右房謂之个李謐明堂制度論云四面之室各有夾房謂之左右个个者卽寢之房也今案个卽寢之東西夾與房迥別高氏知个在堂兩頭而誤掍房名李氏則直以个爲夾四室似隱據書顧命僞孔傳東西房卽東西夾之謬說與古制殊不合賈思伯明堂議又謂四維之室卽是左右个兩堂其一室四室卽是八个其說亦誤詳後疏隋書禮儀志又載梁武帝說謂左右个別爲小室在營域之內明堂之外說尤謬盭不足論也又案夾內則謂之達故明

堂八个亦謂之八達張衡東京賦云八達九房續漢書祭祀志注引薛綜注以八達爲八窻文選李注亦同非也達字又作闥蔡邕明堂月令論云八闥以象八卦九室以象九州八闥九室猶張賦云八達九房矣　注云窻助戶爲明者釋名釋宮室云窻聰也於內窺外爲聰明也說文穴部云窻通孔也囪部云囪在牆曰牖在屋曰囪重文窗或从穴片部云牖穿壁以木爲交窗也案此窻乃囪之叚字卽所謂在牆曰牖三輔黃圖云八窗卽八牖是也在屋曰囪謂於室屋甍宇之上開窗爲明亦謂之中霤與牖義別云每室四戶八窻者胡培翬云爾雅釋宮戶牖之閒謂之扆書顧命牖閒南嚮古人宮室之制內爲室外爲堂牖戶皆在堂之南壁向堂開之戶在東牖在西明堂之牖曰窗則室之四旁皆有之夾窻又名達鄉明堂位曰大廟天子明堂又曰達鄉天子之廟飾也鄭注鄉牖屬謂夾戶窻也每室八窻爲四達孔疏達通也每室四戶八窻皆相對通達故曰達鄉是也明堂每室八牖其餘廟寢之室止有一牖賈疏云言四旁者五室室有四戶四戶之旁皆有兩夾窗則五室二十戶四十窗也案依鄭賈說室有四戶八窻則室旁各於正中爲戶左右兩窻夾之此亦三代明堂之通制也大戴禮記盛德篇云明堂一室而有四戶八牖又引明堂月令云室四戶戶二牖續漢書祭祀志劉注引桓譚新論云明堂八窗法八風四達法四時三輔黃圖云八牖者陰數也取象八風四闥者象四時四方也白虎通義辟雍篇及玉藻孔疏引五經異義淳于登說孝經援神契說明堂並有八窗四闥達闥字亦通此四闥卽四戶與它書云八達八闥爲八个者不同明堂堂室深邃非多爲戶牖不足以通出入而納光明鄭以四旁兩夾窻句雖與經讀不合然四戶八窻之制古說並同不可易也至大戴禮記盛德篇又云明堂三十六戶七十二牖續漢志注引新論云明堂三十六戶法三十六雨七十二牖法七十二風明堂月令論云三十六戶七十二牖以四

戶八牖乘九室之數也三輔黃圖及明堂制度論說並同此以九室每室四戶八牖計之故有此數與此經五室二十戶四十牖制異九室之說義不可通鄭所不從詳後阮元云大戴九室三十六戶七十二牖之說即東京賦之八達九房此蓋因漢明堂而誤五室爲九室與考工不合也

白盛 蜃灰也盛之言成也以蜃灰堊牆所以飾成宮室

疏 白盛者孔廣森讀窗白盛爲句云大戴禮盛德明堂月令云室四戶戶二牖赤綴戶也白綴牖也白盛即所謂白綴獨言此者明其尚潔實案孔據盛德記白綴牖證此經當以窗白盛爲句墻不可易阮元俞越黃以周讀並同窗白盛亦三代明堂之通制也白盛自指每室八窗言之古書說明堂之制多以五室四堂各從其方色宇文愷明堂議引黃圖云堂四向五色法四時五行藝文類聚禮部引桓譚新論說明堂亦云爲四方堂各從其色以倣四方蔡邕明堂月令論亦云四鄉五色者象五行今以青陽玄堂諸名推之從方色之說於理可信世室之制當亦如之然則自西方堂室外不皆白色也此經白盛之文自專指窗而言明四堂五室涂飾異色而牖則同爲白色以取明大戴白綴專言牖其明證也自鄭注失其句讀而古制晦矣 注云蜃灰也者賈疏云地官掌蜃掌共白盛之蜃則此蜃灰出自掌蜃也云盛之言成也者掌蜃注義同云以蜃灰堊牆所以飾成宮室者爾雅釋宮云牆謂之堊釋名釋宮室云堊亞也次也先泥之次以白灰飾之鄭意世室牖壁並先以泥涂牆而後加蜃灰爲三代明堂之通制然據爾雅及守祧文則以堊飾牆乃廟寢恆制儻世室四堂五室通爲白牆經不必特箸其文此亦足證鄭讀之誤矣

門堂三之二 門堂門側之堂取數於正堂令堂如上制則門堂南北九步二尺東西十一步四尺爾雅曰門側之堂謂之塾

疏 門堂三之二者亦三代明堂之通制也凡廟寢制亦略同門堂者四門門塾之堂明堂有四門每門內外左右其四塾左塾之

左廉與右塾之右廉相距之度蓋與正堂之廣度正等三之二者以正堂之脩三分取二爲一堂之脩以正堂之廣三分取二爲二堂之廣也依俞氏所定世室正堂之度取三之二以爲門堂則每堂脩四步四尺廣九步二尺合左右二堂廣十八步四尺也內塾外塾脩廣之度同　注云門堂門側之堂取數於正堂者明此三之二卽承上正堂脩廣之度三分之取其二分也云令堂如上制者卽上注謂堂脩十四步廣十七步半爲假令之數是也云則門堂南北九步二尺東西十一步四尺者賈疏云以十四步取十二步三分之得八步二步爲丈二尺三分之得八尺以六尺爲一步添前爲九步餘二尺故云南北九步二尺也云東西十一步四尺者十七步半以十五步得十步餘二步半爲丈五尺三分之得一丈以六尺爲一步餘四尺添前爲十一步四尺也焦循云此以夏世室而言也若殷重屋則脩二丈七尺有奇廣四丈八尺也周明堂則脩七步廣九步也詒讓案鄭釋正堂廣脩之根數未合而所定門堂與正堂差減分率則是也諦繹其意蓋以南北九步二尺爲一塾通堂室之脩度而東西十一步四尺則二塾堂廣度之合數分之每塾堂廣五步五尺也何以言之凡塾堂後爲室則室脩度自減於堂而堂外無左右房則室廣卻當與堂廣度等是室脩減而廣則不減也故下注以室三之一爲室與門各居一分蓋猶言塾與門各居一分合兩塾及門與正堂之廣正相埒也通典吉禮說周明堂門堂之制以每塾各得正堂三之二計之依其率以釋世室則當以十一步四尺爲一塾之堂廣不知室廣卽堂廣今堂廣三之二而室止居堂廣之半則其所餘之半復爲何地乎且合兩塾及門之廣將增於正堂三分之二占地太廣鄭義必不如是矣引爾雅曰門側之堂謂之塾者釋宮文郭注云夾門堂也詩周頌絲衣孔疏引白虎通云所以必有塾何欲以飾門因取其名明臣下當見於君必熟思其事李如圭云門之內外其東西皆有塾

門一面塾四其外塾南鄉案士虞禮陳鼎門外之右匕俎在西塾之西注曰塾有西者是室南鄉又案士冠禮擯者負東塾注曰東塾門內東堂負之北面則內塾北鄉也焦循云門堂之制顧命云先路在左塾之前次路在右塾之前鄭注云先路在路門內之西北面次路在在門內之東北面士冠禮云筮與席所卦者具饌于西塾注云西塾門外西堂也又擯者玄端負東塾注云東塾門內東堂是東西內外皆有塾無疑也其謂之塾者說文作墪云射臬也讀若準又云垛堂塾也蓋塾為築土成埒之名路門車路所出入不可為階兩塾築土高於中央故謂之塾絲衣詩云自堂徂基箋云使士升門堂視壺濯及籩豆之屬降往于基告濯具凡四方而高者曰堂兩塾高謂之堂中央平地謂之基往塾視之至門堂而告也案焦氏攷定門堂之制甚覈此門堂者亦謂門塾之堂與門基異周頌絲衣云自堂徂基堂卽門側之堂基則門中平地叚令門中亦得稱堂則詩言自堂徂基將為自基徂基於文不可通矣徧攷書傳門中與地平無堂之名且合門基與兩塾廣度當與正堂同於制乃適稱儻門堂卽是門基則全基減於正堂三分之一於制尤為不稱以此經及詩雅互相證覈門堂之為兩塾可無疑矣

室三之一兩室與門各居一分

疏室三之一者亦三代明堂之通制也室謂門兩塾之室也張惠言云門堂棟當阿亦五架為之則前後各以一架為室一架為堂案張說是也凡門塾亦前堂後室與正堂同三之一者以正堂之脩三分取一為每門室之脩卽門堂之半也其廣當與門堂同以一室言之亦得正堂三之一於差率仍無悖矣今以正堂脩七步廣二十八步計之門室蓋脩二步二尺廣亦九步二尺通典吉禮說周明堂謂門兩堂各得正堂三之二室三之一卽於門堂三之二中三分減二取一不取數於正堂其說必不可通與鄭注義亦不合不足據也又案門塾唯前堂後室而無左右房與正堂小異又凡門皆內外東西

共四塾塾各有堂室室後隔以牆內外不相通也四塾各自為堂室其度並同　注云兩室與門各居一分者謂亦取數於正堂居三分之一則門室南北當四步四尺東西當五步五尺若在重屋則南北一丈八尺有奇東西二丈四尺在明堂則南北二丈一尺東西二丈七尺也其門脩廣之數亦同合門與左右二室之度與正堂東西之廣適等案鄭此注惟所定正堂根數未是餘則不誤其以門室與門各居三分之一者因門室之脩可減於門堂而廣不可減故謂室三之一為與門各居一分其說自塙

殷人重屋堂脩七尋堂崇三尺四阿重屋　重者屋王宮正堂若大寢也其脩七尋五丈六尺放夏周則其廣九尋七丈二尺也五室各二尋崇高也四阿若今四注屋重屋複笮也

疏殷人重屋者亦殷之明堂也大戴禮記少閒篇云商履循禮法發厥明德順民天心配天制典慈民咸諸侯作八政命於總章盧注云總章重屋之西堂據彼則殷已有四堂之名此舉其總名故曰重屋牛弘明堂議引馬宮云殷人重屋屋顯於堂故命以屋是也藝文類聚禮部引尸子云殷人曰陽館周人曰明堂三輔黃圖說同蓋所傳之異云堂脩七尋者亦四堂一面之度也孔廣森云殷人始為重檐故以重屋名八尺曰尋七尋五十六尺也不言廣正方可知堂基通二十一尋凡百六十八尺案重屋四堂廣脩各自正方當如孔說蓋四面堂各方七尋中五室每室方二尋從橫各三室閒列而為六尋加一尋以為四壁則室每面壁各厚二尺也夏世室堂基正方四堂之角各有餘地以為坫殷重屋四堂蓋為四出若亞字形與周明堂制同則四角無餘地與世室不同通南北兩堂及包中央五室計之凡二十一尋東堂至西堂亦然而四維皆缺隅而不正方則就四室一面度之仍止方七尋故經唯著堂脩七尋而其制已見也至夏堂基正方則可為一棟而一屋殷堂四出則宜為四棟而重屋然則經於殷特箸四

阿之文非徒見屋之兩重亦兼明四出之堂制始於此假令四出爲周堂所獨則其形制鉅異下經不宜絶無殊别之文儻謂重屋堂基亦通方二十一尋則是與世室制同每堂兩角各多出方七尋之地較之夏堂餘地更多於義無取知不然矣云四阿重屋者重屋謂屋有二重下爲四阿者方屋也其上重者則圓屋也圓屋以覆中央之五室而蓋以茅方屋以覆外出之四堂而蓋以瓦此亦殷周之通制故大戴禮記盛德篇說明堂云以茅蓋屋上圓下方玉藻孔疏引淳于登說三輔黃圖引援神契續漢書祭祀志劉注引新論白虎通義辟雍篇說並云上圓下方月令論又有堂方及屋圓徑之度諸書所謂下方者兼四堂之基及四阿之屋而言也上圓者指上重高屋如圓蓋形出四阿之上者而言也若夏世室無上圓之屋則屋與堂基皆方不可以言上圓矣 注云重屋者王宮正堂若大寢也者鄭謂此重屋卽殷王寢與夏舉宗廟周舉明堂相配也御覽宮室部引新論云商人謂路寢爲重屋商於虞夏稍文加以重檐四阿故取名與鄭義同然其說非也凡王寢與明堂不同制詳後疏云其脩七尋五丈六尺者尋八尺以七乘之得五丈六尺也云放夏周則其廣九尋七丈二尺也者謂以周制例之脩七則廣九此脩七尋則廣亦當九尋也經不言重屋廣度故鄭據周法補推之賈疏云經言堂脩七尋則其廣九尋若周言南北七筵則東西九筵是偏放周法而言放夏者七九偏據周夏后氏南北狹東西長亦是放之故得兼言放夏也案重屋之廣無文當如孔廣森說亦廣七尋與脩正等鄭說失之云五室各二尋者亦放周制爲釋五室當亦於四維設之牛弘明堂議云其殷人重屋之下本無五室之文鄭注云五室者亦據夏以知之今攷鄭以重屋之廣放周爲九尋說雖不塙而以五室爲方二尋則從横各三室爲地六尋外加一尋與堂方度正相應其說是也經本有上下文互見之例夏殷堂同高三尺而經於重屋始箸堂崇三尺

之文卽其例矣二云崇高也者總敘旅人梓人注並同大戴禮記盛德篇明堂月令二云堂高三尺月令論亦云堂高三尺以應三統云四阿屋四面有霤霤下注卽所謂殿屋也燕禮云設洗篚于阼階東南當東若今四注屋者漢書司馬相如傳上林賦云高廊四注案四注屋謂榮屋翼也周制自卿大夫以下其室爲夏屋蓋鄭意夏人君之屋南霤注云當東霤者人君爲殿屋也又士冠禮云設洗直于東榮注云北兩下與臣民同檀弓注謂夏屋如漢之門廡是也殷周人君之屋皆四注則有東西霤故賈疏謂四阿卽四霤周書作雒篇云乃位五宮太廟宗宮考宮路寢明堂咸有四阿反坫孔注云宮廟四下曰阿卽本鄭說焦循云鄭注後門阿云阿棟也注士昏禮當阿云阿棟也入堂深示親親又注鄉射禮記云正中曰棟次曰楣前曰庪彼記文云序則物當棟堂則物當楣此當棟與昏禮當阿義同棟處極高斷非霤之所能奪阿旣爲棟之定名則曰四阿者四棟也非四霤之謂也四阿之屋有四霤兩下之屋亦有四霤也且以東霤爲四阿之制是諸侯之屋四阿矣明堂位言複廟重檐爲天子廟制諸侯不重屋阿何有四左成二年傳云宋文公卒始厚葬槨有四阿君子謂華元樂舉於是乎不臣生則縱其惑死又益其侈是弃君于惡也宋公爲諸侯用四阿而傳譏之故杜注云皆王禮然則四阿之制不獨卿大夫無之卽諸侯亦無之案焦說是也蓋屋之極謂之阿猶後文門阿之爲門極也古廟寢屋皆五架極下正當棟故鄭二禮注亦皆以棟釋阿以屋極咸覆以甍而承以棟其義通也屋霤之溝必自棟下迤而注於宇故作雒云四阿反坫坫當爲圬之形譌四阿爲上棟之制反圬卽反宇爲下宇之制亦卽所謂屋翼四注主霤言則是宇而非棟矣夏世室亦爲四面堂則亦有四霤而不得有四阿者蓋夏制唯於南北之中爲一棟其東西霤則自楣庪以外衺殺之以注水是楣庪有四而東則一故阿亦不得有四若殿重屋則中別爲屋重屋之

外四面回環各別為棟四棟則有四阿是四阿必四注而四注之屋不必皆有四阿鄭此注訓四阿為四注則是四霤之通制不及焦說之精析焦又謂燕禮之東霤乃兩下屋檐之東角非四阿亦非四注尤足正鄭說之誤國語晉語云虢公夢神人立于西阿韋注云西阿西榮也案彼西阿蓋自屋脊下趨檐宇之通稱猶士喪禮所謂前東榮後西榮與此經四阿門阿義並小異諸侯以下屋無四阿而不妨有西阿通言不別也此經四阿者通四堂而言面有一堂堂為一阿四面匝則四阿非謂一堂而有四阿也云重屋複笮也者賈疏述注複作復明注疏本同復複古今字說文竹部云笮迫也在瓦之下棼上釋名釋宮室云笮迮也編竹相連迫迮也爾雅釋宮云屋上薄謂之筄郭注云屋笮也姚鼐云重屋複屋也別設棟以列椽其棟謂之棼椽棟既重軒版垂檐皆重矣軒版即屋笮或木或竹異名笮在瓦之下椽之上檐垂椽端椽亦謂之橑記言重屋鄭以複笮釋之而他書所稱曰重檐曰重橑曰重軒曰重棟曰重棼各舉其一為言爾焦循云笮之訓有二說文釋名之笮為屋上所覆者之名爾雅所謂筄也廣雅云筄謂之笮此為欂櫨之名所謂斗栱者也鄭以笮解屋當如說文釋名所云又云明堂位云大廟天子明堂又云山節藻梲復廟重檐天子廟飾也注云復廟重屋也重檐重承壁材也春秋文公十三年太室屋壞五行志云前堂曰太廟中央曰太室屋其上重者也孔氏左傳疏云大廟之制其檐四阿而下當其室中又拔出為重屋此是大廟當中之室其上屋壞非大廟全壞也重屋重於阿之上不重於楣庪之上故阿必用四於四阿之上更立以椶椶上又累以阿阿之四旁又有檐與正屋之檐相重故曰重檐以蔡邕之說言之明堂方百四十四尺屋圜徑二百一十六尺大廟明堂方六丈通天屋徑九丈足為太室屋證矣俞樾云古有重屋有複屋重屋者此記所說是也複屋者於棟之下復為一棟以列椽亦稱重橑徐鍇說

文繫傳於橑篆下引東方朔傳後閣重橑而釋之曰大屋廡下椽自上竣下則自其中棟假裝其一旁爲椽使若合掌然故曰重橑此說
複屋之制至詳盡矣說文木部樓重屋林部棼複屋棟也周書作雒篇重亢重郎孔晁注曰重亢累棟也重郎累屋也所謂累棟者卽複
屋矣所謂累屋者卽重屋矣是古制明分爲二鄭君此注殆誤以複屋說重屋乎案姚釋複笮義甚覈但此經重屋之義當以焦俞說爲
是月令論說明堂有通天屋宇文愷明堂議引黃圖云通天臺又引禮圖二云於內室之上起通天之觀並卽明堂重屋之制蓋當四堂中
脊內五室之上拔起別爲崇高之屋以其可以納光故有通天之名與複屋複笮不同重屋通天得納日光複屋複笮止取重窌爲飾不
通天納光也凡複屋棟笮等皆於一層屋之上重窌合并爲之重屋則上下兩層屋各自爲棟笮等不相合并二制迥異古明堂宗廟蓋
皆有重屋故漢志載左氏古說以大室屋爲重屋左傳孔疏謂廟上拔起爲重屋深得其制唯謂大廟亦有四阿則誤沿鄭宗廟明堂同
制之說耳明堂位之復廟卽複屋重檐乃是重屋故文選張衡東京賦二云復廟重屋卽用明堂位文而以重檐爲重屋薛綜注二云重屋重
棟也桓譚新論亦云商加重檐四阿明此經重屋當彼重檐矣鄭明堂位注釋復廟爲重屋者蓋仍指複笮言之又釋重檐爲重承壁材
其義難通賈疏卽援彼注重承壁材之義以釋此注之複笮似皆以複屋爲說作雒之重亢復格亦似皆複屋之制並與此重屋不相冢
也又古凡室屋之高而上出者通謂之臺謂之觀故黃圖及禮圖亦以重屋爲臺爲觀實則臺觀可以登眺而明堂之重屋不可登眺與
臺觀制復不同臺觀後世又謂之樓故說文訓樓爲重屋此亦非古重屋之制史記封禪書說公玉帶所上黃帝時明堂圖上有樓從西
南入名曰昆侖此卽誤以重屋爲樓因之肊造是圖不知殷重屋與樓別又不知夏以前明堂并未有重屋說尤謬妄不爲典要也又詩

大雅靈臺孔疏引盧植穎容說謂明堂卽靈臺亦與通天臺異詳後及春官敘官疏

周禮正義卷八十三

周禮正義卷八十四

瑞安孫詒讓學

周人明堂度九尺之筵東西九筵南北七筵堂崇一筵五室凡室二筵明堂者明政教之堂周度以筵亦王者相改周堂高九尺殷三尺則夏一尺矣相參之數禹卑宮室謂此一尺之堂與此三者或舉宗廟或舉王寢或舉明堂互言之以明其同制

【疏】周人明堂者此記周明堂之制也牛弘明堂議引馬宮說云周人明堂堂大於夏室故命以堂蔡邕明堂月令論云東曰青陽南曰明堂西曰總章北曰玄堂中央曰太室易曰離也者明也南方之卦也聖人南面而聽天下嚮明而治人君之位莫正於此故雖有五名而主以明堂也戴震云周人取天時方位以命之東青陽南明堂西總章北玄堂而通曰明堂舉南以該其三也云東西九筵南北七筵者明堂亦四堂此南堂一面廣脩之度也餘三堂同云五室凡室二筵者五室亦土室居中四行室居四維與夏世室同每室廣脩皆二筵賈疏云夏之世室其室皆東西廣於南北也周亦五室直言凡室二筵不言東西廣鄭亦不言東西益廣或五室皆方二筵與夏異制也若然殷人重屋亦直云堂脩七尋不言室如鄭意以夏周皆有五室十二堂明殷亦五室十二堂詒讓案世室明堂五室並正方夏周制本不異十二堂卽兩夾及四正堂之合數並詳前疏東西九筵南北七筵爲明堂一面之度故玉海郊祀引禮記外傳孝經援神契云明堂之制東西九筵南北七筵筵長九尺東西八十一尺南北六十三尺故謂之大室孝經緯說與此經同自鄭誤以九七之筵爲全堂楕方之度而古制晦李謐明堂制度論駁之云記云東西九筵南北七筵五室凡室二筵

置五室於斯堂雖使班倕構思王爾營度則不能令三室不居其南
北也然則三室之間便居六筵之地而室壁之外裁有四尺五寸之
堂焉豈有天子布政施令之所宗祀文王以配上帝之堂周公負扆
以朝諸侯之處而室戶之外僅餘四尺而已哉假在儉約爲陋過矣
抑云二筵者乃室東西耳南北則狹焉曰若東西二筵則室戶之外
爲丈三尺五寸矣南北戶外復如此則三室之中南北裁各丈二尺
耳記云四旁兩夾窗若爲三尺之戶二尺之窗窗戶之間裁盈一尺
繩樞甕牖之室蓽門圭竇之堂尚不然矣假令復欲小廣之則四面
之外闊狹不齊東西既深南北更淺屋宇之制不爲通矣驗之衆塗
略無算焉且凡室二筵丈八地耳然則戶牖之間不踰二尺也禮記
明堂天子負斧扆南向而立鄭注云設斧於戶牖之間而鄭氏禮圖
說扆制曰縱橫八尺以八尺扆置二尺之間此之不通不待智者較
然可見矣且若二筵之室爲四尺之戶則戶之兩頰裁各七尺耳全
以置之猶自不容矧復戶牖之間哉又云堂崇一筵便基高九尺而
壁戶之外裁四尺五寸於營制之法自不相稱牛弘議亦云依鄭注
每室及堂止有一丈八尺四壁之外四尺有餘明堂總享之時五帝
各於其室設青帝之位須於大室之內少北西面太昊從食坐於其
西近南北面祖宗配享者又於青帝之南稍退西面丈八之室神位
有三加以簠簋籩豆牛羊之俎四海九州美物咸設復須席工升歌
出鐏反坫揖讓升降亦以隘矣案李牛所論足證鄭義之疏宇文愷
議亦謂三代堂基並方庰鄭義與古違異惟李氏又以夏周文質之
異度堂筵几之殊弁疑經文之謬則妄也唐宋以後說明堂者率沿
鄭說近代諸儒始知九七之筵爲一堂之度而阮元所釋尤覈其說
云東西九筵者八丈一尺也約當今尺四丈八尺六寸南北七筵者
大丈三尺也約當今尺三丈七尺八寸此明堂南一堂之丈尺經不
言東西北三堂者丈尺相同舉南可概三方也四方之堂寬皆九筵

此四堂之背四角相接是明堂之北距玄堂之南青陽之西距總章之東皆九筵也以此方九筵之地爲太室及四室每室止用二筵丈尺恰可相容凡言室者皆廟屋內劃出之名非建五小屋於露處之地可名爲室也此五室皆當重屋圓蓋之下若於太室四角立四大柱或再倚四堂之背木室之西之南火室之西之北金室之東之北水室之東之南立八大柱則可上戴圓屋幷遮五室矣又云重屋見於考工記上圓下方見於大戴記皆是古制此中央九筵之地假使立大柱出乎四堂背之上而加以圓蓋之屋則是上圓之重屋矣圓蓋須比九筵爲大乃不霤雨水於五室也九筵方徑當今尺四丈八尺六寸約須徑今尺六丈有餘之圓蓋方能蓋之至於圓屋之下方屋之上必可虛之以吸日景而納光也陳澧云明堂之制見月令曰太廟者四曰个者八曰太廟太室者一見考工記曰五室見大戴禮盛德曰上圓下方說者大都以四太廟八个五室皆在九筵七筵之內其制度太狹廣與袤又不稱阮以九筵七筵爲一面之度舉一面以該三面於是九筵七筵之義始明室二筵者其地本方三筵四壁皆厚半筵室中方二筵也記云室中度以几鄭注云室中舉謂四壁之內即其義也記不云室中二筵者猶九筵七筵不必云堂上也云二筵不云若干几者與上文九筵七筵連文也其度則二筵而度之則以几不以筵耳築土爲壁上承重屋非半筵之厚不勝其任且古一尺當今六寸許二筵僅當今一丈許若復去四壁其中太狹不足行禮二筵不計四壁明矣幷四壁則方三筵三室則九筵與一面之廟个同廣也堂基爲亞字形八隅立柱以承圓屋盛德所云上圓者圓屋也下方者亞形八隅也案阮陳說是也明堂東西九筵廣度不及世室之半明四堂之角無復餘地則堂必四出爲亞字形可知依阮說四堂各廣九筵脩七筵堂內正中爲五室爲地總方九筵而堂外四角各缺方九筵之地爲廷其說塙不可易以此推之蓋自南堂

廉至北堂廉共二十五筵爲尺二百二十五東西亦如之卽四堂全基之度也惟五室每室中方二筵加每室四壁一筵適盡方九筵之地則當以陳說爲定解此經於周制止舉堂室實則九階四旁兩夾窗白盛之制當與夏世室同四阿重屋之制當與殷重屋同經不具詳者冡上文而省也其四鄉各從方色每室四戶八牖屋上圓下方宮外四門之制參證羣籍蓋亦當與古同故通典吉禮約此經及鄭注說之云明堂東西長八十一尺南北六十三尺其堂高九尺於一堂之上爲室每室廣一丈八尺每室開四門旁各有窗九階外有四門門之廣二十一尺門兩旁各築土爲堂南北四十二尺東西五十四尺其堂上各爲一室南北丈四尺東西丈八尺其宮室牆壁以蜃蛤灰飾之今攷杜以五室於廣七筵脩七筵一堂之上爲之及以白盛爲牆壁之通制並沿鄭說而所推門階牖戶之數則不誤惟明堂門堂之制經注並無文以世室之制推之當亦取正堂脩七筵廣九筵三分減一以爲門堂之度則每塾堂脩四筵有六尺廣三筵兩塾合廣六筵也又取七筵九筵三分減一以爲門室之廣脩則每塾室脩二筵有三尺廣與堂同依鄭兩室與門各居一分之說推之則明堂門當廣亦三筵杜謂每塾堂各得正堂三分之二則合門與兩塾其廣倍後於堂又以門室取數於門堂三之一卽於三之二中三分取一其說並不可通又謂明堂門廣二十一尺蓋依下文廟門容大局七个爲說則合門與兩塾不得各居一分與鄭義亦不合互詳前疏漢魏以來言明堂者駁文詭制不可殫述玉藻明堂位孔疏引五經異義云明堂制今禮戴說禮盛德記曰明堂自古有之凡有九室室有四戶八牖三十六戶七十二牖以茅蓋屋上圓下方所以朝諸侯其外有水名曰辟廱明堂月令書說云明堂高三丈東西九仞南北七筵上圓下方四堂十二室室四戶八牖其宮方三百步在近郊三十里講學大夫淳于登說明堂在國之陽丙巳之地三里之外七

里之內而祀之就陽位上圓下方八窗四闥布政之宮故稱明堂明
堂盛貌周公祀文王於明堂以配上帝上帝五精之帝大微之庭中
有五帝座星古周禮孝經說明堂文王之廟夏后氏世室殷人重屋
周人明堂東西九筵筵九尺南北七筵堂崇一筵五室凡室二筵蓋
之以茅周公所以祀文王於明堂以昭事上帝謹按今禮古禮各以
其義說無明文以知之鄭駁之云玄之聞也禮戴所云雖出盛德記
及其下顯與本章異九室三十六戶七十二牖似以秦相呂不韋作春
秋時說者所益非古制也四堂十二室字誤本書云九室十二堂淳
于登之言取義於孝經援神契援神契說宗祀文王於明堂以配上
帝曰明堂者上圓下方八窗四闥布政之宮在國之陽帝者諦也象
上可承五精之神五精之神實在太微於辰為巳是以登云然今漢
立明堂於丙巳由此為也水木用事交於東北木火用事交於東南
火土用事交於中央金土用事交於西南金水用事交於西北周人
明堂五室帝一室合於數案異義所述古周禮說即本此記惟云明
堂文王之廟又云蓋之以茅則記無其文蓋別據孝經說許參合引
之未及析別耳許所述諸家說與經異者如此云東西九筵南北七
筵堂崇一筵而許引明堂月令說云堂高三丈東西九仞南北七筵
攷宋本大戴禮記盛德篇引月令本作堂高三尺則與後鄭說殷堂
之高正同非周制也東西九筵之文則盛德所引亦與此經正同孔
引異義譌尺為丈筵為仞遂成齟齬此經既特箸度筵之文明廣脩
皆以筵計月令說不當筵仞錯出其譌審矣此經云五室室有四戶
八窗則有二十戶四十牖而盛德記云九室三十六戶七十二牖又
引明堂月令云二九四七五三六一八即九室之數位也續漢書祭
祀志劉注引新論云九室法九州十二坐法十二月白虎通義辟雍
篇漢書平帝紀應劭注並同明堂月令論云九室以象九州十二宮
以應辰說亦略同今攷十二堂即四堂兼兩夾之通數桓班云十二

坐蔡云十二宮其實一也已詳前疏至九室三十六戶七十二牖之說則與此經非剌鄭庤爲秦制御覽禮部引三禮圖云周制五室秦爲九室蓋即本鄭義魏書袁翻傳明堂議云明堂五室三代同焉配帝象行義則明矣及淮南呂氏與月令同文雖布政班時有堂个之别然推其體例則無九室之證明堂九室著自戴禮探緒求源罔知所出而漢氏因之自欲爲一代之法張衡東京賦云乃營三宮布教班常複廟重屋八達九房薛綜注云房室也謂堂後有九室堂後九室之制非巨異乎裴頠又云漢氏作四維之个不能令各居其辰就使其像可圖莫能通其居用之禮此爲設虛器也甚今案袁氏亦申鄭義又謂月令無九室之證九室即漢制之九房其說甚塙封軌牛弘明堂議並庤九室爲秦漢之制謂室以祭天依行而祭故不過五九室爲無用魏書賈思伯議亦謂孝經援神契五經要義舊禮圖及徐氏劉氏之說皆同此記爲五室庤戴蔡九室之制爲不可從與鄭義皆足相申證然賈氏又以月令八个傅會五室云案月令亦無九室之文原其制置不乖五室其青陽右个即明堂左个明堂右个即總章左个總章右个即玄堂左个玄堂右个即青陽左个如此則室猶是五而布政十二案賈意蓋謂四隅室即夾室亦謂之个一室分屬兩堂則四室即是八个與裴頠以九室之隅室爲四維之个說蓋略同不知四隅室分應四行與堂旁之个不同个本非室不可以配大室爲五且以四室爲八个彼此通互其說巧而難信李謐亦主五室之說而謂四室居四中四面之室各有夾房謂之左右个个即寢之房也則又隱據漢九房之制與九室名異而實同不知五室九室之制考工與大戴記本異此經法制詳備塙爲周典盛德襍撫舊文不必一代之制後儒必欲參合兩制爲一遂至歧迕百出至賈思伯議謂裴頠有一屋之論隋書禮儀志載梁武帝制謂明堂本無室庤五室九室爲皆不可信其謬又不足論矣明堂宮脩廣之度此經亦

無文盛德引明堂月令說云其宮方三百步則與覲禮會同之壇同古制或當如是明堂所在之地鄭駁異義從淳于登說在丙巳之地與盛德云在近郊三十里異御覽禮部引孝經援神契云周之明堂在國之陽三里之外七里之內在辰巳者也又引春秋合誠圖云明堂在辰巳者言在水火之際辰木也巳火也木生數三火盛數七故在三里之外七里之內白虎通義辟雍篇三輔黃圖漢書平帝紀應劭注並云在國之陽大戴禮記盛德篇盧注引韓詩說云明堂在南方七里之郊又詩靈臺孔疏引馬融云明堂在南郊就陽位藝文類聚禮部引徐虔明堂議亦云在國之陽國門外說並與淳于登說同前左祖右社章賈疏引劉向別錄則云左明堂辟雍右宗廟社稷說苑脩文篇亦云路寢承乎明堂之後是謂明堂在宮中金鶚云玉藻云天子聽朔於南門之外鄭注以爲在明堂夫諸侯受朔於天子天子受朔於天明堂祭天之所也是知聽朔於南門外者必明堂也淳于登謂在國南丙巳之地本於援神契其說自確明堂旣在國外則國中不得有明堂矣明堂以祀上帝在國中則褻故與泰壇同置於郊玉藻言在南門之外則去國不遠當在國南三里南爲陽方三爲陽數也案金說近是黃以周謂大戴云近郊三十里十字疑衍孫星衍亦據尸子殷曰陽館證明堂在國陽謂夏商已在東南郊皆足證鄭義至先秦西漢古書述明堂制度許鄭所未及者復多紛互宇文愷明堂議及藝文類聚禮部引周書云明堂方一百一十二尺高四尺階廣六尺三寸室居中方百尺室中方六十尺戶高八尺廣四尺牖高三尺門方十六尺東應門南庫門西皋門北雉門案周書說戶牖高廣之度無可質證堂高四尺與覲禮會同壇高同而與此經不合堂方百十二尺則止十二筵四尺於一堂之度爲太多於四堂之度則又太少且彼室方百尺內方六十尺與此經五室之度亦絕不相應況堂通方百十二尺而室已占百尺則堂止得一筵有二尺兩

面分之止六尺此必不可信者也明堂有四門於制無疑而周書取五門之皋庫應雉分列四面則與宮寢門制不合且五門以應門爲正門明堂以南爲正故特爲三階假令取宮門爲名亦宜以南門爲應門今乃南庫東應其不足據明矣宇文愷議引黃圖云堂方百四十四尺法坤之策也方象地屋圓楣徑二百一十六尺法乾之策也圓象天室九宮法九州太室方六丈法陰之變數十二堂法十二月三十六戶法極陰之變數七十二牖法五行所行日數八達象八風法八卦通天臺徑九尺法乾以九覆六高八十一尺法黃鍾九九之數二十八柱象二十八宿堂高三尺土階三等法三統堂四向五色法四時五行殿門去殿七十二步法五行所行門堂長四丈取太室三之二垣高無蔽目之照牖六尺其外倍之殿垣方在水內法地陰也水四周於外象四海圓法陽也水闊二十四丈象二十四氣水內徑三丈應觀禮經明堂月令論說略同今攷上方下圓爲通天臺及堂四向五色之制於理可信詳前唯堂方十六筵與此經不合孫星衍謂百四十四尺爲即南北七筵東西九筵之合數然論方積則九七之筵廣脩相乘共五千一百三尺若論方面則廣脩不可合幷爲方二書之說必不能通於此經至屋圓楣之說似謂覆四堂之屋亦爲圓屋則與重屋四阿之文不合太室方六丈與周書說同通天臺之徑此經無文尤不足論明堂上圓者惟最高之重屋爲然所覆者不出五室九筵之地必無徑二百十六尺之廣第二層方屋四面外出與四堂正相覆豈能爲圓楣哉又據世室門堂取數於正堂三分之二明堂門塾當與彼同黃圖說謂大室方六丈取三之二門堂長四丈率尤不合其他室屋壇柱度數皆無可證今不具論牛弘宇文愷議又引馬宮說云夏后氏益其堂之廣百四十四尺周人明堂以爲兩序閒大夏后氏七十二尺案馬說與諸書並不甚合牛氏亦謂不詳其義以意推之百四十四尺加七十二尺爲二百十六尺則是

二十四筵也馬意蓋以東西兩堂各九筵爲十八筵加三室每室二筵凡六筵合之適二十四筵以十六筵爲兩序閒序外左右堂隅各四筵合之爲七十二尺卽大於夏堂之數馬說大意蓋如此依其說則明堂兩序閒廣已幾及倍全堂之廣復過於此實不可通姑著之以備一義　注云明堂者明政教之堂者明堂位云明堂也者明諸侯之尊卑也盛德記說同周書大匡篇云明堂所以明道五經異義淳于登說云明堂盛貌三輔黃圖云明堂所以正四時出教化天子布政之宮也白虎通義辟雍篇云天子立明堂者所以通神靈感天地正四時出教化宗有德章有道顯有能襃有行者也續漢書禮儀志劉注引新論云天稱明故命曰明堂賈疏云以其於中聽朔故以政教言之孝經緯援神契云得陽氣明朗謂之明堂以明堂義大故所含理廣也案賈引孝經緯專據南堂言之玉燭寶典引月令章句云明者陽也光也鄉陽受光故曰明義亦同鄭通駮四堂故說與彼異云周度以筵亦王者相改者說文竹部云筵竹席也周禮曰度堂以筵筵一丈案許說本此經而長度不合未詳所據公食大夫記云司宮具几與蒲筵常加萑席尋注云丈六尺曰常聶氏三禮圖引舊圖云士蒲筵長七尺廣三尺三寸文王世子注云席之制廣三尺三寸三分蓋筵席廣度略同而長度則有或丈六尺或一丈或九尺八尺七尺之異故此記特著其度與賈疏云對夏度以步殷度以尋是王者相改也云周堂高九尺殷三尺則夏一尺矣相參之數者賈疏云夏無文以後代文而漸高則夏當一尺故云相參之數孫星衍云禮器稱天子之階九尺故周制堂崇一筵高三尺則階三等凡三尺爲一等歟九階賈疏引賈馬九等階者蓋言九尺之筵階凡九等說亦通詒讓案堂崇九尺以三尺爲一等於度似太高攷覲禮記會同之壇深四尺鄭注謂一等一尺以彼例此則明堂九尺之階亦當爲九等前疏引賈馬九等之階與世室之九階雖不合而移以釋明堂

則適相當故士冠禮賈疏亦云案匠人天子之堂九尺賈馬以爲傍
九等爲階是也至古書說明堂者多云高三尺盛德記云堂高三尺
宇文愷議引黃圖云堂高三尺土階三等法三統又引周書明堂云
高四尺孫星衍陳壽祺並謂四字蓋三字積畫之誤依鄭此注說則
三尺爲殷制而夏制一尺爲尤卑俞樾云堂崇三尺夏殷同之禮器
曰天子之堂九尺諸侯七尺大夫五尺士三尺是三尺之堂已爲極
卑一尺之堂古無有也呂氏春秋召類篇曰明堂茅茨蒿柱土階三
等若有一尺之堂則當有一等之階呂氏方極言古制之儉何不言
一等而必言三等乎案俞說是也呂覽三等之階疑亦據夏殷制言
之云禹卑宮室謂此一尺之堂與者論語泰伯篇云禹卑宮室而盡
力乎溝洫鄭言此者欲證夏堂一尺卑於殷周與論語義正合也云
此三者或舉宗廟或舉王寢或舉明堂互言之以明其同制者賈疏
云夏舉宗廟則王寢明堂亦與宗廟同制也殷舉王寢則宗廟明堂
亦與王寢同制也周舉明堂則宗廟王寢亦與明堂制同也云其同
制者謂當代三者其制同非謂三代制同也若然周人殯於西階之
上王寢與明堂同則南北七筵惟有六十三尺三室居六筵南北共
有一筵一面惟有四尺半何得容殯者按書傳云周人路寢南北七
雉東西九雉室居二雉則三室之外南北各有半雉雉長三丈則各
有一丈五尺足容殯矣若然云同制者直制法同無妨大矣據周而
言則夏殷王寢亦制同而大可知也案依鄭賈義則宗廟路寢明堂
三者同制故詩小雅斯干箋云宗廟及路寢制如明堂每室四戶玉
藻注義亦同斯干孔疏云明堂位曰太廟天子明堂又月令說明堂
而季夏云天子居明堂太廟以明堂制與廟同故以太廟同名其中
室是宗廟制如明堂也又宗廟象生時之居室是似路寢矣故路寢
亦制如明堂也宣王都在鎬京此考室當是西都宮室顧命說成王
崩陳器物於路寢云胤之舞衣大貝鼖鼓在西房兌之戈和之弓垂

之竹矢在東房若路寢制如明堂則五室皆在四角與中央而得左右房者鄭志答趙商云成王崩之時在西都文王遷豐作靈臺辟廱而已其餘猶諸侯制度故喪禮設衣物之處寢有夾室與東西房也周公攝政致太平制禮作樂乃立明堂於王城如鄭此言則西都宗廟路寢依先王制不似明堂此言如明堂者鄭志答張逸云周公制禮土中洛誥王入太室祼是也顧命成王崩於鎬京承先王宮室耳宣王承亂未必如周公之制以此二答言之則鄭意以文王未作明堂其廟寢如諸侯制度乃周公制禮建國土中以洛邑為正都其明堂廟寢天子制度皆在王城為之其鎬京則別都耳先王之宮室尚新周公不復改作故成王之崩有二房之位由承先王之室故耳及厲王之亂宮室毀壞先王作者無復可因宣王別更脩造自然依天子之法不復作諸侯之制故知宣王雖在西都其宗廟路寢皆制如明堂不復如諸侯也若然明堂周公所制武王時未有也樂記說武王祀乎明堂者彼注云文王之廟為明堂制知者以武王旣伐紂為天子文王又已稱王武王不得以諸侯之制為父廟故知為明堂制也江永云周路寢之制略見顧命有堂有序有夾有房何嘗有五室有兩階有二垂有側階何嘗有九階蓋宗廟路寢宜同制而明堂則否也明堂者朝諸侯聽朔祀上帝配文王之堂東西南北有四門堂上中央與四隅有五室東西階之閒有中階而東西北堂皆有兩階為九階皆與寢廟不同也案江說是也洪頤煊金鶚說並同賈孔及唐人申鄭說者率舉月令明堂位及周書作雒篇文以為徵論今攷月令十二月居四大廟八个自是王居明堂之禮鄭注誤以為大寢大史疏已辯之矣明堂位謂魯大廟如天子明堂者自謂天子宗廟堂皆南向其重屋兩夾諸制與明堂南面一堂形制略同耳非謂宗廟亦具四堂五室也春秋文十三年大室屋壞漢書五行志述左氏說以大室為大廟中央之室屋卽重屋蓋亦以魯大廟為明堂制然

左傳實無是說公羊穀梁說則並以大室爲魯公廟漢志所說蓋西漢左氏經師𣪍定以傳合明堂位之文實不足據也荀子宥坐篇云
子貢觀於魯廟之北堂九蓋皆繼此可證魯廟不爲明堂制故房後之北堂與正堂異制否則四堂如一安得北堂獨爲殊異乎作雒篇
云乃位五宮大廟宗宮考宮路寢明堂咸有四阿反坫重亢重郎常累復格藻棁設移旅楹舂常畫旅內階玄階隄唐山廧應門庫臺玄
閫宋書禮志云周書清廟明堂路寢同制鄭玄注禮義生於斯蓋卽指此今審繹作雒之文乃總記廟寢明堂三者殊異之制非謂每宮
各備此衆飾也否則明堂四面九階記有明文安得復有內階邪然則三經之說皆不足證鄭義夫明堂爲祭五帝之宮故有五室之制
隨五時而用之若宗廟時享則一歲四舉本無中央之祭而虛制五室爲無用矣路寢之制顧命有明文鎬京雖周舊都然大寢內朝所
在必不因陋就簡鄭荅趙商以爲猶諸侯制殆曲爲之說不足馮也至賈疏引書傳說路寢制度明堂位孔疏及禮書並引書多士傳云
天子之堂廣九雉三分其廣以二爲內五分其內以一爲高東房西房北堂各三雉與賈所引又小異所說度既似太後又不宜有北堂
而無室疑皆有舛誤今攷定廟寢制本不如明堂則南北無三室自無不容殯之疑賈氏所辯可勿論矣兩漢諸儒說明堂者又或以路
寢祖廟大學辟廱傳合爲一玉藻疏引五經異義云古周禮孝經說明堂文王之廟盛德記云或以爲明堂者文王之廟也周時德澤洽
和蒿茂大以爲宮柱名爲蒿宮也此天子之路寢也不齊不居其室待朝在南宮揖朝出其南門此旣以明堂爲卽文王廟又以爲卽路
寢蓋襍采衆說故自成岐牾此與蒿宮之說同不足據舊唐書禮儀志顏師古明堂議不從盛德文王廟之說而謂明堂卽路寢與盛德
後說同左傳文二年孔疏云左氏舊說及賈逵服虔等皆以祖廟與明堂爲一此以明堂爲卽祖廟也詩靈臺疏引五經異義云韓詩說

辟廱者天子之學立明堂於中文選東京賦李注引三輔黃圖馬宮奏曰明堂辟雍其實一也牛弘議亦云馬宮王肅以爲明堂辟廱大學同處又舊唐志引漢孔牢等議說同此以明堂爲卽辟廱也詩靈臺疏引盧植禮記注云明堂卽太廟也天子太廟上可以望氣故謂之靈臺中可以序昭穆故謂之太廟圓之以水似璧故謂之辟雍古法皆同一處近世殊異分爲三耳又引潁子容春秋釋例云太廟有八名其體一也肅然清靜謂之清廟行禘祫序昭穆謂之太廟告朔行政謂之明堂行饗射養國老謂之辟雍占雲物望氛祥謂之靈臺其四門之學謂之太學其中室謂之太室總謂之宮明堂月令論云明堂者天子太廟所以崇禮其祖以配上帝者也雖有五名而主以明堂其正中焉皆曰太廟謹承天隨時之令昭令德宗祀之禮明前功百辟之勞起尊長敬老之義顯教幼誨稚之學朝諸侯選造士於其中以明制度生者乘其能而至死者論其功而祭故爲大教之宮而四學具焉官司備焉故言明堂事之大義之深也取其宗祀之清貌則曰清廟取其正室之貌則曰太廟取其尊崇則曰太室取其堂則曰明堂取其四門之學則曰太學取其四面周水圓如璧則曰辟雍異名而同事其實一也春秋因魯取宋之姦賂則顯之太廟以明聖王建清廟明堂之義經曰取郜大鼎于宋納于太廟傳曰非禮也君人者將昭德塞違故昭令德以示子孫是以清廟茅屋昭其儉也以周清廟論之魯太廟皆明堂也魯禘祀周公於太廟明堂猶周宗祀文王於清廟明堂也禮記檀弓曰王齋禘於清廟明堂也孝經曰宗祀文王於明堂禮記明堂位曰太廟天子曰明堂又曰成王幼弱周公踐天子位以治天下朝諸侯於明堂制禮作樂頒度量而天下大服成王以周公爲有勳勞於天下命魯公世世禘祀周公於太廟以天子禮樂升歌清廟下管象舞所以異魯於天下取周清廟之歌歌於魯太廟明堂魯之太廟猶周清廟也皆所以昭文王周公之德

以示子孫者也禮記保傅篇曰帝入東學上親而貴仁入西學上賢而貴德入南學上齒而貴信入北學上貴而尊爵入太學承師而問道魏文侯孝經傳曰太學者中學明堂之位也禮記昭穆篇曰太學明堂之東序也皆在明堂辟雍之內月令記曰明堂者所以明天氣統萬物明堂上通於天象日辰故下十二宮象日辰也水環四周言王者動作法天地廣德及四海方此水也名曰辟雍王制曰天子出征執有罪反舍奠於學以訊馘告樂記曰武王伐殷薦俘馘於京大室京鎬京也太室辟雍之中明堂太室也即王制所謂以訊馘告者也凡此皆明堂太室辟雍太學事通文合之義也又淮南子本經訓高注云明堂王者布政之堂王者月居其房告朔朝歷頒宣其令謂之明堂其中可以叙昭穆謂之大廟其上可以望氛祥書雲物謂之靈臺其外圜以辟雍案盧顏蔡高之說傅會廟寢大學槪以為即明堂說殊牽合今攷盛德記及韓詩說鄭駁異義已糾其非盧辯盛德注亦序明堂為文王廟之謬南齊書禮志王儉議又引鄭志趙商問云說者謂天子廟制如明堂是為明堂即文廟耶鄭荅曰明堂主祭上帝以文王配耳猶如郊天以后稷配也與駁異義說同牛弘議引五經通義云靈臺以望氣明堂以布政辟廱以養老教學三者不同靈臺疏引袁準正論云明堂宗廟太學禮之大物也事義不同各有所為而世之論者合以為一體取詩書放逸之文經典相似之語而致之不復考之人情驗之道理失之遠矣且夫茅茨采椽至質之物建日月乘玉輅以處其中象箸玉杯而食於土簋非其類也如禮記先儒之言明堂之制四面東西八丈南北六丈禮天子七廟左昭右穆又有祖宗不在數中以明堂之制言之昭穆安在若又區別非一體也夫宗廟鬼神之居祭天而於人鬼之室非其處也夫明堂法天之宮非鬼神常處故可以祭天而以其祖配之配其父於天位可也事天而就人鬼則非義也是故明堂者大朝諸侯講禮之處宗廟享

鬼神歲覲之宮辟廱大射養孤之處太學眾學之居靈臺望氣之觀清廟訓儉之室各有所爲非一體也古有王居明堂之禮月令則其事也天子居其中學士處其內君臣同處死生參並非其義也明堂以祭鬼神故亦謂之廟明堂太廟者明堂之內太室非宗廟之太廟之名不必同處也馬融云明堂在南郊就陽位而宗廟在國外非孝也潁氏云公既視朔遂登觀臺以其言遂故謂之同處夫遂者遂事子之情也古文稱明堂陰陽者所以法天道順時政非宗廟之謂也融云告朔行政謂之明堂夫告朔行政上下同也未聞諸侯有明堂之稱也順時行政有國皆然未聞諸侯有居明堂者也齊宣王問孟子人皆謂我毀明堂毀諸己乎孟子曰夫明堂者王者之堂也王欲行王政則勿毀之矣夫宗廟之設非獨王者也若明堂卽宗廟不得曰夫明堂王者之宗廟也且說諸侯而教毀宗廟爲人君而疑於可毀與否雖復淺丈夫未有是也孟子古之賢大夫而皆子思弟子去聖不遠此其一證也尸子曰昔武王崩成王少周公踐東宮祀明堂假爲天子明堂在左故謂之東宮王者而後有明堂故曰祀明堂假爲天子此又其證也賈思伯議亦駁蔡說云周禮營國左祖右社明堂在國之陽則非天子太廟明矣然則禮記月令四堂及太室皆謂之廟者當以天子暫配享五帝故耳又王制云周人養國老於東膠鄭注云東膠卽辟廱在王宮之東又詩大雅云邕邕在宮肅肅在廟鄭注云宮謂辟廱宮也所以助王養老則尚和助祭則尚敬又不在明堂之驗矣案袁賈二家所論足正諸說之謬惟尸子說周公踐東宮似非明堂袁合爲一則非也明堂古制外環以水或通稱辟廱徐養原云凡水形如璧卽曰辟廱明堂自有辟廱何必大學其說是也然則明堂之辟廱與大學辟廱絕異若路寢宗廟則皆在王宮之中與明堂地遠不相涉其形制固亦絕不同也凡宗廟路寢大學與明堂不同之說互詳宮人大史大司樂疏

室中度以几

堂上度以筵宮中度以尋野度以步涂度以軌周文者各因物宜為之數室中舉謂四壁之內疏室中度以几者此汎論諸度之法也几度詳司几筵疏戴震云馬融以為几長三尺六之而合二筵歟　注云周文者各因物宜為之數者賈疏云對殷已上質夏度以步殷度以尋無異稱也因物宜者謂室中坐時馮几堂上行禮用筵宮中合院之內無几無筵故用手之尋也在野論里數皆以步故用步涂有三道車從中央故用車之軌是因物所宜也云室中舉謂四壁之內者謂堂後室四壁之內也賈疏云對宮中是合院之內依爾雅宮猶室室猶宮者是散文宮室通也詒讓案明堂位孔疏引尚書大傳說路寢制堂室並度以雉則與明堂異此經文不具也詳宮人疏

廟門容大扃七个大扃牛鼎之扃長三尺每扃為一个七个二丈一尺

疏廟門容大扃七个者以下並記廟寢諸門廣狹之制廟門者謂宗廟南向之大門也都宮之門當亦同廟在應門內之左而門度則小於應門依前注周明堂之門廣三筵二丈七尺則廟門減於明堂門六尺也說文鼎部引周禮扃作鼏个作箇段玉裁云說文鼎部鼏以木橫貫鼎耳而舉之從鼎冂聲此以冋之冂為聲讀如扃古熒切冪鼎蓋也從鼎冖聲此以一下垂之冖為聲讀如幎莫狄切鼏字下引周禮廟門容大鼏七箇蓋作鼏作箇者故書作扃个者今書也今本說文有鼏無冪而鼏音莫狄切正誤合二字為一也案段說分別鼏冪二字是也說文金部鉉字注又云易謂之鉉禮謂之鼏王引之謂說文禮謂之鼏禮上當有周字亦可與鼏字注互證又案此經所記門制並止詳廣度不及高度他書亦無見文竊謂古者兵車得入國門乘車又得入宮門廟門依總敘兵車建兵六等之數凡二丈四尺而輪人乘車建蓋凡一丈四尺若然國門之高度當在二丈四尺以上宮廟門高度當在一丈四尺以上與　注云大扃牛鼎之扃

長三尺者賈疏謂約漢禮器制度案扃鼏之段字士昏禮公食大夫禮陳鼎皆設扃鼏注云扃鼎扛所以舉之者也牛鼎者聘禮牢鼎九實三牲魚腊等以牛鼎爲首形制亦最大淮南子詮言訓云函牛之鼎沸而蠅蚋弗敢入許注云函牛受一牛之鼎也爾雅釋器云鼎絕大謂之鼐牛鼎蓋卽所謂鼐矣御覽珍寶部引阮諶三禮圖云牛鼎受一斛天子飾以黃金諸侯飾以白金有鼻目以銅爲之三足李氏周易集解引九家易說同聶崇義云牛鼎三足如牛每足上以牛首飾之扃長三尺漆丹兩端各三寸天子以玉飾兩端諸侯以黃金飾兩端亦各三寸丹飾案聶說扃天子以玉飾卽易鼎上九所謂玉鉉也諸侯以金飾卽鼎六五所謂金鉉也云每扃爲一个七个二丈一尺者以七乘三尺得二丈一尺也特牲饋食禮注云个猶枚也今俗言物數有云若干個者此讀然方言云箇枚也案个者介之省經典通借爲箇字詳梓人疏

闈門容小扃參个廟中之門曰闈小扃腳鼎之扃長二尺參个六尺

疏闈門容小扃參个者闈門爲廟中之小門故其廣又狹於廟門宮中小寢門及諸側門制亦當同

注云廟中之門曰闈者保氏注云闈宮中之巷門此冢上廟門故知其爲廟中小門襍記記奔喪云夫人至入自闈門士冠禮云降自西階適東壁北面見于母注云適東壁者出闈門也時母在闈門之外婦人入廟由闈門焦循云兩廟之閒有巷婦人入廟由巷入闈門也不然太祖廟之闈門外卽昭穆廟立於闈門外豈立於昭穆廟乎案焦說是也蓋闈爲小門之通稱廟側小門旁出外通於巷故亦謂之巷門廟中闈門方位所在無文雜記孔疏云闈門謂東邊之門案孔說蓋據冠禮爲說焦循據士虞禮注云闈門如今東西掖門謂朝廟東西壁有二闈門金鶚則謂東西北當有三闈門各居當方之中今攷士冠禮冠者自西階適東壁而出闈門者以母適在東壁闈門之外無由決西壁之必無闈門也孔說與鄭

士虞注義不合殆未足憑竊疑廟外都宮之周垣當有東西北三闈門其內前廟後寢由寢達廟及昭穆二廟夾垣並當有闈門寢門出廟北東西門在廟兩旁則金說是也凡天子七廟諸侯五廟皆有闈左閔二年傳云共仲使卜齮賊公于武闈武闈疑卽魯武公廟之側門猶襄十一年傳云盟諸僖閎杜注以爲僖公廟門闈閎通稱皆側門也互詳保氏疏云小扃䑋鼎之扃長二尺者賈疏云亦漢禮器制度知之䑋鼎亦牛鼎但上牛鼎扃長三尺据正鼎而言此言䑋鼎據倍鼎三䑋臐膮而說也詒讓案聘禮云陪鼎䑋臐膮蓋陪牛羊豕鄭公食大夫禮注云䑋臐膮今時脽也牛曰䑋羊曰臐豕曰膮蓋牢鼎九以牛鼎爲首陪鼎三以䑋鼎爲首此小扃爲䑋鼎之扃卽謂陪鼎之扃也聶崇義云羊鼎之扃長二尺五寸豕鼎之扃長二尺依聶說則豕鼎扃與䑋鼎同云參个六尺者以三乘二尺得六尺也經文例凡命分字用參紀數字用三此參个爲紀數而作參下應門同並與例不合下章注作三个亦與此注不同疑經注並當作三今本乃傳寫之誤

路門不容乘車之五个

路門者大寢之門乘車廣六尺六寸五个三丈三尺言不容者是兩門乃容之兩門乃容之則此門半之丈六尺五寸

疏路門不容乘車之五个者焦循云乘車廣六尺六寸五个得三丈三尺云不容者視三丈三尺爲狹也金鶚云記謂不容乘車之五个則是四个有餘五个不足之文若是兩門乃容當云容乘車五个之半矣竊意路門廣三丈蓋四个爲二丈六尺四寸五个爲三丈三尺折其一个之中又足成整數而爲三丈故曰不容乘車之五个也天子路寢堂廣二十四丈若門止一丈六尺五寸殊爲不稱可知其必有三丈也案焦金二說略同並較鄭爲長　注云路門者大寢之門者路寢之大門也大僕云建路鼓于大寢之門外注云大寢路寢也是大寢卽路寢故門亦卽名路門天子五門自外而入路門爲第五詳閽人疏云乘車廣六

尺六寸者據輿人車廣與輪崇同云五个三丈三尺者以五乘六尺六寸得三丈三尺也云言不容者是兩門乃容之者鄭意前經並言一門所容之度此獨言不容其度未明故定爲兩門乃容之明一門不得容也云兩門乃容之則此門半之丈六尺五寸者半三丈三尺得丈六尺五寸也焦循云廟門容大扃七个得二丈一尺應門容二徹參个得二丈四尺路門爲人君視朝之地宜廣于諸門不應小至一丈六尺視應門止三之二也

應門二徹參个

正門謂之應門謂朝門也二徹之內八尺三个二丈四尺

疏應門二徹參个者江永云此諸門之廣皆并兩扉言之也賈聘禮疏云直舉應門則臯庫雉亦同　注云正門謂之應門謂朝門也者據爾雅釋宮文洪頤煊云天子諸侯皆以路門外之治朝爲正朝天子正朝之前有應門故爾雅曰正門謂之應門云二徹之內八尺者徹即軌也軌廣八尺故二徹之閒八尺云三个二丈四尺者以三乘八尺得二丈四尺也

內有九室九嬪居之外有九室九卿朝焉

內路寢之裏也外路門之表也九室如今朝堂諸曹治事處九嬪掌婦學之法以教九御六卿三孤爲九卿

疏外有九室九卿朝焉者戴震云外九室蓋九卿省其政事處也玉藻曰朝辨色始入君日出而視之退適路寢聽政視朝在路門外庭凡有職於朝者咸至也聽政在路寢君退於路寢以待朝者各就其官府治處有當告者乃入也玉藻又曰使人視大夫大夫退然後適小寢釋服大夫退於家君乃適小寢也　注云內路寢之裏也者王六寢前路寢一後燕寢五並在路門之內此九室九嬪所居則當在后宮蓋又在王燕寢之後通而言之則皆王路寢之裏也胡培翬云左傳成十八年諸侯夫人有內宮之朝則后正宮之前當亦有朝故昏義云后聽內治九卿之九室在正朝之左右則九嬪之九室當亦在后朝之左右也案胡說是也焦循說略同洪頤煊云九嬪九室

以外朝之法準之九室亦當左三右六居后正寢之兩旁云外路門之表也者謂九卿之室在路門之外路門外卽治朝左右昏義注云
天子六寢而六宮在後六官在前所以承副施外內之政也九室卽詩鄭風緇衣所謂館鄭彼箋云卿士所之之館在天子之宮如今之
諸廬也六卿於九室朝其屬吏而治其職事故亦通謂之朝國語魯語云自卿以下合官職於外朝合家事於內朝韋注云外朝君之公
朝內朝家朝也案彼卿以下內朝外朝當如陳祥道金鶚說爲卿大夫私家之朝若韋所云公朝對卿之寺舍朝家臣之朝爲名蓋卽指
此九室言之與君之治朝異亦謂之次宮正比宮中之官府次舍注以次爲諸吏直宿之處是也蓋九卿入宮治事之次與宮中諸吏同
處若常時退直及治小事則各於宮外之寺舍詩緇衣孔疏引鄭舜典注云卿士之私朝在國門大司馬注亦謂古者軍將蓋爲營治於
國門軍將卽命卿也然則九卿之寺舍不在宮中明矣通典賓禮云皋門之內曰外朝近庫門有三府九寺應門內曰中朝中朝東有九
卿之室則九卿理事之處朝則入而理事夕則歸於庫門外案杜謂九室在應門之東據朝士外朝左九棘孤卿大夫位焉以推此經義
也然彼爲朝位此爲治事之室二者不足相證又謂夕歸於庫門外則由誤謂九卿寺舍在宮內不足據也云九室如今朝堂諸曹治事
處者班固西都賦云左右庭中朝堂百寮之位此卽宮正注所謂部署諸廬是也賈疏云謂正朝之左右爲廬舍者也云九嬪掌婦學之
法以教九御者賈疏云九嬪職文按內宰王有六宮九嬪已下分居之若然不得復分居九室矣此九嬪之九室與九卿九室相對而言
之九卿九室是治事之處則九嬪九室亦是治事之處故與六宮不同是以鄭引九嬪職掌婦學之法則九室是教九御之所也云六卿
三孤爲九卿者漢書百官公卿表云太師太傅太保是爲三公又立三少爲之副少師少傅少保是爲孤卿與六卿爲九焉鄭注本此通

典職官說同王引之云鄭以六卿三孤爲九卿者用漢表說也蓋當時說經者見周禮屢言三公孤卿則謂孤爲三公之副而以大戴禮保傅篇之三少當之不知周禮之孤乃六卿之首而非三公之副其數一人而已未嘗有三也豈得以孤爲三孤合六卿而爲九乎且經云外有九室九卿朝焉鄭注曰九室如今朝堂諸曹治事處則九卿乃治事之官非論道之官矣豈得雜以論道之三少乎經又云九分其國以爲九分九卿治之則九卿不可闕一若謂中有三少佐三公論道則文王世子曰三公不必備唯其人假如三公闕其一則三少亦闕其一將所謂分國爲九九卿治之者亦必闕其一分而無人以治之所謂九室者亦必闕其一室而無人以涖之而可乎若不闕三少而獨闕三公則三少乃三公之副未有有副而無正者也然則九卿之中不得有三少明矣說苑臣術篇引伊尹對湯問曰三公者知通於大道應變而不窮辯於萬物之情通於天道者也其言足以調陰陽正四時節風雨如是者舉以爲三公故三公之事常在於道也九卿者不失四時通於溝渠修隄防樹五穀通於地理者也能通不能通能利不能利如此者舉以爲九卿故九卿之事常在於德也是九卿之事異於三公若謂中有三少佐三公論道則與三公之事同在於道不得謂九卿之事皆在於德矣此可知古人言九卿者不以三少備其數也自新莽誤以周禮之孤爲三公之副而置三公司卿以放效之且合羲和作士秩宗典樂共工予虞爲九卿孟堅作表又沿其意而變其名以少師少傅少保爲孤卿合六卿爲九於是九卿之官遂以三少廁其閒矣鄭君注掌次及此皆誤用其說而注王制月令昏義之九卿則不以爲六卿三孤高誘注呂氏春秋孟春紀淮南時則篇之九卿韋昭注魯語之九卿亦然蓋有所不安於班氏之說故疑而闕之也九卿之與六卿增減異同書無明證或九卿皆有官名如堯典之九官或無官名如晉之六卿爲三軍之帥八卿爲四

軍之帥皆未可知必欲於周禮六官之外求官名以實之則鑿矣案王說是也漢表以九卿爲三少及六卿此古文說也蓺文類聚職官部引尚書大傳白虎通義封公侯篇並謂天子立司馬司徒司空爲三公每一公以三卿佐之是爲九卿春秋繁露爵國篇亦云三公自參以九卿此今文說也二說並與周官制不合竊謂王制昏義九卿鄭注以爲夏制說苑伊尹所云則殷制也唯國語魯語爲周人述當代之法而月令所說則本呂氏春秋此經作於戰國之際故與呂書正同疑春秋以後侯國僭侈之法必非周初官制則不當以六卿三孤強充其數矣孤非三少亦詳掌次疏

九分其國以爲九分九卿治之

九分其國分國之職也三孤佐三公論道六卿治六官之屬

疏 注云九分其國分國之職也者其國通畿王國而言非謂國城中賈疏云鄭恐九分其國分其地域故云分國之職也云三孤佐三公論道者鄭以三少爲三孤故云佐三公論道其說亦非也云六卿治六官之屬者賈疏云欲見分職爲九分之意以其三公三孤無正職天地四時正職六卿治之其餘非正職者分爲三分三公治之三孤則佐三公者也但三公中參六官之事外與六卿之教書傳又云司徒公司馬公司空公則三公六卿亦有職此亦據夏而言周則未見分爲九分也案此經皆據時制必非夏法鄭亦無此意賈說不足據

王宮門阿之制五雉宮隅之制七雉城隅之制九雉

阿棟也宮隅城隅謂角浮思也雉長三丈高一丈度高以高度廣以廣

疏 王宮門阿之制五雉者此記王以下宮城門牆之崇度也五雉者高五丈卽六仞有二尺也賈疏云爲門之屋兩下爲之其脊高五丈案賈說是也門屋自天子以下皆爲兩下故燕禮云賓所執脯以賜鍾人于門內霤蓋中高爲阿而內外各兩下爲霤是其制也兩下卽夏屋之制故檀弓注云夏屋今之門廡也通典吉禮引

韓詩傳云殷商屋而夏門周夏屋而商門則以周門屋爲商四阿之制殆非也此門阿依後注卽臺門之阿則是天子諸門之通制鄭閽人朝士注謂天子雉門設兩觀今以明堂位攷之似當在應門兩觀當高於臺門二雉則宜高七雉與宮隅同禮書引尚書大傳說天子堂廣九雉三分其廣以其二爲內五分其內以其一爲高則堂高一雉長又五分雉長之一卽三丈六尺也彼蓋據路寢檐宇距地言之門堂之制旣準正堂而門基又與地平則檐宇之高必不得踰於堂然則門阿蓋高於門堂約二丈門闕又高於門阿二丈其降殺亦略相應也阮元云雉與絼同音雉有度量之義雉絼皆用長繩平引度物之名封人置其絼司農注絼著牛鼻繩所以牽牛者今時謂之雉與古者同名案阮說是也絼說文糸部作紖爾雅釋詁云雉引陳也雉與引義蓋亦相近但度數不同耳云宮隅之制七雉者賈疏云七雉亦謂高七丈不言宮牆宮牆亦高五丈也詒讓案七雉卽八仞有六尺也云城隅之制九雉者賈疏云九雉亦謂高九丈不言城身城身宜七丈案賈本五經異義說詳後疏九雉卽十一仞有二尺也注云阿棟也者士昏禮賓升西階當阿注同鄉射記注云是制五架之屋也正中曰棟次曰楣前曰庪胡承珙云鄭以棟訓阿者非謂棟有阿名謂屋之中脊其當棟處名阿耳阿之訓義爲曲毛詩考槃傳云曲陵曰阿大雅有卷者阿傳云卷曲也一切經音義引韓詩傳曲京曰阿說文阿一曰曲自也其在宮室則凡屋之中脊其上穹然而起其下必卷然而曲其曲處卽謂之阿棟隨中脊之勢亦必有穹然卷然之形故易於棟言隆禮卽以棟爲阿屋有四注兩下必皆於中脊分之考工記於四注者曰四阿於兩下者曰門阿然則阿爲中脊卷曲之處明矣中脊者棟之所承故鄭以當阿爲當棟耳案胡謂屋之中脊當棟處名阿是也蓋阿卽所謂極凡屋之中脊最高處謂之極上覆以瓦謂之甍下承以木謂之棟二者上下相當故鄭禮注訓

阿爲棟當阿爲當棟而說文木部云棟極也瓦部云甍屋棟也釋名釋宮室云屋脊曰甍棟中也居屋之中也明其義互通凡門屋雖兩下而亦爲上棟下宇故鄭卽以棟言之實則棟木承甍究不足以盡極之高經著門屋高度自當據門脊之盡處計之鄭偶未析别耳至稱極爲阿義蓋取於高而下迤爾雅釋山云大陵曰阿又釋丘云偏高阿丘蓋極爲屋之最高者猶大陵高於大陸大阜也極自一面視之則有偏高之形猶阿丘之爲偏高也又案莊子外物篇闕阿門阿門亦卽謂門臺之有阿者彼釋文引司馬彪云阿屋曲檐也屋曲檐卽所謂反宇與阿棟上下縣殊非正義也云宮隅城隅謂角浮思也者釋文云浮思本或作罘罳案明堂位疏屏注云屏謂之樹今浮思也刻之爲雲氣蟲獸如今闕上爲之矣釋名釋宮室云罘罳在門外罘復也罳思也臣將入請事於此復重思之也廣雅釋宮云罘罳謂之屏古文苑宋玉大言賦云大笑至兮摧覆罘思漢書文帝紀七年未央宮東闕罘思災顏注云罘思謂連闕曲閣也以覆重刻垣墉之處其形罘思然一曰屏也古今注云罘罳屏之遺象也漢西京罘罳合版爲之亦築土爲之每門闕殿舍前皆有焉于今郡國廳前亦樹之案浮思罘罳覆思並聲近字通角與宮伯注四角四中義同說文𨸏部云隅陬也廣雅釋言云隅陬角也故鄭以宮隅城隅爲角罘罳焦循云宮隅城隅隅卽西南隅曰奧之隅鄭注角浮思角卽四隅之謂浮思者廣雅釋名古今注皆訓爲門外之屏角浮思者城之四角爲屏以障城高於城二丈蓋城角隱僻恐奸宄踰越故加高耳詩邶風靜女篇云俟我于城隅傳云城隅以言高而不可踰箋云自防如城隅皆明白可證案焦說是也漢書五行志說未央宮東闕罘罳云劉向以爲東闕所以朝諸侯之門也罘罳在其外諸侯之象也據此則罘罳本爲門屏屏在門外築土爲高臺又樹版爲戸牖而覆以屋其制若樓觀而小故漢書顏注以爲連闕曲閣賈疏及明堂位孔疏又

並以爲小樓是也城隅築土合版高出雉堞之上與門屏相類是謂之角浮思漢時宮城之制蓋尚有此故鄭據爲釋也凡古宮城四隅皆闕然而高故韓詩外傳云宮成則必缺隅宮隅城隅皆在四角與城臺門闕居四中者異墨子備城門篇云城四面四隅皆爲高磨㯰之證也又案天子諸侯宮門有臺又有闕闕卽觀也城門亦然故城又非攻下篇天命融隆火于夏之城閒西北之隅是城隅必在四角臺亦謂之城闕詩鄭風子衿云在城闕兮又出其東門云出其闉闍毛傳云闍城臺也新序雜事五云天子居闉闕之中闉闕卽闉闍也城臺之高度此經無文以意求之蓋當與城隅同度經著城隅之度而不及城臺者互文以見義毛詩傳謂城隅以言高而不可踰明城以隅爲最高則城闕之高不得過於隅明矣云雉長三丈高一丈度高以高度廣以廣者據周禮舊說及今文尚書春秋左氏說也左傳隱元年孔疏謂賈逵馬融王肅說並同賈疏云凡版廣二尺公羊云五版爲堵高一丈五堵爲雉書傳云雉長三丈度高以高度長以長廣則長也言高一雉則一丈言長一雉則三丈引之者證經五雉七雉九雉雉皆爲丈之義詒讓案左隱元年傳鄭祭仲曰都城過百雉國之害也杜注云方丈曰堵三堵曰雉一雉之牆長三丈高一丈侯伯之城方五里徑三百雉故其大都不得過百雉杜說用鄭義蓋堵雉之根數生於版鄭說版廣二尺長一丈積五版之廣以爲堵之高則方一丈積三堵之廣以爲雉之廣則三丈雉之廣三堵卽三版之廣雉之高一堵亦卽五版之積也而公羊定十二年傳云雉者何五版而堵五堵而雉何注云八尺曰版堵凡四十尺雉二百尺詩小雅鴻雁毛傳云一丈爲版五版爲堵鄭箋引公羊傳而釋之云雉長三丈則版六尺檀弓注亦云版蓋廣二尺長六尺大戴禮記王言篇又云百步而堵此說版堵度並異左傳孔疏引五經異義云戴禮及韓詩說八尺爲版五版爲堵五堵爲雉版廣二尺積高五版爲一丈五

堵爲雉雉長四丈古周禮及左氏說一丈爲版版廣二尺五版爲堵一堵之牆長丈高丈三堵爲雉一雉之牆長三丈高一丈以度其長者用其長以度其高者用其高也又詩鴻鴈孔疏引鄭駁異義云左氏傳說鄭莊公弟段居京城祭仲曰都城過百雉國之害也先王之制大都不過三國之一中五之一小九之一今京不度非制也古之雉制書傳各不得其詳今以左氏說鄭伯之城方五里積千五百步也大都三國之一則五百步也五百步爲百雉則知雉五步五步於度長三丈則雉長三丈也雉之度量於是定可知矣又引王愆期注公羊云諸儒皆以爲雉長三丈堵長一丈疑五誤當爲三焦循云詩傳云一丈爲版五版爲堵正義云五版爲堵累五版也版廣二尺然則毛公說版以長言說堵以高言與周禮左氏說同箋引公羊傳云五堵爲雉與三堵爲雉之說不同鄭云則版六尺者蓋雉爲高一丈廣三丈之定名今曰五堵則由一雉而五之每堵得高一丈廣六尺又由一堵而五之每版得高二尺廣六尺毛以一丈爲版則三堵爲雉鄭以六尺爲版則五堵爲雉說版有不同而雉之數則一也左傳疏引戴禮及韓詩說云八尺爲版五版爲堵版廣二尺積高五版爲一丈此但版長八尺爲異五版爲堵仍累二尺而五與毛鄭同也何休則以累八尺者五之故以堵爲四丈又累四丈者五之而爲雉故雉長二十丈百雉長二千丈得十一里三分里之二制且大於王城非公羊傳義案焦說是也

經涂九軌環涂七軌野涂五軌廣狹之差也故書環或作轘杜子春云當爲環環涂謂環城之道【疏】經涂九軌環涂七軌者經涂已見前此復出之者以環涂野涂皆依此迭減明根數也七軌者積五十六尺則環涂九步二尺也賈疏云不言緯者以與經同也云野涂五軌者賈疏云國外謂之野通至二百里內以其下有都之涂三軌言都則三百里大夫家涂亦三軌也故知此野通二百里內也案依賈說則此

野涂專屬郊甸以內田野閒通行之道與遂人田閒五涂異其稍以外公邑家邑之野涂並當與都野涂同度也此野涂五軌積四十尺則六步四尺也　注云廣狹之差也者環涂環九經九緯之外故狹於經涂緯涂野涂在國門之外故又狹於環涂皆以二軌迭減也云故書環或作轘杜子春云當爲環者徐養原云環轘同聲相借軌爲轍跡以轘爲環所謂字從類也阮名轘轘蓋亦此意段玉裁云以其義正其字也云環涂謂環城之道者國語齊語韋注云環繞也謂繞城下之道與經緯二涂相湊者墨子備城門篇云城下州道內百步一積薪州與周通州道即此環涂也賈疏云謂遶城道如環然故謂之環也

門阿之制以爲都城之制

都四百里外距五百里王子弟所封其城隅高五丈宮隅門阿皆三丈

疏 門阿之制以爲都城之制者記內諸侯之城制也城即城隅不言隅者冡上文省隱元年左傳鄭祭仲曰先王之制大都不過參國之一中五之一小九之一孔疏云以王城方九里依此數計之則王城長五百四十雉其大都方三里長一百八十雉中都方一里又二百四十步長一百六十八雉也小都方一里長六十雉也公城方七里長四百二十雉其大都方二里又一百步長一百四十雉也中都方一里又一百二十步長八十四雉也小都方二百三十三步二尺長四十六雉又二丈也侯伯城方五里長三百雉其大都方一里又二百步長百雉也中都比王之小都其小都方一百六十六步四尺長三十三雉又一丈也子男城比王之大都其大都比侯伯之中都其中都方一百八十步長三十六雉也小都方百步長二十雉也詒讓案依左傳說都有大中小方長里步各異其城高度則一故此經直云都城不分大中小也　注云都四百里外距五百里者縣士注云四百里以外至五百里曰都是也云王子弟所封者即載師云以大都之田任畺地是也大都爲王子弟所封詳大宰載師疏賈疏云

鄭云都四百里外距五百里王子弟所封者則惟據大都而言不通小都鄉之采地以司裘諸侯共熊侯豹侯卿大夫共麋侯則鄉不入諸侯中此云都按諸侯而言故不及小都也大都諸侯兼三公直云王子弟其言略兼有三公可知案此都當亦兼鄉采邑之小都言之蓋小都惟里數減於大都其城之高度則同也鄭賈說未晐云其城隅高五丈者賈疏云以上文王門阿五雉今云門阿之制為都城制城制五雉若據城身則與下諸侯同故知此城制據城隅也案賈說此城身高三丈據五經異義說侯伯城制約與彼同也詳後疏云宮隅門阿皆三丈者明宮隅門阿降於城二丈也王宮門阿降於宮隅二丈此與宮隅同者以三丈不可更減亦禮窮則同也賈疏云以下文畿外諸侯尊得申為臺門高五丈此畿內屈故宮隅門阿皆三丈也

宮隅之制以為諸侯之城制

諸侯畿以外也其城隅制高七丈宮隅門阿皆五丈禮器曰天子諸侯臺門

疏宮隅之制以為諸侯之城制者記外諸侯之城制亦謂城隅也　注云諸侯畿以外也者別於上王子弟所封都為畿內侯國也云其城隅制高七丈者據王宮隅之制七雉諸侯城制與之同則七丈也云宮隅門阿皆五丈者亦降於城二丈也賈疏云按異義古周禮說云天子城高七雉隅高九雉公之城高五雉隅高七雉侯伯之城高三雉隅高五雉都城之高皆如子男之城高隱元年服注云與古周禮說同其天子及公城與此匠人同其侯伯以下與此匠人說異者此匠人云門阿之制以為都城之制高五雉亦謂城隅也其城高三雉與侯伯等如是子男豈不如都乎明子男城亦與伯等是以周禮說不云子男及都城之高直云都城之高皆如子男之城高有此匠人相參以知子男皆為本耳亦互相曉明子男之城不止高一丈隅二丈而已如是王宮隅之制以為諸侯城制者惟謂上公耳以此計之王城隅高九雉城高七雉上公之城隅高七雉城高五雉

侯伯已下城隅高五雉城高三雉天子門阿五雉則宮亦五雉其隅七雉上公之制鄭云宮隅門阿皆五雉則其宮高亦五雉都之制鄭云宮隅門阿皆三雉則其宮高亦三雉何者天子門阿與宮等明知其餘皆等惟伯子男宮與都等其門阿蓋高於宮當如天子五雉何者禮器云天子諸侯臺門大夫不臺門以此觀之及五等諸侯其門阿皆五雉可知都城據大都而言其小都及家之城都當約中五之一家當小九之一爲差降之數未聞也詒讓案諦繹鄭意似以諸侯城制五等皆同異義引古周禮說分諸侯之城爲二等非鄭義也又案天子諸侯門阿亦宜有降殺而鄭謂諸侯宮隅門阿同五雉者審校注義蓋專說諸侯中門之制猶上經門阿亦專說天子應門之制也天子中門設兩觀故門阿必低於觀諸侯中門跨門爲一觀則門阿卽觀之阿故高得與宮隅等此正足證鄭意亦謂觀高與隅同度也若中門以外餘門皆不設觀則其門阿固當低於宮隅此其形制甚易明鄭必不提同之矣互詳前疏又諸侯小都以下城高賈云未聞左傳隱元年孔疏謂三丈以下不復成城諸侯都城蓋亦高三丈則似無差降理或然也引禮器曰天子諸侯臺門者賈疏云欲見諸侯門阿得與天子同之意也

環涂以爲諸侯經涂野涂以爲都經涂

經亦謂城中道諸侯環涂五軌其野涂及都環涂野涂皆三軌

【疏】環涂以爲諸侯經涂者此記畿內外侯國道涂之制也諸侯經涂七軌賈疏云諸侯直云經涂不言緯涂緯涂亦與天子環涂同可知云野涂以爲都經涂者王國家邑大小都經涂五軌也　注云經亦謂城中道者據上文云國中九經九緯云諸侯環涂五軌其野涂及都環涂野涂皆三軌者賈疏云以經涂七軌以下差降爲之故知義然也又知都環涂野涂皆三軌者此涂皆男子由右女由左車從中央三者各一軌則都之野涂不得降爲一軌是以遂人注云路容三軌都之野涂與環涂同以其

野涂不得下於田閒川上之路故也案依賈說凡涂制以三軌爲極限不得復減若然諸侯國之都經涂環涂野涂當同三軌更無降殺亦禮窮則同也

周禮正義卷八十四

瑞安孫詒讓學

匠人為溝洫主通利田閒之水道疏匠人為溝洫者記都鄙采地治井田溝洫之制也與遂人鄉遂之溝洫制異對文五溝各有其名散文則通謂之溝洫　注云主通利田閒之水道者小司徒注云溝洫為除水害遂人注云遂溝洫澮皆所以通水於川也是也通利謂去其雝閼使不湛溢賈疏云古者人耕皆畎上種穀畎遂溝洫之閒通水故知通利田閒水道

耜廣五寸二耜為耦一耦之伐廣尺深尺謂之畎田首倍之廣二尺深二尺謂之遂古者耜一金兩人併發之其壟中曰畎畎上曰伐伐之言發也畎畎也今之耜岐頭兩金象古之耦也田一夫之所佃百畮方百步地遂者夫閒小溝遂上亦有徑疏耜廣五寸者治溝洫必用耜因冣以起度也詳車人疏云二耜為耦一耦之伐廣尺深尺謂之畎者以下並記井田五溝形體之法井田溝洫之度起數於壟中之畎畎字當為甽說文く部云く水小流也周禮匠人為溝洫耜廣五寸二耜為耦一耦之伐廣尺深尺謂之く倍く謂之遂倍遂曰溝倍溝曰洫倍洫曰巜重文甽古文く从田从川畎篆文く从田犬聲六畎為一畮並據此經為義程瑤田云溝洫廣深之度起於畎匠人之畎此人力所為在田閒者然田閒之畎又分為兩事一為百畮行列之畎因以為田閒水道之始一夫百畮中容萬步司馬法六尺為步步百為畮然則畮廣六尺長六百尺詩所謂禾易長畮是也百畮則百畎矣信南山之詩我疆我理南東其畮畫其經界之謂疆分其地理之謂理是故疆之以成井所以別夫也理之以成畮所以為畎也畮有

東南故畎有縱橫順其地理以分之而已矣一爲播種行列之畎漢書食貨志趙過能爲代田一畝三畎歲代處故曰代田古法也后稷始爲畎田以二耜爲耦廣尺深尺爲畎長終畝一夫三百畎而播種於畎中苗生葉以上稍耨壟草因隤其土以附根苗苗稍壯每耨輒附根比盛暑壟盡而根深能風與旱夫畝廣六尺畎廣尺畝三畎三尺也餘三尺與畎相間分高下所謂壟也以長畝平百行是爲一夫百畝廣六百尺其始也畝一壟蓋百畝百壟今更爲畎以播種一夫三百畎亦三百壟耨壟草隤其土於畎以附根則畎浸高壟浸下屢隤屢附壟與畎平故曰壟盡而根深也代田者更易播種之名畎播則壟休歲歲易之以畎處壟以壟處畎故曰歲代處也與周禮一易之田意蓋略同是故代田之爲畎也畝三之以畎度畝則畝六畎說文云六畎爲一畝猶云六尺爲一畝也案程說是也凡畎包在畝廣六尺之中每畝三畎三壟壟以種禾賈所謂畎上種穀是也畎以通水其在畔者因以爲畝之分界程所謂百畝則百畎是也漢志代田之法亦一畝三畎而於畎中播種隤土附根則畎壟相平不可辨識此自是趙過之別法與古田制不甚合許亦就畎壟相平言之故畝有六畎蓋卽兼三壟數之也又呂氏春秋任地篇云六尺之耜所以成畝也其博八寸所以成甽也高注云耜六尺其刃廣八寸古者以耜耕廣六尺爲畝三尺爲甽彼云耜六尺者指耒木言之與車人文正同而謂耜廣八寸以言一金之耜則後於此三寸而以八寸成畎則又朒於此二寸蓋秦法貴小畎也但此經畎廣一尺合兩耜乃能成之而彼謂一耜成畎於文例終不能合不必強爲牽傅高誘謂畎三尺則似據一晦三畎除壟言之與呂覽本文亦不相應也云田首倍之廣二尺深二尺謂之遂者倍畎之廣深以爲遂也遂釋文作隧云本又作遂阮元云隧俗字遂正字程瑤田云畎在一夫百畝中物其土宜而爲之南畝畎橫順其畝之首尾以行水入於遂故遂在田

首井田夫三爲屋三夫田首同枕一遂遂在屋閒非夫閒也謂之屋者三夫相連綿如屋然但疆之以别夫而已不若遂人夫爲一遂以受畎水此所以別夫閒而言田首也 注云古者耜一金者賈疏云對後代耜岐頭二金者詒讓案金卽耒耑鐵刃著於庛者也莊子天下篇釋文引三蒼云耜耒頭鐵也月令注云耜者耒之金也廣五寸然則廣五寸者謂刃也其庛木無五寸云兩人併發之者里宰所謂合耦也賈疏云二人各執一耜若長沮桀溺耦而耕此二人雖其發一尺之地未必並發案賈說是也耦耕但二人同耕不必同發徑尺之地此經一耦之伐則依同發計之欲見畎廣深一尺爲五溝起數耳云其壟中曰畎者莊子讓王釋文引司馬彪云壟上曰畝壟中曰畎程瑤田云壟陂陂之名平地中之高者也有畎然後有壟有壟斯有畝故曰壟上曰畝兩壟之中則畎故曰壟中曰畎也呂氏春秋任地曰上地棄畝下地棄畎又辯土曰大畎小畝地竊之也又曰畝欲廣以平畎欲小以深皆言壟中之畎云畎上曰伐者段玉裁校改上爲土是也說文土部云坺治也一臿土謂之坺耒部云耕廣五寸爲伐二伐爲耦段氏云此與一耦之伐廣尺深尺謂之畎稍不同鄭云畎土曰伐伐卽坺依考工記二耜之土爲伐許云一耜之土爲伐卽一臿土謂之坺也案段說是也此本作畎土曰伐校者不達妄意其對上壟中爲文因誤改土爲上不知壟中曰畎者壟高而畎下壟異地故云壟中此伐與畎同地伐卽發土以爲畎則不得云畎上明矣賈疏釋伐爲畎上高土蓋所見本已誤伐卽坺之借字其字又通作發俗作墢國語周語云王耕一墢韋注云一墢一耜之墢也王無耦以一耜耕宋庠舊音引賈逵本作一發注云一發一耜之發也耜廣五寸二耜爲耦一發深尺蓋王無耦以一耜爲發諸侯以下有耦則以二耜爲發故賈許韋三君並以一耜所發之土謂之發坺與此經以二耜所發謂之伐文異而義同畎之度起於二耜伐之名不定

於二耜也云伐之言發也者續漢書禮儀志劉注引盧植禮記注亦云伐發也蓋伐土卽發土說文艸部云茇草根也春艸根枯引之而發土爲撥故謂之茇伐發撥聲義並同云畎畎也者畎亦當爲甽釋文云畎與甽同古今字也案依說文則甽爲古文畎爲小篆實一字也隸譌作甽漢時通用畎字故鄭以畎釋甽亦以今字釋古字也云今之耜岐頭兩金象古之耦也者賈疏云至後漢用牛耕種故有岐頭兩腳耜今猶然也詒讓案說文木部云耜臿也茉兩刃臿也相卽耜正字臿與耜形制略同但臿柄直耜轅曲故許通訓耜爲臿也漢時耜兩金蓋與茉同爾雅釋樂郭注謂大磬形如犂錧蓋據晉時橫縣之磬言之故有兩岐爾雅釋文云江南人呼犂刃爲錧犂錧卽指兩金耜也古耜爲一金故有耦耕漢無耦耕而耜爲兩金故鄭謂古耦耕之遺象云田一夫之所佃百畝方百步地者小司徒注引司馬法云步百爲晦晦百爲夫是也韓詩外傳云廣百步長百步爲百畝案廣長相等所謂方也遂在一屋三夫之閒卽爲一夫百畝田之首故知此田首卽一夫所佃之田也云遂者夫閒小溝者據遂人云夫閒有遂但遂人之遂在一夫之閒其長竟夫則六十丈此遂在三夫之閒其長竟屋則百八十丈長短不同而一夫三夫通得謂之夫閒五溝遂爲最小故云小溝也程瑤田云遂人夫閒有遂以南畝圖之東西之閒也而匠人之遂在屋閒屋閒亦東西之閒蓋南畝甽橫遂之短長雖不同其受東流之甽水則同也屋閒爲東西則其南北之閒但疆之以別夫賈所謂夫閒無遂是也鄭注匠人田首之遂爲夫閒小溝承用遂人之文非有誤也以井閒可通十井命之則夫閒亦可通三夫命之然是記脩辭之法恐人誤以兩遂之形體爲同其實故別之曰田首而不名夫閒又井田有夫三爲屋之名其遂實在屋閒則夫閒之名移之三夫南北疆別之處適符其實此賈命井中無遂者爲夫閒亦因事立名也云遂上亦有徑者明記止詳五溝而不

及五涂文不具也賈疏云按遂人云夫閒有遂遂上有徑彼溝洫法此井田法雖不同遂在夫閒遂上有徑則同 九夫爲井井閒廣四尺深四尺謂之溝方十里爲成成閒廣八尺深八尺謂之洫方百里爲同同閒廣二尋深二仞謂之澮此畿內采地之制九夫爲井井者方一里九夫所治之田也采地制井田異於鄉遂及公邑三夫爲屋屋具也一井之中三屋九夫三三相具以出賦稅其治溝也方十里爲成成中容一甸甸方八里出田稅緣邊一里治洫方百里爲同同中容四都六十四成方八十里出田稅緣邊十里治澮采地者在三百里四百里五百里之中載師職曰園廛二十而一近郊什一遠郊二十而三甸稍縣都皆無過十二謂田稅也皆就夫稅之輕近重遠耳滕文公問爲國於孟子孟子曰夏后氏五十而貢殷人七十而助周人百畝而徹其實皆什一徹者徹也助者藉也龍子曰治地莫善於助莫不善於貢貢者校數歲之中以爲常文公又問井田孟子曰請野九一而助國中什一使自賦卿以下必有圭田圭田五十畝餘夫二十五畝死徙無出鄉鄉田同井出入相友守望相助疾病相扶持則百姓親睦方里而井井九百畝其中爲公田八家皆私百畝同養公田公事畢然後治私事所以別野人也又曰詩云雨我公田遂及我私惟助爲有公田由此觀之雖周亦助也魯哀公問於有若曰年饑用不足如之何有若對曰盍徹與曰二吾猶不足如之何其徹也春秋宣十五年秋初稅畝傳曰非禮也穀出不過藉以豐財也此數者世人謂之錯而疑焉以載師職及司馬法論之周制畿內用夏之貢法稅夫無公田以詩春秋論語孟子論之周制邦國用殷之助法制公田不稅夫貢者自治其所受田貢其稅穀助者借民之力以治公田又使收斂焉畿內用貢法者鄉遂及公邑之吏旦夕從民事爲其促之以

公使不得恤其私邦國用莇法者諸侯專一國之政爲其貪暴稅民無藝周之畿內稅有輕重諸侯謂之徹者通其率以什一爲正孟子云野九夫而稅一國中什一是邦國亦異外內之法耳圭之言珪絜也周謂之士田鄭司農說以春秋傳曰有田一成又曰列國一同

疏 九夫爲井井間廣四尺深四尺謂之溝者程瑤田云遂流井外溝橫承之井中無溝溝當兩井之閒故以井閒命之其長連十井不嫌井閒之稱溷十井之縱者其縱亦遂之在屋閒而受畎水者也案程謂遂長連十井此約計大數也以井田實地計之遂長實止連八井詳後云方十里爲成成閒廣八尺深八尺謂之洫者程瑤田云溝十之含百井爲一成十溝之水咸入於洫洫縱當兩成之閒故曰成閒有洫也洫之長連十成亦不嫌成閒之稱溷十成之橫者其橫亦溝之在井閒而受遂水者也案程亦約計之也以井田實地計之成中含六十四井溝長亦止連八成詳後云方百里爲同同閒廣二尋深二仞謂之澮者澮說文巜部作巜澮卽巜之叚字詳遂人疏方言云度廣曰尋左傳杜注云度深曰仞此經五溝廣深皆以相倍爲數澮廣二尋深二仞廣深各丈六尺尋與仞度廣與測深異名也漢書鼂錯傳引兵法云丈五之溝與此澮相近溝澮散文通也仞之尺度注未釋鄉射記注云七尺曰仞其說此經當與彼同故遂人注云遂廣深各二尺溝倍之洫倍溝澮廣二尋深二仞不云澮倍洫蓋亦以二仞爲丈有四尺也書旅獒僞孔傳云八尺曰仞孔疏云匠人有畎遂溝洫皆廣深等而澮云廣二尋深二仞則澮亦廣深等仞與尋同王肅聖證論及注家語皆云八尺曰仞鄭玄曰七尺曰仞與孔意異今案孔引鄭義卽據鄉射注以孔說推之則聖證論有破鄭之語其釋此記澮廣深等或卽本王論而鄉射賈疏則謂王肅依小爾雅四尺曰仞是王又有二說矣今攷仞之度數古說不同鄭云七尺論語包注呂氏春秋淮南子高注楚辭王注郭璞司馬相如賦注引司馬

彪說論語皇疏莊子陸釋文並同說文人部則云仞伸臂一尋八尺淮南子原道訓許注云八尺曰仞孟子趙注王肅聖證論孫子曹操李筌注山海經郭注漢書顏注管子尹注並同而小爾雅廣度云四尺曰仞漢書食貨志顏注引應劭云五尺六寸曰仞則尤爲差異金鶚云仞字从人明是以人身爲度考工記云人長八尺則仞爲八尺可知說文云仞伸臂一尋八尺蓋釋从人之義許說自確但仞與尋亦稍有不同尋用以度廣故取於兩臂之伸仞用以度深故取於一身之長記云同閒廣二尋深二仞謂之澮廣深相等同爲八尺其廣言尋深言仞則尋以度廣仞以度深可知矣鄭君以仞爲七尺於經無據鄉射禮賈疏以爲書傳云雉高一丈則牆高一丈祭義築宮仞有三尺除三尺之外只有七尺故知七尺曰仞也不知經傳凡言有幾者皆奇零之數若適足一丈則當言築宮一雉何必言仞有三尺乎惟仞爲八尺其宮牆過於一丈故言仞有三尺也案金說致塙足正鄭說之誤程瑤田云洫十之含萬井爲一同十洫之水咸入於澮澮橫當兩同之閒故曰同閒有澮也賈云井田之法畎縱遂橫溝縱洫橫澮縱川橫余謂縱橫無定法視其畝之東南而爲之如賈說是東畝法耳左傳晉使齊東其畝以晉伐齊必向東東畝則川橫而川上路乃可東西行故曰唯吾子戎車之利也此畎縱爲東畝畎橫爲南畝之確證遂人匠人二法所同者賈氏不明匠人於遂不命夫閒之故而以爲夫閒縱者但分其界而無遂又不明遂人夫閒之遂亦於田首爲之而以爲田首必在百畝之南故必易其縱橫以通其說若然是井田之制必無南畝矣豈其然乎陳喬樅云司馬法井十爲通通十爲成成十爲終終十爲同統言土地之數耳其實井邑丘甸縣都之法皆積四成八成容一甸甸六十四井方八里縱橫數之皆八井八八爲六十四井也同容四都六十四成爲四千九十六井積六十四甸之數縱橫數之皆八甸亦八八爲六十四成也則其溝洫

之制自當從井法而八井共一溝成爲八溝八溝之水皆注之洫八成共一洫洫長終同同爲八洫八洫之水咸注之澮方爲合制故匠人文但言井閒成閒同閒與遂人制異也知匠遂溝洫之異則不當仍倣遂人之意以十爲數案陳說是也此職與遂人溝洫形體之異程說得之而此職溝洫以八積數則當以陳說爲正程約計之尚未密合也凡五溝積數每井有一溝三遂每成有一洫八溝百九十二遂每同有一澮八洫四千九十六溝九萬八千三百四遂其五涂則徑與遂同畛與溝同涂與洫同道與澮同也　注二云此畿內采地之制者對遂人治野爲畿內鄉遂之制也賈疏二云對畿外諸侯亦制井田與此同云九夫爲井井者方一里九夫所治之田也者小司徒注同二云采地制井田異於鄉遂及公邑者小司徒注謂采地制井田異於鄉遂此又謂公邑亦不制井田者載師注二云公邑謂六遂餘地天子使大夫治之故鄭謂亦同鄉遂不制井田金鶚二云鄉遂之民皆五家相比故不得爲八家同井之制公邑在野其民非五家相比何不可制井田乎凡言邑者皆四井爲邑也若不制井田何以名公邑乎小司徒云攷夫屋夫夫屋者井田之制也鄉遂有夫屋蓋其餘地皆有公邑公邑制井田故攷其夫屋也若無井田何有夫屋乎案金說是也公邑不徒六遂之餘地稍縣都皆有之凡王子弟食邑公卿大夫采地皆取之公邑以與之其絕除者王收其地則復歸之公邑是公邑與采地隨時更易不可豫定也田制則井與不井一成而不可易若如鄭說則公邑與采地田制迥異假令本爲公邑而取爲采地則將盡易其不井之田而爲井本爲采地而反之公邑又將盡易其已井之田而不爲井紛紛更改有是理乎云三夫爲屋者小司徒注引司馬法說同云屋具也者詩秦風權輿箋同爾雅釋言云握具也屋握字亦通云一井之中三屋九夫三三相具以出賦稅共治溝也者小司徒注引司馬法云屋二三爲井是井有三屋九夫之地三三相

具共出賦稅并共治其井閒之溝也論語學而皇疏云夫一家有夫婦子三者具則屋道乃成故合三夫目爲屋也皇氏亦訓屋爲具而義與鄭異依鄭義洫與溝爲方長雖竟成方十里而中包一甸實田止六十四井其方亦八井也凡一千四百四十丈加八溝八畛共八丈通一千四百四十八丈也云方十里爲成成中容一甸甸方八里出田稅緣邊一里治洫者明此經之成與小司徒四丘爲甸內外相包卽彼注所云小司徒經之匠人爲之溝洫相包乃成耳是也依鄭義一成八溝則溝在井閒而其長竟八井凡一千四百四十丈加遂徑各二十四共十四丈四尺通一千四百五十四丈四尺也賈疏云司馬法有二法有甸方八里出長轂一乘又有成方十里出長轂一乘言甸者據實出稅者而言云成者據通治溝洫而說爲有二種故鄭細分計之八里爲甸出田稅緣邊一里并之則二里治洫以成閒有洫故使共治洫也詒讓案緣邊者猶小司徒注云旁加也成積百井統溝洫所占三十六井之虛地計之則方十里而爲成除溝洫所占之虛地計之則止有八里六十四井而爲甸洫在成之緣邊甸包在中故云中容一甸其洫在成閒亦一甸出田稅之人共治之緣邊一里指治洫之地非治洫之人所居也但此所加之地實并井閒之溝言之洫在緣邊溝不在緣邊鄭止言緣邊治洫者欲取整數計之耳詳小司徒疏云方百里爲同同中容四都六十四成方八十里出田稅緣邊十里治澮者亦明此經之同與小司徒四縣爲都內外相包彼除治澮之虛地言之故爲四縣依鄭義澮長雖竟同方百里而中包四都實田止四千九十六井其方六十四井也凡一萬一千五百二十丈加八洫八涂共十二丈八尺又加遂徑各一百九十二共一百十五丈二尺通一萬一千六百四十八丈也賈疏云此據小司徒而言彼經四縣爲都注云方四十里四都方八十里旁加十里乃得方百里爲一同今言六十四成者據出田稅者言之故云方八十

里出田稅緣邊十里治澮也云采地者在三百里四百里五百里之中者賈疏云據載師職而言按彼云家邑任稍地小都任縣地大都任畺地是三百里外至畿五百里內言此者欲見三者采地之中有此井田助法引載師職曰園廛二十而一近郊什一遠郊二十而三甸稍縣都皆無過十二謂田稅也者賈疏云欲見鄉遂及公邑之等爲溝洫貢子法與采地井田異云皆就夫稅之輕近重遠耳者夫卽九夫之夫謂田稅皆於夫征之特以遠近制其輕重故有什一什二等之異也引滕文公問爲國於孟子以下至莇者藉也者並孟子滕文公篇文引之者明三代授田定賦之法不同莇孟子作助說文耒部作耡莇卽耡之俗趙注云民耕五十畝貢上五畝耕七十畝者以七畝助公家耕百畝者徹取十畝以爲賦雖異名而多少同故曰皆什一也徹猶徹取物也藉者借也猶人相借力助之也案助法公田在私田外則不得於七十畝內取七畝以助公家趙說非是劉熙說同趙訓徹爲取亦與鄭異詳後其三代田制異同之故趙氏無說王制孔疏引劉熙皇侃皆云夏時民多家得五十畝而貢五畝殷時民稍稀家得七十畝而助七畝周時其民至稀家得百畝而徹十畝故云其實皆什一論語皇疏義同王制疏又引熊安生云夏政寬簡一夫之地惟稅五十畝殷政稍急一夫之地稅七十畝周政極煩一夫之地稅皆通稅所稅之中皆什而稅一故云其實皆什一左傳成十五年孔疏從劉皇義賈疏又載或解云三代受地多少應同今云夏后氏五十殷人七十周人百畝者據地有不易一易再易六遂上地不易加五十畝有四等據授地之法夏言五十而貢者據一易之地家得二百畝常佃百畝荒百畝其佃百畝常稅之據二百畝爲稅百畝爲五十而貢殷人七十而助者據六遂上地百畝有萊五十畝而言百五十畝稅一百畝猶百畝稅七十五畝舉全數言之故云七十畝而助也周人百畝而徹者據上地不易者而言百畝全稅之故云

百畝而徹也案依劉皇說說則殷民稀於夏周民又稀於殷旣非事情依能說說則夏乃二十而稅一殷乃十四而稅一與什一之率尤不合如賈引或說說則四等之地三代所同不宜一代各據一端爲論以上三說並不可通顧炎武萬斯大錢塘金鶚並據獨斷謂夏以十寸爲尺殷以九寸爲尺周以八寸爲尺三代田制不同者夏之百分殷以爲百一十二分周以爲百二十分通其率則五十之爲五十六與六十也一里廣長皆三百步其積皆九萬步也自遂以上殷周皆不必更而獨更其畎是之謂名異而實同案諸家謂三代田制名異實不異殷畝小於夏周畝小於殷皆至當不易之論據先鄭後注擧少康有田一成證十里爲成後鄭小司徒注亦引彼以證井牧之制則二鄭亦謂三代田制名異而實不異顧萬錢金諸說實冥符古義但蔡說三代尺度不同西漢以前無文可證論衡正說篇云周以八寸爲尺而夏殷無文通典吉禮引白虎通又謂夏以十寸爲尺殷以十二寸爲尺周以八寸爲尺則殷尺特長又與蔡說不同鄭王制注謂周尺八寸爲六國時變亂法度之言則三代異尺之不足信可知徐養原亦謂古者以律起度黃鍾之管無短長則尺度亦無大小此駁甚塙然則尺度長短之說究未盡安竊謂殷之畝小於夏周之畝又小於殷者止由畝法有異猶周以百步爲畝秦漢以二百四十步爲畝也其尺寸步里則三代未必不同惜古籍淪佚無由一一校算耳引龍子曰治地莫善於助以下者亦孟子文趙注云龍子古賢人也言治土地之賦無善於助者也貢者校數歲以爲常類而上之民供奉之有易有不易故謂之莫不善也賈疏云孟子本爲莫不善於貢今注有無不字者蓋轉寫脫耳云文公又問井田孟子曰請野九一而助國中什一使自賦者以下並滕文公使畢戰問井地孟子荅語鄭云文公問井田者從文便也趙注云九一者井田以九頃爲數而供什一郊野之賦也助者殷家稅名也周亦用之龍子所謂莫善於助

也時諸侯不行助法國中什一者周禮園廛二十而稅一時行重賦責之什一也而如也自從也孟子欲請使野人如助法什一而稅之國中從其本賦二十而稅一以寬之也案國中什一者鄭鄉遂貢子法也別於助言之故云使自賦趙說未憭又趙據載師職園廛釋國中則以野爲通鄉遂都鄙言之郭門以外悉用九一之制以孟子下云鄉田同井證之自謂鄉用九一助法蓋孟子意在重助故爲此論與周制不必合趙說深得其恉若鄭意則以鄉遂用貢當孟子國中什一以都鄙用助當孟子野九一義自不同至趙以國中爲當二十而稅一乃依載師園廛法不可以爲田稅之通率且與孟子什一之語相戾不足據也云鄉以下必有圭田圭田五十畝餘夫二十五畝者廣說授田之法圭田詳載師及後疏餘夫受田詳遂人疏云死徙無出鄉鄉田同井出入相友守望相助疾病相扶持則百姓親睦者趙注云死謂葬死也徙謂爰土易居平肥磽也不出其鄉易爲功也同鄉之田共井之家各相營勞也出入相友相友耦也周禮太宰曰八曰友以任得民守望相助察姦也疾病相扶持扶持其羸弱救其困急皆所以教民相親睦之道睦和也案周田制有不易一易再易然無爰土易居之法趙說亦與經不合詳大司徒疏云方里而井井九百畝其中爲公田八家皆私百畝同養公田公事畢然後治私事所以別野人也者舊本井字不重宋董氏本注疏本並有與孟子合今據增趙注云方一里者九百畝之地也爲一井八家各私得百畝同共養其公田之苗稼公田八十畝其餘二十畝以爲廬井宅園圃家二畝半也先公後私遂及我私之義也則是野人之事所以別於士伍者也案趙謂公田八十畝以二十畝爲廬舍鄭所不從詳後云又曰詩云雨我公田遂及我私惟莇爲有公田由此觀之雖周亦莇也者孟子引詩以明周之用徹兼用莇也趙注云詩小雅大田之篇言太平時民悅其上願欲天之先雨公田遂以次及我私田也獨

殷人助者爲有公田耳此周詩也而云雨公田知雖周家時亦助也云魯哀公問於有若曰年饑用不足如之何有若對曰盍徹與曰二吾猶不足如之何其徹也者論語顏淵篇文何氏集解引鄭注云盍何不也周法什一而稅謂之徹徹通也爲天下之通法又引孔安國云二謂什二而稅引春秋宣十五年秋初稅畝傳曰非禮也穀出不過藉以豐財也者左傳文杜注云公田之法十取其一今又履其餘畝復十收其一故哀公曰二吾猶不足遂以爲常故曰初周法民耕百畝公田十畝借民力而治之稅不過此云此數者世人謂之錯而疑焉者明以上所引經傳言周一代之制或貢或助或徹似相錯迕世人不寤或以爲疑故下又分別說之也載師是用貢法孟子論語是用徹法詩與春秋是用助法云以載師職及司馬法論之周制畿內用夏之貢法稅夫無公田者以稅夫無公田故載師任地惟近郊什一遠郊以外皆過於什一也程瑤田云鄭小司徒注引司馬法畮百爲夫夫三爲屋屋三爲井之云卽此注所謂以司馬法論之畿內用貢法稅夫無公田之事孔氏王制疏引鄭注而說之以爲一井九家爲定無公田卽爲井田稅夫不與畿外同最得鄭指云以詩春秋論語孟子論之周制邦國用殷之莇法制公田不稅夫者賈疏云詩云雨我公田公田是助法春秋初稅畝亦是助法論語云盍徹乎徹是天下之通法亦助法也孟子荅畢戰井田引詩爲證亦周之助法故揔云助法不稅夫也詒讓案春秋論語所說是魯制孟子所說是爲滕言並是邦國之法故鄭定爲邦國制公田不稅夫也云貢者自治其所受田貢其稅穀者與趙岐說同云莇者借民之力以治公田又使收斂焉者據孟子爲說也說文耒部耡字注云商人七十而耡耡耤稅也王制古者公田藉而不稅鄭注云藉之言借也借民力治公田美惡取於此不稅民之所自治也云畿內用貢法者鄉遂及公邑之吏旦夕從民事爲其促之以公使不得恤其私者賈疏云鄉遂

公邑之內皆鄰里比閭等治民之官旦夕從民事因此促之使先治公田故不得恤其私故爲貢法不得有公田也案公邑不得爲鄰里比閭之制賈說非是詳載師疏云邦國用莇法者諸侯專一國之政爲其貪暴稅民無藝者釋文作埶也云音藝今本埶作藝又無也字案經注例樹埶字作埶道藝字作藝此注疑當與道藝字同詳大司徒疏左昭十三年傳云貢之無藝杜注云藝法制孔疏引服虔云藝極也一曰常也鄭意貢法無公田有稅夫助則助治公田而不稅畿外諸侯自專其國政易於貪暴故爲制公田使從助法以防其稅民無準極若魯稅晦之爲也云周之畿內稅有輕重者亦據載師職論之云諸侯謂之徹者通其率以什一爲正者鄭論語注義同後漢書陸康傳云徹者通也言其法度可通萬世而行也陸說與鄭異而以通詁徹亦同然鄭雖以通徹轉相訓釋而未宣究其說以此注求其恉趣蓋據貢十一助九一通二法以爲率故云通其率以什一爲正詩大雅篤公劉徹田爲糧鄭箋亦云什一而稅謂之徹王制孔疏云凡賦法無過十一故孟子云輕於十一大貉小貉重於十一大桀小桀十一而稅堯舜之道但周之畿內有參差皆不同而言之十一若畿外先儒約孟子樂緯皆九夫爲井八家共治公田八十畝已外二十畝以爲八家井竈廬舍是百畝之外別助是十外稅一郊外既十外稅一郊內亦十外稅一假令治一夫之田得百一十碩粟而貢十碩是亦十外稅一也劉氏以爲匠人注引孟子野九夫而稅一國中十一諸侯謂之徹者通其率以十一爲正則謂野九夫之田而稅一國中十一夫之田而稅一是二十夫之田中而稅二計地言之是十一中稅一若計夫實稅猶十外稅一與先儒同也但不知諸侯郊內十夫受十一夫之地若爲周制耳或畿外地寬也一夫受百一十畝之地與畿內異也詩小雅甫田孔疏說亦與劉同徐養原云鄭言周別無徹法但貢助兼行卽謂之徹又九一爲九中取一什一爲十外取

一合之則爲二十而取二故曰通其率以什一爲正此說與其實皆什一之文不合未可從金鶚云孟子九一是九中稅一則什一當是什中稅一非什一而稅一也孟子言貢助徹其實皆什一者以九一與什一所差甚少亦可謂之什一也若必貢助通率而爲什一則殷人不兼貢法何以爲什一乎又云夏小正云初服于公田是夏亦用助法大雅公劉云徹田爲糧公劉當夏時而行徹法又夏用助之一證夏殷並兼貢助是周徹法之義非取通乎夏殷也案金鶚劉孔說是也漢書食貨志載李悝說百晦歲收粟百五十石十一之稅十五石此卽周貢法什中稅一之證鄭所謂以什一通其率者本謂周人兼用貢助二法通而計之其大較不離什一非必以什一自賦爲什一而貢其一合之九一爲二十而取二乃爲通什一之率劉孔申鄭似皆未得其恉然徹之名制舊說多異孟子趙注謂耕百畝者徹取十畝以爲賦王制孔疏及孝經邢疏引孟子劉熙注說同是謂徹本無公田但家受田百畝而官取其十畝之稅也姚文田云司稼云巡野觀稼以年之上下出斂法足知徹無常額惟視年之凶豐此其與貢異處助法正是八家合作而上收其公田之入無須更出斂法然其弊必有如何休所云不盡力於公田者故周直以公田分授八夫至斂時則巡野觀稼通計之而取其什一其法亦不異於助故左傳云穀出不過藉然民自無公私緩急之異此其與助異處徐養原云徹無公田於私田之中十取其一是私田卽公田也龍子之言曰治地莫善於助莫不善於貢莫之云者至極之辭也然則二者之閒固有稍絀於助而較優於貢者其徹之謂乎司稼以年之上下出斂法注云豐年從正凶荒則損是貢者校數歲之中以爲常而徹者以年之上下出斂法此其法之小異者也案姚徐皆據司稼之文以周經證周法墻不可易但以此經賦法攷之司稼所云者是以年之上下爲賦法輕重之差也而載師任地則四郊甸稍縣都有十一至十二

三等之法是又以地之遠近爲輕重之差矣周之徹法蓋當兼此二者徹之云者通乎地之遠近年之上下以爲斂取之法鄭詁爲通趙詁爲取兩義當兼存但鄭以爲通貢助則未得其義凡載師司稼之法皆通行於畿內邦國蓋徹爲周之正法斷無畿內不用而唯行之邦國者鄭以徹專爲諸侯法亦不察之論也徹之異於貢助者蓋無論鄉遂溝洫都鄙井田皆家受百畝稅夫無公田則與助法異而與貢法略相類但貢法所稅之數有定如李悝所說一畝收百五十石什一稅十五石者歲無論豐歉壹以此爲常額自非大荒弛征所斂必盈此數龍子所謂貢者率數歲之中以爲常者是也若徹法則稅夫歲無常額以地與年參相校爲之差龍子以有常率爲貢法之不善明徹爲無常率之善法矣但年上下難以率定輕重之數全以司稼之巡視爲準所任或不得其人則豐年容有隱匿之弊而歉歲又有掊克之憂固不如助法公私殊區界域明白之善耳又案鄭以論語證諸侯之行徹又以孟子證邦國有公田說皆未塙周之邦國亦有鄉遂溝洫縣鄙井田之異皆稅夫不制公田與畿內同此徹之本法通於天下者也公田雖爲助之正法而據夏小正則夏時或已有此制蓋其由來甚久但以九服之中疆索不同容有沿襲舊制而未能盡改者先王以俗教安不欲强更其區畛故周詩有公田之文此亦如左定四年傳所說康叔封衛啓以商政之類非周邦國必制公田也孟子則以助法爲至善欲更制以救戰國橫征之弊亦非謂公田爲徹之本法故孟子援大田詩而云惟助爲有公田明徹無公田與貢同也若徹兼助法有公田則公田爲周本法所有何必援大田詩爲證邪互詳司稼小司徒疏云孟子云野九夫而稅一國中什一是邦國亦異外內之法耳者鄭意邦國雖用徹法以什一爲通率而據孟子則亦郊外用助郊內用貢外內異法與王畿同也賈疏云此云野九夫而稅一即彼云請野九一而助此云國中什一即彼云國

中什一使自賦云九一而助者一井九夫之地四面八家各自治一夫中央一夫八家各治十畝八家治八十畝入公餘二十畝八家各得二畝半以爲廬宅井竈葱韭是十外稅一也國內據民住在城中者也漢書食貨志既有井田饒民二畝半之事是以宋均注樂緯何休注公羊趙岐注孟子皆饒民詩云倬彼甫田歲取十千鄭云井稅一夫其田百畝通稅十夫其田千畝成稅百夫其田萬畝不言饒民者以經云歲取十千校一成之內舉全數而言鄭亦順經從整數而說其實與諸家不殊也詩甫田孔疏云史傳說助貢之法唯孟子爲明鄭據其言以什一而徹爲通外內之率理則然矣而食貨志云井方一里是九夫八家共之各受私田百畝公田十畝是爲八百八十畝餘二十畝爲廬舍其言取孟子爲說而失其本旨班固既有此言由是羣儒遂謬何休之注公羊范甯之解穀梁趙岐之注孟子宋均之說樂緯咸以爲然皆義異於鄭理不可通何則言井九百畝其中爲公田則中央百畝共爲公田不得家取十畝也又言八家皆私百畝則百畝皆屬公矣何得復以二十畝爲廬舍也言同養公田是八家共理公事何得家分十畝自治之也若家取十畝各自治之安得謂之同養也若二十畝爲廬舍則家別二畝半亦入私矣則家別私有百二畝半何得爲八家皆私百畝也此皆諸儒之謬鄭於匠人注云野九夫而稅一此箋云井稅一夫其田百畝是鄭意無家別公田十畝及二畝半爲廬舍之事俗以鄭說同於諸儒是又失鄭旨矣案孔說是也穀梁宣十五年傳云古者公田爲居井竈葱韭盡取焉又韓詩外傳云古者八家而井家得百畝家爲公田十畝餘二十畝共爲廬舍各得二畝半即班志所本說文广部云廛二畝半也一夫之居蓋亦同班義惟鄭詩禮箋注並無是說故孔謂鄭與彼異而賈氏此疏反引彼以述鄭義疏矣金鶚亦云九一爲助法以九百畝而得

一百畝也若公田僅八十畝是輕於九一矣亦與孟子不合五畝之宅皆在邑中猶今之村落然詩所謂中田有廬者乃於田畔爲之以避雨與暑大不容一畝必無二畝半之廣在公田之中也案金說是也賈謂什一爲十外稅一亦沿劉說之誤云圭之言珪潔也者珪注本作圭亦通此釋孟子圭田之義孟子趙注說同說文土部云珪古文圭从玉蜡氏注云圭絜也九章方田篇別有圭田乃三角田形之一與孟子王制圭田不相涉也云周謂之士田者載師云以士田任近郊之地注云士讀爲仕仕者亦受田所謂圭田也是也互詳彼疏云鄭司農說以春秋傳曰有田一成者左哀元年傳文引證方十里爲成也詳小司徒疏云又曰列國一同者襄二十五年傳文引證方百里爲同也詳大司馬疏 專達於川各載其名 達猶至也謂澮直至於川復無所注入載其名者識水所從出 疏 專達於川者此川謂大川管子度地篇云水之出於地溝流於大水及海者命曰川水是也爾雅釋水云水注川曰谿注谿曰谷注谷曰溝注溝曰澮注澮曰瀆彼指山谷水道川小於溝澮與此異 注云於川復無所注入者謂澮不復更注它溝徑入大川故經云專達於達猶至也者樂記注云至猶達也行也是至達可互訓云謂澮直至川也云載其名者識水所從出者國語晉語韋注云載記也謂記識水所出之原此統川澮等言之書呂刑云禹平水土主名山川載川名若水經所釋是也賈疏謂惟識澮水所出處說未晐 凡天下之地埶兩山之閒必有川焉大川之上必有涂焉 通其壅塞 疏 兩山之閒必有川焉者程瑤田云澮達於川川在山閒命之曰兩山之閒以別澮在同閒洫在成閒溝在井閒其事相同賈疏云此言同閒有澮澮水入川其川是自然而有又非平地而出必因山閒有之云大川之上必有涂焉者遂人云川上有路注云路容三軌此涂卽路也散文通稱

賈疏云大川不可輕越巡川必當有涂地勢然也　注云通其壅塞者釋文無其字又壅作雍案壅卽雍之俗秋官雍氏亦作雍釋文本是也賈疏云川與涂皆是通其壅塞也

凡溝逆地防謂之不行水屬不理孫謂之不行

溝謂造溝防謂脈理屬讀爲注孫順也不行謂決溢也禹鑿龍門播九河爲此逆防與不理孫也

疏 凡溝逆地防謂之不行者以下通論治溝之事與上井田溝洫之制異　注云溝謂造溝者賈疏云此溝非謂廣深四尺在田閒者下云梢溝三十里而廣倍當是人所造溝瀆引水者云防謂脈理者說文𨸏部也防地理也此地防亦卽謂地之脈理也大戴禮記勸學篇云孔子曰夫水其流行庳下倨句皆循其理似義云屬讀爲注者凾人注云屬讀如灌注之注此讀爲注者易其字也云孫順也者學記注同說文心部云愻順也孫卽愻之借字案鄭意理孫猶云順理卽大戴云循理是也逆防理孫文有傎到耳王引之云理孫皆順也廣雅曰理順也說文曰順理也亦通云不行謂決溢也者說文林部云𣻕水行也不行卽謂不流決溢旁出爲溝若逆地理則溝土不固而善崩水不順理則其流注不暢必橫逆決溢不能行矣云禹鑿龍門播九河爲此逆防與不理孫也者書禹貢導河積石至於龍門又云又北播於九河詩周頌般孔疏引鄭彼注云播散也引以證禹爲洪水逆地理又不順理故鑿之播之使無行溢孟子公孫丑篇云當堯之時水逆行氾濫於中國使禹治之禹掘地而注之海水由地中行逆防不理孫卽所謂水逆行也

梢溝三十里而廣倍

謂不墾地之溝也鄭司農云梢讀爲桑螵蛸之蛸梢謂水漱齧之溝故三十里而廣倍

疏 梢溝三十里而廣倍者梢當作捎注同賈疏引輪人捎其藪爲釋明賈所見本此經字與彼同今本疏梢溝字亦從木蓋後人依已誤之經以改疏也互詳輪人疏　注云謂不墾地之溝也者對上田閒諸

溝爲墾地設也鄭司農云梢讀爲桑蝶蛸之蛸者輪人捎其藪先鄭讀同段玉裁改讀爲爲讀如云擬其音耳案段校是也云梢謂水漱齧之溝故三十里而廣倍者梢舊本亦作蛸蓋涉上而誤明監本毛本作梢段玉裁從之又於梢下增溝字云輪人注云梢除也此云梢水漱齧義略同案梢字實當作捎溝字當從段增先鄭意此溝是水自漱齧而成非人力所爲後鄭則謂亦人力所爲但非爲墾地耳二君義異江永云梢謂掘地爲溝也下流納水多故三十里宜倍於上流之廣其廣當以漸而增也

凡行奠水磬折以參伍坎爲弓輪水行欲紆曲也鄭司農云奠讀爲停謂行停水溝形當如磬直行三折行五以引水者疾焉

疏 凡行奠水磬折以參伍者此卽大戴禮記所說水流倨句之義賈疏云言凡行停水者水去遲似停住止由川直故也是以曲爲因其曲勢則水去疾是以爲磬折以參伍也程瑤田云奠水止而不行今欲溝而行之爲直溝無益也若爲已句之溝欲其行而反鬱之亦無益惟用曲矩度其倨句使中乎磬折又非一磬折而已也參之伍之令多爲磬折之形以奠水之流行無滯而後已　注云坎爲弓輪水行欲紆曲也者易說卦云坎爲水爲溝瀆爲弓輪引之明行水之法與弓輪同取紆曲也鄭司農云奠讀爲停者阮元云余本停作亭是也說文有亭無停段玉裁云亭停正俗字古本作亭易奠爲亭猶易奠爲定也云謂行停水溝形當如磬直行三折行五以引水者疾焉者磬氏爲磬股爲二鼓爲三先鄭意行奠水不可全直亦不可太曲必行之停之使直行少曲行多其率若三之與五與磬之股鼓相應而後水自能行疾也然經參伍義本不如此程瑤田云記言行奠水之曲折當如磬折之倨句以形體言三五者言不一其磬折無定數也司農乃謂直行三折行五紀其直體之數而昧於曲體之形且以三當股二宜以四五當鼓三今但約之以三五何不直云磬折以二三之爲道其實也

案程說是也**欲爲淵則句於矩**大曲則流轉流轉則其下成淵疏欲爲淵則句於矩者說文水部云淵回水也管
子度地篇云水出地而不流者命曰淵水上行奠水謂道停水使之
行此爲淵謂瀦行水使之停二義相備也賈疏云凡川溝欲得使教
淵之深當句曲於矩使水勢到向上句曲尺則爲迴逶自然深爲淵
驗今皆然也程瑤田云欲爲淵而但爲磬折之倨句不能也卽句之
而爲中矩之倨句亦猶不能搏激其水勢而使之過顙在山其淵終
不能成惟準曲矩之正方而句之或如倨句之欘形且又句之如倨
句之宣形相其來水之緩急與其地脈之所宜而權衡之自能成莫
測之深淵矣 注云大曲則流轉流轉則其下成淵者流轉謂回旋
也爾雅釋水云過辨回川郭注云旋流列子黃帝篇云流水之潘爲
淵殷氏釋文云潘本作蟠蟠洄流也管子度地篇云水之性行至曲
必留退滿則復推前杜曲則擣毀杜曲激則躍躍則倚倚則環環則
中中則涵卽大曲則流轉成淵之義程瑤田謂流轉又宜激而匯之
使回旋漱掘乃能成淵案程說亦注義所晐也**凡溝必因水埶防必因地埶善溝者水漱之善防者水淫之**漱猶齧也鄭司農云淫讀爲廞謂水淤泥
土留著助之爲厚玄謂淫讀爲淫液之淫疏凡溝必因水埶
防必因地埶者以下兼明築防之法稻人云以防止水 注云漱猶
齧也者說文水部云漱水盪口也齒部云齧噬也案漱本爲盪口引
申爲凡水盪物之稱齧謂水衝隄土猶齒之噬物也呂氏春秋開春
論云昔王季歷葬於渦山之尾欒水齧其墓見棺之前和是水之漱
土謂之齧也鄭司農云淫讀爲廞者司服注同云謂水淤泥土留著
助之爲厚者說文水部云淤澱滓濁泥也司服先鄭注云廞陳也此
水淤泥土留著防閡助之爲厚亦與陳義相近云玄謂淫讀爲淫液
之淫者淫液見樂記謂與㡛氏淫之以蜃義同賈疏云謂以淤泥淫

液使厚也段玉裁云鄭君不改字而與大鄭意同　凡爲防廣與崇方其䋄參分去一　崇高也方猶等也䋄者薄其上　疏　凡爲防廣與崇方者以下記治防之度也賈疏云假令隄高丈二尺下基亦廣丈二尺云其䋄參分去一者防形上殺而下後以備潰決也賈疏云三四十二上宜廣八尺者也　注云崇高也者總敘注同云方猶等也者梓人注同云䋄者薄其上者䋄注例用今字當作殺詳玉人疏防以捍水凡水愈深則其下壓之力愈大防下當水之衝宜厚培其土以抵水之壓力而自上而下陂陀衺側亦可以減其激齧之勢故知䋄是薄其上檀弓注云坊形旁殺平上而長是也管子度地篇云春三月令甲士作隄大水之旁大其下小其上隨水而行管子說隄小其上卽此所謂䋄也但以下文大防外䋄之文推之則尋常不甚大之防當內外殺率正同蓋內殺六分之一外殺亦然合內外爲三分去一也九章算術商功篇云今有隄下廣二丈上廣八尺高四尺彼高不與廣方所殺分率亦較䏶而大下小上形法則與此同　大防外䋄　又薄其上厚其下　疏　大防外䋄者管子度地篇云大者爲之隄小者爲之防此大防卽所謂是也隄防對文則異散文得通　注云又薄其上厚其下者賈疏云此文承上參分去一而云外䋄故云又薄其上厚其下雖不知尺數但知三分去一之外更去也江永云大防宜殺其外不殺其內也外必殺者使下厚而上不傾內不殺者所以當水之衝也然則兩邊皆殺者非大防也案江說與鄭異諦審鄭意蓋謂防大則其廣崇皆增而水之深度與壓力亦大增非益厚其下不足以爲固經云外殺者明內殺亦與小防恆度同唯其外則於恆度外更增其殺之分率實因防外之下基培之益厚則上彌見其薄而其殺於下者自不止三分之一矣鄭說尋文似疏審理實密江氏則謂大防亦止三分殺一惟所殺者全在外其內當水者則直上不殺欲以傅合經外

殺之文而於理似未切姑存之以備一義

凡溝防必一日先深之以爲式程人功也溝防爲溝爲防也

疏必一日先深之以爲式者賈疏云言深者謂深淺尺數戴震云古九數有商功爲此也預爲布算以定其規模而後從事一日之式大致可知又以一里之式平之 注云程人功也者賈疏云將欲造溝防先以人數一日之中先作尺數是程人功法式後則以此功程賦其丈尺步數詒讓案九章算術商功篇爲隄溝有冬春程人功若干尺求用徒幾何之術李籍音義云程課程也唐六典云凡役有輕重功有短長以四五六七月爲長功二三八九月爲中功以十十一十二正月爲短功中功以十分爲率長功加一分短功減一分此卽以日長短程人功之法云溝防爲溝爲防也者明溝防爲兩事並宜先爲式也

里爲式然後可以傳衆力里讀爲已聲之誤也

疏里爲式然後可以傳衆力者江永云舊讀里爲已非也以一日之功築鑿幾何又以一里之地計幾何日幾何人力則可依附此而計用幾何衆力也案江說是也戴震沈夢蘭說同但傳疑當爲敷之借字書禹貢禹敷土大司樂注引敷作傳是其證說文攴部云敷施也此傳衆力亦言爲役要以施衆人之功力也 注云里讀爲已聲之誤也者鄭未達里爲式之義故依聲類破爲已字言爲式旣畢然後可以令衆而傳其力然非經義也

凡任索約大汲其版謂之無任故書汲作沒杜子春云當爲汲玄謂約縮也汲引也築防若牆者以繩縮其版大引之言版橈也版橈築之則鼓土不堅矣詩云其繩則直縮版以載又曰約之格格椓之橐橐

疏凡任索約大汲其版謂之無任者以下廣論城道宮室版築之事任猶輈人任正之任小爾雅廣器云大者謂之索小者謂之繩築土縮版必用繩索故云任索約大汲其版則版傷而束土無力與不縮同故謂之無任也 注云故書汲作沒

杜子春云當爲汲者汲沒形相近說文水部云沒沈也故書作汲蓋謂引繩太過陷沒其版則橈而無力義雖可通而不及作沒之長故杜破之也云玄謂約縮也者爾雅釋器云繩之謂之縮之郭注云縮者約束之詩大雅緜孔疏引孫炎云繩束築版謂之縮云汲引也者說文水部云汲引水於井也引申爲凡引物之稱穀梁襄十年傳汲鄭伯范注云汲猶引也縮版時恐版不附植不可築土故必引之云築防若牆者以繩縮其版者檀弓一日而三斬版孔疏謂築墳之法所安版側於兩邊而用繩約版令立後復內土於版之上中央築之令土與版平則斬所約版繩斷而更置於見築土上又載土其中三徧如此其墳乃成此築防牆之法當與彼同必以繩束版兩版相去如防與牆之厚實土其中而後可用杵椓築之也云大引之言版橈也版橈築之則鼓土不堅矣者繩束版引之大過則版不能勝而橈曲及下土而築之則外出而鼓起其土雖築不能堅也引詩云其繩則直縮版以載者大雅緜文箋云繩者營其廣輪方制之正也以索縮其築版上下相承又云約之格格築之橐橐者小雅斯干文毛詩格格作閣閣傳云約束也閣閣猶歷歷也橐橐用力也箋云約謂縮版也與此注同引此二詩者並證約爲縮之義也

葺屋參分瓦屋四分各分其脩以其一爲峻

疏葺屋參分者說文艸部云葺茨也茨以茅葦蓋屋賈疏云葺屋謂草屋草屋宜峻於瓦屋注云各分其脩以其一爲峻者賈疏云按上堂脩二七言之則此注脩亦謂東西爲屋則三分南北之閒尺數取一以爲峻假令南北丈二尺草屋三分取四尺爲峻瓦屋四分取三尺爲峻也焦循云以屋爲三角形下平度脩丈二尺中分之爲兩句股則每句六尺股四尺弦七尺二寸爲葺屋句六尺股三尺弦六尺七寸爲瓦屋也

囷窌倉城逆牆六分逆猶卻也築此四者六分其高卻一分以爲閷囷圜倉穿地曰窌

疏囷窌倉城逆牆

六分者記四等逆牆之率也爾雅釋宮云牆謂之墉說文嗇部云牆垣蔽也土部云墉城垣也案散文牆墉亦通稱此城有逆牆者即所謂女牆也說文𨸏部云陴城上女牆俾倪也又土部云堞城上女垣也釋名釋宮室云牆障也所以自障蔽也城上垣曰睥睨言於孔中睥睨非常也亦曰陴陴裨也言裨助城之高也亦曰女牆言其卑小比之於城若女子之於丈夫也逆牆六分城高以一分為之假令城高九雉則以上一丈五尺卻為逆牆囷窌倉逆牆放此禮書引尚書大傳云天子賁庸諸侯疏杼鄭注云賁大也牆謂之庸大牆正直之牆疏猶衰也杼亦牆也言衰殺其上下不得正直案伏傳杼即序之叚字依鄭彼注說則諸侯以下廟寢之牆亦皆有殺不得正直但與囷窖倉城卻牆不同耳　注云逆猶卻也者廣雅釋言云卻退也卻牆謂牆上退卻殺減其廣也云築此四者六分其高卻一分以為網者網注例亦當作殺此明經逆牆冡囷窌倉城為文也賈疏云假令高丈二尺下厚四尺則於上去二尺為網上惟二尺其囷倉城地上為之須為此網其窌入地亦為此網者雖入地口宜寬則牢固也焦循云疏知丈二尺則厚四尺者以記文牆厚三尺崇三之準之也高得六分九尺之一則厚得三尺之半為逆牆之度云囷圜倉者說文□部云囷廩之圜者圜謂之囷方謂之京九章算術商功篇有圓囷劉注云圓囷廩也亦云圓囤也釋名釋宮室云囷綣也藏物繾綣束縛之也焦循云月令中秋穿竇窌修囷倉高誘云圓曰囷方曰倉蓋於屋之中肆牆或方或圓以貯穀其上不接屋為逆牆也廩為屋室之名倉囷窌則廩中貯粟者之名云穿地曰窌者釋文云窌劉古孝反依字當為窖作窌假借也案說文穴部云窌窖也窖地藏也廣雅釋詁云窖窌藏也月令仲秋穿竇窖呂氏春秋作窌窌窖聲近義同古多通用故劉昌宗讀為窖窖也呂氏春秋季春紀發倉窌高注亦云穿地曰窖又仲秋紀注云穿窌所以盛穀也義並與鄭同焦循云月

令注云方曰窖蓋掘地作方形內四面亦爲牆設深六尺則口上一分縮卻一尺故寬於下計之若方一丈其口上高一尺之處則方一丈二尺也堂涂十有二分謂階前若今令甓裓也分其督旁之脩以一分爲峻也爾雅曰堂涂謂之陳疏注云謂階前者謂堂下東西階前之路以甓甃之高於平地也李如圭云堂塗其北屬階其南接門內霤案凡入門之後皆三揖至階昏禮注曰三揖者至內霤將曲揖既曲北面揖當碑揖賈氏曰至內霤將曲者至門內霤主人將東賓將西賓主相背時也既曲北面者賓主各至堂塗北行向堂時也至內霤而東西行趨堂塗則堂塗接於霤矣既至堂塗北面至階而不復有曲則堂塗直階矣又案聘禮饔鼎設于西階前陪鼎當內廉注曰辟堂塗也則堂涂在階廉之內矣云若今令辟裓也者釋文辟作甓裓誤裓宋余本附釋音本巾箱本及注疏本並作甓今從嘉靖本與集韻十四皆引鄭注合賈疏亦作辟云漢時名堂涂爲令辟裓令辟則今之塼也裓則塼道者也阮元云古甓字多作辟今金石猶有存者莊述祖云音義裓音陔說文示部裓宗廟奏裓樂从示戒聲衣部無裓字廣韻裓釋典有衣裓古得切一切經音義相傳云謂衣襟也未詳所出明裓字惟釋典有之令甓裓之裓即鍾師奏裓夏之裓裓陔互相借音義从衣音階皆非是裓當从示古哀反借作陔說文陔階次也堂涂叅塼爲階次故曰令甓裓無取乎衣裓之義也丁晏云釋宮瓴甋謂之甓注甂甎今江東呼爲瓴甓說文瓦部甓瓴甓也土部墼瓴適也毛詩中唐有甓傳甓瓴甋也禮運注瓦瓴甓裓字一作垓史記封禪書壇三垓徐廣曰階次也漢郊祀志作陔師古曰陔重也三陔三重壇也音該裓讀爲陔鼓之陔古字通用案莊丁說是也云分其督旁之脩以一分爲峻也者賈疏云名中央爲督督者所以督率兩旁脩謂兩旁上下之尺數假令兩旁上下尺二寸則取一寸於中央爲峻峻者取水兩向流出故也丁晏

二云國語衣之偏裻韋昭注裻在中左右異故曰偏莊子緣督以爲經釋文李云督中也引伸之凡物之中央曰督焦循云疏云上下者自中至邊之謂兩旁邪衺故中央峻也引爾雅曰堂涂謂之陳者釋宮文彼文涂作途詩小雅彼何人斯胡逝我陳毛傳云陳堂塗也又陳風防有鵲巢云中唐有甓傳云唐堂涂也孔疏引孫炎云堂途堂下至門之徑也釋宮又云廟中路謂之唐蓋堂下之涂謂之堂涂廟寢並有堂則堂下路同有堂涂之稱爾雅唐陳訓別者散文則異也此經堂涂亦兼廟中寢中言之周書作雒篇載五宮之制有隄唐孔注二云唐中庭道隄謂高爲之也此堂涂常法十二分止取一分爲峻更峻之卽所謂隄唐與

竇其崇三尺宮中水道疏注云宮中水道者說文穴部云竇空也又𨸏部云隫通溝以防水者也隫竇聲義略同月令穿竇窖鄭注云入地隋曰竇方曰窖案竇若今陰溝穿地爲之以通水潦者其形隋方廣狹由便崇則三尺也墨子備城門篇云百步爲幽隫廣三尺高四尺與此經度數亦相近左襄十年傳篳門閨竇之人杜注云竇小戶穿壁爲門上銳下方狀如圭也儒行及說文竹部並作圭窬與此竇異賈疏以爲一非也

牆厚三尺崇三之高厚以是爲率足以相勝疏注云高厚以是爲率足以相勝者明以此爲約率也賈疏云高恆兩倍於厚不要厚三尺高九尺假令厚六尺高丈八尺皆依此法故云以是爲率足以相勝也

車人之事半矩謂之宣矩法也所法者人也人長八尺而大節三頭也腹也脛也以三通率之則矩二尺六寸三分寸之二頭髮皓落曰宣半矩尺三寸三分寸之一人頭之長也柯欘之木頭取名焉易巽爲宣髮疏車人之事者亦以所作之器名工也云半矩謂之宣者釋文云宣本或作㝨亦作宣案或本蓋依今易改此經不足據也又釋文亦作本與正文不異疑有誤或當云注

亦作宣阮元謂蓋下注引易爲宣髮本亦作寡誤合爲一條亦通此總明車工倨句形體之法數也程瑤田云百工皆持矩以起度而倨句之度法遂生於矩焉矩者倨句之正方者也由是而句焉則半矩謂之宣又云矩有直者有曲者倨句之云折其直矩而爲曲矩故直矩無角周髀所謂矩出於九九八十一折之爲曲矩則一縱一橫而爲正方之角周髀所謂折矩以爲句廣三股脩四又所謂合矩以爲方又所謂兩矩共長二十有五是謂積矩故凡正方之形謂之一矩是矩也當其未折時一直物而無角其數九其體略占曲矩之倍及其折之爲曲矩則橫五縱四其體略存直曲之半兩矩合之縱橫皆五荀卿書所謂五寸之矩盡天下之方者指曲矩而言之也故當其未折而爲直矩也伸之無可伸何倨之有屈之不必屈何句之有及其折爲曲矩而謂之一矩由一矩之折而漸伸之出乎一矩之外名之曰倨其倨之角悉數之不能終其物也由一矩之折而復屈之入乎一矩之內名之曰句其句之角亦悉數之不能終其物也而此或倨或句不能悉數者呼之爲角不辭也今以其可倨可句也於是合倨句二字以名之凡見無定形之角則呼之爲倨句此考工記呼凡角爲倨句之所昉也故車人之事爲倨句發凡起例而折直矩爲正方之一矩以爲一切倨句之權衡乃裒判一矩之角而二之曰半矩又云車人一記其起例有二道起例於半矩者爲凡造物發斂不同形是爲倨句之例起例於半柯者爲凡造物修短無定數是爲尺寸之例是故倨句之例不可以尺寸言故以半矩一矩加半而數之尺寸之例則必紀之以數故曰柯長三尺以爲半柯一柯二柯三柯之定限　注云矩法也者爾雅釋詁文案此矩即與人方者中矩之矩鄭誤以宣欘等並爲長短之度故別訓矩爲法非經義也云所法者人也人長八尺而大節三頭也腹也脛也者鄭誤以此經爲說長短之度而一矩半矩度無明文故以意定之謂取法人身長八尺上下

分之有此三節因以求其數也淮南子俶真訓高注云脛脚也云以三通率之則矩二尺六寸三分寸之二者賈疏云鄭欲推出宣之長短之數以人長八尺三分之六尺各得二尺其二尺又取尺八三分之各得六寸又以二寸爲三分爲六分三分之各三分寸之二故云二尺六寸三分寸之二也程瑤田云鄭謂矩爲法以法人長八尺三分人長之八尺以其一之二尺六寸有奇爲一矩半之爲半矩如此則三尺之柯斷不可以言矩四尺五寸之一柯半斷不可以言一矩有半案程說是也鄭所推宣欘磬折尺度皆以車人爲車柯三尺之文增減求之不知此文自泛論倨句之形而非計長短之度一欘有半之倨句與三尺之長本不相謀也云頭髮皓落曰宣者據易義也釋文皓作晧云晧本或作顥劉作晧案晧正皓俗阮元云顥是正字說文曰顥白皃南山四顥白首人也云半矩尺三寸三分寸之一人頭之長也者御覽人事部引春秋元命苞云頭者神所居上員象天氣之府也歲必十二故人頭長一尺二寸此注取半矩之度與彼相近賈疏云矩既二尺六寸三分寸之二故減半爲人頭之長有此數也云柯欘之木頭取名焉者戴震云柯欘以人所執之端爲頭界畫其處亦以度物案鄭意蓋當如戴說謂柯欘頭與人頭相儗因以取名此亦以意推之非經義也程瑤田云宣之言發也當是起土句鉏之最句者蓋句庛利發之義詩緜曰迺宣迺畝箋公劉曰既順迺宣鄭注曰時耕曰宣宣之言發也釋名曰鎛迫也迫地去草也宣之句地僅半矩用以去草夫亦迫地之至矣豈宣卽鎛乎案程說亦通引易巽爲宣髮者證頭髮皓落之義賈疏云按說卦云其於人爲寡髮注寡髮取四月靡草死髮在人體猶靡草在地今易文不作宣作寡者蓋宣寡義得兩通故鄭爲宣不作寡也臧琳云易說卦巽爲木其於人也爲寡髮釋文寡本又作宣黑白雜爲宣髮李氏集解作宣髮引虞翻曰爲白故宣髮馬君以宣髮爲寡髮非也據此知易本有

作爲宣髮者宣明也又散也故虞以爲白周禮注與虞仲翔本正合賈疏引鄭易注云取四月靡草死髮在人體猶靡草在地則是鮮少之義經當作寡蓋馬鄭所注古文易本作寡髮鄭用馬本王弼韓康用鄭本故釋文正義皆作寡賈疏亦云今易文作寡是也禮注與易注不同者鄭先通京氏易後注費氏易又遭黨錮事逃難注禮爲袁譚所逼來至元城乃注周易然則禮注之爲宣髮京氏易也易注之寡髮費氏易也案臧說是也今本賈疏寡宣字亦互譌茲從張惠言校正

一宣有半謂之欘 欘斲斤柄長二尺爾雅曰句欘謂之定 疏 一宣有半謂之欘者程瑤田云由宣而倨焉益以半宣則四分矩之三而爲一宣有半矣是謂之欘 注云欘斲斤者據爾雅爲說斤宋董氏本余仁仲本巾箱本注疏本並作木阮元亦引說文云斤斫木斧也案賈疏述注亦作斲斤則唐本不作木說文斤部云斲斫也木部云欘斫也齊謂之鎡錤一曰斤柄性自曲者鄭此訓與說文後一義同國語齊語亦有斤欘管子小匡篇作鉏欘墨子備城門篇作居屬字通程瑤田云句欘其著柲也句於矩與一宣有半相應云柄長二尺者亦誤以欘爲長短之度也賈疏云一宣有半得長二尺者以一宣尺三寸三分寸之一取半添之一尺得五寸三寸每寸三分得九分并前一分爲十分取半得五分三分爲一寸餘二分揔爲六寸三分寸之二添前尺三寸三分寸之一爲二尺也引爾雅曰句欘謂之定者釋器文今本爾雅句欘作斪斸彼釋文載或本作欘與鄭所見同郭注云鉏屬釋文引李巡注御覽引舍人注並云鋤也皆不云斲斤與鄭義異說文斤部云斪斸斫也與木部欘字義同字異案斫木之斤斫土之鉏其柄形同句曲故並有句欘之稱據下先鄭注引蒼頡篇柯欘則此經所云自以斤柄爲是

欘有半謂之柯 伐木之柯柄長三尺詩云伐柯伐柯其則不遠鄭司農云蒼頡篇有柯欘 疏 一欘有半謂之柯者程瑤

田云又由欘而倨焉益半欘則倨於矩而爲一矩又八分矩之一矣是謂之柯又云判其欘爲半欘欘者四分一矩之三半欘者四分一矩之一分有半以半欘加於一欘則出乎一矩又餘八分一矩之一矣 注云伐木之柯者國語晉語韋注云柯斧柄所操以伐木周書文酌篇云九柯十匠歸林柯蓋謂車人之事也程瑤田云柯之爲言阿也句不及矩之謂也斧斤內以柲其倨句之外博也應之故謂之柯而因以名其柲云柄長三尺者亦誤以柯爲長短之度也後爲車云柯長三尺墨子備穴篇云斧金爲斫杘長三尺杘卽柯也六韜軍用篇云大柯斧刃長八寸重八斤柄長五尺以上一名天鉞伐木大斧重八斤柄長三尺以上亦伐木斧柄長三尺之證引詩者豳風伐柯文毛傳亦云柯斧柄也鄭司農云蒼頡篇有柯欘者證此柯欘之名蒼頡篇今佚柯欘之文無考

一柯有半謂之磬折

人帶以下四尺五寸磬折立則上俛玉藻曰三分帶下紳居二焉紳長三尺

疏 一柯有半謂之磬折者由柯而張之益以半柯則倨於矩者尤多而爲一矩又三分矩之一強謂之磬折磬折者如磬之倨句也但磬氏云倨句一矩有半二度不同者此經所說宣欘柯磬折四倨句之形各以益半遞增成度與磬氏一矩有半專明爲磬之度異然一柯有半之磬折與一矩有半之磬折數異而名不害其同也今段割圜四象限之度數以釋倨句之形一象限爲九十度是爲一矩冶氏所謂倨句中矩者也倍之爲二象限爲一百八十度其半矩之宣則四十五度也一宣有半之欘則六十七度半也一欘有半之柯則一百一度四分度之一也一柯有半之磬折則百五十一度八分度之一也夫自二度以至百七十九度中凡百七十七度皆有倨句之形發斂之成無數之倨句而經止著此五者之名將謂凡物倨句必準此五者之數不得少有贏朒乎而不能也然則自二度至百七十九度其倨句之不合於此五名者亦必就此五者相近

之度揆量以名之而不必以豪釐之差議其不合也明矣是故此職之磬折則百五十一度八分度之一磬氏之倨句則百三十五度二形差十六度八分度之一而皆可以磬折名之蓋此經四者益半遞增之度本非求合於磬折特以兩度所差不多遂皆磬折以爲名若下文耒庛之倨句磬折及匠人行奠水之磬折以參伍皆不能以協一柯有半要其形約略如是而已由此一柯有半而倨焉而爲韗人皋鼓之倨句磬折則約百六十五度也更倨焉而極於百七十九度苟未至於百八十度之不成倨句則亦無不可以磬折名之矣故此經言磬折者文凡四見而度則有三不足異也互詳磬氏疏　注云人帶以下四尺五寸者亦誤以磬折爲長短之度也賈疏云此據人之所立磬折之儀云一柯有半謂之磬折據紳帶以下而言也程瑤田云鄭因下記柯長三尺之云而以之釋柯之倨句等而下之遂謂欘爲二尺宣爲尺三寸三分寸之一等而上之遂謂磬折爲四尺有五寸夫人身之磬折譬況之名也故曲禮云立則磬折言其折之倨句似磬也謂之磬折者言凡應磬之倨句者乃以磬折謂之其不以人立之倨句言也明矣案程說是也云磬折立則上俛者賈子新書容經云端股整足體不搖肘曰經立因以微磬曰共立因以磬折曰肅立因以垂佩曰卑立是磬折之立視共立經立上益俛也引玉藻者賈疏云案彼子游曰參分帶下紳居二焉鄭注云三分帶下而三尺則帶高於中也以其人長八尺中則四尺今云三分帶下紳居二分明帶上有一分上三尺半是帶下有四尺半可知也

車人爲耒庛長尺有一寸中直者三尺有三寸上句者二尺有二寸

鄭司農云耒謂耕耒庛讀爲其顙有疵之疵謂耒下岐玄謂疵讀爲棘刺之刺刺耒下前曲接耜　疏　車人爲耒者山虞云凡服耜斬

季材注云服牝服車之材是服耜同材故耒車亦同工也云庛長尺有一寸者賈疏云庛者耒之面但耒狀若今之曲柄杴也面長尺有一寸云中直者三尺有三寸上句者二尺有二寸者賈疏云謂手執處爲句故謂庛上句下爲中直者三尺有三寸也人手執之處二尺有二寸也詒讓案此明揉耒正身三節倨句之實度合之爲六尺六寸也耒木銳其耑爲庛以貫於金耜又以繩束之以爲固大戴禮記夏小正云正月農緯厥耒緯束也是也庛長尺有一寸則耜之長當尺有一寸羸乃足冒庛而與中直相接又匠人云耜廣五寸庛納耜中則廣當不及五寸經於庛著長不著廣於耜著廣不著長可以參互求之 注鄭司農云耒謂耕耒者說文耒部云耒手耕曲木也从木推丰古者垂作耒耜以振民也耒卽耒之省釋名釋用器云耒來也亦推也急就篇顏注云耒今之曲把茱鍬其遺象也云庛讀爲其顙有庛之庛者其顙有庛釋文作顙庛段玉裁改讀爲爲讀如云讀如顙庛擬其音耳阮元云此用孟子之其顙有泚也案段校是也云謂耒下岐者賈疏云古法耒下惟一金不岐頭先鄭云耒下岐據漢法而言其實古者耜不岐頭是以後鄭上注亦云今之耜岐頭明古者耜無岐頭也詒讓案先鄭言此者以庛耜爲一物也凡耜庛經典多通言故山虞說耜亦用木材易繫辭亦云神農氏作斵木爲耜揉木爲耒易釋文引京房云耜耒下耜也耒耜上句木也此卽先鄭所本後鄭以耜金庛木二者異材故不從蓋庛爲木刺耜爲金刃柄鑿相函故庛亦可通稱耜而此經所言耜與庛實異物也云玄謂庛讀爲棘刺之刺者段玉裁云後鄭易庛爲刺以其銳耑故謂刺猶殳柲接鐏者曰晉云刺耒下前曲接耜者此破先鄭說也月令注云耒耜之上曲也耜耒之金也薙氏匠人注亦以耜爲耒末金刺土者耒庛入耜者前銳利似矛戟之刺故亦謂之刺莊子胠篋篇云耒耨之所刺是也程瑤田云据後鄭注則耜爲耒頭金上有銎以貫耒末庛卽耒

末之木以納於耜鑿者先鄭以庇爲耜之或文然觀匠人耜廣二耜兩耜字皆不从庇庇於車人不當異文宜後鄭以庇爲耒木之末也案程說是也庇木耜金後鄭說最分析耜蓋金工段氏所爲非車人所掌也庇爲木刺不可以刺土故必沓金而後可以利發說文耒部云耒耜木部云相臿也梠耒耑木也重文鈶或从金台聲徐鉉謂梠即耜字故土部訓坺爲一臿土即匠人二耜之伐是其證也梠即此經之庇也許義蓋與後鄭同故云耒耑木或體从金者以其爲臿金所沓也徐本說文梠字注捝木字於義未備今據齊民要術所引補正易林晉云銷鋒鑄耜亦與後鄭義合

自其庇緣其外以至於首以弦其內六尺有六寸與步相中也

緣外六尺有六寸內弦六尺應一步之尺數耕者以田器爲度宜耜異材不在數中

疏 自其庇緣其外以至於首者此明耒下曲庇及上句倨句之實度也賈疏云據庇下至手執句者逐曲量之云以弦其內者賈疏云據庇面至句下望直量之內謂上下兩曲之內云六尺有六寸與步相中也者賈疏云言逐曲之外有六尺六寸今弦其內與步相中中應也謂正與步相應　注云緣外六尺有六寸內弦六尺應一步之尺數者謂自耒首兩曲以至於庇耑循其外曲折度之合共六尺有六寸此即上文庇與中直上句三節長度之和數也然其外庇既爲磬折而其內耒首至中直三寸三寸盡處又爲曲弧形以其有句曲之減故直度少六寸以弦觸其兩端適得六尺小司徒注引司馬法云六尺曰步此正與彼同呂氏春秋任地篇云六尺之耜所以成畝也耒耜對文則異散文亦通畝法廣一步呂云六尺成畝即此經與步相中之的解也此經之義鄭賈所釋自塙近戴震所圖以弦其內爲自耒首觸庇耑爲直線亦最爲得解蓋人扶耒推之必前其庇自人視之前者爲外後者爲內首至耒末其空處正當耒內故云以弦其內也是外爲本體之實

數內爲空中之虛數經文之弦其內正與緣其外對文外爲實度故曰緣內爲虛數故曰弦也下文所謂倨句磬折者止就庛與中直言之至耒上句處揉曲爲弧形與車曲輈相似戴圖及漢武梁祠畫像石刻神農所持耒耜阮元所圖今山東農人所用耒形咸如此並無直句磬折之異也又案司馬法六尺爲步古說並同史記商君傳治秦步過六尺者罰亦用其法惟王制云古者以周尺八尺爲步今以周尺六尺四寸爲步此記人之異說不爲典要此經以六尺六寸之弧曲得弦六尺以爲步法與呂覽文合義證明塙可無疑於古步法之異同矣云耕者以田器爲度宜者據匠人云野度以步此耒爲田器弦度適得六尺故卽以之度田野也云耜異材不在數中者程瑤田云庛爲木材故與耜金材異也賈疏云未知耜金廣狹要耒自長六尺不通耜若量地時脫去耜而用之也堅地欲直庛柔地欲句庛直庛則利推句庛則利發倨句磬折謂之中地中地之耒其庛與直者如磬折則調矣調則弦六尺

疏堅地欲直庛柔地欲句庛者堅地若草人之彊㯺柔地若草人之壚壤九章算術商功篇亦云穿地四爲壤五爲堅三壤卽柔地亦謂之㲻說文田部云㲻䱐田也云直庛則利推句庛則利發者記耒庛倨句之中度也直庛之任力在刺耑故利推句庛之任力在耜本故利發江永云耜之入土也不必高舉惟用力推之其發土也句曲者向外非向內也詢之行中州者謂親見耕地之法以足助手蹴耜入土乃按其柄向外挑撥每一發則人卻行而後也案江說是也推謂推耜金入土月令說耕藉云天子三推三公五推卿諸侯九推是也發謂發起其土以治甽匠人說爲甽云一耦之伐卽國語周語之王耕一墢舊音引賈逵本墢作發發伐義同一發謂一人發不合耦也凡治甽必先推而後發之推與發事相因故爲耒庛必推發兩利而後爲良互詳匠人疏云倨句

磬折謂之中地者如一柯有半之倨句以爲庛則不直不句而無地不宜矣　注云中地之耒其庛與直者如磬折則調矣者明庛與中直者如磬折其上句者與中直者則不如磬折也調者倨句得中之謂戴震云中地謂無不宜也宜堅不宜柔宜柔不宜堅爲不中地利推不利發利發不利推爲不中地云調則弦六尺者直庛則贏於六尺句庛則不及六尺惟磬折乃正合六尺之度也

周禮正義卷八十五

周禮正義卷八十六

瑞安孫詒讓學

車人爲車柯長三尺博三寸厚一寸有半五分其長以其一爲之首

首六寸謂今剛關頭斧柯其柄也鄭司農云柯長三尺謂斧柯因以爲度【疏】車人爲車者王宗涑云此車謂任載者任載之車有三行澤者曰大車行山者曰柏車介乎行山行澤閒者曰羊車詒讓案此車人所爲三車皆牛車與輪人輿人輈人三職所爲駟馬車不同其制粗略故輪輿及轅以一工爲之云柯長三尺者賈疏云此車人爲造車之事凡造作皆用斧斤因以量物故先論斧柄長短及刃之大小也云博三寸厚一寸有半者廬人注云齊人謂柯斧柄爲椑則椑隋圜也若然斧柄蓋橢方而微圜略鈋其觚棱使握之不鍥手也其圜蓋九寸弱云五分其長以其一爲之首者斧以刃爲首與桃氏爲劍以柄環爲首異攻金之工以斧斤入上齊賈彼疏謂亦冶氏爲之則斧首當隸金工此因明斧柄度數牽連及之耳車工實不爲斧首也

注云首六寸謂今剛關頭斧者六寸謂斧刃之長度也六韜軍用篇說大柯斧刃長八寸與此微異賈疏云漢時斧近刃皆以剛鐵爲之又以柄關孔即今亦然故舉爲況也案後漢書馬融傳廣成頌云揚關斧李注云關斧斧名也蓋即鄭所謂關頭斧賈所謂以柄關孔也程瑤田云斧斤之安柲也橫其刃而於其首爲銎上下相通柲直插銎中不爲內也丁晏云毛詩破斧釋文錄一解云今之獨頭斧其剛關頭斧斤之類歟云柯其柄也者前注義同鄭司農云柯長三尺謂斧柯因以爲度者程瑤田云車人爲車而取度於柯與上言倨句之柯異事故特著長三尺以爲下文言車者起度倨句之柯言其折故與

磬折並稱長三尺之柯言長不言折也王宗涑二云車人爲車首言柯長三尺猶匠人爲溝洫首言耜廣五寸也即所執之器以起度取其便於事

轂長半柯其圍一柯有半 大車轂徑尺五寸 疏 轂長半柯其圍一柯有半者大車轂長一尺五寸圍四尺五寸徑與長等程瑤田云車人爲三車於大車言轂長之數轂圍之數輻長之數輻博輻厚之數渠之數牙圍之數於柏車但言轂長轂圍輻長及渠與牙圍之數不言輻之博厚者同於大車也羊車亦不言者三者皆同可知也　注云大車轂徑尺五寸者賈疏二云鄭知此是大車者此論轂輻牙下柏車別論轂輻牙又柏車轂長以行山此車轂短以行澤故知此是大車平地載任者也鄭知徑尺五寸者以其圍一柯有半四尺半圍三徑一故知徑一尺五寸也王宗涑二云依密率圍四尺半徑一尺四寸三分二釐三毫九秒四忽零鄭說依六觚率也涑謂車之高下皆用整數不取奇零如小車之輪徑有六尺六寸六尺三寸二等是也此大車當以輪徑九尺轂徑一尺五寸爲定率記以六觚率計轂圍則曰一柯有半爾徑一尺五寸於密率圍得四尺七寸一分二釐三毫八秒八忽零

輻長一柯有半其博三寸厚三之一 輻厚一寸也故書博或作搏杜子春云當爲博 疏 輻長一柯有半者王宗涑二云此篇記文取數不甚密大車輪徑九尺除牙徑一尺轂徑一尺五寸餘六尺五寸半之爲輻長得三尺三寸五分菑爪未入算攷輻菑長如輻廣得三寸輻爪長半牙徑得五寸通長四尺零五分而記半九尺之輪以爲輻長故曰取數不甚密也又攷大車亦三分輻長而殺其一則殺者一尺零八分三釐三豪三秒三忽零不殺者二尺一寸六分六釐六豪六秒六忽零二云其博三寸厚三之一者與斧柯博厚度正同輪人注說小車輻廣三寸半則此大車輻廣殺於彼七分之一也王宗涑二云博廣也輻廣三寸厚一寸倍之得八寸即股圍也

三分股圍去一以爲骹圍則骹圍得五寸三分寸之一皆楕方圜也量其輻廣以爲鑿深則轂上容菑之數每穴深三寸廣亦如之寬則穴口一寸與輻厚相應穴氏半之得五分此大車羊車柏車所同者也穴口寬寸積三十穴凡三尺以除大車轂圍餘一尺七寸一分四釐二豪八秒五忽零則每穴口相距五分七釐一豪四秒二忽零以除柏車轂圍餘三尺二寸八分五釐七豪一秒四忽零則每穴口相距一寸零九釐五豪二秒三忽零皆依密率推也　注云輻厚一寸也者厚得博三分之一故有一寸云故書博或作搏杜子春云當爲博者此聲之誤也博釋文作搏音徒九反依陸本則爲形之誤未知孰是

渠三柯者三渠二丈七尺謂罔也其徑九尺鄭司農云渠謂車輮所謂牙

疏渠三柯者三者大車牙大圜之度也蓋亦揉三木爲之每木長九尺故云三柯者三賈輪人疏謂牙皆揉一木爲之若然則此大車之渠當以一長二丈七尺之全木揉之使其圜中規絕無偏倚亦甚難矣況如賈說則此經直云渠九柯豈不文省事明而必云三柯者三於文不已贅乎下文柏車之渠云二柯者三亦以三命分與此文例正同斯亦車渠必合三成規之塙證也互詳輪人疏　注云渠二丈七尺者賈疏云按上輻長一柯有半兩兩相對則九尺尚有轂空壺中於二丈七尺不合者云輻長一柯有半兩相九尺者通計轂而言其實輻無一柯有半也云謂罔也者阮元云大車之牙謂之渠尚書大傳曰散宜生之江淮之浦取大貝大如大車之渠鄭注云渠車輞也錢坫云廣雅曰輮輞也輮即渠字渠與巨通巨者大也王宗涑云渠輪之大圜也罔即輞之省云其徑九尺者亦以圜三徑一疏率推之大車輪崇於柏車羊車三尺崇於乘車兵車二尺四寸崇於田車二尺七寸車之最高者也戴震云大車渠二丈七尺輪崇當八尺六寸弱王宗涑云置圜二丈七尺以密率求徑得八尺五寸九分四釐二豪六秒六忽零如輪徑整得九尺於

密率圍得二丈八尺二寸八分五釐七毫一秒四忽零輻爪厚寸大
車羊車柏車並同積三十爪凡三尺以除大車渠圍餘二丈五尺二
寸八分五釐七毫一秒四忽零則爪鑿每穴相距八寸四分二釐八
豪五秒七忽零鄭司農云渠謂車輮所謂牙者釋文云牙本或作迓
案迓卽牙之誤輪人先鄭注云牙謂輪輮也世間或謂之罔書或作
輮案渠與罔爲一輮與牙爲一二者微異後鄭釋渠爲罔是也漢時
俗語牙或通稱罔先鄭沿俗爲釋其義未析故引之於後並詳輪人疏 行澤者欲短轂行山者欲長轂
短轂則利長轂則安 澤泥苦其大安山險苦其大動 【疏】行澤者欲短轂行山者欲長轂者賈疏云此揔言大車柏
車所利之事以大車在平地并行澤柏車山行各有所宜也王宗涑
云此言任載之車所以有大車羊車柏車之殊短轂大車長轂羊車
柏車也詒讓案此長轂短轂專據大車而言若對兵車乘車之長轂
言之則此大車三等並爲短轂後漢書馬援傳云乘下澤車則漢時
乘車或亦有短轂行澤之別制未知周制然否 注云澤泥苦其大
安山險苦其大動者大安則輪行不速大車主以任載故不欲大安
而貴速山行大動則又易傾覆故欲其安也 行澤者反輮行山者仄輮反輮則易仄輮則
完 故書仄爲側鄭司農云反輮謂輪輮反其木裏需者在外澤地多泥柔也側當爲仄山地剛多沙石玄謂反輮爲泥之黏欲得心在
外滑仄輮爲沙石破碎之欲得表裏相依堅刃 【疏】行澤者反輮行山者仄輮者此明大車柏車車牙外內揉治之宜 注云故書仄爲
側者聲近字通梓人仄行說文虫部亦作側行鄭司農云反輮謂輪
輮反其木裏需者在外者需釋文作耎賈疏約注義云堅濡則與山
虞注義同段玉裁校從釋文是也經注耎需字多互譌弓人經鮑人
注柔耎字並誤需可證木裏需者在外卽謂木心柔胹者在牙外輮

地者也云澤地多泥柔也者爲其多塗泥柔耎與木心柔相宜也云側當爲仄者徐養原云說文厂部仄側傾也从人在厂下又日部昃日在西方時側也从日仄聲爾雅釋水沆泉穴出穴出仄出也釋文仄本亦作側然則側仄字雖異而音義皆同杜必從仄者旁曰側傾曰仄因事設詞亦各有所當也云山地剛多沙石者爲其報轢易致甐敝也云玄謂反鞣爲泥之黏欲得心在外滑者此增成先鄭義也則有心有邊心在外曰反鞣鬱之不順木理故言反也心堅故滑易易滑義同程瑤田云據注所云其材蓋以一木析之爲二也木析之案程說是也以全木析爲兩判則每判各有心生時木心在內今揉以爲牙乃使心向外所謂反也鄭意木心柔而外堅澤地泥柔則不患其甐敝而患其黏滯木心柔則理滑反鞣以木心著地則泥不黏而行利矣云仄鞣爲沙石破碎之欲得表裏相依堅刃者刃與山虞注柔刃義同段玉裁云表裏相依謂表堅裏柔相倚並在鞣外案段說是也鄭意蓋謂仄鞣表裏各半在外則著地者木心與木邊適均而剛堅與柔刃調和相得以之轢沙石自無破碎之患也

六分其輪崇以其一爲之牙圍輪高輪徑也牙圍尺五寸 疏 六分其輪崇以其一爲之牙圍者牙圍謂牙身長方四面之圍其度居輪崇六分之一與輪人小車牙圍輪崇之差同注云輪高輪徑也者輪崇卽謂輪高亦卽輪上下之直徑也云牙圍尺五寸者賈疏云輪崇九尺六尺得一尺三尺得五寸故尺五寸也王宗涑云此謂輪高九尺之大車也故知牙圍一尺五寸圍謂帀車輞一木也牙圍橢方植鑿處厚三寸踐地處削薄三分之一厚二寸幷之以除牙圍餘一尺半之以爲大圜平面之立徑凡五寸

柏車轂長一柯其圍二柯其輻一柯其渠二柯者三五分其輪崇以其一爲之牙圍柏車山車輪高六尺牙圍尺二寸 疏

柏車轂長一柯者倍於大車之轂長賈疏云此柏車山行故轂長輪崇又下皆取安故也王宗涑云一柯三尺所謂長轂也三分轂長二在外一在內以置其輻除輻廣三寸則轂在輻內者九寸在輻外者一尺八寸云其圍二柯者增於大車轂圍四分之一王宗涑云二柯六尺依六觚率徑得二尺依密率徑得一尺九寸零九釐零九秒零涑謂柏車當以輪徑六尺轂徑二尺為定率依密率轂圍得六尺二寸八分三釐一毫八秒五忽云其輻一柯者殺於大車輻長三分之一賈疏云兩輻相對六尺王宗涑云柏車輻長一尺八寸記云一柯則取輪崇之半并轂半徑牙徑數之取數亦不甚密柏車不言輻博及厚蓋與大車輻同制又云柏車輪徑六尺除牙徑六寸轂徑二尺餘三尺四寸輻長半之得一尺七寸三分輻長而殺其一則殺者五寸三分寸之二不殺者一尺一寸三分寸之一菑長如大車之輻菑爪長半牙徑得三寸通長二尺三寸案王說是也羊車輪崇輻長當與柏車同云其渠二柯者三者殺於大車渠三分之一此蓋亦揉三木為之每木長六尺故云二柯者三也賈疏云渠圍二柯者三圍丈八尺亦得通轂空壺中并數而言也云五分其輪崇以其一為之牙圍者殺於大車牙圍五分之一也 注云柏車山車者釋名釋車云柏車柏伯也大也丁夫服任之小車也案釋名小車疑當作山車卽用此經注義也吳志忠校本作牛車亦通鄭知此為山車者據轂徑長與上文行山者長轂合也王宗涑云柏迫也柏車之輪更卑於田車牝服最迫近於地故名柏車案王說近是云輪高六尺者亦以渠周求徑得之王宗涑云圍一丈八尺高六尺鄭依六觚率也依密率渠圍一丈八尺徑得五尺七寸二分九釐五毫五秒五忽如輪徑整得六尺則圍當得一丈八尺八寸五分七釐一毫四秒二忽零以爪積三尺除渠圍餘一丈五尺八寸五分七釐一毫四秒二忽零則爪鑿每穴相距五寸二分八釐五毫七秒一忽零是柏車與大車羊車

容爪之穴其相距皆以一寸六分零一豪四秒三忽零零爲衰分也云牙圍尺二寸者賈疏云以其輪崇六尺五分取一五尺取一尺一尺取二寸故尺二寸也王宗涑云柏車之牙輞是正方圍四面皆徑三寸所謂行山者欲侔是也

大車崇三柯綆寸牝服二柯有參分柯之二

大車平地載任之車轂長半柯者也綆輪箄牝服長八尺謂較也鄭司農云牝服謂車箱服讀爲負

【疏】大車崇三柯者戴震云大車輪崇當八尺六寸弱輻長不及四尺此云大車崇三柯與密率較四寸前云輻長一柯有半不減轂空壺中皆略舉大數爾云綆寸者江永云輪大則輪之向外箄者自當稍寬云牝服二柯有參分柯之二者江永云牝服不言廣後言鬲長六尺可推也牝服惟柏車方大車羊車皆長方案江說是也巾車賈疏謂此職三車皆方失之程瑤田云大車言崇者轂徑及輻長倍數和之而得也柏車不言者可例而知也羊車不言者同於柏車可知也大車言綆數牝服之數柏羊羊車但言牝服不言綆數綆數大車且不過寸縱差小之至三分寸之二止矣不言可也 注云大車平地載任之車轂長半柯者也者毛詩小雅無將大車傳云大車小人之所將也牛人云凡軍旅會同行役共其兵車之牛與其牽傍以載公任器此大車卽牛車之大者故云載任之車曰平地者別於柏車爲行山之車轂長半柯據上文云綆輪箄者輪人先鄭注同詳彼疏云牝服長八尺謂較也者賈疏云言牝服者謂車較卽今謂之平鬲皆有孔內軨子於其中而又向下服故謂之牝服也案賈山虞疏亦釋牝服爲車平較謂皆有鑿孔以軨子貫之蓋以鑿孔爲牝軨子卽橫直材猶馬車之軹轛也然賈以軨子貫鑿訓牝服則與馬車無別似非的解今以鄭義推之較者輿兩面上橫木之稱馬車牛車皆有左右兩較但馬車較左右出式而高牛車較卑無較式之別是之謂平較平較謂之牝服較高者爲牡則平者爲牝矣既夕禮

云賓奠幣于棧左服彼注以棧爲柩車蓋柩車輇輪輿亦無式較之別故雖非牛車而亦彖服稱也平較之木圜徑經注並無文以輿人馬車較例之徑當不逾一寸五分左右若軹轛諸材則尤小故山虞服用季材若輿下軫軓諸木皆徑三寸左右則非季材所能勝矣此牝服長八尺卽謂較深故詩秦風小戎孔疏謂大車前軫至後軫其深八尺蓋大車箱長於羊車一尺長於柏車二尺也鄭司農云牝服謂車箱箱者說文竹部云箱大車牝服也錢坫云輿內謂之箱方言云箱謂之𨋳段玉裁云小雅大東傳云服牝服也箱大車之箱也按許輿大鄭同箱卽謂大車之輿也毛一之大鄭一之要無異義後鄭云較者以左右有兩較故名之曰箱其實一也徐養原云大車牝服四面有版上用平鬲形同匡匪所以載物非以載人後人呼筐筥爲箱因其形似而名之也詩云睆彼牽牛不以服箱大車之謂也若小車則有較式之別高下參差復闕後面與作箱之法異案段徐說是也詩大東以服箱並舉故毛兩釋之鄭箋亦云牽牛不可用於牝服之箱孔疏謂兩較之內容物之處爲箱馬瑞辰謂鄭以牝服爲左右較而以箱爲大車之輿案綜校毛鄭孔義蓋當如馬說若然是牝服爲兩平較之專稱箱爲車輿之大名猶之小車輢較通屬輿也大總言之服亦卽箱異名同物後鄭旣夕禮注亦云服車箱是二鄭說同云服讀爲負者明與服牛服馬義異也服負聲近段借字釋名釋車云負在背上之言也此讀服爲負蓋亦取背負之義箱在輿版上若負之然陳奐云牝卽牛服者負之假借字大車重載牛負之故謂之牝服案陳說亦通

羊車二柯有參分柯之一

鄭司農云羊車謂車羊門也玄謂羊善也善車若今定張車較長七尺

【疏】羊車二柯有參分柯之一者彖上謂牝服之長也殺於大車一尺程瑤田云羊車復不見轂長轂圍輻長渠與牙圍之數者羊車五者同於柏車可知也賈疏云按此羊車較長七尺下柏車較長

六尺則羊車大矣而論語謂大車爲柏車小車爲羊車者以柏車皆說轂輻牙惟羊車不言惟言較而已是知柏車較雖短轂牙則長羊車較雖長轂輻牙則小故得小車之名也案論語爲政篇云大車無輗小車無軏臣軌注引鄭彼注云大車柏車小車羊車此即賈氏所本然論語大車小車自以集解引包咸說分牛車駟馬車爲是此職三車並牛車則皆大車也鄭彼注以大車爲柏車小車爲羊車其不可通有三三車之制大車最大羊車柏車次之今釋大車乃遺最大之大車而取其次之柏車不可通一也經於羊車止著較長之度其轂輻牙諸度並無文蓋當與柏車同若如賈說轂輻牙小於柏車則此宜明出其度而經不然明羊車它度悉同柏車其較又視柏車加長則羊車自大於柏車而鄭釋反是不可通二也輗軏並持衡之木以牛車馬車所用異名若如鄭說小車爲羊車則仍是牛車其持衡者亦當爲輗論語不當云無軏不可通三也然則彼注蓋文有譌舛非鄭之舊殆無疑矣賈疏不察輒據彼定此羊車小於柏車疑誤後學謹附正之　注鄭司農云羊車謂車羊門也者釋名釋車云立人象人立也或曰陽門在前曰陽兩旁似門也廣雅釋器云陽門箳篂雀目蔽簦也案羊陽聲同羊門制不可攷張揖以爲即箳篂續漢書輿服志劉注引說文云車當謂之屏星又引謝承書云別駕車前有屏星如刺史車曲翳儀式則屏星陽門皆即車前屏蔽之物爾雅釋器云輿竹前謂之禦後謂之蔽詩秦風小戎孔疏引李巡注云編竹當車前以擁蔽名之曰禦即是物也先鄭意蓋謂羊車前有屏蔽謂之羊門車因以爲名故云謂車羊門也云玄謂羊善也善車若今定張車者釋名釋車云羊車羊祥也祥善也善飾之車今犢車是也賈疏云漢世去今久遠亦未知定張車將何所用但知在宮內所用故差小爲之羊車也俞正燮云晉書車服志云羊車一名輦車其上如軺伏兔箱漆畫輪軛齊書輿服志隋書禮儀志同謂羊車金漆牽車

漢時以人牽之又北史斛律金傳言詔金朝見聽乘步挽車至階李諧傳則言賜斛律金羊車上殿是羊車以人步輓隋志云隋馭童年十四五者二十人謂之羊車小史駕果下馬其大如羊釋名又有贏車羊車云各以所駕名之則小兒別有羊車非古之羊車詒讓案據釋名所云則羊車亦牛車但車制卑小故以犢駕之然此經羊車制度大於馬車並不卑小劉據漢制說之已自不合至史志所載羊車或以人步挽或駕果下馬釋名別載駕羊之車則又兒童游戲所乘復與犢車異與此經羊車尤不相涉故鄭別以定張車釋之知漢時所有羊車與此名同而實異也又此羊車乃任載之牛車不得以宮中爲車況賈以宮內所用差小故謂之羊車蓋誤以漢晉以後制推之殊爲失攷定張車亦未詳孔廣森引尚書大傳曰主夏者張張爲鶉火南方之中疑定張車卽司南車案鶡冠子天則篇云前張後極則孔以定張爲司南說非不可通又馬總意林引物理論云指南車見周官今全經六篇無指南車之文楊泉亦或卽指此注而言但鄭以今況古西京雜記說漢大駕雖有司南車而兩漢書無其制恐非鄭意也云較長七尺者此冢上大車牝服二柯有參分柯之二之文故知此亦卽較長之度二柯爲六尺加三分柯之一一尺凡七尺也王宗涑云羊車牝服短於大車牝服一尺長於柏車牝服亦一尺

柏車二柯較六尺也柏車輪崇六尺其綆大半寸

疏 柏車二柯者亦牝服之長也又殺於羊車一尺王宗涑云柏車牝服最短蓋以山險難行而少其任載也然則任載之車分三等亦量地之易險而利其用爾易野用大車險野用柏車易險半者用羊車而任載多少亦隨地之易險而殊故牝服有長短也 注云較六尺也者柏車之箱短於大車二尺羊車一尺牝服之最短者也云柏車輪崇六尺其綆大半寸者賈疏云大車輪崇九尺綆一寸此柏車輪崇六尺三分減一其綆亦宜三分減一三分寸之二卽大半寸也 凡

爲輈三其輪崇參分其長二在前一在後以鑿其鉤徹廣六尺鬲長六尺鄭司農云鉤鉤心鬲謂轅端厭牛領者疏凡爲輈三其輪崇者明牛車爲兩直轅異於馬車之一曲輈也詳輈人疏三其輪崇則與與渠之大圜度正同賈疏云凡爲輈者言凡語廣則柏車大車羊車皆在其中輪崇雖不同其輈當各自三其輪崇假令柏車輪崇六尺三之爲輈一丈八尺大車輪崇九尺三之爲輈二丈七尺但羊車雖不言輪崇亦三之以爲輈也江永云牛車輈長者牝服之後猶有輈輈尾亦可載物今車亦如此以上下文可推知其長短大車尾輈五尺羊車二尺五寸柏車三尺皆以輈長三之一減牝服之半計之其前輈出牝服之外者大車一丈四尺柏車九尺羊車八尺五寸云參分其長二在前一在後以鑿其鉤者記鑿鉤衡軸之度也王宗涑云輈二在鉤前一在鉤後則大車鉤前輈長一丈八尺鉤後輈長九尺柏車鉤前輈長一丈二尺鉤後輈長六尺牝服立輈上半在鉤前半在鉤後大車牝服深八尺則輈出牝服後者五尺柏車牝服深六尺則輈出牝服後者三尺此即所謂軓說文車部云軓大車後也舉大車以包羊車柏車也軓及前輈大車獨長者以爲增加任載之用爾又云任載之車皆兩輈鑿輈之下面以鉤軸其輈之大小記文不具蓋皆十分其輈之長以其一爲之圍以上承牝服參分其圍去一爲頸圍以縛駕牛之鬲五分頸圍去一以爲踵圍則大車之輈方圍二尺七寸徑六寸七分五釐頸圜圍一尺八寸踵圜圍一尺四寸四分柏車之輈楕方圍一尺八寸平徑約三寸立徑約六寸頸圜圍一尺二寸踵圜圍九寸六分案三車雖於輈鑿鉤然亦有伏兔度蓋與輈當兔同又三車輈及頸踵之圍度經注無文王據輈人馬車輈頸踵之圍度推之於義得通但馬車輈踵適承後軫當爲楕方圍牛車輈踵出軫外數尺王以爲圜圍未知是否互詳輈人疏云徹廣六

尺者徹卽軌也匠人注云軌廣八尺者謂駟馬車徹也依此文則大
車軌狹於彼二尺故遂人注謂畛容大車涂容乘車明其異也賈疏
亦謂不與駟馬車八尺者同徹江永云大車之輪必出於箱外其間
又須有空處容輪轉徹廣安能與鬲長同數徹廣六尺當是八尺之
誤以徹廣計置輻宜皆如馬車之法參分其轂長二在外一在內以
此計之大車箱下無轂柏車箱下有轂戴震亦云轅值牝服下鬲在
兩轅之間鬲長車廣蓋等大車轂長尺五寸中其轂置輻輻內六寸
輻廣三寸綆寸凡一尺六尺之箱旁加一尺兩旁共二尺徹廣八尺
明矣古者涂度以軌軌皆宜八尺田車之輪卑於兵車乘車三寸
牛車之制殊於四馬車軌八尺則同也故曰車同軌軌不同爲不合
徹不可行於涂案徹鬲同度於理難通江戴定此徹廣六尺爲八尺
之譌是也鄭珍說亦同蓋大車轂長一尺五寸柏車羊車轂長三尺
其置輻宜準輪人駟馬車之例亦三分轂長二在外一在內以置之
然則大車轂在輻內者凡四寸在外者凡八寸柏車羊車轂在內者
凡九寸在外者凡一尺八寸大車輻內與輻廣及綆之和數凡八寸
柏車羊車輻內與輻廣及綆之和數凡一尺二寸六分六釐六豪六
不盡三車箱廣同鬲長六尺則大車轂在箱外相距左右各二寸而
柏車羊車則轂入箱下左右各二寸六分六釐六豪六不盡故江氏
謂大車箱下無轂柏車箱下有轂所推最塙戴氏則謂大車中轂置
輻與馬車置輻法不合但經注並無見文姑存以備一義又案輿人
云輪崇車廣衡長參如一此馬車之通例也車人三車柏車羊車輪
崇車廣鬲長之度蓋亦參如一惟大車輪特崇不與鬲長同度而車
廣鬲長則仍無不同故經絕不見車廣之度以有鬲長可以比例求
之也假令三車輿廣各自爲度不與鬲同則經於牝服之長旣詳著
其度而其廣之各異不宜絕無一語及之然則三車之輿廣同六尺
輪在輿外徹必不止六尺明矣鄭所見本八已誤爲六遂人注據此

以定畛涂異軌然則大車止可行畛不可行涂若行涂則爲不同軌其說殆不可通也凡馬車一輈在輿下之中牛車兩轅則在輿下兩旁然不必正切輿軌之外邊蓋當與馬車輿下置伏兔之處正相直故得上鉤輿版否則不鉤輿版而鉤軓失鉤心之義矣大車軓廣度不可考而馬車設伏兔之處鄭珍謂在軓內一寸二分加軓廣并之共七寸於制近是牛車設兩轅之處約與彼同然則大車之轅自相距約計蓋四尺六寸三車之鬲左右出兩轅外亦約有七寸可以交縛爲固柏車之轂雖長入輿下而距設轅之處尚有四寸三分有奇之餘空以之與鬲交縛爲地甚寬也羊車諸度當與柏車同車軓度數互詳匠人疏云鬲長六尺者賈疏云以其兩轅一牛在轅內故狹四馬車鬲六尺六寸者以其一轅兩服馬在轅外故鬲長也 注鄭司農云鉤鉤心者釋名釋車云鉤心從輿心下鉤軸也易小畜九三爻辭云輿脫輹孔疏引鄭注云謂輿下縛木與軸相連鉤心之木是也又李氏集解引盧氏云輹車之鉤心夾軸之物案輹卽伏兔此鉤心則是就轅鑿之以鉤軸與輹異鉤字又作枸御覽車部引通俗文云軸限者謂之枸是也其上又微隆起入輿心使相持而固制並與伏兔同故亦與輹同得鉤心之名也江永云鑿鉤謂轅當軸處鑿半月形以銜軸軸上亦稍鑿之令其相鉤著不脫鄭珍云所云心者謂輿底版心其鉤者謂轅鉤版心之處鑿其鉤者覗此處應鉤深若干而剡低其前後不鉤者其鉤者自高出也大車兩轅承輿底之旁而對鉤版心黄以周云司農云鉤鉤心其實鉤與鉤心其制同其名有別大車兩轅卽於轅上設鉤是鉤在旁也故曰鉤不曰心小車設伏兔於兩旁其鉤在輿心故曰鉤心鉤心者小車之專名也以鑿其鉤者鑿謂鑿其納鉤之孔鉤卽其入鑿之木其在小車鄭易注所謂鉤心之木是也鉤心者釋名所謂從輿下鉤軸是也凡輿軫置輈伏兔上輈伏兔置軸上皆空空庋著其所以連縛輿軫輈軸使四者不相

分離全恃鉤心之木無鉤心則輿軫輈軸皆離而不不可行故易以輿說輹爲止象輹卽鉤心之木是也詒讓案大車轅之鉤心卽在小車輈之著伏兔處江說鑿鉤之法是也鉤心之義亦當如鄭說兼上鉤輿版下鉤軸言之義乃晐備黃氏區分鉤輿鉤心爲二說亦甚析但大車雖於兩轅鑿鉤而仍有伏兔易大壯九四爻辭云壯于大輿之輹小畜釋文引鄭注云輹伏菟彼大輿卽大車輹卽伏兔是大車有伏兔之明證說文車部云轐車伏兔也輹車軸縛也二字異訓王筠據大壯爻辭謂小車用轐大車用輹其說甚精蓋大車直轅小車曲輈其在輿下當軸之處皆鑿鉤以銜軸又皆有伏兔小車獨輈居中其鉤卽輈人之當兔是也其伏兔有二在車箱下兩旁此經謂之轐大車兩轅居旁其伏兔則止一在輿腹下正中當小車設輈之處易及左傳謂之輹是小車輈一而兔兩大車轅兩而兔一遂遣易居以輿輿軸相鉤連其疏密略同使大車無伏兔則兩轅閒四五尺地空無一物以載輿版不足以爲固矣大車伏兔居輿下之中故輹周易集解載虞翻本又作腹蓋以聲兼義伏兔上下又以革縛之以爲固故說文訓輹爲車軸縛小車輈之當兔及大車之輹並正當輿心故鄭易注云縛木鉤心是也小車之轐及大車轅之鉤並當輿旁則唯謂之鉤而不目鉤心此云鑿鉤是也先鄭幷鉤輿鉤心爲一義尚未析輹轐互詳總敘疏云鬲謂轅端厭牛領者者鬲卽楅之借字釋名釋車云楅扼也所以扼牛頸也馬曰烏啄下向叉馬頸似烏開口向下啄物時也說文木部云楅大車枙段玉裁云枙當作軶車部曰軶轅前也楅考工記作鬲大車之軶曰楅西京賦曰五都貨殖既遷既引商旅聯楅隱隱展展此正謂大車也案段說是也小車一輈而以兩曲軶下扼馬頸大車二轅而以一曲楅下扼牛頸大車之楅卽小車之軶軶之爲楅猶說文手部搹之或體爲扼也先鄭及劉成國所釋致明塙西京賦之聯楅薛綜注亦以車扼釋之說文車部釋軶

爲輈前蓋誤以軛爲衡而木部釋楄爲梔則不誤論語衛靈公篇集
解引包咸云衡軛也亦誤合二者爲一不足據也論語爲政皇疏云
古作牛車二轅不異即時車但轅頭安梔與今異也即時車梔用曲
木駕於牛脰仍縛梔兩頭著兩轅古時則先取一橫木縛著兩轅頭
又別取曲木爲梔縛著橫木以駕牛脰也即時一馬牽車梔猶如此
也據此是梁時馬車有衡有軛牛車有軛無衡皇意古牛車亦當兼
有衡軛竊謂以此職經注考之古牛車蓋亦有軛無衡與梁時制度
不異也何以言之衡任爲車制最要之一端儻大車亦有衡經當明
言其度不宜舍衡而舉鬲也馬車所以有衡者爲輈閒駕兩服故必
爲衡以持兩軛大車轅內止一牛牽傍又非轅內鬲之所扼復何必
更爲衡以持軛乎馬車之輈上曲其輈頸之耑高出於軸上者逾四
尺故加以衡軛而適扼馬領今大車直轅平出以大車輪崇九尺言
之半徑不過四尺五寸柏車羊車輪崇六尺半徑不過三尺比之馬
車尚少三寸直轅兩耑出軸上不過數寸如於轅耑縛衡而後加軛
以駕牛則牛身當負轅軛轅耑必昂起車行前成仰勢而終日如登
阤矣惟即以軛兩末縛於轅端則軛末與轅末正平而軛曲中高出
於轅上以下扼牛領乃適相當鬲末既縛於轅則兩末相去之直徑
當與輿廣同故鬲長六尺六尺者謂兩末相去直徑之度也以皇侃
說梁時牛車制推之古牛車之軛當亦曲揉與馬車同惟近兩末數
寸之處又當直揉之左右平出以縛於兩轅則與馬車輈異古今車
制不同而牛身之高不異梁時牛車不能同馬車具衡軛之制而謂
周時大車必同小車非通論也至論語之輗皇疏引鄭注云輗穿轅
端著之則輗自是大車兩轅耑與鬲相持之關鍵蓋鬲兩末當直揉
以平湊轅耑故各以輗穿轅鬲而縛之以爲固則輗之長亦不過數
寸故韓非子外儲說云墨子曰吾不如爲車輗者之巧也用咫尺之
木不費一朝之事而引三十石之任蓋鬲兩末縛轅耑各以輗直穿

以爲固也論語集解引包咸注釋輗爲轅端橫木以縛軛蓋誤以輗當衡說文車部又云輗大車轅耑持衡者雖較勝包說而亦不知大車有鬲無衡蓋衡鬲之制淆失莫辨自漢時已然矣

弓人爲弓取六材必以其時取幹以冬取角以秋絲漆以夏筋膠未聞 疏 弓人爲弓者亦以所作之器名工也說文弓部云弓以近窮遠古者揮作弓周禮六弓王弓弧弓以䠶甲革甚質夾弓庾弓以䠶干侯鳥獸唐弓大弓以授學射者燕禮及孟子公孫丑篇並有弓人鄭此 注云取幹以冬取角以秋絲漆以夏者賈疏云鄭知取幹以冬者見山虞云仲冬斬陽木仲夏斬陰木二時俱得斬但冬時尤善故月令云日短至伐木取竹箭注云堅成之極時是知冬善於夏故指冬而言也取角以秋者下云秋殺者厚故知用秋也絲漆以夏者夏時絲孰夏漆尤良故知也必知六材據此六者皆依下文而說也云筋膠未聞者二者取時經無見文齊民要術有煑膠法云煑膠要用二月三月十月餘月則不成熱則不凝無餅寒則凍瘃白膠不粘然則取膠其以春與

六材既聚巧者和之聚猶具也 疏 注云聚猶具也者明此與輪人三材既具巧者和之同義說文㐺部云聚會也聚會則備具故引申之亦得爲具也

幹也者以爲遠也角也者以爲疾也筋也者以爲深也膠也者以爲和也絲也者以爲固也漆也者以爲受霜露也六材之力相得而足

疏 幹也者以爲遠也者此明六材各有其主用也史記田敬仲世家索隱云幹弓幹也案幹者榦之變體說文木部云榦築牆耑木也是幹本楨幹字引申之凡木材通謂之幹故月令注云幹器之木也此幹則專爲弓材之名即弓身木統柎及兩隈兩簫爲一所以發矢

及遠也云角也者以爲疾也筋也者以爲深也者曲禮云凡遺人弓者張弓尚筋弛弓尚角注云弓有往來體皆欲令其下曲隤然順也孔疏云弓之爲體以木爲身以角爲面筋在外面案據孔說蓋弓張則曲面向內而筋上見弛則反是而角上見是角著弓裏互左右隈及兩簫筋著弓表皆所以助其力故一以爲疾一以爲深江永云射深之力在幹亦在筋後言九和之弓角不勝幹幹不勝筋則筋力在角幹之上故簫末云覆之而筋至謂之深弓云膠也者以爲和也絲也者以爲固也者膠絲所以黏纏弓身使幹角筋相著而不解故一以爲和一以爲固也云漆也者以爲受霜露也者制弓既成乃施漆於幹角之外以禦霜露也　注云六材之力相得而足者賈疏云六材在弓各有所用六材相得乃可爲足也

凡取幹之道七柘爲上檍次之檿桑次之橘次之木瓜次之荊次之竹爲下 鄭司農云檍讀爲億萬之億爾雅曰杻檍又曰檿桑山桑國語曰檿弧箕箙

疏 凡取幹之道七柘爲上者以下並記治幹之法說文木部云柘桑也案柘桑屬與桑小異寇宗奭本艸衍義云柘木裏有紋亦可旋爲器葉飼蠶曰柘蠶葉硬然不及桑葉總敘荊之幹注云幹柘也賈彼疏引書禹貢櫄幹栝柏鄭注云幹柘幹淮南子原道訓高注謂烏號之弓亦以柘桑爲幹蓋弓幹以柘爲上故柘專得幹名矣云橘次之者總敘云橘踰淮而北爲枳蓋周時南方有以橘爲弓幹者云木瓜次之者詩衞風木瓜毛傳云楙木也可食之木爾雅釋木云楙木瓜郭注云實如小瓜酢可食云荊次之竹爲下者說文艸部云荊楚木也又竹部云簜大竹也可爲榦即此弓幹也　注鄭司農云檍讀爲億萬之億者段玉裁改爲爲如云此擬其音耳　引爾雅曰杻檍者釋木文郭注云似棣細葉葉新生可飼牛材中車輞關西呼杻子一名土橿檍說文木部作㯪云梓屬大者可爲棺椁小者可爲弓材詩

唐風山有樞孔疏引陸璣疏云杻檍也葉似杏而尖白色皮正赤爲木多曲少直枝葉茂好二月中葉疏華如練而細蘂正白蓋樹今官園種之正名曰萬歲既取名於億萬其葉又好故種之共汲山下人或謂之牛筋或謂之檍材可爲弓弩幹也案陸謂檍取名於億與先鄭讀同云又曰檿桑檿桑者亦釋木文郭注云似桑材中作弓及車轅引國語曰檿弧箕箙者鄭語文今本國語箙作服段借字也韋注云山桑曰檿弧弓也箕木名服矢房也

凡相幹欲赤黑而陽聲赤黑則鄉心陽聲則遠根

陽猶清也木之類近根者奴

疏 赤黑則鄉心者易說卦云其於木也爲堅多心是木近心則堅韌故宜爲弓幹也 注云陽猶清也者義與梓人其聲清陽而遠聞同陽皆揚之段字晏子春秋諫上篇云湯倨身而揚聲卽此陽聲也云木之類近根者奴者謂木之脈理糾結而不條達也水經澮水酈注云水不流曰奴木之近根者理不直行亦猶水之不流矣

凡析幹射遠者用埶射深者用直

鄭司農云埶謂形埶假令木性自曲則當反其曲以爲弓故曰審曲面埶玄謂曲埶則宜薄薄則力少直則可厚厚則力多

疏 凡析幹射遠者用埶射深者用直者賈疏云此說弓力多少之事弓弱則宜射遠謂若夾庾之類弓直則宜射深謂若王弧之類也 注鄭司農云埶謂形埶者木形曲則自有容突矯變之埶力也埶勢古今字詳總敘疏云假令木性自曲則當反其曲以爲弓者曲木不反之則發之不剽故必矯而反之取其埶之自還以射則遠也云故曰審曲面埶者明此埶與總敘審曲面埶之埶同也云玄謂曲埶則宜薄薄則力少直則可厚厚則力多者此增成先鄭之義曲埶逆揉必薄而後可矯而反之故力少直者順揉故可厚而力多也

居幹之道菑㮚不迆則弓不發

鄭司農云菑讀爲不菑而畬之菑㮚讀爲榛栗之栗謂以

鋸副析幹迆讀爲倚移從風之移謂邪行絕理者弓發之所從起玄謂栗讀爲裂繻之裂 **疏** 居幹之道菑㮚不迆則弓不發者㮚釋文作栗案陸本非也凡經用古字當作㮚注用今字當作栗詳鑿人疏居猶言處置也居幹與後居角及輿人居材義同先取幹亥相幹析幹居幹以幹爲弓體故尤致詳也賈疏云居謂居處解析弓幹之法謂以鋸剖析弓幹之時不邪迆失理則弓後不發傷也江永云發謂發弓辟戾今人謂之弓翻王引之云賈疏以發爲發傷於古無據發當讀爲撥撥者枉也言析幹不邪行絕理則弓不至於枉戾也管子宙合篇曰夫繩扶撥以爲正準壞險以爲平淮南本經篇扶撥以爲正高注曰撥枉也脩務篇琴或撥刺枉橈注曰撥剌不正也荀子正論篇曰羿蠭門者天下之善射者也不能以撥弓曲矢中西周策曰弓撥矢鉤是弓枉戾謂之撥也古字撥與發通商頌長發篇玄王桓撥韓詩撥作發是其例矣案王說是也 注鄭司農云菑讀爲不菑而畬之菑栗讀爲榛栗之栗者釋文作不菑畬無而字盧文弨云而字當是衍文易及禮記坊記皆無而字案盧校是也栗讀之栗舊本作㮚宋附釋音本注疏本並作栗今從之㮚栗古今字注例用今字也後鄭改讀亦作栗可證詩小雅大田箋破依載爲熾菑而云讀爲菑栗之菑亦依先鄭讀戴震云菑斯聲相邇析也案戴讀與先鄭異亦通云謂以鋸副析幹者列女傳仁智篇云鋸者所以治木也說文刀部云副判也段玉裁云以鋸副析幹如耜之熾菑栗則幹木也案段說是也菑與史記張耳傳剸刃之剸音義相近詳輪人疏先鄭訓栗與後鄭異賈疏謂栗亦取破義非又先鄭此注乃釋菑栗之義非以鋸釋居幹之居詩大田孔疏引此經改居爲鋸殆誤會注意輿人居材釋文載舊音據亦似卽隱據此注而誤音也云迆讀爲倚移從風之移者總敘注同云謂邪行絕理者弓發之所從起者段玉裁云迆移音同皆謂邪也案木理多直若邪行副析之橫絕其理則弓發

恆起於是也云玄謂栗讀爲裂繻之裂者賈疏云讀從隱元年左氏傳紀裂繻來逆女彼裂繻字子帛則爲裂破衣義惠棟云毛詩豳風

東山曰烝在栗薪箋云栗析也古者聲栗裂同也段玉裁云鄭謂七榦中無栗樹易栗爲裂蓄者鋸入之裂者分之凡相角秋

閷者厚春閷者薄穉牛之角直而澤老牛之角紾而昔鄭司農云紾讀爲抮縳之

抮昔讀爲交錯之錯謂牛角觕理錯也玄謂昔讀履錯然之錯 疏 凡相角秋閷者厚春閷者薄者此明角宜用厚故前注云取角以秋

賈疏云上文已言榦訖至此更宜相角厚謂角厚肉少薄謂角薄肉多云穉牛之角直而澤老牛之角紾而昔者說文禾部云穉幼禾也

案穉義本爲幼禾引申之凡幼少通謂之穉方言云穉小也賈疏云直而澤謂角直而潤澤紾而錯謂理麤錯不潤澤也詒讓案角宜用

穉牛故下云穉牛之角無澤明以有澤爲貴也昔亦卽無澤二文相對詳後 注鄭司農云紾讀爲抮縳之抮者縳舊本作縛非今據宋

本及釋文正釋文云紾劉徒展反許慎尚展反角絞縳之意孔廣森云揚子太玄更衣二日時七時九軫轉其道抮縳疑卽軫轉字軫轉

又卽輾轉之音變也段玉裁云方言曰抮戾也說文糸部云紾轉也淮南高注曰抮軳了戾也抮與紾皆纏絞之意江永云紾與直對謂

辟戾不直也案孔段江說是也淮南子原道訓高注云紾轉也又云抮轉也孟子告子篇紾兄之臂趙注云紾戾也廣雅釋詁云抮盭也

又釋訓云軫軳轉戾也紾抮軫縳轉並聲近義通淮南原道訓扶搖抮抱羊角而上抮本經訓作紾正羊角轉戾之形高釋爲了戾酉陽

雜俎說野牛角了戾與此記牛角紾義亦正合可以互證云昔讀爲交錯之錯謂牛角觕理錯也者阮元云觕說文角部作觕角長也引

申用爲粗糙字而傳寫譌其體从牛旁段玉裁云謂角麤理錯不順案段說是也山海經北山經帶山有獸焉其狀如馬一角有錯郭注

二云言角有甲錯理錯與甲錯義亦略同二云玄謂昔讀履錯然之錯者履錯然易離初九爻辭釋文二云李二云鄭且各反段玉裁二云蓋讀同皴散之散李必據周易注言之案段說是也易釋文履錯載鄭音七各反與李音同江永二云昔似與澤對謂若陳久之色不鮮潤也昔有久意若昔酒是也俞樾二云昔字不必改讀古昔腊同字說文日部昔乾肉也緣而昔者緣而乾也廣雅釋詁焟乾也焟卽昔之俗字下文凡相膠欲朱色而昔與此同義案江俞並讀昔如字是也下言相膠昔也者深瑕而澤角昔則無澤膠昔仍有澤二者正相反也疢疾

險中牛有久病則角裏傷【疏】疢疾險中者爾雅釋魚二云蜪大而險郭注二云險者謂汙薄此險中亦謂角中汙陷而不實也洪頤煊云險當作儉古字通用險謂瘦省也案洪說亦通　注二云牛有久病則角裏傷者說文疒部二云疢熱病也引申爲凡病之稱賈疏二云以疢疢爲久病故二云牛有久病險傷也中卽裏謂角裏傷也案鄭意蓋謂角中傷則險而不平實非訓險爲傷也賈說失其恉瘠牛之

角無澤少潤氣【疏】注二云少潤氣者說文水部二云澤光潤也謂牛瘠瘦血少角無光潤之氣也角欲青白而豐

末豐大也【疏】角欲青白而豐末者末謂角耑耑豐則力強而氣盛賈疏二云按下注二云本白中青末豐　注二云豐大也者函人注同

夫角之本蹙於剅而休於氣是故柔柔故欲其埶也白也者埶之徵

也蹙近也休讀爲煦鄭司農二云欲其形之自曲反以爲弓玄謂色白則埶【疏】夫角之本蹙於剅而休於氣是故柔者蹙葉鈔本釋文作戚案總敘戚數字亦作戚段玉裁二云蹙俗字剅釋文二云本又作腦莊述祖二云說文𡿺頭髓也从匕匕相匕著也巛象髮囟象𡿺形玉篇𡿺或作腦亦作𦡊攷工記作剅於六書無所取義但相傳以爲古文奇字而不敢易不知𡿺从匕从𡿺𡿺卽古文囟字字作由是古文

𡿺當作𠚪故隸譌作𠟭或作𡿧耳案莊說是也以字形推之蓋巛囟
變為兩止移匕於左又到其形遂變成刀隸古譌變往往如是墨子
雜守上篇云寇至先殺牛羊雞狗鳥鴈收其皮革筋角脂𠟭羽皆剝
之𠟭亦即𡿺字之譌變與此經𠟭字同　注云蹙近也者蹙亦當作
戚小爾雅廣詁云戚近也云休讀為煦者段玉裁云聲類同也說文
云煦烝也玉藻顛實陽休亦讀煦案段說是也左昭三年傳民人痛
疾而或燠休之釋文休虛喻反亦讀為煦煦樂記注云氣曰煦謂角本
近腦腦氣易烝及之故多柔韌賈疏謂得和煦之氣未得其義鄭司
農云欲其形之自曲反以為弓者埶與上射遠用埶之埶同故亦以
自曲為訓也云玄謂色白則埶者賈疏云角色白者即埶之徵驗也

夫角之中恆當弓之畏畏也者必橈橈故欲其堅也青也者堅之徵也

故書畏或作威杜子春云當為威威謂弓淵角之中央與淵相當玄謂畏讀如秦師入隈之隈

疏　夫角之中恆當弓之畏者凡角
著於弓內之隈隈有二皆一端接弣一端接簫大射儀謂之左右隈
角互隈閒則角之中即隈之中也云畏也者必橈橈故欲其堅也者
弓張弛引釋隈角常隨之橈曲故欲角堅強則雖橈曲而不傷其力
也　注云故書畏或作威杜子春云當為威者段玉裁云為當作從
從威鄭君從畏並訓弓淵也云威謂弓淵角之中央與淵相當者釋
徐養原云威與畏古字本通咎繇謨天明畏馬本作威是也故子春
名釋兵云弓其末曰簫中央曰弣簫弣之閒曰淵淵宛也言宛曲也
云玄謂畏讀如秦師入隈之隈者賈疏云按僖三十五年秋秦兵伐
鄀秦人過析隈鄭以為入隈段玉裁云杜從威鄭從畏而讀如隈其
訓則一鄭意畏即大射儀之隈字大射儀曰執弓以袂順左右隈上
再下壹注隈弓淵也後注云角長者當弓之隈則徑易為隈字矣阮
元云此讀如當作讀為案段阮說是也說文𨸏部云隈水曲隩也引

申之弓曲亦曰隈又說文角部云觼角曲中也弓曲中曰隈與角曲中曰觼二者恆相傳故聲亦略同　夫角之末遠於剅而不休於氣是故脃脃故欲其柔也豐末也者柔之徵也末之大者剅氣及煦之　疏　夫角之末遠於剅而不休於氣是故脃脃故欲其柔也者說文肉部云脃小耎易斷也賈疏云此說角欲豐末之意　注云末之大者剅氣及煦之者牛氣盛則末雖去剅遠猶及煦之故以豐末爲柔之證驗　角長二尺有五寸三色不失理謂之牛戴牛三色本白中青末豐鄭司農云牛戴牛角直一牛　疏　角長二尺有五寸者言角極長也角長則易有瑕疵而能兼有三色故可貴也　注云三色本白中青末豐者末豐非色亦言色者從文便也鄭司農云牛戴牛角直一牛者謂一角之直與全牛等　凡相膠欲朱色而昔昔也者深瑕而澤紾而摶廉摶圜也廉瑕嚴利也　疏　凡相膠欲朱色而昔者朱純赤也詳鍾氏疏賈疏云上已相幹角交及相膠此云欲朱色按下鹿膠青白以下惟牛膠火赤自餘非純赤則牛膠爲善矣案鄭賈亦讀昔爲錯與上老牛之角紾而昔同今以文義審之亦當讀如字蓋膠以乾昔爲貴也史記田敬仲世家淳于髡曰弓膠昔榦所以爲合也集解引徐廣云一作乾索隱云昔久舊也依徐引別本則昔榦亦卽昔乾可證此膠欲昔之義索隱又謂彼昔榦卽此上文之析榦則非也云昔也者深瑕而澤紾而摶廉者賈疏云紾謂有紾理案賈釋紾與上相角章同是也但相角欲其滑澤不欲多理膠則尚燥勁故以瑕深文紾爲佳與角正相反也　注云摶圜也者矢人注同云廉瑕嚴利也者段玉裁謂瑕嚴利也四字句是也賈疏謂廉瑕並是嚴利之狀非廉與輿人義略同廣雅釋詁云瑕裂也謂膠裂痕有廉棱峻利也　鹿膠青

白馬膠赤白牛膠火赤鼠膠黑魚膠餌犀膠黃皆謂㲋用其皮或用角餌色如餌 疏 鹿膠青白馬膠赤白者唐石經初刻赤誤黑磨改作赤此別良膠之色也論語鄉黨皇疏引潁子嚴云以白加青為碧以赤加白為紅是鹿膠色碧馬膠色紅也云牛膠火赤者謂純赤如火也 注云皆謂㲋用其皮或用角者說文肉部云膠昵也作之以皮案用皮謂馬鼠用角謂鹿牛犀也魚膠用鰾鄭不言者文略云餌色如餌者說文鬻部云鬻粉餅也餌即鬻之或體詳籩人疏餌之色蓋白而微黃魚膠之色似之則佳也列女傳辯通篇晉弓工妻說造弓曰糊以河魚之膠是弓用魚膠之證凡昵之類不能方鄭司農云謂膠善戾故書昵或作樴杜子春云樴讀為不義不昵之昵或為䵒䵒黏也玄謂樴脂膏膩敗之膩膩亦黏也 疏 凡昵之類不能方者承上文明膠色善則黏著彌固也梓人注云方猶等也國策趙策云膠漆至䵒也蓋凡物結力之大以諸膠為最而色佳者則尤固它昵物之類不能比方之也 注鄭司農云謂膠善戾者段玉裁云戾當作麗聲之誤也凡附麗之物莫善於膠云故書昵或作樴杜子春云樴讀為不義不昵之昵者不義不昵隱元年左傳文今左傳昵作暱案說文日部云暱日近也重文昵暱或从尼引申為黏固不釋之義段玉裁云杜讀樴為昵者昵暱之或字戠聲匿聲古音同在之咍部云或為䵒䵒黏也者段玉裁云謂故書樴或為䵒䵒者䵒之借字日聲刃聲與暱雙聲也詒讓案說文黍部云䵒黏也从黍日聲春秋傳曰不義不䵒重文䵒䵒或从刃又黏相著也據許所引是左傳或本亦作䵒也云玄謂樴脂膏膩敗之膩膩亦黏也者釋文引呂忱云膩膏敗也賈疏云今人頭髮有脂膏者謂之膩膩亦黏也段玉裁云鄭君徑從樴云樴者脂膏膩敗之同部假借字膩說文作䐈字林作膩釋名作膱他書又作瀸膩亦訓黏經作樴自可不必易為暱也徐養

原云禹貢徐州厥土赤埴釋文埴鄭作戠音熾說文土部埴黏土也又步部殖脂膏久殖也又木部有樴字訓杙非此義膱字說文不載此注樴當作戠膱或作殖廣雅釋器膱臭也此與殖敗同義膱字亦不見於說文唯儀禮鄉射記有之大約和戠埴殖四字爲正昵樴別字也膱樴俗字也案徐說是也凡相筋欲小簡而長大結而澤小簡而長大結而澤則其爲獸必剽以爲弓則豈異於其獸剽疾也鄭司農云簡讀爲撊然登陴之撊玄謂讀如簡札之簡謂筋條也【疏】凡相筋者此又明相筋之法筋謂牛馬及麋鹿之筋後有牛筋麋筋意林引尸子云弓人剺筋則知牛長少列女傳辯通篇晉弓工妻說造弓云纏以荆麋之筋云欲小簡而長大結而澤者筋之小者欲其成條而長大者欲其摶結而色有潤澤乃爲良也云以爲弓則豈異於其獸者賈疏云言此筋之獸剽疾爲弓亦剽疾　注云剽疾也者剽卽慓之借字說文心部云慓疾也亦通作僄後漢書班固傳掎僄狡李注云僄狡獸之輕捷者鄭司農云簡讀爲撊然登陴之撊者撊然登陴左昭十八年傳文杜注云撊然勁憤貌段玉裁云大鄭讀爲春秋傳之撊然者易其字謂筋休於氣狀撊然也云玄謂讀如簡札之簡謂筋條也者段玉裁云鄭君讀如簡札謂其音同簡之言莖也故釋以筋條

筋欲敝之敝鄭司農云嚌之當孰【疏】注鄭司農云嚌之當孰者賈疏云筋之推打嚌齧欲得勞敝詒讓案一切經音義引通俗文云咀齧曰嚌凡推打筋謂之嚌嚌蓋漢人常語淮南子主術訓云聾者可令嗺筋嗺卽嚌之誤嚌字亦作嗺故誤爲嗺易林蒙之離云聾跛摧筋摧亦嗺之誤後文云引筋欲盡故治筋宜推打勞敝也

漆欲測鄭司農云測讀爲惻隱之惻玄謂惻讀如測度之測測猶清也【疏】漆欲測者以下又明相漆絲之法　注鄭司農云測讀爲惻隱之惻者惻隱見孟子

公孫丑篇釋文云隱本或作檃同案檃即隱之俗然先鄭此讀未詳其義云玄謂測讀如測度之測測猶清也者此引申之義也段玉裁云讀如測度者其音同而義在焉又申之曰測猶清也案說文云測深所至也故度深淺曰測泰清如可度然故曰測測不訓清而此經之測謂泰清也故曰猶清案段說是也孔廣森據爾雅釋言深測也謂測當訓深亦通

絲欲沈如在水中時色【疏】注云如在水中時色者賈疏云言絲欲沈則據乾燥時色還如在水湅之色故云如在水中時色

得此六材之全然後可以爲良全無瑕病良善也【疏】注云全無瑕病者說文玉部云全完也賈疏云幹角膠筋漆絲六材皆令善而無瑕病然後爲善也云良善也者玉府注同

凡爲弓冬析幹而春液角夏治筋秋合三材三材膠絲漆鄭司農云液讀爲醳【疏】凡爲弓冬析幹而春液角者前注云取幹以冬取角以秋蓋於初冬取幹至盛寒而副析之角則秋取至來年春乃醳治之以幹貴乾昔角則宜和煦乃易治而無變也江永云冬析幹當兼伐木言之伐木宜於冬時謂其津液下流體質堅實一立春則津液上行其材濡耎且易生蠹案江說亦足備一義云秋合三材者賈疏云言秋合三材膠漆絲則幹角筋須三材乃合則秋是作弓之時故至冬寒而定體也 注云三材膠絲漆者賈疏云以經既言幹角及筋六材之中惟少膠漆絲故知三材謂此也月令孔疏云秋時陰陽氣調合膠漆絲之三材角在內面筋在外幹在中案賈孔說是也知三材不即謂幹角筋者以經言合則是以膠絲漆合之若然則是合六材今止云三材者以上文已見幹角筋是不煩複舉而膠漆絲則未見故知義然也鄭司農云液讀爲醳者段玉裁云夜聲睪聲古音同在魚虞模部易液爲醳醳酒之醳醳者重繹治之也或曰史記多用醳爲釋釋者解也謂解析角劉沈醳音釋此非鄭意案段說

是也說文水部云液盡也於義無取下文云故角三液而幹再液又云厚其液後鄭亦以釋治釋之且彼文以液幹申斲木必荼之義則當爲醳治無疑儻云解析則不得有再三又不當言厚劉沈讀於經注並不可通月令孔疏云春時先浸液其角豫和濡此讀液如字亦非二鄭義

寒奠體奠讀爲定至冬膠堅內之檠中定往來體【疏】寒奠體者對下冰爲文蓋謂初冬微寒之時也月令注引此作冬定體蓋鄭以義改之 注云奠讀爲定者司市注同云至冬膠堅內之檠中定往來體者說文木部云㯳榜也榜所以輔弓弩也詩小雅角弓毛傳云檠弓匣也既夕記有柲注云柲弓檠弛則縛之於弓裏備損傷以竹爲之荀子性惡篇云繁弱鉅黍古之良弓也然而不得排㯳則不能自正楊注云排㯳輔正弓弩之器說苑建本篇又作排檠韓非子外儲說左上云夫工人張弓也伏檠三旬而蹈弦一日犯機又外儲說右云榜檠者所以矯不直也淮南子脩務訓云弓待㯳而後能調高注云㯳矯弓之材又說山訓云㯳不正而可以正弓注云㯳弓之掩牀讀曰檠檠㯳並與㯳同賈疏云檠謂弓柂定往來體則六弓往體來體多少者是也

冰析濬大寒中下於檠中復內之【疏】冰析濬者輈人先鄭注云濬謂漆沂鄂案析濬之義鄭注未明上云秋合三材注云膠絲漆則秋時已施漆不待大寒之時竊疑秋時弓已髹漆訖至寒而入檠則弓體不復動漆濬亦凝結而無痕至大寒時乃下弓於檠而數張弛之使漆之當隈曲處微有瑕釁以視其漆之厚薄且極寒之時物皆剛脆易坼落若此時漆濬分析而不至坼落則漆之和刷又可知矣 注云大寒中下於檠中復內之者賈疏云十二月小寒節大寒中是冰盛之時故以大寒解冰也下於檠中復內之謂復如上寒奠體內之於檠中相似詒讓案弓在檠則體無張弛而漆濬不至分析故必下之變動其體而後可析濬復慮在檠未久其體未定又至次年春方被弦故仍內之冬

析幹則易理滑致 疏 注云理滑致者毛詩小雅甫田傳云易治也易繫辭釋文引京房云易善也幹治之善則理自平滑
而密致也江永云易者言其易治無濡耎生蠹諸病 春液角則合 合讀爲洽 疏 注云合讀爲洽者以與下文秋合三材則
合義複故依聲類破爲洽說文水部云洽霑也段玉裁云此猶士虞禮古文祫爲合也洽者和柔之意 夏治筋則不煩
煩亂 疏 注云煩亂者淮南子精神訓高注云煩煩亂也案亂謂筋紛紐而相丩結也 秋合三材則合 合堅密也 疏 秋合
三材則合者賈疏云幹角筋須膠漆絲三材乃合秋是作弓之時故至冬寒而定體也 注云合堅密也者謂三材相得堅而不脫密而
無隙史記田敬仲世家云弓膠昔幹所以爲合也與此義同 寒奠體則張不流 流猶移也 疏 寒奠體則張不流者
說文弓部云張施弓弦也賈疏云體既定後用時雖張不流移謂不失往來之體也 注云流猶移也者此亦引申之義中庸注同言弓
體移動也 冰析灂則審環 審猶定也 疏 冰析灂則審環者賈疏云納之檠中析其漆灂其漆之灂環則定後不鼓動江
永云環者漆之沂鄂見䩕人案江說是也下文云角環灂是唯角灂如環然車䩕無角而䩕人云良䩕環灂則筋膠諸灂亦得如環此審
環亦當通晐弓體諸材漆灂皆審察之蓋施漆之應法與否專視環文以辨其優劣也此審環亦即在下檠析灂時賈謂納檠而後灂定
似非經注義 注云審猶定也者亦引申之義呂氏春秋順民篇高注云審定也此亦謂審察而定其善否即辨後文大和無灂三節之
義賈以不鼓動釋定似非 春被弦則一年之事 朞歲乃可用 疏 注云朞歲乃可用者言爲弓自前年冬始析幹
至次年春液角夏治筋秋合三材冬則奠體析灂至三年春而被弦是朞年周帀而後可用司弓矢亦云中春獻弓弩蓋可用乃獻成也

析幹必倫順其理也疏注云順其理也者禮器注云倫之言順也又學記注云倫理也此理謂幹之脈理吳競貞觀政要云唐大宗得良弓以示弓工工曰木心不正則脈理皆邪弓雖剛勁而遣箭不直非良弓也即此析幹必倫之義析角無邪亦正之疏注云亦正之者謂亦如幹之順理而正析之也斲目必荼鄭司農云荼讀爲舒舒徐也目幹節目疏斲目必荼者說文斤部云斲斫也江永云木不能無目而目又不可盡去盡去則有缺陷非他物所能填補故遇目處徐徐斲之令其平正無暴起摩筋之病而止其餘目仍欲留之使無缺陷填補之病也　注鄭司農云荼讀爲舒者丁晏云後寬緩以荼注云荼讀爲舒玉藻注荼讀爲舒遲之舒荀子大略篇諸侯御荼注荼古舒字史記建元以來侯者年表荆荼是徵索隱曰荼音舒云舒徐也者毛詩周南野有死麕傳文云目幹節目者賈疏云按禮記學記云善問者如攻堅木先其易者後其節目是斲目必徐之義也斲目不荼則及其大脩也筋代之受病脩猶久也疏斲目不荼則及其大脩也筋代之受病者賈疏云以筋在弓皆與幹爲力今弓幹有節目則用力不得其所故筋代幹受病以爲偏用力故也　注云脩猶久也者小爾雅廣言云脩長也引申爲長久之義言用久則其受病見也夫目也者必強強者在內而摩其筋夫筋之所由幨恆由此作摩猶隱也故書筋或作薊鄭司農云當爲筋幨讀爲車幨之幨玄謂幨絕起也疏夫筋之所由幨恆由此作者此申明斲目不荼而筋受病之由也胥注云作起也　注云摩猶隱也者亦引申之義易繫辭上傳剛柔相摩釋文引京房云摩相磑切也莊子齊物論釋文云隱憑也鄭意幹之節目強而在筋內與筋相依倚摩切也云故書筋或作薊鄭司農云當爲筋者段玉裁云此雙聲之誤

徐養原云亦字之誤案徐說是也筋俗書或作觔故誤爲蓟也云蟾讀爲車蟾之蟾者車蟾見巾車注段玉裁云此讀爲乃讀如之誤謂其音同不取其義也云玄謂蟾絕起也者謂幹目強摩切筋而絕其理則不與幹相附而敝起賈疏云由絕起則廉蟾然也案依賈說則蟾亦謂筋理絕起有廉棱蟾雜記作緂注釋爲鼈甲邊緣廉棱與邊緣義亦相近也

故角三液而幹再液

重醳治之使相稱

疏故角三液而幹再液者江永云文承斲目不荼而筋蟾恆由此作之後意主於幹再液案江說是也三液再液皆謂醳治非一次即所謂荼也 注云重醳治之使相稱者段玉裁云重醳者重縪也說文醳酒字祗作縪此鄭君用大鄭液讀爲醳之說詒讓案相稱者重醳治幹使勻致與角相稱也

厚其帤則木堅薄其帤則需

需謂不充滿鄭司農云帤讀爲襦有衣絮之絮帤謂弓中幝

疏厚其帤則木堅薄其帤則需者此明弓幹必有幝不可太堅剛亦不可太耎弱以明幝之必欲節也需段玉裁校改作耎云耎釋文人兗反今經注釋文皆譌需此等皆唐以後轉寫譌亂惟車人反輮注耎者在外釋文獨不誤案段說是也耎需二字聲義並異詳鮑人疏 注云需謂不充滿者需亦當作耎不充滿謂縮減也大玄經耎云見難而縮范注云耎而自縮故謂之耎又廣雅釋詁云緛縮也耎緛聲義亦同此經需與堅文相對堅謂堅強需亦即謂柔耎然柔耎則帤必不能充榦故鄭以不充滿爲釋也鄭司農云帤讀爲襦有衣絮之絮者釋文云襦本亦作𧝓絮本亦作帤周易作袽案𧝓即俗襦字詳司服疏絮段玉裁改爲絮云依釋文女居反則絮乃絮之字誤羅氏注云繻有衣絮釋文絮女居反又說文絮字下引易需有衣絮可以證此絮字之誤此讀爲乃讀如之誤帤絮皆非弓幝正字其音義相同耳注不言絮謂弓中幝則知非易字也案段校與羅氏釋文合是也說文巾部云帤巾帤也一曰幣巾

糸部云綮緊縕也一曰敝絮也弓裨與巾帑義别而用小薄木以繳纏約著之臂閒則與緊束殘敝兩義並相近故先鄭讀從之先鄭及許君並從京氏易作綮互詳羅氏疏云帑謂弓中裨者葉鈔釋文裨作陴字通說文衣部云裨接益也弓中卽當挺臂在兩隈之閒於弓幹爲正中較之兩隈須纖強故於幹閒別以薄木副益之賈疏云造弓之法弓幹雖用整木仍於幹上裨之乃得調適也

是故厚其液而節其帑厚猶多也節猶適也

疏是故厚其液而節其帑者江永云厚其液卽上文幹再液也再液幹猶必節其帑不厚不薄乃無太堅太需之病也　注云厚猶多也節猶適也者亦皆引申之義呂氏春秋稽本篇高注云厚多也又情欲篇注云節適也

約之不皆約疏數必侔不皆約纏之繳不相次也皆約則弓帑侔猶均也

疏約之不皆約者此冡上明幹與帑相附則皆約之外此則不皆約也賈疏云約謂以絲膠橫纏之今之弓猶然不皆約謂不次比爲之云疏數必侔者此謂弓帑之外凡有約者皆疏數均適不相比次也賈疏云約之多少須稀疏必均也　注云不皆約纏之繳不相次也者說文糸部云約纏束也繫生絲縷也凡弓皆以生絲纏約之若弓兩末亦有繳約謂之緣是也但雖約之而疏數均調不相密次故云纏之繳不相次也云皆約則弓帑者謂弓自有皆約之處卽上文之弓帑全體唯此爲然餘則否也弓帑別以薄木裨附挺臂故必約纏相次而後能與幹密合又引釋時挺臂之變動較隈簫爲少故皆約不至傷其剽校之勢也云侔猶均也者後注云侔猶等也均亦齊等之意

斲摯必中

膠之必均摯之言致也中猶均也

疏注云摯之言致也者函人云凡甲鍛不摯則不堅後鄭彼注同此斲摯亦謂斲弓幹極其精致也賈疏云斲幹厚薄必調均爲之云中猶均也者中均同義文相變耳江永云中與均皆謂無厚薄不勻也

斲摯不

中膠之不均則及其大脩也角代之受病夫懷膠於內而摩其角夫角之所由挫恆由此作幹不均則角蹴折也疏夫懷膠於內而摩其角者此亦申上文摩角與前摩筋義同注云幹不均則角蹴折也者說文足部云蹴躡也廣雅釋詁云挫折也言幹在內與角相躡而角為之折也凡居角長者以次需當弓之隈也長短各稱其幹短者居簫疏凡居角長者以次需者需字亦當為耎音人兗反釋文不為作音則所見本已誤居角與前居幹義同鄭鍔云居處也處角之法宜長短與弓相宜長者宜在隈短者宜在簫需者弓之隈惟曲之處則需矣以角之長者處之以助其力使不甚弱江永云此需字與上同義角長者居淵中此句為下張本下恆角而短是當長而短也恆角而達是當短反長案鄭江說是也次亦言相比次也注云當弓之隈也者弓隈句曲耎於簫柎故謂之耎非隈一名耎也云長短各稱其幹者弓幹當隈長而兩簫短居角之法當長處角亦長當短處角亦短乃稱也云短者居簫者曲禮云右手執簫注云簫弭頭也謂之簫簫邪也孔疏云簫弓頭頭稍剡差邪似簫故謂為簫也今謂弓頭為弰弰簫之言亦相似也賈疏云簫謂兩頭則長者自然在隈內可知案賈孔並釋簫為弓頭者即謂弓兩末故下經又以簫為末釋名釋兵云弓其末曰簫言簫梢也又謂之弭以骨為之骨弭弭也字亦作彇廣雅釋器云彇弭䚥也玉篇骨部云䚥弓弭也爾雅釋器云弓有緣者謂之弓無緣者謂之弭左僖二十三年孔疏引李巡云骨飾兩頭曰弓不以骨飾兩頭曰弭孫炎云緣謂繳束而漆之弭謂不以繳束骨飾兩頭者也案孫說是也既夕記云弓矢之新沽功有弭飾焉注云弓無緣者謂之弭弭以骨角為飾此注說角短者居簫即以角為弭飾也凡弓簫皆以骨角為飾骨角之外更加繳束謂之緣其無緣者欲

取其滑澤故不復繳束蓋兵車所用之弓故詩小雅采薇云象弭魚服毛傳云象弭弓反末也所以解紛也箋云弭弓反末彆者以象骨爲之以助御者解轡紛宜滑也說文弓部云弭弓無緣可以解轡紛者是無緣之弓弛而反之其末可以解轡紛有緣之弓雖不可解轡紛亦仍有骨角矣李巡謂弭不以骨飾與詩禮義尤不合非也互詳後疏

恆角而短是謂逆橈引之則縱釋之則不校

鄭司農云恆讀爲裻絚之絚玄謂恆讀爲揯揯竟也竟其角而短于淵幹引之角縱不用力若欲反橈然校疾也既不用力故之又不疾

【疏】恆角而短是謂逆橈者此明隈太弱之弊也凡角傅弓之裏面其長竟弓體然弓之上制長至六尺六寸而角之長以二尺五寸爲極勢不能以一角成一弓故必合數角接續爲之然其接續節數及長短之度合縫之處皆有定法而不可易以弓角之長及經言居角諸文推之一弓之角蓋爲五節拊一節兩隈各一節上云角之中恆當弓之隈是也兩簫各一節兩隈之角內端與柎角爲合縫外端與簫角爲合縫恆角而短者謂角短不能達隈幹之盡處勢必將長其簫角揉曲之以接於隈角則簫強而隈之力不足以自持引之則隈端之角將隨簫而起凡弓隈句向內爲順今隈弱爲簫強所牽則句勢反趨外是逆橈也云引之則縱釋之則不校者說文弓部云引開弓也又糸部云縱緩也隈之強面內句所以爲弓作勢今引滿之時既若反橈則隈緩而無力釋矢自不能疾矣 注鄭司農云恆讀爲裻絚之絚者段玉裁云此皆易字也裻絚者卽俗云督縫說文裻背縫也恆絚古通用詩天保如月之恆釋文本又作絚案段說是也絚亦訓竟先鄭讀與後鄭異而義則同云玄謂恆讀爲揯揯竟也者說文手部云揯引急也非此義此當爲𣐺說文木部云𣐺竟也重文亘古文𣐺漢書敘傳云恆以年歲顏注引如淳云桓音亘竟之竟是其例也後鄭以先鄭讀爲絚非其正字故易

其讀而幷釋其義段玉裁云鄭君則易爲恆訓竟見說文木部詩亙之柜秬字作亙方言絚竟也字作絚古同音通用案段引毛詩據孔疏引崔氏集注本也孔本亙作恆與此經正同云竟其角而短于淵幹引之角縱不用力若欲反橈然者阮元云于當作於案阮校是也竟其角謂以角傅於幹裏必長與兩淵等而後弓引滿時角足以助兩淵之動今短於兩淵則引弓時淵曲無角之助其力不勁若反橈矣云校疾也者盧人注同云既不用力放之又不疾者引之來既無力縱之去又不疾也恆角而達辟如終紲非弓之利也達謂長於淵幹若達於簫頭紲弓𩍐角過淵接則送矢不疾若見紲於𩍐矣弓有𩍐者爲發弦時備頓傷詩云竹𩍐緄縢

疏恆角而達辟如終紲者辟唐石經及嘉靖本並作譬宋余仁仲本明注道昆本並作辟與釋文合今從之辟譬字通宰夫注亦作辟則經不作譬明矣說文言部云譬諭也墨子小取篇云辟也者舉他物而以明之也戴震云𩍐以竹爲之弓弛則紲之於弓裏張則去之角長過淵接引弦送矢俱不利故曰辟如終紲又曰引如終紲詒讓案此明隈太強之弊也隈與簫用力各異故角亦分爲二節其隈簫相湊處卽角之合縫處今隈角過長外與簫連則其引之時隈力與簫相牽而張弛不便若常繫於檠矣　注云達謂長於淵幹若達於簫頭者釋名釋言語云達徹也凡居角兩淵各以一長角兩簫各以一短角今淵幹角長侵簫或直達於簫頭與簫角爲一是所謂達也云紲弓𩍐者說文糸部云紲系也𩍐卽前注所云弓檠毛詩秦風小戎竹閉傳詁閉爲紲與此注以𩍐詁紲同又小雅角弓傳云不善紲檠巧用則翩然而反紲字又作枻荀子非相篇云接人則用抴楊注云抴當爲枻枻者檠枻也正弓弩之器也既夕記云弓有柲注云柲弓檠今文柲作柴案紲抴枻𩍐閉柲柴並聲近字通柲爲弓檠以繩縛繫弓於檠則曰紲詩角弓孔疏云竹閉謂之檠紲卽緄縢也

案孔所釋最析蓋紲非弓檠之名鄭因經言終紲明其指紲於弓轂故云紲弓柲耳下注云若見紲於轂則紲非即轂之正名審矣云角過淵接則送矢不疾若見紲於轂矣者淵接即下注之接中謂隈與簫接湊處凡弓之引縱其機勢在簫隈之閒若簫隈角相連則其引縱之勢不靈故送矢自不疾也云弓有轂者爲發弦時備頓傷者戴震云發弦謂解去弦案戴說是也既夕注說柲云弛則縛之於弓裏備損傷華嚴經音義引文字集略云頓損也注義與既夕注同引詩云竹轂緄縢者秦風小戎文轂毛詩作閉傳云閉紲緄繩縢約也既夕記注引毛詩又作柲字並同釋文云縢本又作縢案縢即縢之俗

今夫茭解中有變焉故校

鄭司農云茭讀爲激發之激茭謂弓檠也校讀爲絞而婉之絞玄謂茭讀如齊人名手足掔爲骹之骹茭解謂接中也變謂簫臂用力異校疾也

疏今夫茭解中有變焉故校者明弓引縱之勢在簫隈之閒也賈疏云記人別起爲端故言今夫言茭解中謂弓隈與弓簫角接之處有變者卽異也謂弓簫與臂用力異詒讓案此反復論弓力校剽之所由以申柜角而達則不利用之義　注云鄭司農云茭讀爲激發之激者段玉裁云讀爲激當作讀如激此擬其音非易其字故下文仍云茭謂弓檠也激之古音如交云茭謂弓檠也者謂弓檠解下其中有變動也然弓檠稱茭於古無徵故後鄭不從云校讀爲絞而婉之絞者廬人注同先鄭蓋亦取切疾之義與後鄭訓疾義略同云玄謂茭讀如齊人名手足掔爲骹之骹者輪人注云人脛近足者細於股謂之骹卽此義弓臂兩耑與簫相接處纖細故取骹以爲名鄉射記弓二寸以爲侯中注云正二寸骹中之博也是鄭意骹廣二寸若然弓臂大於骹殆不止二寸與段玉裁云亦謂同音骹與股相接隈與簫相接則義亦同也云茭解謂接中也者謂簫與畏相接之縫際戴震云前云居角長短各稱其幹短者居簫然則角長至淵幹與居簫之

短者相接所謂淵接是謂茭解中也案戴說是也賈鄉射記疏謂敝卽弓弣把中側骨之處疑誤云變謂簫臂用力異者釋文云臂本或作辟賈疏云異者引之則臂中用力放矢則簫用力詒讓案函人先鄭注云變隨人身便利弓接中亦隨弛張而動故謂之變弓隈弓把通謂之臂與弩臂異凡弓簫直而外向臂橈而內向是用力異也云校疾也者盧人及前注並同

於挺臂中有柎焉故剽

挺直也柎側骨剽亦疾也鄭司農云剽讀爲湖漂絮之漂

疏於挺臂中有柎焉故剽者賈疏云直臂中正謂弓把處有柎者謂角弓於把處兩畔有側骨骨堅強所以與弓爲力故剽疾也注云挺直也者漢書蓋寬饒傳顏注云挺然直貌弓隈把雖通謂之臂然兩隈皆句曲惟當把處挺直故謂之挺臂猶少牢饋食禮說牲體脊爲三節以中節直者爲脡脊也云柎側骨者柎與弣同大射儀司射執弓挾乘矢于弓外見鏃于弣注云弣弓把也曲禮云左手承弣注云弣把中少儀作執拊釋名釋兵云弓申央曰弣弣撫也人所持撫也弣爲弓之柄故廣雅釋器云弣柄也說文刀部云劍刀握也玉篇刀部云劍弣同則柎正字當作劍刀握者卽少儀之削拊說文收部云弆持弩拊柎與拊亦同蓋刀削弓弩之把同有此稱柎亦謂之質公羊定八年傳弓繡質何注云質柎也又旣夕記弓設依撻焉注云撻弣側矢道也賈彼疏云所以撻矢令出生時以骨爲之弣側詒讓案挺臂當幹之中柎又當挺臂之中柎內旣以薄木爲弣其旁兩側又以骨附貼之柎爲骨幹之通名而助其剽疾者則在側骨故注釋柎爲側骨卽所謂撻也云剽亦疾也者前注同鄭司農云剽讀爲湖漂絮之漂者段玉裁云此讀爲蓋當作讀如擬其音也湖漂絮卽莊周書之洴澼絖說文水部云潎於水中擊絮也竹部曰箈潎絮簀也糸部曰紙絮一箈也然則其事蓋以亂絮於水中漂擊之以箈藉之令更成絮卽蔡倫造紙之先聲韓信釣於城下諸母漂是也湖漂

絜者湖中漂絜時有此語恆角而達引如終紲非弓之利也重明達角之不利變辟言引字之誤疏

注云重明達角之不利者弓之利在於發矢校剽若引之如終紲則不能校剽而失弓之利矣故重言以申明之云變辟言引字之誤者辟舊本作譬佘本汪本作辟與釋文合今從之鄭意重述上文不宜易辟爲引故疑爲字誤然變文見義於例可通殆非誤也鄭說未然

撟幹欲孰於火而無贏撟角欲孰於火而無燂引筋欲盡而無傷其力鬻膠欲孰而水火相得然則居旱亦不動居濕亦不動贏過孰也燂炙爛也不動者謂弓也故書燂或作朕鄭司農云字從燂疏撟幹欲孰於火而無贏撟角欲孰於火而無燂者此明治幹角筋膠之不可不善也賈疏云不言漆絲者用力少故不言也段玉裁云釋文撟劉氏枯老反蓋劉本撟作槁輪人注曰以火槁之劉苦老反案段校是也撟幹撟角皆用火與輪人揉輻揉牙同撟爲撟擅字撟揉字當作矯說文矢部云矯揉箭箝也引申之爲揉木角之稱此經注作撟槁並矯之借字云引筋欲盡而無傷其力者盡謂引筋極申無糾結又恐其太過而絕其理故欲無傷其力云鬻膠欲孰而水火相得者鬻與鹽人鬻鹽之鬻同一切經音義引字書云火孰曰煑煑卽鬻之或體詳鹽人疏　注云贏過孰也者廣雅釋詁云贏過也謂揉幹過孰則傷其力云燂炙爛也者段玉裁云說文火部曰燂火熱也燂之義與熑贏略同皆謂太過詒讓案說文炎部云燅於湯中爚肉此燂疑卽燅之借字一切經音義引通俗文燅作燂燂燖二形是也肉於湯中爚之則爛角以火炙太過亦爛故通謂之燂云不動者謂弓也者言合以爲弓體不變動也云故書燂或作朕鄭司農云字從燂者謂依字義當從燂爲正也後文則莫能以速中故書速作數先鄭亦云字從

速是其例段玉裁云字宜作當字爗或作朕者聲之誤故司農從爗也徐養原云爗與朕形聲迥別無由致誤朕疑當作㮚爗㮚並徐鹽切後鄭訓爗爲炙爛與火熱之義相近故從爗案段徐說亦通

苟有賤工必因角幹之濕以爲之柔善者在外動者在內雖善於外必動於內雖善亦弗可以爲良矣 苟㥏也濕猶生也 疏 苟有賤工必因角幹之濕以爲之柔者角幹濕時柔耎易屈申故因而矯治之苟求便易賤工則然也云善者在外動者在內者賈疏云此經說弓幹須外內皆善不得外善內惡者也鄭用牧云動者在內謂後必橈減變動於內詒讓案凡爲弓角幹皆以乾爲善史記田敬仲世家云弓膠昔幹索隱云昔久舊也檀弓鄭注亦云木工宜乾腊 注云苟㥏也者㥏舊本作偷汪道昆本及注疏本並作㥏釋文同今從之㥏偷字同見大司徒經國語晉語韋注云偷苟也言苟且有賤工也云濕猶生也者說文水部云溼幽溼也經典通叚濕爲之生謂幹新未乾也韓非子外儲說云虞慶爲屋匠人曰此新屋也塗濡而椽生是生卽濕也

凡爲弓方其峻而高其柎長其畏而薄其敝宛之無已應 宛謂引之也引之不休止常應弦言不罷需也峻謂簫也鄭司農云敝讀爲蔽塞之蔽謂弓人所握持者 疏 凡爲弓方其峻而高其柎者此據幹而言也峻卽簫上隆起而有隅稜所以持弦使急故欲方柎當挺臂直而微穹仰而張之則鬻弦隆起與兩隈之句曲反正取勢故宜高此柎指把中幹與上專指側骨異云長其畏而薄其敝者此據角而言也隈角短則曲中促而不盡其勢故欲長卽上云凡居角長者以次需是也敝與柎同處但敝蔽柎之外幹既高則表角不宜過厚故欲薄蓋隈幹耎而角長柎幹高而角薄皆欲劑其強弱之平也 注云宛謂引之也者漢書揚雄傳

顏注云宛屈也弓引之則屈多故謂引之爲宛云引之不休止常應弦言不罷需也者錢大昕云漢書賈誼傳坐罷軟不勝任罷需卽罷軟也案錢說是也需亦當作耎言凡弓常引之則其勢撓而力減惟有此四善則雖常引而其勢與弦緩急必相應不至於罷耎而無力也云峻謂簫也者小爾雅廣詁云峻高也謂簫內耑高起處戴震云峻蓋簫之柱弦者也鄭司農云敝讀爲蔽塞之蔽者段玉裁云此易其字弓敝所以蔽遮角幹故鄭讀從蔽也云謂弓人所握持者者賈疏云敝謂人所握持手蔽之處戴震云敝與柎皆弓把柎者其內側骨詒讓案以先鄭義推之敝當謂弓把之角在弓裏與幹相傳者弓柎之幹木高又有裨本及側骨則內已甚厚故薄其敝角以調劑之

下柎之弓末應將興末猶簫也興猶動也發也弓柎卑簫應弦則柎將動 疏 注云末猶簫也者丁晏云鄉射禮注簫弓末也釋名弓其末曰簫言簫梢也云興猶動也發也者此言將興猶下云必動於𦃇及末應將發也爾雅釋言云興起也動發卽起之意戴震云興與弓韻發與𦃇韻異文協句爾云弓柎卑簫應弦則柎將動者明興卽謂柎動也趙溥云柎正當弓之要惟高其柎以壯其力故引之而弓梢不能以橈之若柎骨太卑下爲之簫方應弦則柎發動由柎力弱撐壓隈不任故也戴震云言簫應弦將有傷動

爲柎而發必動於𦃇𦃇接中 疏 爲柎而發必動於𦃇者發亦當讀爲撥謂枉戾也詳前疏 注云𦃇接中者猶前云茭解中也但茭解爲長與簫相接之縫𦃇則爲長與柎相接之縫其處不同而爲接中則一也趙溥云接是敝接長處戴震云言因柎以致傷動者其病必在角柎相接之處

弓而羽𦃇末應將發羽讀爲扈扈緩也接中動則緩緩簫應弦則角幹將發 疏 弓而羽𦃇末應將發者戴震云接中旣傷動而緩𦃇角幹皆隨之壞矣 注云羽讀爲扈扈緩也者段玉裁云此易其字案經

與匱無緩訓未詳所出云接中動則緩緩簫應弦則角幹將發者言長柎相接處一動則接縫寬緩而力不相貫簫應弦時弓體之角幹皆隨之而撥枉也**弓有六材焉維幹強之張如流水**無難易也疏維幹強之者說文弓部云彊弓有力也強即彊之借字賈疏云弓有六材惟以幹為強者以其幹外五材當依幹而有以幹為本故指幹為強　注云無難易也者老子云天之道其猶張弓乎高者抑之下者舉之此云張如流水亦謂幹之調善隨所抑舉無偏強而難挽偏弱而易撓之處如流水之順也**維體防之引之中參**體謂內之於檠中定其體防深淺所止謂體定張之弦居一尺引之又二尺疏維體防之者謂弓之往來體也　注云體謂內之於檠中定其體者即前云寒奠體是也云防深淺所止者稻人云以防止水檠定弓體所止猶防止水故云防也賈疏云若王弧之弓往體寡來體多弛之乃有五寸張之一尺五寸夾庾之弓往體多來體寡者弛之一尺五寸張之得五寸唐弓大弓往來體若一者弛之一尺張之亦一尺是防之深淺所止云謂體定張之弦居一尺引之又二尺者賈疏云此據唐大中者而言餘四者弛之張之雖多少不同及其引之皆三尺以其矢長三尺須滿故也**維角党之欲宛而無負弦引之如環釋之無失體如環**負弦辟戾也負弦則不如環如環亦謂無難易鄭司農云党讀如掌距之掌車掌之掌疏欲宛而無負弦者宛與宛之無已應之宛同言引之而角隨弓屈曲其勢調順不相辟戾也云引之如環釋之無失體如環者戴震云既張弦引之如環及其釋弦無失體亦如環也　注云負弦辟戾也者負與九章算術方程正負之負義同戰國策秦策高注云負背也又呂氏春秋處方篇注云辟邪也辟戾謂角與弦邪背也云負弦則不如環者言角若與弦相戾則引之不能正圓如環也

云如環亦謂無難易者謂與上云張之如流水同義鄭司農云掌讀如掌距之掌車掌之掌者段玉裁云注中四掌字皆堂之誤案說文止部曰堂歫也歫止也堂古本音堂轉爲直庚反其字變掌變樘變撐車堂亦作車樘說文金部曰鏊車樘結也車樘急就篇釋名作堂劉熙曰堂蹀也在車兩旁蹀幰使不得進卻也堂與樘古通用注言讀如堂歫之堂車堂之堂者謂其音如此兩堂其義亦同也盧文弨云釋文出經堂之爲音注云注同不爲掌別作音知舊亦必本是堂字掌字俗案段盧說是也掌卽堂之俗漢書匈奴傳注引蘇林云撐音掌距之掌與先鄭讀略同先鄭意弓隈橈曲恐其力弱故以角堂距之以輔其力也賈疏謂堂是正也言置角於隈中旣正失其恉矣

材美工巧爲之時謂之參均角不勝幹幹不勝筋謂之參均量其力有三均均者三謂之九和有三讀爲又參量其力又參均者謂若幹勝一石加角而勝二石被筋而勝三石引之中三尺假令弓力勝三石引之中三尺弛其弦以繩緩擐之每加物一石則張一尺故書勝或作稱鄭司農云當言稱謂之不參均玄謂不勝無負也疏材美工巧爲之時謂之參均者材通六材言之卽上文所云是也云角不勝幹幹不勝筋謂之參均者唐石經作謂之不參均誤涉先鄭注而衍今從宋本刪此別言角幹筋之參均也云均者三謂之九和者參均者凡三相乘爲九是謂九和也和均義同注云有三讀爲又參者段玉裁云有又古文通用三讀爲參者欲使與上文一例乃後下文言參均者三也云量其力又參均者謂若幹勝一石加角而勝二石被筋而勝三石引之中三尺者漢書律曆志以三十斤爲鈞四鈞爲石三石則十二鈞三百六十斤也賈疏云此言謂弓未成時幹未有角稱之勝一石後又按角勝二石後更被筋稱之卽勝三石引之中三尺者此據幹角筋三者具總稱物三

石得三尺若據初空幹時稱物一石亦三尺更加角稱物二石亦三尺又被筋稱物三石亦三尺江永云注言以繩試弓之法每加物一石則張一尺本己成之弓先言幹勝一石加角勝二石被筋勝三石此惟三均之由謂其由此三者之力耳非謂弓未成而迭試之也疏謂初空幹時稱物一石則失之矣被筋必先於加角安能使角先於筋案江說是也云假令弓力勝三石引之中三尺弛其弦以繩緩擐之每加物一石則張一尺者此言量弓力之法必引之中三尺者以此爲準若過三尺則爲不勝矣說文弓部云弛解也廣雅釋詁云擐著也謂解弦而別以繩緩著弓籥必以繩易弦者恐試時傷弦之力必緩擐者恐其急而斷也賈疏云此即三石力弓也必知弓力三石者當弛其弦以繩緩擐之者謂不張之別以一條繩繫兩籥乃加物一石張一尺二石張二尺三石張三尺則與前三幹角筋力各一石也云故書勝或令稱者故書別本兩勝字並作稱也勝稱古字通易繫辭吉凶者貞勝者也釋文引姚信本作貞稱鄭司農云當言稱謂之不參均者謂經勝並當從故書或本作稱經謂之參均又當云謂之不參均此先鄭依故書改二字又以意增一字也段玉裁云司農從稱故如此說鄭君則從勝此彼無勝負則謂之參均宜矣唐開成石經作謂之不參均此從仲師說也不知仲師說已經鄭君駁正矣徐養原云注當言二字貫下六字不舉經語從省也云玄謂不勝無負也者謂與角無負弦義同角與幹幹與筋並相得均一不相勝害則自無辟戾也

九和之弓角與幹權筋三侔膠三鋝絲三邸漆三斞上工以有餘下工以不足權平也侔猶等也角幹既平筋三而又與角幹等也鋝鍰也邸斞輕重未聞

疏九和之弓角與幹權者論一弓六材相參之數量也云筋三侔膠三鋝絲三邸漆三斞者葉鈔本釋文云侔本又作杵亦作桙案類篇木部杵桙字同呂

賢基云既夕禮兩杅注今文杅爲桙說文作盂云盛飯器也內則云敦牟卮匜鄭云牟讀曰堥敦牟黍稷器也釋文云齊人呼土釜爲牟正義引隱義曰堥土釜也今以木爲器象土釜之形蓋本飲食之器亦得爲量名也案釋文或本作桙則當爲量名蓋與瘍醫注黃堥之堥略同以下鋝邸斞文例校之亦合呂說雖與鄭異而義可通但攷聶氏三禮圖引舊圖謂牟形制容受與簋簠同則三牟凡三斗六升一弓之筋不宜有如此之多或本殆非也漆三斞說文斗部云斞量也引周禮黍三斞案許從正字作黍此經從借字作漆字例不同也詳載師疏戴震云三侔三鋝三邸三斞一弓之筋膠絲漆也 注云權平也者王制注同戴震云權之使無勝負云侔猶等也者輪人注義同云角幹既平筋三漆又與角幹等也者鄭意侔爲齊等謂角與幹平筋又與角幹平等卽上云角不勝幹幹不勝筋謂之參均三者力等則數量亦當相稱也然云筋三不箸其數於義未明且下三者並言數量不宜於筋獨異蓋失之云鋝鍰也者冶氏注引許叔重說同彼注又以一鍰爲六兩大半兩三鋝爲一斤四兩戴震云鍰者十一銖二十五分銖之十三三鍰重一兩十銖二十五分銖之十四案依戴說三鍰與冶氏殺矢刃重三垸同與鋝異量則一弓之膠不過今量五錢有奇似太少也云邸斞輕重未聞者漢書貨殖傳云黍千大斗斞蓋斗之屬廣雅釋詁云斞量也義同說文又釋器云釜十曰鍾鍾十曰斞是斞容六十四斛其量太大與弓漆三斞之數不相當也莊子田子方篇云鍥斛不敢入於四竟彼釋文云鍥音庾李云六斛四斗曰鍥司馬本作鍥斞云鍥讀曰終斞讀曰庾莊子之鍥譌俗不成字其從臾似與斞聲類同然李頤及司馬彪並謂卽鍾字陸讀斞爲庾司馬讀斞爲庾又似皆謂卽陶人實二觳之庾聘禮記十六斗曰籔注云今文籔爲逾國語魯語韋注引又作庾玉篇匸部云匬受十六斗逾庾匬亦並與斞聲近而揆之盛漆之器量究不合故鄭

許皆不據彼釋專也戴震云專收絲之器專挹漆之器皆有量數可取則者為天子之弓合九而成規為
諸侯之弓合七而成規大夫之弓合五而成規士之弓合三而成規
材良則句少也【疏】為天子之弓合九而成規者以下記弓尊卑良敝倨句形體之異司弓矢文同江永云此言尊卑制度如此至用弓
時自有變通下文所言則變通之法也亦猶大射侯道有九十弓七十弓五十弓以此辨尊卑至射時臣各射其侯而君則三侯皆可射
也案江說是也此段王侯大夫士以明弓良敝之衰有此四等耳非謂用弓者必如其等也韓詩外傳云夫巧弓在此手也傳角被筋膠
漆之和即可以為萬乘之寶也此為天子之弓猶云為萬乘之寶矣並詳司弓矢疏　注云材良則句少也者材良則其力勁故句屈之
勢少也凡弓合九成規者句最少合七成規者次之合五成規者又次之合三成規者句最多材亦最劣弓長六尺有六
寸謂之上制上士服之弓長六尺有三寸謂之中制中士服之弓長
六尺謂之下制下士服之人各以其形貌大小服此弓【疏】弓長六尺有六寸謂之上制上士服之者此即
槀人所謂弓六物為三等也士亦謂國勇力之士三等之差與桃氏為劍同　注云人各以其形貌大小服此弓者賈疏云此上士中士
下士以長者為上士次者為中士短者為下士皆非命士者故鄭云人各以其形貌大小服此弓也凡為弓各因其君
之躬志慮血氣又隨其人之情性【疏】凡為弓各因其君之躬志慮血氣者言為弓又當視所射之人以為安危也
注云又隨其人之情性者冡上文為釋明不徒據人形貌大小為之也豐肉而短寬緩以荼若是者為

之危弓危弓爲之安矢骨直以立忿埶以奔若是者爲之安弓安弓爲之危矢言損贏濟不足危奔猶疾也骨直謂强毅荼古文舒假借字鄭司農云荼讀爲舒疏豐肉而短者謂其君之躬也大司徒原隰其民豐肉而庳注云豐猶厚也庳猶短也此義與彼同云寬緩以荼者謂其君志慮寬緩而體舒遲也云若是者爲之危弓危弓爲之安矢者賈疏云此經以下說君之躬與志慮弓之所宜者也危弓則夾庾弱者爲言安弓謂王弧之類强者而言若然危矢據恆矢安矢據殺矢者也江永云危弓安弓疏說非是下文言弓安矢安而莫能速中且不深是弓弱也乃以强者爲安弱者爲危何耶當是剽疾者爲危柔緩者爲安然則三等之弓皆有危安與案江說是也　注云言損贏濟不足者賈疏云言豐肉寬緩是不足則危弓濟之危弓爲贏則以安矢損之骨直忿埶是贏則安弓損之安弓是不足則以危矢濟之云危奔猶疾也者說文危部云危在高而懼也引申之亦爲急疾對安爲舒緩釋名釋姿容云奔變也有急變奔赴之也云骨直謂强毅者骨直言骨幹挺直其人必剛强而果毅也周書謚法篇云彊毅果敢曰剛云荼古文舒假借字者謂荼舒聲類同古字假借通用詳前疏段玉裁云鄭君與仲師說小異本職荼字已見此又言者詳略互相足也鄭司農云荼讀爲舒者先鄭前注同此破字與後鄭微異其人安其弓安其矢安則莫能以速中且不深故書速或作數鄭司農云字從速速疾也三舒不能疾而中言矢行短也中又不能深

疏其人安其弓安其矢安則莫能以速中且不深者此明豐肉而短寬緩以荼者不可以用安弓也　注云故書速或作數者總敘注同鄭司農云字從速者段玉裁云數字義短故從速前文無以爲戚速司農亦不從數云速疾也總敘注同云三舒不能疾而中言矢行

短也者射者躬與志慮既緩所用弓矢又緩則發矢無力其行必緩而短不能及遠當不能中也云中又不能深者謂卽使鏃中仍不能深入亦勢緩之故

其人危其弓危其矢危則莫能以愿中 愿愨也三疾不能愨而中言矢行長也長謂過去

疏 其人危其弓危其矢危則莫能以愿中者此明骨直以立忿埶以奔者不可以用危弓也 注云愿愨也者大司寇注義同愿中謂矢不旁掉適中其所射若謹愿然云三疾不能愨而中言矢行長也長謂過去者鄭意射者躬與志慮既急所用弓又急則發矢力太勁其行至急而長常越過所射之物不能正貫而止也然經云莫能愿中似當兼含大射儀所云揚觸梱復諸弊而言鄭唯據矢行長過去爲釋約舉以見義耳

往體多來體寡謂之夾臾之屬利射侯與弋 射遠者用埶夾庾之弓合五而成規侯非必遠顧埶弓者材必薄薄則弱弱則矢不深中侯不落大夫士射侯矢落不獲弋繳射也故書臾作其杜子春云當爲臾

疏 往體多來體寡謂之夾臾之屬者臾司弓矢作庾聲同字通黃以周云庾當從記作臾說文束縛捽抴爲臾束縛謂之夾捽抴謂之臾案黃說亦通往體謂弓體外撓來體謂弓體內向凡弓必兼往來兩體而後有張弛之用但以往來之多少爲強弱之差此夾臾謂弓之最弱者也云利射侯與弋者侯蓋通梓人三侯言之凡大射燕射賓射弓皆用夾庾也詳司弓矢疏 注云射遠者用埶者據上文明此夾臾曲多亦爲埶弓也云夾庾之弓合五而成規者此依司弓矢職作庾以其往體多則句亦多卽是上合五成規大夫之弓也云侯非必遠顧埶弓者材必薄薄則弱弱則矢不深中侯不落者司弓矢注說夾庾射犴侯云犴侯五十步及射鳥獸皆近射也故云侯未必遠賈疏云夾庾反張多隨曲埶向外弱則射遠不能深則近亦不深故射近侯用之詒讓案鄭意上文云凡析幹射遠者

用執射深者用直此夾臾往體多來體寡卽執弓也射遠宜莫如用此而司弓矢說夾庾以射豻侯彼注推之以爲射大侯用王弧參侯用唐大此夾臾所射乃非最遠之侯大侯參侯侯道皆遠於豻侯而射反用直弓而不用執弓嫌彼注義與此經上文牴牾故此注自圓其說謂夾臾弓反句則材必薄而力弱矢射物必不深中侯時不至太深而穿過故可不落欲明用夾臾之執弓射最近之侯者不取其射遠惟取其中侯不落也實則此射侯當通晐三侯夾庾不專射豻侯亦非取矢不落之義鄭說非經義詳司弓矢疏云大夫士射侯矢落不獲者據大射儀鄭意因大夫士矢落不獲故必用夾臾之弓也賈疏云按司弓矢職云夾弓庾弓以授射豻侯鳥獸者豻侯鳥獸則射侯與弋也按彼注近射用弱弓則射大侯者用王弧射參侯者用唐大矣如是君用王弧射大侯大夫用唐大射參侯士用夾庾射豻侯若然此大夫與士同用夾庾射近侯者據天子之臣多則三公王子爲諸侯者射熊侯卿大夫士同射豹侯也若然射七十步侯用唐大其遠中侯亦不落也案鄭言此者亦欲明大夫士皆不用直弓之王弧取其不穿侯而落耳蓋大夫參侯七十步尚非甚遠而所用唐大之弓則比之王弧尚爲執弓故謂同取矢不落之義非謂大夫士同射豻侯也賈說未達鄭恉但依經夾臾當射三侯通於貴賤王弧唐大並非射侯所用鄭說亦與經義不甚合耳云弋繳射也者詩齊風盧令序箋同弋卽隿之叚字亦詳司弓矢疏云故書與作其杜子春云當爲與者段玉裁云此字之誤也

往體寡來體多謂之王弓之屬利射革與質射深者用直此又直焉於射堅宜也王弓合九而成規弧弓亦然革謂干盾質木椹天子射侯亦用此弓大射曰中離維綱揚觸梱復君則釋獲其餘則否[疏]往體寡來體多謂之王弓之屬者此王弓謂弓之最強者也亦兼有弧弓云利射革與質者賈疏云卽司弓矢職云

王弓弧弓以受射甲革椹質者亦一也注云射深者用直者亦據
上文明後唐弓曲少卽得爲直弓也云此又直焉於射堅宜也者謂
此王弓更直於唐弓直則力勁故宜射堅革質皆堅物故以此弓
射之云王弓合九而成規者以其往體寡則句亦寡卽是上合九成
規天子之弓也云弧弓亦然者據司弓矢王弓弧弓同類說文弓部
亦云往體寡來體多曰弧云革謂干盾者國語齊語定三革韋注云
甲冑盾也鄭司弓矢注云甲革革甲也與此異者干盾與甲並以革
爲之此注與司弓矢注義互相備也云質木椹者司弓矢注云樹椹
以爲射正穀梁昭八年傳以葛覆質以爲槷范注云質椹也案質椹
異名同物謂以斫斬之木藉樹之以當射的與三侯之正質異也詳
司弓矢疏云天子射侯亦用此弓者鄭意合九成規是天子之弓又
司弓矢以夾庾射豻侯推之知大侯當用王弧也今案天子射侯亦
當用夾庾不用王弧鄭說未當詳前疏引大射曰中離維綱揚觸梱
復君則釋獲其餘則否者大射儀文作公則釋獲衆則不與鄭彼注
云離猶過也獵也侯有上下綱其邪制躬舌之角者爲維揚觸者爲
矢中他物揚而觸侯也梱復謂矢至侯不著而還復復反也公則釋
獲優君也衆當中鵠而著引之者證天子射侯雖過而落猶得釋
獲故用王弧若他人則當以夾庾射侯取其矢不深中侯不落也往
體來體若一謂之唐弓之屬利射深射深用直唐弓合七而成規大弓亦然春秋傳曰盜竊寶玉大
弓疏往體來體若一謂之唐弓之屬者此謂弓之強弱中者也賈疏
云唐弓之外仍有大弓故云之屬也按司弓矢職云唐弓大弓
以授學射者使者勞者此不言者亦各舉一邊而言兼有彼事可知
注云射深用直者唐大來往體若一雖不及王弧之強然以較夾
庾則已爲直故得與王弧同屬直弓也云唐弓合七而成規者以其
往來體若一在強弱之中卽是上合七成規諸侯之弓也云大弓亦

然者據司弓矢唐弓大弓同類也引春秋傳曰盜竊寶玉大弓者定八年經文云傳者順文便也鄭引之者謂彼大弓卽司弓矢之大弓也賈疏云彼以爲陽虎盜竊寶玉大弓公羊傳云寶者何璋判白弓繡質引之者證大弓同也詒讓案司弓矢唐弓大弓以授勞者彼注以勞者爲勤勞王事若晉文侯文公受王弓矢之賜者若然鄭意蓋謂周公以勤勞受賜當授以唐大故并以爲一與但穀梁傳云大弓武王之戎弓也周公受賜藏之魯明堂位云越棘大弓天子之戎器也公羊何注又引禮天子雕弓雕弓卽詩大雅行葦之敦弓毛傳云畫弓也又引天子之弓合九而成規毛云畫弓與公羊繡質亦正相應依公穀及明堂位說則彼大弓當爲王弧之屬何義較鄭爲長也

大和無灂其次筋角皆有灂而深其次有灂而疏其次角無灂大和尤良者也深謂灂在中央兩邊無也角無灂謂隈裏【疏】大和無灂者賈疏云大和謂九和之弓以其六材俱善尤良故無漆灂也云其次筋角皆有灂而深者賈疏云筋在背角在隈皆有灂但深在其中央兩邊無也云其次有灂而疏者唐石經其次下有角字今依宋本賈疏云以上參之此謂兩邊亦有但疏之不皆有也阮元云其次有灂而疏疏意蒙上筋角皆有灂是賈疏本無此角字故經下始言角也石經此角誤衍案阮說是也注唯釋角無灂爲隈裏則經文上不云角有灂明矣王氏訂義本亦有角字疑卽據唐石經誤增云其次角無灂者賈疏云謂隈裏無灂簫頭及背有之　注云大和尤良者也者謂六材相得弓最良善者也云深謂灂在中央兩邊無也者弓筋在表而角在裏中央謂表裏之中皆有灂兩邊無者弓側也云角無灂謂隈裏者角之中恆當弓之隈故知角無灂謂隈裏無灂餘並有也

合灂若背手文弓表裏灂合處若人合手背文相應鄭司農云如人手背文理【疏】合灂若背手文者此與下經並明弓

有濬者之形狀不同　注云弓表裏濬合處若人合手背文相應者言弓側表濬與裏濬相接處若人兩手背相合其文相應不差戾也程瑤田云合手掌空縫有疏密惟背手之縫間不容髮弓合處似之言紋密也鄭司農云如人手背文理者此直謂若人手背之文理不爲合手與後鄭不同義亦得通故附著之

角環濬牛筋蕡濬麋筋斥蠖濬蕡枲實也斥蠖屈蟲也

疏角環濬者此亦謂濬文相若也環濬與䩮人䩮環濬義同賈疏云此說弓表及弓裏濬文也角環濬謂隈裏濬文如環然案此角濬似當兼兩簫及柎角言之賈據上注謂專指隈裏義未晐云牛筋蕡濬麋筋斥蠖濬者賈疏云此說弓背用牛筋之漆如麻子文若用麋其濬文如斥蠖文　注云蕡枲實也者籩人注同卽今火麻人皮有班點故月令鄭注云麻實有文理此弓漆濬文似彼也詳籩人疏云斥蠖屈蟲也者易繫辭云尺蠖之屈以求信也說文虫部云蠖尺蠖屈申蟲也爾雅釋蟲云蠖蚇蠖郭注云今蝍蝛方言云蠀蝛謂之蚇蠖御覽蟲豸部引方言郭注云尺蠖又呼步屈其色青而細小或在草木葉上案斥尺聲近字通蚇卽尺之俗依郭說則卽今樹間小青蟲形細小蜷曲漆濬文斗屈與彼相類也

和弓毄摩和猶調也毄拂也將用弓必先調之拂之摩之大射禮曰小射正授弓大射正以袂順左右隈上再下一

疏注云和猶調也者食醫注義同云毄拂也者說文殳部云毄相擊中也手部云拂過擊也楚辭離騷王注云拂擊也韓非子說難篇云辭言無所擊摩毄擊字通詳廬人疏云將用弓必先調之拂之摩之者調之試其體之往來强弱拂之以去塵摩之察其有無瑕釁也引大射禮者證調弓當拂之摩之彼文云小射正授弓拂弓皆以俟于東堂大射正執弓以袂順左右隈上再下壹左執弣右執簫以授公公親揉之注云拂弓去塵順放之也揉宛之觀其安危也案彼拂順揉三者並卽此和調毄摩之事

覆之而角至謂之句弓句於三體材皦惡不用之弓也覆猶察也謂用射而察之至猶善也但角善則矢雖疾而不能遠〔疏〕覆之而角至謂之句弓者此論射時相弓之法賈疏云此以下論弓有六材角幹筋用力多特言之若三者全善則爲尤良若一善者爲皦二善者爲次今此先察一善者至謂若餘幹筋不善直角善可以爲句弓　注云句於三體材皦惡不用之弓也者司弓矢云句者謂之弊弓注云弊猶惡也皦弊字通三體謂合九合七合五三等之體此句弓即合三成規比往體多來體寡之弓爲尤句則體弱不任用也云覆猶察也者爾雅釋詁云覆察審也云謂用射而察之者謂用此弓射時覆審察之也云至猶善也者詩小雅節南山箋同釋文善作譱云本又作善下同案譱正字善即譱之隸省戴震云古字至致通致致密也云但角善則矢雖疾而不能遠者賈疏云上云射遠用埶埶是弱弓而射遠但此句弓爲弱於彼雖疾不能射遠也

覆之而幹至謂之侯弓射侯之弓也幹又善則矢疾而遠〔疏〕注云射侯之弓也者謂夾臾之屬是也云幹又善則矢疾而遠者上文云幹也者以爲遠也賈疏云非直角至兼幹善謂之射侯之弓則上夾庾利近射與弋言矢疾而遠對上句弓疾而不遠不及侯者也

覆之而筋至謂之深弓射深之弓也筋又善則矢既疾而遠又深〔疏〕注云射深之弓也者賈疏云此弓三善者也按上文唐大射深則王弧三善亦射深可知舉中以見上者也云筋又善則矢既疾而遠又深者上文云筋也者以爲深也謂非徒角幹至兼筋又良故得兼疾遠深三善也

周禮正義卷八十六

西元二〇二四年三月一日重製一版

周禮正義 冊六（清孫詒讓撰）

平裝六冊基本定價肆仟柒佰元正
（郵運匯費另加）

發行人 張敏君
發行處 中華書局
臺北市內湖區舊宗路二段一八一巷八號五樓（5FL., No. 8, Lane 181, JIOU-TZUNG Rd., Sec 2, NEI HU, TAIPEI, 11494, TAIWAN）
客服電話：886-8797-8396
公司傳真：886-8797-8909
匯款帳戶：華南商業銀行西湖分行
179100026931
印 刷：維中科技有限公司
海瑞印刷品有限公司

No. N0027-6

國家圖書館出版品預行編目(CIP)資料

周禮正義/(清)孫詒讓撰. -- 重製一版. -- 臺北市 : 中華書局, 2024.03

冊 ; 公分

ISBN 978-626-7349-08-3(全套 : 平裝)

1.CST: 周禮 2.CST: 研究考訂

573.1177 113001478